生命线

能打胜仗的政治指挥大计

谈志兴 著

革命的政治工作
犹如阳光空气和水之于人的生命一样
永远是人民军队的生命线

中国出版集团有限公司
华文出版社

图书在版编目（CIP）数据

生命线：能打胜仗的政治指挥大计 / 谈志兴著. ——北京：华文出版社，2020.12（2025.12重印）
ISBN 978-7-5075-5365-9

Ⅰ．①生… Ⅱ．①谈… Ⅲ．①军队政治工作－研究－中国 Ⅳ．①E22

中国版本图书馆CIP数据核字(2020)第205542号

生命线：能打胜仗的政治指挥大计

作　　者：	谈志兴
责任编辑：	胡慧华
出版发行：	华文出版社
地　　址：	北京市丰台区右外西路2号院
邮政编码：	100069
网　　址：	http://www.hwcbs.cn
电　　话：	总 编 室 010-59900723　发 行 部 010-59900727
	责任编辑 010-59900737
经　　销：	新华书店
印　　刷：	三河市航远印刷有限公司
开　　本：	710mm×1000mm　1/16
印　　张：	34.5
字　　数：	560千
版　　次：	2020年12月第1版
印　　次：	2025年12月第14次印刷
标准书号：	ISBN 978-7-5075-5365-9
定　　价：	88.00元

版权所有，侵权必究

序

  1924年，中国民主革命的先驱孙中山先生在共产国际和中国共产党的帮助下，总结了以往各次革命失败的教训，认识到要取得革命的最后成功，必须有自己直接掌握和指挥的军队，并以俄为师、联俄联共，将党委制、政治委员制、政治机关制引入到国民革命军，中国共产党军队政治工作制度渊源于此。
  1937年，毛泽东在和英国记者贝特兰的谈话中，明确指出："国民党的军队本来是有大体上相同于今日的八路军的精神的，那就是在一九二四年到一九二七年的时代。那时中国共产党和国民党合作组织新制度的军队，在开始的时候不过两个团，便已团结了许多军队在它的周围，取得第一次战胜陈炯明的胜利。往后扩大成为一个军，影响了更多的军队，于是才有北伐之役。那时军队有一种新气象，官兵之间和军民之间大体上是团结的，奋勇向前的革命精神充满了军队。那时军队设立了党代表和政治部，这种制度是中国历史上没有的，靠了这种制度使军队一新其面目。一九二七年以后的红军以至今日的八路军，是继承了这种制度而加以发展的。"
  中国人民解放军的政治工作是中国共产党在人民军队开展的思想工作和组织工作，军队政治工作实质上是党领导和掌握军队的工作。中国共产党军队政治工作制度和人民军队同步诞生，保证了我军始终是党的绝对领导下的革命军队，为我军战胜强大敌人和艰难险阻提供了不竭力量，使我军始终保持了人民军队的本色和作风。因为中国共产党军队政治指挥、政治工作发挥出的巨大威力和无可替代的作用，以毛泽东为代表的老一辈无产阶级革命家都将政治工作称为"生命线"。1944年，毛泽东在修改谭政报告初稿时亲笔加上了一句话：共产党领导的革命的政治工作是革命军队的生命线。进入社会主义革命和建设时期，1954年，毛泽东在审定《中国人民解放军政治工作条例（草案）》的总则时，又将被陈伯达改掉的原文中的"中国共产党在中国人民解放军中的政治工作是我军的生命线"一句提法亲笔改了回来。进入新时代，习主席强调："'国家大柄，莫重于兵。'我军是人民军队，是革命的武装力量，政治工作是我军的看家本领，是我军的最大特色、最大优势，是我军同一切其他性质军队的最大区别，也是我军保持人民军队性质、宗旨、本色的重要保障。"

文章合为时而著。习近平指出："一切向前走，都不能忘记走过的路；走得再远、走到再光辉的未来，也不能忘记走过的过去。"在中国共产党成立100周年之际，对中国共产党政治建军历程和军队政治工作、政治指挥的历史寻根溯源，缅怀老一辈革命家和政治工作者的丰功伟绩，重温我军政治工作的光荣传统，深入思考这其中的经验教训，接受思想洗礼，把革命先辈用鲜血和生命铸就的优良传统一代代传下去，把被郭伯雄、徐才厚、房峰辉、张阳等"两面人"严重伤害的政治工作威信在全军牢固树立起来，把军队各项建设和工作更好地推向前进，这是新时代军队政治工作教学研究面临的重大时代课题。

谈志兴教授1979年16岁参加高考，听着南部边界自卫反击作战的枪炮声，在那个高考录取率只有6%的岁月，满怀报国热情高分报考军校，矢志从军报国。他既有丰富的部队、院校基层和机关经验，也有政治工作教学研究和政治工作领导岗位经历。他为人做事朴实、务实、踏实、扎实，想干事、能干事、干成事。文如其人，他以十年磨一剑的学术定力用心血写就的这部著作，一改"大话、空话、套话"式的文风，严谨考证，引经据典，用平实的语言、写实的文字，深入挖掘中国共产党政治建军一百年的史事和人物，用鲜活、生动的史事阐述被称为"生命线"的中国共产党军队政治工作的作用机理，对我军政治工作的一整套优良传统，如坚持党指挥枪的根本原则和制度，坚持全心全意为人民服务的根本宗旨，坚持实事求是的思想路线，坚持群众路线的根本作风，坚持用科学理论武装官兵，坚持围绕党和军队中心任务发挥服务保证作用，坚持公道正派选拔使用干部，坚持艰苦奋斗、牺牲奉献的革命精神，坚持党员干部带头、以身作则等，都以经典案例故事的形式表达，使人愿读、想看。

这是一部研究中国共产党政治建军百年史事和人物的著作，是研究军队政治指挥方式方法的著作，是弘扬中国共产党军队政治工作优良传统的著作，是拨乱反正、正本清源、重树政治工作威信的著作，是阐释习近平政治建军方略的著作，也是强化党对军队绝对领导的军魂意识和政治信仰、学习感悟军队政治工作领导指挥方法艺术的生动教材，相信一定会为推进新时代政治建军提供很多历史启迪。

陶传铭
2020 年 10 月

陶传铭：中国人民解放军国防大学政治学院院长、教授，少将。

目 录

前　言　001

第一编　大革命时期

第 一 章　孙中山创立党代表、政治部、特别党部制度　003
第 二 章　毛泽东疾呼"须知政权是由枪杆子里面取得的"　030

第二编　土地革命时期

第 三 章　毛泽东"三湾改编"与朱德"赣南三整"　047
第 四 章　毛泽东在井冈山斗争时期的政治建军方略　062
第 五 章　古田会议决议定型政治建军原则　079
第 六 章　红军政治指挥正规化、制度化的尝试　102
第 七 章　党对军队绝对领导挫败张国焘分裂行径　114

第三编　抗日战争时期

第 八 章　红军改编为八路军、新四军过程中的政治指挥　141
第 九 章　薄一波通过阎锡山实现政治建军传奇　166
第 十 章　毛泽东强调："我们要把红校办成'红埔'"　188
第十一章　"双拥"运动的兴起　198

| 第十二章 | 歌声嘹亮伴军行 | 209 |
| 第十三章 | 毛泽东、谭政与"谭政报告" | 215 |

第四编　解放战争时期

第十四章	军队党委制的探索	235
第十五章	"打通连队工作之门的三把钥匙"	249
第十六章	毛泽东称其为"军队内部政治工作方针"	269
第十七章	"高树勋运动"与瓦解敌军方略	280

第五编　社会主义革命和建设时期

第十八章	"钻进去、冒出来"的志愿军政治指挥方略	299
第十九章	"老实人"罗荣桓身兼政治指挥三职	324
第二十章	西藏和平解放中的政治指挥	335
第二十一章	是"一长制"还是"党委制"？	351
第二十二章	建设现代化正规化革命军队中的政治指挥	360
第二十三章	刘亚楼与人民空军作风建设	394
第二十四章	军事训练中的政治指挥方略	405
第二十五章	罗荣桓与林彪极左思潮的斗争	418

第六编　改革开放和社会主义现代化建设新时期

第二十六章	邓小平布局改革开放新时期的政治建军	439
第二十七章	江泽民强调一切为了"打得赢""不变质"	458
第二十八章	胡锦涛的"三个确保""三个紧贴"	482
第二十九章	习近平与古田全军政治工作会议	495

后　记　523

前　言

本书告诉您的是关于军队政治工作、政治指挥、政治建军的故事。

许多人会说：听到它我就不感兴趣！

它诞生以后，历经曲折：有人把它抬到天上，说它"统帅一切""高于一切"，用它"冲击一切"；也有人把它摔到地下，说它空，说它虚，说它没用，甚至说它是"卖狗皮膏药的"！

"卖狗皮膏药的"这句话，周恩来就提到过。1938年1月10日，他在《抗战军队的政治工作》一文中指出："以革命主义为基础的革命政治工作是一切革命军队的生命线与灵魂！""有人说，政治工作是空谈，是'卖狗皮膏药'的。又有人说，政治工作徒然增加军队中上下级的磨擦，军官带兵更困难了；军队对民众关系'太好'，就更难指挥人民了。""我们必须坦白诚恳地说，这些非难政治工作的理由，不是不了解政治工作的实际意义，就是故意反对军队中的革命政治工作，而不想军队革命化。政治工作之变为空谈，这决不是政治工作的本身错误，而是由于政治工作人员没有实行真正的革命的政治工作。"[①]

让我们看看影响中国、改变中国的伟人们是怎么认识军队政治工作，如何实施军队政治指挥，如何推进政治建军这个伟大的历史进程的吧。

孙中山，伟大的民族英雄、伟大的爱国主义者、中国民主革命的伟大先驱，一生以革命为己任，立志救国救民，为中华民族作出了彪炳史册的贡献。在中国军队建设史上，恰恰是孙中山"以俄为师""联俄联共"，强力推进政治

---

① 周恩来：《周恩来选集》上卷，第93页，人民出版社1980年版。

建军，开天辟地在黄埔军校和国民革命军中建立了党代表、政治部、特别党部制度，开创了"党军"的建军历史。

孙中山的革命道路可谓历尽艰辛，"屡战屡败、屡败屡战"，建设一支什么样的革命军？如何建设一支听党指挥、能打胜仗的革命军？一直是他苦苦思索、不断探索的大问题。最后，他寻找到了这个答案。

他说："俄之成功，亦不全靠军力，实靠宣传。"①"军队之能不能够革命，是在乎各位将士之有没有革命志气，不是在乎武器之精良不精良。"②"革命先革心。""讲到战时以一可以当百的道理，是要各位兵士先有奋斗的精神。有了奋斗精神才能够牺牲，才不怕死。军人到了不怕死，还怕不能打胜仗吗？奋斗精神是从何而生呢？是从主义而生。兵士要发生精神，便先要有主义；先有了革命主义，才有革命目标；有了革命目标，才发生奋斗精神。"③因此，军队的灵魂是主义。有主义的军队，是人民和国家的保障。于是，"为贯输国民革命之精神，提高战斗力，巩固纪律，发展三民主义之教育起见，于国民革命军中设置党代表。"黄埔军校政治部则是"校长、党代表之政治教育的佐理机关。"其任务是负责和指导全校官佐、员生、士兵、伕工的政治训练，"使其具正确的政治知识，增进革命精神，自觉地遵守革命纪律，增进本党主义之信仰，完成国民革命之历史的使命"；"对外负宣传组织及政治指导之责，务使人民确知革命军为被压迫民众谋利益而奋斗"，"而收军事进行上得人民帮助之实效。"④

这就是中国民主革命的伟大先驱对政治建军、政治指挥、政治工作的认识。

这些措施的实施，改造了军队，人们实实在在看到了政治建军、政治指挥、政治工作的奇效。

中国共产党人最积极地、毫无保留地支持并投身孙中山的革命事业，成为黄埔军校和国民革命军政治指挥、政治工作的中坚力量。毛泽东、周恩来、聂荣臻、恽代英、萧楚女等等活跃在黄埔军校政治部和政治课的讲台，毛泽东、周恩来的弟弟都进入黄埔军校参加革命工作。北伐战争开始时国民革命军八个军的副党代表，五个军由共产党人担任，包括大家耳熟其详的周恩来、李

---

① 孙中山：《孙中山文集》上卷，第55页，团结出版社1997年版。
② 孙中山：《孙中山选集》（下），第957页，人民出版社2011年版。
③ 同上书，第915页。
④ 广东革命历史博物馆编：《黄埔军校史料（1924—1927）》，第139页，广东人民出版社1985年版。

富春、林伯渠等等，而八个军的政治部主任均是共产党人。

共产党员奋不顾身战斗在军队政治指挥最前线，有力地保证了东征陈炯明和北伐的胜利。

周恩来曾总结这段历史说：

"当时国民党正因为有了这一铁的事实的教训，才决心以建立革命的政治工作为中心，继续成立新的革命军队，改造旧的军队，如是才有北伐的胜利。"①

但是，当时党的领导人陈独秀认为，"我们现在与国民党合作，就不应引起国民党不放心我们，尤其是军队应当是集中的，军队中绝对不能有两种政见不同的组织存在。"②1926 年 9 月 24 日，中共中央发文规定："不仅在国民革命军中不发展党的组织，不便有党支部，对于其他军队，甚至在反动军队或土匪中亦不能，且不必有党的支部组织。"③因此，中国共产党人在黄埔军校和国民革命军中担负的政治指挥和政治工作，实际上是帮助国民党对军队实施政治指挥和政治建军任务。共产党人只做了宣传工作，而没有做组织工作，没有在军队建立自己的组织、发展自己的组织。

和任何一个组织机构一样，要能够掌握它、控制它，使之为自己所用，离不开思想控制和组织控制两个手段。而共产党人占多数的黄埔军校和国民革命军党代表以及政治部既不掌握军官的任免，也不掌握党的组织，只是在从事政治宣传，而且这种政治宣传也是在为实现国民党的主张服务的。因此，毫无疑问，当时的共产党对军队的控制力是有限的。

结果也是惨痛的！当 1927 年 4 月蒋介石集团、7 月汪精卫集团相继叛变革命，对共产党员和革命群众实行大逮捕、大屠杀时，轰轰烈烈的大革命失败了，中国共产党遭遇了极其严重的困难。据党的六大时的不完全统计，从 1927 年 3 月到 1928 年上半年，被杀害的共产党员和革命群众达 31 万多人，其中共产党员 2.6 万多人。

大革命从兴起到失败的经验教训表明：中国共产党不但要建立革命的统一战线，而且要始终保持自己的独立性，实行"既团结又斗争"的方针，争取无产阶级在革命中的领导权；根据中国当时的实际国情，要取得革命的胜

---

① 周恩来：《周恩来选集》上卷，第 93 页，人民出版社 1980 年版。
② 姜思毅主编：《中国共产党军队政治工作七十年史》第一卷，第 119—120 页，解放军出版社 1991 年版。
③ 中共中央文献研究室、中央档案馆编：《建党以来重要文献选编（一九二一——一九四九）》第三册，第 406 页，中央文献出版社 2011 年版。

利，必须坚持武装斗争，组建由共产党直接统率和指挥的军队；共产党在军队中必须建立、巩固并壮大党的组织，并更加重视党员的质量。军队政治指挥和政治工作必须包括宣传鼓动工作和组织工作两大方面内容，宣传鼓动工作为组织工作鸣锣开道，组织工作又为思想工作巩固地盘，两者如"鸟之两翼、车之两轮"，缺一不可。

以毛泽东为代表的中国共产党人开始了这种努力。

1927年8月，南昌起义部队创立了我军政治指挥和政治工作制度的雏形。

1927年9月，秋收起义部队到达三湾时，以"支部建在连上"为代表的党对军队的领导制度和以"士兵委员会"为代表的军队内部的民主制度开始诞生。

井冈山斗争时期，"三大纪律、八项注意""军队的三大任务""宽待俘虏的四项政策""发动群众建立革命政权，开展土地革命斗争""领导干部必须发扬以身作则、艰苦奋斗的作风"等等军队政治指挥原则逐渐被提出。

1929年12月底的红四军党的第九次代表大会（也就是古田会议）在福建上杭古田召开。古田会议决议的内容非常丰富，它规定了红军的性质宗旨和任务；规定了党对红军绝对领导的原则；规定了对军队进行马列主义及党的正确路线教育，克服各种非无产阶级思想的原则和方法；阐明了军事与政治的关系，明确指出军事只是完成政治任务的工具之一，并规定政治机关与军事机关在党委领导之下，平行地执行工作；规定了正确处理红军内部、外部关系的原则；规定了红军宣传工作的任务和要求；规定了红军政治工作必须采取实事求是的作风和以理服人、说服教育的方法，坚决反对主观主义、以势压人，……

一言之，古田会议决议规定了红军政治建军、政治指挥、政治工作的原则、内容和方法。贯彻、落实古田会议决议，对人民军队犹如浴火重生、凤凰涅槃，其影响深远。以至于八十五年后的2014年10月，习近平主席带领解放军高级干部专赴古田，召开全军政治工作会议。习近平指出："一切向前走，都不能忘记走过的路；走得再远、走到再光辉的未来，也不能忘记走过的过去。""古田是我们党确立思想建党、政治建军原则的地方，是我军政治工作奠基的地方，是新型人民军队定型的地方。""历史，往往在经过沉淀后可以看得更加清晰。回过头来看，古田会议使我们这支军队实现了浴火重生、凤凰涅槃。从那儿以后，在党领导下，我军由小到大、由弱到强，不断从胜利走向胜利。古田会议奠基的我军政治工作对我军生存发展起到了决定性作用。"①

1930年11月或12月初,中共中央颁布了《中国工农红军政治工作暂行条例草案》。这是我军政治工作的第一部正式条例。

1931年2月15日,中共中央军事委员会总政治部正式成立,毛泽东兼任总政治部主任,领导全国红军的政治工作。

1932年7月21日,《中共中央给中区中央局及苏区闽赣两省委信》指出:"政治工作在红军中有决定的意义,每一个红军战斗员不仅要能够有充分的军事技术——手的武器,而且最重要的是脑子的武装。必须充实现有军队中的政治工作,实现中央政治工作条例,政治工作不是附带的,而是红军的生命线。"②这是政治工作是"生命线"这一论断的第一次提出。

1934年2月7日,红军第一次全国政治工作会议在江西瑞金召开。时任红军总政治部主任王稼祥指出:"政治工作是我们红军的生命线,一切战争如果没有政治工作的保障是不能达到任务的。""政治工作是提高红军战斗力的原动力。"③中革军委主席朱德、副主席周恩来在致词时也都强调了这一论断。

在这个时期颁布政治工作条例,成立政治工作领导机关和指挥机构,都反映出红军政治指挥、政治工作正规化制度化的努力。

在随后不久开始的世所罕见的万里长征中,"风雨浸衣骨更硬,野菜充饥志越坚;官兵一致同甘苦,革命理想高于天。"在风雨如磐的长征路上,崇高的理想,坚定的信念,激励和指引着红军一路向前。长征的胜利,靠的是红军将士压倒一切敌人而不被任何敌人所压倒、征服一切困难而不被任何困难所征服的英雄气概和革命精神。

长征途中,党和军队也经历了张国焘分裂党、分裂军队的严峻考验,但是依靠党指挥枪的政治建军原则,张国焘的企图失败了。

进入抗日战争时期,我军政治建军、政治指挥面临着严峻复杂的局面:

一是抗日民族统一战线的形成,坚持共产党对八路军、新四军的绝对领导成为政治指挥、政治工作的根本任务;二是红军改编为八路军、新四军,保证部队思想大转弯成为政治指挥、政治工作的重要任务;三是民族矛盾上

---

① 总政治部编印:《习近平国防和军队建设重要论述选编》(二),第85 86页,解放军出版社2015年版。

② 总政治部办公厅编:《中国人民解放军政治工作历史资料选编》第二册,第174页,解放军出版社2002年版。

③ 同上书,第617页。

升为主要矛盾,在解决主要矛盾的同时正确处理好国内阶级矛盾成为政治指挥、政治工作的重要内容;四是我军在全国取得合法地位以后,抵御各种不良思想的侵蚀成为政治指挥、政治工作的重要方面。

为此,中国共产党在军队政治指挥、政治工作方面积极创造、积极发展,发挥了巨大威力。

其一,坚持并发展了党对军队绝对领导的原则。在政治思想上,强调并坚持共产党对八路军、新四军的"绝对独立领导";在组织领导上,建立了各级军政委员会,作为党的集体领导体制;在政治指挥制度上,恢复政治委员和政治机关;在党政军关系上,实行党的一元化领导。

其二,科学概括并发展了政治工作的三大原则。1937年10月25日,毛泽东在《和英国记者贝特兰的谈话》中强调:"八路军更有一种极其重要和极其显著的东西,这就是它的政治工作。八路军的政治工作的基本原则有三个,即:第一、官兵一致的原则,这就是在军队中肃清封建主义,废除打骂制度,建立自觉纪律,实行同甘共苦的生活,因此全军是团结一致的。第二、军民一致的原则,这就是秋毫无犯的民众纪律,宣传、组织和武装民众,减轻民众的经济负担,打击危害军民的汉奸卖国贼,因此军民团结一致,到处得到人民的欢迎。第三、瓦解敌军和宽待俘虏的原则。我们的胜利不但是依靠我军的作战,而且依靠敌军的瓦解。瓦解敌军和宽待俘虏的办法虽然目前收效尚未显著,但在将来必定会有成效的。此外,从第二个原则出发,八路军的补充不采取强迫人民的方式,而采取鼓动人民上前线的方式,这个办法较之强迫的办法收效大得多。"①这是我军首次明确而完整地提出政治工作的三大原则。抗日战争时期,八路军、新四军政治工作不仅坚持了这三大原则,而且还有创造和发展,这就是开展了尊干爱兵运动、"双拥"(拥政爱民、拥军优抗)活动,以及对敌军的政治攻势。

其三,创造了通过批评与自我批评进行马列主义思想教育的整风形式。从1942年到1945年,结合全党开展的整风运动,全军的整风运动相继展开。遵照整风不影响战斗的原则,各部队采取多种形式,全面安排战斗、整风和工作。遵照中央"惩前毖后、治病救人"的方针,启发干部自觉检讨错误,总结工作;反对军事领域的教条主义、主观主义、经验主义,引导干部在整风中转变作风。这是一次广泛的马克思主义教育运动,是用无产阶级思想克

---

① 毛泽东:《毛泽东选集》第二卷,第379页,人民出版社1991年版。

服非无产阶级思想的思想改造运动，也是打破以王明为代表的教条主义以及经验主义束缚的思想解放运动，是我军思想政治教育的重大发展。

其四，丰富和发展了军队三大任务的内容。就是把红军时期提出的军队三大任务（"打仗、消灭敌人""宣传群众、组织群众，帮助群众建立革命政权""打土豪、筹款子"）中的"打土豪、筹款子"一项改为"生产自给"，开展大生产运动，为后来形成我军既是一个战斗队，又是工作队、生产队的建军方向和"三队"思想，提供了理论与实践依据。

其五，创办军事院校培养选拔干部。毛泽东提出，要驱逐日本帝国主义出中国，争取抗战胜利，就必须大大增强抗日力量。增强战斗力量的工作和方法很多，然而其中最好最有效的办法是办学校，培养抗日干部。1939年，毛泽东为抗大确定了"坚定正确的政治方向，艰苦奋斗的工作作风，灵活机动的战略战术"[①]三句话的教育方针和"团结、紧张、严肃、活泼"八个字的校风，并题写了"忠诚党的教育事业"的著名训词。

1944年4月，谭政受党中央、毛泽东的委托，在西北局高级干部会议上作的《关于军队政治工作问题》的报告，系统地总结了我党创建军队政治工作以来的经验教训，提出和解决了我军政治指挥和政治工作中的一系列重大理论原则问题，是继古田会议决议之后，我军政治工作的又一个重要历史性文献，也是毛泽东军队政治工作思想发展的集中体现，是我军政治工作走向成熟的主要标志。

历史进行到解放战争时期，我军政治指挥和政治工作挑战与机遇并存：

部队新成分大量增加，作战形式呈现多样化，部队思想、情绪更为复杂，使政治指挥和政治工作任务更加艰巨；土地改革运动和整党运动为政治指挥和政治工作提供了巨大推动力量；作战环境和活动方式的变化为丰富政治指挥和政治工作的内容、方法提供了有利条件；党委制的恢复和健全为加强政治指挥和政治工作的领导提供了组织保证；加强和统一全军纪律为政治工作正确处理军队内外关系发挥了重大作用。

解放战争中我军政治指挥和政治工作得到了极大的丰富和发展。

"打通连队工作之门的三把钥匙"应运而生。这就是立功运动、团结互助运动及新式整军运动。这三个运动紧密联结，相互促进，对争取解放战争的胜利起到了巨大作用。

---

① 中共中央文献研究室编：《毛泽东文集》第二卷，第188页，人民出版社1993年版。

军队内部的民主运动有了新发展。1948年1月30日,毛泽东在为中央军委起草的《军队内部的民主运动》的党内指示中,第一次把军队民主运动的内容概括为"三大民主",即政治民主、军事民主、经济民主。并明确强调:"部队内部政治工作方针,是放手发动士兵群众、指挥员和一切工作人员,通过集中指导下的民主运动,达到政治上高度团结、生活上获得改善、军事上提高技术和战术的三大目的。"①

瓦解敌军创造了新形式和新经验。开展"高树勋运动",对战场上的俘虏兵"即俘即补",创造解决国民党军队的三种方式等等,导致国民党军队中有爱国心、厌恶内战的官兵在内战前线大批倒戈起义,加速了全国解放战争胜利的进程。

重新颁布三大纪律八项注意,加强了军队组织性和纪律性。

执行工作队任务,发展了我军群众工作的内容。1949年2月8日,毛泽东指示部队:"今后将一反过去二十年先乡村后城市的方式,而改变为先城市后乡村的方式。军队不但是一个战斗队,而且主要的是一个工作队。"②从此,一方面,我军努力学会管理和建设城市;另一方面,组织各种形式的工作队,进行新解放区的乡村工作。

解放战争的硝烟未尽,抗美援朝战争又接踵而至。我军政治指挥和政治工作再一次发挥了巨大威力。面对武装到牙齿的世界上头号帝国主义的挑战,政治工作进行了仇视、蔑视、鄙视美帝国主义的"三视"教育,树立敢打必胜的信心;进行革命英雄主义教育,发扬大无畏英雄气概;开展杀敌立功运动,推动战斗任务胜利完成;坚持爱国主义和国际主义的高度统一,做好特殊条件下的群众工作;"钻进去,冒出来",贯彻政治工作的群众路线,保证现代化战争的胜利;把军事斗争、外交斗争和瓦解敌军结合起来。

1953年12月,全国军事系统党的高级干部会议召开,标志着我军开始由战争状态进入了相对和平状态建设现代化正规化革命军队的新时期。

政治工作为全面开始现代化正规化革命军队建设进行了充分准备。加强党的路线方针政策和政治理论教育,为军队"三化"(革命化现代化正规化)建设奠定思想基础;加强领率机关和干部队伍建设,为军队"三化"建设奠定组织基础;开展大规模文化教育,为军队"三化"建设奠定科学文化基础;

---

① 毛泽东:《毛泽东选集》第四卷,第1275页,人民出版社1991年版。
② 同上书,第1405页。

保证精简整编工作的顺利进行，为实行新的编制体制提供良好条件；保证义务兵役制、薪金制、军衔制和颁发勋章奖章四项制度的改革，满足军队"三化"建设的需要。

军队政治工作探索和平时期政治建军的特点规律，继承和发扬优良传统，积极创新发展。

在政治工作的组织制度建设方面。一是，坚持和完善党对军队绝对领导的制度。完全纠正开始阶段试行"一长制"的一切考虑和措施，明确规定"中国人民解放军领导工作的根本制度，就是党委集体领导下的首长分工负责制，这是我军长期行之有效的领导制度"；通过的《政治委员工作条例》规定，政治委员的任务是"保证党的路线、方针、政策和国家的法律、法令在军队中贯彻执行和直接领导军队中党的工作、政治工作"，"政治委员和军事指挥员同为部队首长，对部队的各项工作共同负责，在一般情况下，政治委员又是党的全盘工作的主持者。"二是，1954年4月15日颁布《中国人民解放军政治工作条例（草案）》，这是新中国成立后我军政治工作第一个法规性文件。条例对新时期我军政治工作的性质、任务、方针、原则、内容、职责、组织形式、工作制度、工作作风、工作方法以及各方面的关系等，都作了明确的规定，使我军政治指挥和政治工作有了依据和遵循。三是，创办政治院校，努力培养高素质的政治指挥员和政治工作干部。

在部队思想理论建设方面。组织部队认真学习马列主义、毛泽东思想；开展以正确处理人民内部矛盾为中心内容的整风运动，改善官兵关系、上下级关系、军民关系，增强内外团结。

在基层建设方面。开展整顿基层党支部工作，抓好共青团、军人委员会等群众组织建设；大力开展军事训练中政治工作，开展创造神枪手、神炮手和技术能手活动，学习郭兴福教学法活动，"大比武"活动；大抓基层建设中的群众性革命竞赛，在基层开展"五好"①先进个人和先进单位的运动，1961年该运动改为创造四好（政治思想好、三八作风好、军事训练好、生活管理好）连队、五好战士运动；开展学雷锋、学南京路上好八连、学习硬骨头六连等活动。

在加强平时战备与保卫祖国边防中，政治工作也经受了锻炼和考验。

1962年，在国际上掀起反华"大合唱"的形势下，盘踞在台湾的蒋介石

---

① 1958年提出的"五好"，即：学习好、爱护武器装备好、消灭事故好、节约好和身体好；1960年"五好"内容改为：政治思想好、军事技术好、三八作风好、完成任务好、锻炼身体好。

集团企图利用我经济建设和社会生活处于暂时困难的时机，派兵窜犯大陆。总政治部发出《关于准备粉碎蒋匪帮进犯东南沿海地区政治工作指示》和连队战备动员要点，各部队深入扎实地开展了战备中政治工作，充分发挥了政治工作的威力。由于我军准备充分，台湾的国民党军队未敢大规模窜犯大陆。

二十世纪六十年代初期，印度尼赫鲁政府从扩张主义政策出发，指使军队不断蚕食我领土，对我进行军事挑衅。1962年10月，面对印军对我的全线军事进攻，我军被迫进行自卫反击作战，取得了辉煌的军政全胜的战绩。在极其复杂和困难的情况下，我军政治工作保证了部队坚决贯彻执行党中央、中央军委的决策指示；在平时备战整军工作的基础上，保证了部队迅速地由平时状态转入作战行动；以艰苦的工作，保证了部队克服自然条件的严重困难；深入到战场，进行不间断的工作，保证部队具有旺盛的士气；贯彻正确的战术思想，充分发挥指战员的积极性和创造性，保证了作战的胜利。

在这个时期，我军政治工作还保证了1969年3月珍宝岛自卫还击作战和1974年1月西沙群岛自卫还击作战的胜利。

"文化大革命"时期，由于军队政治工作贯彻执行了"文化大革命"的错误理论、指示和决定，使政治工作遭受了建国以来最严重的挫折和损失。受林彪、"四人帮"反党集团大搞"突出政治""空头政治"和"假、大、空"等恶劣影响，军队政治工作的优良传统遭到严重破坏，政治工作和政治干部的形象威信受到极大损害。

鲜为人知的是，在"突出政治""政治统帅一切"的年代，军队政治指挥系统竟然遭受了"浩劫"，总政治部被"砸烂""军管"了！

由于党在长期革命斗争实践中创立和培育起来的政治工作的优良传统，深深植根于广大政治干部和官兵群众之中，当林彪主持军委工作后推进极左思潮时，受到了总政治部主任罗荣桓、谭政等一批老同志和政治工作战线许多指战员的抵制，林彪、江青感到总政治部是其路线推行的"绊脚石"，于是，林彪于1967年7月25日对亲信下达了"你们要战斗，要突击，彻底砸烂总政阎王殿"的指令。之后，总政治部被迫停止办公。11月21日，军委政工组、文艺组和军报组成立；12月8日，林彪在人民大会堂接见了3个小组的全体成员，明确宣布，今后文艺组多找江青、戚本禹，军报组多找陈伯达、姚文元，政工组找中央文革和军委办事组。从此，军委政工组取代了总政治部。在"彻底砸烂总政"这场浩劫中，所有的总政领导都戴上了"阎王"的帽子，多数正副部长被戴上了"判官"的帽子，许多正副处长被戴上了"牛头马面"的帽子,一般干部和许多群众被戴上了"小鬼"的帽子。60多名副部长以上领导干部被反复揪斗,总政治部副主任袁子钦被迫害致死。1968年,林彪等又宣布对总政实行军管,总政机关及直属单位的767名干部被专案审查,其中17人被迫害致死。总政机关95%以上的干部被逐出北京。"砸烂总政阎王殿"是林彪、江青篡军窃国的重大阴谋,使军队政治工作遭受严重破坏。直至1969年11月11日,党中央任命李德生为总政治部主任(任职命令被拖延至1970年4月30日才正式公布),军委政工组撤销,总政治部才逐步恢复正常职能。①

粉碎林彪、"四人帮"两个反革命集团、结束十年动乱之后,叶剑英元帅曾指出,林彪玩弄反革命两面派手法,表面上把政治工作捧到天上,实际上把无产阶级的政治工作摔到地下,使相当一部分人对政治工作持怀疑、看不起的态度,但是泼出去脏水不能把盆也扔掉。

叶剑英在1978年全军政治工作会议上作了政治工作是我军生命线的专题讲话,强调:"政治工作过去是我军的生命线,在新的历史条件下仍然是我军的生命线"。"我们军队在任何时候,任何条件下,政治工作只能加强,不能削弱。否则,我军就有脱离党的领导的危险,就有改变无产阶级性质的危险,就有失去战斗力的危险,就有被资产阶级野心家篡夺领导权的危险。党在军队中的政治工作关系着我军的强弱、胜败、生存和发展。政治工作是我军的生命线,我想它的深刻含义就在这里。"②

进入改革开放和社会主义现代化建设新时期,军队政治工作根据我国社会实现伟大历史转折和开创中国特色社会主义的形势,开展揭批"四人帮"的斗争,努力拨乱反正;1978年召开全军政治工作会议,恢复和发扬我军政治工作优良传统;贯彻党的十一届三中全会精神,我军政治工作走上正确轨道。

1979年2月17日至3月5日,我军胜利地进行了中越边境自卫还击作战。之后,1981年5月至1984年4月,又进行了法卡山、扣林山、老山、者阴山等战斗,并一直延续到1987年。我军政治工作充分发挥了服务保证作用,为新形势下的战时政治工作积累了新经验。

在邓小平新时期军队建设思想指导下,我军政治工作开创了新局面:

一是从思想上、组织上保证党对军队的绝对领导。进行全面整党,彻底

---

① 李澍,刘培一,杜彦林主编:《社会主义时期中国人民解放军编年史》,第228页,人民出版社1993年版。

② 《叶剑英传》编写组:《叶剑英传》,第414页,当代中国出版社1995年版。

否定了"文化大革命",清理了"三种人"(指"文化大革命"期间造反起家的、帮派思想严重的、打砸抢分子),纯洁了党的组织,提高了党组织的战斗力。坚持用党的基本理论和基本路线教育部队,深入学习党的十一届三中全会以来的路线方针政策,普遍开展马克思主义理论教育,开展党对军队绝对领导的教育和党史专题教育。在组织制度上坚持和改善党对军队的领导,1982年12月第五届全国人民代表大会第五次会议通过的《中华人民共和国宪法》规定,国家设立中央军事委员会,领导全国武装力量,中央军委实行主席负责制,军委主席由全国人大选举产生,对全国人大和它的常委会负责。中华人民共和国中央军事委员会和中国共产党中央军事委员会的成员是一套班子;在领导原则上,明确规定"军队的最高领导权和最高指挥权属于中国共产党中央委员会和中央军事委员会"。

二是推进干部队伍的革命化、年轻化、知识化、专业化建设。邓小平在1978年全军政治工作会议上指出:"培养接班人,这件事关系到军队建设和未来反侵略战争的大局,非解决不可。"①之后又强调,选接班人,必须选懂行的和比较年轻的。"要在坚持社会主义道路的前提下,使我们的干部队伍年轻化、知识化、专业化,并且要逐步制定完善的干部制度来加以保证。"②1982年党的十二大通过的党章明确规定:党按照德才兼备的原则选拔干部,坚持任人唯贤,反对任人唯亲,要努力实现干部队伍的革命化、年轻化、知识化、专业化。至此,革命化、年轻化、知识化、专业化(简称"四化")就成为我军干部工作的方针。全军按照干部队伍"四化"要求,调整配备各级领导班子;大力培训干部,加速干部队伍的"四化"建设;尊重知识,尊重人才,充分发挥知识分子在国防和军队建设中的作用;改革完善干部制度,保证干部队伍"四化"方针的落实。

三是开展学习科学文化知识,培养军地两用人才活动。1977年12月28日,邓小平在中央军委全体会议的讲话中,明确提出了培养军地两用人才的主张。他指出:"要把教育训练提高到战略地位,就包括把军队办成一个大学校","只着眼于军队本身建设的需要是不够的,还要着眼于干部战士转业复员到地方的需要。"要使军队干部"成为军队和地方都合用的干部"。对战士的教育训练要做到一兵多能。要学政治、学军事、学科技,还要学点数理化,学点

---

① 邓小平:《邓小平文选》第二卷,第123页,人民出版社1994年版。
② 同上书,第361页。

工农业知识，学点外语。①1983年，邓小平为全军学习科学文化知识、培养军地两用人才展览题词："大力培养既能打仗又能搞社会主义建设的军地两用人才。"

　　四是开展建设社会主义精神文明活动，发展新型的军政军民关系。1980年12月，邓小平在中央工作会议上提出要大力发扬"五种革命精神"②，并号召全社会开展社会主义精神文明建设。1981年2月，总政治部根据军队的特点，把"四有三讲两不怕"③作为军队建设社会主义精神文明的基本内容，在全军开展建设社会主义精神文明先进连队和先进个人的群众性活动。1985年根据邓小平在全国科技工作会议上关于"一靠理想、二靠纪律，才能团结起来，建设有中国特色社会主义"的讲话精神，全军在开展三年之久的"四有三讲两不怕"活动的基础上，进行"四有"④教育和理想信念教育，"四有"教育成为军队精神文明建设的重要内容。在军队精神文明建设中，全军还深入开展了学雷锋活动，学"硬骨头"六连活动；广泛开展军民共建精神文明建设活动，军队响应党中央发出的"军队要成为保卫祖国的钢铁长城，要成为建设社会主义精神文明的光荣标兵"的号召，开展了军民共建文明村、文明街道、文明镇、文明学校等活动。1983年，邓小平为全军军民共建社会主义精神文明建设展览题词："发扬我军拥政爱民光荣传统，军民共建社会主义精神文明"，极大地推动了这项工作的深入发展。

　　五是保证军队建设指导思想的战略性转变和精简整编任务的完成。1984年11月，邓小平审时度势，在中央军委座谈会上作出了十年内大仗打不起来的战略判断。这个判断，对我们非常重要，使我们能够安安心心地搞建设，也能够确定新时期国防和军队建设的正确方向和原则。军队要服从国家建设这个大局，照顾这个大局。为了贯彻军委座谈会精神，1985年5至6月间，中央军委扩大会议在北京召开，会议作出了国防和军队建设实行战略性转变的决策，军队建设从过去立足于"早打、大打、打核战争"的临战状态，转

---

① 邓小平：《邓小平文选》第二卷，第79—80页，人民出版社1994年版。
② "五种革命精神"即：革命和拼命精神，严守纪律和自我牺牲精神，大公无私和先人后己精神，压倒一切敌人、压倒一切困难的精神，坚持革命乐观主义、排除万难去争取胜利的精神。
③ "四有三讲两不怕"即：有理想、有道德、有知识、有体力，讲军容、讲礼貌、讲纪律，不怕艰难困苦、不怕流血牺牲。1983年1月，根据党的十二大精神，调整为有理想、有道德、有文化、有纪律，讲军容、讲礼貌、讲卫生，不怕艰难困苦、不怕流血牺牲。
④ "四有"即有理想、有道德、有文化、有纪律。

到和平时期建设的轨道上来。邓小平在 6 月 4 日的会议上宣布了军队减少员额 100 万的决定。军队政治工作通过强有力的思想工作和组织工作，保证了党中央、中央军委的战略决策在全军的贯彻执行。

六是我军政治工作在 1989 年春夏之交的政治风波中经受了考验。坚决贯彻党对军队绝对领导的原则和制度，保证了人民军队听党话、跟党走；充分发挥政治工作威力，保证戒严平暴任务的胜利完成；贯彻党的十三届四中、五中全会精神，确保部队高度稳定和集中统一。

贯彻江泽民国防和军队建设思想，我军政治工作也有一系列新举措：

第一，强调党对军队的绝对领导是我军永远不变的军魂。1993 年 9 月 26 日，江泽民在接见广州军区机关师以上领导干部时提出："一个军队要有军魂。我看，我们军队的军魂就是党的绝对领导。"①"军魂"二字体现了江泽民对党对军队的绝对领导所进行的新的深入思考和总结，赋予了这个原则以新的定位。

第二，强调发扬我军优良传统，保持老红军本色。重新归纳我军优良传统并强调发扬这些优良传统的重要性；中央军委作出《关于发扬优良传统加强廉政建设的决定》；普遍开展"发扬优良传统、保持老红军本色"的宣传教育。

第三，把思想政治建设摆在军队各项建设的首位。1990 年 12 月，江泽民在全军军事工作会议上指出："抓部队建设，最根本的是要把思想政治工作做好。"②在 1995 年中央军委扩大会议上，他强调："我军在国家生活中的这种特殊的职能和地位，决定了讲政治是我军优良传统的精髓和军队建设的灵魂。因此，任何时候都必须把思想政治建设摆在首位，任何时候在讲政治的问题上都必须有更高的要求和更高的自觉性。"③

第四，军队精神文明要走在全社会前列。1996 年 10 月 7 日至 10 日，党的十四届六中全会通过了《中共中央关于加强社会主义精神文明建设若干问题的决议》，江泽民发表了重要讲话。《决议》明确指出："中国人民解放军和中国人民武装警察部队是中国精神文明建设的重要力量。"要求全军"发扬人民解放军的优良传统和优良作风，进一步提高全体指战员的思想政治素质，

---

① 中共中央文献研究室编：《江泽民思想年编（一九八九—二〇〇八）》，第 129 页，中央文献出版社 2010 年版。
② 江泽民：《江泽民文选》第一卷，第 139 页，人民出版社 2006 年版。
③ 同上书，第 488 页。

在精神文明建设中努力走在全社会的前列。"①

第五，贯彻"五句话"②总要求，全面加强基层建设。1990年12月1日，江泽民在全军军事工作会议上提出，"部队要做到政治合格、军事过硬、作风优良、纪律严明、保障有力，都需要进行严格的军事训练。"③这是江泽民首次提出基层建设的"五句话"要求。1992年10月，江泽民在党的十四大报告中明确提出了新时期军队建设的"五句话"总要求："军队要努力搞好各项建设和改革，切实把教育训练摆到战略地位，全面提高官兵素质，使全军部队做到政治合格、军事过硬、作风优良、纪律严明、保障有力。"④

2000年6月28日，中央思想政治工作会议在北京举行。江泽民在会议上强调："党的思想政治工作，是经济工作和其他一切工作的生命线，是团结全党全国各族人民实现党和国家各项任务的中心环节，是我们党和社会主义国家的重要政治优势。"⑤

胡锦涛在领导国防和军队建设实践中，高度重视思想政治建设，作出了一系列重要论述，包括：

"思想政治建设是我军的根本性建设。注重从思想上政治上建设部队，是我们党建军治军的光荣传统和宝贵经验。"⑥这是胡锦涛对新形势下军队思想政治建设地位作用的精辟概括。

"从思想上政治上组织上确保我军始终成为党绝对领导下的人民军队，确保国防和军队建设科学发展，确保有效履行新世纪新阶段我军历史使命。"⑦这"三个确保"，是胡锦涛深刻分析思想政治领域的新形势，赋予军队思想政治建设的时代课题。

坚持以中国特色社会主义理论体系为指导，着力增强思想政治建设科学性。这是胡锦涛深刻总结我军思想政治建设发展进步基本经验得出的科学结论。

"人民军队必须具有凝聚军心的神圣军魂。人民解放军铸就的军魂，就是

---

① 肖裕声主编：《中国共产党军队政治工作史》（下卷），第821页，军事科学出版社2015年版。
② "五句话"指政治合格、军事过硬、作风优良、纪律严明、保障有力。
③ 江泽民：《江泽民文选》第一卷，第140页，人民出版社2006年版。
④ 同上书，第240页。
⑤ 江泽民：《江泽民文选》第三卷，第76页，人民出版社2006年版。
⑥ 胡锦涛：《胡锦涛文选》第三册，第179页，人民出版社2016年版。
⑦ 同上书，第180页。

坚持党的绝对领导。"①党对军队的绝对领导,是我军建军的根本原则和永远不变的军魂,是我国的基本军事制度和中国特色社会主义政治制度的重要组成部分,是党和国家的重要政治优势。这一重要论述,进一步丰富发展了党的军事指导理论和我军军魂思想。

"人民解放军的优良革命传统,集中起来就是听党指挥、服务人民、英勇善战。""听党指挥,是党和人民对人民军队的最高政治要求,是人民解放军不可动摇的根本原则。""服务人民,是人民军队一切奋斗发展的出发点和归宿,是人民解放军必须永远坚持的根本宗旨。""英勇善战,是人民军队的鲜明特征,是人民解放军履行职能使命的根本要求。"②这是胡锦涛对人民解放军优良传统以及性质、宗旨、本色的创新性论述。

把以人为本作为重要的建军治军理念。这是胡锦涛以科学发展观指导国防和军队建设的重要理论创新。

亲自倡导培育"忠诚于党,热爱人民,报效国家,献身使命,崇尚荣誉"的当代革命军人核心价值观,是胡锦涛领导军队思想政治建设的重大创举。

"军队党的建设是军队全部工作的基础和关键。"③胡锦涛把加强和改进军队党的建设作为推进党的建设新的伟大工程的重要组成部分,并着眼军队的特殊性,提出了军队党的建设"四个坚持"的总要求。

胡锦涛反复强调,要把人才建设作为军队建设的根本大计,摆在优先发展的战略位置来抓。

胡锦涛强调,"坚持紧贴时代发展、紧贴使命任务、紧贴官兵实际,切实改进创新思想政治工作。"④这"三个紧贴",是加强军队政治工作筹划和指导必须牢牢把握的科学方法论。

习近平主持军委工作以来,直面世情党情国情军情,高屋建瓴,以强烈的责任担当和使命感,高度的原则性、战斗性,确立了新形势下政治建军的大方略,展示了政治建军、改革强军、科技强军、人才强军、依法治军的雄才大略。

他亲自决策和领导在古田召开新世纪第一次全军政治工作会议,发表重要讲话,确立了新形势下政治建军的大方略,赋予我军政治工作新使命。

习近平强调了我军政治工作的重要地位和重大作用,指出:"我军是人民

---

① 胡锦涛:《胡锦涛文选》第二卷,第598页,人民出版社2016年版。
② 同上。
③ 同上书,第293页。
④ 同上书,第184页。

军队,是革命的武装力量,政治工作是我军的看家本领,是我军的最大特色、最大优势,是我军同一切其他性质军队的最大区别,也是我军保持人民军队性质、宗旨、本色的重要保障。"①习近平详细阐述了政治工作是我军生命线的含义:

"第一,实行革命的政治工作,保证了我军始终是党的绝对领导下的革命军队。'凡制国治军,必教之以礼、励之以义。'政治工作实质上是党领导和掌握军队的工作。""第二,实行革命的政治工作,为我军战胜强大敌人和艰难险阻提供了不竭力量。""第三,实行革命的政治工作,使我军始终保持了人民军队的本色和作风。"

习近平指出:"'千淘万漉虽辛苦,吹尽狂沙始到金。'在长期实践中,我军政治工作形成了一整套优良传统,主要包括:坚持党指挥枪的根本原则和制度,坚持全心全意为人民服务的根本宗旨,坚持实事求是的思想路线,坚持群众路线的根本作风,坚持用科学理论武装官兵,坚持围绕党和军队中心任务发挥服务保证作用,坚持公道正派选拔使用干部,坚持官兵一致、发扬民主,坚持实行自觉的严格的纪律,坚持艰苦奋斗、牺牲奉献的革命精神,坚持党员干部带头、以身作则,等等。这些优良传统是我军政治工作的根本原则和内容,我们一定要把先辈们用鲜血和生命铸就的优良传统一代代传下去。"②

中国共产党军队政治工作近百年波澜壮阔而又艰难曲折的奋斗历程,取得了举世瞩目的辉煌成绩,使军队发生了沧桑巨变,对中国乃至世界产生了重大影响。

政治建军也好,政治指挥也好,政治工作也好,它们的根本目的和任务是一致的,这就是:

第一,保证我军始终是党的绝对领导下的革命军队。军队是执行特殊政治任务的武装集团,是"握枪杆子"的,"听谁话、跟谁走"是这个武装集团的根本问题。我军是党的军队,没有党的领导,没有政治工作从政治上、思想上、组织上保证党对军队的绝对领导,军队就没有生命了。政治工作就是要用党的基本理论基本路线教育部队,保证官兵政治上思想上同党中央保持高度一致;就是要坚持军委主席负责制,坚持党委统一的集体领导下的首长分工负责制,坚持双首长制、政治委员和政治机关制度,坚持支部建在连上;就是要坚持党在军队建立组织、委派干部,坚持不懈地抓好纯洁组织、巩固

---

① 总政治部编:《习近平国防和军队建设重要论述选编》(二),第87页,解放军出版社2015年版。

② 同上书,第87—93页,解放军出版社2015年版。

组织的工作。

第二，为我军战胜强大敌人和艰难险阻提供不竭力量。军队是要打仗的，必须有坚强的力量。这个力量首先是共产主义信仰的力量、"革命理想高于天"的坚定信念的力量、"一不怕苦、二不怕死""压倒一切敌人而不被任何敌人所压倒、征服一切困难而不被任何困难所征服"的战斗精神的力量；这个力量还包括官兵一致、军民一致、瓦解敌军的力量，自觉而严格的纪律的力量。团结是我军的力量所在，没有政治工作保证我军内部和外部的坚强团结，保证组织上的纯洁和巩固，军队就会涣散、瓦解。纪律是执行路线的保证，没有政治工作保证在自觉基础上的严格的军事纪律和政治纪律，军队就会成为一盘散沙。这些力量的凝聚，就是政治建军、政治指挥、政治工作的重要任务。我们要把有高度政治觉悟的人，同现代化的武器装备结合起来，这样才能形成真正强大的战斗力。提高政治觉悟出战斗力，苦练技术战术出战斗力，优良作风出战斗力，艰苦奋斗出战斗力，严格纪律出战斗力，官兵团结、军民团结出战斗力，提高干部的组织指挥能力和科学文化知识也是战斗力，政治指挥、政治工作就是要从各方面发挥作用，在平时培养和提高部队战斗力。

第三，使我军始终保持人民军队的本色和作风。为什么人服务的问题关系军队性质和发展方向。我军作为无产阶级性质的新型人民军队，始终同人民站在一起，始终是人民子弟兵，始终全心全意为人民服务。没有政治工作唤起干部战士的无产阶级觉悟、抵制资产阶级和各种非无产阶级思想的侵蚀，就不能坚持我军的宗旨，就要脱离人民。政治建军、政治指挥、政治工作就是要始终关注军队为什么人服务这个重大问题，盯着军队的作风建设，盯着军队的纪律建设，坚持实事求是的思想路线和群众路线的根本作风，坚持官兵一致、发扬民主，坚持艰苦奋斗、牺牲奉献，坚持言行一致、以身作则、以上率下。

上述三个方面，其实就是政治工作是我军生命线的含义。

本书用生动的语言告诉您：政治工作犹如阳光、空气和水之于人的生命一样，是人民军队的生命线。生命线供给人们信仰、信念、纪律、担当，生命线激发人的荣誉、责任、使命、血性，生命线是人民军队生存、发展、壮大的保障。生命线是心胜的支撑，人民军队的苦难辉煌由生命线铸就，人民军队的浴血荣光由生命线滋养。

值此纪念中国共产党成立100周年之际，以此表达对老一辈无产阶级革命家、老一辈政治指挥员、政治工作人员深深的敬意。

第一编　大革命时期

孙中山"以俄为师""联俄联共",强力推进政治建军,开天辟地在黄埔军校和国民革命军中建立了党代表、政治部、特别党部制度,开创了"党军"的建军历史。

中国共产党人最积极地、毫无保留地支持并投身孙中山的革命事业,成为黄埔军校和国民革命军政治指挥、政治工作的中坚力量。

大革命从兴起到失败的经验教训表明:中国共产党不但要建立革命的统一战线,而且要始终保持自己的独立性,实行"既团结又斗争"的方针,争取无产阶级在革命中的领导权;根据中国当时的实际国情,要取得革命的胜利,必须坚持武装斗争,组建由共产党直接统率和指挥的军队;共产党在军队中必须建立、巩固并壮大党的组织,并更加重视党员的质量。军队政治指挥和政治工作必须包括宣传工作和组织工作两大方面内容,宣传工作为组织工作鸣锣开道,组织工作又为思想工作巩固地盘,两者如"鸟之两翼、车之两轮",缺一不可。

第一章　孙中山创立党代表、政治部、特别党部制度

党代表、政治部等党对军队实施政治指挥的制度最早诞生在列宁领导的苏联红军，1924年孙中山将它引入中国，并首先在黄埔军校开始实行，从而开创了中国军队现代政治工作制度的先河。1937年10月25日，毛泽东在和英国记者贝特兰的谈话中，特别提到了这一段历史，他说：

"八路军更有一种极其重要和极其显著的东西，这就是它的政治工作。"

"国民党的军队本来是有大体上相同于今日的八路军的精神的，那就是在一九二四年到一九二七年的时代。那时中国共产党和国民党合作组织新制度的军队，在开始的时候不过两个团，便已团结了许多军队在它的周围，取得第一次战胜陈炯明的胜利。往后扩大成为一个军，影响了更多的军队，于是才有北伐之役。那时军队有一种新气象，官兵之间和军民之间大体上是团结的，奋勇向前的革命精神充满了军队。那时军队设立了党代表和政治部，这种制度是中国历史上没有的，靠了这种制度使军队一新其面目。一九二七年以后的红军以至今日的八路军，是继承了这种制度而加以发展的。一九二四年到一九二七年革命时代有了新精神的军队，其作战方法也自然与其政治精神相配合，不是被动的呆板的作战，而是主动的活泼的富于攻击精神的作战，因此获得了北伐的胜利。现在的抗日战场，正需要这样的军队。这样的军队并不一定要有几百万，有了几十万作中心就能战胜日本帝国主义。"①

---

① 毛泽东：《毛泽东选集》第二卷，第379—380页，人民出版社1991年版。

一、陈炯明炮轰总统府，孙中山悲愤欲殉职

2016年11月11日，习近平在纪念孙中山先生诞辰150周年大会上讲话指出：

"孙中山先生是伟大的民族英雄、伟大的爱国主义者、中国民主革命的伟大先驱，一生以革命为己任，立志救国救民，为中华民族作出了彪炳史册的贡献。"

"时代造就伟大人物，伟大人物又影响时代。150年前，孙中山先生出生之时，中国正遭受帝国主义列强的野蛮侵略和封建专制制度的腐朽统治，战乱频发，民生凋敝，中华民族陷入内忧外患的灾难深渊，中国人民处于水深火热的悲惨境地。在那个风雨如晦的年代，中华民族从未屈服，无数仁人志士前仆后继，探求救国救民的道路，进行可歌可泣的抗争。孙中山先生就是他们中的杰出代表。"

"青年时代，孙中山先生目睹山河破碎、生灵涂炭，誓言'亟拯斯民于水火，切扶大厦之将倾'，高扬反对封建专制统治的旗帜，毅然投身民主革命事业。他创立兴中会、同盟会，提出民族、民权、民生的三民主义，积极传播革命思想，广泛联合革命力量，连续发动武装起义，为推进民主革命四处奔走、大声疾呼。"

"我们要学习孙中山先生坚韧不拔、百折不挠的奋斗精神。孙中山先生'致力国民革命凡四十年'，一生坚持'吾志所向，一往无前，愈挫愈奋，再接再厉'，对此矢志不移、无比坚定。孙中山先生说：'以吾人数十年必死之生命，立国家亿万年不死之根基，其价值之重可知。'孙中山先生的革命生涯屡经挫折、备尝艰辛，但为了'造成独立自由之国家，以拥护国家及民众之利益'，他从不因失败而灰心，也从不因困难而退缩，坚信'吾心信其可行，则移山填海之难，终有成功之日；吾心信其不可行，则反掌折枝之易，亦无收效之期也'，坚信只要'精神贯注，猛力向前，应乎世界进步之潮流，合乎善长恶消之天理，则终有最后成功之一日'。任何外来威胁、内部分裂、暂时失败都不能动摇孙中山先生的革命意志，直到卧病弥留之际，他念念不忘的仍是'和平、奋斗、救中国'。孙中山先生以毕生奋斗践行了他的誓言，表现出一个伟大革命者的英雄气概和

执着追求。"①

作为革命的先行者,孙中山可谓历经磨难,饱经沧桑。

从 1895 年起,孙中山从挫折中认识到,对腐朽的清朝专制统治和军阀反动势力而言,上书请愿等和平改良方法无济于事,"和平之法,无可复施",于是便勇敢地迈上了武装斗争的革命道路。

但是,由于他当时认识的局限性以及客观环境的限制,他没有去做发动群众、组织群众的工作,因此孙中山手中掌握的革命武装是很微弱的。在 1911 年以前,孙中山领导了十几次反清武装斗争,这些起义基本上是少数革命党人加上受孙中山影响的一部分同情革命的会党、新军武装所进行的军事冒险。武昌起义后,因为两湖起义军遭到黎元洪等的摧残,而响应武昌起义的各省军队,又多数掌握于宪政派手中,同盟会无权调度支配。因此,中华民国建立之时,南京临时政府及之下的军队,名义上号称有十个师,约七八万人,但是其中除两广、浙江调来的北伐军等较有战斗力外,大部分是各地支援南京的新军和一时聚集起来的民军,不仅枪少弹缺,而且没有统一的指挥。由于没有治军的经验,孙中山对投降归顺的清朝反动武装未能予以解散,对举起革命旗帜、参加起义的新军,也没有按照革命要求进行必要的整编与改造,因此这样凑合起来的部队不可能是革命党人能够控制得了的。当时担任陆军总长兼总参谋长的黄兴,就痛感因"无主兵,命令难行"。

相反,袁世凯却紧紧掌握着一支强悍的反革命武装——北洋六镇。这种力量的对比就使得孙中山和革命党人不得不处处作出妥协。当帝国主义和袁世凯通过所谓的和平谈判,加紧破坏中国革命时,黄兴因"无主兵",公开向人民表示"只有切腹以谢天下"。孙中山及其革命党人虽然反对议和,但由于资产阶级本身的软弱,加上没有正确的政治方针,特别是缺乏真正的革命军队为后盾,因而对反革命的进攻没有还手之力,结果只能以妥协失败结束。

袁世凯窃国后,黄兴自请取消南京留守的职务,并且遣散了南京临时政府所辖的军队两万余人,自行解除了武装。

1913 年 7 月,孙中山发动革命党人进行武装讨袁的"二次革命"。但是,由于自己掌握的军队数量不多,起兵讨袁的赣、皖、粤各省之间又缺乏统一指挥,在帝国主义和袁世凯军队猖狂进攻下,"二次革命"很快便失败了,孙中山只能再次流亡日本。

---

① 习近平:《习近平在纪念孙中山先生诞辰 150 周年大会上的讲话》(2016 年 11 月 11 日),《人民日报》2016 年 11 月 12 日。

面对"二次革命"一败涂地的结局，孙中山伤心至极。他在东京集合流亡的革命党人，总结经验，讨论得失。大家痛切地感到，缺乏可靠的军事实力是革命失败的主要原因。

1914年9月，孙中山宣布中华革命党成立，并且亲拟了中华革命党《革命方略》。之后，他又花费两个半月时间前后召开17次会议同革命党人讨论组织革命军的问题，就革命军的宣誓词、宣誓仪式、官制、编制、授勋、制服及军律、军法等问题，详尽地进行了讨论，随后又颁布了极为严肃的《军律》。可惜的是，孙中山在建立革命军的问题上，只是注意了形式上的、表面的东西，而对建军的本质问题，比如如何建立革命军，怎样才能使军队树立革命观念等并未涉及。这种舍本逐末的做法，就注定了不可能有理想的结果。

孙中山长期以来开展革命的方式，主要是在有限范围的群众中搞单纯的军事暴动。他从未考虑到以劳动人民作为革命的主体和基础，通过组织革命军队进行斗争。在一次次遭遇失败后，他虽然改变了过去单纯军事冒险的不正确做法，但又走上了另一条错误的道路——把军阀武装当做依靠的力量，幻想利用一个军事独裁者反对另一军事独裁者，以取得革命的胜利。

吸取以往的教训，为了统一军事行动，孙中山先后向各省区派出了军事负责人。但是，由于这些军事领袖缺乏广泛的群众支持，这部分人开展的所谓的军事行动，不过是"利用土匪，运动军队去打倒袁氏"。

1917年9月，孙中山联合西南各省宣布"自主"的军阀组成护法军政府。他把最强的实力派滇系唐继尧和桂系陆荣廷的部队视为"义师"，倚为护法的力量，自己担任大元帅，以唐、陆为元帅，"冀与二三君子，同德协力，共赴大义"。他想不到的是，这伙"君子"们根本不明白什么大义，心目中也无所谓的约法与国会。他们表面上口口声声拥护护法主张，实际上想的是如何维护自己的地盘；或者企图借孙中山的名声增大其"自主"声势，便于向北京政府讨价还价，达到割据地方的目的。正因为如此，他们一开始就和孙中山离心离德，使孙中山一筹莫展，尴尬无比。陆荣廷公开反对另组政府，唐继尧也通电拒绝接受元帅之职，军政府任命的六个部长及参谋总长，除陆军总长张开儒外，都因与滇、桂系的关系逡巡而不肯就职。最高领导机关实际上成为一个空架子，只靠孙中山独立撑持。

针对这种情况，当时就有人一针见血地指出："不先谋兵力，何军政之可言？"

事实也正是如此，孙中山虽名为军政府大元帅，但是军政大权实际上操纵于桂系之手，军政府有"政府"而无"军"，"既无实力，无以发言"。他忍辱负重、苦心经营的第一次护法运动，终于因为内部矛盾日益尖锐而告失败，孙中山在广东也无法立足。

这次屈辱的失败使孙中山再次认识到，必须有自己的亲信可靠的军队才有出路！于是，他以极大努力从先后继任广东省长的朱庆澜、陈炳焜、莫荣新等手中争取到了省长公署的二十个营的警卫军约8000人，以此为基础建立起一支粤军。

他把这支部队视为最可靠的革命武力，对其寄予"厚望"。为了建设好这支部队，孙中山将它交给陈炯明统率，任命陈炯明为该军总司令，因为他认为陈炯明是"可资依靠"的"革命将领"，因此要"不惜全力为竞兄（陈炯明，字竞存）之助"。在物资上，孙中山对粤军大力赞助，倾所有的资源予以装备。为了解决部队的经费问题，孙中山曾两次抵押其在上海的寓所。他还将国民党的重要军事人才派往部队组织军事训练，如以邓铿为总司令部参谋长，许崇智为第二支队司令，蒋介石为总司令部上校参谋等等，不断派朱执信、廖仲恺等骨干人员协助陈炯明进行粤军的政治训练，甚至特批全体官兵宣誓加入国民党。在多方关照下，这支部队迅速发展起来，最多发展到2万余人。在讨伐桂系军阀的作战中，这支武装也确实发挥了重要作用。但是在粤军平定广东局势后，孙、陈之间的派系之争便渐露端倪了。

孙中山以大元帅的名义，任命陈炯明为粤军总司令兼广东省省长。由于粤军的胜利，不但时局重心转到广东方面来，而且影响到全国和北方政局的演变。孙中山一向主张的以广东为革命根据地领导全国革命的设想实现，有了有利的条件。于是，孙中山于1921年3月间提出召集非常国会选举大总统。但是陈炯明不同意这样做，他从巩固个人的权力和地盘考虑，以广东的主人自居，借口"保境息民"，提出了"联省自治"的主张，反对选举总统，反对组织革命政府。[①]

当然孙中山不可能因此而不实行自己的主张。同年4月7日，非常国会选举出孙中山为大总统。5月5日，孙中山宣誓就职，广东革命政府正式成立。但是，此时羽翼丰满的陈炯明一身兼任中华民国军政部长、内务部长、广东省长、粤军总司令四个要职，成了广东军政大权的实际控制者。他把驱逐桂系军阀的功劳归于他一人。反对北伐，处处阻挠、破坏孙中山的革命行动。

---

① 尚明轩：《廖仲恺》，第101—102页，团结出版社2011年版。

进而与北洋军阀曹锟、吴佩孚勾结,于1922年6月16日举行公开的武装叛乱,围攻总统府,"步枪与机关枪交作,继以煤油焚天桥,以大炮毁粤秀楼,卫士死伤枕藉,总统府遂成灰烬"①。孙中山被迫于深夜逃到军舰上避难,之后冒着酷暑随永丰舰(后改名为中山舰)坚持战斗达五十多天。

赶走了桂系,却招来了一个新的比桂系更阴毒凶狠的陈炯明,不仅北伐进程被破坏,孙中山自己也险些遇难。他完全想不到"祸患生于肘腋,干戈起于肺腑",因此他乍一听说陈炯明叛变的事情,"悲愤得竟欲以身殉职"②。

9月18日,他在《告国民党同志书》中说:"我率领同志为民国而奋斗,已三十年了。中间出死入生,失败次数甚多。但失败之惨酷,没有大于这次的!"

他自我检讨说:"文任用非人,变生肘腋,致北伐大计功败垂成,当引咎辞职。"③

"疾风然后知劲草,盘根错节然后辨利器。凡我同志,此时尤当坚贞磨难,最后之胜利终归于最后之努力者。"④惨痛的失败使孙中山认识到旧军队都是不可靠的,"南与北如一丘之貉",要想使革命事业发展,在建军问题上应当彻底改变老办法,必须寻求新的力量,走新的道路。

二、痛定思痛,孙中山感叹"今天的革命非学俄人不可"

孙中山在辛亥革命后进行武装斗争一再遭受失败的绝望时刻,国内外发生的几件大事促使他思想发生了转变。

1917年列宁领导俄国十月革命取得成功不但震动了全欧洲,其影响也深深波及与其紧邻的中国。对北方邻邦发生的革命,孙中山是抱一种欢迎的态度的。他把它看成是人类伟大希望的诞生。苏联共产党在比较短的时间内就能够夺得全国政权的现实促使他经常反问自己:"外国革命六年成功,我则十二年尚未成功,何以故?"

他开始关注苏联发生的事情,特别是红军建设问题,希望能够有所借鉴。1921年8月,孙中山在给苏俄外交人民委员齐契林的复函中恳切地说:"我希望与您及莫斯科的其他友人获得私人的接触。我非常注意你们的事业,特别

---

① 《孙中山选集》(下),第533页,人民出版社2011年版。
② 全国政协文史和学习委员会编:《回忆黄埔军校》,第34页,中国文史出版社2014年版。
③ 《孙中山选集》(下),第535页,人民出版社2011年版。
④ 同上书,第537页。

是你们苏维埃的组织、你们军队和教育的组织。"①

苏联红军是在十月革命成功后开始组建的。1918年1月，当俄共（布）中央所属的军事机关讨论建立红军问题时，与会者一致赞成在军队中建立党支部，进行党的宣传和组织工作。1918年3月到4月间，政治委员制度首先在红军中建立起来，政治委员是苏维埃政权在军队中的直接政治代表，有权采取一切可能的措施，使军队成为无产阶级专政可靠的、忠诚的卫士；政治委员拥有广泛的军事指挥和行政权力，任何一项命令如果没有政治委员的签署都是无效的。1918年下半年，作为政治委员的助手和政治工作的领导机关，军队政治机关又相继成立。这些制度的实施，使年轻的苏联红军官兵政治素质大大提高。面对众多帝国主义国家的武装干涉和国内白匪的叛乱，苏联红军胜利地完成了保卫新生的苏维埃政权的任务，其体现出来的强大的战斗力引起全世界震惊。

苏联红军采取的政治与军事训练并重，注重对军人的精神教育的做法给孙中山以很大的启示。

孙中山强调：

"且俄之成功，亦不全靠军力，实靠宣传。"②

"我们国民党就是革命党。革命的方法，有军事的奋斗，有宣传的奋斗。军事的奋斗，是推翻不良的政府，赶走一般军阀官僚；宣传的奋斗，是改变不良的社会，感化人群。要消灭那一般的军阀，军事的奋斗固然是很重要；但是改造国家，还要根本上自人们的心理改造起，所以感化人群的奋斗更是重要。"③

"建国方法有二：一曰军队之力量；二曰主义之力量。"④

"我们用以往的历史来证明，世界上的我们进步，多半是由于宣传。譬如中国的文化自何而来呢？完全是由于宣传。""普通人如果信仰了主义，便深入刻骨，便能够为主义去死。""革命成功极快的方法，宣传要用九成，武力只可用一成。"⑤

1919年爆发的五四运动，也深深地触动了孙中山，从中他看到了广大群

---

① 《孙中山选集》（下），第522页，人民出版社2011年版。
② 同上书，第576页。
③ 同上书，第549页。
④ 同上书，第573页。
⑤ 同上书，第579—581页。

众的力量。他说:"自北京大学学生发生五四运动以来,一般爱国青年,无不以革新思想为将来革新事业之准备。""吾党欲收革命之成功,必有赖于思想之变化,兵法'攻心',语曰'革心',皆此之故。"①这表明孙中山开始改变以往对群众力量不信任、不依靠的态度,开始重视发挥群众斗争在救国救民的事业中的伟大力量。

著名革命党人朱执信在苏联十月革命后提出的建军思想,对孙中山也产生了相当积极的影响。早在护法运动中,朱执信愤于桂系军阀的跋扈,开始探讨军队的改造问题。他发表了多篇关于建军方面的文章,积极地为建立一支真正为革命党的事业服务的革命武装出谋划策。苏联十月革命胜利后,苏联红军的建军经验给他以很大的启发,他十分欣赏列宁创立的用马列主义武装起来的苏俄军队。

孙中山对朱执信是极为赞佩的,称誉他为"中国的有数人才"之一,倚之如左右手。护法失败后离粤居沪的两年多中,两人一直生活、战斗在一起。朱执信提出的一系列建军思想无疑对孙中山新的建军思想形成起着重要作用。与此同时,年轻的中国共产党也在给孙中山以积极影响。中国共产党的机关报《向导》周刊多次发表文章,对孙中山提出忠告。如蔡和森在第一期发表的《统一、借债与国民党》一文中指出:如果一味依靠帝国主义和封建军阀,进行纵横捭阖,用这个办法来抵抗暴力,将会失掉革命的生命。在《国民运动、革命军和革命宣传》一文中,他又希望孙中山依靠民众,组织真正的革命军队,并以苏联红军的成功为例。

李大钊也在1922年8月专程从北京到上海,和孙中山进行多次交谈,讨论了"振兴中国"的"种种问题"。

在以上诸多因素作用下,孙中山开始和苏俄直接接触。

1922年8月间,身负建立中苏关系重任的苏俄代表越飞来函与孙中山接洽。孙中山回函和他交换意见时,特别注意了解了苏俄军队方面的问题。稍后,他在同越飞会谈中,又进一步商讨了建立革命军队的问题。

1922年12月,孙中山在桂林会见由共产党人李大钊介绍前来的共产国际代表马林,双方"密谈了五天",畅谈了有关十月革命和中国的情况。马林研究了中国的政局,认为香港英国政府一定不允许广州革命政府发展,陈炯明与孙中山也不能相容。因此他向孙中山提出关于中国革命问题的两项建议,

---

① 《孙中山选集》(下),第500页,人民出版社2011年版。

其中之一就是：建立革命武装首先要建立革命的武装核心，也就是必须培养一大批具有革命理想信念、用革命主义武装起来的革命骨干，这个任务应当通过创办军官学校来完成。孙中山非常高兴地接受了这个建议。这种兴奋心情从他于同月在对滇、赣、粤三省官佐的讲话中可以体会出来，他赞扬苏俄军队有主义、有目的，所以能与农工联合而造成新国家。

1923年4月，孙中山在广州和共产国际代表会谈中，对红军的规模、组织和政治教育很感兴趣，反复询问有关这方面的情况。

但是，对一个新生事物的认识是需要一个过程的，对一种传统习惯的改造更是要经过一番周折。中国旧军队的组织、制度、训练方式等等是几千年历史的沉淀，对它的改造也必定是一个曲折的过程。革命党人的建议、苏俄的成功和中国共产党的帮助，促使孙中山思想上开始重视组织革命武装。但是，他的这种认识还是不够彻底和坚定的，行动也是迟缓的，而且表现出两面性。

例如，从1922年6月至1923年8月，孙中山把裁兵视为消除军阀作梗的可行办法和对军队进行改造的最好途径，为此发表关于兵工计划的宣言、讲演和书牍达十多次之多，大力宣传化兵为工的方案，并表示"决裁粤军一半，以昭示天下"。但另一方面，他为夺回广东革命根据地而在1922年秋组织讨伐叛军陈炯明的战斗中，却又依然企图利用军阀的力量进行革命斗争。他把西南诸军作为依靠力量，委任杨希闵为中央直辖滇军总司令，沈洪英为中央直辖桂军第一路总司令，刘震寰为中央直辖桂军第二路总司令，并且积极拨补军饷，组织联军东下讨伐陈炯明。

依靠诸路军阀的武力，仗是打赢了。1923年1月，滇桂军队把陈炯明驱逐出了广州，孙中山于2月离沪返穗复任陆海军大元帅。但打跑了狼却引来了虎的历史在重演着。打着革命旗帜的滇桂军盘踞广州，讨饷索弹，飞扬跋扈，根本不听指挥，而且"有奶便是娘"的本性使他们在诸多军阀的收买下纷纷叛变。

南路驻军吕春荣、邓本殷等部投降了陈炯明；沈洪英叛变后攻占了韶关；海军司令温树德率"永翔"等四舰脱离大元帅府的领导。

此外，盘踞惠州的陈炯明部在帝国主义和直系军阀的支持下，又开始蠢蠢欲动，分三路企图进攻广州。

孙中山的政府再次危机四伏，随时有被颠覆的危险。客观形势表明：必须有坚强的革命武力，才能挽救革命政权被颠覆的危险。

利用军阀的结果，反为军阀所利用，一而再、再而三的惨痛经历促使孙中山坚定了对掌握革命军队重要性的认识。创建革命武装工作也就摆上了议事日程。

1923年8月，孙中山专门派出以蒋介石为团长的"孙逸仙博士代表团"，赴苏俄考察军事、政治和党务，特别是建立军官学校的经验，以求取得第一手材料，同时寻求苏俄对中国革命的经济和军事援助。值得一提的是，共产党员张太雷、沈定一（即沈玄庐）也是代表团的成员，考察团在苏俄考察4个月，于12月中旬才返回上海。

1923年10月，孙中山在广州主持召开国民党改组特别会议，委任廖仲恺等人负责筹备改组国民党的工作。11月12日，《中国国民党改组宣言》发表。

1923年11月25日，孙中山在广州大本营对国民党员发表演说，纵论"国民党过去之失败与今后之成功"，他说：

> "革命虽经三次成功，而革命主义依然不能实现。其最大原因，皆是专靠兵力，而党员不负责任，所以有此恶果。自辛亥革命以至今日，宣传事业几乎停顿。即革命未成功以前，吾等非不从事于宣传，但当时宣传方法皆是个人的宣传，既无组织，又无系统，故收效仍小，故可谓之'人自为战'的宣传。至武昌起义以后，则连'人自为战'的宣传亦皆放弃，而不肯做矣！人人皆以为革命已经成功，皆停止奋斗，殊不知以前之所谓成功，不过靠兵力之成功，而非党员之成功。吾党欲求真正之成功，从今以后，不单独专靠军队，要吾党同志，各尽能力，努力奋斗。而且今后吾党同志的奋斗，不要仍守着旧日'人自为战'的奋斗，要努力于有胆识、有系统、有纪律的奋斗。"

> "从前何以不从事于有组织、有系统、有纪律的奋斗？因为未有模范，未有先例之故。现在一位好朋友鲍君，是从俄国来的。俄国革命之发动，迟我国六年，而俄国经一度之革命，即能贯彻他们之主义，且自革命以后，革命政府日趋巩固。同是革命，何以俄国能成功，而中国不能成功？盖俄国革命之能成功，全由于党员之奋斗。一方面党员奋斗，一方面又有兵力帮助，故能成功。故吾等欲革命成功，要学俄国的方法组织及训练，方有成功的希望。"[①]

1924年1月，国民党第一次全国代表大会在广州召开，孙中山联俄联共政策正式开始实施。会议期间，孙中山正式下令筹办"中国国民党陆军军官

[①] 《孙中山选集》（下），第567页，人民出版社2011年版。

学校"。他指派蒋介石、廖仲恺、邓演达、叶剑英等人组织了陆军军官学校筹备委员会，蒋介石为筹备委员长。从此，黄埔军校的筹备工作正式启动。

三、党代表、政治部、党部成为"党军"三支柱

在广州东郊、珠江南岸，有一个面积约6平方公里的小岛——黄埔岛。这里距广州市区约二十公里，离虎门数十公里，是从海上通向广州的要冲。

孙中山考察了黄埔岛后，认为这个小岛四面临水，与城市隔离，地当枢要，便于兴学讲武，因此决定将国民党第一所军官学校设立在这里。

校长人选是办学的一个至关重要的问题，孙中山颇费一番心思。开始孙中山想亲自担任，后来决定改派程潜当校长，蒋介石、李济深当副校长。孙中山想不到这个决定得罪了蒋介石，蒋因为没能当上正校长大感不满，于1924年2月突然不辞而别，经过上海返回了奉化老家，以此来要挟孙中山。孙中山于2月下旬派廖仲恺兼代军校筹委会委员长，并且请叶剑英协助办理筹备工作，马上开始招生。由于其他人的劝说，加上原有的信任，孙中山还是派人于4月间请回了蒋介石，并且让他当了校长。

周恩来1943年在重庆中共中央南方局干部学习会上所作的报告中这样解释孙中山选择蒋介石当黄埔军校校长的原因。

> 蒋介石为什么能接近孙中山以至于当了黄埔军校的校长呢？蒋与孙的接近首先是因为陈其美的关系。陈其美从事政治活动以后，始终追随孙中山，例如孙中山组织中华革命党，要求参加者在誓词上打手印，许多士家出身的如胡汉民、汪精卫等都不干，黄克强则更是反对，而陈其美却第一个宣了誓，打了手印。因此陈在当时得到孙中山的信任。蒋介石是陈其美的徒弟之一，因而得以与孙中山接近。其次一个重要的原因，就是在永丰舰的事情上蒋介石投了一个机。1922年陈炯明炮轰总统府，赶走了孙中山。孙中山在永丰舰上与陈炯明相持了五十多天。当时蒋介石在上海交易所做生意失败了，看到这个机可投，特意从上海跑到永丰舰，表示誓与孙中山共存亡。从此蒋介石与孙中山比较密切起来。一直到现在，蒋介石还常以这件事作为他是总理信徒的资本，把他与孙中山在永丰舰上的相处，作为他为孙总理赴难的证据。孙中山和苏联建立关系后，因为邓铿等离不开广东，就派蒋介石到苏联去参观，后来就叫他当了黄埔

军校校长。①

招生工作也十分重要。国民党一大闭幕后，军校筹备处即开始办理招生工作。当时除广东省外，全国各省区大多在军阀势力控制下，因此招生工作只能秘密进行。国民党一大专门向与会代表提出要求，希望他们回原籍后积极支持军校的招生工作，并且委托他们代为招生，广泛宣传、动员青年学生赴广州投考。

中国共产党和青年团积极响应这一号召，指示各地党、团组织多选派党、团员和进步青年报考军校，如共青团广州地委曾通知各地团组织，"现在国民党在广州创办军官学校。地方拟派三、四同志赴考，来预备将来干军人运动"。②出席国民党一大的中共党员代表回籍后，也迅速地秘密办理军校第一期学生招考事宜，如何叔衡回湖南后动员一批党、团员和进步青年投考军校。

因各地青年报考军校十分踊跃，初试录取的考生总数就达1200余人，因此需要组织复试淘汰。当时担任国民党上海执行部组织部秘书的毛泽东负责上海地区、长江流域及长江以北各省考生复试工作。毛泽东对前来上海参加复试的湖南考生十分关怀，叮嘱他们说："这次复试考生人数很多，很认真，凭考试成绩取录，你们赶快准备功课复试。"③

各地学生通过复试后再到广州参加全国总复试。总复试在广东高等师范学校举行，考试分笔试和口试两部分。刚从欧洲回国不久的共产党员张申府因为在广东高等师范学校执教，因此被党组织派遣参加筹建黄埔军校工作。他参加了军校考生的总复试工作，负责学生的口试以及临考笔试和评阅试卷。由于有共产党员的参与以及严格地坚持择优录取、严格把关的原则，军校学员的质量得到了有效地保证。

经过严格的选择后，最后正取学生350名，编为第一、二、三队；备取学生120名，编为第四队，总称学生总队。到9月，又从远道赶来投考的四川籍学生中，录取了20多名，另外军政部讲武堂的150名学生也一并归并到军校训练。这些学生就成了军校的第一期学员，共600余人。

学员们的文化程度是参差不齐的。有留学生、大学生，也有中学文化水

---

① 《周恩来选集》上卷，第115页，人民出版社1980年版。
② 广东革命历史博物馆编：《黄埔军校史料（1924—1927）》，第32页，广东人民出版社1985年版。
③ 中共中央文献研究室编：《毛泽东年谱（1893—1949）》（修订本）上卷，第123页，中央文献出版社2013年版。

平，甚至有的连小学门也没有进过。但一个共同的特点是，政治条件很好。学员多数出身于工人、农民和城市小资产阶级家庭，剥削阶级家庭出身的很少。而且，他们大多数人有理想、有抱负，是怀抱着献身革命的决心投身于军校的。值得一提的是，在600多名学生中，共产党员和社会主义青年团员占了十分之一。周恩来后来回忆说："当时黄埔军校有六百学生，大部分是我党从各省秘密活动来的左倾青年，黄埔中党团员五六十人，占学生的十分之一。"①

徐向前元帅当年报考黄埔军校的经历恐怕是有相当代表性的。

1924年，他刚刚23岁。他原来的愿望，是当一名教员，生活能有出路。可是，自3年前从国民师范毕业后，在山西阳曲县、太原第四小学等处先后教书2年，因向学生讲述太平天国、义和团运动、八国联军进北京、辛亥革命、巴黎和会等事件，遭到校长的干涉，教员的职务被辞退了。父母为他的前途着急，要他托人情，再找个教书的地方。

求亲告友做个教书匠，徐向前不干。他跑到太原自谋生路。寒冬里、大雪纷飞，徐向前每天徘徊在街头巷尾，正是谋生无路，报国无门。一天，他在街头遇到国民师范学校的一个同学，这人神秘地对他说："你愿意去上海吗？"

徐向前问："到那里去做什么？"

他说："听说广州国民政府军官学校在上海招生。"

当时，徐向前的哥哥在太原军队中工作，认识一个姓郭的军官，此人愿意保举徐向前去应考。得此门路，徐向前甚为高兴。于是他又去找另外几个失业的同学串联。几天后联络了十几个人。

青年人的热情和谋生的愿望，使他们结合起来。虽然谁都不知前途如何，但大家有一个共同的想法：借此机会，到大上海看看也很不错。有人甚至说："今生今世，能到上海看看，死了也甘心！"于是，2月间，他们自筹路费，乘坐火车，直奔上海。

黄埔军校招生的具体简章，徐向前到上海以后才看到。他发现，应试的条件和手续、规定有许多条。如政治思想条件、学历条件、身体条件，要求都很严格。如要求"能了解国民革命须速完成之必要者，或具有接受本党主义之可能性，无抵触本党主义之思想"，要求"旧制中学毕业及与中学相当程度之学校毕业"，还要求"身体状态良好，强健耐劳，无眼疾、痔疾、肺病、

---

① 《周恩来选集》上卷，第116页，人民出版社1980年版。

花柳病等疾害"。考试有笔试和口试。笔试要考作文、政治和数学，口试要"观察对于三民主义了解之程度和性质、志趣、品格、常识、能力等项之推断，及将来有无发展之希望"等等。

3月中旬，徐向前等在上海环龙路1号进行了初试。考试前，他的心情比较紧张，政治方面，看了一些报纸和书，还比较有把握，作文也不怕，只有数理化怕不行。谁知，初试比较容易，考试后第三天，山西应考的十几个人都接到了录取通知。接着，给每人发了十多块钱，要他们到广州参加复试。徐向前回忆说：

"我是和十几个同学，从上海乘火轮船去广州的。大家在三等舱里，又高兴又担心，不知道等待我们的前途是什么。有人说：听说广州卖猪仔（即出国当劳力），我们要是复试不上，就借机会到海外去。二十几岁的年轻人，心中有一番抱负，有一股求知、救国的热情，思想都比较单纯。经过5天多的海上行船，我们来到了广州这个著名的大城市。在兴湖旅馆住下了。此时的五羊城，和北方、上海都大不一样，革命的气氛很好，《广州国民报》天天公开登载革命者活动的消息，孙中山大元帅的名声很大。一天，我们听说孙中山在一个学校演说，就自动跑去听。接连听过三次，因为是头一次看到这个伟大人物，只顾看人，他讲的话也多是广东官话，听不大懂，印象深的是讲民主主义，推翻帝国主义和封建主义在中国的统治，要'以俄为师'。我们在太原国民师范读书时，听说过俄国革命，知道列宁和劳农政府，孙中山这时明确地提出这些主张，使我们对这位革命领袖很钦佩，更坚定了考黄埔的决心。"

"复试是在广东高等师范学校进行的。政治试题不难，由于我们从报纸上看到一些文章，记了些术语，考的结果不错，作文也可以，数学、三角、代数，因为没基础，几乎交了白卷。复试下来，大家心里又凉了。每天蹲在小旅馆里，不知道命运如何，每天心神不定地等着。一天，忽然来了通知，想不到我们山西的十几个同学，全被录取了。大家十分高兴。"①

万事俱备后，1924年6月16日，现代中国第一个革命的军事学校——黄埔军校，在孙中山亲自主持下正式开学了。

6月16日对孙中山而言，是个难以忘怀的日子。两年前的这一天，他一度十分器重的陈炯明叛变了革命。他之所以选在这一天举行军校开学典礼，

---

① 《当代中国人物传记》丛书编辑部：《徐向前传》，第36—37页，当代中国出版社1992年版。

也正是旨在表明要记取惨痛的历史教训,坚决为缔造一支"武力与民众相结合"的革命武装而奋斗。

这一天,黄埔军校举行了隆重的开学典礼。孙中山携夫人宋庆龄亲莅黄埔主持典礼,并作了长篇演说。除中国国民党党政军负责人、苏联顾问团出席外,当时依附革命的滇、桂、粤、豫等军的司令及各军各师的长官都参加了。学员们一律穿着苏联式的灰色卡其布军装和翻毛皮鞋,显得英姿勃勃。这是一支在中国旧军队中从未见过的新型军队。

孙中山的开学致辞,对军校学生提出了殷切希望。他演讲一开始就拿中国革命和俄国革命做比较,指出:

"中国的革命有了十三年,现在得到的结果,只有民国之年号,没有民国之事实。像这样看来,中国革命十三年,一直到今天,只得到一个空名。所以中国十三年的革命完全是失败,就是到今天也还是失败。""俄国革命虽然是在中国革命的六年之后,但是说到结果,他们的是彻底成功。"

"为什么俄国遭了那样大的艰难,遇了那样多的敌人,还能够在六年之内,把所有的障碍都一概打消,革命是彻底的成功;我们革命的时期比较俄国要长一半,所遇的障碍又不及俄国的大,弄到至今革命还是不能成功呢?由中国和俄国革命的结果不同,推求当中原因,便是我们的一个大教训。因为知道了这个教训,所以有今天这个开学的日期。这个教训是什么呢?就是俄国发生革命的时候,虽然是一般革命党员作先锋,去同俄皇奋斗,但是革命一经成功,便马上组织革命军;后来因为有了革命军作革命党的后援,继续去奋斗,所以就是遇到了许多大障碍,还是能够在短时间之内大告成功。"

"这个原因,简单的说,就是由于我们革命,只有革命党的奋斗,没有革命军的奋斗;因为没有革命军的奋斗,所以一般官僚军阀便把持民国,我们的革命便不能完全成功。我们今天要开这个学校,是有什么希望呢?就是要从今天起,把革命的事业重新来创造,要用这个学校内的学生做根本,成立革命军。诸位学生就是将来革命军的骨干。有了这种好骨干,成了革命军,我们的革命事业便可以成功。如果没有好革命军,中国的革命永远还是要失败。所以,今天在这地开这个军官学校,独一无二的希望,就是创造革命军,来挽救中国的危亡。"①

---

① 《孙中山选集》(下),第950—952页,人民出版社2011年版。

孙中山强调：

"俄国在六年以前，一经发动革命，便同时组织革命军，以后着着进行，所以能够消灭旧党和外来的敌人，大告成功；我们现在开办这个学校，就是仿效俄国。"①

"立志做革命军，先要有什么根本呢？要有高深学问做根本！有了高深学问，才有大胆量；有了大胆量，才可以做革命军。""造就高深学问的方法，不但是每日在讲堂内，要学先生所教的学问，还要举一隅而三隅反，自己去推广。在讲堂之外，更须注重自修的功夫，把关于军事学和革命道理的各种书籍及一切杂志报章，都要参考研究。研究有了心得之后，一旦融会贯通，自然可以发扬革命的精神，继续先烈的志愿，舍身流血，造成中华民国的基础，使三民主义完全实现，革命大告成功，像俄国一样，我们中国才可以同世界各国并驾齐驱，中国的民族才可以永远的生存于人类。"②

孙中山在致辞中对如何造就一支革命军队提出了严格要求，他指出：

"有和革命党的奋斗相同的军队，才叫做革命军"。"不明白革命主义的队伍，究竟不能除却自私自利的观念，如果和他们本身的利害相反，马上便靠不住，所以我们的革命，总是失败"。

孙中山强调：

"要做革命事业，是从什么地方做起呢？就是要从自己的方寸之地做起，要把自己从前不好的思想、习惯和性质，像兽性、罪恶性和一切不仁不义的性质，都一概革除。所以诸君要在政治上革命，便先要从自己的心中革起。自己能够在心理上革命，将来在政治上的革命便有希望可以成功。如果自己不能在心理上革命，就是此刻在这样设备完全的军官学校之内研究军事学，将来还是不能成革命军，做革命军的事业。所以诸君要革命，便先要立革命的志气。此时有了革命的志气，将来便可以当革命军的将领。我们要把革命做成功，便要从今天起立一个志愿，一生一世，都不存升官发财的心理，只知道做救国救民的事业，实行三民主义和五权宪法，一心一意的来革命，才可以达到革命的目的。"③

黄埔军校的编制上基本是按苏联红军的模式组织，除校长外，还有国民

---

① 《孙中山选集》（下），第958页，人民出版社2011年版。
② 同上书，第959页。
③ 同上书，第952—954页。

党党代表、苏联顾问，设了政治、教授、教练、管理、军需、军医等部。这一编制模式开创了中国军队政治工作的先河。特别是党代表和政治部的设立鲜明地体现出了"党军"的特色。黄埔军校还设有公开的国民党特别党部，属国民党中央领导，下设区党部和区分部。在这些党部中，共产党员占有相当大的比重。

军校开学之时，正值孙中山改组国民党、国共合作之际，也正值中国大革命萌发之际。这是一个风雷激荡的火红年代，这一特定的历史条件为英雄豪杰竞相表演提供了舞台。作为熔炼大革命尖兵的黄埔军校，积聚了各路人才。

中国共产党人最积极地参加了办校工作，派了很多党员来担任干部和教官。刚从法国巴黎回国的周恩来担任了军校政治部主任，恽代英、萧楚女等任政治教官，聂荣臻、鲁易等任政治部秘书，金佛庄、茅廷桢等任军事教官、队长等职。

社会主义的苏联为了支持孙中山办学，也派遣政治、军事人才到中国。比如，被孙中山委任为国民党政治顾问的鲍罗廷，对黄埔军校的设置、军事组织乃至政治制度的拟定，都一一过问。加伦等十几名苏联顾问则先后到军校担任了军事、政治教育工作。这些人都经历过战争的实践，并且在军事院校经过理论进修，因此是办好军校难得的人才。

在黄埔军校成立后，孙中山更是加倍关注着它的健康发展。孙中山除了亲自担任军校总理外，还派他的"得力臂膀"廖仲恺任军校党代表。在他日理万机之余，每隔一段时间就要到军校的"学海楼"小住。

军校本着他的要求，严格掌握"政治与军事并重，理论与实际结合"的教学方针，由环境设施到训练内容都注重灌输革命精神。军校明文规定："本校学生为担负本党军事工作之中坚，除切实接受党的训练，努力研究本党主义，凡本党之一切出版物皆须细心阅览，更必须注意世界潮流。所以关于社会主义共产主义马克思主义等书籍以及表同情于本党或赞成本党政策而极力援助本党之一切出版物，除责成政治部临时购置外，本校学生皆可购阅。"

经孙中山批准，军校校门上镶嵌了"革命者来"的匾额，两侧竖着"升官发财，请往别处；贪生畏死，勿入斯门"的对联，校内重要的地方都高悬着耀眼的标语："打倒帝国主义！""打倒封建主义！""拥护三大政策！"孙中山经常亲自给学生们上课。他不止一次地教育军校师生，要"同学同道，生死共赴"。什么叫"同道"呢？他解释说，就是"为振兴中华，团结友爱，悲喜同心"。他还特地制定了"亲爱精诚"的校训，倡导"团结""牺牲""战斗"

三大精神。

1924年10月13日，当孙中山为谋求和平统一北上商讨国事，在行前接受全校师生的隆重欢送时，曾亲切嘱咐："同学不论是国民党员和共产党员，为了革命事业，都应该把鲜血流在一起！"

1925年3月，孙中山在北京病况日益沉重，但当他获悉以黄埔军校教导团为骨干的东征军的胜利消息时，除了电告广州留守府转前方"不要扰乱百姓"，特别对当时随军冲锋陷阵与东江前线的黄埔入伍生团表示关切，电嘱党代表廖仲恺、校长蒋介石和政治部主任周恩来，要爱惜黄埔师生，不要把在学的学生用在前线，并说宁可损失一个营，也不要牺牲一名黄埔学生。

黄埔军校建立后，中国共产党便积极帮助孙中山组织新军队。1924年10月至12月，黄埔军校先后成立了教导一团和二团的学生军。1925年4月，扩编为一个旅，后又扩编为两个师。1925年7月1日，广州国民政府成立；7月6日，国民政府军事委员会成立，为最高军事指挥机构。从8月下旬开始，广东各派军队相继统一改编为国民革命军。国民革命军实行党代表、政治部、党部三重党的领导体制。中央设总党代表，各级均设有党代表和党部，执行对该级部队的领导。总司令部设政治部，各军、师、团级司令部也设有政治部。

当时，廖仲恺担任了"所有党军及各军官学校讲武堂"的党代表，简称"各军党代表"。1925年8月，廖仲恺遇刺后，汪精卫接替廖仲恺担任"各军党代表"。随后，国民党陆续在各军任命各级党代表，故旧有的"各军党代表"一职便更名为"总党代表"。在总党代表下，初期的国民革命军，在军级大多只设"副党代表"，"各军本无副党代表之规定，现因各军不易觅任与军长资格相当之人才，而事实上党代表不在时，又无人负责，故拟暂设副党代表，于党代表不在时可代行职权，对党代表负责任。"①

黄埔学生军和粤军一部编为第一军，副党代表周恩来，后缪斌继任；

谭延闿的湘军编为第二军，副党代表李富春（兼政治部主任）（共产党员）；

朱培德的滇军编为第三军，副党代表朱克靖（兼政治部主任）（共产党员）；

李济深的粤军编为第四军，副党代表罗汉（兼政治部主任）（共产党员），

---

① 中国第二历史档案馆编：《中国国民党第一、二全国代表大会会议史料》上册，第465页，江苏古籍出版社1986年版。

后陈可钰继任。廖乾吾（共产党员）曾任政治部主任；

李福林的粤军（福军）编为第五军，副党代表李朗如；

第二次东征后，程潜的湘军改编为第六军，副党代表林伯渠（兼政治部主任）（共产党员）；

北伐前夕，李宗仁的桂军改编为第七军，副党代表黄绍竑，政治部主任黄日葵（共产党员）；

北伐开始后，湘军唐生智部，又宣布参加北伐，该部遂被编为国民革命军第八军。副党代表刘文岛（兼政治部主任）。①

除了党代表、政治部外，国民党还在军队中设立了党的组织——特别党部。所谓特别党部，是因为军队本身已有严密组织，故军队党部与普通党部不同。特别党部隶属于国民党中央执行委员会，并接受党代表之指挥和政治训练部之指导。"此项制度，实为使军队党化，成为党的武力之必不可少者。国民革命军之得以保持精神上之特点，于此项特殊制度，实有甚深之关系。""凡属国民革命军之官兵，皆为党员，全军皆不能离开党的组织及纪律。军队之系统，是由上而下，而党之组织，则由下而上；在军队一方面，固有阶级，但在党一方面，则同为党员，而无所轩轾。是以军纪、风纪之外，更有党纪，使成为'铁'的组织，'钢'的纪律；团全军为整个，完全接受党的训练、指导、管辖、裁制"。②

可以说，国民革命军的领导体系为党军体制。国民党对军队的领导，是国民革命军的编制体制最基本特点。

党代表代表党管理和统率所辖部队；军事主官则有治军之权，负责军队编组、军事训练和作战指挥责任。凡有关军队文件、命令，均需有党代表签署，方能生效。这和北洋军阀的长官一人负责制完全不同，

由于这是国民党完全控制起来的新式军队，加之国民革命军官兵都是国民党党员，因此人们便把它称之为"党军"。

在这个"党军"中，我们也能够看到，相当数量的共产党员活跃其中，甚至担任了相当一级的领导职务，特别在新兴的军队政治工作领域更是共产党人的天下。8个军的（副）党代表有5名是共产党员。可以说，北伐战争中国民革命军之所以能势如破竹打垮北洋军阀部队，中共党员和进步青年发挥

---

① 朱汉国等：《国民革命与北伐战争》，第186页，南京大学出版社2015年版。

② 文公直：《最近三十年中国军事史》上册，第80页，河南人民出版社2016年版。

了骨干和先锋作用。

四、毛泽东、周恩来的弟弟都进了黄埔，共产党员活跃在政治部和讲台

在军校和部队设立党代表和政治部，开展政治教育，这是以往任何中国军队所没有的。军队有政治工作，在中国是从黄埔军校开始的。在中共的努力下，军校实行的这套制度又推广到了国民革命军。

中国共产党对黄埔军校政治工作极为重视，派出大批党员参与此项工作。聂荣臻元帅曾经说："黄埔军校是在我们党和苏联的大力协助下创办的，党在军校中有很高的威信。黄埔军校的政治工作，完全是我们党一手建立起来的，所以党在政治工作方面威信最高。"①

黄埔军校政治部是军校担负政治教育的唯一机关，其主要职责，对内"负有政治训练或指导之责"；对外"负宣传组织及政治指导之责"。政治部对党代表负责，党代表命令并指导政治部，使部队成为有严格纪律的严密的组织。

黄埔军校政治部于1924年5月25日成立，孙中山先是任命戴季陶为政治部主任，后来又任命国民党人邵元冲担任此职务，共产党员张嵩年（即张申府）则担任政治部副主任。因军校最初两任政治部主任基本未到职，加上政治部组织很简单，人员少，因此一开始政治部无甚作为，军校政治工作显得死气沉沉。这种情况和当时广州的革命气氛显得十分不协调，因此引起了许多学生的不满，他们纷纷要求撤换政治部主任。

军校总理孙中山和党代表廖仲恺也十分着急，于是他们希望共产党推荐一名得力人士担任这一职务。同年11月，应孙中山和廖仲恺的邀请，中国共产党决定派遣从欧洲回国不久的周恩来出任军校第三任政治部主任。

周恩来到职后对政治部进行了大刀阔斧的整顿，他抽调许多共产党人到政治部工作，健全了政治部组织机构。在1925年2月至1926年12月近两年的时间里，军校政治部的许多重要职务都由共产党员担任，如包惠僧代理过黄埔军校政治部后方主任（第一、二次东征时，周恩来在前线担任前方主任），鲁易担任过政治部秘书、政治部副主任，熊雄1926年1月接替鲁易担任政治部副主任、12月又代理政治部主任，黄鳌任秘书股主任，王逸常任指导股主任，杨其纲任编纂股主任（后为宣传科科长），聂荣臻任政治部秘书兼组织科长。毛泽东的弟弟毛泽覃也在政治部工作。

---

① 全国政协文史和学习委员会编：《回忆黄埔军校》，第289页，中国文史出版社2014年版。

四期学生文强回忆周恩来和毛泽覃时说：

我在第四期入伍生学习时，就知道周恩来同志是实际负责的政治部主任。与我几乎同时到达广州的毛泽覃同志，他一到广州不久，便在周恩来同志领导下的政治部负责油印工作，他的钢版字刻得好，他常常与我见面，也就常常谈到周恩来同志。周恩来以政治部主任的身份，成为政治教官的领导中心。①

周恩来主持重订了政治教育计划，着重提高政治教育分量，丰富政治工作内容。

一期学员李奇中回忆说：

政治部根据孙总理迭次对学生讲演的内容和共产党在国民革命阶段的政策方针，拟订出一个政治思想教育的纲领：(1) 革命军的最大使命是救国救民；(2) 革命军的敌人是帝国主义、军阀、土豪劣绅；(3) 革命军的当前任务是反帝、反封建，即是打倒帝国主义、打到军阀、打倒土豪劣绅；(4) 革命军的本领是一个人打胜十个人打胜一百个人；(5) 革命军的品德是不要做军阀，不要钱，不怕死，爱国家，爱百姓；(6) 革命军是人民的军队，是为人民服务的，不是为任何个人服务的。

依照上述纲领，订出一些简单口号：打倒帝国主义！打倒军阀！打倒土豪劣绅！不要钱！不怕死！爱国家！爱百姓！把这几句口号用美术字印刷成标语，张贴在一切显眼的地方，同时印成小单子发给各队值星官于早晚点名时呼叫，使之深刻地持久地印入每一学生的脑子里，成为思想行动的指针。②

在周恩来主持下，政治部除向学生宣传《向导》《中国青年》等刊物外，还编写大量通俗生动的辅导教材，大力宣传马列主义和三民主义、三大政策。

周恩来还努力和学员们打成一片。他亲自参加听课和讨论，并及时回答学员们的问题。他还经常深夜查铺，对学员关怀备至，体贴入微。尤其是他给学员讲政治课，易懂易学，学员们非常喜欢听，"都称赞周老师是最好的老师"。

文强回忆说：

周恩来"平均半个月左右来政治科上一次大课，在学生们的心目中，

---

① 全国政协文史和学习委员会编：《回忆黄埔军校》，第289页，中国文史出版社2014年版。

② 同上书，第199—200页。

认为他是一位高级的政治教官。说来也奇怪,学生们对周恩来同志的敬爱,是打破了左右派的界限的。

我在政治科上大课时,听到过周恩来的多次讲演,而且几乎每次都是讲《国内外革命形势的分析》这样的题目,这是一门百听不厌的大课,学生们人人爱听,难得的是每次都有新的内容,他对国内外的形势了如指掌,阵线分明。他的讲演博而能约,条理清楚,易于笔记,也容易背诵。他登台讲演时,带队的官长们肃立一旁静听,一听到底,并不来来去去地走动。连孙文主义学会中的骨干分子李安定、蔡劲军之类狂徒,对他也是折服的。我记得蒋作舟区队长向我谈过,他说周主任的讲演最能感动人,连李安定每次都必到静听,听后还找学生中笔记记得好的去抄录起来。我希望周主任多多来讲演,化敌为友,并不是一件难事。"①

四期学员何崇校回忆说:

周恩来来我们大队上课,是在蒋介石发动"中山舰事件"不久之后,那时第一军的进步政工人员,不久前还被蒋介石拘捕,周先生在这个时候来上政治课,我想他难免有顾虑。有一天,周先生来给我们上课了,他穿一身军服,两道浓眉,一双炯炯有神的大眼,口角坚定。他态度庄重,外貌似乎超过他的实际年龄。周先生讲课中,提到他的同胞兄弟周恩寿也在政治大队学习。周恩寿是政治大队第二队的学生。那时周先生已是名人,在此之前,同学中还不知恩寿是他的兄弟。后来我听恩寿说,他祖籍江苏淮安,但长大在北方。恩寿是老三,周先生是老二。周先生讲授的课目是《政治》,他的讲话,句句都很有力。②

为了活跃军校的革命气氛。周恩来还每周定期安排一次政治讲演会和两次特别讲演会,邀请许多共产党员来校为学生作政治教育特别演讲,如邓中夏讲《省港罢工之经过》,陈启修讲《最近世界经济状况》,施存统讲《革命运动发生之原质》,罗绮园讲《广东的农民运动之经过》,李求实讲《全国青年运动概况》,彭湃讲《海丰农民运动之成绩》,恽代英讲《中央各省联席会议之经过》等。此外,毛泽东、刘少奇、苏兆征、吴玉章、张太雷等共产党知名人士,也都应邀来校演讲。每次在军校大花厅讲堂听演讲的人,总是座无虚席。他们的演讲深入浅出,条理分明,风趣生动,发人深省,大大激发

---

① 全国政协文史和学习委员会编:《回忆黄埔军校》,第289—290页,中国文史出版社2014年版。

② 同上书,第309页。

了师生们的反帝爱国热情。

何崇校这样回忆毛泽东讲课时的情景：

> 毛先生是来讲中国农民问题的。那天他穿一件灰竹布长袍，当时我不认识毛先生（来短期训练班讲课的教官，队上长官都不对我们作介绍），同学中有知道的对我说，这位是刚卸任国民党中央宣传部代部长的毛泽东先生。①

在政治部的组织下，军校还每周举行一次政治讨论会，由学生主持，政治部派人指导，政治教官参加。大家在讨论会上畅所欲言，各抒己见，引起认真的思考和浓厚的兴趣。

进行政治问答也是黄埔军校组织政治教育的一个辅助手段。从1926年12月开始，学生提出的许多政治上不清楚的疑难问题或重点问题，由政治教官在校刊《黄埔日刊》上作公开解答，很受学员的欢迎。恽代英、萧楚女等4人还将答案汇集成册，由政治部于1927年1月编辑出版了《政治问答集》一书。全书10余万字，共10编，包括"本党的主义、政策、组织系统"，"马克思、列宁的主义、政策"，"革命的理论、策略、历史"等。

为贯彻教育方针和配合形势教育，军校的其他宣传活动也非常活跃。如：共产党员蒋先云、李之龙等领导成立了"血花剧社"，自编自导自演《还我自由》《新时代》《革命军来了》等不少反帝反封建题材的戏剧，在校内外演出。1925年4月，为了活跃学员的课余生活，陶冶精神情操，又成立了军校俱乐部，分政治、经济、美术、戏剧、音乐、体育6个组。

此外，军校除公开发行《向导》《中国青年》及其他马列主义书刊外，还大量出版发行多种书报期刊，影响较大的如《军事政治月刊》《黄埔日刊》《黄埔潮》《中国军人》等。这些刊物在校内外广为传播，有的发行量达5万份，影响很大，遍及全国各省。此外，还出版有《士兵之友》《革命之声》《画报》以及特刊、丛书、文集、讲义等政治宣传读物。仅1926年8月，政治部发出书刊1.6万多册。这些书刊对于宣传马列主义和革命思想，起到了积极的推动作用。

中共中央和中共广东区委十分关心军校的党组织建设。1924年秋，黄埔军校成立了党的秘密组织，即中共黄埔特别支部，隶属广东区委军事部领导，由中共广东区委军事部长周恩来负责。第一任书记是蒋先云。从第三期开始，

---

① 全国政协文史和学习委员会编：《回忆黄埔军校》，第313页，中国文史出版社2014年版。

特别支部的日常工作由聂荣臻、鲁易负责。军校的许多优秀学生先后加入共产党，到1926年初共产党员达到150人。如第一期的游步瀛、徐象谦（即徐向前）、蒋先云、王尔琢、周士第、许继慎、李之龙、左权等；第二期的卢德铭、周逸群等；第三期的朱云卿等；第四期的伍中豪、彭泽湘、林彪、曾钟圣（曾中生）、刘景桂（即刘志丹）等。这些人中后来有的为革命献出宝贵的生命，有的成为中国共产党杰出的政治家和军事家。

中国共产党派出一批富有教学才能的共产党员担任军校政治教官，如恽代英（政治主任教官）、高语罕、萧楚女、聂荣臻、于树德、安体诚、李合林、张秋人等。他们向全校师生讲述国内外大事和革命发展趋势，解答一切党务上、政治上的重要问题，赢得很高的信誉，素来为学员们敬仰和爱戴。

文强回忆说：

"恽代英同志是我在军校学习时的政治总教官，他的体态和面貌，据说很像孙中山先生身边一位青年学者朱执信，我不曾见过此人，但见过相片和读过他的文章。恽代英同志在黄埔学生中的威信，与周恩来同志可以媲美，大家都亲热地称他恽老师。学生中绝大多数人，都读过他在《新青年》上的文章，他平易近人，循循善诱，有慈母一般的心肠，严师一般的智慧，在他的身上永远都存在磁石吸铁的力量。"

"在政治教官中，除恽老师外，受到欢迎的还有萧楚女。萧不曾在政治科教过课，听说是在入伍生团讲《帝国主义》这门课程。我对恽老师总的印象，也是同学们共同的评价，认为这位老师'不愧为青年运动之师'。"①

何崇校则这样评价恽代英：

"还记得有一天，二三十个同学在休息时闲谈，有人提出'最爱听哪位教官讲课'的问题，多数意见是爱听恽先生的讲课。我认为恽先生口才极好，是一位大演说家。他的讲课之所以受同学们欢迎，可能如他所说：'陈启修先生学问有根底，我远远不及。我的讲课，只适合中学毕业生，因为我一向研究青年问题，懂得青年的思想，所以你们说爱听我的讲课。'"②

由于周恩来等共产党人的努力，军校的政治工作相当活跃，革命性、战

---

① 全国政协文史和学习委员会编：《回忆黄埔军校》，第290—291页，中国文史出版社2014年版。

② 同上书，第311页。

斗性很强,有力激发了师生的革命热忱。黄埔军校的政治影响远远超出黄埔的范围,成为广州乃至全国时局中举足轻重的因素。

五、"革命军自有革命军的特色"

黄埔军校成立不到半年,对黄埔学生真正的考验就来临了。这实际上也是对孙中山倡导的"以俄为师"组建革命武装成果的检验。

1925年1月,鉴于陈炯明蠢蠢欲动,广东革命政府发表宣言,决定东征陈炯明。东征军的主力,就是黄埔军校学生军的两个教导团,一共3000多人。

从数量上看,学生军远不及那号称10万人马的陈炯明的叛军。因此,陈炯明及其手下的将领们对学生军实在是不屑一顾。

不但陈炯明看不上,其实相当多的人对黄埔军校学生军和军校的政治工作制度持一种怀疑的态度。一般人认为,军事组织的性质是极端专制的,而政治教育的目的是为了养成学生的自制能力,二者是根本抵触的。

但陈炯明和大多数人都忽视了,黄埔军校学生军的素质已经实实在在地发生了变化。

学生军是受过严格军事训练的,他们使用的全是由苏联供给的较新式的武器,除步枪和手榴弹外,还有重机枪、机关枪、十响驳壳枪和山炮等。

更重要的是,这是一支新型的革命军队,官兵受到过良好的政治训练,懂得为谁扛枪、为谁打仗。这个条件,是一切旧军队所无法比拟的。

队伍出发前,军校政治部主任兼东征军政治部主任周恩来,向出征部队作了战前动员,号召大家为打倒帝国主义、推翻军阀统治而英勇作战。

根据他的指示,东征军将群众纪律提到十分重要的位置。黄埔军校政治部向学生军规定了"三不纪律"(即不拉伕,不课捐,不住民房)。

周恩来还组织政治部人员编写了学生军《爱民歌》,要求全军人人会唱:"扎营不要懒,莫走人家取门板,莫拆民房搬砖瓦,莫踏禾苗坏田产,莫打民间鸭和鸡,莫借民间锅和碗,……砍柴莫砍坟上树,挑水莫挑有鱼塘,……莫进城市占铺房,莫向乡间借村庄……。"①。

1925年2月1日,东征军正式开拔。他们高唱着"同志们前进!……杀!杀!杀陈炯明,不杀不甘心"的《杀贼歌》雄赳赳气昂昂地向前挺进。

周恩来是东征军政治工作的领导人,他始终像一个普通士兵一样,和大

---

① 姜思毅主编:《中国共产党军队政治工作七十年史》第一卷,第56页,解放军出版社1991年版。

家一道行军、吃饭、休息、打仗。苏联顾问团成员也始终坚持步行，从不骑马。他们自始至终都参加了黄埔军校生的编组、教练、行军、作战。

作为黄埔军校校长和东征军总指挥的蒋介石，则和共产党人形成了鲜明的对照。他有意识地摆着架子，坐着人抬的轿子行军。蒋介石的亲信、两个教导团的团长何应钦和王柏龄，也故意显示出他们与众不同，一路之上始终骑马，从未步行一步。

行军途中，黄埔校军积极展开宣传鼓动。学生组成一个约20人的宣传队，到处向农民工人宣传，散发传单、讲演、开联欢会、贴标语、教唱革命歌曲等，还派人组织农民协会或工会。久困于战乱、对军阀部队充满仇恨与恐惧的东江人民对此倍感新鲜和亲切。

活跃的宣传和严明的纪律，使黄埔校军受到东江群众的热烈欢迎和拥护，人民亲热地称他们为"学生军"。一路上农民送茶送水，当挑运夫，报告敌情。

彭湃这样形容当时的情景：广大人民"或为党军内应，或作外援，如当冲锋队，充夫役、向导、侦探，及截击逆军等等，无不踊跃去做。凡党军所过地方，人民无不扶老携幼人山人海的欢迎欢送，甚至以酒肉来慰劳军士。"①

黄埔军校学生军将东征作为革命军的第一次对敌作战，第一次为主义而奋斗的作战，始终保持着高昂的斗志。

在黄埔军校学生军中，共产党人发挥了重要作用。无论是担任党代表职务，还是普通一兵，他们始终身先士卒，冲锋陷阵，不少人为国民革命献出了宝贵的生命。

在军校新成立的两个教导团中，连级干部竟有半数是共产党员，营、连级党代表也多由第一期毕业生中的共产党员担任。在攻打淡水时，陈炯明部熊略旅，凭借坚固的城墙和工事死守该城，阻碍东征军前进。教导团以10名官长和100名士兵组成的敢死队攻城，其中有8名官长是共产党员，如刘仇西、游步瀛、张际春等。第一个爬上城墙的是一名手持旗帜的共产党员，他负伤后，党代表紧接着抓过旗帜往上冲，士兵紧跟其后，爬上了城墙。淡水之役共牺牲3名排长，均为共产党员。

共产党员勇猛杀敌、冲锋陷阵的果敢行动，极大地影响着广大的官兵和群众，东江人民称共产党为"为民众而奋斗牺牲之先锋队"。仅仅到3月底，第一次东征就胜利结束了。初露锋芒的学生军，以少数兵力大败陈炯明的主力。

---

① 姜思毅主编：《中国共产党军队政治工作七十年史》第一卷，第58页，解放军出版社1991年版。

消息传开，震动了广东，也震撼了全国。

这之后，黄埔军校学生军又参加了第二次东征，并且获得了彻底胜利。周恩来曾经满怀信心地表示，军校精神"传到全国革命青年的身上，我相信将来中国的革命，一定有成功的可能"。

1938年1月10日，周恩来在回顾这段历史时指出：

"改造军队最重要的一环，就是建立革命的政治工作。""当着一九二四年国民党在广州改组，国民政府成立前，当时旧的军队尚未改造，革命军队还未建立，所以虽有二十余万粤、湘、滇等军与陈炯明等部酣战于东江、西江、北江、南路各地，而胜负不决。在黄埔军校第一期毕业，新的国民革命军成立了两个团后，仅仅以新成立这两个团为骨干，举兵'东征'，即得着东江民众的热烈欢迎与帮助，克复潮汕，直抵闽境，并迅速扫平杨、刘。如果从单纯的军事观点上说，以二十万众的粤、湘、滇军血战经年不能打败陈炯明，后来只加两个团，以数千之众，即起了全部胜负决定的作用，这不是奇迹吗？这是由于新成立的两个团，是新的革命军队，是有着革命的三民主义作政治工作基础的军队。政治力量超过了敌人，提高了战斗力，保障了军队本身及军队与人民的团结。当时国民党正因为有了这一铁的事实的教训，才决心以建立革命的政治工作为中心，继续成立新的革命军队，改造旧的军队，如是才有北伐的胜利"。

"苏联红军所以能够团结全国工农在残破困苦之中击败白党与外国的进攻，中国红军在过去十年所以能团结苏区人民进行残酷的战斗，西班牙政府军所以能团结人民与法西斯德、意侵略军及佛朗哥叛军进行坚决持久的战斗，这些'奇迹'的主要原因之一，就是由于革命军队有坚强的革命政治工作。

因此，我们可以肯定地说，以革命主义为基础的革命政治工作是一切革命军队的生命线与灵魂！"[①]

---

① 《周恩来选集》上卷，第92—93页，人民出版社1980年版。

第二章　毛泽东疾呼"须知政权是由枪杆子里面取得的"

> 是太平洋的急潮怒号，
> 是喜马拉雅山的山鬼狂啸；
> 美满的呀、美满的人间，
> 已经变成了苦闷的囚牢！
> 我的灵魂飞上了九霄，
> 俯瞰人间的群众颠沛如涛；
> 宛如被射了双翼的群雁，
> 垂死的哀鸣，血泪滔滔。
> 那畜辈的良心早泯，
> 只知把民众作肉食血饮；
> 我们要恢复固有的幸福，
> 呀，但有我们自己的觉醒。

这首名为《献诗》的惊天地、泣鬼神的诗，出自中国共产党早期领导人陈独秀之手。这是1927年大革命失败后，陈独秀在编辑《革命文学史》一书时，写在卷首的，表达了他对国民党反动派叛变革命、屠杀人民罪行的满腔悲愤之情。

由于蒋介石和汪精卫背叛革命，轰轰烈烈的大革命中途夭折，中国南部陷入一片腥风血雨之中。根据党的六大的不完全统计，从1927年3月到1928年上半年，共产党人和革命群众被杀害达31万多人，其中共产党员26000多人。这其中包括陈独秀的两个儿子、大革命时期受到群众尊敬和爱戴的党的活动家陈延年、陈乔年，另有夏明瀚、向警予、赵世炎等等。党员的数量从大革命高潮时的接近60000人减少到10000多人。工农运动在白色恐怖下走向低沉。

大革命的失败,固然是由于以蒋介石为代表的反革命力量的强大,但就中国共产党党内检讨而言,以陈独秀为首的党中央放弃革命的领导权,采取右倾机会主义的政策,恐怕是最致命的。

大革命失败以后的1927年8月7日,中共中央在湖北汉口召开的紧急会议(也就是八七会议)旗帜鲜明地清算了以陈独秀为代表的右倾机会主义的错误,着重指出:它在同国民党的关系上,完全放弃了共产党自己的独立的政治立场,一味妥协退让,"没有想着武装工农的必要,没有想着造成真正革命的工农军队"。

一、陈独秀认为,共产党人从事政治工作才是革命的,学军事就是想当军阀

恩格斯曾说过:要明确地懂得理论,最好的道路是从本身的错误中、"从痛苦经验中"学习。

大革命失败的痛苦教训确实够中国共产党人永远牢记的!

一个幼年的党犯这样、那样的错误是不足为怪的。特别是幼年的中国共产党是在加入另一个党里以革命统一战线的名义,领导一个人口众多、地域辽阔、社会关系极其复杂的一个大国的革命,犯错误是在所难免的。

以陈独秀为代表的幼年中国共产党所犯的错误则是致命的,它直接导致了轰轰烈烈的大革命的失败。

战争的主体是军队。中国革命能否成功,取决于革命政党是否掌握一支有足够力量的武装。对革命领导权的争夺,实际上就是对武装力量领导权的争夺。

孙中山改组后的国民党,是一个各革命阶级联盟的统一战线组织形式。它既包括工人、农民、小资产阶级和民族资产阶级左翼,又包括一些大地主、大资产阶级的政治代表和民族资产阶级的右翼,这就意味着统一战线内部必然存在着错综复杂的阶级斗争,并且随着革命的深入,这种斗争日趋尖锐。

敢于面对这种斗争,善于利用一切积极因素发展、壮大自己的力量,努力争取武装力量领导权,是统一战线两派斗争的焦点。

但是,陈独秀等早期中国共产党的领导人恰恰忽视掌握军队领导权的问题。这一点在党早期开展政治工作方面表现得尤其突出。

国共合作不久，中共中央通过《共产党在国民党内的工作问题议决案》等，强调"国民党的左派是孙中山及其一派和我们的同志——我们同志其实是这派的基本队"。"我们应当用种种方法于思想上和组织上巩固左翼"，"要达这一目的，必须我们能在事实上参加国民党的宣传部"，宣传国民党一大精神，宣传反对帝国主义、反对军阀、要求民权的主张。"宣传更重要于组织"。[1]

中国共产党人忠实地贯彻了这一思想。最突出的是，毛泽东自1925年10月5日就受汪精卫推荐担任了国民党中央代理宣传部部长。毛泽东调进了萧楚女、沈雁冰等一批共产党人协助工作，沈雁冰回忆说，在毛泽东的领导下，宣传部"人才济济，一时有人才内阁之称"，"实际上宣传部的工作都是共产党做的。"[2]

这种做法其实也使人们对陌生的政治工作产生一个错觉，认为政治工作就是政治宣传工作，政治工作就是空谈。

在孙中山的主持下，党代表、政治部制度在黄埔军校诞生，后来又发展到国民革命军和冯玉祥的国民军，而其中共产党人在政治工作领域占了很大的比重。共产党员周恩来、李富春、朱克靖、罗汉、林伯渠分别担任了国民革命军第一、二、三、四、六军的（副）党代表兼政治部主任，应该说，国民革命军的政治工作主要是共产党人在做，其政治工作领导权掌握在共产党人手里，如果运用得好，中国共产党人在当时确实是有条件控制相当一部分军队的。

但是以蒋介石为代表的国民党右派的干涉，加上年轻的中国共产党幼稚的认识，使得我们党丧失了这种机会。

周恩来曾经回忆说：

> 蒋介石开始办黄埔军校时，表面上赞成革命，但他的思想实际上是反共反苏的，并不是真心诚意地与共产党合作。有一次苏联顾问为革命说了几句话，他就不高兴，拂袖跑到上海去了。当时黄埔军校有六百学生，大部分是我党从各省秘密活动来的左倾青年，其中党团员五六十人，占学生的十分之一。蒋介石对这些人是提防、限制的。
>
> ……黄埔军校内的队长都是他的私人。有一次我派了几个左派的人当队长，他就大为不满，撤销任命。他用人的方法是制造矛盾、利用矛盾、

---

[1] 中共中央文献研究室，中央档案馆编：《建党以来重要文献选编（一九二一——一九四九）》第二册，第60—62页，中央文献出版社2011年版。

[2] 中共中央文献研究室：《毛泽东传（1893—1949）》，第103页，中央文献出版社1996年版。

操纵矛盾，拿一个反动的看住一个进步的，叫一个反左派的牵制一个左派的，用反共的牵制相信共产主义的。例如第一师师长是何应钦，党代表就可以用我周恩来。第二师师长王懋功因接近汪精卫而成为当时的左派，我推荐我党的鲁易同志去当党代表，他就无论如何也不干，用了右派的人。①

《黄埔军校政治部服务细则》则规定，"本部为校长、党代表之政治教育的佐理机关，遵守总理遗嘱全部之意旨，专司本校一切政治工作。""本部对于全校官佐、员生、士兵、伕工负有政治训练或指导之责，使其具正确的政治知识，增进革命精神，自觉的遵守革命纪律，坚定本党主义之信仰，完成国民革命之历史的使命。对外负宣传组织及政治指导之责，务使人民确知革命军为被压迫民众谋利益而奋斗，以实现总理武力与人民结合，成为人民的武力之遗训，而收军事进行上得人民帮助之实效。"②

从《黄埔军校政治部服务细则》中可以看出，政治部的职责就是两个方面：对于全校官佐、员生、士兵、伕工，负有政治训练或指导之责；对外负宣传组织及政治指导之责。任务其实就是一个：政治宣传。

和任何一个组织机构一样，要能够掌握它、控制它，使之为自己所用，离不开思想控制和组织控制两个手段。而共产党人占多数的黄埔军校和国民革命军党代表及政治部既不掌握军官的任免，也不掌握党的组织，只是在从事政治宣传，而且这种政治宣传也是在为实现国民党的主张服务的。因此，毫无疑问，他们对军队的控制力是有限的。

而且，在革命形势和我党威信高涨的情况下，本来是发展我们党的组织和建立干部队伍的良好时机，但是党的领导人陈独秀却认为，"我们现在与国民党合作，就不应引起国民党不放心我们，尤其是军队应当是集中的，军队中绝对不能有两种政见不同的组织存在"。中共中央甚至发文规定："不仅在国民革命军中不发展党的组织，不便有党支部，对于其他军队，……亦不能且不必有党的支部组织。"③

这个规定严重阻碍了国民革命军中中国共产党组织的建立。已经有了中

---

① 《周恩来选集》上卷，第115—116页，人民出版社1980年版。
② 广东革命历史博物馆编：《黄埔军校史料（1924—1927）》，第182页，广东人民出版社1985年版。
③ 中国人民解放军政治学院政治工作教研室编：《军队政治工作历史资料》，第111页，战士出版社1982年版。

国共产党党支部的部队便不再发展党员，还没有党支部的部队也就不再建立中国共产党党组织了。比如，周恩来等人1924年就在黄埔军校建立了中国共产党的支部，但是，这种组织只能是秘密的，不但国民党不许可，就是共产党自己也不允许。

因此，尽管我们党派了大批优秀党员进入国民革命军和国民军工作，并且起了很大作用，但是，从整体来看，中国共产党的组织在军队中的发展是缓慢的、停滞的，许多部队没有党组织甚至没有共产党员。这就给共产党在军队中开展工作造成了极大的困难。

虽然有如此多的共产党人担任了国民革命军的党代表，而且《国民革命军党代表条例》也规定：党代表为所属军队之长官，其所发命令与军事指挥官同，所有人员须一律执行。必要时党代表有权直接指挥部队。但是，国民革命军中的党代表是代表中国国民党的，其贯彻的是国民党的意志。共产党人担任的军队党代表固然可以依照《国民革命军党代表条例》发挥一些作用，但是制约因素很多，一方面军内没有可以利用的中国共产党的组织，另一方面就是军队的指挥权主要掌握在国民党右派的军官和其他的旧军人手上。

当时我党规定，不准发展担任团以上高级职务的国民党员军官加入共产党，以致有些军官要求入党也不敢发展。

朱德就是其中有代表性的一个。早在1917年，由于在护国战争中表现突出，朱德就被委任为靖国军第二军第十三旅旅长。1918年，他受命进驻泸州，仍然担任旅长，并且兼任泸州城防司令。有了自己的豪宅，待遇丰厚，生活悠闲。

但是朱德有自己救国救民的志向。他厌恶那些割据称雄的军阀，希望"为创造一个中华民族的民主共和国而奋斗"。他开始广泛地阅读史籍，从历代的兴衰更替中寻找历史的借鉴。并且自勉道："乱世有大志无力者，均远避，养力以待，后多成功。"

五四运动和俄国十月社会主义革命的成功，使朱德思想发生了重大的转变，他经过反复思考，认为"有必要学习俄国的新式革命理论和革命方法，来从头进行革命"。

为了寻找革命的道路，1922年6月，朱德离开四川来到了上海和北京。这时，他知道了中国共产党成立的消息。通过对共产党章程的了解，朱德从亲身经历中逐渐认定只有这个党才能给苦难深重的中国指明出路。他决心要找到这个党的负责人，并且成为一名共产党员。

听说中国共产党的负责人陈独秀在上海，朱德再次来到上海。他首先见到了孙中山，并婉言谢绝了孙中山请他任职的要求。

朱德见到陈独秀是在上海闸北的一所房子里。他向陈独秀提出了入党的要求和坚决革命到底的决心，而陈独秀却态度冷淡。

陈独秀说，要参加共产党的话，必须以工人的事业为自己的事业，并且准备为它献出生命。对于像朱德这样的人来说，就需要长时间的学习和真诚的申请。言谈举止中对朱德这样在旧军队中有着很高地位的人表示了极大的不信任。

陈独秀没有答应朱德的入党要求，给朱德一生留下了痛苦的回忆。十几年后他在接受史沫特莱采访时说："我感到绝望、混乱。我的一只脚还站在旧秩序中，另一只脚却不能在新秩序中找到立足之地。"①他只能把希望寄托在国外去寻找拯救中国的道路。后来，他到了欧洲，找到了周恩来，经过中共旅欧支部负责人张申府、周恩来介绍，终于加入了中国共产党。

在陈独秀主持下的中国共产党，不仅不准发展担任团以上高级职务的国民党员军官加入共产党，即便是共产党员学习军事、当军事指挥员也被认为有"军阀思想"而遭到反对。当时党内存在着一种"只有做政治工作才是革命的"不正确观念，谁想当军事指挥员就是有"军阀思想"，这就使得掌握军事指挥权的共产党员很少，军队指挥权主要集中于旧军官之手。

肖劲光1921年第一次到苏联留学时的遭遇就十分典型。肖劲光和几位共产党员刚到苏联时是在东方大学学习。一年后即根据个人志愿被选送到苏联红军学校学习军事。陈独秀访问苏联时得知他们在学军事，把他们骂了一顿，说，现在中国根本不存在无产阶级直接革命的形势，你们学军事干什么？想当军阀呀！把他们几人又骂回了东方大学。1927年蒋介石叛变革命后，肖劲光第二次留苏时的情况就不一样了，鲜血教育了中国共产党人，不拿起武器，就只能任人宰割。这次肖劲光在托尔马乔夫军政学院学习，他和蒋经国是同班同学，还是蒋经国的党支部书记。②

在北伐胜利进军中，由于有力的政治宣传，沿途各省的工人、农民，纷纷拿起武器要求参军参战，这本来是我党壮大自己实力的大好时机，但是由于指导思想的失误，我党也未能有计划地扩充和建立起由自己掌握的新的正规军。

---

① [美]艾格妮丝·史沫特莱著，梅念译：《伟大的道路——朱德的生平和时代》，第176页，生活·读书·新知三联书店1979年版。

② 《肖劲光回忆录》，第26页，第71页，解放军出版社1987年版。

由于强调共产党员的先锋模范作用，在北伐作战中，冲锋陷阵的多数是共产党员，结果军队中的共产党员越打越少，导致我党能够支配的军队也越打越少。如我党控制的武装——叶挺独立团，一路打到武昌，英名显赫，但是伤亡过半也没有得到补充。相反，国民党唐生智军（国民革命军第8军，湘军），原来不过1万人，北伐半年后发展为10万人。

为了表明中国共产党人没有夺取权力的企图和国共合作的诚意，使蒋介石放心，在蒋介石进一步加紧对军队和政权控制的情况下，陈独秀依然是一味退让。

此后，中共中央又批评湖北区委不应该让董必武参加湖北省政府，要求已参加江西临时省政府的李富春、林祖涵（即林伯渠）等退出，还限令已经担任江西九江、永修等县县长的共产党员辞职，否则将开除党籍。

中共中央还写信给担任国民军联军政治部副部长的刘伯坚，专门指示在国民军联军中担任党代表的共产党员、共青团员"只是注意政治宣传的事，而不可干涉到军事行政上事"。

由于我们党的巨大政治影响力，即便在蒋介石暴露其反动的真实面目，制造"中山舰事件"以后，我党仍然有相当的实力：黄埔军校有500多名共产党员，在广东的国民革命军6个军中，5个军的军长和蒋介石有矛盾，第二、三、四、六军的（副）党代表还是共产党人，而蒋介石的第一军中政治骨干大部分是共产党员，我们还有一个叶挺独立团。

但是中央还是主张妥协。中央指示说："蒋介石的行动是极其错误的，但是，事情不能用简单的惩罚蒋的办法来解决，不能让蒋介石和汪精卫之间的关系破裂，更不能让第二军、第三军和蒋介石军队之间发生冲突"。对蒋介石，"我们现在应该全力拯救他，将他从陷入的深渊中拔出来"。中国共产党善意的退让不但没有使蒋介石收敛，反而更壮了他的胆子，他抓紧了分裂的部署。当他把一切准备好后，悍然发动了"四一二"反革命政变。

可叹的是，蒋介石叛变后，"党内没有一致的意见"。瞿秋白曾指出中共中央当时存在的严重问题，他说："党内部分人对蒋介石抱有幻想，一味对蒋迁就，最后竟发展到命令上海的工人放下武器，解除武装，这无异于将赤手空拳的上海工人送到蒋介石的屠刀下，任敌人宰割！"他自责说："我作为中央局领导成员，也是有责任的。我们第一线斗争经验太少，书生气太重，对敌人警惕不够，以为读了点马列主义的书就是革命了。其实，仅仅读了几本马列主义的书，是干不好革命的。我们一定要好好总结历史教训。"①

直到此时，我党在武汉地区还掌握有3万人左右的武装力量，至少可以建立起革命军队。但是我党却没抓住时机进行组织工作，对反动势力进行有力反击。

中共中央和国际代表还幻想拉住唐生智和汪精卫，企图依靠他们来进行东征讨蒋，为此不惜作出了最大也是最后的让步——交枪，解散自己的武装。6月28日，中共中央宣布解散湖北省总工会纠察队。共产党员黄文容听说后，简直不相信自己的耳朵，他问陈独秀：报纸上已经登了，把枪都交给国民党了，这件事你晓得不晓得？陈独秀听了大发脾气，说：你们小孩子晓得什么呵！现在的形势多严重呵！国共两党关系快要破裂，交枪是表示合作的诚意。

这种今天看来十分幼稚的举动，彻底葬送了党的武装，以至汪精卫集团公开叛变时，我党只能处于无能为力的地步。这是惨痛的教训！

二、毛泽东说："是什么原因使我到军队中去的？还是帝国主义、蒋介石杀人。"

应当说，对共产党独立领导自己武装的重要性，许多共产党人是有清醒的认识的，周恩来、毛泽东就是较为突出的两位。

比如，"建国陆海军大元帅府铁甲车队"就是由中共两广区委书记陈延年和区委组织部长周恩来商得孙中山同意，于1924年成立的。周恩来从黄埔军校第一期学生及其他单位选调5名共产党员担任铁甲车队领导工作，士兵则是从各地选拔来的工人和农民。铁甲车队排以上干部全部是共产党员，这些同志组成一个党小组，直接受中共两广区委领导，铁甲车队所有人员的配备和调动，均由中共两广区委决定。因此，它就成为了中国共产党领导的第一支武装。

1925年11月，中共两广区委以铁甲车队为基础，以黄埔军校部分学生为骨干，成立了国民革命军第四军独立团，共产党员叶挺担任团长，这就是著名的叶挺独立团。这个团名义上属于第四军建制，但是一切重大问题都是向中共两广区委军事部汇报请示和决定的。

毛泽东对国民党右派的反动本性始终保持很高的警惕，在中央的会议上他再三提醒中央注意党和国民党左派没有掌握武力的问题，并且提出了一系

---

① 卫华，化夷：《瞿秋白传》，第125—127页，湖南人民出版社2014年版。

列的对策。而中央在大革命遭受惨痛失败后，也开始吸取教训，听取周恩来、毛泽东等党内一些同志的意见，开始逐步走上武装反抗国民党反动派的道路。

1926年12月中旬，毛泽东出席中共中央在汉口召开的特别会议。陈独秀主持会议并作政治报告。会议的中心议题是根据北伐战争形势的发展，制定党的主要斗争策略。会上，广东区委的同志重申依靠工农群众反对蒋介石的主张，湖南区委的同志提出，根据湖南农民运动的发展趋势，应当解决农民的土地问题。毛泽东赞成湖南区委的主张。他提醒中央注意国民党左派没有掌握武力的问题："在粤同志有人说，右派有兵，左派没有兵，即右派有一排兵也比左派有力量。"①

1927年3月5日至4月3日，毛泽东写的《湖南农民运动考察报告》全文在中共湖南区委机关刊物《战士》周报第三十五、三十六期合刊，第三十八期，第三十九期连续刊载。报告明确指出革命党人要极端重视农民斗争，要支持农民的革命举动，特别提出贫农群众是革命的先锋、中坚和元勋，肯定湖南农民所做的十四件大事都是革命的行动和完成民主革命的措施。

毛泽东说："农民的主要攻击目标是土豪劣绅，不法地主，旁及各种宗法的思想和制度，城里的贪官污吏，乡村的恶劣习惯。这个攻击的形势，简直是急风暴雨，顺之者存，违之者灭。其结果，把几千年封建地主的特权，打得个落花流水。""孙中山先生致力国民革命凡四十年，所要做而没有做到的事，农民在几个月内做到了。这是四十年乃至几千年未曾成就过的奇勋。这是好得很。""一切革命同志须知：国民革命需要一个大的农村变动。辛亥革命没有这个变动，所以失败了。现在有了这个变动，乃是革命完成的重要因素。"②

毛泽东还说："革命不是请客吃饭，不是做文章，不是绘画绣花，不能那样雅致，那样从容不迫，文质彬彬，那样温良恭俭让。革命是暴动，是一个阶级推翻一个阶级的暴烈的行动。"③

3月20日，"中山舰事件"发生。当晚，毛泽东就赶到苏联军事顾问处，同其商量对策，正好中共两广区委书记陈延年也在，两人都主张坚决反击，但是遭到苏联顾问的拒绝。然后他又到国民革命军第二军副党代表李富春家里了解情况，正好又碰上第一军副党代表兼政治部主任周恩来。三个人都主

---

① 中共中央文献研究室编：《毛泽东年谱（1893—1949）》（修订本）上卷，第172页，中央文献出版社2013年版。
② 《毛泽东选集》第一卷，第14—16页，人民出版社1991年版。
③ 同上书，第17页。

张反击。周恩来随后又去找苏联顾问，但是仍然遭到拒绝。

5月17日，武汉国民革命军独立十四师师长夏斗寅在宜昌叛变，进攻武汉。毛泽东组织农讲所部分学生，在武昌城内同武汉军分校学生一起实行戒严。19日，武汉卫戍司令叶挺率部将叛军击退。

6月17日，中共中央政治局常委会召开第二十四次会议，讨论湖南问题。邓中夏报告去长沙、湘潭和衡山的情况，对湖南的工作提出批评。蔡和森提议改组湖南省委，书记由毛泽东担任。这个意见在会上没有讨论。周恩来提出湖南暴动计划，后因共产国际反对未能实行。

6月中旬，毛泽东同李立三、郭亮召集湖南来武汉向国民政府请愿惩办许克祥的共产党员和骨干积极分子近两百人开会。毛泽东要大家回到原来的工作岗位，他对大家说：长沙站不住，城市站不住，就到农村去，下乡组织农民。要发动群众，恢复工作，山区的人上山，滨湖的人上船，拿起枪杆子进行斗争，武装保卫革命。①

6月24日，中共中央政治局常委会第三十一次会议决定：组织新的湖南省委，由毛泽东等十七人组成，毛泽东任书记。毛泽东随即赴湖南长沙，从事恢复党的组织关系，打通长沙附近各县及衡阳、常德等地与省委的联系，并计划成立湘南、湘西及宝庆指挥委员会，分别指挥所属各县的政治、军事、党务工作，恢复党的组织。在湖南期间，毛泽东曾同柳直荀等到衡山召集衡山主要党员干部和附近几县农会、工会、青年团、妇运会的负责人开会，谈马日事变后的形势，毛泽东在谈话中指出，马日事变是上海事件的继续，随着而来的将有无数个马日事变在全国发生，对不能合作已经反动的国民党分子要严加处置。强调各县工农武装一律迅速集中，不要分散，要用武力来对付反动军队，以枪杆子对付枪杆子，不要再徘徊观望。②

7月4日，毛泽东参加中共中央政治局常委会第三十四次会议。在讨论关于湖南农协策略问题时，毛泽东说，有两策略：（一）改成安抚军合法存在，此条实难办到。（二）此外尚有两条路，（1）上山，（2）投入军队中去。"上山可造成军事势力的基础"。"不保存武力则将来一到事变我们即无办法"。③

7月上旬，毛泽东在武昌同蔡和森谈及湖南形势和唐生智的问题，一致认

---

① 中共中央文献研究室编：《毛泽东年谱（1893—1949）》（修订版）上卷，第201页，中央文献出版社2013年版。

② 同上书，第217页。

③ 同上书，第203页。

为武汉形势已十分危急，不能坐此静待人家来处置。于是由蔡和森致信中共中央政治局常委："我们提议中央机关移设武昌，同时中央及军部应即检查自己的势力，做一军事计划，以备万一。"

7月15日，汪精卫等控制的武汉国民党中央召开会议，作出关于"分共"的决定。随后，大规模屠杀共产党员和革命群众，宁汉合流。

7月中旬，中共中央紧急疏散、撤离和隐蔽党在武汉的各级组织和党员，派毛泽东前往四川，毛泽东请求仍回湖南工作。

同时，中共中央确定实行土地革命和组织民众武装起义的新政策，着手制定湘、鄂、粤、赣四省秋收起义的计划。

7月20日，中共中央、中央农民部发出《目前农民运动总策略》，指出：中国革命已进到一个新阶段——土地革命阶段。每省农民运动要人力财力集中在政治军事或交通重要的区域，以树立领导全省运动的中心基础。实行土地革命，必须夺取政权，建立农民的革命政权，并以革命的武装保障其胜利。农民武装可以三种形式存在：（一）以合法的名义存在，如挨户团、保卫团、联庄会之类；（二）平时分散，秘密训练，一遇战事则随时集中；（三）两种形式都不可能时，则可以上山。

8月1日，根据中共中央决定，以周恩来为书记的中共中央前敌委员会，在南昌领导国民革命军贺龙、叶挺部两万多人举行武装起义，打响了武装反抗国民党反动派的第一枪。

8月初，毛泽东为中共中央起草《湘南运动大纲》，强调武装夺取政权、实行土地革命。中共临时中央常委会通过了《湘南运动大纲》，并决定以毛泽东为书记组织湘南特委。

8月5日，中共中央致信湖南省委，要他们向城乡宣传南昌起义的意义，鼓动农民开始秋收暴动；征调一切反唐生智的力量，牵制唐军对南昌的压迫；定出一个秋收暴动的军事计划。

8月7日，中共中央在汉口召开紧急会议，即八七会议。会议确定了土地革命和武装反抗国民党反动派的总方针，不指名地批判了陈独秀的右倾机会主义。并且决定在湘、鄂、粤、赣四省发动秋收暴动。

参加会议的毛泽东在发言中从国共合作、农民问题、军事问题和党的组织四个方面批评陈独秀的右倾错误，着重指出：秋收暴动非有军事不可，党要非常注意军事问题,"须知政权是由枪杆子中取得的"。①

毛泽东在发言中还对党以前不做军事运动专做民众运动提出批评意见。他尖锐地指出:"从前我们骂中山专做军事运动,我们则恰恰相反,不做军事运动专做民众运动。蒋唐(指蒋介石、唐生智)都是拿枪杆子起的,我们独不管。"毛泽东认为,中共中央在这个问题上"现在虽已注意,但仍无坚决概念",他建议"此次会议应重视此问题,新政治局的常委要更加坚强起来注意此问题"。②

八七会议选出以瞿秋白为首的中央临时政治局,毛泽东当选为政治局候补委员。八七会议后,中央临时政治局分工之前,瞿秋白征求毛泽东去上海中央机关工作的意见。毛泽东表示,不愿去大城市住高楼大厦,愿到农村去,上山结交绿林朋友。

8月9日,毛泽东出席中共中央临时政治局第一次会议。在讨论湖南秋收暴动时他发言指出,湖南省委要组织一个师的武装去广东是很错误的。大家不应只看到一个广东,湖南也是很重要的。湖南民众组织比广东还要广大,所缺的是武装,当前处在暴动时期更需要武装。"前不久我起草经常委通过的一个计划,要在湘南形成一师的武装,占据五六县,形成一政治基础,发展全省的土地革命,纵然失败也不用去广东而应上山。"③会议上,罗米那兹提出,应改组湖南省委,派一得力同志去,提议毛泽东去湖南贯彻八七会议的精神。会议最后决定,由毛泽东、彭公达回湖南传达八七会议精神,并全权负责改组湖南省委,指定彭公达为新省委的书记。

8月18日,回到湖南后的毛泽东出席在长沙市郊沈家大屋召开的中共湖南省委会议,讨论如何贯彻八七会议确定的新策略。在讨论秋收暴动时,毛泽东提出:秋收暴动的发展是要夺取政权、解决农民的土地问题。要发动暴动和夺取政权,没有军事武装单靠农民力量是不行的。"我们党从前的错误,就是忽略了军事,现在应以百分之六十的精力注意军事运动,实行在枪杆上

---

① 中共中央文献研究室编:《毛泽东年谱(1893—1949)》(修订本)上卷,第206页,中央文献出版社2013年版。

② 中共中央文献研究室、中央档案馆编:《建党以来重要文献选编(1921—1949)》第四册,第392—393页,中央文献出版社2011年版。

③ 中共中央文献研究室编:《毛泽东年谱(1893—1949)》(修订本)上卷,第207页,中央文献出版社2013年版。

夺取政权，建设政权。"①在讨论暴动区域问题时，多数委员想发动全省农民暴动，夺取长沙，改变中央先夺取湘南然后发展为全省的计划；毛泽东则从领导力量和物质条件出发，主张缩小暴动范围，但也同意以多数人意见上报中央。与会者认为，国民党已变成军阀争权夺利的工具，变成压迫民众、屠杀民众的工具，民众对国民党普遍存在唾弃心理，国民党这块招牌已经无用，湖南此次暴动主张用共产党的名义来号召。

9月9日，毛泽东领导的秋收起义正式开始。和南昌起义有所不同的是，秋收起义是用共产党的旗帜来号召的，毛泽东将部队命名为中国工农革命军第一军第一师。而南昌起义打的则是国民党左派的旗帜，它的部队称为国民革命军第二方面军。

以南昌起义、秋收起义、广州起义三次重大起义为引子，1927—1928年间，中国共产党在湖北、湖南、河南、山东、陕西、四川、河北、江苏、广东、江西等许多地区领导组织武装起义，先后达100多次，沉重地打击了国民党反动政府在各地的统治，对国民党"清党"反共给予了有力的还击。

> 快放下你们的葡萄酒杯，
> 莫再如此的在昏迷沉饮；
> 烈火已将烧到你们的脚边，
> 你们怎不起来自卫生命？
> 呀，趁你们的声音未破，
> 快起来把同伴们唱醒；
> 趁你们的热血未干，
> 快起来和你们的仇敌拼命！
> 在这恶魔残杀的世界，
> 本没生趣之意义与价值可寻；
> 只有向自己的仇敌挑战，
> 就是死呀，死后也得安心。
> 苏维埃的列宁永生，
> 孙中山的精灵不冥；
> 热血未干的朋友们呀，
> 莫忘了你们尊贵的使命！

---

① 中共中央文献研究室主编：《毛泽东年谱（1893—1949）》（修订本）上卷，第208页，中央文献出版社1993年版。

因犯了重大错误而被撤销了中国共产党领导职务的陈独秀通过他颇具文彩的笔在呐喊着。只不过他对形势的分析仍然是悲观的。直到1927年11月,他仍然不同意"八七"会议确定的土地革命和武装反抗国民党的方针,他认为,"国民党虽然不能长久统治巩固,而眼前尚不至崩溃,因此,我们以群众力量扫荡它们夺取政权的时机尚未到。"因此,"此时的工农运动,应偏重经济的斗争","只能以暴动为不得已而用的方法,而不可以为目的,此时尤不可存'以暴动取得政权'的幻想。"①

但是,大革命失败后血淋淋事实已经教育了广大的共产党人。以毛泽东为代表的共产党人对蒋介石反动派已经彻底抛弃了幻想,他们义无反顾地走上了武装反抗国民党反动政府的道路。在八一南昌起义失败后,毛泽东领导秋收起义队伍经过三湾改编,于1927年10月开上井冈山,攻占茶陵、遂川、宁冈等附近各县,建立了中国第一个革命根据地即井冈山革命根据地,其他起义地区大多也成立了苏维埃政府,建立了诸多大大小小的革命根据地,开始了农村包围城市,最后夺取城市和全国胜利的革命道路。

对这段历史,毛泽东后来几次都提到。

1963年12月12日,毛泽东在会见秘鲁共产党代表说:

> 中国共产党开头时很小,只有几十个知识分子。现在剩下的已经不多了,只有几个人。其余的,有的被敌人杀了,有的叛变投敌了,有的消极不干。但这几十个人,经过几年,就发展成五万人,有了广大的工人农民运动。当时我们没有准备搞武装斗争,不觉悟,没有事先准备好应付我们的同盟者蒋介石国民党的叛变。到了他叛变之后,我们才懂得了他的办法是杀人。所有的工会、农会都被关了,逼得我们无路可走,只好上山打仗。当时我们从未打过仗,不知道是怎么打法。军事对于我们是个生疏的部门,我们不懂。但是帝国主义和国民党把我们一赶,只好去打。是谁教会我们打仗的?是敌人。②

1964年6月23日,毛泽东在会见智利新闻工作者代表团时,再次回忆了这段历史:

> 一九二一年,中国成立了共产党,我就变成共产党员了。那时候,

---

① 中共中央文献研究室、中央档案馆编:《建党以来重要文献选编(一九二一—一九四九)》第四册,第748—749页,中央文献出版社2011年版。

② 中央文献研究室、中国人民解放军军事科学院编:《建国以来毛泽东军事文稿》(下),第205页,军事科学出版社、中央文献出版社2010年版。

我们也没有准备打仗。我是一个知识分子，当一个小学教员，也没学过军事，怎么知道打仗呢？就是由于国民党搞白色恐怖，把工会、农会都打掉了，把五万共产党员杀了一大批，抓了一大批，我们才拿起枪来，上山打游击。①

---

① 中共中央文献研究室，中国人民解放军军事科学院编：《建国以来毛泽东军事文稿》下卷，第232页，军事科学出版社，中央文献出版社2010年版。

第二编　土地革命时期

中国共产党人在国民党反动派的屠刀面前，确立了土地革命和武装反抗国民党反对派的总方针，先后发动了南昌起义、秋收起义、广州起义等武装起义，开始创立中国共产党独立领导的无产阶级的人民军队，同时开始创建军队的政治工作，开始了政治建军的历程。

经过十年艰苦卓绝的斗争和锲而不舍的探索，中国共产党不仅创建和巩固了在党绝对领导下的钢铁红军队伍，而且形成了军队政治工作、政治指挥、政治建军的一系列理论原则、组织制度和内容方法。

第三章 毛泽东"三湾改编"与朱德"赣南三整"

一、三湾改编:"支部建在连上"及士兵委员会的诞生

1927年大革命失败以后,中国共产党独立地领导人民,开始进行武装反抗国民党反动派统治的斗争。"八一"南昌起义就是党在危急关头,以武装起义来挽救革命失败的尝试。这次起义向全国人民树立了一面鲜明的武装斗争的旗帜。接着,"八七"党中央紧急会议,坚决地纠正了陈独秀的右倾机会主义错误,决定进行土地革命和武装斗争,并派毛泽东到湖南去领导当地的起义。

中国共产党一开始就是秋收起义的领导者和组织者。它不但向人民指出了继续革命斗争的必要,而且积极地领导人民行动起来。这是秋收起义能够迅速发动的根本原因。秋收起义武装主要由三部分组成:原武昌国民政府警卫团是这支部队的骨干;毛泽东在湘、鄂、赣三省边境收集起来的未赶上南昌起义行动而分散退入农村的部队,他们与各地农民武装起义结合起来,成为起义中的军事骨干;其余的就是平江、浏阳的农民义勇军,萍乡的工人自卫队,通城、崇阳的农民自卫军,以及醴陵的起义军民。

警卫团开始以江西省防军暂编第一师的名义,驻扎在修水县城。这支部队中,虽然有不少党员,但并没有形成坚强的组织领导,也没有明确的行动纲领,军事指挥员大多没有经过实际战争的锻炼,指挥能力较弱,旧一套的带兵方法,妨碍着上下一致、官兵一致,由于上述原因,这支部队的战斗力并不强。

秋收起义开始于1927年9月9日,在"第三次攻打长沙"的口号下,一团从修水出发,取道长寿街,进攻平江;三团由铜鼓取道东门市,计划在浏阳与北上的二团会合,围攻长沙。起义发动后,收编的丘国轩部突然叛变。

毫无防范的一团二营，在长寿街受到该部的袭击，全被打垮。三团在东门市受到优势敌人的伏击，伤亡较大。二团占领浏阳城后，也被敌人包围，在突围战斗中损失殆尽。在当时敌强我弱的形势下，进攻长沙显然是一种军事上的冒险行动，加之没有广泛地争取群众的配合以及战术上的分兵，致使起义的部队遭受严重挫折。

毛泽东在文家市收集了余部，决定向罗霄山脉中段的井冈山进军，建立农村革命根据地。这是一个伟大的战略进军，部队从此踏上了毛泽东所指出的正确的道路。南进途中，部队在泸溪又受到敌人的伏击，损失很大。

9月29日，毛泽东率领部队来到江西永新县境三湾村。三湾处在湘赣边区的九陇山区，是茶陵、莲花、永新、宁冈四县交界的地方，由陈家、钟家、上李家、下李家和三湾街组成，有50多户人家，在山区是较大的村庄。

由于连续作战和疲劳、饥饿、疾病的袭扰，起义部队到达三湾时已不足千人。在部队成员中，多数是经过战斗锻炼和考验的党、团员和工农运动的骨干，但也有少数未经改造的旧知识分子和旧军官出身的人，在战斗失利、环境艰苦面前悲观动摇。很显然，不改变部队这种状况，不加强党对军队的领导，不仅难以适应艰苦的环境，而且无法完成艰巨的革命任务。

面对这种情况，怎么办？党怎样领导、建设自己的军队？建设一支什么样的军队？

毛泽东在到达三湾的当天晚上就召开了前敌委员会会议，迅速着手解决这个中国革命中的重大问题。

首先是整顿组织，坚定革命胜利的信念。一个师缩编成一个团，改称为工农革命军第一军第一师第一团，实际上只有两个营七个连。整编后，干部多余了。这些干部，大多是投笔从戎的知识分子，其中有些人在一连串的挫折面前，在危险艰苦的斗争面前，惊慌失措、灰心动摇起来，少数人已经离队了。如果不迅速地处理，势必会动摇军心。毛泽东采取了坚决的措施，根据自愿原则，要留则留，要走的就发给五块钱路费。整顿后留下来的是经过战斗和艰苦生活考验的坚定的革命者，人虽少，却精悍得多。

谭政大将回忆这段历史说：

> 远在一九二七年的秋天，湖南秋收起义失败以后，部队从战场上收拾下来。每天总是从天未明就出发，一直走到黄昏以后才宿营。经过平江、浏阳、铜鼓、萍乡到达莲花东南永新境内的三湾，着手改编部队。这算是红军发展史上的一个难关。自从长寿街战斗失败以后，湖南的敌

人，拚命地跟着我们后面追赶，总想把我们这些革命种子，一下弄个精光。没有经过锻炼的"小娃娃"，那容易经得起这样的风波？弄得病的病，死的死，累的累，怕的怕，情绪非常不好。真像打了几十个败仗一样。

到了三湾的第二天，师长集合部队讲话："……现在人员减少，部队要缩编，从一个师改编为一个团；一个团还不足，改编为两个营……"听不下去了，只看到全场的人都瞪着眼睛，痴呆似的望着他，非常难过。

忽然，新任团长介绍毛泽东同志出来讲话。从人丛中走出一个又高又大的人来，头上蓄着长久未剪的头发，身上穿着一件老百姓的旧棉袄，腿上却打上一双绑腿，脚上套着一双草鞋。他以和蔼的态度、含笑的脸色，走到部队前面，登时大家笑容可掬地鼓起掌来。

"同志们，敌人只是在我们后面放冷枪，这有什么了不起？……大家都是娘生的，敌人他有两只脚，我们也有两只脚。……贺龙同志两把菜刀起家，现在当军长，带了一军人。我们现在不只两把菜刀，我们有两营人，还怕干不起来吗？……你们都是起义出来的，一个可以当敌人十个，十个可以当他一百。我们现在有这样几百人的部队，还怕什么？……没有挫折和失败，就不会有成功！……"

大家不住地点头微笑，特别兴奋。队伍解散以后，只看到一群一群地在那里谈论着：

"毛泽东同志不怕，我们还怕什么？"

"贺龙同志两把菜刀能够起家，我们几百人还不能起家吗？"①

其次，是确立支部建在连上的制度，加强党对部队的领导。毛泽东开始在部队中建立党的各级组织，班有小组，连有支部，营团建立党委（在这以前，支部设在团里，各连只有小组），在连以上各级设置了党代表。并且成立了党的前敌委员会，毛泽东担任书记。于是，这支部队便开始逐步处于党的绝对领导之下。支部一建立，连队立刻有了灵魂，各种工作迅速地开展起来。

赖毅在《毛委员在连队建党》一文中具体回忆了当时的情景：

泸溪失败后，部队中弥漫着一股消沉的情绪，许多知识分子和旧军队出身的人，看到失败似乎已成定局，纷纷不告而别，逃亡现象发展到无法控制的地步。有些小资产阶级出身的共产党员，也在这时背弃了革命，

---

① 中国人民解放军战士出版社编：《星火燎原》（选编之一），第 171—172 页，战士出版社 1979 年版。

走向叛党或者消极的道路。一营一连的一个排，就在排长带领下，利用放哨的机会逃跑了，并且带走了所有的武器。那时，逃亡变成了公开的事，投机分子们互相询问："你走不走？""你准备到哪儿去？"这真是一次严重的考验。革命部队正在烈火中经受着锤炼！就在这支革命部队的生死存亡关头，毛泽东同志展开了最紧张的工作。那时，我是一营二连一班的班长，每天行军，我都看到他那魁梧的身体，出没在战士们的行列中，今天在这个连，明天又在另一个连。他和战士们谈话，问他们在家里是做什么的？怎样参加革命队伍的？问他们对革命的认识，对目前形势的看法。

最初，一连有些同志不认识他，以为是老百姓，便要拉他挑担子。毛泽东同志笑着说：我给你们挑了好几天了，今天你们连长叫我休息休息。见过他的战士便说："怎么能叫他挑担子！他是中央派来的毛委员呀！"于是，战士们都惊奇地围到毛委员身边，看着他那和蔼的笑容，谁都从心里和他更亲近了，纷纷向他诉说自己的经历。

当时连队中很大一部分人，原是大革命时期在各地搞工农运动的骨干分子，有许多还是共产党员和共青团员。大革命失败，革命组织受到反动派的摧残，在家乡站不住脚，便跑出来参加革命队伍。这些经历过失败和艰苦斗争，从反动派的刀口下跑出来的人们，对于目前这次的失利和艰苦生活，并不放在眼里。对他们来说，能够继续革命，能够拿着枪杆和反动派干，就是十分幸运的事。可是大家都还为一件事苦恼着，那就是当革命组织遭受破坏时，人都跑散了，谁也没有带组织介绍信，因而原来是共产党员、共青团员的，现在都失掉了组织关系。

毛泽东同志自从在文家市收集秋收起义的余部开始向井冈山进军以来，每天不倦地找战士们谈话。正是为了了解部队情况，考虑如何保存、巩固和发展这支革命武装。

部队中的逃亡现象清楚地说明：武装必须掌握在坚定的革命干部手里；另一方面，还必须有一个坚强的组织作为核心，并通过它和广大的战士群众发生紧密的联系，这样才能巩固。大革命失败的教训也非常鲜明地说明了这个问题。那时候，由于党缺乏经验和陈独秀右倾机会主义的领导，虽然共产党员们在黄埔军校、在北伐军队中起了极大的作用，可是却没有抓住军权，也没有在部队中生根立足——没有和群众保持最广泛的联系从而掌握群众。因而，一旦反动派倒戈相向，共产党员们不但抓不住军队，反而不得不被他们从各个岗位上赶走，甚至遭受迫害。

　　毛泽东同志恰恰是在这个紧要关头，通过深入细致的工作，调查研究了部队的政治和思想情况，从而察觉了问题的症结，采取了坚定的措施，那就是开始在连队中建立党的基层组织，并且在工农出身的战士中大力发展党员。①

再次，建立连队士兵委员会，实行军队内部的民主制度。为了扫清旧军队的一切不良制度和习气，反对旧军队的一套带兵方法，实现政治上的官兵平等，确立新型的官兵关系，建立新式的带兵方法，毛泽东在军队建立了士兵委员会，让士兵群众参加军队的民主管理，这是对建军原则的一个重要创造。士兵委员会的任务主要有五项：一是参加军队管理；二是维持红军纪律；三是监督军队经济；四是作群众运动；五是作士兵政治教育工作。

军队内部实行民主主义这一新兴事物给当时的士兵群众留下了深刻印象，几十年后他们回忆起这段历史仍然记忆犹新。

曾经担任过士兵委员会主任的宋任穷上将回忆说：

　　我在营里担任士兵委员会主席。士兵委员会是选举产生的。士兵委员会成立的经过，首先是在党小组里面酝酿，然后在全体军人大会上按党小组酝酿的名单提名，经大会一推举就行了。不是那么复杂的，也没有搞什么候选人，选举的名额，由连里面选出一些委员来，三个连的委员组成营士兵委员会。士兵委员会没有设立什么机关，没有专职办公，只是遇事开会研究。士兵委员会的工作，主要放在连里面，一个是政治民主，一个是经济民主，分伙食尾子，管理伙食，管理经济。那时来自旧军队的军官很多，打人骂人的军阀习气严重，士兵委员会就同他们那种旧习气作斗争。党代表的职责，一个是党务工作，一个就是抓士兵委员会的工作，这是党代表工作的一个重要组成部分。②

自从实行了民主主义制度，士兵群众的利益得到了保障，士兵群众的革命热情大大地激发起来，士兵有了当家作主的感觉，对部队建设的责任感也明显加强了。部队中出现了一种官兵一致、上下平等的新型官兵关系。

改善官兵关系的措施，贯彻到各个方面，也表现在物质待遇的变化上。秋收起义以前，军官每顿饭都是四菜一汤，和士兵的待遇悬殊很大。三湾改

---

① 中国人民解放军战士出版社编：《星火燎原》（选编之一），第173—174页，战士出版社1979年版。

② 黄仲芳，罗庆宏主编：《井冈山斗争口述史》（下），第645页，江苏人民出版社2015年版。

编以后，因为斗争很艰苦，那时最需要的是官兵艰苦与共，因而待遇改成完全一致，干部和士兵吃一样的饭菜，穿一样的衣服。这是一个了不起的改革。它更加密切了官兵关系，对干部的考验和改造也起了积极的作用。

对于三湾改编的历史意义，罗荣桓元帅曾经指出：

> 三湾改编，实际上是我军的新生，正是从这时开始，确立了党对军队的领导。当时，如果不是毛泽东同志英明地解决了这个根本性的问题，那么，这支部队便不会有政治灵魂，不会有明确的行动纲领，旧式军队的习气，农民的自由散漫作风，都不可能得到改造，其结果即使不被强大的敌人消灭，也只能变成流寇。当然，三湾改编也只是开始奠定了新型的革命军队的基础，政治上、思想上的彻底改造，是一个长期斗争的过程。①

二、"赣南三整"

1927年8月1日，在周恩来、朱德、贺龙、叶挺、刘伯承等同志领导下，胜利地举行了南昌起义。8月3日，起义军开始撤出南昌城，向广东方向进军。9月底，起义军主力在潮汕地区遭到严重失败。朱德所在的部队在敌人的猖狂反攻下，一路转移，最后到了三河坝地区，在同敌人激战三天三夜后，又主动转移到饶平。这时，部队师和团的建制还存在，约2000人。加上从潮汕撤下来的零散部队和人员，共有两千五六百人。

当时，这支革命队伍的处境极端险恶。敌人大军压境，麇集于潮汕和三河坝地区的国民党反动军队有5个师，共约4万人左右，气势汹汹，企图完全消灭我军，扑灭革命火种。从内部来说，这支队伍刚从各方面会合起来，在突然遭到失败的打击之下，不论在组织上还是思想上都相当混乱。另外，这支部队与周恩来等同志领导的起义军总部也已失去联系，留下来的最高领导人就是第九军副军长朱德。在此一发千钧之际，朱德分析了敌我情况，做出了正确的决策。

朱德认为，南昌起义虽然失败了，但"八一"起义这面旗帜绝对不能丢，武装斗争的道路一定要走下去。现在的情况是，反革命军阀部队已经云集在我们周围，随时都可能扑来，我们必须尽快地离开这里，甩开敌人重兵，摆脱险恶的处境，否则将有全军覆没的危险。所以，能脱离险境和保存力量就是

---

① 中国人民解放军战士出版社编：《星火燎原》（选编之一），第131页，战士出版社1979年版。

胜利。

于是，朱德率领部队在饶平略事整顿后，立刻出发，经平和、永定、象洞向西北转移。一路急行军排除沿途反动地方武装的堵截，于10月16日到达闽赣交界的武平，经过武平和石迳岭战斗，部队疾速进入赣南山区，摆脱了国民党反动派的追兵。

自从蒋介石、汪精卫相继叛变革命以后，乌云笼罩着天空，全国一片白色恐怖，反革命势力无比猖獗。在这黑暗重重、前途茫茫的严峻时刻，这支南昌起义保存下来的部队，在赣南山区边打边走，从武平经筠门岭、寻乌、安远、"三南"（定南、龙南、全南）等县境，向信丰以西的大庾岭山区挺进。部队在孤立无援和长途跋涉中，困难愈来愈多，情况也愈来愈严重。

部队虽然摆脱了国民党反动派的重兵追击，但一路上经常遇到地主武装、反动民团及土匪的袭击和骚扰，特别是"三南"地区地主土围子和炮楼很多，不断给部队造成威胁和损耗。为了防备地主民团的袭击和追踪，朱德带领部队有意避开大道和城镇，专在山谷小道上穿行，在山林中宿营。

此时已是10月天气，山区的气温低，寒冷、饥饿纠缠着官兵，痢疾、疟疾一类流行病折磨着官兵。

更重要的是，大革命失败之后，全国革命处于低潮，起义军主力又在潮汕遭到失败。在这种情况下，革命的前程究竟如何？武装斗争的道路是否还能坚持？这支孤立无援的部队，究竟该走向何处？

严酷的斗争现实，无情地考验着每一个人。那些经不起考验的人，有的不辞而别了，有的叛变了。不仅有开小差的，还有开大差的，有人带一个班、一个排，甚至带一个连公开离队，自寻出路去了。人是愈走愈少了，到信丰一带时只剩下七八百人，部队面临着瓦解的危险。

在这难以想象的艰难时刻，朱德、陈毅挺身而出，率领这支革命队伍，坚持走武装斗争的道路，成为整个部队的中流砥柱。

在向西转移的过程中，朱德总是满怀信心地走在队伍的前面。虽然大敌当前，处境险恶，他却神态镇静，无所畏惧，始终以无产阶级革命家的雄伟胆略和气魄教育和掌握部队。他经常一路行军，一路给大家讲革命道理，指出革命的光明前程，提高大家的革命觉悟，坚定大家的革命意志。身为副军长和长者的朱德，过着和士兵一样的简朴生活，和士兵一起吃大锅饭，一起穿灰色粗布军装。行军时，他有马不骑，肩上扛着步枪，背着背包，有时还搀扶着伤员、病号。他的一言一行深深地打动着大家，对稳定军心起了极大的作用。大家不仅把他看作是部队的最高领导,而且看成是这个革命集体的好"当家"。

杨至诚曾在《艰苦转战》一文中回忆说:

这时,人们的思想也和队伍一样的乱。每个人都在考虑着同样的问题:现在部队失败了,到处都是敌人,我们这一支孤军,一无供给,二无援兵,应当怎么办?该走到哪里去?……

我们边打边走,经过筠门岭,到达了天心圩。这时,部队更加混乱,跑的人很多,连有些负责人都走了。这天傍晚,照例又要准备出发了,忽然传来了命令:排长以上军官到南面的河坝子里集合。是什么事呢?我怀着好奇的心情到达了指定地点。河滩上早已坐满了人,大家懒洋洋地躺着、坐着,三三两两地谈论着什么。刚坐下没多久,朱德同志和几个领导干部走来了。我认出走在朱德同志后面的是我们七十三团党代表陈毅同志,还有王尔琢同志。朱德同志还是在饶平会合时的那个样子:一身灰布军衣,背顶斗笠,穿双草鞋;草鞋早已破了,用条什么带子横七竖八地捆在脚上。他的脸颊比会合时瘦多了,胡子长得老长,但两只眼睛却还是那么和蔼、慈祥。他走到队前,四下里看了看,招招手让大家坐拢些。"同志们!"等大家坐好,朱德同志开始讲话了,"你们的师长团长我派他们去执行任务去了,现在有些问题要跟大家讲一讲。"接着他把声音压低了一些,但却是非常严肃坚定地说道:

"大家知道,大革命是失败了,我们的起义军也失败了!但是我们还要革命的。同志们,要革命的,跟我走;不革命的,可以回家,不勉强!"

说到这里,朱德同志略略停了一停,眼睛缓慢地向大家扫视了一下。大家都痛苦地垂下了头,谁也没有说话,河坝子里静悄悄的,只有风吹着竹林,刷刷地响。朱德同志又把声音提高了点,说:"但是,大家要把革命的前途看清楚。一九二七年的中国革命,好比一九〇五年的俄国革命。俄国在一九〇五年革命失败以后,是黑暗的,但黑暗是暂时的,到了一九一七年,革命终于成功了。中国革命现在失败了,也是黑暗的,但黑暗也是暂时的。中国也会有一个'一九一七年'的。只要能保存实力,革命就有办法,你们,应该相信这一点。""我们该怎么办?……"人群里一个人低声地问。"打游击呀!"朱德同志向着发问的方向望了一眼,弯下身来对大家说,"这一带有大革命时期农民运动的基础。我们一定要跟农民运动结合起来,找个地方站住脚,然后就能发展。"

"站不住脚哟，反革命天天跟在屁股后头追……"

"他们总有一天不追的。这些封建军阀们，他们之间是协调不起来的。等他们自己打起来，就顾不上追我们了，我们就可以发展了。"

接着，朱德同志又反复地讲了革命的前途和保存力量、继续革命的道理。足足讲了一个多钟头。

朱德同志的讲话，既平易，又简单，却讲出了很深的革命道理。在这革命失败后黑暗的日子里，在群众情绪极其低落的时候，他的讲话象黑夜里的一盏明灯，使我们看见了未来的光明前途，增强了我们的革命信念。我们觉得心里开朗多了。①

这时候，师、团级政工干部只剩下七十三团指导员陈毅了。南昌起义分散时，陈毅正在武汉，是中央军事政治学校武汉分校党的负责人。8月2日他奉中共中央军委命令，从武昌乘船沿江东下，急赴南昌。当他克服沿途阻扰到达南昌时，起义军已于前一天全部撤走了。陈毅又日夜兼程向南追赶，闯过了沿途军阀部队、地方民团的盘查，终于在临川、宜黄地区赶上了正在进军中的起义部队。前委书记周恩来分配他到号称"铁团"的主力部队七十三团去当指导员，并笑着对他说："派你干的工作太小了，你不要嫌小。"陈毅同志爽朗地回答说："什么小不小哩！你叫我当连指导员我也干，只要拿武装我就干。"②

陈毅积极协助朱德带领着部队。他是在十分困难的条件下开展工作的。当时政治工作人员是不被人们所看重的。尤其是潮汕失败之后，部队面临着极端困难的处境。在这一系列的不利情况下，陈毅以他坚强的革命精神和实际行动，逐渐在部队中建立起威信。

陈毅首先对那些悲观动摇、企图逃跑的人，进行了不调和的斗争。当时黄埔军官学校出身的一些军官，其中包括七十三团的七连连长林彪，都找陈毅，表示要离开队伍，另寻出路。而且还"劝"陈毅也一起离队。他们说："你是个知识分子，你没有打过仗，没有搞过队伍，我们是搞过队伍的，现在队伍不行了，碰不得，一碰就垮了。与其当俘虏，不如穿便衣走。"陈毅坚定地回答说："我不走，现在我拿着枪，我可以杀土豪劣绅，我一离开队伍，土豪劣绅就要杀我。"陈毅更严肃地告诫他们："你们要走你们走，把枪留下，我

---

① 中国人民解放军战士出版社编：《星火燎原》（选编之一），第110—112页，战士出版社1979年版。

② 《当代中国人物传记》丛书编辑部：《陈毅传》，第46页，当代中国出版社1991年版。

们继续干革命。队伍存在,我们也能存在,要有革命的气概,在困难中顶得住,个人牺牲了,中国革命是有希望的,拖枪逃跑最可耻!"①陈毅的这一席话,不仅痛斥了动摇逃跑分子的可耻行为,而且充分表达了他在险恶的环境里坚持革命到底的决心。

1927年10月下旬,部队抵达安远天心圩镇时,只剩下千余人了。当地老表对起义军不了解,大都关门闭户。朱德立即命令部队撤出天心圩镇,就在镇外的河滩上点起篝火宿营。

第二天,朱德亲自主持召开了一次具有重要意义的全体军人大会。在这次大会上,朱德首先宣布,今后这支队伍就由他和陈毅同志来领导。他大义凛然地说:"愿意继续革命的跟我走,不愿意革命的可以回家,不勉强。"他恳切地动员大家,"无论如何不要走,我是不走的"。接着,朱德以他的远见卓识,发表了非常深刻的讲话,鲜明地回答了当时大家心坎里郁积着的问题。

朱德同志拿俄国革命胜利所走的曲折道路作比喻:"1905年的俄国革命失败了,留下来的'渣渣'就是十月革命的骨干。我们这一次就等于俄国的1905年,我们只要留得一点人,在将来的革命中间就要起很大的作用。过去那个搞法不行,我们现在'伸伸展展'来搞一下。"

他还卓有预见地指出:"蒋桂战争一定要爆发的,蒋冯战争也是一定要爆发的。军阀不争地盘是不可能的,要争地盘就要打仗,现在新军阀也不可能不打。他们一打,那个时候我们就可以发展了。"

朱德这些铿锵有力、掷地有声的话语,精辟地剖析了当时的政治形势,展示了革命必然要继续向前发展的光明前景,令人信服,感人至深。陈毅对此作了极高的评价。他曾经说,朱德同志的这次讲话,是讲了两条政治纲领,我们对部队进行宣传教育,就是依据这个纲领作些发挥工作。

陈毅在会议上也诚恳地开导大家说:"南昌起义是失败了,南昌起义的失败不等于中国革命的失败。中国革命还是要成功的。我们大家要经得起失败局面的考验,在胜利发展的情况下,做英雄是容易的,在失败退却的局面下,做英雄就困难得多了。只有经过失败考验的英雄,才是真正的英雄。我们要

---

① 中国人民解放军战士出版社编:《星火燎原》(选编之一),第90页,战士出版社1979年版。

做失败时的英雄。"①

这次全体军人大会以后,朱德和陈毅领导部队渡过了最艰难的阶段,开始走上新的发展道路。这次整顿就是"赣南三整"的第一整——"天心圩整顿"。

值得一提的是,就在大多数同志对革命的信心坚强起来的时候,动摇已久的林彪还是开了小差。他伙同几个动摇分子脱离部队,向梅关方向跑去。只是因为反动武装在关口上把守得紧,碰到行迹可疑的人,轻则搜去财物痛打一顿,重则抓起来杀头,林彪感到走投无路,才又被迫于当夜返回部队。44年后的"九一三"事件,林彪在叛逃中自我爆炸。陈毅回顾历史时指出:"南昌暴动,上井冈山,林彪起过什么作用?他根本是个逃跑分子。"②

1927年10月底,这支部队从信丰来到了赣粤边境的大庚地区。正如朱德所预料的,国民党新军阀各派之间矛盾重重,继宁汉战争之后,又爆发了粤系、桂系、湘系军阀的混战。他们忙于互相争斗,暂时放松了对起义军的追击。朱德、陈毅便利用这个间隙,领导部队进行了一次整顿和整编。这就是"赣南三整"中的第二整——"大庚整编"。

总的来说,朱德、陈毅领导的这支队伍在党的领导下,经过北伐战争和南昌起义的锻炼,成为了一支革命的武装。但是,它的基础是旧军队,还保留着旧军队中固有的那些不良制度和不良作风。在政治上,党对军队的领导还是薄弱的;在组织上,部队的成分比较复杂,大部分是贫苦农民出身,一部分是革命知识青年,兵痞、流氓也占一定数量,未经改造之前,他们常常成为害群之马;在思想作风上,军阀主义习气像毒菌一样腐蚀着部队的肌体。从饶平到大庚约一个月的进军中,环境异常恶劣,上述这些不良因素给部队带来了很大的损害,如果不坚决加以改造和整顿,这支队伍本身能否存在下去也成了问题。

这次整顿和整编部队,是从信丰整顿纪律开始的。本来,在向西转移的一路上,部队中破坏群众纪律,甚至敲诈勒索、抢劫财物的事时有发生,大多数同志对此现象十分气愤和不满。但是由于原建制多已失去组织领导作用,有的军官甚至怕坏分子从背后打黑枪,便睁一只眼闭一只眼,不敢过问,以致这些违犯政策纪律的行为,未能及时制止和处理。当部队进入信丰城的时

---

① 中国人民解放军战士出版社编:《星火燎原》(选编之一),第91页,战士出版社1979年版。

② 同上书,第90页。

候,破坏纪律的行为就更严重地暴露出来了。这座县城里,有商店、酒楼、当铺和钱庄。部队刚一进城,少数坏家伙就钻进酒楼饭馆里去大吃大喝,吃完把嘴一抹就走;有的还闯进当铺,把手榴弹往柜台上一放,故意把导火索掏出来要当几个钱零花。这些人的恶劣行径,简直和军阀队伍一样,影响极坏。

面对这种严重情况,陈毅当机立断,要号兵吹紧急集合号,并叫传令兵传达发生敌情和转移出发的命令,带起队伍一口气跑出信丰县城约十公里,到一个山坳里的平地上才停下来。就是在这里,举行了具有重要意义的信丰全体军人大会。在大会上,陈毅宣布了革命纪律,斥责了破坏团结、煽动逃跑、抢劫勒索、严重损害军誉的三个最坏的家伙,当场宣布执行严肃的革命纪律,大长了革命的正气,刹住了破坏纪律的歪风。这是陈毅第一次和全体同志见面,大家都被他这种果敢机智的作风所震动,为有这样的一位有才能、有魄力的同志来协助朱德领导部队,从内心里感到喜悦。

陈毅后来回忆这段历史时曾说:

> 我那时在部队里是没有什么地位的。我来部队也不久,八月半赶上起义部队,十月初就垮台了。大家喊我是卖狗皮膏药的。过去在汉口的时候,说政治工作人员是五皮主义:皮带、皮鞋、皮包、皮鞭、皮手套。当兵的对我们这些政治工作人员就这么说:"在汉口、南昌是五皮主义,现在他又来吹狗皮膏药,不听他的。"失败后,到了大庾(今大余),那些有实权的带兵干部,要走的都走了。大家看到我还没有走,觉得我这个人还不错,所以我才开始有点发言权了,讲话也有人听了。[①]

杨至诚回忆说:

> 在这段艰苦的日子里,部队像一炉矿砂,在熔炼中,受不起锻炼的渣滓被淘汰了,剩下的却冶炼成了纯净、坚韧的钢铁。回想起来,当时部队所以能够保存下来,是有一种巨大的力量在起着作用,那便是党的坚强领导。记得在那最困难的时候,我们常常看见朱德、陈毅、王尔琢等负责同志,穿插在行军行列里走着,肩上扛着动摇分子扔下的步枪,或是搀扶着病号。他们一面走,一面和士兵们讲解着革命道理,指出革命的前途。沿路,党代表陈毅同志曾经不只一次地召集我们这些党员谈话、开会,要求党员们"受得起失败的考验,做失败时的英雄",切实掌

[①] 中国人民解放军战士出版社编:《星火燎原》(选编之一),第90页,战士出版社1979年版。

握好部队。那时候,党的组织很不健全,更不懂得把支部建在连上,一切活动都靠党员个别进行。干部在行军中要和士兵们谈心,休息时要讲话,宿营了要检查纪律、向群众作宣传解释工作;士兵扔掉的枪支要背起,有病的同志要扶起走……

就是在这样艰苦的情况下,朱德、陈毅同志对部队纪律的整顿也是从不放松的。还记得到达信丰的那天,发现城里有一家当铺,几个不良分子一鼓劲,战士们一轰而上,抢钱的抢钱,抢东西的抢东西,乱成了一团。事情很快被陈毅同志发现了,他立即下令吹紧急集合号。队伍仓促地拉出了城,在一个山根下集合起来。陈毅同志气愤地批评这种现象说:"这哪里像革命军队,简直像土匪一样了!"接着又谆谆地告诫大家:"我们是共产党领导的队伍,没有纪律是不能生存的。"讲得那些犯纪律的人都垂下了头,红着脸把抢来的东西交出来。

在党的领导下,混乱和动摇渐渐减少了,终于将这支部队保存了下来。到了十月底,来到了大庾,部队暂时停住了脚。混乱也终于终止了。因为,在天心圩时朱德同志的预言,得到了证实:就在这时,宁汉战争打起来了,粤赣的大小军阀都卷入了这场混战,果然顾不上追我们了。[①]

为了进一步从政治上、思想上、组织上加强部队的建设,部队在大庾地区驻扎下来,继续进行比较全面的整顿和整编。

这一次整顿,重点是加强党对部队的领导。首先,由陈毅主持,整顿了党、团组织。南昌起义虽然开始了我们党独立领导军队的新时期,然而,当时这支部队只是在上层领导机关和军官中有少数党员,在士兵中,除了个别部队外,一般是没有党、团员的。因此,党的工作不能深入到基层和士兵中去。经过这次整顿,重新登记了党、团员,调整了党、团组织,成立了党支部。当时部队有共产党员五六十人,党员人数不到十分之一。那时候朱德、陈毅他们尽管还不懂得应当把支部建在连上,但是实行了把一部分党、团员分配到各个连队中去的做法,加强了党的基层的工作,这是对这支部队建设具有重大意义的一个措施。

与此同时,整个部队也进行了统一的整编,共组成7个步兵连、1个迫击炮连、1个重机关枪连、1个特务连,总共10个连,合组成一个团,共计800余人。这支队伍虽小,目标却是很大的。各地国民党反动势力都知道这是南

---

① 中国人民解放军战士出版社编:《星火燎原》(选编之一),第114页,战士出版社1979年版。

昌起义剩下来的贺龙、叶挺部队，是共产党领导的一支革命武装。因此走到哪里，就有地主民团给国民党通风报信。为了缩小目标，便于隐蔽，部队便取用了"国民革命军第五纵队"番号，司令是朱德，对外化名王楷（因朱德的号叫玉阶而化此名），指导员是陈毅，参谋长是王尔琢。

这次整编后，党组织的作用更加明显，思想政治工作也愈加活跃。部队也逐渐活跃起来，人们不再是愁眉苦脸了，议论声、谈笑声，常常在部队中回响，初步显示了政治工作的强大威力。同时，转战赣南山区时走散和离队的人员，因为到处遭到反革命势力的追捕，有些人又陆续返回部队。从此，部队的组织状况和精神面貌都大为改观，团结成了一个比较巩固的战斗集体。这时全团虽然只有七八百人，但是就整体来说，这支队伍经过严峻的锻炼和考验，质量更高了，是大浪淘沙保留下来的精华，已成为不灭的革命火种。

"大庾整编"后，朱德、陈毅等带领部队随即开始了对新的革命道路的探索。11月上旬，他们离开大庾县境，来到了湘、粤、赣三省交界处崇义县以西的上堡、文英、古亭地区。大革命时期，这里农民运动热情高涨，革命影响较深，群众基础较好，又是一片连绵不断的山区，便于部队隐蔽活动。这时军阀混战方酣，湘、粤、赣的大小军阀都卷入到这场战争里去了。朱德、陈毅抓住这一有利时机，决定进驻山区，发动群众，开展游击战争。部队首先打走了占山为王、杀人放火、作恶多端的土匪何其朗部，收缴了地主武装，控制了这个山区。同时整顿了关卡，收了点税，解决部队的给养。部队在休息整顿、养精蓄锐的同时，加强了军事训练，将过去的"一线式"战斗队形改变为"人字型"，并进行了游击战战术训练；除了集中进行政治和军事训练外，部队还以连、排为单位分散活动，帮助农民进行生产劳动，向群众宣传共产党是为穷人谋利益的，是为穷人打天下的，革命一定胜利等革命道理。此前，该部队只知道打仗，现在也开始搞群众工作了，这是一个很大的进步。部队在上堡地区活动时间不长，大约20天左右，但是意义是重大的。这是该部队第一次把武装斗争同农民运动结合起来，虽然只是初步尝试。这次整训就是"赣南三整"的第三整——"上堡整训"。

历史证明，朱德领导的"赣南三整"与毛泽东在秋收起义部队实施的"三湾改编"，都取得了重大的成功，无论在军事上还是政治上，都有重大的历史突破，迈出了建设人民军队的第一步。通过"赣南三整"，部队加强了团结，恢复了实力，提高了素质，为1928年1月开始的湘南起义成功创造了有利条件，也为这支部队5个月后与毛泽东领导的秋收起义部队在井冈山胜利会师奠定了基础。

"千流归大海，奔腾涌巨澜"。朱德、陈毅率领南昌起义保存下来的部队，经过迂回曲折的道路，冲破无数艰难险阻，宛如一股汹涌澎湃的激流，通过逶迤缭绕的深山峡谷，汇入奔腾咆哮的大海，终于在1928年4月下旬，与毛泽东领导的秋收起义部队，在中国革命的摇篮——井冈山胜利会师了。

粟裕同志这样回忆这历史性的一天：

> 群山环抱的砻市，在初夏的阳光沐浴下，显得格外秀丽。清澈的龙江穿市而过，江畔屹立着一座古老而雄壮的建筑——龙江书院，毛泽东同志和朱德同志及陈毅同志在这里进行了历史性的会师。接着，两支部队合编为中国工农红军第四军，选出了四军军委，毛泽东同志任军委书记。五月初，又召开了庆祝两军会师大会，在会上正式宣布成立中国工农红军第四军，朱德同志任军长，毛泽东同志任军党代表，陈毅同志任军政治部主任，王尔琢同志任军参谋长。记得在如今称为建军广场的那个场地上举行的庆祝会师大会，真是盛况空前。人们用大量的木桶排列成方形，上面铺起门板、木板，作为大会的讲坛和舞台，演出了许多在当时算是精彩的节目。部队和民众挤满广场，大家的革命情绪达到了一个高潮。[①]

井冈山胜利会师和红四军的成立，是我军建军史上的光辉一页，它已成为中国革命和武装斗争的重大事件而载入史册。

井冈山会师，两支铁流汇合到了一起，红四军从此成为了红军主力，使我党领导的武装斗争的大旗举得更高更牢。

井冈山会师，具有伟大的历史意义，它对当时坚持井冈山地区的斗争，建立和扩大农村革命根据地，坚决走农村包围城市的革命道路，推动全国革命事业的发展，产生了极其深远的影响。

---

① 中国人民解放军战士出版社编：《星火燎原》（选编之一），第105页，战士出版社1979年版。

第四章　毛泽东在井冈山斗争时期的政治建军方略

井冈山，地处湘赣边界罗霄山脉中段，介于湖南酃县和江西宁冈、遂川、永新四县之交，总面积约 4000 平方公里。大革命时期，这几个县都建立了党的组织和农民自卫军，群众基础比较好；山上的茅坪、大小五井等地都有水田和村庄，周围各县农业经济可供部队筹措给养；这里离中心城市较远，交通不便，国民党统治力量薄弱；这里崇山峻岭，地势险要，森林茂密，只有几条狭窄的小路通往山内，进可攻，退可守。陈伯钧回忆说："敌人在山的周围转一圈要一个星期，我们只要一天时间，就能由东到西，由南到北地打击敌军。"在敌我力量悬殊的条件下，这里确实是一个理想的落脚点。

一、毛委员在连队建党

毛泽东领导的工农革命军到了井冈山后的第一件事，就是抓军队和地方的建党工作。没有一个坚强有力的党组织形成核心，军队也好，根据地也好，都会松散无力，难以巩固和发展。所以，毛泽东把抓军队党的建设看做一切的根本。在三湾改编时，一个重要内容便是军队要在党的领导之下，并且确定了"支部建在连上"的原则。但因为当时时间仓促，许多措施来不及落实。部队到酃县水口村后，10 月 15 日，毛泽东在叶家祠主持了 6 名新党员入党宣誓仪式，各连党代表都参加。

赖毅回忆说：

> 就在泸溪受挫后的一次行军途中，副班长刘炎同志和我谈话，问我家庭的情况和个人经历。我猜想他是党员，便告诉他，我原是造纸工人，在搞工会工作时加入了共青团，后来从家乡逃出来，到修水找到了这支

革命队伍,并诉说了想入党而找不到党组织的心情。他听完我的叙述就说:"好吧!我们找找看,我想党代表一定是党员,去向他要求入党吧。"后来,连党代表果然把我找去,对我说:"你要求入党,那很好。毛委员指示:要发展一批工农骨干入党,今后你要更好地工作,努力争取入党!"

没隔几天,党代表又找我谈话,这次叫我填写了入党志愿书。

部队开到鄜县的水口休息下来,第二天下午,党代表就秘密通知我,晚上跟他一路去团部开会。

会议的地点选在靠水口街的一个大祠堂里。我和五班长李恒同志跟着党代表上了阁楼,屋里已经有十几个人,各连的党代表都来了,其余的大部是各连的班长。毛委员也来了,正在和几个同志低声谈话。房间里放着几张长板凳,靠北墙有一张四方桌,桌上放一盏煤油灯,桌边上压着两张下垂的长方形红纸,一张上写着入党誓词,另一张上写着三个弯弯曲曲的外国字。我知道要举行入党宣誓了,心不禁剧烈地跳动起来,一生中最光荣最难忘的时刻终于来到了。

等人到齐了,毛委员便站到方桌旁边宣布开会。

先由各个入党介绍人(都是各连党代表)分别介绍各个新党员的简历。接着,毛委员便走到排列在最前面的六个新党员面前,依次询问了很多问题。当他走到我面前时,我心中既紧张又激动。

他问我:"你为什么要加入共产党?"

"要翻身,要打倒土豪劣绅,要更坚决的革命!"

毛委员点了点头说:"很好。"

接着,毛委员又把那三个我们几个人从没有见过的外国字作了解释。原来这几个字念"西西皮"(CCP),就是中国共产党的意思。以后,他又详细地解释了入党誓词。

会场上充满了严肃的气氛。毛委员举起握着拳头的右手,亲自带领我们宣誓。他读一句,我们跟着读一句:"牺牲个人,服从组织,严守机密,永不叛党……"。洪亮、庄严的声音,在这间破旧的小阁楼中回荡。

宣誓结束了,会场里活跃起来,同志们互相勉励,老党员谆谆嘱咐,都使我十分感动。特别是毛委员讲的话:从现在起,我们都是光荣的共产党员了。今后要团结群众,多作宣传,多作群众工作;要严格组织生活,严守党的秘密……。这许多嘱咐,都深深地印入了我的心底。

临走时,毛委员又叮嘱各连党代表们:回去后要抓紧发展工作。以后,各连都要像今天这样,分批地举行新党员入党宣誓仪式。①

不久,秋收起义部队中连里的支部就建立起来了(在这之前,支部设在团里,各连只有小组)。支部一建立,连队立刻有了灵魂,各种工作迅速地开展起来。支部当时布置党员们做好三件工作:学习目前的形势;了解群众的思想,解除他们的顾虑;注意培养和发展新党员。支部每天都要研究一下当天的情况。对革命意志坚定、工作积极、遵守纪律的同志,党员就积极教育他,帮助他,然后介绍他入党。这样,群众就更加和支部靠拢了。

由于支部设在连里,党通过党员和广大群众保持着密切联系,因而工作十分活跃。连队里的政治空气逐渐浓厚,党员数量逐渐增多。这样,基层党支部就真正形成了连队的核心和堡垒,连队也由于党的基层组织的建立并发挥了作用,变得更加巩固和坚强了。当一些经受不住严酷环境考验的军官走上可耻的逃亡道路时,有党支部领导的连队并没有因此垮台。

二、毛泽东提出"三大任务",教部队发动群众

1927年10月间,湘桂军阀混战,井冈山周围各县城防空虚。11月上旬,毛泽东主持前委讨论,认为要抓住这一有利时机发动攻势,攻击的方向是湖南的茶陵县城,这一任务就由团长陈浩和第一营党代表宛希先率领第一营和特务连去执行。毛泽东因为脚背被草鞋磨破而溃烂,无法随军前去。他在对部队作战前动员时说:我是很想和大家一起去打茶陵的,可是我的脚不让我去,这真让我没有办法。他要求部队到茶陵后要认真开展群众工作,建立红色政权,广泛进行游击战争。

11月18日拂晓,工农革命军攻克了茶陵县城,并活捉了敌县长。但是,由于陈浩等人受旧军队的影响很深,他们把毛泽东的指示甩到了脑后,既不深入发动群众,也不打土豪筹款,军队在茶陵1个多月,每天的活动只是三操两讲和两点名。茶陵人民委员会是成立了,县长谭梓生是部队派的,新的政府依然沿用旧政权的那套办事制度,坐堂审案,派款派捐靠商会,群众感觉不出共产党政权和旧政权的区别。

宛希先十分着急,将这种情况写信向毛泽东作了报告。毛泽东立刻派人送信给陈浩,要他改变做法,召开工农兵代表大会,成立工农兵政府。在宛希先的努力下,12月28日,茶陵县工农兵政府宣告成立,工人出身的谭震林

---

① 中国人民解放军战士出版社编:《星火燎原》(选编之一),第175—176页,战士出版社1979年版。

被选为主席。这是湘赣边界的第一个工农兵政权。工农革命军还帮助茶陵组织了赤卫队。

12月下旬,湘桂军阀混战告一段落。湘军当地地主武装开始向茶陵反扑。红军在经过激战后最终退出茶陵县城。这时,团长陈浩因遭到挫败而思想严重动摇,公开声称工农革命军没有前途,企图把部队往南带,去投靠湘南国民党军。正好那时毛泽东的脚背溃烂稍有好转,他得知湘军反扑的消息后迅速赶来茶陵,并在茶陵湖口赶上队伍。宛希先等向他报告了陈浩等人的背叛活动。毛泽东当晚召集团营干部紧急会议,果断地扣押了陈浩一伙,将部队全部带回了宁冈砻市。

在砻市河滩上,毛泽东主持召开了全团指战员会议,他宣布前委决定:处决陈浩等人!他还总结了工农革命军成立以来正反两方面的经验教训,特别是在茶陵不做群众工作的教训,明确提出:我们是工农革命军,是人民的子弟兵,它区别于中国历史上任何旧式的军队。因此,这就要求我们每一个干部和战士,不只是单纯地会打仗,还要会宣传群众、组织群众、武装群众,帮助群众建立革命政权和党组织以及各种群众组织,发动群众起来和我们一道革命。他宣布,革命军队应当担负起三大任务:第一、打仗消灭敌人;第二、打土豪筹款子;第三、做群众工作。

自古以来,人们总认为军队的任务就是打仗。提出军队的任务不仅是打仗,而且要做群众工作,这是毛泽东对人民军队建军学说的巨大贡献,其影响是十分深远的。后来,毛泽东关于"三大任务"的思想,随着革命战争的实践而发展和完善,逐步形成了中国人民解放军既是战斗队又是工作队和生产队的思想,在人民军队建设中发挥了巨大作用。

对这段历史,赖毅在《毛委员教我们发动群众》一文中回忆说:

> 十一月中旬,突然接到出发的命令。我们走到大井,一、三连也赶到了。这时才听说毛委员要我们下山去打茶陵,大家兴奋极了。
>
> 第二天下午,我们到了大陇。等整理好队伍之后,毛委员就给我们讲话。他首先分析了当前的形势,指出现在宁汉军阀混战,反动军队都拉走了,山下县城空虚,正是开展革命工作的好机会。接着便命令我们向茶陵方向行动。他说:你们马上就要出发了。我是很想跟大家一起去闹革命的。说到这里,毛委员用手指了指脚,脸带微笑,诙谐地说:可是我的脚不让我革命,这真叫我没办法。原来,在秋收起义前后,由于长途跋涉,他的脚被草鞋磨坏,一直没有好,行动不便。

我们又一次离开毛委员，下山去了。

一路上很顺利，打茶陵也没有遇到对手，一下就占领了。没几天就在旧县政府的大衙门成立起县政府。并且把原在茶陵搞过工农运动的人找了出来，恢复了工会和农民协会。这是第一次搞政权工作，也不知怎样搞法，只好一切都按照旧政府的样子，升堂审案，收税完粮……

部队在城里住下来，仍沿用旧式带兵的方法，每天除了三操两讲两点名、站岗放哨以外，很少进行政治活动。虽然也曾派人打过几家土豪，但只是为了改善部队生活，并没有去做发动和组织群众的工作。部队的给养，也像旧军队一样，通过商会向各商铺摊派。这一段时间，部队乱得很。

我们在茶陵的所作所为，很快传到了毛委员那里。他写来指示：立即撤销县政府，组织工农兵政府，并派谭震林同志任工农兵政府主席。还指示要在部队中加强政治工作。

毛委员的指示下来之后，旧县政府的一套搞法去掉了，动员和组织工农群众的工作也活跃起来了。湘赣边界的第一个工农兵政权在茶陵诞生了。

正当我们欢欣鼓舞庆祝第一个红色政权诞生的时候，宁汉战争停止了，湖南的敌人吴尚派了一个团，开到了茶陵，企图把我们一举消灭。当时我们对毛委员教导我们的游击战术，体会不深，也不能灵活运用。因此，竟和敌人展开了拼消耗的阻击战。顽强的战斗一直坚持到黄昏，才撤出茶陵一直向南，开向湖口，又奉毛委员的命令返回井冈山，住在宁冈县的砻市。

有一天，毛委员又来到我们这里，召集大家讲话。他开头先表扬了我们茶陵战斗打得勇敢。接着又指出：部队在茶陵没有做群众工作，没有筹款，是这次行动很大的缺点。

这时，毛委员开始给我们详细地讲解了工农革命军的任务。记得大意是说：中国有历史以来，官兵都是骑在老百姓头上的。现在老百姓见到我们态度和蔼，就像皇帝开了恩。我们是工农革命军，只是对群众态度好还不够；我们每个人是战士，也是宣传员，不仅要打仗，还要向群众宣传我们的主张，组织群众，武装群众。只要我们和群众团结一起，革命胜利就有把握了。

讲到这里，毛委员停了一下，随即伸出双手，用右手一个一个地扳着左手手指，逐条宣布了工农革命军的三大任务：第一、打仗消灭敌人；

第二、打土豪筹款子；第三、宣传群众、组织群众、武装群众，组织革命委员会，组织游击队、赤卫队。

这段话，一针见血地指出了我们在茶陵所犯错误的老根子，明确了革命军队的性质和任务，像黑夜里的一盏明灯，把前进的道路照得透亮。从此，我们就不再像以前那样糊涂了。

在砻市那次讲话中，毛委员还再次向我们讲解了三大纪律，要我们严格遵守，谁也不得违犯。后来，我们都把三大纪律背得滚瓜烂熟，并且认真地照着它做。连的党支部还把它当作检查行动的标准。

以后，毛委员集合部队讲话的次数更多了，每一次都要给我们讲解当前的形势、在井冈山建立根据地的道理、井冈山的地势和周围群众的生活情形……。同时，毛委员还经常教给我们发动群众、组织群众的方法。记得他说过：开始时穷人一般都不敢要地主的东西，我们就要在晚上把东西秘密地送到穷人家里去，或者把这个地方土豪的资财，带到另一个地方分给穷人。

又有一天，毛委员把部队集合起来说：上次你们从井冈山西边的茶陵来，这次我们一起到东边的遂川去。那个县里地主武装很少，不敢同我们打仗。那里有很多大土豪，银元都埋在地下睡觉，工人农民都穷得要命。到那里以后，大家都要做群众工作，要打土豪，筹款子，发动群众。

部队随着毛委员下山了，迎着深冬的寒风，走着崎岖的山路，向遂川挺进。我们的军装虽已磨损得破烂不堪，然而几个月前由于挫折而带来的张惶、不振的情绪早已一扫而光。个个精神抖擞，步伐雄壮，都想到山下轰轰烈烈地干它一番。

队伍经过黄坳，来到大坑。出发前，听说大坑是个集镇，来到一看，完全不像集镇的样子；老百姓都跑了，街道上冷冷清清，偶然碰上一两个人，也尽是些老头、老婆婆。

按照毛委员的指示，我们打开土豪紧锁的大门，里面真是五光十色，什么都有。光是泡在茶油里的腊肉、腊鸡、腊鱼和各种各样的油炸果子，就有好几大缸。土豪们已经把过年的事安排得妥妥贴贴了。可是，走到穷人家一看，阴暗、潮湿、破烂的房子里，除了床上的一条破席子以外，啥都没有。这是多么强烈的对比啊！同志们都气鼓鼓的，立即把土豪家搞了个天翻地覆，只要能拿的，全都搬了出来。搞到的那些资财，一部分送到当地穷人家里。一部分带着，沿途送给穷人。

来到遂川，情况和大坑相仿。我们向没有走的老人宣传，他们多半都不理睬；把财物分给他们，他们摇摇头，拱拱手，谁都不接受。于是我们就从小处着手，先分一些可吃的东西，因为东西吃掉了不留痕迹，不怕土豪倒算。以后，我们加强宣传，消除群众顾虑，使留在城里的人逐渐靠近我们。

　　工农革命军爱护群众的行动，很快传开来。两三天里，穷人们都陆续回来了。我们的宣传工作也繁忙起来。由班、排干部组成小组，每个组都有红布做的小旗子，旗子上横写着三个大字：宣传队。红旗到处，群众团团围住，静听红军战士讲话。因为我会湖南客家话，小组就常推我出来讲。也不知怎么的，一看见站在前面这许多穷人，自己在家受苦的事，一下就涌上心头。我高声说："我在家跟你们一样，受尽了土豪劣绅的压迫剥削，没命地干活，也吃不饱肚子。我们穷人要翻身，就得打倒土豪劣绅，要分他们的田，要组织起革命委员会来跟他们斗啊！……"这么一讲，小组的同志和群众就一起呼一阵口号，然后我们就带着群众到土豪家里去分东西：用具、衣服、谷子，连猪也杀了，切成一块一块的分给穷人。穷人们欢天喜地地抬着东西，回到自己家里去。

　　没几天，县城的局面打开了。毛委员就派我们到郊区去开展工作。我们连被派到离城二十多里的和尚坪。在那里活动了近二十天，毛委员从城里传来指示，要部队回遂川过春节。

　　走的那一天，群众都来送行。时间虽短，却已和群众建立了很深的感情，要走了，真有点舍不得。

　　回到城里，只见街上行人熙熙攘攘，家家户户挂灯结彩，男女老幼穿得整整齐齐。卖年货的店铺里，更是人流不断。人们发现了我们一队队军容整齐、容光焕发的工农革命军战士，一下就围了上来，像迎接远出归来的亲人一样，问长问短，亲热得很。

　　各路部队带着胜利，带着筹集的物资、款项，陆续回来了。见了面，大家三人一群、五人一伙，谈着各地情况，那种兴奋、激动的情绪，只有打了大胜仗的时候才会有。

　　除夕那天，毛委员宣布放假三天。每人发给几块银元，夜里还举行了大会餐。我们二连在一个古祠堂里摆上一张张方桌，不分干部战士，团聚共乐。街上鞭炮声、锣鼓声响成一片，军民沉浸在欢乐中，整个遂川城灯火辉煌，彻夜不熄。

我们就这样欢欢乐乐地过了第一个胜利年。休息几天之后，除了留下在遂川城和郊区工作的少数部队以外，又分成好几路，下乡去开展全县的工作。

我们这一路，由营长陈毅安同志带着去左安。到了左安又分成几路。我们一路走，一路举着宣传队的红旗，向群众作宣传，带领群众打土豪，分浮财。起初，群众也不敢来，到后来，只要把红旗一举，后面就汇成一条人的洪流，男女老幼挑着箩筐，扛着扁担，背着口袋，一边走一边招呼路旁的人："走啊！跟工农革命军打土豪去！"

在左安，我们筹款时，便在土豪劣绅的门口贴上一张罚款布告，上写：某某是土豪劣绅，平时欺压穷人，现在决定罚款××元，限×天内交来，到期不交，定严惩不贷。土豪劣绅害怕，大都在限期里派人把钱交来。

为了更好地统一军事指挥，统一领导筹款和发动群众等各项工作，毛委员又规定每一路单独行动的部队，或营或连，不分大小都要组织起行动委员会。行动委员会由军事首长、党代表和一部分班、排干部组成。行动委员会三、五天就要检查一次工作，例如进行了几次宣传，组织了多少群众，打了多少家土豪，没收和分发了多少东西，筹了多少款，工作中的经验、优缺点，以及附近的敌情等等，都要作详细的汇报，并按级上送，直到毛委员那里。行动委员会检查工作是很严格的。有一次，我们杀了土豪的一头猪分给群众，留下一部分较好的肉和猪肝改善生活。这件事让行动委员会检查出来了，受到了严厉的批评。这以后成了一条纪律：凡是好东西要尽先分给群众，任何人都不准擅自拿打土豪得来的东西。

遂川全县就在这短短的时期中，掀起了翻天覆地的革命斗争，土豪劣绅打倒了，反动政权垮台了，贫苦群众站起来了，工农革命政权建立起来了，赤卫队、游击队保护着革命胜利的果实。我们从左安回来以后，毛委员亲自领导着大家，总结了这一段时间的工作，进一步提高了大家的思想水平和工作能力。三四天以后，又分成几路到各地去开展工作。我们二连这次是去遂川西北的五斗江。出发前，每人都穿上了灰色的新军装，戴八角形的工人帽，还发给一套白布衬衣，连子弹带、干粮袋也换了新的。

我们这支人数不多的工农革命武装，就这样在毛委员亲自领导下，在井冈山四周开展游击战争和群众工作，建立并扩大革命根据地。它就像一支永不熄灭的火炬，照亮了井冈山四周的广大农村，到处点燃起革命的烽火。①

三、"三大纪律、八项注意"的诞生

"三大纪律、八项注意"也是毛泽东在井冈山时期提出来的。

从秋收起义开始,毛泽东就非常注意军队的群众纪律。1927年10月下旬的一天,部队在遂川荆竹山的村边集合,准备上井冈山。出发前,毛泽东作了一次简短的讲话,要求大家一定要和山上的群众搞好关系,和原来在井冈山地区活动的王佐部队搞好关系,做好群众工作。他强调,如果没有群众的支持,根据地是建立不起来的。接着,他庄严地宣布了工农革命军三项纪律:第一,一切行动听指挥;第二,不拿老百姓一个红薯;第三,打土豪筹款要归公。

这就是"三大纪律"的最早表述。

茶陵事件后,工农革命军撤到了宁冈。这时传来一个消息:同遂川相邻的赣西南万安县农民发动起义,再次攻占了县城。为了声援万安的起义,毛泽东当机立断,率领工农革命军第一团掉头南下,在1928年1月4日攻占遂川县城,并在这里分兵做发动群众的工作,建立中共遂川县委和县工农兵政府。

攻克遂川县城后,工农革命军在城里过了旧历年。部队一方面在城里开展宣传活动,同时还派人下乡做宣传群众、组织群众的工作,领导贫苦农民打土豪,群众工作红红火火。但是,毛泽东在进城后通过不断找群众谈话,了解群众对部队的反映,发现了不少问题。有的红军战士借了老百姓的门板和铺草,用后没有主动归还;有些人以打土豪的名义,把商人、小贩的货物也没收了,甚至把药店里称药的戥秤也拿了。

于是,1928年1月25日,毛泽东把部队集合起来,提出了在城市中保护中小商人的政策,并宣布六项注意:一、还门板;二、捆铺草;三、说话和气;四、买卖公平;五、不拉伕,请来伕子要给钱;六、不打人骂人。

六项注意宣布后,得到了群众的一致好评。几天后,毛泽东又听到群众的反映,说红军纪律确实是好,借了门板能够还回来,不过要是能够替我们上上去就好了,要不还是有许多麻烦。毛泽东听在耳朵里面,记在心里。

1928年4月,毛泽东在湖南桂东县沙田圩总结了执行群众纪律的经验,正式向部队颁布了"三大纪律、六项注意"。

"三大纪律"是:第一,一切行动听指挥;第二,不拿工人、农民一点东西;

---

① 中国人民解放军战士出版社编:《星火燎原》(选编之一),第180—186页,战士出版社1979年版。

第三，打土豪要归公。

"六项注意"是：一、上门板；二、捆铺草；三、说话和气；四、买卖公平；五、借东西要还；六、损坏东西要赔。

1929年1月，红四军进入赣南闽西后，根据革命斗争形势任务的需要，毛泽东又将"三大纪律、六项注意"的内容作了修改、补充和完善。"三大纪律"中"不拿工人、农民一点东西"改成了"不拿群众一针一线"；"打土豪要归公"改为"筹款要归公"，以后又改成"一切缴获要归公"。"六项注意"则成为了"八项注意"，增加两项："洗澡避女人"和"不搜俘虏腰包"。从此，"三大纪律、八项注意"正式提出。

毛泽东不仅亲自制定了"三大纪律、八项注意"，而且身体力行，严格执行，并且经常搜集典型事例，向部队进行教育。有一次，毛泽东带领部队返回井冈山的途中，有的红军战士因为饥饿，吃了农民地里的苞米。毛泽东得知后，通知部队集合，就地进行群众纪律教育。他亲自在一块竹牌上写道：因为我军肚子饿了，为了充饥，把你的苞米吃掉了，违犯了纪律，现将两元钱埋在土下，请收下。毛泽东曾经用类似绕口令的方式教育官兵做到"损坏东西要赔"。他说："打破群众一个旧水缸，要赔他一个新水缸；虽然新缸不如旧缸光滑，但赔总比不赔好，群众会满意的。"

毛泽东提出"三大纪律、八项注意"，对人民军队建设意义重大。过去，老百姓对旧军队欺压人民和有些地方存在的土匪骚扰，历来是既害怕，又痛恨。他们刚接触工农革命军时，由于不了解这支军队的性质，往往用同样的态度来对待。这个问题不解决，工农革命军便无法接近群众、做好群众工作，最终自身也无法生存，更谈不上发展、壮大的问题。而要解决这个问题，只靠口头宣传几句"我们是人民的军队""我们是为人民谋利益的"等等是没有用的，老百姓固然听其言，但更多的是观其行。红军官兵严格实行"三大纪律、八项注意"后，老百姓根据实际观察，真正认识了人民军队。当时，井冈山地区流传着一首歌谣："红军纪律真严明，行动听命令；爱护老百姓，到处受欢迎；遇事问群众，买卖讲公平；群众的利益，不损半毫分。"从此，老百姓开始真心把红军看做一家人和自己的保护神，红军同群众的关系有了质的飞跃。这是红军能够从小到大发展起来并战胜敌人的重要力量源泉所在。

解放战争时期，毛泽东再次将"三大纪律、八项注意"的内容作了修改、补充，于1947年10月10日重行颁布，要求全军"以此为准，深入教育，严格执行"。

三大纪律是：一、一切行动听指挥；二、不拿群众一针一线；三、一切缴获要归公。

八项注意是：一、说话和气；二、买卖公平；三、借东西要还；四、损坏东西要赔；五、不打人骂人；六、不损坏庄稼；七、不调戏妇女；八、不虐待俘虏。

这些内容一直沿用至今。

《三大纪律八项注意》歌的来历则另有故事。

大家都知道，《三大纪律八项注意》歌是革命军人的入门歌、启蒙歌，也是人民军队的政治歌、纪律歌、规矩歌。但是《三大纪律八项注意》作为革命歌曲，其歌词曲作者又是谁呢？

美国著名记者斯诺在《西行漫记》中记述，他于1936年8月底曾在甘肃省的豫旺县采访，访问过徐海东及其率领的红二十五军以及红十五军团，发现部队都在唱红军《三大纪律八项注意》歌，认为这就是国民党的军队无法打败红军的重要原因，大加推崇，并在《外国记者西北印象记》中，首次向外界披露了这首歌。后来斯诺在与毛泽东的交谈中，曾经询问《三大纪律八项注意》歌的作者是谁？毛泽东表示，这首歌很好，不知道作者是谁，但不是他（指毛本人）。

1981年1月8日，红二十五军老战士、原监察部副部长程坦的追悼会在全国政协礼堂举行。李先念主持，程子华致悼词。

悼词中说：程坦"在红十五军团政治部工作期间，为了配合当时红军的政治纪律教育，以《三大纪律八项注意》为内容，利用鄂豫皖地区一首民间歌曲的唱腔，改编成红军《三大纪律八项注意》歌，首先刊登在红十五军团政治部的小报上，很快在红军干部战士中广泛流行开来。以后，经过不断修改，发展成现在的《三大纪律八项注意》歌，成为我军政治工作的有力武器。"

这是第一次在公众集会场合提到程坦在编作《三大纪律八项注意》歌中的历史作用。

不久，《解放军歌曲》1981年第3期发表了该刊采写的《"三大纪律八项注意歌"的产生》一文，第一次在媒体上公开报道了这首歌的编作过程，第一次在媒体上明确该歌的歌词编写者是程坦。

红二十五军老战士，原中共中央政治局常委、中央军委副主席刘华清上将在回忆录中写道：

《三大纪律八项注意》歌唱了几十年，但当初，它的出现很偶然。

1935年9月，我们与陕甘红军会师后，为了统一指挥，进行了合编。红二十五军、二十六军和二十七军合编为红十五军团。军团政治部机关，是原红二十五军政治部改编的。政治部下面设科，我仍当宣传科长。程坦是政治部秘书长。他和我们宣传科重点负责新兵教育。

劳山、榆林桥战斗后，陕甘苏区掀起了参军热潮，部队补充了大批新兵。两次战斗中的大批解放战士也补入部队。在对新兵进行纪律教育时，程坦秘书长建议把《三大纪律八项注意》编为歌曲，让大家天天唱，我完全赞同。我们长征到陕南创造新苏区时，程子华、郑位三要我天天去部队教唱歌，讲"三大纪律八项注意"事项，我觉得太麻烦，也曾有过把它编成歌曲的想法。但是，天天赶路很疲劳没有精力，另外我没有音乐知识，也就作罢。现在真是不谋而合，但程坦也不懂音乐，我们就借用鄂豫皖苏区流行的《土地革命完成了》的歌谱，唱过来哼过去，一唱一哼很合拍，于是在《红色战士报》登出这首歌，很快就传唱开来。

1935年10月19日，中央红军到达陕北吴起镇（今吴旗）。在庆祝会师大会上，红十五军团的官兵唱起了《三大纪律八项注意》歌，立即引起全场注意，出了点风头。会后不久，许多部队都学会了这支歌。

这首红军歌曲，在抗日战争和解放战争时期，随着军队任务和纪律要求的变化，歌词做过相应修改。1950年，总政治部组织文艺专家对歌词又进行了修改，1957年再次修改，便成了现在的《三大纪律八项注意》歌。可以说，《三大纪律八项注意》歌是由红二十五军先唱起来，然后在红军各部队中传唱开的。如果这算得上是一份成绩，主要是程坦同志倡议干的，是他的历史功绩，我只是协助，作了个"媒人"，把苏区现成的曲调往歌词上嫁接了一下。[①]

四、宽待俘虏的四项政策

在井冈山斗争时期，毛泽东还为部队制定了宽待俘虏的四项政策。

当时，国民党反动派为了激励军队的斗志，在对内宣传中肆意丑化共产党和它所领导的人民军队，军官欺骗部下说："小心别当俘虏，共产党对俘虏是要剥皮抽筋的！"于是，许多白军士兵在与红军作战时拼命抵抗，宁死不投降。仗打得十分艰苦。

---

① 刘华清：《刘华清回忆录》，第73—75页，解放军出版社2004年版。

1928年2月，工农革命军攻克了宁冈新城，俘虏敌军约400人。如何处理这些俘虏，成了一个急需解决的现实问题，从长远来讲，也涉及到一个重要的原则问题。

由于蒋介石反动派叛变革命后屠杀了大批的共产党员和革命群众，因此，红军很多战士与反动军队有着深仇大恨。面对这些俘虏，很多人想出出气，复仇情绪十分严重。

出乎许多人的意料，毛泽东此时宣布了宽待俘虏的四项政策：第一，不打、不骂、不杀、不歧视、不虐待、不搜腰包。第二，政治和生活方面的待遇和红军平等。第三，愿去愿留自由。愿去者，发给路条、路费，敲锣打鼓热烈欢送；愿留者，开"欢迎新兄弟"大会，热烈欢迎。第四，热情、积极治疗伤员，并和红军战士享受同样的医疗待遇；治愈者，亦分愿去愿留两种。

这四项政策宣布后，在部队炸开了锅，有人赞成，更多人则想不通。为此，毛泽东专门给部队作了一次讲话。他耐心开导说："大家要出气、报仇，这种心情是可以理解的，但是找错了对象。白军士兵绝大多数是工农子弟，你杀了他们，地主豪绅连眉头都不皱，马上又去找新的，结果还是穷苦老百姓倒霉。红军不是解放劳苦大众吗？有些同志脑子一热就忘了。做什么事都得有耐心，白军士兵越是不了解我们，就越是要多往回放，让他们回去替我们宣传。一回不行两回，两回不行三回，总有一天他们会醒悟过来的。要是放回一个能争取十个，这个账不是很好算吗？"①

毛泽东这样一讲，许多人想通了，但是也有很多人半信半疑。这办法真有那么好吗？

根据毛泽东的意见，这400来名俘虏兵集中在茅坪进行教育。通过引导他们控诉豪绅地主阶级和国民党反动派压迫、剥削的种种罪行，大多数人的阶级觉悟提高了。最后，有300多人主动申请，要求留下来参加红军。其他人或者因为对红军政策不相信，或者有别的考虑，提出要走，红军按照四项政策规定，痛快地发给路费、路条，敲锣打鼓热烈欢送。这一情景使得这些人十分感动。

效果马上就出来了。井冈山当时有个"三当俘虏"的士兵曹福海的经历就很有代表性。

曹福海是个身强力壮的大个子。一次和红军作战时，因为相信国民党的

---

① 中国人民解放军战士出版社编：《星火燎原》（选编之一），第226页，战士出版社1979年版。

宣传，子弹打完了也不肯投降，硬是跟红军拼刺刀。后来，他当了俘虏，心里十分恐惧，担心被剥皮抽筋，然而，事实证明国民党的宣传完全是欺骗人的，红军宽待俘虏的政策令他感动，但他还是选择了回去，他说："红军好是好，就是没有钱。国民党军队是坏，但是每个月能够发几个大洋，我家里还有老母亲靠我生活。"红军为他开了欢送会让他走了。没有多久，他又随所在部队来攻打红军，又被俘虏了。这回他可不怕了，他对红军官兵说："还是放我回去吧，这回我只打了两枪，还是朝天放的。"红军又放他走了。一段时间后，他第三次被我军俘虏。这次，他高高兴兴地带了十几个白军士兵一起来投降，并且表示："这回我再也不回去了，免得老是当俘虏。你看，我还带来了十几个兄弟。"红军指挥员笑着问他们："怎么，不怕剥皮抽筋吗？"他们笑着回答："谁听那些狗屁！我们早就听说了，你们官兵平等，不打不骂，谁愿意在那边挨打受气？"①

这些人加入红军后，个个作战勇敢、工作积极，尤其是曹福海，很快就当了排长，后来在一次作战中英勇牺牲了。

毛泽东亲自制定的红军优待俘虏的四项政策收到了巨大的成效。它不仅揭穿了国民党反对派的欺骗宣传，而且有力地瓦解了敌军。毛泽东曾经总结经验说："对敌军的宣传，最有效的方法是释放俘虏和医治伤兵。敌军的士兵和营、连、排长被我们俘虏过来，即对他们进行宣传工作，分为愿留愿去两种，愿去的即发路费释放。这样就把敌人所谓'共匪见人就杀'的欺骗，立即打破。杨池生的《九师旬刊》，对于我们的这种办法有毒矣哉的惊叹。"②

五、"红军一到满街鲜红，等于过年"

毛泽东、朱德领导的红四军十分重视对官兵的政治训练。毛泽东在井冈山期间的多次讲话，在红军战士心目中留下了深刻的印象。

当时，由于国民党反动派对井冈山实行了严密的封锁和反复的"围剿"，红军供给十分困难。战士们吃的是糙米南瓜，穿的是破布旧军装，寒冬腊月，许多战士还是穿两层单衣，住的是岩洞和柴房，睡的是稻草。由于作战频繁，营养不良，加上受冻和其他原因，官兵伤病很多，可是连碘片这类最普通的药都没有。"红米饭，南瓜汤，秋茄子，分外香，战士吃得精打光"，就是那

---

① 中国人民解放军战士出版社编：《星火燎原》（选编之一），第228页，战士出版社1979年版。

② 《毛泽东选集》第一卷，第67页，人民出版社1991年版。

种艰苦生活的真实记录。面对严峻的形势,毛泽东在井冈山向红军指战员发出号召:"没有粮,我们种;没有菜,我们栽;没有布,我们织;没有鞋,我们自己动手编草鞋!"

一天夜里,毛泽东回到住处。房东谢慈俚老汉拿出一堆草鞋说:"毛委员,工农革命军来到这里,给我分了房子分了田,我没什么好东西,打了一些草鞋送给咱部队表表心意。"毛泽东接下草鞋,把钱塞到谢老汉手里,并说:"我们还要求你帮大忙呢!""啥忙?"谢老汉立刻抖擞起精神。毛泽东诚恳地说:"请你教我打草鞋。要粉碎敌人的经济封锁,必须自力更生。打草鞋,材料到处都有,战士们都能自己动手,我先向你学学可以吧?"谢老汉当即教毛泽东打起草鞋。他一边打,一边讲。毛泽东坐在一旁仔细地听,仔细地看。不一会儿,一只草鞋打好了。毛泽东拾起地上的稻草,对老人说:"让我来试试吧!"说着接过老人递上的工具。他学着老人的样子,细细琢磨着老人讲的每一个要领,有时还问上几句,很快一只草鞋打成了。

第二天一早,毛泽东拿起他打的那双草鞋,来到操场,看士兵们操练。休息的时候,士兵们纷纷围到毛泽东周围。毛泽东懂得多,故事多,说话又生动有趣,士兵们都喜欢听他讲故事。"哎,你们哪位看过《封神榜》啊?"毛泽东笑眯眯地问。有人摇头,也有人说:"没看过,可是听说书的讲过,都是神仙的故事。""《封神榜》里有个土行孙,身子一扭就不见了,他是钻到地里去了,在地底下日行五百里。书里还写到一个哪吒,脚踩两只风火轮,会腾云驾雾。这两个人上天入地,能打能走。我们大家也要学会这种本事。"战士们议论说:"人家都是成仙入道的人物,神通广大,咱们这肉体凡胎,哪能学来那种本事?""我看能。"毛泽东说得认真、肯定。士兵们不由得睁大了惊讶的眼睛。毛泽东不慌不忙地说:"只要我们做到两条就不难学会这种本事。""真的?"士兵们激动了,"哪两条?""第一,我们要到群众中去,把群众组织起来,用模范行动得到群众的支持和拥护,和他们打成一片,就能打也能走;敌人看不到我们,找不到我们,我们却能看到敌人,这不就像有了土行孙的本事吗?第二,我们要坚持自力更生,艰苦奋斗的精神。"毛泽东拿出他新打的那双草鞋:"这是我跟谢老汉学习,打的第一双草鞋。这就是我们的风火轮。稻草随处可见,大家抓紧空余时间向群众学习打草鞋,我们就能走遍天下!"

针对此时行军作战频繁,一些官兵流露出"翻山怕苦""打向城市",不愿意在井冈山坚持斗争的情绪,1928年秋季的一天,毛泽东集合部队作了一次讲话。他说：

"有人嫌井冈山高，嫌井冈山大，今天东山，明天西山，爬山爬厌了，不愿意再爬它，想打到城市里去。这种思想错了。要知道，井冈山，虽然它磨破了我们的脚，爬酸了我们的腿，但是，它给我们存粮食，给我们做根据地，便于我们机动，便于我们打击敌人。同志们不是都有了一条经验了吗？我们每爬它一次，就打一次胜仗，消灭一些敌人；如果我们多爬它几次，就会多打几次胜仗，多消灭一些敌人。所以说，这座山，它革命，这座山是革命的山。我们要保护它、爱护它，不要害怕多爬，更不要讨厌它。既然我们拥有了这样一座革命的山，有党的正确领导，有广大群众的拥护，又有我们全体同志的坚决的革命意志和英勇的斗争精神，敌人的吹嘘就会变成一句反话——不是敌人把我们消灭在井冈山上，而是我们把敌人消灭在这里。"①

在这次讲话中，毛泽东还突出强调了建设根据地的重要性。

朱良才回忆说：

讲到革命根据地和武装斗争的关系，毛泽东同志打了一个通俗有趣的比喻：革命要有根据地，好比人要有屁股。人假若没有屁股，便不能坐下来；要是老走着，老站着，定然不会持久；腿走酸了，站软了，就会倒下去。革命有了根据地，才能够有地方休整，恢复气力，补充力量，再继续战斗，扩大发展，走向最后胜利。②

1929年9月，陈毅在给中央的报告中这样总结红四军对官兵的政治训练情况：

（1）讲演，由官长召集全体讲话，或作政治报告，或作生活批评，或作工农运动概况报告等。

（2）讲课，在军队有三日的休息，作每日必有一小时政治课，由党代表担任去讲，这个讲演比较有计划的，或定于一月讲演许多题目，这些题目是可以连贯的使士兵得到一些有系统的政治智识。

（3）早晚点名讲话与呼口号，则例每日士兵生活批评或对于明日行动之煽动宣传等。

（4）在一次游击工作，一次战斗，一次行动，经过以后的批评，要详细向士兵讲出来。

---

① 中国人民解放军战士出版社编：《星火燎原》（选编之一），第231页，战士出版社1979年版。

② 同上。

（5）军队里举行识字行动，简易的办法就是要士兵认红军的标语，认得一个标语即将此标语包含的意义策略告诉他。

　　（6）参加群众大会，举行各种纪念会、追悼会、俱乐会，亦为政治教育之另一种。

　　（7）在士兵委会内，将士兵编成若干小组，小组会上有各种报告及工作批评，亦为训练的方法之一。①

对于群众的宣传工作，红四军从一开始不重视，到后来十分重视，乃至做得十分出色。红军在成立初期，很多人出于对原来国民党军队虚假宣传的反感，对宣传工作有偏见，认为军队是打仗的，宣传工作是卖假膏药，令人讨厌。在经过许多次战斗后，越来越多的人开始认识到宣传工作的重要性，觉得我军宣传工作做得太差，每每红军经过某地，只是贴上几张标语，群众根本就不知道红军是什么军队，甚至有些地方群众把红军当做土匪打。

为了使群众了解红军，支持红军，宣传工作逐渐进步了。

红四军建立了一个宣传兵制度。凡军队每一个机关（如连部，营部，或政治部，卫生队等）派五个人担任宣传工作，这五个人不背枪，不打仗，不服勤务，名称就叫宣传兵。

这五人分成两组，一组为演讲队，担任口头宣传。凡红军所到的地方，行军时经过的乡村酒店、茶店，或大市镇，他们须手持红旗及标语传单向群众宣传，到了城市更须全体出发到大街小巷或商店作个别宣传，或按户宣传，半天的时间必须召集一个群众大会，通过宣传，让群众"懂得红军这个怪物，及朱毛的仪容"。另外一组为文字宣传组。两个人每人提一个石灰桶，大小笔各一支，凡军队经过的地方，墙壁上要统统写满红军标语，写字用正楷，愈大愈好，并且用梯子写得高高的，使反动派不能随便涂抹。到达一个城市后，各连的宣传员由政治部或党代表分配宣传区域，并派人巡视以观勤惰。各连写的标语有暗记不怕冒功或混淆，写错了亦易查出予以处罚。因此红军到达一个县城只要三小时，宣传工作就可以遍及全城。许多地方群众说："红军一到满街鲜红，等于过年。"②

---

① 中共中央文献研究室，中央档案馆编：《建党以来重要文献选编（一九二一——一九四九）》第六册，第457—458页，中央文献出版社2011年版。

② 同上书，第460—461页。

第五章　古田会议决议定型政治建军原则

自著名的闽西经济文化中心的龙岩北行不到30公里，汽车便在堆青叠翠的群山间逶迤行驶。不多久，便进入一个狭长盆地，只见一路亭亭翠柏，簇簇农舍。猛然间，在一片浓郁得发黑的密林山脚，"古田会议永放光芒"几个大红字，醒目地出现在眼前。这就是誉满神州的上杭县古田村。

这是一个方圆10余公里的山村，位于龙岩、上杭、连城三县交界处，曾是联结上杭、龙岩、长汀、连城、宁化等县的交通要道。村庄北靠笔架山，南依彭军岩，两山之间横亘一道彩眉岭。

古田会议会址就坐落在古田村的中心。这里原是廖氏宗祠，二十世纪二十年代，曾在此办了所"和声小学"，红四军来到古田后，学校改名为"曙光小学"。古田会议，就是在这座祠堂的上厅召开的。如今，会场已按当时复原：正面墙上，挂着当年闽西列宁书局印刷的马克思和列宁的画像，上端悬挂着一面镰刀斧头党旗，顶端有一横红布会标。厅中央摆着一排排开会时坐的桌椅。据老同志回忆，开会期间，古田下了场几十年罕见的大雪。代表们衣着单薄，便围在厅中央燃起火堆取暖。至今在三合土地板上，一块块被火烤成焦黑色的痕迹，仍然依稀可见。会址左厢房，有一间十余平方米的房间，是当时担任红四军党代表的毛泽东会议期间工作和休息的地方。在会址旁，有一清澈的莲花池，种着稀有的午时莲，花如白菊，午盛开，早晚谢落，一年四季不败。尤其严冬，正当"万花纷谢一时稀"时节，它却傲雪而怒放。据回忆，在会间休息时，毛泽东和代表们沐浴着雪后暖阳，漫步莲池边，欣赏着雪里莲花，议论着会议精神，心情非常豪爽。至今，这午时莲年年盛开。在会址院墙两旁，有副对联："学术仿西欧，开弟子新知识；文章宗北郭，振先生旧家风。"人们从中可以领悟到半封建半殖民地社会里人们祈求变革的愿望。会址左边外墙壁上，尚留有一幅珍贵的红军标语："保护学校"。

古田不大，又很偏僻，但因为古田会议，使它在中国共产党和人民军队历史上留下了浓重的笔墨。

一、红四军政治建军的路线之争

1928年，井冈山发生了三件大事。

4月下旬，朱德、陈毅率领南昌起义余部以及宜章暴动农民军近万人的队伍到达井冈山，和毛泽东领导的近三千人武装会师，实现了"朱毛"的历史性结合。

4月底，中国工农革命军第四军在井冈山成立（6月改称中国工农红军第四军），朱德担任军长，毛泽东担任党代表和红四军军委书记。

12月，彭德怀率领的平江起义部队（红五军）800余人带着500余条枪来到井冈山和红四军会师。井冈山地区的革命武装达到了鼎盛时期。

"人多好办事""人少好吃饭"此时就成为了一对矛盾。一方面，队伍壮大了，红四军有了反国民党围剿以及扩大革命根据地的实力；另一方面，井冈山地狭人稀，如此众多的部队的生活问题面临困境。要解决这对矛盾，只有一个办法，就是打出去，开辟新的根据地。

因此，1929年初，彭德怀带部队在井冈山坚持斗争，毛泽东、朱德、陈毅带领红四军主力开始向赣南进军，以求打破敌人对井冈山的封锁，解决经济困难。经过将近半年的艰苦斗争，赣南、闽西根据地初具规模。

红四军在不断发展壮大，军队人员成分也愈加复杂，有农民，有旧军人，有其他小资产阶级成分的成员，俘虏兵也不断增加。

由于战斗频繁、伤亡较大，不得不提拔大量中下级干部，使得一些政治上不成熟又缺乏实际斗争经验的人担任了领导工作。

为加强苏区和红军的领导，地处上海的党中央相继向红四军派出了一批干部，使一些从苏联回国不久、缺乏实践经验又一味主张照搬苏军那一套的同志进入了红四军领导班子。

这些组织和领导的变化，妨碍了部队的思想统一。在红四军内部，包括高级领导干部中，对井冈山时期以及下山后的一些政策和做法开始产生怀疑和动摇，各种议论也随之产生了。

比如，部队是实行党代表制，"支部建在连上"，还是取消党代表，减少支部的权力？是宣传群众、组织群众建立巩固的根据地，还是用"走州过府，流动游击"的方法去扩大红军的政治影响？是走扩大地方赤卫队、地方红军到扩大主力红军的路线，还是实行"招兵买马""招降纳叛"扩大红军的路线？是"政治部对外"还是"司令部对外"，司令部与政治部是并列关系还是领导与被领导的关系？是建立军内民主制度和新型的官兵关系，还是取消士兵委员会，单纯提倡军官权威，或者搞极端民主化和绝对平均主义？在党和红军的纪律问题上，是严肃党纪军纪，还是认为只要仗打胜了，纪律差一点不要紧？

更为严重的分歧出现在红四军机构设置和职权分工上。这里有必要介绍一下红四军的组织沿革：

1928年4月成立红四军时，毛泽东是党代表和军委书记；5月20日举行湘赣边界第一次党的代表大会，成立中共湘赣边界特委，毛泽东当选为特委书记，红四军军委书记则改由陈毅担任。6月，中央指定毛泽东、朱德和一名工人同志、一名农民同志以及前委所在地党部书记等5人组成前敌委员会，毛泽东为书记，统辖红四军军委和湘赣边界特委，作为中央代表机构统一领导和指挥红军及其游击活动地区、农村根据地的地方工作。11月中旬，红四军召开第六次党代表大会，选举产生新的军委，朱德当选军委书记，陈毅改任红四军士兵委员会秘书长。其时，红四军没有设立政治部，只有工农革命运动委员会，实际上也就是政治部的前身，毛泽东任主任，谭震林任副主任。

1929年初红四军下井冈山转战赣南、闽西后，前委由在井冈山地区时既管红军又管所在根据地的地方工作，变成了专管红军工作的机构。鉴于前委与军委形成了机构重叠，为应付恶劣环境，便于决断，前委开会决定军委暂停办公。同年3月，部队整编，工农革命运动委员会改建为红四军政治部。政治部从建立之日起，就是在前委领导下的代表党的工作机关，除负责军内政治工作外，发动群众，扩大党的宣传，建立地方武装和苏维埃政权等工作，统由政治部负责，即所谓"前委指挥，政治部对外号召和联系"，政治部主任仍由毛泽东兼任。

应当讲，根据当时情况，这一决定是正确的。但由于在人事安排上不尽合理，前委书记兼任政治部主任，再加上党代表，这样毛泽东一人就身兼了三职。而且，因为他从井冈山时期将主要精力放在根据地建设方面，而下山以后则转为全力以赴处理军中事务，就给人以争权的误解。有人认为"党代表权力过大"，毛泽东的行动是"书记专政""家长制"，妨碍司令部的工作，主张恢复军委组织。

5月间，由于根据地的扩大，地方工作多起来了，前委既管军队工作，又管地方工作，感到兼顾不过来。为了便于领导，前委又临时决定，组织军的最高党委，成立了红四军临时军委，并由刘安恭任临时军委书记兼政治部主任。这就使得问题愈加复杂化了。

刘安恭，四川成都人，早年留学法国，1927年在国内加入中国共产党，后被送往苏联学习军事，1929年初回国，不久就被派往红四军工作。由于他刚从苏联学习归来，思想路线完全脱离中国革命的实际，思想作风又热衷于抓权和搞宗派主义，因此他的到来，对加剧红四军内部的意见分歧，起了催化作用。

他散布说：红四军领导人中有两派，一个是拥护中央派，一个是反对中央派，说朱同志是拥护中央指示的，而毛同志是不服从中央指示的。由于他身份的特殊性，这种极不负责的非组织活动在红四军的干部战士中制造了猜疑，甚至引起一部分人拥毛和拥朱的不正常的派别现象。

他还主张搬用苏联红军的一些做法。一次，刘安恭在由他组织的军委会议上做出决定：前委只讨论行动问题，不要管其他事。这个决定直接限制了前委的领导权，从而使处于部队核心领导地位的党的前委无法开展工作，实际上这是对毛泽东"三湾改编"以来实行的党对军队领导制度的否定。担任红四军第一纵队司令员的林彪在这场争议中，也起了挑拨的作用。在6月初红四军前委召开白砂会议前五个小时，他写信给毛泽东，含沙射影地攻击朱德。他在信上说："现在四军里有少数同志的领导欲望非常高涨，虚荣心极端发展，这些同志在群众中是比较有地位的。因此，他们利用各种封建势力形成无形结合，专门吹牛皮的攻击别的同志。这种现象是破坏党的团结一致的，是不利于革命的，但是许多党员还不能看出这种现象而纠正，并且被这少数有领导欲望的同志的意见迷惑，这是一个可叹的现象。"①平时，林彪也常散布朱德的流言蜚语。朱德同士兵的关系历来很亲密，林彪却指责说朱德"拉拢下层"。这些挑拨性的言词，加深了红四军内部的分歧，也使朱毛之间产生了隔阂。

为了统一部队的思想，6月8日，前委在白砂召开扩大会议，研究讨论红四军的领导机关设置问题。毛泽东向前委提出了书面意见，并且提出辞职。他说："前委军委成（分）权（现象），前委不好放手工作，但责任又要负，陷于不生不死的状况"，前委和军委的根本分歧，使党的"三个最大的组织原

---

① 中共中央文献研究室编：《朱德传》，第178页，人民出版社、中央文献出版社1993年版。

则发生动摇",第一,有人反对党管一切,说党管得太多了,权太集中于前委;第二,有人反对一切工作归支部,说支部只是教育同志的机关;第三,有人反对党员的个人自由受限制,要求党员要有相当的自由。有的领导人"对于决议案没有服从的诚意,讨论时不切实争论,决议后又要反对且归咎于个人,因此,前委在组织上的指导原则根本发生问题,同时成了全党的问题",由于组织上的根本原则发生了问题,因此前委的工作"完全做不起来",所以毛泽东提出:"我不能担负这种不生不死的责任,请求马上调换书记,让我离开前委。"[1]但是,会议没有同意毛泽东的请求,而是以36票赞成、5票反对的表决,通过了撤销临时军委。刘安恭的军委书记也就自然免除了,而且他兼任的政治部主任也改由陈毅接任。刘安恭对此极为不满,散布了许多挑拨红四军主要领导关系和攻击毛泽东的言论。

临时军委虽然被撤销了,但要不要设立军委的争议仍在继续,两种意见争执不下。

要不要军委这个问题争论实质上是一场关于党和军队关系问题的争论。当时担任红四军政治部秘书长的江华认为:"所谓党和军队的关系问题,主要是由于当时红军建立不久,其大部分是从旧式军队中脱胎出来的,而且是从失败环境中拖出来的,旧军队的旧思想、旧习惯、旧制度带到了红军队伍中来。因而,一部分人习惯于旧军队的领导方式,对党对军队的领导不赞成,有怀疑。他们强调'军官权威',喜欢'长官说了算',相反认为现在是'党太管事了','党代表权力太大',提出'党不应管理一切','党所过问的范围是要限制的','党支部只管教育同志';并主张'司令部对外';政治部只能'对内',对军队只能指导,不能领导等等。这些都严重影响党对军队的绝对领导权的建立。"他还说,"在这场争论中,军内存在的单纯军事观点、流寇思想、极端民主化和军阀主义残余等非无产阶级思想有所抬头。"[2]

毛泽东对于红四军存在的这种现象忧心忡忡,面对自己一手建立起来的部队陷入思想涣散之中,他心急如焚,迫切地想改变这种现状。

6月14日,他给林彪写信说:

"你的信给我很大的感动,因为你的勇敢的前进,我的勇气也起来了,我一定同你及一切谋有利于党的团结和革命的前进的同志们,向一

---

[1] 中共中央文献研究室:《毛泽东年谱(1893—1949)》(修订本)上卷,第276页,中央文献出版社2013年版。

[2] 中共中央文献研究室编:《朱德传》,第177页,人民出版社、中央文献出版社1993年版。

切有害的思想、习惯、制度奋斗。因为现在的争论问题，不是个人的和一时的问题，是整个四军党的和一年以来长期斗争的问题，不过从前因种种原因把它隐蔽了，到近日来才暴露出来。其实从前的隐蔽是错误了，现在的暴露才是对的，党内有争论问题的发生是党的进步，不是退步。只有赶快调和敷衍了事，抹去了两方的界线，以归到庸俗的所谓大事化为小事才是退步，我想这回是不会发生可怕的恶结果的。白砂会议后不到几天，问题已经在党内群众中热烈地讨论起来了，我想同志们一定要求这问题的彻底弄清楚，一定不肯调和敷衍，模棱两可，是非不分，而且一定能选择并拥护一种利于党的团结和革命前进的意见。四军改造的工作由此可以完成，四军的党由此可以得到一极大的进步，这是绝对无疑的。"

"四军党内显然有一种建立于农民、游民、小资产阶级之上的不正确的思想，这种思想是不利于党的团结和革命的前途的，是有离开无产阶级革命立场的危险。我们必须和这种思想（主要的是思想问题，其余是小节）奋斗，去克服这种思想，以求红军彻底改造，凡有障碍腐旧思想之铲除和红军之改造的，必须毫不犹豫地反对之，这是同志们今后奋斗的目标。

至于我之请求离开前委，并不是消极，不参加这种斗争，乃有以下的理由：

（一）对于与党内错误思想奋斗，两年以来已经既竭吾力了，现在我又把问题的内容提出以后，使多数同志们作不断的奋斗才能得到最后的胜利。

（二）我在四军的时间太久了，一种历史的地位发生出来的影响是很不好的，这是我要指出的中心理由。

（三）我个人身体太弱，智识太贫，所以我希望经过中央送到莫斯科去留学兼休息一个时期。在没有得到中央允许以前，由前委派我到地方做些事，使我能因改环境而得到相当的进步。

（四）四军的党已经有了比较坚固的基础了，我去之后，决然没有不好的影响。党的思想上的分化和斗争既已经起来了，决不因我去而不达到胜利的目的，所以你的信上的后面一段是过虑的。自然我的工作我只能提出意见，决定要在党部，我没有离开一天仍然可以随大家作思想奋斗一天！"①

在毛泽东、朱德、陈毅等人的推动下，前委决定召开红四军党的第七次党代表大会来解决这些分歧。

6月22日，红四军党的"七大"在龙岩城内召开了。由于毛泽东提出辞职的要求，因此前委决定由陈毅代理前委书记。

毛泽东十分重视这次会议，期望能在他所主张的正确路线上统一思想。于是在会议前，他满怀希望地找陈毅谈话，希望陈毅能支持他，使大会能够做出一个好的决议。但是，由于陈毅一方面对这些争论的重大意义认识不足，另外他也害怕红四军的分裂，所以宁愿采取息事宁人的做法，没有重视毛泽东的意见。

由于召开这次会议的指导思想不明确，会前没有充分准备，提出主要议题，也没有认真总结经验教训，从政治上分清是非，引导大家统一认识，只是仓促地把各方面的争论意见原文印发给各党支部，号召"同志们努力来争论"，这就造成了议题广泛，偏于枝节，导致了会议的失败。

陈毅以代理前委书记的身份在大会上表达了自己对革命形势估计、建军方针和克服党内某些错误思想等问题的看法，这些观点基本上是赞同毛泽东的主张的。但他又对朱德和毛泽东两位军政领导提出十分尖锐的批评。他批评朱德有旧军官思想，不重视思想政治工作，对刘安恭的宗派活动姑息。他批评毛泽东有个人英雄主义和家长制领导方式；批评毛泽东经常说的"马列主义是规定了世界革命的基本原则，但中国革命的具体做法要我们自己在实际中创造"的观点是对马列主义信任不够；批评毛泽东"没有调查研究就没有发言权"的说法，他强调说，是共产党员就有发言权，说错了可以纠正。这些意见和当时陈毅的思想认识水平应该说是一致的。

陈毅说：你们朱毛吵架，一个晋国，一个楚国，两个大国天天吵，我这个郑国小国在中间简直不好办。我是进出之间为难，两大之间为小。我跟哪个走？站在哪一边？就是怕红军分裂，希望你们两方团结起来。陈毅还说，他是很敬佩毛泽东和朱德的，但是他认为革命同志是可以批评的。

朱德、毛泽东在会议上也都各自表达了自己的观点，对于陈毅批评的反映，两人则各不相同，朱德没有反驳，毛泽东则极为失望。

会议进行得很不正常，由争论变成了争吵。刘安恭企图利用一部分人对

---

① 中共中央文献研究室编：《毛泽东文集》第一卷，第64—75页，人民出版社1993年版。

毛泽东的不满，乘机排挤毛泽东。他提出要实行"完全选举制度"，又主张用轮流更换领导人的办法来解决纠纷，其用意显然是要毛泽东下台。

陈毅号召全军以团结为重，停止争论，团结战斗。他认为这些不应有的争吵，在群众中会产生不良影响，朱毛对此都有责任，而毛泽东作为前委书记责任更大。

陈毅的发言和刘安恭提出的"完全选举制度"在会议上引起了共鸣。结果，在会议结束进行新的前委选举时，大多数人选举陈毅当前委书记，毛泽东、朱德、林彪、刘安恭和士兵代表共13人当选为新的前委委员。

这一选举实际上也是违背党的组织原则的。因为，红四军前委是中共中央派出的前敌指导机关，毛泽东任前委书记也是中央指定的。那么，作为下级的红四军不经过中央同意，其党代会怎能用选举方式另立前委书记呢？

红四军"七大"的决议案，对刘安恭、林彪也都作了批评。认为刘安恭所谓红四军有拥护和反对中央两派的说法"完全不符合事实，是凭空臆断的"。认为林彪在白砂前委扩大会议前给毛泽东写那样内容的信"是不对的"，"不要离开党而谈党的严重问题，因为这样不但不能解决党内纠纷而更之加重"。指出林彪信内的词句"未免过分估量，失之推测"，是错误的。

红四军"七大"没有能解决红四军中存在的根本问题，却引起了领导层的波动，这大大出乎陈毅本人的意料。他自知难当此重任，因此宣称这只是"过渡内阁"①。

毛泽东在会上最后发言说：现在还是要根据我们历来的实际斗争中间的经验，加强这个政治领导，加强党对红军的领导，军队要做群众工作，要打仗，要筹款；至于会议对我个人有许多批评，我现在不辩，如果对我有好处，我会考虑，不正确的，将来自然会证明他这个不正确。

当时参加了红四军"七大"的江华认为："那时召开七大是完全必要的，是想统一认识，解决分歧，结束争论，加强团结，以利革命。七大的决议，对井冈山时期的一些历史问题和红四军实行的一些制度等结论，也是基本正确的。七大非一无是处。至于七大未能解决分歧，这也是客观的历史局限性所决定，并非任何个人的主观意愿所能转移。""总之，我国国情复杂得很，在我军初创时期，大家都没有经验，在探索革命道路的过程中出现分歧，发

---

① 《当代中国人物传记》丛书编辑部：《陈毅传》，第103页，当代中国出版社1991年版。

生一些曲折，是不可避免的。"①

"七大"后，毛泽东离开红四军，到闽西特委所在地上杭蛟洋，帮助闽西特委召开闽西党的第一次代表大会。同行者有谭震林、江华等人。由于过度劳累，身心疲惫，不久，他生病了。

二、朱德表示欢迎毛泽东回红四军前委工作

1929年7月，中央来信要红四军派领导干部去上海参加军事会议，汇报红四军情况。陈毅仍以毛泽东为自己上级，和朱德一起赶到蛟洋召开前委会。会议决定陈毅前往上海。陈毅请毛泽东回来主持前委工作，毛泽东拒绝了。前委乃决定由朱德代理前委书记。

陈毅到上海开会，红四军就只剩下朱德一人主持工作，他感到了责任的重大。

9月上旬，朱德率领红四军攻克上杭，争取到了一个相对稳定的形势。下旬，朱德在上杭主持召开红四军党的第八次代表大会。召开这次会议的本意是想解决"七大"所没有解决的争论问题。但是，由于陈毅去上海开会没有回来，毛泽东则在闽西特委所在地蛟洋养病，导致会议无法做好充分准备。另外，红四军开党的"七大"时就有人认为毛泽东主张民主集中制，但是民主了半天，最后还是党代表集中，因此这种民主集中制是"自上而下的民主制"，实际上是家长制。他们主张实行"自下而上的民主制"，一切问题都由大家来讨论决定，实际上也就是极端民主化。因此，红四军党的"八大"就是在这种气氛中开幕的。结果，会议开成了一个"大民主"的会议，大会在"无组织状态开了3天，毫无结果"，引起了多数同志的不满。一些人痛切地感到毛泽东离开红四军后，"全军政治上失掉了领导的中心"。在会上，时任第三纵队第九支队党代表的罗荣桓和其他几位同志发言，要求将毛泽东请回来领导红四军的斗争。与会同志七嘴八舌地喊着："同意！"

面对此情此景，朱德也深切体会到红四军离不开毛泽东，他表示欢迎毛泽东回前委工作。

实事求是地讲，朱德、毛泽东在坚持党对军队的领导等大的原则是非上并没有根本的分歧。几乎与毛泽东在秋收起义部队中实行支部建在连上的制度的同时，朱德率领南昌起义余部实行了"赣南三整"，其中的"大庾整编"，

---

① 中共中央文献研究室编：《朱德传》，第178页，人民出版社、中央文献出版社1993年版。

就是整顿部队中的党团组织，成立党支部。就像粟裕所回忆的："那时候我们还不懂得应当把支部建在连上，但是实行了把一部分党、团员分配到各个连队去，从而加强了党在基层的工作。"①

朱德领导的部队，陈毅担任党代表，部队经过湘南起义扩大后，各部队也都实行党代表制度。这些制度的实行，对朱德来讲，完全是自觉自愿的，作为旧军人出身的他，又是难能可贵的。

在朱德的支持下，会议专门派人去请毛泽东，并且带去了部分代表要求他回红四军工作的联名信。但是，此时的毛泽东正在经历他自己称为是"鬼门关"的病魔的折磨。

毛泽东的身体状况，在距此时将近一个月以后的 10 月 18 日，红四军军长兼代前委书记朱德向福建省委和中央报告中也能够得到证实。报告说："陈毅同志仍未回来，毛泽东同志久病，现虽能起床，尚不能行步，此次去东江，尚不能出发。"②

身体状况是如此，心情又是很不舒畅，因此毛泽东回了一封信说，红四军党内是非不解决，我不能够随便回来；再者身体不好，就不参加会议了。

毛泽东的态度自然引起了会议上许多人的不满，大会采纳很多代表的意见，致信希望他务必到会并回红四军主持前委工作。

在严肃的党纪面前，毛泽东只能强打起精神坐着担架来到上杭，但是他来到时，红四军党的八大已经在闹哄哄中结束了。大家看到毛泽东确实病得很重，便让他继续休息养病。

10 月 13 日，闽西特委、红四军前委接到中共福建省委的信，信中要求前委执行中共中央指示，将红军全部开往东江。而朱德对进军广东一直持谨慎态度，认为江西的敌人力量比较弱，群众基础也比较好，广东则不然。之前的 4 月 15 日，东江的特委曾来信要求红四军前往帮助他们计划发动的东江暴动。朱德回信婉言谢绝。这次福建省委来信说中央的要求，而且正遇到张发奎、李宗仁、白崇禧的反蒋战争爆发，朱德有些动心。

前委多数人的意见是执行中央指示，全部出兵东江。

10 月 19 日，朱德令第四纵队留守闽西，率第一、二、三纵队向东江地区出击。然而此次行动事实证明是错误的。部队冒进东江，红四军兵力损失三

---

① 中国人民解放军战士出版社编：《星火燎原》（选编之一），第 94 页，中国人民解放军战士出版社 1979 年版。

② 中共中央文献研究室编：《朱德传》，第 186 页，人民出版社、中央文献出版社 1993 年版。

分之一，减员 1000 多人。第二纵队收容的六七百名俘虏兵几乎跑光了。红四军的三个纵队只好实行缩编。这是继井冈山的"八月失败"后，红四军受到的又一次重大损失。不得已，朱德于 11 月 13 日率领剩余部队转回闽西长汀。

由于战斗失利，红四军内部思想愈加混乱，逃亡现象加重。许多同志都感到了毛泽东提出的"加强军队思想工作、强化党对军队领导"的重要性。朱德也有同感，他曾经心情沉重地对康克清说：看来，要想加强红四军党的建设，必须确立政治上的中心，加强党的领导机关的建设，这都离不开毛委员，他的领导是正确的。

红军主力出征时，毛泽东带着贺子珍来到永定县的苏家坡养病。为了保卫毛泽东的安全，朱德专门调了一个连来担任警卫任务，并向中共永定县委书记张鼎丞作交代，要求他尽力关照好毛泽东的生活和安全。

在朱德、县委和苏家坡群众的关心、照顾和掩护下，36 岁的毛泽东仗着旺盛的生命力，逐渐恢复了身体的健康。

毛泽东虽在养病，可无时不在关心着部队的行动和战友的安危，渴望重返战斗岗位。这在他当年重阳节写的《采桑子》一词中可以充分地体现出来：

人生易老天难老 / 岁岁重阳 / 今又重阳 / 战地黄花分外香 / 一年一度秋风劲 / 不似春光 / 胜似春光 / 寥廓江天万里霜

三、陈毅说："到上海党中央两个月，等于上了两个月的训练班。"

再谈谈赴党中央所在地上海开会的陈毅。

陈毅在闽西特委书记邓子恢陪同下，经上杭、龙岩、厦门之后乘船到达香港，转乘英国轮船经几昼夜航行于 8 月下旬抵达上海，在胞兄陈孟熙接应下下了轮船。陈孟熙此时担任国民党川陕绥靖公署驻南京办事处主任，少将军衔。有这层关系做掩护，陈毅住进了一家在英租界的旅馆。

肩负重任的陈毅刚到上海就开始工作。在向主持中央日常工作的李立三简要汇报红四军情况后，他一连好几天深居简出，赶写材料，准备系统全面地向中央报告红四军的工作。8 月 27 日，李立三向中央政治局扼要报告了与陈毅谈话的内容，决定召集临时政治局会议，由陈毅出席作详细报告。

8 月 29 日，专为听取陈毅报告而召集的政治局会议在上海秘密处召开。出席会议的有总书记向忠发以及政治局成员李立三、周恩来、项英、关向应等。陈毅作了全面而详细的报告。鉴于红四军的经验和问题对全国红军乃至全党建设十分重要，政治局决定以李立三、周恩来、陈毅三人组成委员会继续深入讨论,提出决议草案后再交政治局讨论通过。三人委员会由周恩来召集。

9月1日,陈毅写完了中央要求的5个书面材料:《关于朱毛红军的历史及其状况的报告》《关于朱毛红军党务概况的报告》《关于朱、毛争论问题的报告》《关于赣南、闽西、粤东江农运及党的发展情况的报告》《前委对中央提出的意见——对全国军事运动的意见及四军本身的问题》。

陈毅的口头报告和书面报告,总的精神内容完全一致。他襟怀坦荡,公正无私,如实地反映了红四军全面建设的详情,对红四军的战略战术、组织编制、政治工作、政策策略、斗争艺术都作了准确的叙述。1930年初,中央把《关于朱德、毛泽东红军的历史及其状况的报告》发表在中央创办的《中央军事通讯》创刊号上,并指出:"这是我们很值得宝贵的报告",文章揭示的很多宝贵的经验"都是在中国别开生面的"。

从8月底开始,李立三、周恩来就一次次地来到陈毅的客房,和陈毅一同讨论。这些讨论对深化陈毅的认识应该说是有帮助的。

需要提到的是,在陈毅到达上海之前,中央曾经给红四军前委一封指示信,也称作"八月来信"。这封信是中央在接到红四军前委于7月9日寄出的"七大"决议案及其他文件后,由周恩来起草并经政治局讨论通过于8月21日发出的。这封信对红四军党内争论的一些原则问题作了比较全面准确的回答。

陈毅到上海才看到这封信。因此,围绕信的内容和中央领导人作一些交流、探讨也是他们谈话的重要内容。把中央的指示、中央领导人的思想和全国的形势、毛泽东的思想以及自己全身心参与的红四军的实践结合起来思考,使陈毅的思想发生了很大的变化,他在一些重大问题上的认识提高了,有些甚至产生质的转变。他开始清楚地认识到,毛泽东坚持的一些重要原则是正确的,红四军已成为中国共产党武装斗争的旗帜,它的道路就代表着中国革命的道路。通过参加中央的一些会议,同中央领导人进行接触,他感到当时的中央领导人的理论和实践都达不到毛泽东已经达到的水平。因此,他意识到红四军"七大"选掉毛泽东可能不仅是与红四军发展有关的,甚至是与中国革命有关的大错误了。

这种思想认识上的飞跃使陈毅感受很深刻,以至于他多少年以后还说,到上海党中央两个月,等于上了两个月的训练班。

李立三、周恩来、陈毅三个人经过近一个月的研究和讨论,陈毅受中央委托起草了中央给红四军前委的指示信,得到周恩来同意并在中央政治局获得了通过。这就是著名的"九月来信"。

"九月来信"将红军的基本任务定为：

"一、发动群众斗争，实行土地革命，建立苏维埃政权；二、实行游击战争，武装农民，并扩大本身组织；三、扩大游击区域及政治影响于全国。"①

在组织路线方面，身为中央组织部长、起草党的"六大"组织决议案的周恩来在"九月来信"中对于在坚持党委的集中统一领导的前提下党如何通过军政部门和军政首长实施领导问题做出指示：

"党只能经过党团作用作政治的领导。目前前委指挥军部、政治部，这是一个临时的办法。前委对日常行政事务不要去管理，应交由行政机关去办，由政治委员监督，前委应着眼在红军的政治军事经济及群众斗争的领导上。一切工作归支部这个口号是对的，是作经过支部去工作的解释，但不是与党的民主集权制相对立。""党对军队的指挥尽可能实现党团路线，不要直接指挥军队，经过军部指挥军事工作，经过政治部指挥政治工作。""党的系统，军事系统，政治系统，要弄清楚"。②

可以看出，后来部队广泛实行的党委统一的集体领导下的首长分工负责制，在这里就有了雏形。

对于集权制与家长制的议论，"九月来信"断言：

"在红军中党的组织原则，尤其是目前环境中之红军党的组织原则，必须采取比较集权制，才能行动敏捷，才能便于作战，才能战胜敌人"。"党的一切权力集中于前委指导机关，这是正确的，绝不能动摇。不能机械地引用'家长制'这个名词来削弱指导机关的权力，来作极端民主化的掩护"。③

在思想政治工作方面，"九月来信"提出要纠正一切不正确的倾向。主要有"右倾思想如取消观念、分家观念、离队观念，与缩小团体倾向，极端民主化，红军脱离生产即不能存在等观念"。④

"九月来信"十分严厉地指出了红四军"七大"及前委扩大会处置的缺点

---

① 中共中央文献研究室、中央档案馆编：《建党以来重要文献选编（一九二一—一九四九）》第六册，第512—513页，中央文献出版社2011年版。
② 同上书，第520页。
③ 同上。
④ 中共中央文献研究室、中央档案馆编：《建党以来重要文献选编（一九二一—一九四九）》第六册，第520—521页，中央文献出版社2011年版。

及危害。认为,"对朱毛问题没有顾及他们在政治上的责任之重要,公开提到群众中没有指导的任意批评,使朱毛两同志在群众中的信仰发生影响,再则一般同志对朱毛的批评大半是一些唯心的推测,没有从政治上去检查他们的错误,这样不但不能解决纠纷而且只有使纠纷加重"。①要求红四军前委"应纠正朱毛两同志的错误,要恢复朱毛两同志在群众中的信仰。""朱毛两同志仍留前委工作。经过前委会议,朱毛两同志诚恳接受中央指示后,毛同志应仍为前委书记,并须使红军全体同志了解而接受。"②

陈毅坚定地向中央表示,回红四军后向有关同志做好解释说服工作。为了方便陈毅工作,中央政治局在9月28日讨论通过这份《中共中央给红军第四军前委的指示信》(即"九月来信")时,特在后面加了一段:

"凡此各项,概指其大要,详细解释及具体办法已向陈毅同志面谈,当由其口达前委及全军同志。"③

四、陈毅三请毛泽东,古田会议终成功

10月22日,陈毅从上海经香港到达广东梅县的松源,回到了离别近四个月的红四军。由于他是带着崭新的认识和中央精神回来的,因此心情是愉快和轻松的。见到朱德后,他首先向朱德询问毛泽东的情况,希望尽快将中央的指示告诉毛泽东,并且请毛泽东回来当领导。

然而朱德告诉他的消息则使他感到震惊。

朱德说:毛泽东还在养病,10月初召开的红四军党的八大会议上,有许多支部提出请毛泽东回来主持前委工作,彭祜、郭化若等还起草了一封信请毛泽东回来,但是他不肯回来。毛泽东还写了一封信陈述自己不能回来的理由,说他反对敷衍调和、模棱两可的"陈毅主义",不打倒"陈毅主义"他不回来。④

陈毅看了这封言词激烈的信,心情十分沉重。他没有想到"七大"对毛泽东造成如此严重的伤害,没有想到毛泽东竟用"陈毅主义的眼中之钉"来形容他们之间的关系,这使一贯乐观、大大咧咧的陈毅沉默了,他感到了问

---

① 中共中央文献研究室、中央档案馆编:《建党以来重要文献选编(一九二一——一九四九)》第六册,第521—522页,中央文献出版社2011年版。
② 同上书,第522页。
③ 同上,第523页。
④ 《当代中国人物传记》丛书编辑部:《陈毅传》,第112页,当代中国出版社1991年版。

题的严重性。

但是，此时的陈毅已经不是以前的他了，他已经在党中央"训练班"经过训练并且毕业了。他已经真诚地认识到自己有调和折中的错误倾向，所谓的"陈毅主义"虽然主观上是想为了维护党内团结，但是实际效果却是不好的，实际上是压抑了正确主张。他此次回来的目的和任务，就是要纠正这种错误倾向所造成的、"没有从政治上指出正确路线"的不良后果。

正因为陈毅有这种认识，因此他很快就释然了，他襟怀坦荡地对朱德表示：毛泽东所说的"陈毅主义"是非无产阶级的东西，我自己也要和同志们一起打倒这个"陈毅主义"。①

陈毅这样说，也这样做了。他向朱德原原本本地介绍了在党中央所见所闻的一切。当晚陈毅召开了前委会议，传达了中央"九月来信"，批评"七大""八大"的错误。会后即派人将"九月来信"送到毛泽东住处，并附上亲笔信请毛泽东回来工作。

他和前委委员们广泛谈话，同时直接向红军官兵宣传中央指示的精神。他公开表示，自己在主持前委工作期间是有缺点错误的，"七大"没有开好，如果需要公开检讨的话，"这个检讨我来做"。

陈毅的这种坦诚负责的态度在红四军党的前委以及广大官兵中间产生了很大的影响，也使得中央"九月来信"开始被红四军指战员特别是红四军的领导干部所接受。朱德在一些会议上再三表示，坚决拥护中央指示，欢迎毛泽东回前委工作。

11月2日，陈毅再次写信给毛泽东，促请其回来主持红四军前委工作。

11月23日，红四军再战长汀后，陈毅又一次主持召开前委会做出决定，请毛泽东速回红四军，并派出部队专门去接。

陈毅这三次充分表达诚意的举动深深地打动毛泽东的心。这一次，尽管毛泽东的身体还没有完全恢复，但他还是立刻于"11月26日偕福建省委巡视员谢同志从蛟洋到汀州，与四军会合"。

毛泽东、朱德、陈毅这三位红四军的创始人历经曲折又走到了一起，不过这次合作是建立在思想认识高度一致的基础之上了。

毛泽东向朱德、陈毅等前委委员诚恳地表示接受中央的批评，表示愿意遵照中央指示回前委工作。陈毅也向毛泽东作了诚恳的检讨，并且详细地介

---

① 《当代中国人物传记》丛书编辑部：《陈毅传》，第112页，当代中国出版社1991年版。

绍了上海之行，转达了李立三、周恩来等中央领导人对毛泽东的问候。毛泽东就自己写的那封信向陈毅作了解释，他说，"八大"时因为身体不好、情绪不佳写了一些伤感情的话，希望陈毅谅解。

毛泽东还赞扬中央"九月"来信写得好，问是谁写的？陈毅说："是大家讨论，我起草的，周恩来看过，一字未改通过的。"毛泽东看到陈毅的思想水平提高这么快，非常高兴。他在随后给中央的信中写道："我病已好"，"十一月二十六日已到达汀州"，"与四军会合，遵照中央指示，在前委工作。""四军党内的团结在中央正确指导下，完全不成问题。陈毅同志已到，中央的意思已完全达到。"①

11月28日，在朱德、毛泽东、陈毅出席的前委扩大会上，气氛融洽而热烈。这是红四军半年多来第一次团结、民主的会议。会议通过了三项决议：一、召集红四军党的第九次代表大会；二、用各种方法建立红四军的政治领导；三、纠正党内各种错误倾向，扫除红军内部的封建残余制度。

为了开好这次大会，毛泽东、陈毅对部队进行了深入的调查研究，重点在于摸清部队中应该纠正的错误思想和加强与改进党对部队的领导措施。两个人白天开会调查，夜间整理材料写意见。隆冬寒夜，毛泽东和陈毅房里的灯彻夜不灭。朱德则负责军事整训。

12月中旬，红四军领导机关移驻上杭的古田镇，这里地势险要，易守难攻，是个开会的好地方。毛泽东、朱德、陈毅在这里又组织召开了纵队、支队、大队党代表联席会议，罗荣桓等党代表都参加了会议并且积极发言。

1929年12月下旬，在古田的廖氏宗祠，红四军党的第九次代表大会胜利召开了。

大会由陈毅主持。他首先传达了中央"九月来信"，并做了详细解释和说明。毛泽东、朱德分别作了政治报告和军事报告。到会代表展开热烈讨论，提出了许多切合实际的意见。陈毅在大会上还作了反对肉刑，反对枪毙逃兵的专题发言。

经过大会讨论，由毛泽东亲自起草的《中国共产党红军第四军第九次代表大会决议案》（即"古田会议决议"，以下简称《决议》）得到通过。

《决议》是在中央"九月来信"的指导下联系红四军的实际形成的，它和"九月来信"的精神一致，但是又丰富和具体化了许多重要的内容，特别在"关

---

① 中共中央文献研究室：《毛泽东书信选集》，第26页，人民出版社1984年版。

于纠正党内错误思想"方面作了必要的调整和强调。

《决议》从"关于纠正党内的错误思想""党的组织问题""党内教育问题""红军宣传工作问题""士兵政治训练问题""废止肉刑问题""优待伤病兵问题""红军军事系统与政治系统关系问题"八个方面进行了论述。

《决议》把"关于纠正党内的错误思想"作为重中之重。

《决议》指出:"大会根据中央'九月'来信的精神,指出四军党内各种非无产阶级思想的表现、来源及其纠正的办法,号召同志们起来彻底地加以肃清。"①

《决议》将红四军党内的各种非无产阶级思想总结为"单纯军事观点""极端民主化""非组织观点""绝对平均主义""主观主义""个人主义""流寇思想""盲动主义残余"八个方面。

关于单纯军事观点。《决议》明确指出其具体表现是:"不承认军事只是完成政治任务的工具之一。""不知道中国的红军是一个执行革命的政治任务的武装集团。"《决议》要求:"特别是现在,红军决不是单纯地打仗的,它除了打仗消灭敌人军事力量之外,还要负担宣传群众、组织群众、武装群众,帮助群众建立革命政权以至于建立共产党的组织等项重大的任务。红军的打仗,不是单纯地为了打仗而打仗,而是为了宣传群众、组织群众、武装群众,并帮助群众建设革命政权才去打仗的,离了对群众的宣传、组织、武装和建设革命政权等项目标,就是失去了打仗的意义,也就是失去了红军存在的意义。"这就从根本上扫除了单纯军事观点。《决议》鲜明地指出:"在组织上,把红军的政治工作机关隶属于军事工作机关,提出'司令部对外'的口号。这种思想如果发展下去,便有走到脱离群众、以军队控制政权、离开无产阶级领导的危险,如像国民党军队所走的军阀主义的道路一样。"②这为确立我军政治工作的地位奠定了基础。

关于极端民主化。《决议》强调,纠正的方法是:"从理论上铲除极端民主化的根苗。""在组织上,厉行集中指导下的民主生活。"③

关于非组织观点。《决议》指出:"党的纪律之一是少数服从多数。""党内批评是坚强党的组织、增加党的战斗力的武器。""不应当利用批评去做攻击个人的工具。"要"教育党员懂得党的组织的重要性,对党委或同志有所批

---

① 中共中央文献研究室编:《毛泽东文集》第一卷,第78页,人民出版社1993年版。
② 同上书,第79页。
③ 同上书,第81页。

评应当在党的会议上提出。"①

关于绝对平均主义。《决议》强调："绝对平均主义不但在资本主义没有消灭的时期，只是农民小资产者的一种幻想；就是在社会主义时期，物质的分配也要按照'各尽所能按劳取酬'的原则和工作的需要，决无所谓绝对的平均。""必须反对不问一切理由的绝对平均主义，因为这不是斗争的需要，适得其反，是于斗争有妨碍的。"②

关于主观主义。《决议》认为，"因为对于政治形势的主观主义的分析和对于工作的主观主义的指导，其必然的结果，不是机会主义，就是盲动主义。""纠正的方法：主要是教育党员使党员的思想和党内的生活都政治化，科学化。要达到这个目的，就要：（一）教育党员用马克思列宁主义的方法去作政治形势的分析和阶级势力的估量，以代替主观主义的分析和估量。（二）使党员注意社会经济的调查和研究，由此来决定斗争的策略和工作的方法，使同志们知道离开了实际情况的调查，就要堕入空想和盲动的深坑。（三）党内批评要防止主观武断和把批评庸俗化，说话要有证据，批评要注意政治。"③

关于个人主义。《决议》将红军党内的个人主义的倾向归纳为"报复主义""小团体主义""雇佣思想""享乐主义""消极怠工""离队思想"六个方面表现，"纠正的方法：主要是加强教育，从思想上纠正个人主义。再则处理问题、分配工作、执行纪律要得当。并要设法改善红军的物质生活，利用一切可能时机休息整理，以改善物质条件。"④

关于流寇思想。《决议》强调，"历史上黄巢、李闯式的流寇主义，已为今日的环境所不许可。"要"加紧教育，批评不正确思想，肃清流寇主义。"要"从斗争的工农群众中创造出新的红军部队"。⑤

关于盲动主义残余。主要是"不顾主观和客观条件的盲干""城市政策执行得不充分，不坚决""军纪松懈"，等等，"盲动主义的社会来源是流氓无产者的思想和小资产阶级的思想的综合。"⑥

---

① 中共中央文献研究室编：《毛泽东文集》第一卷，第82—83页，人民出版社1993年版。
② 同上书，第83—84页。
③ 同上书，第84—85页。
④ 同上书，第85—86页。
⑤ 同上书，第87页。
⑥ 同上书，第87页。

《决议》的第二个大问题，是"党的组织问题"。《决议》从"党的组织路线""党的组织松懈问题""怎样使党员到会有兴趣""红军党内青年组织及其工作""政治委员与党内工作关系""直属队最高党部问题""士兵会党团问题"七个方面进行了阐述。

《决议》明确规定了"支部建在连上的原则"："每连建设一个支部，每班建设一个小组，这是红军中党的组织的重要原则之一。"

《决议》的第三个大问题是"党内教育问题"。

《决议》强调："红军党内最迫切的问题，要算是教育的问题。为了红军的健全与扩大，为了斗争任务之能够负荷，都要从党内教育做起。不提高党内政治水平，不肃清党内各种偏向，便决然不能健全并扩大红军，更不能负担重大的斗争任务。"①

《决议》归纳了党内教育十八种方法："（一）党报；（二）政治简报；（三）编辑各种教育同志的小册子；（四）训练班；（五）有组织地分配看书；（六）对不认字党员读书报；（七）个别谈话；（八）批评；（九）小组会；（十）支部大会；（十一）支部委、组联席会；（十二）纵队为单位组长以上活动分子会议；（十三）全军支书以上活动分子大会；（十四）纵队为单位党员大会；（十五）纵队为单位各级书、宣、组联席会议；（十六）全军支队以上书、宣、组联席会议；（十七）政治讨论会；（十八）适当地分配党员参加实际工作。"②

"红军宣传工作问题"是《决议》的第四个大问题。《决议》指出："红军宣传工作的任务，就是扩大政治影响争取广大群众。由这个宣传任务之实现，才可以达到组织群众、武装群众、建立政权、消灭反动势力、促进革命高潮等红军的总任务。所以红军的宣传工作是红军第一个重大工作。"③

《决议》分析了"红军宣传工作的现状"，提出了"纠正的路线"。强调在宣传的内容方面，"宣传要切合群众的斗争情绪"；妇女是决定革命胜败的一个力量，"以后对妇女要有切实的口号，作普遍的宣传"；劳苦青年群众占人口百分之三十以上，在斗争中他们是最勇敢最坚决的，"因此对取得青年群众的宣传，是整个宣传任务中的一个重要任务"；"从反动阶级影响之下夺取游民群众，是党的宣传任务之一"；"对民团、靖卫团等团丁群众的宣传工作特别要注意"；"到一个地方要有适合那个地方的宣传口号和鼓动口号，又有依

---

① 中共中央文献研究室编：《毛泽东文集》第一卷，第94页，人民出版社1993年版。

② 同上书，第95页。

③ 同上书。

照不同的时间（如秋收与年关，蒋桂战争时期与汪蒋战争时期），制出不同的宣传和鼓动口号"，不能搞"一刀切"。在宣传的技术方面，包括"传单、布告、宣言等宣传文件"，"壁报"，"革命歌谣"，"石印的或油印的画报"，"化装宣传"，"以大队为单位在士兵会内建设俱乐部"，等等。①

"士兵政治训练问题"是《决议》的第五个大问题。《决议》归纳了（一）上政治课；（二）早晚点名说话；（三）集合讲话；（四）个别谈话；（五）游艺；（六）改良待遇；（七）怎样做新兵及俘虏兵的特别教育；（八）青年士兵的特别教育八种士兵政治训练方法。

《决议》提炼的政治课十大教授法，后来成为部队思想政治教育的经典教学法。

1. 启发式（废止注入式）；
2. 由近及远；
3. 由浅入深；
4. 说话通俗化（新名词要释俗）；
5. 说话要明白；
6. 说话要有趣味；
7. 以姿势助说话；
8. 后次复习前次的概念；
9. 要提纲；
10. 干部班要用讨论式。②

《决议》的第六个大问题是"废止肉刑问题"。《决议》指出，"各部队中凡打人最厉害的，士兵怨恨和逃跑的就越多"。"封建阶级为了维持它的封建的剥削，不得不用最残酷的刑罚做工具，以镇压被剥削者的反抗和叛乱，这是肉刑所以为封建时代的产物的理由。经济的发展进步到资本主义制度，它便需要提出自由主义，以发展工农士兵群众的个性，增强他们的劳动能力和打仗能力，以造成资本主义发展之条件。因此，凡资产阶级的国家，一般地废止肉刑，在军队中亦早就没有什么打人的怪事了"。"红军第四军产生于封建剥削制度尚未肃清的中国，它的主要成分，又多是从封建军阀军队里头转变过来的，一般封建的制度、思想和习惯，仍然很浓厚地存在于一般官长士

---

① 中共中央文献研究室编：《毛泽东文集》第一卷，第98—101页，人民出版社1993年版。
② 同上书，第104页。

兵之中，由是打人的习惯和非打不怕的习惯，还是与封建军阀军队里头的习惯一样。"纠正的方法："坚决地废止肉刑""举行废止肉刑运动""修改红军惩罚条例"等。①

《决议》第七个大问题是"优待伤病兵问题"。

《决议》最后的问题是阐述"红军军事系统与政治系统关系问题"。

一方面，《决议》规定了军事机关与政治机关的平等、并行关系。

"在高级地方政权机关没有建设以前，红军的军事机关与政治机关，在前委指导之下，平行地执行工作。""红军里面用人、行政，军事政治两个系统各有独立的路线。彼此有关系时，如人员等之互相调动，消息之互相传达等，则用公函平行通报。""礼节及军风纪之执行，军事政治两个系统相互间均应用阶级服从原则，不得借口系统不同，有所怠慢或不服指挥。""凡给养、卫生、行军、作战、宿营等项，政治系统应接受军事系统之指挥。凡政治训练及群众工作事项，军事系统应接受政治系统之指挥。但指挥的形式，只能直达对方机关里头的从属机关（总务科或副官处等）。"

另一方面，《决议》规定了"政治部对外"的原则。

群众工作，如宣传群众，组织群众，建设政权，以及没收、审判、处罚、募捐、筹款、济难等事之指挥监督，在地方政权机关没有建设以前，均属政治部职权。""凡没有建立政权机关的地方，红军政治部即代替地方政权机关，至地方政权机关建设时为止。凡地方政权机关已经建设的地方，应以使地方政权机关独立处理一切事情，在群众中巩固其信仰为原则。只有在地方政权机关还不健全，及红军与地方有关系的事项，得用地方政权机关和红军政治部会衔的方法处理之。"②

红四军党的第九次代表大会选举毛泽东、朱德、陈毅、李任予、黄益善、罗荣桓、熊寿祺、李长寿为前委委员，毛泽东为前委书记。

可以说，"古田会议决议"解决了以农民为主要成分的革命军队如何建设成为一支无产阶级性质的新型人民军队的问题，因此它就成为红四军建设的纲领性的文件。

"古田会议决议"不仅在红四军得到了全面深入的学习贯彻，而且全国红

---

① 中共中央文献研究室编：《毛泽东文集》第一卷，第107—110页，人民出版社1993年版。
② 同上书，第113—114页。

军也先后程度不同地贯彻了《决议》的精神，使得《决议》的影响力远远超出了红四军。

古田会议只是红四军的一次党代表大会，其《决议》为什么会在全国红军中得以贯彻呢？主要原因有两点：一是当时红四军在全国红军中享有很高的声誉，各根据地都把朱毛红军看成是全国红军的楷模，红四军的建军措施、方针、经验，对各地红军有很大的影响力；二是《决议》得到了党中央充分肯定，特别是当时担任中央军委书记的周恩来的大力推荐。党中央从1930年开始，多次把"古田会议决议"和毛泽东、朱德建设红四军的经验，向全国各地红军推广。各地红军政治、思想上得到了逐步提高，组织上日益巩固并迅速发展。到1930年夏，全国红军发展到十多个军，约十余万人，红军的发展进入了全盛时期。

1929年6月至12月近半年的时间，红四军的主要领导人毛泽东与朱德、陈毅，三人之间从争论到意见统一，毛泽东离开红四军又回到红四军，看似平常，但事实证明，它对红军的成长、壮大影响至深。以"古田会议决议"的形成为标志，毛泽东与朱德的关系有了新的更加牢固的基础，红军有了更加团结坚强的领导核心，人民军队的成长胜利有了可靠的保证。

古田会议之后，一支在中国共产党绝对领导之下的、完全建立在马列主义基础之上的、具有中国革命特点和中国军队特色的、区别于一切旧式军队的新型的无产阶级人民军队，出现在世界的东方。

1951年8月，中共中央《毛泽东选集》出版委员会在《毛泽东选集》中《关于纠正党内的错误思想》一文的题解中指出：

> 这个决议使红军完全建立在马克思列宁主义的基础上，将一切旧式军队的影响都肃清了。这个决议不但在红军第四军实行了，后来各部分红军都先后不等地照此做了，这样就使整个中国红军完全成为真正的人民军队。二十几年来，中国人民军队中的党的工作和政治工作有广大的发展和创造，现在的面貌和过去大不相同了，但基本的路线还是这个决议的路线。①

罗荣桓元帅指出：

> 到红四军九次党代表大会在古田召开，毛泽东同志建军的一套经验。便基本总结起来，这就成了人民军队的建军原则和光荣传统。几十年来，

---

① 姜思毅主编：《中国共产党军队政治工作七十年史》第一卷，第185页，解放军出版社1991年版。

它一直对革命战争和军队的建设起着极其深远的影响。①

习近平也在古田会议八十五周年之际的2014年10月，指出：

  古田是我们党确立思想建党、政治建军原则的地方，是我军政治工作奠基的地方，是新型人民军队定型的地方。②

---

① 中国人民解放军战士出版社编：《星火燎原》（选编之一），第135页，中国人民解放军战士出版社1979年版。
② 总政治部：《习近平国防和军队建设重要论述选编》（二），第85页，解放军出版社2015年版。

第六章 红军政治指挥正规化、制度化的尝试

从1927年8月1日我党发动南昌起义打响武装反抗国民党反动派的第一枪开始，经过近3年的艰苦斗争，到1930年夏，红军已经发展到约10万人，创建了遍及11个省的十多块较大规模的农村根据地，并且已经开始建立正规军、军团和方面军。在这种形势下，中央提出了建立铁的红军的任务。从1930年开始，红军政治工作向正规化、制度化方向迈进了一大步。

一、红军总政治部的成立

总政治部的成立从形式上看，最早时间应当是1930年3月。当时，党中央决定，将1928年根据党的六大决议设立的中共中央军事部改称为中共中央军事委员会，周恩来担任书记，与此同时，在军事委员会内设立了总政治部，并由鲁易任主任。但是，总政治部设立接近一年，除了主任鲁易外，并没有设立具体机构，也没有扩充其他组成人员。

直至1931年2月15日，中共中央军事委员会总政治部才正式成立，毛泽东兼任主任。2月17日，中共中央军事委员会主席项英、副主席朱德、毛泽东发出《中央革命军事委员会通令第6号》，规定《总政治部的任务及红军中政治部与政治委员的关系》，对成立总政治部的意义作了说明，对总政治部的职权作了规定。

《通令》解释说：

> 组织革命战争，消灭军阀战争，是目前革命的中心任务。执行这个任务，就要创造铁的红军，要争取广大群众，因此加强红军中的政治教育，使红军的指挥员战斗员明了他们的任务并且坚决的去执行；同时加紧对

群众的宣传和组织，发动战区之内的广大群众起来斗争，就成了我们的迫切任务。执行这些任务的，是红军中的政治委员、政治部。统辖各地红军的这些任务就要有个总政治部。现在全国各地红军有大的发展，统一和加强他们的政治领导，成了迫切的需要。为了这个需要，在本会内面设立总政治部，以毛泽东为主任。为了事实需要，本会总政治部，暂时兼任第一方面军总政治部职务。

《通令》规定：

> 总政治部指挥红军中的政治部并指导政治委员的政治工作。总政治部的命令，红军之中政治部要绝对的服从。而关于政治工作方面的则政治委员同样要接受并服从。各红军中的政治部要经常的按级向总政治部作报告。政治委员除向上级的政治委员报告外，同时并向上一级的政治部作政治工作报告。红军中政治部与政治委员在组织上是各有单独的组织系统，但在工作上则下级政治部服从上级政治部的指挥，同时要服从同级政治委员的指导；下级政治委员服从上级政治委员的指导，同时在政治工作方面同样受上级政治部的指导。[①]

1931年11月，中华苏维埃共和国中央革命军事委员会（简称为中革军委）取代原来的中共中央军事委员会宣告成立，主席朱德、副主席王稼祥、彭德怀，统一领导各个根据地红军的作战和建设，总政治部也随之改称为中华苏维埃共和国中央革命军事委员会总政治部，主任王稼祥，副主任聂荣臻（后由贺昌接任）。总政治部下设了组织部、宣传部、敌工部、地方工作部、青年部和红军最高裁判所，组织机构已经基本完备。

1932年1月，中革军委总政治部又改称为中国工农红军总政治部，但是正副主任和组织机构都没有变化。

1933年5月，中华苏维埃共和国临时中央政府决定，将中央革命军事委员会由前方转移至政府所在地瑞金，在前方另外组织中国工农红军总部，任命朱德为中国工农红军总司令兼第一方面军司令员，周恩来为中国工农红军总政治委员兼第一方面军政治委员，中革军委总政治部改属中国工农红军总部，称为中国工农红军总部总政治部，主任王稼祥（贺昌代理），副主任贺昌、袁国平。

1935年10月，红军长征到达陕北后，中革军委一度改称为中华苏维埃西

[①] 中国人民解放军政治学院政治工作教研室编：《军队政治工作历史资料》第二册，第351页，战士出版社1982年版。

北革命军事委员会，主席毛泽东，副主席周恩来、彭德怀，中国工农红军总部撤销，总政治部也改属于中华苏维埃西北革命军事委员会，主任王稼祥（李富春、杨尚昆代理），副主任杨尚昆。

在红军西征期间，总政治部还曾经改称为中国人民抗日先锋军总政治部。

1936年12月，中华苏维埃中央革命军事委员会成立，主席毛泽东，副主席周恩来、张国焘。总政治部又改称为中革军委总政治部，主任王稼祥（后为任弼时），副主任杨尚昆（后为邓小平）。

在上述过程中，尽管随着革命形势的变化，总政治部的隶属关系、名称、领导人几经变动，机构也有增减，但它作为全军政治工作最高领导机关的地位始终没有变化，直至抗日战争、解放战争乃至建国后也是如此。

二、《中国工农红军政治工作暂行条例草案》——我军历史上第一部政治工作条例

随着土地革命战争的发展，红军相继组织了军、军团、方面军。为了加强对红军政治工作的领导，克服政治工作系统中的不协调现象，以适应革命形势发展和战争的需要，中共中央参照苏联红军政治工作条例，总结3年来红军政治工作经验，于1930年11月或12月初制定并颁发了《中国工农红军政治工作暂行条例草案》（以下简称《条例》）。这是我军历史上第一部政治工作条例。

《条例》统一规定了全国红军政治工作的组织和制度，明确了各级政治机关的职权、任务、工作内容及其相互关系。共分"总则""条例""中国工农红军政治机关系统图"三大部分。其中"条例"部分由规范中国工农红军政治指导员工作、政治委员工作、政治处工作、军师政治部工作、军区及集团军政治部工作、总政治部工作、党的连支部及团委工作、党务委员会工作、青年团工作的九个暂行条例草案和《中国工农红军政治机关及党部与地方党部关系暂行条例草案》共十个条例草案组成。

《条例》明确规定了红军政治工作的任务和目的。指出：

> 中国红军为要完成其伟大的历史任务，须接受无产阶级先锋队（共产党）的领导，他不仅要完成中国工农民主革命的任务，同时还要成为创造并保卫社会主义的中坚。红军的政治工作就是要巩固无产阶级及其先锋队——中国共产党在红军中的领导，要使红军成为有力的工农革命的武装力量。

政治工作的目的是巩固红军的战斗力,红军的战斗力不仅是靠军事技术的条件来决定,最主要的是要靠他的阶级政治觉悟政治影响,发动广大工人农民,瓦解敌人军队,使广大的工农群众环绕于红军的周围。在红军中无论是政治的军事的和党的机关都是向这唯一的目的来进行工作。①

《条例》"总则"规定了政治机关和政治委员的设置。指出:

为加强无产阶级先锋队(共产党)在红军中的领导起见,在红军中设立政治委员和政治机关(政治部及政治处),他是苏维埃政权的一部分,是党在红军中政治路线及纪律的执行者。""红军中政治委员及政治机关,是红军中政治指导者。②

《中国工农红军政治委员工作暂行条例草案》规定:

为直接指导并进行红军中党和政治工作及训练个别军人加强阶级的团结及共产主义教育起见,在团、师、军、独立营,独立作战的营以及红军直属机关学校内,任命最有阶级觉悟,最坚强最勇敢,并有政治教育工作经验的共产党员(最好是工人党员)为政治委员③。

四个有关政治机关工作的条例草案规定:在团及独立营设立政治处,军、师及军区、集团军设立政治部,中央革命军事委员会设立总政治部。"工农红军总政治部是指导全国红军中党与政治工作的机关",下设立组织处、调查统计处、宣传鼓动处、秘书处、出版处等部门。

《中国工农红军中党的连支部及团委工作暂行条例草案》规定:连队党支部"是党在红军中的基本单位组织,每连中有党员三人以上者均得成立支部"。

《中国工农红军青年团工作暂行条例草案》规定:"红军中的青年团员是党与非党群众接近的链锁,同时又是红军中党之基本后备军"④。青年团的工作是党的工作的一部分,并在政治机关和党的组织直接指导之下进行工作。

应该说,我军颁发的第一部政治工作条例草案,对加强红军政治工作建设,巩固和提高部队战斗力起了重要作用。但是,不能否认的是,条例草案也存在着严重的缺陷。

---

① 中国人民解放军政治学院政治工作教研室编:《军队政治工作历史资料》第二册,第330页,战士出版社1982年版。
② 同上书,第331页。
③ 同上书,第332页。
④ 同上书,第342页。

首先，它脱离中国红军建设的实际，照搬了苏联红军政治工作条例的一些条文，不适当地扩大了政治委员和政治机关的权力。比如，条例规定，"政治委员不仅是苏维埃政权在红军中的政治代表，而同时是中国共产党在红军中的全权代表，他是代表政权及党的双重意义，执行党在红军政治路线及纪律的完全负责者"。并且规定，"政治委员在与同级军事指挥员有争持时，政治委员有停止军事指挥员命令之权，但必须立刻将争持的详细情形报告上级机关，在未得上级指示之前，须依照政治委员的意见执行，同时军事指挥员有向上级申诉之权"；"在发现该部一切人员（由同级军事指挥员以至战斗员）有反革命或以破坏军队组织为目的的行动时，政治委员有执行革命法律之权，但必须即刻将事变经过报告上级机关。"[①]等。这些规定把政治委员摆到了至高无上的位置，势必在政治委员与军事指挥员的关系上造成不应有的隔阂和矛盾。这种规定，加上条例草案中没有党委会工作条例，也没有提出由党委来统一领导和指挥部队一切工作这个根本问题，反而明确规定，"党在政治委员及政治机关指导之下进行工作"。[②]这也在事实上造成了用政治委员的个人领导代替了党委的集体领导，用政治委员制代替了我军在南昌起义开始就实行、古田会议决议规定并且一再得到中央肯定的党委制。条例草案确实反复强调了党对军队的领导，但是，这种领导是通过政治委员，而不是通过各级党委来实施的。这种领导制度的弊端在后来一些部队开展错误的"肃反"过程中体现得十分明显。给党和军队的建设造成了巨大的损失。

与政治委员的地位相对应，政治机关的地位也不适当地被抬高了。条例草案规定，"团、营政治处须依照上级政治机关命令，与军事指挥员协商进行工作。"[③]从这条规定可见，政治机关和军事指挥员是平等的关系，而不是古田会议决议确立的政治机关与军事机关是平行关系的概念。政治机关不仅凌驾于军事机关之上，从某种程度来讲，政治机关地位也在军事指挥员之上。

另外，《条例草案》对于红军特别是毛泽东、朱德领导的红四军所创造的一系列具有中国特色的已经被实践证明是行之有效的建军原则和政治工作原则，如政治与军事的关系，红军的三大任务，三大纪律、八项注意，士兵委员会及其民主制度，官兵平等，宽待俘虏、瓦解敌军的原则和方法等等，都

---

① 中国人民解放军政治学院政治工作教研室编：《军队政治工作历史资料》第二册，第332—333页，战士出版社1982年版。

② 同上书，第331页。

③ 同上书，第333页。

没有给予应有的体现和反映。有的则用苏联红军的某些做法作了代替，比如《条例草案》没有连队设立士兵委员会的内容，但是规定，团政治处设俱乐部主任，连队设立列宁室，列宁室受俱乐部主任领导，这实际上是用俱乐部和列宁室代替了士兵委员会，但是这些组织在发扬军内民主方面的职能又不如士兵委员会，实际上是我军民主建设的倒退。

三、红军全国政治工作会议——我军历史上第一次政治工作会议

1934年2月7日下午5时，红军创立后第一次也是中华人民共和国成立前召开的唯一的一次全军政治工作会议在中华苏维埃共和国首都——江西瑞金隆重开幕。到会代表共258人，来自红军第一、三、五、七、九军团，红军各军及学校，江西、福建、闽赣、浙赣四省军分区，湘鄂赣、湘赣、闽浙赣红军，红一方面军警卫师、独立师、补充师及军委直属队，赤卫队与地方武装，医院、兵站等。会议进行了6天。

对于这次会议的召开，中央和总政治部是十分重视的。早在1933年8月23日，总政治部就发出《关于决定举行红军全国政治工作会议的通知》，通知明确：

> 中国工农红军在几年来残酷的斗争中，锻炼了强大了自己。红军中的政治工作，有了显著的成绩和许多的经验。但是可惜这些进步，这些成绩，还不能在全国红军中都一样的表现出来，许多部队中的政治工作，依然异常的落后。因为许多事实上的困难，我们没有能够把这些好的经验，普遍的应用于全国红军部队中去。
>
> 革命战争的剧烈地开展，迫切地要求在红军中加紧政治工作，这是争取战争胜利的保障。
>
> 总政治部为着适应目前战争的紧迫的需要，特决定于今年广暴日的全苏大会闭幕之后，接着举行红军全国政治工作会议，总结过去几年来政治工作的经验，确定今后的政治工作方向，把这些宝贵的经验，应用到全国每个红军部队中去。
>
> 这一会议的完成，全靠着我们准备工作的充分，因此，希望你们接此通知后，即刻进行：一、马上开始搜集材料，准备向大会的报告。二、在出席全苏大会代表中注意政治工作人员的数目，其中要有一个人能作

报告并传达全国政治工作会议的决议。①

11月9日,总政治部发出《总政治部训令第七号——关于举行全国政治工作会议》,指出,"工农红军在几年来的残酷的国内战争中,在党的领导之下,建立了政治工作最低限度的基础。特别是红一方面军在党中央与总政治部的直接领导之下,政治工作已提高到水平线之上。为了初步的总结政治工作的宝贵经验与教训,并确定政治工作的基本原则,本部特决定在二次全苏大会后,立即举行全国政治工作会议。"《训令》明确了这一会议两项主要议程是:"一、目前形势与政治工作任务(基本原则问题)——总政治部报告";"二、在目前战斗中战时政治工作的中心问题(战时政治工作),红一方面军指定同志报告。"②

围绕这两个议程,《训令》提出十个中心问题要求各级政治机关和党的组织搜集材料,讨论并提出具体意见,在所属报纸上展开讨论,广泛征求红色战士的意见,进行拥护全国政治工作会议及慰劳全国代表运动。并且要"立即准备详细的政治工作总结报告,至迟于12月15日前送来本部。"

因此,尽管当时红军正面临反五次"围剿"的艰巨任务,但是会议的准备还是非常充分的。

在大会开幕时,总政治部主任王稼祥致开幕词,他说:

现在正是粉碎帝国主义国民党五次"围剿"的决战当中,我们在紧张的战斗环境中,集合许多政治工作的干部到这里来开会,这是有特别重大意义的。

几年来,中国红军在共产党领导之下,经过很多的英勇战斗,把红军从游击队变成现在正规的红军,把很小的苏区发展成现在这样很大的苏区。红军在几年艰苦斗争中坚强了自己,壮大了自己,积蓄了很多宝贵的经验。

我们不惜从战场上抽出一些同志来开会,为了总结几年来的经验,为了克服我们工作中还存在着的弱点,为了确定将来政治工作的方向与具体的办法。

大家都明了,政治工作是我们红军的生命线,一切战争中如果没有政治工作的保障是不能达到任务的。我们红军斗争的目的是为了解放工

---

① 总政治部办公厅编:《中国人民解放军政治工作历史资料选编》(第二册),第459页,解放军出版社2002年版。

② 同上书,第490页。

农，政治工作就是要提高红军战士与工农群众的积极性，政治工作是提高红军战斗力的原动力。

我们在今天来研究几年来的经验与教训，这在中国红军的建设与中国革命的历史上占了很重要的地位，我们要使这一次会议能担负起他的伟大任务，更进一步地巩固与扩大红军，去打败我们的敌人，打败用新式武器武装起来的帝国主义国民党海陆空军。①……

中革军委主席朱德、副主席周恩来在大会开幕式上分别致词。

朱德开门见山地指出：

今天是全国第一次政治工作会议开幕。这次会议在我们今后红军指挥的统一上，在扩大百万铁的红军上，在粉碎敌人五次"围剿"、战胜全国国民党反动统治上，有决定的意义。

我们的红军从游击队到现在大规模的正规红军，这是从政治工作领导得来，也就是从党和无产阶级领导起来的。如果没有政治工作，没有党和无产阶级的领导，是不会产生红军的。红军更有政治工作才能保证他能为本阶级利益而牺牲的，他才是英勇无敌的百战百胜的红军。这是过去政治工作收得的伟大效果。尤其是第一次全苏大会后，成立了总政治部，红军政治工作特别进步，特别表现其伟大力量出来。在四、五次"围剿"中，我们红色战士与敌人肉搏，饭有时吃不饱，衣有时穿不暖，但没有什么怨言，一样英勇的作战，这可证明政治工作的进步，巩固了红军，从事实上表现了出来。②

他希望大会从"检阅"过去的成绩和缺点、加强赤少队、游击队的政治工作、"集中一切力量来配合红军作战"、"从政治工作来领导提高红军中军事技术与战术，成为战术家的军队"、"瓦解白军、消灭白军"五个方面讨论出办法并且形成决议。

周恩来在强调了朱德提出的会议的几个主要任务后充满激情地说：

政治工作是红军的生命线。你们是领导者，每一战斗的胜利离不开你们，离不开政治工作。我们为着前线的胜利，我们相信大会一定能够完成这些光荣的任务。我相信，大会的成功，将要决定粉碎帝国主义国民党五次"围剿"的胜利，实现一百万铁的红军的任务，争取全中国苏

---

① 总政治部办公厅编：《中国人民解放军政治工作历史资料选编》第二册，第617—618页，解放军出版社2002年版。

② 同上书，第619页。

维埃的胜利,把红旗插遍全中国去,把帝国主义国民党葬送到血海中去!①

由于前方正在进行着异常激烈的第五次反"围剿"的战斗,因此大会的气氛是十分紧张的,几乎没有休息时间。根据《红星报》1934年2月11日、2月18日记载:

第二日(八日)的全天,中共中央代表博古同志作关于五中全会总结的报告。晚上进行分组的讨论。

第三日(九日)的全天,王主任(王稼祥)作政治工作报告。晚上,工农剧社组织了晚会。

第四日(十日),李卓然同志(时任红一方面军总政治部主任)作政治工作副报告(战时政治工作),经过四点半钟的时间,下午进行大会的讨论,仅有朱主席的演说与袁国平、李翔梧两同志的发言。晚间举行分组的讨论。

第五日(十一日),继续进行大会的讨论。全天发言者有十六人,并有凯丰、陈云(时任中共中央政治局委员、白区工作部部长)、顾作霖三同志作关于团与青年工作、白军工作、边区工作的演说。晚间仍分组讨论。

第六日(十二日),上午继续大会的讨论,计有贺副主任(指贺昌,时任总政治部副主任)等十一人的发言,下午有周副主席关于一切政治工作为着前线的胜利的演说,经过了一点半钟的时间。最后有王主任作会议结论,贺副主任致《闭幕词》,宣布大会胜利闭幕。②

根据资料记载,在十一日的大会发言中,除了以上提及的这些知名人士外,其他为人们熟知的还有:总政治部动员部部长罗荣桓就训练赤卫队成为红军预备队的问题讲了话,中共中央少年先锋队队长张爱萍就少先队与红军的关系发了言,共产国际军事顾问李德作了第五次反"围剿"军事问题的报告。

由于这次会议是在党的六届五中全会闭幕不久,也就是王明"左"倾教条主义登峰造极,毛泽东被排除了红军的领导权的情况下召开的,因此,会议不可避免地存在着一些"左"的倾向。如在周恩来、朱德、王稼祥等几位

---

① 总政治部办公厅编:《中国人民解放军政治工作历史资料选编》第二册,第622页,解放军出版社2002年版。

② 同上书,第677—678页。

领导人的讲话中就提到，红军的第五次反"围剿"是同敌人"最后的决战"，是"解决谁胜谁负"的问题。李德的讲话更是极力鼓吹"左"的军事冒险主义思想，多次把游击性运动战的正确战略思想作为所谓"游击主义残余""浓厚的保守主义"来批判，而宣扬所谓"阵地战""堡垒战"的错误主张。

但是，毛泽东倡导的一些政治工作方针原则还是在红军部队中发挥着重要作用，他的许多主张已经被朱德、周恩来、王稼祥等同志认可并接受，因此，在朱德、周恩来亲自指导以及王稼祥直接主持下召开的这次政治工作会议，就其提出和解决问题的主要的或者基本的方面来说，还是正确的。会议在总结经验的基础上提出的一系列政治工作指导方针和原则，对指导当时和后来我军政治工作的发展，起到了重要作用。主要体现在：

第一，确立了"政治工作是红军的生命线"的科学观念。把政治工作比作生命线，是当时红军主要领导人的一致认识。朱德、周恩来、王稼祥的讲话不止一次地提及这一点。

第二，明确了"一切政治工作为着前线的胜利，为着实现整个作战计划"的政治工作指导思想。如朱德在开幕时指出："在国内战争的时候，一切工作要服从战争，要集中一切力量来配合红军作战。我们政治工作同志不仅是在前方红军中进行工作，在后方机关都要有很好的工作，很好地配合起来。"[①]周恩来指出："我们大家都是为着一个目的，一切为着前线上的胜利。"[②]"一切政治工作都是为着前线的胜利，为着实现整个作战计划"，"政治工作要保障每一战斗胜利"。他在演说中直截了当地批评说：

> 首先，要打破一种观念，这就是过去与现在，有人认为政治工作人员不是一个红色军人。政治工作人员一定要是知识分子，就是说一方面工农分子不能做政治工作；另一方面政治工作人员只是"文人"。这是错误的观念，政治工作人员同样是红色军人。
>
> 过去政治工作人员对军事技术的学习及战术上的素养是非常不够的，这也是错误的。自然，我们反对政治委员或政治工作人员只注重军事，而放弃了主要的政治上的领导和工作的倾向，另外还要反对以为政委打仗可以在后面一点，政治部在打仗时没有什么事的怪论。至于说做政治委员只是监督，打仗可以不去，这种离开火线的政治工作，我们更是反

---

① 总政治部办公厅编：《中国人民解放军政治工作历史资料选编》第二册，第620页，解放军出版社2002年版。

② 同上书，第621页。

对的。一切政治工作，都是为着前线上的胜利。政治工作要环绕在整个作战计划的周围，来实施部队的政治工作。①

第三，提出了政治工作必须保证提高部队的战术技术水平的观点。朱德指出："两年来政治工作有很大的进步，哪样都有很大的成绩，但红军的军事技术和战术上比政治工作要落后，所以常常与敌人作战时胜利大，牺牲也大"，"以后我们还要从政治工作来领导提高红军中军事技术与战术"，"我们政治委员、政治工作人员不仅是领导，自己也要努力学习战术很艺术的来打仗。"②周恩来也指出："我们还要加紧学习军事技术和战术，还要从政治工作来保障。"贺昌则强调："从政治工作上来保证军事技术与战术的提高，首先要求每个政治工作人员都来学习新的战术，也成为重要的任务"，"要使红军的军事技术与战术的素养与红军的政治自觉、英勇的与坚定性的巩固同时并进，才能更高度的提高红军的战斗力，向铁的红军的道路迈进"。③

第四，提出了加强党的领导和加强支部工作的重大意义。在会议开幕时，周恩来就提出了"反对忽视政治工作的现象，巩固政委制度，巩固无产阶级的领导，建立党在红军中的支部生活，成为红军的血脉一样，更加保证战斗力的提高"④的要求。朱德则在演说中指出，要使"党在部队中起核心作用"，"我们的支部党员要至死不背叛阶级，在最危急的时候要准备拼命，子弹完了，刺刀用不得了，用牙齿都要咬他几口，直至最后的一刻。"⑤贺昌的发言则直接指出："党的支部工作，对于巩固红军与提高红军的战斗力具有决定的意义"。"政治工作的进行主要的应依靠于支部，支部是直接接近红军战士的，是政治机关与红军战士群众联系的枢纽"。⑥

第五，系统总结了战时政治工作经验。红一方面军总政治部主任李卓然在会议所作的《战时政治工作报告大纲》，系统介绍了红一方面军在行军作战中的政治工作、在战斗环境中巩固扩大部队和党的组织的工作、居民中的政治工作、瓦解敌军的工作等诸多战时政治工作经验，对指导红军战时政治工

---

① 总政治部办公厅编：《中国人民解放军政治工作历史资料选编》第二册，第669页，解放军出版社2002年版。
② 同上书，第620页。
③ 同上书，第665页。
④ 同上书，第622页。
⑤ 同上书，第650页。
⑥ 同上书，第666页。

作发挥了重要作用。

第六,要求政治工作必须改进工作方式。周恩来指出:"为着要保障每一个战斗的胜利,政治工作要非常机动、紧张、灵活、坚定和迅速。"[①]贺昌在闭幕词中强调:"我们要把官僚主义、平均主义、刻板的工作方式,从工作中坚决洗刷出去!在大会后,要与这些工作方式作坚决的斗争!要用具体的活的领导来真正的进行政治工作。"[②]

[①] 总政治部办公厅编:《中国人民解放军政治工作历史资料选编》第二册,第671页,解放军出版社2002年版。

[②] 同上书,第676页。

第七章 党对军队绝对领导挫败张国焘分裂行径

1935年6月,红一、四方面军官兵经过长途跋涉、浴血奋战,实现了历史性的会师,这是红军长征史上的一件大事。它大大增强了红军的力量,使集结在这个地区的红军兵力达到十多万人,为开创新局面创造了有利条件。此时,如果两支主力红军能够在党中央的集中领导下团结一致地统一行动,一个革命的新局面必定会很快创造出来。革命前景一片光明。

但是身为西北革命军事委员会主席的张国焘,把红四方面军看成向党争权的资本,向党闹独立性,严重威胁党和红军的统一。以毛泽东为代表的老一辈革命家同张国焘这种分裂党、分裂红军的行为进行了坚决的斗争,党对军队的领导原则在与张国焘的斗争中经受了考验,最终取得了胜利。

毛泽东曾经说,他在长征路上同张国焘的斗争,是他一生中最黑暗的一段路程。

一、懋功会师,红军官兵高唱《两大主力会合歌》

时任红四方面军红二十五师师长的韩东山可以说是红一、四方面军会师的见证人。作为红四方面军派出的代表,他专门带领部队赶到达维镇迎接刚刚翻过夹金山的毛泽东和红一方面军。

6月14日晚上,总政治部在达维镇外喇嘛寺附近坡地上,举行了两军会师联欢会。

6月15日,毛泽东等中央首长离开达维开始向懋功前进。

毛泽东等中央首长到达懋功后,受到了李先念率领的红四方面军部队的热烈欢迎。毛泽东代表党中央和红军全体同志,对四方面军全体指战员表示亲切关怀和慰问，并充分肯定了四方面军的成绩，给予很高评价。他说："今后一、四方面军的行动方针，就是北上抗日，建立川陕甘革命根据地，促进全国抗日高潮的发展。"①

为庆祝红军两大主力会师，总政治部在懋功召开了红一、四方面军驻懋部队联欢庆祝大会。会场气氛十分热烈，"庆祝胜利翻越夹金山！""庆祝一、四方面军两大主力胜利会师"的口号声此起彼伏，充满了战友深情。会上，红八十八师政委郑维山代表红四方面军致欢迎词，表示坚决听从党中央的指挥，一定虚心向中央红军学习，团结奋斗，并肩前进，争取新的胜利。毛泽东和朱德在会上作了重要讲话，他们号召一、四方面军全体同志在党中央统一领导下，互相学习，亲密团结，开创革命的新局面。

会后，两军部分团以上干部在天主教堂里，进行了会餐。战士剧团则为两军官兵演出了自编的话剧《一只烂草鞋》等文艺节目。红军指战员兴高采烈地放声欢唱《两大主力会合歌》：

　　两大主力邛崃山脉胜利会合了，
　　欢迎四方面军百战百胜英勇兄弟！
　　团结中国苏维埃运动中的力量，嗳！
　　团结中国苏维埃运动中的力量！
　　坚决赤化全四川！
　　万余里长征经历八省险阻与山河，
　　铁的意志血的牺牲换得伟大的汇合！
　　为着奠定赤化全国巩固的基础，嗳！
　　为着奠定赤化全国巩固的基础高举红旗向前进！

红一、四方面军两大主力胜利会师，国民党反动派无可奈何地承认了他们的失败。反动将领胡羽高在《"共匪"西窜记》一文中说："国军防止朱毛西窜之声，早已传之数年，今朱毛毕竟西窜，而达其预定之目的矣。在朱毛西窜当中，行营三令五申，严防朱毛与徐匪向前会合，声犹在耳，墨尚未干，而朱毛毕竟与徐匪向前、张匪国焘会合矣。"

可以说，红军两大主力的会师，粉碎了国民党企图彻底剿灭红军的野心，坚定了红军官兵革命必胜的信心，中国革命又看到了胜利的曙光。

---

① 李先念：《红军团结胜利的篇章》，《军事历史》1989年第四期

二、张国焘骑着骏马来到两河口，毛泽东等中央领导在路口等候迎接

张国焘，江西萍乡人，从他的简历看，标标准准算得上是一名中国共产党的老党员，或者说是创始人之一。

1919年，他在北京大学读书时，就参与领导了五四运动。1920年参加建立北京共产主义小组。1921年7月出席中共"一大"，被选为中央局委员，任组织主任。1927年在党的"八七"会议上，当选为临时中央政治局候补委员。1928年在中共六届一中全会上当选为中央政治局委员。1930年任中共驻共产国际代表团副团长。1931年回国后，进入鄂豫皖苏区，任中共鄂豫皖中央分局书记兼军委主席。同年红四方面军成立后，是红四方面军的主要领导人。并当选为中华苏维埃共和国临时中央政府副主席。

他这种党内"老资格"的优越感，加上刚愎自用的个性恶性发作，给党和人民军队带来了无穷的灾难。

红一、四方面军会师后，两军会合后红军的行动方向应当指向哪里？是就地发展，还是继续北上？这是关系到红军今后命运的头等重要的问题。不料，恰恰在这个重大问题上，张国焘与党中央发生了严重的、难以调和的分歧。还在两军会合的前夕，中共中央就收到红四方面军领导人来电，要求速决"今后两军行动大计"。中央经过深入研究后，1935年6月16日以朱德、毛泽东、周恩来、张闻天名义发出了《为建立川陕甘三省苏维埃政权给四方面军电》，明确提出了建立川陕甘革命根据地的方针。

中央的这个方针，与红四方面军总指挥徐向前的主张是一致的。他认为，川西北山大地广，人稀粮少，且是少数民族地区，历史上形成的民族隔阂不易消除，建立革命根据地不容易。徐向前还与李先念交换过意见，对下一步向哪个方向发展问题进行探讨，一致认为还是实行川陕甘计划比较好。

然而，貌似尊重党中央、要求中央指示"今后两军行动大计"的张国焘，在接到中央指示后，却露出了真面目。他没有同徐向前商量，就以张国焘、陈昌浩（红四方面军政委）的名义于17日复电中共中央，表面上接受向川陕甘发展，但强调了种种理由，主张红军北攻阿坝，组织远征军，占领青海、新疆，或暂时向南进攻。实际上是不同意中央的战略。

中央接到张国焘、陈昌浩的电报，十分着急，于6月18日、20日连发2封电报，说服张国焘、陈昌浩，并要张国焘赶来懋功，以便商决一切。

6月24日，毛泽东等中央和军委首长首先赶到了懋功县两河口。红四方面军的同志十分照顾历经千辛万苦、远道而来的中央红军，不但给官兵送来

了粮食、衣服，还给中央领导同志每人送了一套粗呢制服。

为欢迎张国焘的到来，总政治部在两河口镇外一块大平地上，布置了欢迎会场。6月25日，天下着大雨，为了表示对红四方面军和张国焘的尊重，毛泽东、张闻天、周恩来、朱德、博古、刘伯承等中央和军委领导同志站在路旁，欢迎张国焘的到来。

张国焘骑着骏马，在30多名骑兵卫队的护送下，来到了两河口。

在欢迎会上，朱德首先热情洋溢地致欢迎词，然后，张国焘讲话。他一阵寒暄后，公开提出了与党中央北上方针相对抗的西进方针。他认为，这里有着广大的弱小民族（藏、回），有着优越的地势，我们具有创造川（四川）、康（西康）、新（新疆）大局面的更好条件。

这个讲话，给两军会师的有利形势蒙上了阴影。晚上，毛泽东设晚宴招待张国焘，这两位中共一大的代表，已经多年不见了，但一见面谈话却并不投机。

这期间，陈昌浩也来看张闻天，这两位在莫斯科留学的同学，畅叙旧谊倒很投机，但是当张闻天一问到四方面军的现有兵力、装备和今后的打算时，陈昌浩却闪烁其词，环顾左右而言它。

张闻天在和各方面的接触中，了解到很多情况，并及时向毛泽东和周恩来等人作了通报。他认为，张国焘在两军会师后的思想状况不利于红军的发展：他自恃兵强马壮，瞧不起中央红军；他轻视遵义会议后党中央和中革军委的统一领导；保守退却思想浓厚，害怕损失实力，想在这一带按兵不动，并有退向川西北、过草原的打算，缺乏创造新苏区根据地的观念。

针对复杂的形势，毛泽东、张闻天、周恩来就如何维持和发展红一、四方面军会师的有利形势，如何搞好两军的团结，进行了不止一次的商讨。

1935年6月26日，中共中央在两河口一个喇嘛庙里召开了政治局扩大会议。会议主要围绕要不要攻打松潘来讨论。因为，从战略上讲这是关系北上还是南下的问题，从战役部署上说就是由哪个部队担任攻打松潘的先锋问题。

会议在张闻天的主持下进行。首先由周恩来代表中央做报告，他分析了当前形势，阐述了战略方针、战略行动和战争指挥问题。提出，在什么地方创建新苏区，首先必须有利于我们的作战，其次必须有利于消灭蒋介石的主力。在地区选择上，应是：地域宽大，好机动；群众条件好，汉族人口多；经济条件比较优裕，能解决红军给养的地方。他说，川、陕、甘三省广大地区具有上述优良条件，一、四方面军会合后，新的战略方针即是集中主力向北进攻，在岷山以北建立川陕甘革命根据地，首先占领甘南。并强调两个方面军应集中指挥，指挥权要集中于军委，这是最高原则。

毛泽东和其他同志在发言中也都赞同北上建立川陕甘革命根据地的方针。

张国焘原来认为中央红军兵强马壮，以前他曾对部队宣传过说中央红军有三十万之众。这时他得知了中央红军经过长途征战仅剩两万余人的情况，顿时野心膨胀。

此时，他心中反对北上，不愿攻打松潘，也意图保存实力，不愿承担攻打松潘的重任。但是，他明里又不好反对攻打松潘，于是，他摆出了种种困难，如北有雪山草地，气候严寒，行动不利，部队长途行军，减员必大；北面敌人强大，即便到了甘南也站不住脚等等。他主张依托懋功地区，避开胡宗南部，先向南打成都，然后向川康边发展。

由于大多数人同意中央的意见，加上毛泽东看透张国焘的心理后，十分耐心诚恳地讲道理，使他最后不得不表面上同意北上建立川陕甘革命根据地的方针，同意由红四方面军负责攻打松潘。

6月28日，中央政治局作出了《关于一、四方面军会合后战略方针的决定》。指出：在一、四方面军会合后，部队的战略方针是集中主力向北进攻，在运动战中大量消灭敌人，首先取得甘肃南部，以创造川陕甘苏区根据地，使中国苏维埃运动放在更巩固、更广大的基础上，以争取中国西北各省以至全中国的胜利。

两河口决议，以党中央和毛泽东的正确战略方针战胜张国焘的错误方针而载入史册。

尽管张国焘已经对中央逐步表现出了无礼态度和争权野心，但毛泽东等中央领导人经过慎重考虑和研究认为：张国焘领导着红四方面军几个军数万人的队伍，在红军中特别在红四方面军中有着重要的影响，必须尽最大可能团结争取他一起北上抗日。另外，一、四方面军已经会师，中革军委也应当吸收红四方面军的同志参加。

6月29日，中共中央政治局召开常委会议，决定增补张国焘为中革军委副主席，徐向前、陈昌浩为中革军委委员。当时，张国焘对于这个决定欣然表示赞成，认为这是两军会师后统一指挥的当然步骤。

同一天，中革军委根据政治局两河口会议精神，制定了松潘战役计划，随后，红军按照计划分头开始行动。

三、毛泽东说，宁愿交出总政委，不能交总书记。这是原则问题

两河口会议表面看取得了圆满的成功，张国焘表态也不错。但是，会议之后，他就采取两面派手法，对会议《决定》采取阳奉阴违的态度。

首先，他采取政客手腕，拉拢中央红军的将领。

红一军团和红三军团是中央红军的两大主力，他的手首先伸向这两个军团。两河口会议结束的第二天，张国焘就请红一军团政委聂荣臻和红三军团军团长彭德怀去吃饭，对聂、彭二人表示关怀，并说他准备拨两个团给聂、彭补充部队。

彭德怀在红军的影响力张国焘早有耳闻，尤其听说彭德怀在会理会议上对中央领导发表过不同意见，所以他特别在彭德怀身上下功夫。

彭德怀在《自述》中回忆说：

"张国焘派秘书黄超来亦念，住在我处。说此地给养艰难，特来慰劳，送来几斤牛肉干和几升大米，还送来二、三百元银洋。我想这是干吗？黄住下就问会理会议情形。我说，仗没打好，有点右倾情绪，这也没有什么。他们为什么知道会理会议？是不是中央同他们谈的呢？如果是中央谈的，又问我干什么？他又说，张（张国焘）主席很知道你。我说，没见过面。他又说到当前的战略方针，什么欲北伐必先南征。我说，那是孔明巩固蜀国后方。他又说，西北马家骑兵如何厉害。把上面这些综合起来，知来意非善，黄是来当说客的。不同意中央北上的战略方针，挑拨一方面军内部关系，阴谋破坏党内团结。把全国形势看成黑漆一团，这是明显的。……送了一点点吃的这倒不稀奇，送二、三百银洋引起我很高警惕，完全是旧军阀卑鄙的手法。""在亦念时，黄超谈话就说出来了，他说，实际主事人是毛而不是张闻天（当时张闻天是总书记，他们并没有放在眼下）。这话当然不是一个年不满三十的黄超所能理解的，而是老奸巨滑的张国焘口里吐出来的。"①

对毛泽东和党中央高度信任，并带领红军为保卫中央安全赴汤蹈火、浴血奋战的聂荣臻和彭德怀当然不会听张国焘这一套。

中共中央为贯彻两河口会议精神，派出了由王稼祥、李富春、林伯渠、李维汉、刘伯承等同志的慰问团，到杂谷脑去慰问红四方面军，并传达两河口会议精神。杂谷脑是四川省苏维埃政府所在地，是红四方面军的后方。张

---

① 《彭德怀自述》，第 200—202 页，人民出版社 1981 年版。

国焘听说后，也赶忙去杂谷脑，迎接慰问团。他对慰问团表面上很客气，派红四方面军的干部陪同，吃得很好，但就是不让慰问团接近红四方面军的指战员。而且，慰问团还在杂谷脑期间，他就背着慰问团，召开师以上干部会议，以传达两河口会议精神为名，大肆散布他反对北上的主张。在会议上，他歪曲事实真相，挑拨一、四方面军的关系，破坏党和红军的团结，诋毁中央路线，攻击中央领导人向北发展的主张是"右倾逃跑"。

本来，中央考虑让李维汉参加慰问团后，就留在那里担任四川省委书记，或者到白区当四川省委书记。然而张国焘不但不欢迎，反而派人看着李维汉，不让他出去与人接触。后来，中央又发电报改任李维汉在红四方面军担任纵队政治部主任，但是，事实上已经身处囹圄的李维汉感到无法担任这一职务，他不好和中央明说，只能向中央发报，陈述自己不懂军事，无法胜任纵队政治部主任一职。中央才明白李维汉的处境不妙，于是立即回电要他回中央机关工作。党中央派到红四方面军去工作的一个重要干部，就这样被张国焘软顶了回去。

已经担任了中革军委副主席一职的张国焘此时自恃兵强马壮，加紧向中共中央伸手要权。他致电中央，提出"我军宜速决统一指挥的组织问题"。并且背着总指挥徐向前煽动一些人，向中共中央建议改组军委和红军总司令部，提出由徐向前任红军副总司令，陈昌浩任红军总政委，周恩来任总参谋长。红四方面军政委陈昌浩也致电中革军委，称自己十分希望红军能够统一指挥，要求由张国焘任军委主席，朱德任前敌总指挥，周恩来兼总参谋长。要挟中央"不然无法顺利灭敌"。当中共中央率中央红军北进时，张国焘扬言要"审查中央路线"，他以"统一指挥""组织问题"没有解决为借口，故意拖延执行中革军委在两河口会议后制定的《松潘战役计划》。

在紧急关头，为使一、四方面军团结一致、统一行动，毛泽东与张闻天等同志商量后作了妥协。毛泽东认为，张国焘想当军委主席，这个职务现在由朱总司令担任，他没法取代。但只当副主席，同周恩来、王稼祥平起平坐，他又不甘心。张闻天表态说：我这个党的总负责人（总书记）的位子让给他好了。但是毛泽东认为这样不妥，他认为，张国焘要抓军权，认为有军队就有一切，把党的总负责人的位置给他，他说不定还不满意，但真让他坐上这个宝座，就麻烦了，这样革命的政治方向都会改变了。这时，朱德也提出把自己的职位让出，毛泽东也不同意。他经反复考虑，认为可尽量满足张国焘的要求，但军权不能让他全抓，于是同正在生重病的周恩来商量，周恩来主动表示把红军总政委的职务让出。这样，中革军委发出通知：仍以中革军委主席朱德兼总司令，并任张国焘为总政治委员。"一、四方面军会合后，一切军队均由中国工农红军总司令、总政委直接统率指挥。"①此后，张国焘才开始调动红四方面军主力北上。

对于这次解决组织问题，彭德怀对毛泽东的策略给予了高度的评价，他回忆说：

> 毛主席在同张国焘的斗争中，表现了高度的原则性和灵活性。在黑水寺开中央会议时（我没参加），张国焘要当总政委，洛甫提议把总书记交给张国焘，毛主席不同意。宁愿交出总政委，不能交总书记。张国焘当时不要总书记，他说，总书记你们当吧，现在是打仗呗。如果当时让掉总书记，他以总书记名义召集会议，成立以后的伪中央，就成为合法的了。这是原则问题。②

为了统一指挥，7月21日，中革军委作出了《关于一、四方面军组织番号及干部任免的决定》，决定以红四方面军总指挥部为红军前敌总指挥部，以徐向前兼总指挥，陈昌浩兼总政委，叶剑英为参谋长；将红一方面军之第一、三、五、九军团依次改为第一、三、五、三十二军；红四方面军之第四、九、三十、三十一、三十三军番号不变。

张国焘担任红军总政委后，便以集中统一指挥为名，立即收缴了红一方面军各军团互相通报的密电本及一、三军团和军委、毛泽东通报的密电本。从此，一、三军团只能与前敌总指挥部联系，而与中央的联系便隔绝了，一、三军团之间的联系也隔绝了。

由于张国焘一再拖延，红四方面军主力迟迟未能北上，耽误了一个多月时间，给蒋介石充分的调兵遣将堵截红军的时间，红军丧失了松潘战役的有利时机，失去了东出北上的机会，中共中央只得撤销原定的《松潘战役计划》，改从自然条件极端恶劣的大草地北上，给红军北上带来极大的困难。

8月3日，红军总部制订《夏洮战役计划》，将红军分左、右两路北上：

右路军由红一方面军的第一、三军（即原第一、三军团）和红四方面军的四军、三十军组成，中共中央机关和前敌总指挥部随右路军行动。

左路军由红四方面军的第九军、三十一军、三十三军和红一方面军的五

---

① 中共中央文献研究室编：《朱德传》，第350页，人民出版社，中央文献出版社1993年版。
② 《彭德怀自述》，第204页，人民出版社1981年版。

军、三十二军（即原第五、九军团）组成，红军总司令朱德、总政委张国焘和总参谋长刘伯承随左路军行动。夏洮战役计划决定后，部队忙着做北上准备。但是大权在握的张国焘不关心这些，他又节外生枝，要求召开中央政治局会议，解决"政治路线问题"。

何为"政治路线问题"？毛泽东、张闻天等人一时都摸不清张国焘的真实意图。毛泽东通过多次去找张国焘、陈昌浩做工作，终于摸清了他的真实想法，他想把红四方面军中的一些干部尽可能多地提进中央委员会和中央政治局。

毛泽东与张闻天、周恩来等商量妥善的解决办法。毛泽东认为，中央委员可以增加几个，但是政治局不能增加那么多。

1935年8月4日至6日，中央政治局在毛儿盖以南40里的沙窝召开会议。会议的议程有两项：（一）一、四方面军会合后的形势和任务；（二）组织问题。

会议开始，张闻天代表政治局作了《关于一、四方面军会合后形势与任务》决议草案的报告，然后进行讨论。张国焘的南下西进主张受到了大家的批评，张国焘尽管不服气，甚至对博古的批评大喊大叫，但是在多数同志的耐心教育下，他还是表示同意中央关于北上建立川陕甘革命根据地的战略方针。

会议最后通过的《中央关于一、四方面军会合后的政治形势的决议》，重申了北上方针，强调创造川陕甘根据地是当前红一、四方面军面临的历史任务。为此，必须提高党中央在红军中的威信，加强党对红军的绝对领导，维护两个方面军的团结。

会议的第二项议程，是讨论组织问题。张闻天代表政治局提出的名单，是提升红四方面军中3人为正式中央委员，3人为候补中央委员，2人进中央政治局。这是一个在会前商量过并取得张国焘同意的名单。然而，张国焘出尔反尔，会上要求再多提几个人。毛泽东机智地把他顶了回去。

会议经过讨论，同意增补四方面军徐向前、陈昌浩、周纯全为中央委员，何畏、李先念、傅钟为候补中央委员；陈昌浩、周纯全为政治局委员。

张国焘在沙窝会议上没有达到全部目的，而且受到严肃批评，于是对中央十分不满，对在会议上发挥主要作用的毛泽东尤其有意见。他一回到毛儿盖，就立即召开军以上干部会议，露骨地进行分裂党的活动。他不顾沙窝会议通过的《决定》，又提出了向青海、甘肃边远地区西进的错误主张，拖延红军主力的北上行动。

针对张国焘的错误主张，8月15日，中共中央电示张国焘，要求他率领部队按照原定计划，立即出动。徐向前也一再催促张国焘、陈昌浩赶快向北出动，他回忆说：当时已到了闹粮荒的严重地步，部队天天吃野菜、黄麻，嘴都吃肿了。"我想，在这么困难的情况下，要命第一。我一再催促张国焘、陈昌浩早走，以后再吵，原因就在这里。"①

在中央催促、徐向前等同志劝说以及客观环境的逼迫下，张国焘终于迈出了非常艰难的第一步，开始率部北上。朱德和张国焘率红军总部去左路军，党中央和前敌总指挥部率右路军北上。

为了进一步统一思想，实现北上建立川陕甘根据地的方针，8月20日，中央政治局在毛儿盖又召开了扩大会议。由于周恩来有病，朱德、张国焘、刘伯承去左路军，他们均没有参加会议，四方面军出席会议的是陈昌浩、徐向前、李先念等。

会议集中讨论战略方针和夏洮战役的作战行动问题。会上，毛泽东作了关于夏洮战役计划的报告。他认为，目前红军存在两个前进方向：一个是向东转入反攻，然后向陕、甘边发展，以实现创造川陕甘革命根据地的战略目的；另一个是向黄河以西，向青海、新疆、宁夏方向发展。他认为，向西是退却。我军应出敌不意，横跨草地，北出陕甘。

陈昌浩、徐向前相继在会上发言，赞同毛泽东的报告，强调不应把向东向西看成一个小问题，而是一个根本原则问题，应克服一切困难，坚决向东发展。会议还认为，要达到夏洮战役的战略目的，左路军一定要向右路军靠拢，左路军的行动应以右路军的进展而转移。陈昌浩、徐向前都表示赞成。

毛儿盖会议改变了夏洮战役的具体部署，变右路军为北进主力，具有重大的历史意义。后来的发展，证明了毛泽东关于战略方针和改变战役部署主张的正确性。

8月20日和21日，徐向前、陈昌浩连电朱德、张国焘，告知其毛儿盖会议作出的新决定，接着，中央政治局也将会议作出的《中央关于目前战略方针之补充决定》的精神电告朱德、张国焘。

四、徐向前毫不迟疑地说：岂有此理，哪有红军打红军的道理！

毛儿盖会议之后，右路军迅速开始了史无前例的向大草原进军。

---

① 徐向前：《历史的回顾》（中），第439页，解放军出版社1984年版。

过草地，是红军长征中最艰苦的一段行军。中国有史以来从来没有大军经历过草地行军。红军经过的这块草地，是一块纵横数百里、人迹罕至的一片大沼泽地。美国作家哈里森·索尔兹伯里实地看过草地后，这样描绘："一望无际的草地是一幅鲜花织成的魔毯"，"草地的气候比爱生气的苏州美女的情绪还要变化无常"。人和马在草地上行进稍有不慎就会陷入泥潭。茫茫荒野，找不到粮食，野菜、皮带成了指战员充饥的食物。

在这段艰难的日子里，毛泽东和其它领导人一道，克服种种困难，经过七天六夜的艰苦跋涉，终于带领右路军横跨草地，到了班佑。随之成功地进行了包座战斗，歼灭国民党军五千余人，为进入甘南打开了通道。这是红一、四方面军会师后取得的第一个大胜仗。但是，张国焘抵制中央毛儿盖会议的决定，他率领的左路军迟迟不肯按照中央计划行动。为督促左路军迅速北进，党中央曾于8月24日致电张国焘，试图说服他接受中央决定，同时严令其率左路军迅速出墨洼、班佑，与右路军并肩东进。

徐向前得知张国焘的态度后，也与陈昌浩商量，认为张国焘总和中央对着干不好，而且从军事上看，中央的决策也是上策，陈昌浩也有同感。因而徐、陈也于8月24日致电朱德、张国焘，陈说利害，力请左路军向右路军靠拢，共同北上。强调"目前箭已在弦，非进不可，""主力合而后分，兵家大忌，前途所关，盼立决立复示，迟疑则误尽中国革命大事。"

张国焘对中央命令和徐向前、陈昌浩的这些劝告置之不理。

8月29日，中央政治局制定了北出甘南的行动计划，9月1日，毛泽东、徐向前、陈昌浩把这一行动计划电告张国焘，要求其率领部队迅速出动。然而，张国焘仍然按兵不动。

毛泽东、张闻天反复考虑如何使张国焘转弯，徐向前也非常焦急。毛泽东专门找徐向前、陈昌浩商量，如何做张国焘的工作。徐向前表示，如果他们过草地困难，我们可以派出一个团，带上马匹、牦牛、粮食，去接应。毛泽东很赞同，说这个办法好，一发电报催，二派部队接，就这么办。于是，毛泽东、徐向前、陈昌浩联名向张国焘发电报，催他带左路军上来。并令四军三十一团准备粮食，待命前去迎接。

这些又推又拖的措施采取后，张国焘终于开始率左路军向草地前进。

但是，张国焘很快变了卦。9月3日，张国焘致电徐向前、陈昌浩并转呈中央，强调部队不能继续前进而要返回的两点困难：其一是所谓葛曲河涨水，无法徒涉和架桥。但是，当时随左路军行动并坚持北上的朱德曾派人骑马探测河水深浅,最深的地方也不过齐马肚子,队伍是完全可以渡过的。其二是所谓粮食缺乏。其实阿坝地区粮食丰富,张国焘以前的电报曾强调这点,但是现在为了政治需要,他改变了腔调。

他不听朱德坚持北上的意见,反而要朱德以总司令名义与他一起发电报命令右路军南下。朱德当然给予严词拒绝,他没有止步,竟然擅自以红军总司令部名义电令右路军南下,从而与党中央的北进方针公然抗衡。

同时,张国焘还给徐向前、陈昌浩来电,命令徐、陈率右路军南下。陈昌浩拿着电报找徐向前商量,徐建议其报告中央。中央开会研究后,以与会毛泽东、张闻天、周恩来、博古、王稼祥、陈昌浩、徐向前七人的名义致电左路军朱德、张国焘、刘伯承,再一次解释张国焘南下的不可行,要求他们迅速率部北上。

然而,陈昌浩一面同意中央这份电报,一面却执行张国焘的命令,于同一天深夜命令红一、三军暂停向罗达前进,准备南下。

9日,张国焘再电徐、陈并转中央,再次表示反对中央北上方针,坚持南下方针。接到张国焘的电令后,陈昌浩明确表示同意南下,徐向前不愿把四方面军的部队分开,也只好表示南下。陈昌浩即去中央驻地,向毛泽东等转告张国焘要右路军南下的电令,并反映他与徐向前同意南下的意见,结果遭到毛泽东等中央领导人的严肃批评。

对于张国焘的反党阴谋和陈昌浩态度的变化,彭德怀等中央红军领导人是有警觉的。彭德怀在《自述》中写道:

> 某日午前到前总,还在谈北进。午饭后再去,陈昌浩完全改变了腔调,说阿坝比通、南、巴(川东北)还好。一个基本的游牧区,比农业区还好,这谁相信呢?全国政治形势需要红军北上抗日的事,一句也不谈了。我没吭声,只是听了就是。这无疑是张国焘来了电报,改变了行动方针。我即到毛主席处告知此事。并问毛主席,我们坚持北进,拥护中央,我们反对张国焘南进方针,一军团已前走了两天,四方面军如解散三军团怎么办?为了避免红军打红军的不幸事,在这种被迫的情况下,可不可以扣押人质?主席想了一会,答曰:不可。当时我难过:如强制三军团南进,一军团不能单独北进了;中央不能去,一军团单独北进也起不了作用。一同南进,张国焘就可能仗着优势军力,采用阴谋手段,将中央

搞掉。①

在严峻的形势面前,毛泽东坚持真理,不怕挑战。在接到张国焘的电令后,党中央当天致电张国焘命令他速即率部北上。毛泽东还亲自到徐向前的住处,摸徐向前对张国焘来电的态度。徐回答说:"两军既然已经会合,就不宜再分开,四方面军如分成两半恐怕不好。"毛泽东了解到徐的态度,未再表示什么,遂告辞而归。

张国焘的野心恶性发作。他在同一天密电陈昌浩,大意是:"余经长期考虑,目前北进时机不成熟,在川康边境建立根据地最为适宜,俟革命来潮时再向东北方向发展,望劝毛(主席)、周(恩来)、张(闻天)放弃毛儿盖方案,同右路军回头南下。如果他们不听劝告,应监视其行动,若坚持北进,则应开展党内斗争,彻底解决之。"②

这份电报已经向陈昌浩暗示要危害党中央。

电报是9月9日约中午时分到达前敌总指挥部的。值班机要组长陈茂生(一方面军调来的)和前总作战科副科长吕黎平共同译出这份密电后,俩人大吃一惊,立即把正在开会的叶剑英从会议室请了出来,并把密电当面交给他。

叶剑英看完电文后,郑重嘱咐他俩不要向任何人谈及这份电报之事。之后他寻找机会亲赴毛泽东处,把密电面交给了毛泽东。毛泽东看完电报,迅速抄下电文,并要叶剑英赶快回去开会,并嘱咐他沉着冷静,谨慎从事。

这是一个严重的事态,毛泽东以高度的机智和果断寻求解决办法。他只当不知道有这份电报,亲自到徐向前、陈昌浩处商谈行动方针。陈昌浩说:"张总政委来电要南进。"毛泽东说:"既然要南进嘛,中央书记处要开一个会。周恩来、王稼祥同志病在三军团部,我和张闻天、博古去三军团司令部叫周、王开会吧。"陈昌浩没有察觉到这是脱身之计,同意了。

毛泽东等来到了彭德怀所在的三军团司令部,立即召开中央政治局紧急会议(即著名的巴西会议)。会议分析了红一、四方面军会师以后张国焘分裂党和红军、抗拒中央命令的种种表现,分析了张国焘倚仗优势兵力、企图凌驾和危害党中央的危险处境。一致认为,在这种危急情况下,再继续说服、等待张国焘率领左路军北上,不仅没有可能,而且会招致不堪设想的严重后果。为了坚持北上建立川陕甘根据地的方针,也为了给整个红军北上开辟道路,

---

① 《彭德怀自述》,第202页,人民出版社1981年版。
② 吕黎平:《青春的步履》,第200页,解放军出版社1984年版。

会议决定采取果断措施，立即率领红一、三军、军委纵队一部，组成临时北上先遣支队，到阿西集合，继续北上，向甘南前进。

会议决定以后右路军统归军委副主席周恩来指挥，并委托毛泽东起草《中共中央为执行北上方针告同志书》。

巴西会议意义非常重大，在危急情况下又一次挽救了党和红军。毛泽东后来评价说：

> 由于巴西会议和延安会议（反对张国焘路线的斗争是从巴西会议开始而在延安会议完成的）反对了张国焘的右倾机会主义，使得全部红军会合一起，全党更加团结起来，进行了英勇的抗日战争。①

杨尚昆则评价说：

> 长征中有个一方面军的一、三军团脱离危险地区单独北上的事。那时四方面军的领导人张国焘主张南下，反对北上。为了坚持北上，党中央和毛主席同张国焘分裂党、分裂红军、企图危害中央的行为进行了斗争，率领一、三军团单独北上。毛主席当时的工作非常紧张。如果没有这一步，等到胡宗南、马步芳、朱绍良把腊子口、西兰公路完全封锁起来，采取蒋介石在江西的办法，筑碉堡，那我们飞也飞不出来。毛主席率一、三军团单独北上，是极为关键的一步，没有这一步，也就没有一年以后三大主力红军在西北的大会合。②

北上红军凌晨2时出发，毛泽东率部在前，彭德怀率部在后掩护中央机关北上。作为右路军的参谋长，叶剑英的行动则是单独的。当晚，他来到作战科，悄悄地向吕黎平要来了一份包座战斗中缴获的十万分之一甘肃省全图。深夜时分，他悄悄起床，牵出黑骡子，率领军委二局等直属单位，以筹粮准备南下的名义，直奔红三军团司令部。彭德怀因叶剑英与陈昌浩同住一处，担心他能否脱身，正怀疑之际，叶剑英率二局连地图都拿来了，陈昌浩布置的监视，全被叶剑英摆脱了。

叶剑英在同张国焘分裂主义的斗争中大智大勇，果断机敏，为党立了大功。

1971年林彪"九一三"事件后，党中央决定由叶剑英主持军委工作时，毛泽东引用"诸葛一生唯谨慎，吕端大事不糊涂"③这句话，来高度称赞叶剑英的历史功绩。

---

① 《毛泽东选集》第二卷，第530页，人民出版社1991年版。
② 苏扬编：《中国出了个毛泽东》，第73页，解放军出版社1991年版。
③ 《紫思录》编辑小组：《紫思录——怀念叶剑英》，第62页，人民出版社1987年版。

周恩来 1972 年在一次会议上谈到长征时说："剑英同志将密电报告了毛主席，因而（中央）脱离危险，立了大功。没有剑英同志立这个功，那个局势就很坏了……在关键时刻才显出是同志嘛！古话说：'疾风知劲草，板荡识诚臣'嘛！"①

9 月 10 日，党中央发表了毛泽东连夜起草、用蜡板刻印的《中央为执行北上方针告同志书》，强调指出："只有中央的战略方针是唯一正确的，中央反对南下，主张北上。"党中央号召红军指战员："坚决拥护中央的战略方针，迅速北上，创造川陕甘新苏区去！"

中央同时致电张国焘，严肃地指出：右路军南下电令，中央认为完全不适宜的。中央现恳切地指出，目前方针只有向北是出路，向南则敌情、地形、居民、给养都对我极端不利，将要使红军受空前未有之困难环境。中央认为北上方针绝对不应改变，左路军应速即北上。

9 月 10 日凌晨，徐向前、陈昌浩得知中央带领部分部队单独北上的消息后，十分震惊，立即召集 4 军、30 军和指挥部一部分领导干部来指挥部开会。吕黎平在《严峻的时刻——忆长征路上的叶剑英同志》一文中回忆说：

> 陈说，他们（指党中央）走了怎么办？李特、何畏两人主张派部队尾追，但徐向前和其他到会同志坚决不同意这种做法，认为：不能用对付敌人的办法，去对待我们自己的同志。迫于这种形势，陈昌浩不得不说：既然这样，就分道扬镳吧，他们走他们的，我们走我们的。会后，陈昌浩还是派李特带了一队骑兵去追中央，进行"劝说"。当李特追上第 3 军时，毛泽东、彭德怀同志接见了他，对他坚持张国焘那套论调进行了严肃的批评，同时，中央一再要李特转告张国焘、陈昌浩执行中央决定，率部北上。我听到李特回来传达说：党中央认为北上方针是正确的，南下川康十分不利，希望张国焘、陈昌浩认清形势，率领左、右路军跟进。如果一时想不通，过一段时间想通了，再北进，中央也欢迎。望以革命大局为重，有何意见，可随时电商。②

彭德怀也回忆："听说，陈昌浩要派兵追击我们，徐向前说，岂有此理，哪有红军打红军的道理！这句话起了决定作用，陈未来追击。"③

---

① 《星火燎原》编辑部编：《老帅在长征中》，第 347 页，解放军出版社 1986 年版。
② 《中国工农红军长征史料丛书》编审委员会：《中国工农红军长征史料丛书·回忆史料》（2），第 307—308 页，解放军出版社 2016 年版。
③ 《彭德怀自述》，第 203—204 页，人民出版社 1981 年版。

李特见要挟党中央和一、三军南下无望,便退一步说,要带走红军大学四方面军的学员。毛泽东答应了。

红军大学的大部分红四方面军学员随李特回去了,但工兵科的四方面军学员一个也不愿走,他们坚定地跟着党中央和毛泽东踏上了北上的征途。

毛泽东运用高度的智慧、超人的胆略,高瞻远瞩,坚持团结,坚持原则,坚持党内斗争的正确方针,终于化解了一触即发的紧张局势,率领红一方面军主力脱离了危险区域,这是党中央和毛泽东在同张国焘分裂党和红军的阴谋的激烈斗争中取得的关键性胜利。

五、中央政治局俄界会议,毛泽东不同意开除张国焘党籍

9月11日,中央率领北上红军到达甘南俄界(今甘肃迭部县高吉村)。

为了揭露和批判张国焘的分裂主义,确定今后的行动方针,中央在到达俄界的当天和第二天晚上,召开了政治局扩大会议,史称"俄界会议"。毛泽东在会上作了报告。他说,不管张国焘等人如何阻挠破坏,中央坚持继续向北的基本方针。

会议发言中,多数同志对张国焘非常气愤,要求给他做组织结论,开除他的党籍。从党和红军的前途考虑,毛泽东没有顺应这种呼声,而是充分表现出了卓越的斗争艺术。他指出:张国焘的错误发展下去,可能成为军阀主义,或者反对中央,叛变革命。同张国焘的斗争,是两条路线的斗争,应采取党内斗争的方法处理。最后做组织结论是必要的,但现在还不要做,因为它关系到团结和争取整个四方面军的干部,也关系到一方面军在他那里的很多干部的安全。你开除他的党籍,他还是统率几万军队,还蒙蔽着几万军队,以后就不好见面了。我们要尽可能地做工作,争取他们北上。

毛泽东讲话后,会议进行了认真的讨论。大家一致同意毛泽东的报告,通过了《关于张国焘同志的错误的决定》。《决定》深刻揭露了张国焘的错误及其历史根源,指出:张国焘存在着严重的军阀主义倾向,不相信共产党领导是使红军成为不能战胜的铁的红军的主要条件。他组织反党小团体同中央进行公开的斗争,对党中央采取了绝对不可容许的态度。决定号召红四方面军中全体忠实于党的同志团结在党中央的周围,同张国焘的错误倾向作斗争,以巩固共产党和红军的统一。

会议同意暂不给张国焘做组织结论,并要求在红一、三军中加强教育解释工作。

中央政治局俄界会议是反对张国焘分裂主义斗争中的一次重要会议，会议系统地揭发批评了张国焘的错误和罪行，及时地调整了战略行动方针，对于保证长征的全部胜利和最后战胜张国焘的分裂主义，起了重要作用。

彭德怀在《自述》中评价这次会议说：

一、四方面军分裂后，一、三军团到俄界会合，当晚中央召集了会议。有人主张开除张国焘党籍，毛主席不同意。说，这不是他个人问题，应看到四方面军广大指战员。你开除他的党籍，他还是统率几万军队，还蒙蔽着几万军队，以后就不好见面了。在张国焘成立伪中央时，又有人要开除他的党籍，毛泽东也不同意。如果当时开除了张国焘的党籍，以后争取四方面军过草地，就会困难得多。就不会有以后二、四方面军在甘孜的会合，更不会有一、二、四方面军在陕北的大会合了。上述做法是在党内路线斗争中原则性和灵活性结合的典范。①

俄界会议结束后，毛泽东等领导同志亲自给部队做宣传教育工作，将会议精神传达到红军指战员，很快统一了大家的思想。

为了继续争取张国焘，中共中央于9月14日再电张国焘，恳切要求他为了中国苏维埃革命的利益，立即取消南下的决心及命令，服从中央电令，具体部署左路军与四军、三十军之继续北进。

但是，此时的张国焘已经决心和中央分道扬镳了。严厉的批评、充分的说服、恳切的劝说，对他已经不起任何作用，在分裂党、分裂红军的道路上，他越走越远了。

六、朱德坚定地说：你可以把我劈成两半，但你绝对割不断我和毛泽东同志的关系！

党中央和毛泽东率红一方面军主力北上了，张国焘率红四方面军和编入左路军的红一方面军第五军、第三十二军及军委纵队一部开始南下，这支部队总数达八万余人，远远超过了北上红军的数量。分裂与反分裂的斗争更加尖锐了。

9月中旬，张国焘强令左路军和右路军中之四军、三十军分别从阿坝和班佑、包座地区南下，再次穿越环境极端恶劣的草地。他预言一、三军一定不能北出，一定会被消灭，"不拖死也会冻死"，"至多剩几个中央委员到得陕北"。

---

① 《彭德怀自述》，第204页，人民出版社1981年版。

他屡电一、三军表示"诚意"："如遇阻则折回，并准备来接。"

张国焘率部队回到阿坝后，立即开始大造反对党中央的舆论，并且对留在左路军的朱德总司令和刘伯承总参谋长等人进行围攻，要他们表态反对党中央和毛泽东，但是遭到朱德、刘伯承的坚决反对。

之后，他召开了中共川康省委扩大会议。会场上挂出"反对毛、张、周、博向北逃跑"的横幅，张国焘在会议上发言，大肆攻击中央北上是"逃跑主义"，鼓吹自己南下是"进攻路线"，并且扬言要对"经过斗争和教育仍不转变的分子"给予纪律制裁。

会上，一些受张国焘蒙蔽的干部逼迫朱德当场表态，"同毛泽东向北逃跑的错误划清界限"，"反对北上，拥护南下。"朱德大义凛然，不予理睬。张国焘沉不住气了，亲自跳出来要朱德表态，朱德从容不迫地说："北上决议，我在政治局会议上是举了手的，我不能出尔反尔。我是共产党员，我的义务是执行党的决定。南下是没有出路的。"他坚定地对张国焘表示："中央北上抗日的决定是正确的，我决不会反对。毛泽东同志我信得过，你可以把我劈成两半，但你绝对割不断我和毛泽东同志的关系！"

朱德这么一讲，会场气氛就更加紧张了。有人对朱德喊：既然你拥护北上，那你现在就走，快走。朱德坚定地回答说："我是中央派到这里工作的，既然你们坚持南下，我只好跟你们去。"刘伯承和朱德一样表明了拥护中央北上方针的坚定立场。

会议在张国焘操纵下，通过了反党分裂的《阿坝会议决议》，指责中央北上方针，坚持张国焘的南下方针。

1935年10月初，张国焘南下来到松岗卓木碉，此时，他的分裂活动达到了高潮。10月5日，他在一座喇嘛庙里召开高级干部会议，公然宣布另立"中央"，并且自封为主席，同时还成立了"中央政府""中央军委""团中央"等机构。他以"中央"的名义，宣布撤销毛泽东、周恩来、洛甫、博古的工作，开除中央委员及其党籍，下令通缉；杨尚昆和叶剑英应免职查办。

张国焘另立"中央"的反党分裂行动，遭到了朱德、刘伯承的坚决反对，徐向前也表示了明确的反对态度。

徐向前在《历史的回顾》中记述了当时的情景：

张国焘得意洋洋，要朱德同志表态。朱总的发言心平气和，语重心长。他说：大敌当前，要讲团结嘛！天下红军是一家。中国工农红军在党中央统一领导下，是个整体。大家都知道，我们这个"朱毛"在一起好多年，全国和全世界都闻名。要我这个"朱"去反"毛",我可做不到呀!不论发生多大的事,都是红军内部的问题,大家要冷静,要找出解决办法来,可不能叫蒋介石看我们的热闹。①

卓木碉会议后,朱德、刘伯承等一直同张国焘另立中央的分裂主义行为进行着不懈的斗争。

朱德后来回忆说:

"那段时间张国焘造反。我们当时的处境很困难,但是碰上困难有什么办法呢?坚持吧!"这时他又搞了个"中央",我说:要搞,你搞你的,我不赞成。我按党员规矩,保留意见,以个人名义做革命工作,不能反中央。一直和他斗,我们人少,但理直气壮。我们的办法是,他搞他的,我们做我们的工作,只要革命,总会到一块的。②

对朱德这段同张国焘斗争的历史,毛泽东后来给予了高度的评价。他称赞朱德"有理、有节、临大节而不辱","度量大如海,意志坚如钢"。

自任"主席"的张国焘率领这支部队继续向南征战。尽管广大指战员勇敢顽强,不怕牺牲,打了不少胜仗,但是由于敌情严重,部队减员很大。特别是11月中旬红军在百丈地区经过一场恶战,毙伤敌1.5万余人,红军也伤亡近万人。百丈失利,标志着张国焘南下方针的破产。徐向前总结说:

"毛泽东同志说过:南下是绝路。后来的事实,完全证明了这一正确论断。吃一堑,长一智。我对毛主席的远大战略眼光和非凡气魄,是经过南下的曲折,才真正认识到的。"③

党中央和毛泽东始终关心着这支部队,经常告以全国形势,通报敌情,指示行动方针,转告红一方面军的胜利消息。

1935年12月党中央瓦窑堡会议确立抗日民族统一战线的策略后,党中央立即把会议精神通报红四方面军,使红四方面军干部看到了希望,受到了鼓舞。

党中央北上方针的胜利和张国焘南下方针的破产,形成了鲜明的对照,越来越多的人开始认识到毛泽东和中央制定的政策是正确的。全军要求北上的呼声日益强烈,张国焘逐渐开始孤立起来。

1935年11月,驻共产国际中共代表团代表张浩(林育英)回到陕北,他

---

① 徐向前:《历史的回顾》(中),第458—460页,解放军出版社1984年版。
② 《当代中国人物传记》丛书编辑部编:《徐向前传》,第232—233页,当代中国出版社1992年版。
③ 徐向前:《历史的回顾》(中),第456页,解放军出版社1984年版。

受中共中央委托，积极做张国焘的工作。1936年1月24日，张浩致电张国焘，传达共产国际指示："共产国际完全同意中国党中央的政治路线，并认为中国党在共产国际队伍中，除联共外是属于第一位。中国革命已成为世界革命伟大因素，中国红军在世界上有很高地位，中国红军的万里长征是胜利了。"他并建议张国焘，取消伪中央，"可立即成立西南局，直属代表团。"以后，他又多次致电张国焘，要求他北上与党中央会合。

林育英传达的共产国际指示，给张国焘的分裂主义以沉重的打击。陈昌浩首先转变了态度，表示服从共产国际的决定。朱德、刘伯承、徐向前也趁机做张国焘的工作，劝他取消自立的"中央"。为了给张国焘一个台阶下，他们还提出了过渡办法：这边组成西南局，直属共产国际中共代表团领导，暂与陕北党中央发生横的关系。

张国焘见处境孤立，被迫表示接受这个建议；中央从维护党内统一考虑，也表示同意。于是，张国焘于1936年1月27日致电中央，表示"原则同意"党中央的路线，但是一直拖到6月6日，他才被迫公开宣布取消伪"中央"，准备成立西北局。自此，历时8个月的张国焘伪"中央"，终于寿终正寝。

1936年7月1日，任弼时、贺龙率领红二、六军团经过长征到达甘孜，实现了和红四方面军的会师。随后，红二、六军团奉中共中央命令，改称中国工农红军第二方面军，设立总指挥部，总指挥贺龙，政治委员任弼时。

红二方面军的成立，对配合朱德、刘伯承和红四方面军广大指战员维护党中央正确路线的执行，有着重大的意义。张国焘曾经企图用强制与欺骗的方法，使二方面军同意他的路线，共同反对中央，但是这一企图遭到二方面军主要领导的严拒而完全失败了。在任弼时、朱德、刘伯承、贺龙、徐向前等同志共同努力下，张国焘终于被迫同意二、四方面军共同北上。

1936年10月21日，中国工农红军第一、二、四方面军三大主力终于在会宁、静宁实现了胜利会师，结束了具有伟大意义的长征。张国焘分裂党和红军的企图彻底破产了。

七、许世友说：毛泽东的豁达大度和恳切话语，使我茅塞顿开，备受感动

张国焘顽固坚持南下方针，分裂党和红军的行动，给革命造成的损失是巨大的。被迫跟随他南下的8万多人的部队，到1936年4月进行整编时，只剩下了4万余人，损失接近一半。和北上红军相比，这些部队吃了更多的苦，仅仅被人们视为禁区的草地，他们就过了三回，这其中包括跟随他们行动的

朱德总司令和刘伯承参谋长。

人们深刻地体验到了张国焘南下方针造成的恶果。所以，三大红军胜利会师之后，不少同志提出清算张国焘另立"中央"等一系列罪行。

中央和毛泽东为了等待一部分受蒙蔽的四方面军同志的觉悟，使全党、全军更紧密地团结在一起，没有这样做，而是耐心说服那些要清算张国焘错误的同志。对张国焘本人，毛泽东以诚相待。一次又一次地找他谈话，帮助他认识错误。

张国焘很会演戏，出于形势所迫，他承认自己犯了错误，也表示一定要改正错误。

1937年3月27日至30日，中共中央在延安召开政治局扩大会议。会上，张国焘作了检查，原则上承认自己是"路线错误，是退却逃跑的错误，是反党反中央的错误。"但对具体事实拒不认错，进行狡辩。出席会议的同志包括大多数四方面军干部积极揭发张国焘的错误。张国焘在会上假惺惺地保证：以后绝对忠于党的路线。为了给张国焘以改正错误的机会，党中央决定暂不给他做组织结论。

31日，中共中央政治局作出了《关于张国焘同志错误的决定》。《决定》指出：

> 张国焘在四方面军的领导工作中，犯了许多重大的政治的原则错误。""这是反党反中央的路线。""张国焘路线是农民的狭隘性、流氓无产阶级的破坏性及中国封建军阀的意识形态在无产阶级政党内的反映。"[①]

《决定》批判了张国焘的军阀主义，指出：

> 张国焘同志对于中国共产党在领导中国革命胜利中的决定的作用，是忽视的。因此，他在他的工作过程中轻视党，忽视地方党的组织的创造，在红军中不注意政治委员制度、政治工作与党的工作的建立，相反的，他用全力在红军中创造个人的系统。他把军权看做高于党权。他的军队，是中央所不能调动的。他甚至走到以军队来威逼中央，依靠军队的力量，要求改组中央。在军队中公开进行反中央的斗争。最后他不顾一切中央的命令，自动南下，实行分裂红军，成立第二"中央"，造成中国党与中

---

① 中共中央文献研究室，中央档案馆编：《建党以来重要文献选编（一九二一—一九四九）》第十四册，第121—123页，中央文献出版社2011年版。

国苏维埃运动中空前的罪恶行为。①

《决定》把张国焘的问题与四方面军广大指战员严格区别开来。指出：

> 中央对于在国焘同志领导下的四方面军的干部的艰苦奋斗，不怕牺牲，不畏险阻，英勇苦战，献身于苏维埃事业的忠诚，表示深切的敬意。对于四方面军的干部在中央直接领导之下所获得的极大进步与对张国焘路线的正确认识，表示极大欣慰。过去红四方面军所犯的错误，应该由张国焘负最主要责任。一切把反对张国焘主义的斗争故意解释为反对四方面军全体干部的斗争，把四方面军的干部同中央对立的企图与阴谋，应该受到严重的打击。四方面军的干部是中央的干部，不是张国焘个人的干部。中央号召四方面军的及整个红军的全体同志在开展反对张国焘路线的斗争中像一个人一样，团结在中央的周围，来完成党当前的伟大任务。②

这次会议以后，1937年4月至6月，在党内和军内开展了揭发批判张国焘路线的斗争，这是一次生动的马列主义教育。通过揭露张国焘分裂党和红军的大量事实，红四方面军一些原来不明真相，对反张国焘路线心存疑虑的同志，都转变了观念。一些人要求党中央把张国焘撤职，开除党籍，甚至有的还要求枪毙他。

在揭发批判张国焘路线的斗争中，一度也出现过扩大化和过火行为。中央和毛泽东发现后，都坚决地进行了制止和纠正，保证了反张国焘路线的斗争健康发展。

抗大清算张国焘路线时，一度把矛头指向了四方面军学员，引起这些同志强烈不满。许世友策划了30个干部准备离开陕北，另起炉灶干革命。这个计划被党中央发觉并制止了。

当时有人将许世友的行为定性为领导暴动。许世友听说后料定自己必死无疑，思想极端苦闷。

他在《我的军人生涯》一文中，谈到了毛泽东挽救他的情景。他说：

> 开始，包括我在内的一些同志，对这场斗争认识不够，对张国焘也有个去其伪装，见其实质的过程。幸在毛泽东同志亲自教育下，逐步认清了张国焘的本来面目。主席对我说：红四方面军的干部，都是党的干

---

① 中共中央文献研究室，中央档案馆编：《建党以来重要文献选编（一九二一—一九四九）》第十四册，第122页，中央文献出版社2011年版。

② 同上书，第124页。

部，党的宝贝，不是他张国焘的干部。张国焘的错误，应该由他自己负责，与你们没有关系。你们打了很多仗，吃了很多苦，辛苦了，向你们表示敬意。接着，主席又谈起了张国焘错误的实质、危害和根源，张国焘的"愚民政策"和两面手法，以及给中国革命造成的巨大损失，等等。毛泽东同志的豁达大度和恳切话语，使我茅塞顿开，备受感动，胸中苦思不解之疑一扫而光。痛定思痛，温故知新，方知主席伟大，国焘渺小，不可同日而语。而后，在抗大多次聆听毛泽东同志讲哲学、讲政治、讲军事、讲形势，得益匪浅，更加感到毛泽东同志是我党我军当之无愧的英明领袖。从此，我对毛泽东思想坚信不疑，对毛泽东同志深为敬佩。红四方面军的广大指战员，经过自身的痛苦经验，也从思想上、行动上团结到了伟大的毛泽东思想旗帜之下。①

徐向前，作为红四方面军的总指挥，在反对张国焘另立中央，促进红四方面军再次北上，实现红军三大主力甘肃会师方面发挥了重要作用。后来，他奉命率领西路军向甘肃、青海方向发展，最后由于敌众我寡，遭到了严重失败。他历尽艰辛只身回到了延安。毛泽东和他进行了亲切温暖的谈话。

徐向前回忆道："刚到延安，毛主席就接见了我。他简单问了问西路军的情况，我如实作了回答。他说：'留得青山在，不怕没柴烧。你能回来就好，有鸡就有蛋。'这话使我很受感动。"②

对于张国焘，党中央和毛泽东不但坚持原则，也给了他改正错误的机会，让他担任陕甘宁边区政府副主席的重要职务。而且，毛泽东还多次找他谈话，耐心地进行教育和挽救。但是，张国焘反复无常，表里不一，一会儿痛哭流涕，把自己骂得一钱不值，一会儿全盘翻案，根本不承认自己有错误。毛泽东曾经感叹说："对这个张国焘，我是软的硬的办法都用了，这个人是软的硬的都不吃，我拿他怎么办好？怎么才能使这块顽石点头呢？"③

事实证明，张国焘确实是块顽石。1938年4月，他借口代表中共中央去祭黄帝陵，寻机逃往了西安、武汉，不顾我党的再三劝阻，卖身投靠了蒋介石。1938年4月18日，中共中央决定开除张国焘的党籍。

可叹的是，张国焘这位自恃很高、曾经不可一世的人物叛逃时，竟然连

---

① 军事科学院《许世友军事文选》编辑组：《许世友军事文选》，第751页，军事科学出版社2012年版。

② 徐向前：《历史的回顾》（中），第553—554页，解放军出版社1984年版。

③ 王行娟：《贺子珍的路》，第219页，作家出版社1985年版。

警卫员都不愿意跟他走,因此他连一个人也没能带走。而且,这个背叛共产党的人,最终也被国民党抛弃了。

1938年9月29日至11月26日,中共六届六中全会在延安召开。毛泽东在会上作了《论新阶段》的发言,全面总结了党反对张国焘斗争的经验和教训。他指出:

> 共产党员不争个人的兵权(决不能争,再也不要学张国焘),但要争党的兵权,要争人民的兵权。现在是民族抗战,还要争民族的兵权。在兵权问题上犯幼稚病,必定得不到一点东西。劳动人民几千年来上了反动统治阶级的欺骗和恐吓的老当,很不容易觉悟到自己掌握枪杆子的重要性。""每个共产党员都应懂得这个真理:'枪杆子里面出政权'。我们的原则是党指挥枪,而决不允许枪指挥党。①

毛泽东强调:

> 鉴于张国焘严重地破坏纪律的行为,必须重申党的纪律:(一)个人服从组织;(二)少数服从多数;(三)下级服从上级;(四)全党服从中央。谁破坏了这些纪律,谁就破坏了党的统一。②

---

① 《毛泽东选集》第二卷,第546—547页,人民出版社1991年版。

② 同上书,第528页。

第三编　抗日战争时期

抗日战争时期，是近代中华民族解放史上最伟大、最生动、最活跃的时期，是毛泽东思想达到成熟的时期，也是中国共产党在政治上、思想上、组织上、军事上均达到成熟的时期。同样，在这个时期，我军政治工作继承红军时期的优良传统，适应抗日战争的新形势、新任务，解决了新问题，取得了新经验，在制度化、理论化、系统化方面达到了比较完备的程度。

第八章　红军改编为八路军、新四军过程中的政治指挥

1937年7月7日，日本侵略军向北平卢沟桥一带发动了武装进攻，引发了中华民族的抗日战争。

"卢沟桥事变"爆发后的7月15日，在庐山，周恩来将党中央发出的《中共中央为公布国共合作宣言》交给蒋介石。中国共产党本着"光明磊落大公无私与委曲求全的态度"，郑重向全国宣言：

一、孙中山先生的三民主义为今日中国之必需，本党愿为其彻底的实现而奋斗。二、取消一切推翻国民党政权的暴动政策及赤化运动，停止以暴力没收地主土地的政策。三、取消现在的苏维埃政府，实行民权政治，以期全国政权之统一。四、取消红军名义及番号，改编为国民革命军，受国民政府军事委员会统辖，并待命出动，担任抗日前线之职责。①

然而蒋介石没有回应。8月13日，日寇进攻上海，直接威胁国民党的统治中心。8月22日，蒋介石国民政府军事委员会被迫宣布，同意红军主力部队改编为国民革命军第八路军，并同意设总指挥部，下辖3个师，每个师1.5万人。9月23日，蒋介石发表谈话，承认中国共产党的合法地位。从此，以国共合作为基础的抗日民族统一战线正式形成。

根据国共两党的协议，8月25日，中共中央革命军事委员会发出改编命令，宣布将中国工农红军第一、二、四方面军和陕北红军等改编为国民革命军第八路军（9月11日后，按全国统一的战斗序列，改称第十八集团军），红军的前敌总指挥部改为八路军总指挥部，朱德任总指挥，彭德怀任副总指挥（9月

---

① 中共中央文献研究室、中央档案馆编：《建党以来重要文献选编（一九二一——一九四九）》第十四册，第370页，中央文献出版社2011年版。

11日后，改称正、副总司令），叶剑英任参谋长、左权任副参谋长，任弼时任政治部主任，邓小平任政治部副主任，下辖第115师、120师和129师。以后，又从各师抽调兵力在延安组成了八路军后方留守处，该留守处于12月又和陕甘宁边区保安队合编为八路军留守兵团。

10月12日，国共两党通过谈判达成协议，将南方8省15个游击区的红军游击队改编为国民革命军新编第四军。12月，新四军军部在南昌成立，叶挺任军长，项英任副军长，下辖4个支队，计1万余人。

红军改编为八路军和新四军，标志着中国共产党抗日准备工作的完成。

围绕着红军改编，我们党在自己的军队中开展了一系列的思想工作和组织工作，为改编的顺利进行提供了有力的保证。

一、刘伯承、贺龙强调："帽徽是白的，可我们的心永远是红的！"

抗日，是每一名红军指战员梦寐以求的事情。

可是，要穿上国民党的军装，并要在国民党的指挥下进行抗日，在红军部队就产生了严重的思想问题。应当说指战员们有想法是可以理解的，因为红军指战员参加红军主要是不堪忍受国民党反动派的高压统治，或是为了给自己的亲人报仇。有的人离开根据地后，他们的亲人被国民党军队杀死，有的几乎整村整村的人被杀害。试想一下，要与曾经夺去了战士们亲人和无数红军战士生命的"白狗子"共同作战，红军指战员的心里能接受吗？原来的死对头变成了抗日战线的"亲兄弟"，并且国民党还成了大哥，这种变化实在太大了一点。

部队改编后，首先要换装、换帽徽。

一枚枚国民党帽徽摆放在红军指战员面前，它们将在一天之内全部戴在红军战士的头上。

面对这一枚枚青天白日帽徽，红军战士的心情是极其复杂的。在他们看来，那"青天白日"就像疯狗的牙齿一样，阴森森的，狰狞可恶。它代表着残酷和毒辣，代表着凶暴和卑鄙。

于是，有的人拒不换装，有的人扔掉青天白日帽徽，有的人甚至为此留条而去。

时任115师独立团团长的杨成武回忆说：

那天，我和大家一样，也领到了一套崭新的灰布军装和一顶圆军帽。一看就知道，这是阎锡山部队的军装。另外，还有一块胸章和一块臂章。

胸章上印着：国民革命军第十八集团军。臂章上豁然三个大字：八路军。

通信班的战士笑笑嚷嚷的。他们都为得到一套新军装而高兴，对那两块胸章臂章特别感兴趣，围成一堆一个字一个字地认……

忽听当的一声，有个铜钱大的金属掉到地上，接着有人叫道：

"这不是国民党的帽徽么？和蒋介石头上戴的东西一样，我不戴！"

我循声望去，见是我的一个警卫员。他是经过长征的红军老战士了。此刻，他正睁圆两眼，气得发呆。……

他恳切地说：

"团长，我们把胸章、臂章都钉上，只把帽徽换换，还戴我们的红五星，行吗？"

我心情沉重地摇摇头，正欲向他解释，一个参谋喊我接电话。电话是罗元发主任从三营打来的，他告诉我：不少战士不愿意佩带国民党帽徽，对改编、换装议论纷纷。有的战士甚至怀疑我们不革命了，和干部争吵起来。

我和罗元发同志立即作出决定，团、营干部全部下到连、排去做战士的思想工作，讲清改编的意义和必要性，坚决执行前敌指挥部的命令，全团必须在今天换装完毕。

放下电话，我自己迅速换装，……之后，我把摘下的红军八角帽[①]装进马褡子，虽然不戴它了，但它一天也没有离开过我。

我换装完毕，径直向一营驻地走去。二连一排住在村头一幢大院落里，还没进门，就听到一阵暴雨般争辩声。我的腿刚迈进去，争辩声顿时停止了，院内的同志们都站起来。我定睛一看，好家伙，地上扔着好几个青天白日帽徽，有的还被踩到烂泥里去了。几位战士满脸通红，额头冒汗，竭力遏制着自己的怒气。

我说："全捡起来，一个也不能少，丢了还没处补发呐。不戴它，国民党不让你东渡黄河抗日！"

他们沉默了一会，也许见我也戴上了这东西，于是把地上的帽徽一个个捡了起来，七嘴八舌地问我：

"团长，过去咱们的枪口一直是对准这东西开火，现在怎么戴起它来了？戴上它，咱们红军岂不是和国民党的军队一样了？"

---

① 这顶军帽现存中国人民革命军事博物馆。

"改编改编，我看是上了国民党政府的当！"

"戴红五星一样抗日嘛，干吗非戴它？群众见了我们会怎么想？"

三班长——一位江西籍的红军战士，猛然把自己军装扯开，亮出胸脯上的一些伤痕，其中一处弹伤还未痊愈，闷声闷气地说：

"和国民党干了这些年仗，没想到今天自己倒成了国民党军，这是什么改编？我就不改！我至死都是红军！团长你说，敌人欠我们的血债还不还了？地主、老财的地分不分了？那仇还报不报了？再说，要是苏区百姓见我们这身打扮，会怎么想？我们一块从村里出来投红军的共有十几个，如今只剩下我和排长了，我们要是戴上这玩意儿，怎么对得住那些牺牲的同志啊？"

三班长说不下去了，蹲下身子，捂着脸悲伤地哭了起来，哭得浑身颤抖，泪珠从指间渗出来掉到地上。①

115师政训处主任罗荣桓也遇到了类似的问题。在红军中，罗荣桓一直以平易近人、没有架子和善于做思想工作而闻名。

他耐心地听大家发牢骚，然后像拉家常那样，深入浅出地分析中国政治形势发生的新变化，说明大敌当前，只有停止内战，实现合作，才能挽救民族的危亡。他强调，我们是共产党人。永远不会忘记革命的最终目的。我们虽然改编为八路军了，但是一定要保持和发扬红军十年斗争的光荣传统，在党中央领导下，为完成中国革命的伟大历史使命而奋斗。

朱德也在运用自己特殊的影响力，积极做官兵的思想工作。在120师抗日誓师大会上，朱德以坚定的口吻说道：

同志们，你们思想不通，党中央知道，毛主席也知道。我是受党中央与毛主席的委托，来做你们工作的。现在国共第二次合作了，我们工农红军，就要改编成国民革命军第八路军和新四军。为了消除一切疑惑，我们可以统一服装，穿灰衣服戴白帽徽。同志们思想不通，甚至有的高级干部思想也不通，这个心情我们理解。毛主席说了，红军改成国民革命军，统一番号是可以的，但是有一条，一定要在共产党的绝对领导之下。②

贺龙、关向应在120师也做了深入细致的工作。他们多次带头深入连队，

---

① 杨成武：《杨成武回忆录》，第181—183页，解放军出版社2014年版。

② 中国社会科学院现代革命史研究室编：《回忆贺龙》（续集），第148页，上海人民出版社1984年版。

了解情况，做细致的思想工作，教育干部战士要有远大目光，顾全大局。

贺龙语重心长地对大家说：

> 以我本人来说，灰军装，过去我穿过；白帽徽，过去我戴过；青天白日旗，过去我打过。想到这一点，我心里很难受，痛恨极了，讨厌死了。有人说我当将军，皮靴不穿，愿穿草鞋跟红军爬山；高楼不住，愿跟红军钻芦苇。可是，他们哪里知道，当红军，穿草鞋，钻芦苇，是我的心愿。算起来，从大革命失败到现在，我已经闯荡了十年湖滨，跟国民党斗了十年。现在，国难当头，为了国家与民族的生存，共同对付日本帝国主义，我愿带头穿灰衣服，戴白帽徽。我们虽然穿了戴了，外表是白的，心里是红的，永远是红的。①

贺龙的话，在干部、战士的心中引起了十分强烈的反响，从此"白皮红心"的比喻在120师深入人心，并且在八路军部队中逐渐传开。

刘伯承在129师以充分理解大家心情的态度，耐心地解释道：

> "同志们，换帽子算不了什么，那是形式。我们人民军队的本质是不会变，红军的优良传统不会变，我们解放全中国的意志也不会动摇！""帽徽是白的，可我们的心永远是红的！""同志们！为了救中国，暂时和红军帽告别吧！"②

当然，还是有一些同志一时转不过弯来。

杨成武所在团就有这么四五个人，都是江西和湖南籍的同志，其中包括那天哭得最凶的三班长。他们在部队开完誓师大会以后，竟然带着武器偷偷离队了。三班长临走时还留了张条子："坚决不当国民党兵，回江西苏区闹革命！"有的人在临走前还流露：这里的红军"变了"，延安的红军不会变，要到延安去参加真正的红军。

杨成武回忆说：

> 我为此事一夜未眠，也没有时间再去寻找他们了。各级干部被我派去掌握部队之后，我向师部报告了这件事，同时听说其他兄弟部队也发生了这样的情况。……
>
> 数日后，部队行进到蒲城县境内。中途休息时，一营副营长袁升平赶来向我报告：

---

① 中国社会科学院现代革命史研究室编：《回忆贺龙》（续集），第148—149页，上海人民出版社1984年版。

② 中国人民解放军战士出版社编：《星火燎原》（五），第5页，战士出版社1981年版。

"团长,我们营跑掉的人又回来了!"

"哦",我一喜,"叫他们来。"

袁升平同志兴冲冲领来了两三个人,领头的就是二连一排的三班长。他憨笑着,腼腆地挪动双脚,悄悄地往后缩。

"你不是要到江西苏区去吗,怎么又回来啦?"我问。

他不好意思地说:"我想来想去,还是抗日最重要。家乡离这里千万里,怎么回去?就是回去了,乡亲们一旦问我:'日寇打进来了,你怎么没跟红军去抗日?'我又怎么回答呢?……我在队伍后面跟随了两天,看大家确实是要东渡黄河,打日本鬼子去,我就回来了。"

其余同志也都分别讲了他们的情况。原来,这两天他们四处奔跑,转了二百多里,想投奔一支没有"改编"的红军队伍。谁知,所见到的红军队伍全部都改编成八路军了,而且都在准备出师抗战。于是,他们就回头追上来了。[①]

新四军的改编工作遇到的困难就更大。因为新四军是由游击队改编而来的,而坚持在南方地区的游击队所面对的政治、生活环境是极其恶劣的。他们无时无刻不在防范国民党军队的围剿,他们所能够得到的外界信息很有限,长期处于同外界尤其是与党中央、中央军委隔绝的状态,对全国形势的新发展和党的新方针、新政策了解很少。我军接受国民党政府改编这一政策,他们很晚才知道,而且听到了也不敢相信。因此,动员游击队下山改编的工作十分艰巨,做这项工作的人所面临的是一种生与死的考验。

在编组红军游击队为新四军时,陈毅不畏艰险,勇敢地接受了这项任务。

根据中央指示,他主动与国民党地方当局进行合作抗日的谈判,首先在江西南昌、吉安等地组建了红军游击队接洽处、通讯处。之后,陈毅奔赴湘赣边、赣东北等游击区,传达中共中央指示,动员游击队下山改编。

几年来,由于国民党反动派总是千方百计地要消灭红军游击队,因此遇到改编这个新问题时,有的游击队认为这是蒋介石的计谋,担心上反动军队的当,不肯下山。而当陈毅派人上山进行说服动员时,不少人竟被当"叛徒"杀害了。

陈毅十分焦急,决定亲自去说服他们下山改编。谁知一到山上,陈毅也被扣上了"叛徒"的帽子,险些被杀。

[①] 杨成武:《杨成武回忆录》,第186页,解放军出版社2014年版。

那是 1937 年 11 月中旬，陈毅坐着一顶轿子，来到湘赣边的九龙山游击区。在山上，陈毅对湘赣边游击队参谋长段焕竞和政治部主任刘培善说，"七七事变"以后，中国的形势发生了变化，中国共产党提出了全面的全民族的抗战路线。中共中央政治局在陕北洛川召开扩大会议通过了《关于目前形势与党的任务的决定》，号召共产党员及其领导的武装力量站在斗争的最前线。陈毅还逐条解释了洛川会议通过的《抗日救国十大纲领》，说明党中央指示要国共合作，一致对外，游击队要有计划有步骤地下山。

听了陈毅这番话，大家都觉得有理。但是，一提到国共合作，有的人马上想到了三年艰难的游击战争，想到了反动军队残酷的"围剿"；有的人还想到在国共合作、北伐战争取得胜利的关键时刻，蒋介石叛变革命发动"四一二"反革命大屠杀的情景。

于是，有人说："蒋介石做梦都想消灭游击队，我们怎么可能和他合作？"还有人说："你们看，山下就是国民党军队，我们怎么能轻易下山？""是呀，中共湘赣省委还来信说，没有省委的指示，不能下山改编。"

大家七嘴八舌议论着，不但没听进陈毅的耐心劝告，甚至怀疑陈毅不是党代表，而是"叛徒"。

九龙山上，一个决定产生了：把陈毅送到省委，请省委书记谭余保处理。陈毅被送到甘子山，这是中共湘赣临时省委住地。

途中，陈毅突然被捆了起来。当省委几个人研究对陈毅的处理时，绑在竹棚子边的陈毅听得清清楚楚，厉声说："不能杀，杀掉我，你们要犯大错误！"这句话，把对方镇住了，他们不得不改变主意。

第二天，陈毅被带到树林里进行公审。看到面前坐着的许多游击队员，陈毅想，这正是宣传党的政策的好机会，他用回答问题的方式又把国共合作、游击队改编等问题清清楚楚地讲述了一遍。

一些游击队员被说服了，他们对谭余保说："把陈毅关押几天，看看山下的敌人有什么动静。"谭余保虽然也感到怀疑陈毅是"叛徒"不妥当，但是他想起不久前一名自称是湘鄂赣边区党委的交通员到九龙山，其走后不久部队就遭到敌人的"围剿"，使游击队蒙受了损失的教训，所以不敢轻易相信陈毅。

数天后，九龙山下的国民党军队撤退了。

谭余保左思右想，派了一名交通员到吉安去了解情况。当时，吉安已经成立了新四军通讯处。当这名交通员把从吉安取回的中共中央告全党同志书和证明陈毅是党代表的公函送到谭余保面前时，谭余保又激动又愧疚，连声说：

"我鲁莽,险些误了大事。"谭余保一边说,一边给陈毅松绑。

陈毅说:"你是个坚决的老革命,是个好同志。"①

依靠党的正确领导,依靠红军指战员高度的政治觉悟和严格的组织纪律性,通过以陈毅、项英等为代表的党的干部的艰苦努力,到1938年4、5月间,1934年10月主力红军长征后留在南方8省14个游击区的红军和游击队,在高度分散于40多个县,交通困难、通信落后的情况下,胜利地完成了下山和集中整编为新四军的光荣任务。

当时也有少数游击队的领导人,不接受党的教育,不愿停止土地革命,拒不下山改编。

原活动在赣东北弋阳县磨盘山地区的由杨文翰领导的游击队,不仅拒不下山,而且还将党派去做说服工作的皖浙赣省委书记关英杀害了。

原活动在赣北德安、九江、瑞昌地区的由刘维泗领导的游击队,也拒绝下山,并且杀害了党派去做说服工作的红十六师政治委员明安娄和鄂东南特委书记林美津。

可悲、可叹的是:这两支拒绝下山的游击队,后来均被国民党军所害。

抗日战争时期是国共合作时期,八路军、新四军和其他国民党军队是友军的关系。作战时需要统一行动,相互支援。要消除两党军队十年来的敌意,不是一件容易的事情,实际上由于蒋介石坚持反共的立场,这种相互戒备状态也不可能消除。

中国共产党出于民族大义,对国民党坦诚相待。八路军出征时发出的《国民革命军第八路军全体指战员告抗日友军将士书》就充分地表达了这种情绪。

> 我们和你们同是黄帝子孙,同是中华军人,同是患难中的朋友。我们的敌人只有一个——日本帝国主义。我们要胜利,要不做亡国奴,只有亲密团结起来,结成铁的长城。②

这文章可以称为一篇讨贼檄文,也可称为是袒露互诚纯正的军人爱国心的不朽篇章,其字里行间所表露的是兄弟之间肝胆相照、剖心明志的情感。它既是讲给国民党军队听的,同时也教育了八路军官兵。

八路军将这份《告友军书》发给了几乎所有与之接触的友军将士们,并

---

① 《当代中国人物传记》丛书编辑部编辑:《陈毅传》,第184—185页,当代中国出版社1991年版。

② 中共中央文献研究室编:《朱德传》,第399—400页,人民出版社、中央文献出版社1993年版。

且在友军驻地和路口要道显眼的地方张贴。因此，在八路军、国民党军队及群众中都产生了巨大的影响。

二、陈毅提醒说：我们不能麻痹，搞不好，"合作"就会变成"活捉"

1945年4月24日，毛泽东在中国共产党第七次全国代表大会的口头政治报告中指出：

> "所谓无产阶级领导，就是共产党领导。""共产党是要革命的，革命就要组织队伍，组织队伍主要是组织农民，还有其他阶级，包括小资产阶级、自由资产阶级，有时还有大资产阶级，甚至地主。队伍要有司令官、指挥官，司令官、指挥官在中国主要是两个，或者是无产阶级，或者是大资产阶级、大地主。中国这个社会两头小，但是两头强，中间大，但在政治上是软弱的。中间阶层是动摇的，无论哪个中间阶层都有它的动摇性。坚决的阶级就只有两个：无产阶级和大地主大资产阶级。他们的政治代表分别是共产党和国民党。""大革命后期，在执行无产阶级领导的人民大众的反帝反封建的革命这条路线上，我们党是犯过错误的，那时光讲无产阶级领导，而实际上放弃了领导。"[①]

抗日战争时期，国民党参加统一战线，是为了借助共产党领导的人民力量，打倒共同的敌人，同时在中国继续维持它的一党专政。因此，它害怕共产党领导的人民力量的发展，害怕抗日民族解放运动的广泛发动，力图控制抗日民族解放运动不超过它所需要和允许的范围。

确如毛泽东所言，蒋介石的反动立场是明显的。在迫不得已的形势下，他同意了共产党提出的红军和游击队改编建议，但是，他要维护他的"司令官"地位，他"溶共""限共"乃至"灭共"的企图一天也没有放弃过。

早在国共两党就建立抗日民族统一战线问题开始接触时，蒋介石就逼迫我党完全放弃对红军的领导权，要求实行单一领导制，红军不设总司令部，被我党严正拒绝了。

此后，国民党又在谈判中提出向八路军三个师派出参谋长及副师长、副旅长、副团长、副营长、副连长的要求，我们党同样拒绝了。

于是，国民党又提出了要按照国民革命军的编制，取消八路军中的政治委员，改政治部为政训处，并且派人担任政训处主任的要求，以图动摇我党

[①] 中共中央文献研究室编：《毛泽东文集》第三卷，第305—307页，人民出版社1996年版。

对军队的领导制度。

为了打破谈判僵局，维护抗日民族统一战线这个大局，我党采取了原则性和灵活性相结合的态度，作了一些让步，同意八路军中不设政治委员，政治部改为政训处。但是，我党的条件是：蒋介石不能派一个人到红军担任职务，红军设立总司令部。

即便在抗日统一战线基本建立，八路军开赴抗日前线后，国民党也一直没有放弃与我党争夺八路军、新四军的领导权。

可叹的是，我党内部少数人也存在着试图放弃党对军队的领导权的倾向。那个30年代初期"左"得可恨、几乎葬送了中国革命的王明又从莫斯科回来了。不过，这一次他走了另一个极端。后来被人们称为右倾投降主义。

1937年12月9日至14日，中共中央召开政治局会议（通常称之为"十二月会议"）。刚刚从苏联回国的中共驻共产国际代表、共产国际执行委员王明作了《如何继续全国抗战和争取抗战胜利呢》的报告，否认统一战线中的独立自主原则，主张"一切经过统一战线。"①

王明赞成国民党"只要一个军队"和"统一军令"的叫嚣，并且顺应国民党的要求，提出我军应服从国民党的"统一指挥""统一纪律""统一武装""统一供给""统一作战计划"。这些思想当时在党内、军内产生了恶劣影响。

然而，此时的共产党已经不是陈独秀领导的时代了。以毛泽东为首的中国共产党人对蒋介石的企图始终保持着清醒的认识，在人民军队领导权的问题上，中国共产党人是不会含糊的。

早在1937年5月，党在延安召开了苏区党代表会议，通过了《抗日民族统一战线在目前阶段的任务》，批准了中央提出的红军改编为国民革命军的建议。尽管还没有成为事实，但是代表大会已经考虑了未来的发展。鉴于红军改编为国民革命军后可能出现党对红军领导力量削弱的情况，大会决定：在红军的"军、师及独立行动之单位组织军政委员会"，以保证共产党的单一领导。同时强调："这是党的组织，它指导军队的全部政治和军事工作，并向党中央负责。"②

7月22日至27日，陕西三原云阳镇，中央军委召开了红军党的高级干

---

① 中共中央文献研究室编：《毛泽东年谱（1983—1949）》（修订本）中卷，第42页，中共中央文献出版社2013年版。

② 中共中央文献研究室、中央档案馆编：《建党以来重要文献选编（一九二一——一九四九）》第十四册，第216页，中央文献出版社2011年版。

部会议。中国工农红军前敌总指挥彭德怀作了《红军改编的意义和今后工作报告大纲》的报告。他明确指出,"改编后的中心问题——保障共产党的单一领导。""政治工作是我军的生命线。"要保障共产党的单一领导,就必须"保障与加强政治工作传统","保障工农成分占绝对优势","健全党的生活"等,实行单一首长制后,"师以上组织军政委员会,向党中央及上级军政委员会负责,领导军队中党、政、军全盘的工作。此军政委员会之委员由中央及军委指定。"①

8月22日至25日,中共中央政治局扩大会议在陕北洛川县冯家村召开。毛泽东作了军事问题和国共两党关系的报告。对于国共两党关系,毛泽东心中有数。会前,毛泽东曾致电党内主要领导同志:

国民党阴谋已表现得很明显,他的企图是:

(一)将红军全部送上前线。

(二)分路出动,使不集中,强使听命。

(三)红军受命出动后即变为蒋之属下,彼以命令行之。彼时党的问题与边区问题,由彼解决,甚至将不许发表宣言并取消苏区。……此事关系重大,须在洛川会议中慎重讨论。②

正因为如此,毛泽东在会议上以坚定的口吻明确要求:要坚持统一战线,巩固扩大统一战线,同时要坚持共产党在政治上、组织上的独立性,坚持统一战线中的无产阶级领导权;红军的基本任务是,创造根据地,钳制与消耗敌人,配合友军作战,保持和扩大红军,争取中国共产党对民族革命战争的领导权……

为加强中国共产党对军队的领导,会上,成立了中共中央革命军事委员会。

洛川会议召开的第一天,国民党政府军事委员会颁发了朱德、彭德怀的任职命令。8月25日,洛川会议结束。朱德、彭德怀通电就职。同日,中共中央军委发布了红军改编的命令:

南京已开始对日抗战,国共两党合作初步成功。为着实现共产党中央给国民党三中全会红军改名之保证,使红军成为抗日民族战争的模范,推动这一抗战成为全民族的抗日革命战争,以争取最后的彻底胜利,特依据与国民党及南京政治谈判结果,宣布红军改名为国民革命军第八

---

① 中国人民解放军历史资料丛书编审委员会编:《八路军·文献》,第6—8页,解放军出版社1994年版。

② 《毛泽东军事文集》第二卷,第32页,军事科学出版社,中央文献出版社1993年版。

路军。

  各师改编为国民革命军后，必须加强党的领导，保持和发挥十年斗争的光荣传统，坚持执行党中央与军委会的命令，保证红军在改编后成为共产党的党军，为党的路线及政策而斗争，完成中国革命之伟大使命。①

  红军虽然成了名义上的"国军"，但中共中央发布的命令中有一点特别引人注目，即"保证红军在改编后成为共产党的党军"。军装换了，帽徽变了，但是红军的政治信念却没有变。

  1937年10月10日，中央军委总政治部在延安成立，任弼时任主任，傅钟任副主任。

  1938年8月28日，中央军委又决定"军委总政治部以八路军政治部名义出现，主任任弼时，副主任傅钟、谭政"。

  尽管两次命令都以任弼时为总政治部主任，但是，这一时期总政治部的命令、决定、指示等几乎都是以毛泽东或者毛泽东、傅钟、谭政等名义签署的。因为任弼时或者在前线、或者出国向共产国际汇报工作，基本上没有到职。而总政治部主任的职务是由毛泽东兼代的。这种情况一直延续至1938年8月总政治部主任一职由王稼祥接任。

  1937年10月19日，在抗日前线的朱德、彭德怀、任弼时给中央发来了电报，他们认为：

  部队改编，政治工作人员的公开地位降低职权，因而影响到政治工作人员积极性降低，政治工作已开始受到若干损失。而在各级指挥方面，仍有个别同志因改单一领导不大接受他人意见，多少单一首长感自己能力不够，致使军队建设上也受到某些损失。对此现象，我们认为除教育干部反对地位观念及轻视政治工作外，还需积极地从组织上得到适当地解决，以红军的传统并以此传统影响友军。同时，最近阎锡山、胡宗南、陈诚、张发奎等感觉大革命时期党代表及政治部组织恢复之必要，且闻已向蒋提议。阎已要我们起草政治组织条例，并在其决死队内已设立政委。故我们更不应迁就友军。组织的具体改变如下：（一）团以上或独立营执行党代表制度，争取党代表名义的公开，党代表的职权一般与过去政委相同，应是负责保证党的路线与上级命令之执行，领导政治工作和党的工作，对党及政治工作有最后决定权力。（二）估计到山地游击战

---

① 《毛泽东军事文集》第二卷，第34—35页，军事科学出版社，中央文献出版社1993年版。

争任务和方式，部队分开活动，旅应设政治处，负责全旅政治工作之领导。（三）各旅单独行动时，可临时派遣营党代表，并由团政治处分配一部分工作人员，在营代表或教导员指挥之下，进行政治工作。（四）师政治处改为政治部，连仍为指教员。（五）军政委员会书记，如不是党代表兼任，则党代表应任副书记职。（六）以上改变意见，请即考虑电复。①

收到电报的第三天，10月22日，张闻天、毛泽东就复电朱德、彭德怀、任弼时：

> 关于恢复政治委员及政治机关原有制度，我们完全同意，请即速令执行。惟党代表名义不妥，仍应名为政治委员。将来国民党采用党代表制时，我军方可改为党代表。②

10月28日，朱德、彭德怀、任弼时、邓小平电示各师：任命聂荣臻兼115师政委，关向应兼120师政委，张浩兼129师政委（1938年起由邓小平担任）。

1937年11月12日，毛泽东在延安召开的中国共产党的积极分子会议上的报告中宣告："因受国民党干涉而取消的政治委员制度，因受国民党干涉而改为政训处的政治部的名称，现在已经恢复了。"③

针对王明的右倾投降主义，毛泽东也进行了坚决的反击。

他鲜明地警告全党说：

> "一九二七年陈独秀的投降主义，引导了那时的革命归于失败。每个共产党员都不应忘记这个历史上的血的教训。"

> "在卢沟桥事变以后，党内的主要危险倾向，已经不是'左'倾关门主义，而转变到右倾机会主义，即投降主义方面了。""必须尖锐地提出谁领导谁的问题，必须坚决地反对投降主义"。④

> "在中国离开了武装斗争，就没有无产阶级和共产党的地位，就不能完成任何的革命任务。"

> "共产党员不争个人的兵权（决不能争，再也不要学张国焘），但要争党的兵权，要争人民的兵权。现在是民族抗战，还要争民族的兵权。在兵权问题上患幼稚病，必定得不到一点东西。"

---

① 中共中央文献研究室、中央档案馆编：《建党以来重要文献选编（一九二一——一九四九）》第十四册，第614—615页，中央文献出版社2011年版。
② 同上书，第614页。
③ 《毛泽东选集》第二卷，第393页，人民出版社1991年版。
④ 同上书，第391—392页。

"每个共产党员都应懂得这个真理:'枪杆子里面出政权'。我们的原则是党指挥枪,而决不允许枪指挥党。但是有了枪确实又可以造党,八路军在华北就造了一个大党。还可以造干部,造学校,造文化,造民众运动。延安的一切就是枪杆子造出来的。枪杆子里面有一切东西。"

"从马克思主义关于国家学说的观点看来,军队是国家政权的主要成分。谁想夺取国家政权,并想保持它,谁就应有强大的军队。……我们是战争消灭论者,我们是不要战争的;但是只能经过战争去消灭战争,不要枪杆子必须拿起枪杆子。"①

"为了坚持抗战和争取最后胜利,为了变片面抗战为全面抗战,必须坚持抗日民族统一战线的路线,必须扩大和巩固统一战线。任何破裂国共两党的统一战线的主张是不许可的。'左'倾关门主义仍然要防止。但是在同时,在一切统一战线工作中必须密切地联系到独立自主的原则。我们和国民党及其他任何派别的统一战线,是在实行一定纲领这个基础上面的统一战线。离开了这个基础,就没有任何的统一战线,这样的合作就变成无原则的行动,就是投降主义的表现了。因此,'统一战线中的独立自主'这个原则的说明、实践和坚持,是把抗日民族革命战争引向胜利之途的中心一环。"②

毛泽东的这些论述,对统一全党对武装斗争的认识,以及在全党全军确立党对军队绝对领导的观念提供了强大的思想武器。

新四军的情况和八路军则有所不同。

蒋介石所以同意将南方红军和游击队集中改编为新四军,自然有他的考虑。他认为,将游击队集中起来,一方面可以调虎离山,稳定"后院";同时又可将他们送往敌后与日军直接较量,借日本侵略军之手来消灭之。

但是,新四军的活动地区是国民党的"后院",用毛泽东的话来说:南方各游击区是"我们和国民党十年血战的结果的一部分,是抗日民族革命战争在南方各省的战略支点,是国民党在西安事变后还用'围剿'政策企图消灭、在卢沟桥事变后又改用调虎离山政策企图削弱的力量"。③新四军始终是蒋介石的心腹之患。因此,和八路军相比,蒋介石对新四军的控制更加严格,国共两党争夺新四军领导权的斗争也就更加激烈。

---

① 《毛泽东选集》第二卷,第544—547页,人民出版社1991年版。
② 同上书,第394页。
③ 同上书,第393页。

发生在新四军的几件大事，说明了这个问题。

第一，关于新四军军长的人选

围绕新四军军长人选，国共两党是经过艰苦谈判的，双方都提出了自己的人选，但均不能接受对方的人。

此时，在十年前领导广州起义失败后流亡海外的北伐名将叶挺回到了国内，他表示愿意领导由南方红军和游击队改编的这个军。

出乎意料的是，叶挺的毛遂自荐很快得到了国民党当局批准。1937年9月28日，蒋介石在没有征得共产党方面同意的情况下，就发出通报，"任命叶挺为新编第四军军长"。

蒋介石匆忙做出这个任命，其实是错误判断了叶挺的政治立场。他认为叶挺在广州起义失败后就脱离了共产党，并在国外过了十年流亡生活，坚定的共产党人是不会这样做的，这表明了叶挺疏远共产党的态度，不会再替共产党办事了。而且，当年叶挺独立团威震天下。作为北伐军总司令的蒋介石难以忘记这支部队。如今，日本法西斯疯狂地侵略中国，蒋介石也想利用叶挺的声望来得到政治上的好处。

于是，他想乘机拉拢叶挺，把南方红军和游击队抓到自己手里。后来的情况表明，蒋介石的这种单相思是无法实现的。叶挺不仅紧紧地和共产党站在一起，而且在皖南事变被国民党监禁5年多以后又重新加入了共产党。

中共中央同意叶挺担任新四军军长也有个过程。

蒋介石的任命一发出，中共中央十分重视，反复进行研究。大家有两大疑问。第一：这个任命为什么不征得中共中央的同意？第二：国民政府迟至10月12日才宣布南方8省红军和游击队改编为陆军新编第四军，可是军长任命竟然抢在前面，似乎有一种迫不及待、强加于人的味道。所以，中共中央对这个任命采取了保留的态度。毛泽东要亲自考察一下叶挺的政治倾向再做决断。

10月30日，张闻天、毛泽东关于南方各地游击队整编问题给秦邦宪、叶剑英的电报中，要求，"集中五分之三，留下五分之二于原地改为保安队为原则，并坚持此原则，反对全部集中的国民党要求。""留下五分之二，改为保安队部分，均须加以政治上整理，坚决反对投降主义，反对国民党派遣任何人，同时严防国民党之暗算，森严自己壁垒。""集中五分之三为一军，以叶挺为军长(待考虑)，项英为副军长，陈毅或刘英为参谋长，反对国民党插入任何人。""以四个月为清理时间，任何游击队区，均须党中央派人亲去传达，然后集中。""叶挺是否能为军长,待你们提出保证之后,再行决定。"①

叶挺在南京则明确表态,他完全拥护中共中央的政治军事战略,完全接受共产党的领导。愿意到延安去与中央负责人当面商谈,如果中共中央不赞成,他可以辞职。

12月,叶挺被中共中央请到了延安。毛泽东热情地接待了叶挺,专门为叶挺设宴接风。那些天,毛泽东尽管十分繁忙,还是抽出时间陪叶挺到抗日军政大学和中央党校等地参观,并且同叶挺谈到了新四军的组建问题。

叶挺完全赞同毛泽东提出的关于新四军组建的意见,表示将按照这个设想尽力去做蒋介石和国民党军事委员会的工作,他还希望党中央多派一些得力的干部到新四军工作。

一段时间的交往后,毛泽东真正了解了叶挺。于是,他代表中共中央亲自在延安抗大礼堂主持干部大会,欢迎叶挺。

会上,毛泽东正式宣布叶挺为新四军军长。他热情洋溢地说:"我们今天为什么欢迎叶挺将军呢?因为他是大革命时代的北伐名将,因为他愿意担任我们的新四军军长,因为他赞成我党的抗日民族统一战线的政策,所以我们欢迎他。"②

得到了中国共产党的信任,叶挺十分兴奋,他在欢迎大会上激动地说:"同志们欢迎我,实在不敢当。革命好比爬山,许多同志不怕山高,不怕路难,一直向上走。我有一段是爬到半山腰又折回去了,现在又跟上来。今后,一定要遵照党所指示的道路走,在党和毛主席正确领导下,坚持抗战到底。"③

第二,关于新四军进城和国民党进人的问题

在这个问题上,新四军在组建过程中是有教训的。红军游击队由于分散作战多年,对中央的指示精神或者不知道,或者没有深刻领会,在谈判改编中,个别地区的游击队吃了国民党的亏。

闽粤边特委书记兼闽粤边红军独立3团团长何鸣就是突出的一例。

他在同国民党第157师谈判时,丧失了应有的警惕,同意把闽粤边的游击队改编为保安队,并归157师指挥。1937年7月,当他按照协议规定率领

---

① 中共中央文献研究室,中央档案馆编:《建党以来重要文献选编(一九二一——一九四九)》第十四册,第638页,中央文献出版社2011年版。

② 中国中共党史人物研究会:《中共党史人物传:精选本·军事卷》,第153页,中共党史出版社2010年版。

③ 同上书,第153页。

一千多名红军游击队撤离根据地开进157师指定防区漳浦县城接受改编时，突然被国民党的军队包围，并被收缴了武器。事后虽经党中央的严厉交涉，国民党方面被迫送还武器，但人员却失散了。

闽中一支游击队被国民党方面骗到蒲田县城后，不但被缴械，大队长也被杀害。

面对这些问题，中共中央和毛泽东十分着急。

中共中央于8月1日专门发出关于南方各游击区域工作的指示，指出："在保存与巩固革命武装、保障党的绝对领导的原则下"，"较大的红色部队，可与国民党的附近驻军，或地方政权进行谈判，改变番号与编制以取得合法地位，但必须严防对方瓦解与消灭我们的阴谋诡计和包围袭击"。"改变番号与编制后，部队中可成立队长与副队长，政治处主任及总支部书记的三人的党的秘密委员会，领导部队中一切工作。党的工作与政治工作均须改变以适合于新的情况。"①

10月1日，中央书记处就关于南方各游击队集中改编方针致张云逸等电中，专门强调："国民党首先把何鸣部人枪交还，经证实具报无误后，方能谈判。"

10月15日，张闻天、毛泽东关于叶挺指挥闽粤边游击队诸问题致潘汉年等电中，明确："我们同意叶挺指挥闽粤边张鼎丞、何鸣两部，但须在叶挺及国民党同意下列条件下：（一）何鸣部人枪全数先行交还，并公开声明错误。（二）国民党不干涉一切内部人事。（三）该两部在闽粤边原地，为保卫地方反对日寇进攻而作战，不移往他处。（四）其它地区游击队，候国民党交还何鸣部人枪并公开认错之后，再行商量条件。"②

之后，中共中央又针对两党谈判中出现的新情况，多次发出指示，要求南方游击队坚持独立自主，拒绝国民党派人到游击队任职；游击队驻地应靠有险可守之山地，不能无条件地完全集中，不与国民党军队、民团混杂；严密防卫国民党军队的暗算、袭击和破坏。

毛泽东再三要求我军要将注意力集中在三个方面：（1）无条件集中（适应国民党拔去这些支点的要求）的防止；（2）国民党派人的拒绝；（3）何鸣

---

① 中共中央文献研究室、中央档案馆编：《建党以来重要文献选编（一九二一—一九四九）》第十四册，第416页，中央文献出版社2011年版。

② 《中国抗日战争军事史料丛书》编审委员会：《中国抗日战争军事史料丛书·新四军·文献》（1），第51页，解放军出版社2015年版。

危险（被国民党包围缴械的危险）的警戒。①

毛泽东、张闻天还反复电示周恩来等，以后谈判时一定要坚持不准国民党插进我军一人的原则。

陈毅也对新四军有人提出要与国民党"合作到底"的说法进行了批驳，他说，"我们不能麻痹，搞不好，'合作'就会变成'活捉'。""不能提'合作到底'，只能提'长期合作'。3年5年是'长期'，3个月5个月也叫'长期'。我们只有这样才能争取主动。合作是为了集中力量打倒当前主要的敌人。现在民族矛盾就是主要的，但阶级矛盾依然存在。合作抗日是有条件的，我们必须壮大自己的力量。如果没有力量，就无所谓合作。"②

从此，各地游击队都避免了类似问题的发生。国民党派到各游击队来任副司令、参谋长等职的人员都被我们"礼送"出境了。

第三，关于新四军政治工作偏差问题

新四军成立后一段时间，由于当时新四军党的负责人项英和政治部主任袁国平对党的统一战线政策认识发生偏差，导致了工作指导思想的失误。他们认为，强调共产党的领导，就会得罪国民党，破坏统一战线。因此他们在新四军中不敢公开地宣传共产党对新四军的绝对领导，而是把新四军政治工作搞成了对外对内两套，对外迁就国民党，宣传新四军是统一战线的部队，在《新四军政治工作组织纲领草案》中也不提共产党的领导，并且把国民党首领的演说宣言编成讲话材料在部队散发；对内则在执行党对军队领导的制度，宣传共产党的领导，宣传红军的优良传统作风。这种宣传教育上的两面性，导致了新四军部分同志思想认识的混乱，削弱了党对军队的领导。

中央得知这一情况后，对此提出了严肃的批评。1940年5月，《总政治部对于新四军政治工作的指示》强调指出：

> 我军的政治工作是根据共产党的理论、纲领、策略和口号。因此，军队中的政治工作，仍旧是共产党的党的工作，并不因统一战线的环境和战区的指挥关系而有所改变。因此，政治工作必须在政治上、理论上、组织上、工作内容与方法上，保持共产党的独立性。一切迁就国民党，迁就军队指挥的上下系统，而丧失或减弱我党独立性的办法都是有害的。
>
> 在鼓动宣传教育工作中，我们应当依照共产党的基本理论与目前策

---

① 《毛泽东选集》第二卷，第393—394页，人民出版社1991年版。
② 《当代中国人物传记》丛书编辑部编辑：《陈毅传》，第185页，当代中国出版社1991年版。

略路线出发,必须把阶级教育与民族解放教育正确的适当的联系起来。

在组织方面,红军时代的政治工作条例基本上现在仍适用。你们起草的政治工作条例是不妥当的。我们必须保证共产党对军队的领导,一切减弱党的领导作用的企图办法,都应当坚决拒绝之。对战区政治部的命令,绝对不应服从,因为国民党的政治工作完全是反共的特务工作。

总之,政治工作是共产党党的工作,我们应公开的说明我军的政治工作这种特殊性,对抗战是有利的、必需的。八路军、新四军中之有共产党与其工作,正如其他军队中之有国民党及其工作一样,所以我们政治工作的原则、内容、口号与方法都是正大光明的,有理由的。因此我们政治工作不应当有对外对内两套,不能对外迁就国民党,对内说共产党私话。我们的立场是公开的,理直气壮的。①

皖南事变后,党中央在总结教训时再次对此进行了批评。1941年5月,《胡服(刘少奇)同志在干部会议上的总结》中说:

皖南搞了三四年,新四军到底是什么军队,现在来讨论一下,叫了人家三四年爸爸,我们到底是谁的儿子?项英讲,新四军是统一战线的队伍,统一战线是新四军的爸爸。那我们说不是的,新四军是共产党的队伍,是共产党领导的队伍,共产党是我们的爸爸。②

1941年1月,《中共中央关于项英、袁国平错误的决定》强调:

还在抗战开始,项英同志即与中央存在着关于政治原则与军事方针的分歧。此后,他对统一战线的了解,都是犯了右倾机会主义错误的。他不认识统一战线中共产党的独立性斗争性,他对于国民党的反共政策从来就没有领导过斗争,精神上早已作了国民党的俘虏,并使皖南部队失去精神准备。在此问题上,新四军政治部主任袁国平同志,是完全和项英一致的。他所领导的政治工作,也是失去党的独立性,引导新四军去适应国民党要求的。③

毛泽东是这样解释我们党的一系列政策的。

---

① 中共中央文献研究室、中央档案馆编:《建党以来重要文献选编(一九二一——一九四九)》第十七册,第313—314页,中央文献出版社2011年版。

② 中国人民解放军政治学院政治工作教研室编:《军队政治工作历史资料》第六册,第288页,战士出版社1982年版。

③ 中共中央文献研究室、中央档案馆编:《建党以来重要文献选编(一九二一——一九四九)》第十八册,第68页,中央文献出版社2011年版。

我们这样做的目的何在呢？一方面是在保持自己已经取得的阵地。这是我们的战略出发地，丧失了这个阵地就一切无从谈起了。但是主要的目的还在另一方面，这就是为了发展阵地，为了实现"动员千百万群众进入抗日民族统一战线，打倒日本帝国主义"这个积极的目的。①

三、罗荣桓强调："一定要保持和发扬红军十年斗争的光荣传统"

应当说，抗日民族统一战线的建立，使我军经受着严峻的考验，在抗日战争这种复杂的形势面前，如何发扬我军优良传统，保持人民军队本色成为军队政治工作的一大课题。

1937年11月12日，毛泽东在《上海、太原失陷以后抗日战争的形势和任务》一文中提醒全党、全军：

在八路军中，开始向新军阀主义倾向作斗争。这种倾向，表现在红军改编后某些个别分子不愿意严格地接受共产党的领导、发展个人英雄主义、以受国民党委任为荣耀（以做官为荣耀）等等现象上面。这个新军阀主义倾向虽然和表现在打人、骂人、破坏纪律等等现象上面的老的军阀主义倾向同其根源（把共产党降低到国民党），同其结果（脱离群众）；然而它是在国共两党统一战线时期发生的，它带着特别大的危险性，所以特别值得注意，需要坚决加以反对。②

毛泽东的这个提醒，在当时应当说是具有相当强的针对性。八路军、新四军政治工作也进行了艰苦的努力。

第一，重新颁布我军纪律

纪律是军队的生命。具有严明的纪律，是我军的特征。抗日战争时期，八路军、新四军和其他国民党军队一样，从服装上是没有办法区分的，但是，老百姓还是很快就能够判断出哪是共产党的军队，哪是国民党的军队，其判断的标准就是有没有严明的纪律。

时任总政治部副主任的傅钟曾经回忆说："八路军威信的增高不只是因为打了许多次胜仗，也是因为它本身的模范行动。这首先是得力于'三大纪律'与'八项注意'的执行。本来这'三大'与'八项'，总算起来只有十一条，但却是非同小可。套一个哲学公式来说，这十一条可不是简单的数量问题，

---

① 《毛泽东选集》第二卷，第394页，人民出版社1991年版。
② 同上书，第392—393页。

而是有争取民众，影响友军，实现抗日模范之大道理在焉。"①

关于八路军的纪律，其成立之初由朱德、彭德怀签发的《八路军总指挥布告》，就有了明确的阐述。《布告》全文22句，简洁明了，读起来朗朗上口：

本军奉命抗日　　为求民族生存
拥护中央领导　　驱逐日寇出境
团结全国各界　　联合法苏美英
保卫中华领土　　收复失地完整
实行统一战线　　抗日救国纲领
本军纪律严明　　买卖照常公平
禁止拉夫拉车　　禁止侵犯百姓
凡属中华同胞　　一律保护认真
汉奸敌控间谍　　严办决不容情
望我国人奋起　　共负救亡责任
抗日战争胜利　　大家共享太平

红军时期毛泽东提出的"三大纪律、八项注意"，是我军的光荣传统之一，是保持我军人民军队性质并且不断发展壮大的重要保证。其内容是：

三大纪律：一切行动听指挥；不拿老百姓一个红薯；打土豪要归公。

八项注意：上门板；捆稻草；说话和气；买卖公平；借东西要还；损坏东西要赔；洗澡避女人；不搜俘虏腰包。

进入抗日战争时期，我军的朋友和敌人都发生了变化。比如，在国内革命战争时期，土豪地主是我们打击的对象，"打土豪"就是顺理成章的事情，但是，老百姓的东西是"一针一线"也不能动的。而抗日民族统一战线形成后，为了争取一切能够争取的力量一致抗日，我们党的政策是把一切拥护抗日、支持抗日的人都归属于人民的范畴，因此，拥护支持抗战的"地主""土豪"也是我们党团结争取的对象。为了更好地指导、约束部队，在这种情况下，我军"三大纪律、八项注意"就有调整的必要了。

为此，八路军、新四军都重新规定了自己的纪律。

八路军颁布的仍然叫"三大纪律、八项注意"，内容是：

三大纪律：（一）实行抗日救国纲领；（二）服从上级指挥；（三）不拿人民一点东西。

---

① 傅钟：《八路军在晋北前线》，《星火燎原》（十三），第34页，战士出版社1982年版。

八项注意:(一)进出宣传;(二)打扫清洁;(三)说话和气;(四)买卖公平;(五)借物送还;(六)损坏赔偿;(七)不乱屙屎;(八)不杀俘虏。

为了形象而又潜移默化地进行纪律教育,使"三大纪律八项注意"深入人心,八路军在《红军纪律歌》的基础上还编写了《红军三大纪律八项注意歌》,这首歌在各部队很快传唱开来。但那时唱这首写抗战内容的《三大纪律八项注意》歌曲时似乎有些拗口,尤其是唱到"不乱屙屎"这句时,似有不雅。可八路军不在乎这个,唱在口中总是一种警喻,能够起到制约作用就是目的。

新四军在挺进敌后、开展游击战争过程中,将如何发动和组织群众起来抗日作为非常重要的任务。江、浙等地是蒋介石集团起家之地,也是国民党苦心经营的地方,国民党在十年内战时期散布的"共产共妻""红军杀人放火"等欺骗宣传曾经充斥城乡,加之宁、沪、杭等地失陷后农村秩序混乱,日伪的欺骗宣传,就使广大群众对共产党领导的新四军有一种害怕心理。因此,新四军宣传群众、组织群众的难度比八路军要大些。但是新四军克服了这种困难。外国友人爱波斯坦说:

八路军拥有数十万兵力,主要是在它从日军手中收复的地盘活动。新四军则不同,它的活动被限制在一定的地盘内,要受在它来之前早已建立的军政当局的管辖。在华北的许多地区,八路军和自己组织起来的游击队是单独作战的。新四军则是东战区诸种军事力量中的一种。它必须接受战区司令部的命令,仰赖它的财政和给养。在兵源的补充方面,它没有华北游击队那种自由。在争取群众支持方面,它不能像边区政府那样,实行民主政治改革,或下命令减租减息,减轻人民负担。新四军只能通过自己的言教和身教,向人民表明日军是可以打败的,它教给人民提高生产和增加收成,并为他们免费医疗。当租金和利息过分高,而地主和高利贷者又拒绝减少时,新四军鼓励农民救国会进行抗租抗税斗争,理由是,战争的负担本应由各个阶层平均承担,但富人并没有承担自己应有的份额。访问过新四军的中国人和外国人都说,新四军通过这些活动,赢得了人民群众全心全意的支持。

……南京和芜湖一带遭到了难以描述的破坏,日军无恶不作,生灵涂炭;土匪横行乡里,像恶狼一般,抢劫百姓。老乡们只求安稳过日子。一见穿军服的人,不管来自何方,只会使他们遭殃。新四军花了很多时日,才使老百姓相信,它的确与众不同,它真的是来为他们而战,并教会他们起来自卫。它不是用美丽的空话,而是用实际的行动使他们信服的。

当它的部队到村里时，它不是吵吵嚷嚷，挥舞着武器，要食品，要住房，要劳役。它避免了军民之间经常发生的摩擦：中国士兵打仗打得筋疲力尽，进村时饥肠辘辘，而老百姓则对他们关上大门，因为群众的粮食也没多少了，不是士兵挨饿，就是他们自己饿死。新四军进村，却不一样。它先派一个不带武器的代表去同群众代表商谈，说明它要的东西是会付钱的，而且果然言而有信。当群众给指挥官送来猪、鸡等慰劳品时，竟被谢绝，这是他们料想不到的。军队吃的东西，是出钱买的。而且部队首长还请农民吃饭，请他们给部队的行为提提意见。现在，老百姓是主人，新四军是对他们负责的，而且要尽到自己的责任。①

相对于八路军，新四军颁布了"三大纪律、十项注意"。

三大纪律：(一)服从抗日救国十大纲领；(二)服从命令听指挥；(三)不侵犯群众一针一线。

十项注意：(一)上门板捆稻草；(二)房子扫干净；(三)进出要宣传；(四)说话要和气；(五)买卖要公平；(六)借物要送还；(七)损物要赔钱；(八)大便找厕所；(九)洗澡避女人；(十)不杀俘虏，优待俘虏兵，不搜俘虏腰包。

不难看出，新四军的"十项注意"完全是根据南方地区的实际情况制定的。比如，"上门板捆稻草"，北方的同志就不大明白，而南方人卸下门板当床用、铺几捆稻草当床睡却是习以为常的。

第二，保持和发扬红军的优良传统

红军改编后，军队还能不能保持红军时代的优良传统和作风，中央对这个问题是十分重视的。

在部队换装、换帽子的同时，总政治部就给全军官兵颁发了一枚纪念章，纪念章名为"红军十年艰苦奋斗"。当时采取这个举措，对于消除因为改编而使官兵产生的误会，鼓励全军发扬光荣传统起到了很好的作用。

罗荣桓同志当时在做官兵的思想工作时，就把这枚纪念章带在胸前，他对战士们说，我们虽然改编为八路军了，但是一定要保持和发扬红军十年斗争的光荣传统，在党中央的领导下，为完成中国革命的伟大历史使命而奋斗。

八路军副参谋长左权也曾经深入随营学校各团耐心地给战士们讲"取红星"的道理，教育官兵继承发扬我军的优良传统。

他说：我们取下"红星"不要丢掉它，这里有烈士的鲜血和我们的理想。

---

① 爱波斯坦著：《人民之战》，第250—263页，新华出版社1991年版。

要往远处看，为了抗日救国，可以把"红星"保存起来，把它放在心坎里；红星在我们心里，我们就不会迷失革命方向。

新四军名称的确定，其实就是继承发扬优良传统的体现。

把红军游击队改编后的部队称为"国民革命军新编第四军"，最早是叶挺提议的。他的意图很明显，就是希望这支部队继承北伐战争中"老四军"的优良传统。

"老四军"即北伐战争时期的国民革命军第四军。叶挺对第四军有一种特别的感情。1925年9月，叶挺担任第四军参谋处处长，不久又调到以共产党员为骨干的四军独立团任团长。在北伐战争中，叶挺指挥的独立团猛打猛冲猛追，在著名的汀泗桥、贺胜桥战役中，连战皆捷，屡建战功，叶挺被誉为"北伐名将"，升任第四军第25师副师长。国民革命军第四军参加北伐的部队被称之为"铁军"。

蒋介石接受了叶挺的这一建议，只是又加了两个字："陆军"。

这个名称，中国共产党也是接受的。熟悉一点历史的同志都知道，不仅叶挺忘不了"老四军"的英名，毛泽东、朱德也忘不了。秋收起义刚开始，毛泽东将组织起来的部队命名为工农革命军第一军第一师，但等到上了井冈山实现朱毛会师后，部队就改称为"工农革命军第四军"，后来改称"中国工农红军第四军"，简称"红四军"。

正因如此，1938年1月10日，新四军的政治领导人项英在军部机关干部大会上强调：在我国革命史上，有过两个第四军：一是北伐时的国民革命军第四军，也就是叶军长当时所在那支部队，曾经是攻无不克、所向无敌，从广东打到武昌，被誉为"铁军"；二是中国工农红军第四军（简称红四军），是朱德总司令、毛泽东主席亲自领导的，陈毅同志曾担任过红四军军委书记、政治部主任、前委书记，在创建井冈山革命根据地、在中央苏区历次反"围剿"中，红四军打出了威风，成为工农红军的一支骨干力量。我们要保持和发扬四军的光荣传统，把新四军建成一支抗日的人民的铁的力量。

为了强化部队对保持和发扬新四军的优良传统的认识，新四军军分会还设想将"保持和发扬优良传统"作为部队的代号。新四军开始时核定为八个团，他们准备就用"保、持、发、扬、优、良、传、统"八个字，作为各团对外的代号。如：一团叫"保团"，二团叫"持团"，三团叫"发团"，四团叫"扬团"，五团叫"优团",六团叫"良团",七团叫"传团",八团叫"统团"。①

1938年春,当红军和游击队开始集中编组为新四军时,由于政治工作机构不健全,政治教育未能很好开展,因此部队散漫松懈、自由行动、小团体观念的游击习气比较严重,逃亡现象时有发生,甚至发生了大队长带队逃跑的现象。

项英对此十分着急,鉴于部队集中后和国民党军队联系增多可能带来的影响,他于3月16日发表了《巩固部队提高战斗力准备胜利的战斗》一文。文章指出,要尽快做好参战的准备,当前首要的是做好巩固部队的工作,"百倍加强党内和部队中的政治教育和马列斯(即马克思、列宁、斯大林)主义的教育,提高全军指战员更高的政治觉悟,了解自身的责任,保持和发扬优良传统,不受任何影响而削弱自己的精神。"②

为了保持和发扬新四军的优良传统,新四军在成立第一年就将政治工作的总方针规定为"保持与发扬过去优良传统,忠实地执行统一战线,保持军队政治团结与战斗力加强,为争取抗战最后胜利和中国革命彻底的民族解放而奋斗到底",并在全军开展了优良传统运动。

由于党中央、中央军委和毛泽东的正确领导,党这一时期在革命军队中开展的政治工作,既继承发扬红军政治工作的优良传统,又适应新的情况创造新的做法、开辟了新的途径,同时及时纠正偏差和失误,保证了红军、游击队改编的顺利进行,保证了党对军队的绝对领导和人民军队性质。

为此,抗战期间,毛泽东曾经表扬说:"我们的八路军新四军是人民的军队,历来是好的,现在也是好的,是全国军队中一支最好的军队。"③

---

① 中共江苏省委党史工作委员会,江苏省档案馆编:《苏南抗日根据地》,第454页,中共党史资料出版社1987年版。
② 《中国抗日战争军事史料丛书》编审委员会编:《中国抗日战争军事史料丛书·新四军·文献》(1),第94页,解放军出版社2015年版。
③ 《毛泽东选集》第三卷,第934页,人民出版社1991年版。

第九章　薄一波通过阎锡山实现政治建军传奇

人称"山西王"的阎锡山，一贯以"存在就是真理"作为自己的行事准则。他策动太原起义反对清朝帝制，不久又投靠袁世凯拥护洪宪帝制；在随后的军阀混战中，他联奉倒直、联直倒冯、联蒋讨奉，然后又是联冯倒蒋。抗日战争开始后，他亲蒋又惧蒋，联共又反共，抗日又密谋降日，为保存实力、保住地盘，可谓审时度势，见风使舵，费尽心机。

一、"非常时需非常策"，阎锡山派人到监狱营救共产党员薄一波

1936年8月下旬的一天，因组织抗日运动以及反对国民党反动政府而在北平草岚子监狱关押近5年的著名山西籍共产党员薄一波惊奇地见到了一个人：受阎锡山之命专程从山西赶来探望营救他的郭挺一。郭挺一是薄一波1926年大革命时期介绍入党的，薄一波对他印象不错。

郭挺一对薄一波说："阎先生派我来营救你，带来了活动经费和给宋哲元的信件，请宋帮忙。另外，阎先生还有信件带给你。"

一向以反对共产党出名的阎锡山要营救自己出监狱，令薄一波既惊奇又疑惑。在当时，日本对华北步步紧逼，北平危在旦夕，华北的抗日运动风起云涌，到处都要求我们党派出干部领导，党急需大量的干部；而且，从日本占领沈阳以后的情况来看，只要日军打进北平，监狱里的共产党员必然遭到杀害。因此，当时任中共中央代表并且受中央委派主持北方局工作的刘少奇（化名胡服）在请示党中央和毛泽东同意后，正在实施一个以被关押的共产党员通过假自首的方式出狱的方案。

不知真情的薄一波以为郭挺一还是共产党员，因此迫不及待地询问他监

狱外面党组织和红军的情况,同时兴冲冲地告诉他,不必营救了,组织已经安排营救,马上就要出去了。这令郭挺一颇感意外。

有趣的是,郭挺一虽然是受阎锡山之托营救薄一波出监狱的,但是他对阎锡山的真正意图却不清楚。因此,他在随后给阎锡山的电报中,报告了薄一波即将出狱的情况,并且特意说明,薄一波现在还是共产党员。他认为阎锡山不会起用真正的共产党员。然而,阎锡山却立即发来一份电报,要郭挺一迅速转给薄一波。电报说,目前山西形势危急,"希望一波兄回晋,共策保晋大业"。

薄一波回忆说:

> 我不知道郭挺一已经投靠了阎锡山,我说:"共策保晋大业云云,你做可以,我不合适。我在外边搞了这么多年,在山西又曾两次被通缉。对阎锡山这个人,我不感兴趣。"后来我才知道,郭挺一曾在阎锡山面前夸下海口,说有把握把薄一波请回来。我拒绝后,他显得很为难。这时老朋友胡仁奎告诉我,"一波,你错了,郭挺一现在已经投靠了阎锡山,阔起来了,坐上了小汽车。他早已不是共产党员了。"这样,我就更不想回山西工作了。[①]

出狱之后,薄一波将此事放到了脑后。只在一次和北平地下党接头人徐冰谈完正事后,顺便提了一下。

谁知,徐冰第二天就从天津赶来告诉他:

"胡服(刘少奇)讲了,现在形势正在发生大的变化。日本要灭亡中国,蒋介石继续搞不抵抗主义,阎锡山在动摇中。当前党的任务是:组织抗日民族统一战线,联合全国各党、各派、各军、各界一致抗日。北方局刚刚收到陕北来电,毛泽东同志在电报中指出,阎锡山等华北六省市军政负责人处,'一有机会,即须接洽。统一战线以各派军队为第一位,千万注意'。这样的机会我们找还找不到,现在阎锡山找上门来,你却拒绝不去,是不是还有一点'左'倾关门主义的顽疾?"[②]

薄一波没有想通,他要徐冰转告刘少奇,反对关门主义,自己是坚决的。"不过,我不去山西有自己的理由。……主要是不愿意和阎锡山这样的人共事,

---

① 薄一波:《七十年奋斗与思考》上卷(战争岁月),第198—199页,中共党史出版社1996年版。

② 同上书,第199页。

何况郭挺一已经知道我仍是共产党员。"①

徐冰回天津向刘少奇报告后,刘少奇一下就火了,他要徐冰立即回北平告诉薄一波:"去也得去,不去也得去。彻底改变我们过去的斗争方式与各种方法,学习和创造新的斗争方式与各种方法,这是新形势向我们提出的要求。不会就学,到工作中去学。阎锡山正是因为知道你是共产党员,才会对你这样欢迎嘛。"②

刘少奇这一段讲话确实分析出了阎锡山的真实心理。这一判断很快就被薄一波随后对山西进行的40天左右的考察证实了。

1935年华北事变后,阎锡山在晋绥首当其冲受到威胁的情况下,眼见自己苦心经营20多年的基业行将不保,不得不重新考虑对日本的态度。这可是一份巨大的基业啊:大企业50余家,铁路有正太路和同蒲路;军工企业不仅能够生产轻武器,还能够制造一些重武器;还有经营煤炭的"山西保晋公司"和"戒烟药饼"(实际为大烟土)制作所等等,而且金融事业也是独立的,自己发行货币……可以说,阎氏家族的财产和他们能够控制的经济利益都在山西,搬不走,挪不动,难道拱手让人不成!阎锡山曾经对部下说:"你们看看'九一八'的东三省和现在的察北吧!在这种形势下,要想叫自己的财产不让人抢走,除非这一块土地上的人都起来抵抗死守,没有什么别的办法。"③

阎锡山经历过中国近代政坛上的风风雨雨,30多年几经沉浮,始终不倒,积累了丰富的统治经验。他的世界观是唯心主义的,但在方法论上却处处讲究实际。其出发点是"自存自固",主张"存在就是一切"。为了存在,他时时在观云察势,不断地改变策略。他的指导思想就是两个字:"适时"。他说:"一切要适时","夏天穿夏布衫子,冬天穿裘皮皮袄,这就是适时。""若能自强,国联可靠,英美亦可靠;亲俄有益,亲日亦未尝无益。"他有一套"存在"的"理论",即所谓的"唯中哲学"或者"二的哲学"。他认为,矛盾的双方是两个"一",两个"一""对销"了,就会出现第三个"一",只有这第三个"一"才是"真一",才有"存在的权利"。"一旦舍偏而取中,去万而存一,则趋向既正,操纵由我。""了解了周围,才能站到中间。"④

那么,当时他"了解的周围"是什么样的呢?阎锡山感到有三种力量摆

---

① 薄一波:《七十年奋斗与思考》上卷(战争岁月),第200页,中共党史出版社1996年版。
② 同上书,第201页。
③ 同上书,第203页。
④ 同上书,第202页。

在自己面前。

首先是日本人。日军重兵压境,要蚕食直至消灭他。

其次是在群众中间有广泛影响的中国共产党和它领导的人民军队。阎锡山看到,"一二·九"北平学生爱国运动,震动了全国,也直接影响到山西。红军东征,又极大地扩展了中国共产党的政治影响,中国共产党提出的建立抗日民族统一战线的主张,得到了广大爱国群众的拥护,甚至也影响到山西当局核心组织的中下层。据说,阎锡山曾经召集他的"自强救国同志会"的人搞问卷调查,题目是"你是否赞成和共产党搞统一战线",结果是到会的35人中赞成的19人,不赞成的16人。

再就是蒋介石。红军东征时,蒋介石曾经派5个师到山西"增援"阎锡山抵抗红军,但是,红军回师陕北后,这5个师却赖着不走,不但如此,他们还受蒋介石的秘密指使,在所驻扎地区闹起了脱离阎锡山控制的独立运动。阎锡山还了解到,蒋介石正在对在庐山受训的部分晋绥军高级将领加以拉拢和收买。深知蒋介石为人的阎锡山时时刻刻都感受到蒋介石对他的威胁。他曾对他的亲信、表侄梁化之说:"我不亡于共,亦要亡于蒋。"[1]

在这三股力量之间,阎锡山也曾试图施行其"唯中哲学",但结果是三面碰壁。薄一波曾经这样形容阎锡山当时的处境:"阎锡山是在三个鸡蛋中间跳舞,哪一个也不能碰着。"[2]

降日、迎蒋都会危及存在,抗日、拒蒋又没有力量,阎锡山不得不另外寻找新的暂时的同盟者。阎锡山根据"唯中哲学"设想的策略是:请一位坚决抗战又有号召力的共产党人,但又不能以共产党员的身份出现,而是以山西抗敌救亡活动家、组织家的身份出现;采纳共产党的进步措施和主张,但是在提法上换成"山西话",组织上则戴上阎锡山的"帽子",也就是官办团体的"帽子"。他的如意算盘是:共产党的政治主张得到爱国群众的广泛拥护,共产党宣传群众、组织群众的能力他耳闻目睹、自愧不如,那么借助共产党的政治影响和做法,把群众发动起来、组织起来,抵抗日本的侵略,既可以获得爱国的名誉,改善自己的形象,最大限度地赢得民心,又能够壮大自己的实力,从而加强自己在同日本人和蒋介石抗衡中讨价还价的资本;另外,通过合作交一些共产党朋友,也能够提高自己的身价。他将自己的决策称为"配

---

[1] 薄一波:《七十年奋斗与思考》上卷(战争岁月),第203页,中共党史出版社1996年版。
[2] 同上书,第204页。

为、当为、能为"的万全之策。他得意地说,"现在是八仙过海、各显神通的时候,就看谁能制服谁了"。①

他物色的共产党人就是薄一波。

摸清楚了阎锡山的想法,薄一波心中有了底。他暗暗佩服党中央、毛泽东和刘少奇同志的决策。他认为,阎锡山想利用共产党人为他工作,就必须提供一些便利条件,这样我们就可以以合法的身份,充分运用这些条件,放手做抗日救亡工作,大力宣传和组织群众。这样做表面是帮助阎锡山壮大他的实力,但是事在人为,结果究竟如何,最终组织起来的力量会为实现谁的主张服务,就取决于我们的思想工作和斗争了。

薄一波想:只要能够很好地按照党的新策略即抗日民族统一战线的策略去做,不犯大错误,我们是完全可以取得斗争胜利的。

有意思的是,当薄一波结束对山西的考察,表示愿意到山西工作,但是必须先回北平和"远方的朋友"商量后再同阎锡山见面时,梁化之很不高兴,在阎锡山面前说薄一波不够朋友。而阎锡山听了反而高兴地说:"这很好嘛!他说回去同'远方的朋友'商量商量,你知道是指什么?那就是他的上级。商量才好,才表明是真共产党;不商量,反而不好。你不懂!哪有那样廉价的事?不商量,一叫来就做工作?"②

二、薄一波"戴阎锡山的帽子",说"山西话"

1936年10月下旬,身负重任的薄一波正式赴晋工作。

到太原的第二天,阎锡山就约他会面。

薄一波胸有成竹,稍事寒暄后,他开门见山地说:"我愿意在阎主任领导下工作,是做工作,不是做'清客'。按咱们家乡的话说,'先小人,后君子',把丑话说在前面。有几点情况需要讲清楚,然后好共事。第一,我参加共产党多年了,可以说是定型了,说话行事总离不开共产党的主张,希望得到理解;第二,我只做抗日救亡工作,对抗日有利的事情都做,不利的事情都不做;第三,在用人方面要保障安全,其中会有不少是共产党人。"

对这个"约法三章",阎锡山一一表示同意。他的肱股之臣赵戴文则补了一句:"一波,道理全都你占了,我也提一条:在山西省政府里、军队里,你

---

① 薄一波:《七十年奋斗与思考》上卷(战争岁月),第206页,中共党史出版社1996年版。

② 同上书,第209页。

不能发展共产党的组织。"①

"可以保证不发展。"薄一波毫不犹豫地表态。因为中共北方局事先对薄一波已作了交代。

这次会面之后，一种特殊形式的抗日民族统一战线在山西逐步建立起来。它戴的是阎锡山的"帽子"，说的是"山西话"，贯彻执行的却是共产党的主张。形式是阎锡山的，内容是共产党的。

"约法三章"后，薄一波做的第一件事就是接办牺盟会。牺盟会是山西牺牲救国同盟会的简称，它最初是由当时的"山西省自强救国同志会"（是阎锡山所属各团体的核心组织）中的一些左派进步青年倡议成立的。原来定名为"抗日救国同盟会"，阎锡山认为"抗日救国"是共产党的口号，怕得罪日本人和蒋介石；而且，他还认为这个口号没有自己的特色。他早年参加了孙中山领导的同盟会，还与李烈钧等人组成了丈夫铁血团，因此，特别喜欢突出富有牺牲精神的名称，于是在他提议下就将名称定为"牺牲救国同盟会"。这是阎锡山的得意之作。后来山西组建的新军被阎锡山定为"决死队"，也是同样的道理。

薄一波到山西时，牺盟会正陷于停顿状态。薄一波认为要顺利地开展工作，必须以一定的组织机构和形式为依托。经过深思熟虑，他决定就从这个被阎锡山认可的但正陷于瘫痪的组织入手，把它逐步办成与阎锡山合作的统一战线组织，办成由我党领导的抗日救亡群众组织。通过这个组织，以山西特有的形式，贯彻党的路线、方针、政策，做好大力发动群众，组建新军，掌握政权，开创抗日敌后根据地等各项工作。

征得阎锡山的同意，薄一波着手对牺盟会进行改组，成立新的领导班子。阎锡山仍然是会长，会长下面是"自强救国同志会"的高干委员，梁化之仍然是总干事，薄一波自己排在最后，叫负责人，实际工作都由他来负责。梁化之则成为了薄一波和阎锡山中间的联络人。

阎锡山请来共产党人帮助他抗敌，从一开始就有阻力。以王靖国为首的顽固分子不断向阎锡山告状请愿。王靖国甚至带领80多个高级将领，集体跪在阎锡山面前哀求说："薄一波是共产党，叫薄一波这些人搞下去，山西就完了，我们这些人是死无葬身之地了。"②国民党中央组织部长张厉生知道以后也向阎

---

① 薄一波：《七十年奋斗与思考》上卷（战争岁月），第229页，中共党史出版社1996年版。
② 同上书，第230页。

锡山施加压力,说阎锡山用的都是共产党。乡下的地主豪绅也纷纷给阎锡山打电报、写信,说牺盟会都是共产党的人,不能用。另有打算的阎锡山心里十分气恼这些人,认为他们"眼光短浅,看不到前途"。阎锡山说:"现有我们还能拉上(共产党),将来想拉也拉不上了。你们知道什么?蒋介石周围也有共产党,他能用我们为什么不能用?"

薄一波认为,阎锡山的斗争方针是:"以进步维持其退步;以革命维持其反革命;在旧的反动的一只脚外,再树立一只新的革命的脚,但不取消旧的反动的一只脚。此所谓'二的哲学'的运用(维持公道团,建立牺盟会)。"①

正因为摸透了阎锡山的心思,薄一波认为,"我党的策略就是要运用革命性打击其反革命性。具体的运用就是要显示出我们是最会抗日的,最会反对江浙资本家的,同时也是唯一能与共产党'竞赛'的。""我们提出的具体意见,必须是山西资产阶级看了完全满意,通得过、不得不通过;进步的青年看了也满意,知道只有如此,才是最妥当的;同时江浙资本家看了也不十分反感,知道阎锡山就是这么一个人,总不至于是共产党。"②

因此,薄一波把工作指针归结为三句话:戴阎锡山的"帽子",讲"山西话",做抗日民族统一战线的工作。

为了争取阎锡山的支持,当时薄一波等共产党人在山西的工作是"山西型"的。发表主张,建立组织,开展工作,尽量都用阎锡山的形式,但内容是共产党的。比如改组后的牺盟会要制定一个工作纲领,薄一波将它交给著名共产党人杨献珍起草,俩人仔细推敲,把我们党的政治语言改为"山西话",比如将"抗日救亡"改为"抗敌救亡";"不分党派"改为"不分派别";"停止内战,一致对外"改为"动员民众,守土抗战",用的都是阎锡山的语言,实际上是我们党的主张,因此很容易地就得到了阎锡山的认可。

为了争取党对统一战线的实际领导权,薄一波提出了"不当清客"、反对空谈主义、多做实事的主张。利用一切机会做实际工作,宣传群众、壮大组织。

薄一波这样回忆当时的情景:

> 阎锡山召开了一次高干会议。他在会上出了一个题目:"假如日本人打到山西来,我们该怎么办?"让大家讨论。会议开了几天,许多人发了言,阎一直不表态。我反复考虑,分析了阎的意图,决定让董天知发

---

① 薄一波:《论牺盟会和决死队》,第437页,中共中央党校出版社1990年版。

② 同上书,第437页。

言试探一下。我对董说:"阎锡山要征求意见,看样子,他有所图谋。他有个'雄心壮志',要训练30万国民军,想扩军,但办不到。你今天在会上可以这样讲:日军步步紧逼,晋绥首当其冲,不早作准备,将来必吃大亏。不成立一支以保卫桑梓为宗旨的强大部队,就不足以抵抗日本入侵。因此,像阎会长讲的,发展30万国民兵是当务之急。"董天知到会上讲了一通,讲对了。阎锡山听了虽没有说话,却掩饰不住高兴的神色。他回去后,对赵戴文、梁化之说:"共产党里面就是有人才,董天知那么年轻,就能够提出那么好的意见,了不起!"会议后,阎锡山就把"招兵"的任务交给我,并把负责培养军政干部的军政训练委员会交给牺盟会领导。军政训练委员会的实际办事机构是政训部。政训部的组织、宣传、训练分别由梁化之(主任)、薄一波(副主任)、宋勋文、刘岱峰负责。委托我和牺盟会成立各种组织,训练团、训练班、国民兵军官教导团、军士训练团等,实际上都交给我们办。①

1936年12月,训练1000名"临时村政协助员"的工作又在牺盟会的领导下开始了。薄一波提出,"临时村政协助员"下乡的任务有三项:广泛地进行宣传鼓动工作,尽量把亡国灭种、沦为殖民地的可怕前景告诉民众,唤起民众的爱国情绪;发展牺盟会员,用十人团的方式,组织100万会员;挑选爱国意识强、工作积极努力的会员,介绍他们投考国民兵军官训练团。这个团需要2万人,因为按照阎锡山武装30万国民兵的计划,需要2万名连排级干部。

这1000名"临时村政协助员"训练完成下乡后,深入农村积极开展抗日救亡宣传活动。当时正值绥东百灵庙抗战大捷,紧接着又是西安事变的发生以及和平解决,标志着全国抗日战争新时期的到来。这种有利于抗战的形势有力地配合了山西的抗日救亡宣传活动。因此,为期3个月的类似抗日"启蒙"群众宣传工作结束后,取得了极其明显的效果。薄一波评价这一活动给山西的救亡运动"尽了一个开辟荒原的任务",它使没有经过大革命洗礼的山西民众觉醒了,抗日救亡的潮流开始形成。薄一波这样形容当时的情景:

> 工作开始了,真如黄河决口,像一股不可遏止的洪流,几千年来被压抑的民气觉醒起来了。老百姓过去曾经是除纳粮以外什么都不过问也不晓得过问,现在改变了,他们要实行阎主任的格言"消除社会不平",

---

① 薄一波:《七十年奋斗与思考》上卷(战争岁月),第215页,中共党史出版社1996年版。

"制裁坏官坏绅坏人",要组织起来,打倒日本帝国主义,并宣言拥护"西安事变中的抗战主张与统一战线"。

……民众运动也就因此推动了一步,过去非法的东西,现在合法了,过去感到大逆不道的东西,现在认为是抗日必须的东西了,过去认为是"过激"的青年,现在认为是这些"过激"青年真是救国呀!一切的一切都发生了一些变化。①

3个月的工作,牺盟会组织得到了大发展,会员人数达到了60万。这为以后工作的开展奠定了良好的基础。随后成立的"国民兵军官教导团"的2万名学员就是从中选出来的。

为实现阎锡山扩大军队30万的计划,承担培养2万名连排级干部任务的"国民兵军官教导团"于1937年4月开始正式组建并训练了。2万名学员分成了10个团。教导团的军事干部由阎锡山直接派出;政治干部则由军政委员会派出,政治部主任都是由共产党员和左派人士担任。为了控制教导团的领导权,党和左派人士采取了一系列措施:

一、提出训练必须是政治化、主义化的要求。薄一波等共产党人借用阎锡山提出的带有进步性质的口号,赋予新的内容。比如,政治化,就是用牺盟会的总路线,即民族革命的抗敌救亡统一战线的精神贯彻全部训练,使每一个国民兵军官教导团的学员都有浓厚的抗日民族意识。主义化,就是要求学员不仅有抗日的民族意识,还要有"消除社会不平等""建设民主共和的新中国"的爱国意识。

二、建立系统的政治工作制度。团设立政治部,连设指导员,排设工作员,营设大指导员。"营大指导员"和"排工作员"的称呼在政治工作历史上恐怕是绝无仅有的,薄一波解释说:"那时我们没有看到红军政治工作条例,不知道营叫教导员,连叫指导员。我们自己想了个主意:营叫大指导员,连叫指导员,又加了个排工作员。"②这些政治干部大多数是从牺盟会的骨干中间选拔的。规定政治部的任务是做到国民兵军官的政治化、主义化;规定学员必须过牺盟会的组织生活。

三、设置教导团的课程。其中政治课程有牺盟会路线、纲领、组织及其一切工作,中国抗战的基本问题、帝国主义侵略中国史、民族独立问题、抗

---

① 薄一波:《论牺盟会和决死队》,第81—82页,中共中央党校出版社1990年版。

② 薄一波:《七十年奋斗与思考》上卷(战争岁月),第219页,中共党史出版社1996年版。

日战争研究、"按劳分配"等。这其中,"按劳分配"是阎锡山的思想,其他课程更大程度上是宣传共产党的主张的。

四、争取和教育旧军官中间的积极分子,打击顽固分子。阎锡山平素标榜"反对打骂士兵""克扣军饷""反对散布失败主义"等口号,政治干部将这些口号在群众中广泛宣传,使这些口号成为群众打击、限制、孤立旧军官的有力武器。

这些措施使共产党和左派人士在政治上和思想上牢牢地控制了军官教导团的广大学员,为以后抗敌决死队的成立奠定了基础。

山西呈现出热烈蓬勃的景象,对全国人民抗战热情也起到了极大的鼓舞作用。全国不少进步人士因为在蒋介石控制地区不准抗日,此时纷纷涌向山西。曾经在南京以剖腹自杀方式抗议蒋介石不抵抗政策的续范亭也到了山西,他说:"山西以一隅之地,进行了守土抗战,收罗了进步青年,成立牺牲救国同盟会,表现了思想自由,允许开设《生活书店》。我看见山西有了光明,虽然仅仅点出了一支土蜡烛来,光明不大,但我却和许多爱国青年一样,像扑灯蛾似的,围着这一点光明,不肯他去了。"①

由于国民兵军官训练团需要大批工作人员,成立新的武装需要大批政治军事兼优的干部,加强民运工作也需要增加一批干部,因此军政训练班与民训干部团在薄一波等共产党人的主持下成立了。这两个训练班的学员主要来自全国各地奔赴山西的进步青年,人数达到了4500人。由于学员政治条件很好,加上干部工作得力,因此训练班事实上成为了共产党领导下的军事政治干部学校。两个训练班不仅提供了10个国民兵军官教导团的政治干部和牺盟会县以上组织的大部分干部,并且为后来建立山西新军准备了干部。

由于共产党人的积极工作,山西的民众被动员起来了,抗日力量得到了大发展,阎锡山看在眼里、乐在心里,认为这些成绩是属于他的。因此,他感到他的决策是英明的、成功的。

三、实行"政治委员制"的山西青年抗敌决死队

所谓"政治委员制",就是指政治委员是部队的最高首长,而军事干部则处次要的位置,必要时,政治委员有最后决定权。这种特殊的军队领导体制,苏联红军中曾经实行过,我军在王明路线统治时期也实行过一段时间,但是

---

① 蒋顺兴,李良玉:《山西王阎锡山》,第152页,河南人民出版社1990年版。

时间不长，范围也不广。在山西特殊的抗日民族统一战线条件下，戴着阎锡山"帽子"的山西青年抗日决死队（又称为山西新军，相对应于阎锡山的晋绥军，也就是旧军）却在阎锡山的认可下实行了这种制度。

抗日战争爆发后，阎锡山为应付山西面临的危局，深知靠旧军队是不足以抵挡日本人的进攻的，必须要建立一支有战斗力的新军。同时他内心十分清楚，要建新军，非依靠牺盟会不可，只不过他对依靠牺盟会建立起来的新军能否为自己所用有所顾虑，因此尽管同意牺盟会放开手脚大力培养建军所需要的干部，但是，并未批准真正实施建立新军的计划。不到万不得已时他不做这种冒险的尝试。他寄侥幸于日本人放过山西，只要日本人不进犯他的地盘，他就不抗日，他反对提"抗日救亡"而笼统地提出"抗敌救亡"，不提"抗日救国"而大提特提"守土抗战"也是这种思想的反映。

卢沟桥事件发生以后，特别是在日军占领平津后集结主力准备西犯山西时，阎锡山才慌了手脚，沉不住气了。当薄一波试探性地向他提出正式组建新军的建议时，他一口答应，态度非常积极，而且要薄一波马上去办，先试组一个青年抗敌决死总队（团）。

薄一波把这件事报告北方局后，刘少奇答复："要去！不要说一个团，就是一个营、一个连也要去！你赶快回去，把牺盟会的日常工作委托给一个合适的人，除了重大问题过问一下外，主要的工作就转到组建新军的工作中去。"①

正式组建新军的消息传出以后，牺盟会主办的军政训练班、民训干部教练团、国民兵军官教导团等各种训练班的学员，立即响应，积极报名。山西新军的第一个团就从这3个训练团中各挑选300名学员组建而成。部队的名称原来准备叫"山西抗日青年先锋队"，阎锡山把它改成"山西青年抗敌决死总队"。

1937年8月1日，也就是南昌起义十周年纪念日，在太原军政训练班所在地山西国民师范礼堂，山西新军举行了成立大会。会议宣布8月1日为新军诞生日，山西新军的第一支战斗部队成立了。薄一波任总队政治委员，徐绩章任总队长，牛佩琮任政治主任。全队共辖3个大队，每个大队辖4个连，共2000多人，大多数是投身抗日救亡的爱国知识分子。

1937年10月以后，阎锡山看到雁北、大同相继失陷，山西旧军节节失利，

---

① 薄一波；《七十年奋斗与思考》上卷（战争岁月），第241页，中共党史出版社1996年版。

士气不振，想请国民党增援又怕留下后患，而共产党领导的八路军三个师主力挺进山西敌后，平型关一战首战告捷显示威力，促使他下决心扩大新军力量。

薄一波抓住这一时机，正式向阎锡山提出组建5到10个旅的新军的建议。阎锡山同意先组建5个旅，并且以第二战区司令长官的名义发布命令，由薄一波全权负责，从速组建。

即便有已经开办的13个干部训练团为基础，当时牺盟会掌握的力量也难以马上组建5个纵队（旅）。因此，薄一波决定首先组建4个纵队，每个纵队辖3个总队（团），目前各纵队只给两个团，纵队组建后自己再设法发展一个团。

为了控制这支部队，阎锡山坚持用他自己挑选的旧军官担任各级军事干部，薄一波则坚持部队的政治工作人员必须全部由共产党员和进步人士担任。这种干部结构就使刚刚诞生的新军产生了薄一波称为的"难以想象的矛盾"，即"反动军官系统与革命政工人员的矛盾；对抗战动摇的反动军官与坚持抗战的全体队员的矛盾；落后的军事管理教育、无理压迫的统驭与寻求进步、要求一定的民主合理的新管理教育的矛盾；无知愚昧与科学进步的矛盾等。"①

针对这种复杂的局面，党提出的策略方针是：利用山西当局的困难提出进步办法，使其不得不接受；把进步办法合法化，再用此种合法东西打击一切不进步的反动的东西；用阎锡山打击一切反动分子。这种策略在部队具体运用就是：我们所反对的都是阎锡山反对的，把斗争合法化。

例如，在新军部队实行政治委员制度，开展革命的政治工作，阎锡山是有顾虑的，但是他对共产党这样做后军队战斗力提高所产生的巨大威力又是佩服的。不这样做，山西新军和旧军也就没有什么两样，这又是违背他建立新军的初衷的。一句话，新军离开了共产党是搞不成的，要调动共产党人的积极性使他们为自己利益所用，又不能不给他们一定的权力。两害相较取其轻，何况他认为新军各级军事干部都是他的人，因此当决死队成立之初，薄一波拟订《政治委员制度条例》送阎锡山审批时，他很快就批准了。阎锡山提了一个条件，而且是以商量的口气向薄一波提出的：政治委员是否都用山西籍人好些？薄一波很痛快地答应了。

《政治委员制度条例》后来成为共产党领导山西新军的合法依据。条例全

---

① 薄一波：《论牺盟会和决死队》，第438页，中共中央党校出版社1990年版。

文是：

> 第一条　政治委员为组织军队、政府派到部队中之全部代表，有直接处理部队中一切事宜之权。
>
> 第二条　政治委员为部队中之最高首长，团长及政治主任均受其领导。
>
> 第三条　一切军事政治命令训令等，均由政治委员、团长、政治主任共同署名。
>
> 第四条　政治委员遇必要时，在军事政治方面有单独发布命令之权。
>
> 第五条　对排级以上军事人员升调、开补由政治委员、团长之共同命令执行之。对排级以上政工人员升调、开补，由政治委员与政治主任共同命令执行之。
>
> 第六条　政治委员保证上级对部队之军事、政治领导作用与命令训令之绝对执行并协调军政关系。①

可以说，《条例》规定了政治委员在部队中拥有最高的权力。这种权力既包括政治、军事等方面的权力，而且规定了政治委员对纵队或团长以及政治主任的领导者地位，这就为确立共产党对部队的领导提供了合法的依据，为党的路线方针的贯彻提供了组织上的保证，同时也限制了军事干部的权力。有了这一条，党同旧军官的斗争就有了有力的工具。

薄一波曾经回忆过这么一件事：

> 1938年5月底，决死一纵队纵队长鲁应麟趁薄一波到阎锡山处开会不在部队之机，命令部队攻打临汾等地，强攻日军坚固工事，打阵地战，牺牲多少人也不在乎，而其实质是阴谋借日本人之手来消灭牢牢被共产党人控制的一纵队。薄一波从阎处回来后，严厉地批评他这种做法。鲁应麟不接受，薄一波就拿出了《山西青年抗敌决死队政治委员制度条例》，对他说："这里规定：政治委员为部队之最高首长，我的命令，你要服从。你不听，你就走！我不要你。"又对他说："你可以带上警卫员和你的左右手，其他一概不能带。"就这样把他赶走了。②

新军中的政工干部不仅充分利用《政治委员条例》和旧军官进行斗争，而且还运用其他多种多样的斗争形式。

---

① 薄一波：《论牺盟会和决死队》，第46页，中共中央党校出版社1990年版。
② 薄一波：《七十年奋斗与思考》上卷（战争岁月），第273页，中共党史出版社1996年版。

决死队成立之初，薄一波等共产党人就确定了训练军队的六项方针并且征得了阎锡山的同意，这就是：（1）军政一致、官兵一致、军民一致；（2）财政分开、废除打骂制度；（3）军队实行民主集中制；（4）加强战斗技能的学习与熟练；（5）做到瞄准射击与行军力强；（6）建立革命的政治工作。

这就划清了新军与旧的军阀部队的基本界限。因此这些方针政策一实施，就暴露了少数坚持反动立场的旧军官的本来面目，使他们孤立起来。有这六项方针作对照，旧军官就显得十分被动，政治委员则掌握了主动。有的旧军官贪生怕死、不敢打仗，政治委员就可以以作战不力的理由加以撤换；有的搞贪污、吃空额，政工干部就用开展经济民主的方式对付他们，这样一来，有些旧军官感到在新军无法立足，只好主动提出离队而去，他们原来掌管的一部分权力又到了共产党和左派人士的手中。

鉴于决死队的工作一开始就处在错综复杂的环境之中，薄一波等共产党人很清楚制度、方针、纲领只是解决问题的开始，真正要把决死队建设成为一支强大的人民的军队，不能只停留在纸上，而要靠长期的扎实的工作，一点一滴地去做。因此，他们在加强部队政治工作的同时，十分注意做好政治干部的思想建设，特别强调牺盟会、决死队政治干部要有自己的独特作风。这就是：

（1）"有为自己的坚定立场而奋斗的精神"，特别强调"领导机关及干部同志自始至终了解自己的地位，而为民族革命坚定不移地斗争着"。针对牺盟会、决死队领导干部面临内外两种"压力"的情况，强调要把握"这两方面袭来的危险，对外表现为反对官僚腐化的诱惑，对内表现为反对右的消极与左的盲动幼稚"。

（2）要有"为了革命而艰苦卓绝英勇牺牲的精神"。强调提出"客观环境的成熟与正确的政治路线，只能说有了成功的胜利的可能。要把可能变为现实，就必须以英勇牺牲艰苦耐劳的工作作风以赴之。英勇牺牲与艰苦卓绝是主要的力量，是革命的原动力，是转危为安、转败为胜的原动力，为一个革命团体必具的精神"。

（3）"有大刀阔斧开辟工作的精神"。[①]

由于采取了以上一套做法，在实际工作中，各级政治干部以身作则，率先垂范，扎扎实实地埋头工作，使决死队的建设从一开始就打下了比较好的

---

① 薄一波：《七十年奋斗与思考》上卷（战争岁月），第253页，中共党史出版社1996年版。

基础。

从新军组建开始到临汾失守之前,阎锡山对新军的态度是好的,支持的。因为此时他一直依靠的山西旧军腐败的一面已经充分暴露,部队在日本人的进攻面前一败涂地,10多万军队损失将近五分之一,沦陷区的政权全部瓦解,尚未沦陷的地区竟然无人敢出来执政,连县长也无人敢当。"十月山西人人忙,富人搬家忙,穷人心惶惶,军官扔部属,小兵扔大枪",就是这种现实写照。这种情况使阎锡山很难在山西人民面前有所交代,他必须以变革的面目出现,而且他要维持局面也需要依靠新生力量,而只有牺盟会和新军才敢于深入敌后发动群众,开展游击战争,坚持抗战,建立抗日民主政权。这就成为他当时能够依靠的唯一的力量。因此,对牺盟会和新军的发展和活动,他很少加以限制;对共产党人提出的绝大部分建议和意见,也都能够采纳和实施。而且在公开场合或者小圈子内部,阎锡山对新军支持和赞扬的话也讲了很多,他说,"决死队是革命的,抗战是最坚决的","薄一波不是军人,但他们练下的军队能与敌人打,这就是因为他们的办法是革命的、进步的"①。牺盟会和决死队是"革命青年",一切办法都是革命的。他骂他的旧军官昏聩糊涂,不能向决死队看齐。

根据多年的从政经验,阎锡山也深感旧的地方官员大多贪生怕死,已远远不能适应新的形势。维持其存在与发展必须培养新的干部。正如他后来所说:"因为抗战需要大批的民族革命干部,这些干部必须是具有极高的民族意识、国家观念,具有极大的抗战决心与革命热情,具有圆满的责任心与勇敢的牺牲精神,能(成)为民族革命的先锋和中坚分子,所以这些干部的教育必须是能充分合乎抗战的需要,求得理论与实践的统一,教育本身必须革命化、组织化、军事化、战斗化。"②

1938年1月20日在临汾正式成立的"民族革命大学"就是他这种思想的体现。为了办好这所学校,他专门打电报请在运城的共产党员杜任之过来出任教务长,而且请他挑选教员,阎锡山则兼校长,办公室主任由梁化之担任。

阎锡山把"民大"的成立看做是第二战区"实行民族革命教育的开始"。他在开学词中说:"今日民族革命大学,在火线后方开学,大家乐于远道来此上学,足证是有坚决的革命志气。有坚决革命志气的人,定能实行自我教育,

---

① 蒋顺兴、李良玉:《山西王阎锡山》,第177页,河南人民出版社1990年版。
② 李茂盛等:《阎锡山全传》,第811页,当代中国出版社1997年版。

自我管理,互相批评,检讨错误,以增加我们自身的革命力量。"①

"民大"设有军事系、政治系、民运系等,所设立的课程有阎锡山的"物产证券""按劳分配""中的哲学""土地村公有"等,还开设抗日民族统一战线、抗日战争、日本帝国主义侵华史、政治经济学、唯物辩证法、社会发展史、民族革命理论和时事政治等抗日、进步的课程。

"民大"还创作有当时影响很大的校歌:

同志们,亲爱的同志们!

我们来自大江南北,太行西东,为着保卫我祖国,到这民族革命的中心。

我们是民族革命的战士,我们是民族革命的先锋,担当起民族革命的使命,争取解放,促进民族复兴。快齐着脚步,抖起精神,领导民众向前进攻,打倒侵略的日本,保卫我民族的自由平等、自由平等。②

这首歌将阎锡山领导的山西称为"民族革命的中心",同时又充满了激情,具有很强的号召性,很符合阎锡山的口味,他对此大加赞赏,并且工工整整地抄写到自己的日记中。

阎锡山将"民大"视作"本战区革命干部的策源地",每日清晨都要到学校作课前讲话,对学生进行"精神教育"。并且还特地为学校题写了校训:

建立中心思想;发展集体企图;健全组织责任心;建立检讨批评制,过小组组织生活。

这些都从一个侧面反映出了阎锡山重视"精神教育"和进步的一面。

薄一波等共产党人和左派人士基本掌握了山西新军的领导权,山西的反共顽固势力是坚决反对的。他们不断制造舆论歪曲、污蔑牺盟会和共产党的政策,污蔑山西新军。薄一波等共产党人也对此进行了有理有节的斗争。

1939年9月,由牺盟会的同志起草,经薄一波同意,以梁化之、薄一波、郭挺一等牺盟会主要负责人名义发表的《论牺牲救国同盟会》的文章,就是当时这种斗争的缩影。文章以阎锡山的讲话来证明牺盟会和新军政策的正确性,同时坚决地批驳歪曲、污蔑牺盟会和山西新军政策的言论。由于此篇文章薄一波坚持要阎锡山的姨表侄也是阎锡山的亲信并早就确定为接班人的梁化之签名,因此发表后影响很大。

---

① 李茂盛等:《阎锡山全传》,第812页,当代中国出版社1997年版。
② 山西文史资料编辑委员会:《山西文史资料》第59辑,第116页,山西人民出版社1988年版。

文章指出，"牺盟会是军政民化合的伟大力量"。"司令长官（指阎锡山）指出，'何谓民族革命战线？将全民众组织起来，分别男女老幼分服战时职务。壮丁武装起来，作抗战的战士，不分前线与敌人后方全面积皆有。我们武力与敌人的武力奋斗，以若此广大的土地，若此众多的民众，任何国家亡不了我们。'根据这种基本精神，牺盟从最初产生之时，就深入到乡村、学校和兵营中工作，为组织广大人民作不屈不挠的斗争。"

"民众运动发展的主要目的之一就是建立人民的革命武装。""与民众不能结合一起的军队，在坚持敌后方的长期游击战争中是很难存在的。所以牺盟在转入敌后开展工作之前，早就准备在民众中发动新的游击部队（自然牺盟也尽力帮助抗日的正规军），这种部队能在牺盟的领导下，执行'保护人民、打死敌人'（阎锡山语，作者注）任务。"二战区的新军决死队等武装就是这样产生的。"人民是军队的人民，军队是人民的军队，牺盟会是人民的组织者和军队的政治领导者"。

"牺盟在艰苦奋斗过程中，奠定了雄厚的群众基础，并进而创立了政治化、主义化军队的模范，影响了所有晋绥军走向新路。"

"军队要切实改造自己，彻底执行四新办法，变成'保护人民杀死敌人'的革命军队，站在爱护民众的立场，为民兴利除害。""军队如不按司令长官主张的革命路线，尊重牺盟及其他群众团体的组织和工作决定，任意地干去，结果是要失败的"。

"凡是牺盟工作最好的地方，团结就更巩固，抗战也就最有成绩，而司令长官的威信和地位也就愈加巩固和提高到前所未有的程度。"

"牺盟在坚持统一战线的斗争中，总是坚持着下述的几个基本原则，并且展开内部反错误倾向的斗争来保证这些原则的执行"，这些原则就是："巩固并提高阎司令长官的威信和地位，巩固二战区在华北抗战中的领导地位"，"巩固并扩大牺盟的群众基础，充实健全自己的组织力量，发扬组织的政治主张和政治面貌，保持组织上的独立"，"团结晋绥内部的一切抗战力量"。

"牺盟在其生存发展中，最困难最让人绞绕不清的要算对共产党和八路军的态度及他们的关系问题。'七七'抗战后，八路军奉中央的命令开进山西参加抗日。当时的客观情况是：大敌当前，危在旦夕。当时的客观需要是：精诚团结，共同抗日。"在这种情况下，山西当局只有一条路可以走，那就是，"以国家民族为前提，涵盖一切，包容一切，不分彼此的领导所有在山西的抗日力量坚决抗战。顾大局、明大意、爱国家、爱民族的阎司令长官毫不犹豫地走了此路。而最忠实于中华民族，最忠实于司令长官的牺盟也就毫不猜疑地追随司令长官走此生路。"

"在今天这样的情况下，谁想存在和发展，谁就必须深刻领会阎司令长官'新能存在，旧则灭亡'的训示，遵照他的意志和要求去做。否则，终究还是'无条件灭亡'"。"新旧的标准是什么呢？回答是：能否实行阎司令长官的学说和主张。"①

由于阎锡山在抗战这种特定环境中表现出来的进步的一面，共产党人以"戴阎锡山的帽子""讲山西话"的形式贯彻党的主张、掌握武装力量有了合法的有力的武器。因此，山西新军大多数部队的领导权都被共产党和左派力量掌握，山西新军也就迅速地发展壮大起来。新军最多时累计发展到4个决死纵队，共50个团，主力部队约5万余人，实际兵力和武器数量都超过了山西旧军，成为山西土地上一支举足轻重的特殊的宣传、贯彻共产党抗日救国纲领主张，坚决抗日、反对内战的武装力量。

四、"阎王定下杀马计，跑了马儿又伤身"

1938年2月，临汾失陷使阎锡山对时局的判断产生了重要变化，对抗战他开始感到悲观失望。山西的大部分地区已经沦入敌手，而共产党的势力却在山西不断壮大，越来越对他的"存在"构成威胁，而且他认为这种威胁感已经超过了日本人和蒋介石给他的威胁，令他十分不安。他在《日记》中写到，"二的利害成不了一的团结，二的认识成不了一的行为。"②于是，在暂时逃过了日本人可能使他灭亡的危险后，阎锡山开始重新考虑他那"二的哲学"，他开始反思自己抗战以来依靠和支持牺盟会、决死队的政策。

他对旧军发出警告说："不要使最后胜利的场中，没有了自己！"他说："某友军（指八路军）自抗战以来人员就增加了四倍，我某军抗战以来人员减少了一半，按这个比例，再过十个月，就是友军的一变成十六，我某军的一变成四分之一，这就成了六十四与一之比了"，"知此尚不觉悟，不改新，则明饿了尚急走，冻了尚抢冰，岂非自杀？"③

"抗战以来，我们抗光了，惟独八路军不但不减少，反而增加，再加

---

① 薄一波：《论牺盟会和决死队》，第259—291页，中共中央党校出版社1990年版。
② 薄一波：《七十年奋斗与思考》上卷（战争岁月），第269页，中共党史出版社1996年版。
③ 蒋顺兴、李良玉：《山西王阎锡山》，第152页，河南人民出版社1990年版。

上牺盟会、决死队和共产党、八路军合作,今后还有我们晋绥军的立足之地吗?"①,"我们不能抬着棺材去抗战","存在就是真理","抗战只是手段"。"一切事情都不能做得太绝了,抗日要准备联日,拥蒋要准备反蒋,联共要准备反共。"②

  我们要像"狡兔"一样有"三窟","必须具备三个窟窿才能存在:第一个窟窿是日本人,第二个窟窿是国民党,第三个窟窿是共产党",现在"日本人最有力量,所以必须费力经营好日本人这个窟窿"③。

阎锡山还在一次会中向大家讲述了他做的一个梦:

  梦中一个人对我说:你不要看不起你过去用过的那个破车,那个破车可以把你拉到目的地,只是慢一点而已,你不要相信现在用的这个新车,现在这个新车可以跑得飞快,但能把你推翻在地。④

毫无疑问,破车和新车指的是山西旧军和新军,他相信旧军,只是恨铁不成钢。

于是,阎锡山开始采取"扶旧抑新"的行动。

他将原来准备给新军的两个军的番号拨给了旧军,而用克扣军饷和断绝武器弹药供给的方法限制新军的进一步发展。

他反复教育旧军将领认识到改革军队的必要性。他强调说:"欲抗敌的成功,必须先求军队本身的存在。欲存在,须以弱变强;欲成功,须以弱胜强。"而要以弱变强,就是军队要政治化,加强政治领导,使官兵打成一片,"成为洋灰钢筋的团力"。就要用政治动员、合理统御等措施来发挥士兵的积极性和创造性;就要实行避实就虚,不失机不吃亏的作战原则,灵活地消灭敌人;就要实行"说服行政""强民政治"的方法,使军民结合,打成一片。实际上就是要借鉴新军的做法来改造旧军。

他将新军中实行的政治委员制视为"眼中钉"。于是在1939年3、4月间召开的"秋林会议"期间,他借口国民党中央有文官不能兼军职的规定,提

---

① 中国政协文史资料研究委员会:《文史资料选辑》第29辑,第180页,文史资料出版社1962年版。

② 山西省政协文史资料研究委员会:《阎锡山统治山西史实》,第227页,山西人民出版社1981年版。

③ 中国政协文史资料研究委员会:《文史资料选辑》第29辑,第181—182页,文史资料出版社1962年版。

④ 山西省政协文史资料研究委员会:《山西文史资料》第15辑,第56页,山西人民出版社1981年版。

出薄一波等三名共产党员人不能担任决死队一、二、三纵队政治委员，四纵政委虽然没有兼文官，但阎锡山要调其到战区担任高级参议。接着他又以"统一编制、统一训练、统一指挥、统一人事和待遇"的理由提出取消决死队的番号，恢复组建时的旅、团番号；取消新军政治委员，新军统一于旧军。并且动用各种关系劝说薄一波，许诺薄一波只要不当政委，就可以到山西省政府建设厅任厅长。这种企图理所当然地遭到薄一波等共产党人和广大进步人士的坚决反对。

下定决心要解决新军问题的阎锡山当然不会罢休，1939年7、8月间，他提出"军事领导一切"，正式宣布取消新军的政治委员。鉴于新军部队中政治部主任也多是由共产党员担任，各级政治工作干部在部队中间也有很大的影响力，他又指示旧军官压制政治机关，打击政治工作人员。

在军事部署上，他将新军安排在对日军防御作战的前方，而将旧军布置在后，使新军前后都受到威胁。

他还派大批的"联络官""视察员"到新军去监视新军的活动，并且不断抽调新军干部到秋林"训练"，实际是威逼利诱，从内部瓦解新军。因此当时新军中间流传着这样一首打油诗："上秋林，真不错，升官、晋级、找老婆"。

1939年12月，阎锡山认为彻底解决新军问题的条件已经成熟了，于是指挥旧军向新军以及部分八路军部队发起猖狂进攻，惨杀共产党员和进步人士，揭开了震惊中外的"十二月事变"的序幕。

事态发展到了如此危急的地步，新军被迫应战自卫。中共中央为争取阎锡山留在抗日民族统一战线中，指示八路军副总司令彭德怀从洛阳直达秋林，劝说阎锡山停止进攻，团结抗日。彭德怀正告说："你若把牺盟会、决死队搞垮了，那你跟共产党也就做不成朋友了，蒋介石也就不把你放在眼里了。""你要依靠牺盟、决死队才有前途；如果依靠反动势力顽固势力，那你就要当'空军'司令。"①但是阎锡山执迷不悟。

在此情况下，武装冲突已经不可避免。中央军委随即命令八路军120师主力以及有关部队立即出动接应决死队，并且集中力量坚决反击阎锡山的反共逆流。到1940年2月，阎锡山围剿决死队的计划彻底破产。新军除少数部队分离出来外，其余33个团全部离开了阎锡山，编入了八路军的序列。由于蒋介石中央军乘机渗透，加上八路军影响的扩大，阎锡山最看重的被视为立

---

① 穆欣：《西线漫忆》，第141—142页，湖北人民出版社1986年版。

身之本的地盘，也丢失了四分之三，从此只剩下了晋西一隅。他本来想扩充实力，没想到是"赔了夫人又折兵"。有人戏称是"阎王定下杀马计，跑了马儿又伤身"①。

其实，这种结局阎锡山是应该能够想到的。早在事变之前，他的肱股之臣赵戴文就提醒他，如进攻牺盟会和新军，势必造成和共产党决裂，恐怕会有腹背受敌的危险。

面对损兵失地、作茧自缚的困境，阎锡山无奈地说："其实这样也好，孙悟空跳出了牛魔王的肚子，今后比较安闲些。"②

山西新军是阎锡山在特定的情况下批准成立后，对调动民众抗日热情，壮大山西抗日武装，稳定山西局势做出了显著的贡献。然而，根深蒂固的、本质的反共立场决定了阎锡山那貌似进步的姿态只是伪装的，因此也只是暂时的，所谓请共产党人和进步人士帮助他宣传群众、组织群众的做法从本质上讲，也必然是一种无奈之下的利用。他始终是把以共产党为代表的进步势力作为自己的心腹之患来看待的。当他认为形势许可时，其真实面目就暴露出来了。只不过他错误地估计了形势，他本来以为新军只要取消了政治委员，旧军官就可以掌握军队，他翻脸新军就会跟他跑。但是出乎他意料的是，由于经过共产党领导下的坚强有力的政治工作的训练，抗敌决死队和他的旧晋绥军已经有了很大的不同。薄一波是这样解释这种不同的：

"决死队有政治工作，是决死队进步的要素，比其他军队不同的地方，就是有了较为健全的有系统的政治工作。政治工作保证了他的工作路线的正确及其继续不断地发展。"

"决死队全体有中心思想，即政治化主义化的骨干。""他们一致为了当前任务和将来任务而奋斗着。"

"决死队的队员不是招募来的，而是采取政治动员的方式，用发动广大人民群众的民族的觉醒，及抗战的热忱，而自动参加决死队。"

"没有打骂制度，只有政治教育的统御法。"

"财政公开，官长减薪，官兵一致。"

"决死队采用政治委员制度，它的任务是保证民族革命的政治路线，

---

① 薄一波：《七十年奋斗与思考》上卷（战争岁月），第286页，中共党史出版社1996年版。
② 山西省政协文史资料研究委员会编：《山西文史资料》第47辑，第161页，山西人民出版社1986年版。

在部队中的正确执行，这一制度在决死队中起着决定的作用。"①

正因为有这些特点，决死队尽管名义上取消了政治委员，但各级政工干部还存在，政治主任依然由共产党人或者左派人士担任，特别是成功的强有力的政治训练使新军的大多数官兵支持或者同情共产党抗日救国的政治主张，因此，新军依然在共产党的影响和控制之中。阎锡山采取的限制新军、消灭新军的做法，结果只能是失去这支生气勃勃的本来可以成为他坚持抗战的有力依靠的武装。

对这个教训，阎锡山也是深记在心。他曾经对人说："我一生办事，都能按我的设想打算去做，并且多有成果，但是在成立新军这条事上，吃了一伙年轻人的亏。这是我事先没有想到的！"②

---

① 薄一波：《论牺盟会和决死队》，第184—185页，中共中央党校出版社1990年版。
② 山西省政协文史资料研究委员会编：《山西文史资料》第47辑，第127页，山西人民出版社1986年版。

第十章 毛泽东强调:"我们要把红校办成'红埔'"

一、毛泽东对刘伯承说:新旧军阀很懂得有权必有军,有军必有校的道理。我们要把红校办成"红埔"

刘伯承元帅的一生和人民军队军事院校的建设是相当有缘分的。人民军队军事院校的创立有他一份重要的贡献。

1932年1月,40岁的刘伯承由上海经过香港转到了江西中央革命根据地。

当时,在毛泽东等同志主持下,中央苏区成立了自己的军事学校——中国工农红军军事政治学校,何长工担任了学校代理校长。刘伯承到苏区不久,毛泽东就找他和何长工谈话。毛泽东要何长工到13军去当政委,而派刘伯承到红军学校当校长兼政治委员。他对刘伯承说:"新旧军阀很懂得有权必有军,有军必有校这个道理。蒋介石中央军的构成有几个系统:一是保定系,如陈诚;一是日本士官系,如汤恩伯等;一是他的黄埔系,如胡宗南等。张作霖在东北,蔡锷在云南,程潜在湖南,都抓讲武堂。我们要把红校办成'红埔',要镀这个红点子,把红校办成培养干部的基地。"[①]

红军学校校部设立在瑞金城里谢氏祠堂,各学生连则住在城南校舍。刘伯承主持的红校第二期于2月1日开学。政治部主任是周以栗,邓萍主持训练工作,学校有15名专职教员,学校教职学员1380人,其中学员783人,分为步兵科3个连,政治科1个连,特科有机枪、工兵、炮兵3个连。

入学的红军干部大多文化程度低,据统计,当时不识字的有30%以上,稍识字的有40%以上,能写简单书信账目的不过20%左右。

[①] 《当代中国人物传记》丛书编辑部编辑:《刘伯承传》,第88页,当代中国出版社1992年版。

针对这个特点，刘伯承采取了一系列的有力措施，把军事知识从各方面灌输到学生的脑子中去。在教育方针上，他强调要一切从红军的实际情况出发，"不能够本本主义地全套应用苏联红军的战斗条令和其他军事教程。而反动军队的典范和教程，则更不用说了"。为此，他把教员们组织起来，亲自领导编写了一批教材。在教学方法上，他要求教员课前提出纲要发问，课后提出中心问题组织学员讨论，中心段落重复讲解，以加深学员的了解程度和记忆效率。在教学手段上，他因地制宜地提出用图解或模型来配合语言讲解；用沙盘作业和实地演习来加深对所学内容的理解。他特别强调学用一致和知识的连贯性，要求讲完一段课，接着就进行这一段课的沙盘作业和实地演习；所讲的课，所进行的操作，"都要设法帮助学生纵横贯穿起来，使其脑力成为有组织的系统化"。

一次教员讲射击原理，讲到弹道是弧形的，而不是直线，有的学员老是理解不了，总觉得弹道应该是一条"直道道"。恰好刘伯承在场听课，他就站起来即席举例说："大家都看到过小孩子挺着肚子小便吧！弹道和小孩小便相似。你们说是直的，还是弧形的呢？"这个妙趣横生的例子把大家逗得哈哈大笑，对于弹道是弧形的概念就深深地建立起来了。

刘伯承亲自讲地形学，他把学员拉到学校附近的小布脑山上去讲，一面看地形图，一面研究实际的地形地貌，学员理解得快，印象深。他还讲标图的箭头要有力，像是部队杀出去一样。他画箭头的姿势，至今仍留在听过他讲课的学员的印象中。

对于红军学校的政治教育，刘伯承也是相当重视的。他创造性地提出了"三化八点"的政治纲要，也就是指在"军事化""国际化""苏维埃化"的三个目标下，对红校人员进行阶级觉悟、党的领导、阶级关系、红军宗旨、纪律与艰苦奋斗、革命理想、群众工作、革命性质与国际主义八个方面的教育。在他主持下，政治教育占到了红军学校全部课程的十分之四，文化活动也非常活跃。

经过3个月的军事政治训练，红军学校第二期学员毕业。以后又开办了第三期，学生则增加到了1000多人，而且除了基层干部训练班外，这期还增加了上级干部班和政治委员训练班。

1932年10月以后，刘伯承由红军学校校长兼政治委员调任红军总参谋长一职。但是红军学校继续在发展着，甚至在艰苦卓绝的长征中也没有停止。这一点从刘伯承以后的任职上也可以清楚地看出。

1936年2月,和朱德一道随左路军行动的刘伯承因为反对张国焘另立中央的分裂主义行动,被张国焘撤销总参谋长职务,降为红四方面军红军大学校长。

同年7月,由于红二、四方面军实现了会合,经过斗争,张国焘被迫同意共同北上同中央红军会师。刘伯承随红二方面军行动,担任红二方面军红军大学校长。

10月,红军三大主力胜利会师。12月,刘伯承被任命为中革军委委员、红军总参谋长、红军大学副校长。

二、从"红大"到"抗大"

1936年,是一个非凡的年代。中国工农红军经过二万五千里长征到达了陕北。日本侵略军加快了侵略中国的步伐,中华民族到了生死存亡的关键时刻。全国要求抗日的救国运动日益高涨而不可遏止。

毛泽东和党中央高瞻远瞩,预见到抗日高潮即将来临,将需要大批的干部去领导神圣的民族解放战争。因此,尽管内战还未停止,全国抗战还没有实现,红军还没有实现会师,中共中央就把培养干部问题提上了重要议事日程。

1936年5月14日,毛泽东率东征军回师陕北不久,就在延川县大相寺主持召开了团以上干部会议。会议决定恢复长征前创办的中国工农红军大学,并且定名为"中国抗日红军大学"(简称为"红大")。因为当时红军尚未会合,所以它实际上是红一方面军的大学。

由于当时战事频繁,前线十分需要干部,一些领导同志舍不得送干部出去学习。毛泽东在会上亲自做工作,他强调指出,为了抗日,要把眼光放远一点。应利用全面抗战开始之前的时机,抽调大批干部,从军团领导到连排基层干部,进红军大学学习,并要求各部队党委必须把选送干部入学作为一项战略任务,保质保量地把优秀干部选送到学校培养训练。

中央红军各军团认真贯彻这一指示,几天时间就把大批干部送进红军大学学习。

1936年6月1日,中国抗日红军大学第一期在瓦窑堡正式开学。林彪任校长,毛泽东兼政委,罗瑞卿任教育长,莫文骅为总支书记。

开学典礼在瓦窑堡米粮山上一座旧庙堂门前的空地上举行。毛泽东、周恩来、张闻天亲临参加,毛泽东在会上发表了重要讲话。

"我党创办抗日红军大学,是为准备迎接民族革命战争的到来。为了适应新情况，解决新问题，需要培训干部，提高干部。因此我们的干部需要重新学习，重新训练，以便将来出校后，能够独当一面地去工作。""第一次大革命时有一个黄埔；它的学生成为当时革命的主导力量。领导了北伐成功，但到现在它的革命任务还未完成。我们的红大就要继承着黄埔的精神，要完成黄埔未完成的任务，要在第二次大革命中也成为主导的力量，即是要争取中华民族的独立解放。"[①]

红大创立之初，专任教员只有3个人，在职干部仅14人，学校领导除毛泽东外，大多由学员兼任，林彪校长、罗瑞卿教育长同时又是学员。学员有1063人，多是参加过长征的干部。下设3个科，其中最引人注目的是第一科。第一科科长陈光，政委罗荣桓，学员均为团以上干部，共38人，平均年龄27岁，平均每人有8年战斗经验，有3处伤疤。林彪、罗瑞卿就在第一科学习，还有为人们熟知的彭雪枫、谭政、莫文骅、杨成武、陈士榘、刘亚楼、张爱萍、王平、贺晋年、谭冠三、苏振华、耿飚、黄永胜等。第二科主要训练营连干部，共225人。第三科训练班排干部和部分老战士，共800人。

红大初设在瓦窑堡，不久迁到了保安。当时，保安只是一座贫穷的小镇，仅有几十户人家300多口人，民众所能让出的，只有几所破窑、废庙、牛厩、马房。学员们全体动手清理环境，把破石窑改造成校舍和讲堂，以石壁当黑板，以膝盖当课桌，开始了紧张的学习生活。

当时红大教员不足，就请兼职教员，毛泽东、张闻天、博古、王稼祥、徐特立、李维汉等都曾兼过课。

红大的管理、教学制度极其简单，没有成文的章程条规，但是确定了"少而精""理论与实际联系""理论与实际并重""军事与政治并重"等教育原则。

1936年10月，三大主力红军甘肃会师后，三个方面军的红军大学也会合了。红四方面军红军大学高级指挥科编入了保安的红军大学，中央又决定在本体成立了红军大学第二学校，刘伯承任校长兼政委，学员由原红军大学一部分、红二方面军红军大学、红四方面军红军大学一部分组成。这样，红大的教学员队伍得到空前发展壮大。

1936年12月12日，西安事变爆发，由于中国共产党坚持"停止内战、一致抗日"的立场，"国内和平"遂得以实现。抗日民族统一战线的形成和发展，迫切地需要大批干部去工作。因此，红大第一期的学生除了新编入的红二、

[①] 中共中央党史研究室编：《中共党史资料》（7），第27—28页，中共党史资料出版社1983年版。

四方面军学员外,于12月底结束了学习生活,分赴全国各地,担负起这一重大任务。

"西安事变"和平解决后,国内战争既已结束,统一战线既已形成,抗日战争开始酝酿,大量干部的需要就愈见迫切。毛泽东深知,在革命的重大历史转折关头,外面党和军队的任务、策略、斗争方式及其工作方法都将有所改变并复杂起来,这就需要干部重新学习并掌握党的路线、方针和政策,主动地适应这种战略转变,所以需要吸收大批新的干部,增加新的血液。

这时候,国民党对陕甘宁边区的封锁放松了些,少数青年已能进入边区,向共产党要求得到教育。这些热血青年有的来自平津和东北沦陷区,有的来自上海,有的是来自东南亚的华侨,他们把延安看成一颗在沉沉黑夜里闪耀的北斗星。因此,"抗日红军大学"就接受了新的任务,除了培养红军干部之外,还要培养外来知识青年学生,使他们成为革命的抗日干部。

为了适应培养全国范围的抗日干部的新任务。中国抗日红军大学于1937年1月中旬改名为"中国人民抗日军事政治大学"(简称为"抗大"),并将校址迁设延安。校长林彪,副校长刘伯承,教育长罗瑞卿,政治部主任傅钟(后莫文骅),训练部长刘亚楼,校务部长杨立三。中革军委主席毛泽东兼抗大教育委员会主席。

1月21日,抗大举行开学典礼,毛泽东出席并讲话。他说:"抗大像一块磨刀石,把那些小资产阶级思想——感情冲动、粗暴浮躁、没有耐心等磨个精光,把自己变成一把雪亮的利刃,去打倒日本,去创造新社会。"[1]

这一期的学员有1360多人,其中边区以外来的青年占三分之一,还有张学良、杨虎城部队来的进步军官,还有了一个女生区队。学员有我军著名将领陈赓、杨得志、余秋里、胡耀邦、姬鹏飞、许世友、陈再道、洪学智等;女干部有贺子珍、康克清等;张学良将军的弟弟张学思,杨虎城将军的儿子杨拯民等也在其中。

这一期开办正处于国内战争结束以后,全面抗日战争发生以前,所以教学基本在和平环境中进行,这是区别于其他各期的一个特点。

第一期的成绩,除一般地提高了全部学员外,还有极重要的一项,就是第一次把红军一、二、四方面军及西北红军的干部集中起来,互相交流十几年来的战争经验,并且在党中央领导下,开展了批判张国焘路线的斗争,从

---

[1] 中共中央文献研究室编:《毛泽东年谱(1893—1949)》(修订本)上卷,第644页,中央文献出版社2013年版。

而促进了全党、全军的团结。

"七七"卢沟桥事变发生，抗战全面开始，这一期于8月间毕业，学员们迅速奔赴到抗日民族革命战争的各个战场。毛泽东在这一期学员毕业证书上亲笔题词："勇敢、坚定、沉着。向斗争中学习。为民族解放事业随时准备牺牲自己的一切。"①

抗战开始后，国民党军队在正面战场失利，华北沦陷，京沪弃守。中国共产党所提出的持久抗战的方针，所指出的最后胜利的前途，越来越被全国人民所确信。尤其是爱国的知识青年，深知欲抗日救国，必须先向共产党求教真理，学习本领。而延安这所抗日军政大学，就成为了这些青年求道的目的地。此时，由于国共合作已经确定，西安通往延安的障碍大减，全国各地青年赴延安报考抗大者，日益增多。

1937年8月，抗大开始了第三期学员的培训工作。但开学以后，每月甚至每日，仍有不少新生涌来，学校便采取了随到随编队的方法。同时也有许多学生，尽管学期未满，但迫于日益发展的抗战工作的需要而调出学校。从这一期开始的这种流动性，在以后各期中，也一贯地存在着。

抗大的成功引起了国内众多人士的注意，卫立煌、郭奇乔、邓宝珊、梁漱溟等人，先后来校参观和讲演。

第三期开始不久，红军改编为国民革命军第八路军，林彪被任命为115师师长，离校东渡抗日。不久，115师在平型关首创胜利的记录。这不但在全国人民中间提高了八路军的声威，同时也增加了抗大的光荣，对于抗大的发展产生了重要的影响。林彪离开抗大后，罗瑞卿负责抗大的日常工作。

抗大第四期开始于1938年4月，毕业于同年8月至11月，为学校空前猛烈发展的一期。

当此时期，日寇已攻陷了山西全省，企图渡黄河进而窥西北；另一方面，则企图打通津浦，占领陇海、平汉两线路，配合逆长江而上之部队，进攻大武汉。全国军民正在"争取中原大会战胜利""保卫大武汉""保卫大西北"口号之下，努力奋斗。

在这样的情况之下，各地的学生，争先恐后地涌到延安，投考抗大。

这些学生以来历论，包括了全国各省（除了青海和西藏）的人们，还有东南亚的华侨，以及朝鲜等弱小民族的青年；以职业论，有科学家、文学家、

---

① 中共中央文献研究室编：《毛泽东年谱（1893—1949）》（修订本）中卷，第8页，中央文献出版社2013年版。

艺术家、新闻记者、教授、军人、学生、商人、产业工人、手工业者、农民等；以家庭成份论，绝大部分是小资产阶级出身，也有属于其他阶层的，甚至有大地主、大资本家的儿女；以年龄论，从十三四岁至四五十岁；以政治立场论，包括各党各派的分子；以文化程度论，包括文盲及外国留学生。甚至还有全家来校、叔侄同学、母女同队的佳话。

学员人数骤增，已非延安所能容纳，于是采取了校址分散的办法，除在延安附近设立4个大队外，并在瓦窑堡、庆阳、洛川、蟠龙，先后分设大队。

这一期教育的主要成绩，在于把大批小资产阶级知识分子，在数月的时间内，培养成为有组织性、纪律性、团结性，有"坚定的政治方向，艰苦的工作作风"的坚强抗日干部，其中的大部分加入了中国共产党。

这一期的工作经验，对于抗大此后的发展，也有非常重大的影响。抗大后来之所以在新老干部的团结，在"知识分子的工农化、工农分子的知识化"等方面，成绩表现得最好，是以这一期的经验为基础的。

在这一期中，还特别进行了"民主"问题的教育。7月间，在听取关于抗大一些学员自由主义和极端民主化倾向比较突出的情况汇报后，毛泽东特对全校作了关于"抗大民主问题"的报告。他着重指出：抗大是中国共产党领导下的军事性质的学校，不是什么统一战线的组织。有思想的自由、政治的民主，这并不妨碍抗大的军事性质。毛泽东对民主与集中的关系，如何正确地运用民主等问题，做了阐述。他还指出，应取消斗争会这种粗暴的方式，大家有什么意见尽管投到意见箱去，保证大家的意见能到学校最高当局。①这一教育，对于追求民主而常流于自由主义的小资产阶级的知识青年，有极其重大的意义。

由于这一期的猛烈扩大，抗大不仅在国内，而且在国外都获得了很好的政治影响，国内外报纸杂志，对抗大进行了很多介绍和赞扬，世界学联代表团柯乐满、雅德、雷克难、傅路德等4人，来延安参观，对抗大有极高的评价，并且要求抗大承认他们为名誉学员。

为了使学校培养干部的事业与八路军、新四军以及敌后抗日根据地的斗争配合起来，抗大从第五期开始，即将校级领导机关以及一、二分校迁往华北敌后办学。这在全国抗战史上是个创举，对于坚持敌后抗战有重要的意义。

第六期，抗大又在山东成立了第一分校，在鲁豫皖边成立了第四分校，

---

① 中共中央文献研究室编：《毛泽东年谱（1893—1949）》（修订本）中卷，第86页，中共文献出版社2013年版。

在皖东和苏北成立了第五分校,抗大不仅在陕北、晋察冀,而且在华中广大敌后根据地中,开始建立和繁荣起来。抗大校旗已经由黄河之滨飘扬到江海之滨。

三、毛泽东与抗大

毛泽东等中央领导同志对于红大和之后抗大的建设倾注了极大的心血。

抗大创立之初,主要课程都是中央领导同志主讲的。毛泽东的《论反对日本帝国主义的策略》《中国革命战争的战略问题》就是在红大时期讲的,前者是学校的基本政治教材,后者是红大的基本军事教材。其他的课程,哲学、联共党史、政治经济学,分别由张闻天、博古、凯丰等讲授。

毛泽东在讲授中国革命战争的战略问题时,既不用资产阶级军事战略学的教科书,也不用苏联的军事课本,而是深入到干部和学员中调查研究,了解情况,听取意见,并且运用马克思主义的观点,结合中国革命战争的实际,研究它的规律性,自己编写教材。讲课时,他从一般战争规律讲到革命战争规律,再讲到中国革命战争规律,深入浅出,生动具体,大家十分爱听。

有一次,他在讲课中列举了大量事实来说明问题,当他讲到有的指挥员对情况不动脑分析研究,别人一鼓动,就打莽撞仗,结果好汉吃了眼前亏,仗没打好时,曾精辟地说:"我们不许可任何一个红军指挥员变为乱撞乱碰的鲁莽家;我们必须提倡每个红军指挥员变为勇敢而明智的英雄。"这时,一名学员站起来说:"您讲的是我,今后我一定克服鲁莽家的毛病,要做勇敢而明智的英雄。"毛泽东的话深深地印在学员的头脑里,而"不当鲁莽家,要当勇敢而明智的英雄"的名言就成了广大红军指挥员的座右铭。

西安事变和平解决后,许多学员对释放蒋介石的做法不理解。12月26日,也就是张学良释蒋的第二天,毛泽东亲自来到红大讲课。他说:在目前的形势下,杀了蒋介石,会使国内形势更加复杂和混乱,有利于日本帝国主义。何况杀了一个蒋介石,还会出现第二、第三个蒋介石。诸葛亮对孟获还搞七擒七纵,我们对蒋介石为什么不可以一擒一纵呢?他说,陕北毛驴很多,赶毛驴上山有三个办法:一拉、二推、三打。蒋介石是不愿意抗战的,我们就用赶毛驴上山的办法,拉他、推他,再不走就打他。这就是我们党"逼蒋抗日"的方针。[①]

[①] 曲青山,高永中主编:《抗日战争回忆录》(2),第31页,中共党史出版社、党建读物出版社2015年版。

毛泽东对抗大一面生产、一面学习的作风十分赞赏。他曾经诙谐地说："你们是过着石器时代的生活，学习当代最先进的科学——马克思列宁主义。你们是'元始天尊的弟子'，在洞中修炼。什么时候下山呢？天下大乱你们就下山！"[1]

1937年3月，毛泽东为抗大同学会成立题词："坚定不移的政治方向，艰苦奋斗的工作作风，……灵活机动的战略战术。"[2]1939年5月26日，毛泽东发表《抗大三周年纪念》一文，明确指出："抗大的教育方针是：坚定正确的政治方向，艰苦奋斗的工作作风，灵活机动的战略战术。"[3]

抗大在长期的办学实践中形成了自己特有的校风，这就是毛主席倡导的"团结、紧张、严肃、活泼"。至于这八字校训的来历，莫文骅回忆道：

  1937年4月的一天，林彪从毛主席那里回来，给了我这八个字，字不大，是毛主席亲笔写的。我叫政治部的同志用红布把这八个字放大，剪了贴在校门口。从此，这八个字就成了我们抗大的校风。[4]

毛泽东还多次亲自为抗大学员题词，比如有一个叫于江的学员，因为碰到了困难，就找到了毛泽东。毛泽东为他题词："碰了钉子时，就向钉子学习，问题就解决了。"[5]

毛泽东极其重视提高广大学员的马列主义水平。为了总结土地革命战争时期的经验教训，从思想上进一步肃清王明"左"倾冒险主义错误路线的影响，毛泽东亲自到抗大讲授哲学《辩证唯物论》（后来发表的《实践论》《矛盾论》就是其中的两部分），每星期二、四上午讲两次课，每次4小时，下午参加学员讨论。这门课从1937年5月开始，一直讲到"七七事变"发生以后，共讲了3个多月110多小时。他讲课紧密结合实际，使大家认清了主观主义、教条主义、经验主义对革命的危险性，端正了思想路线，大大提高了思想理论水平。

朱德总司令在抗大女同学中竟然获得一个"老外婆"的外号。原来，为

---

[1] 曲青山，高永中主编：《抗日战争回忆录》（2），第33页，中共党史出版社、党建读物出版社2015年版。

[2] 同上。

[3] 中共中央文献研究室编：《毛泽东文集》第二卷，第188页，人民出版社1993年版。

[4] 曲青山，高永中主编：《抗日战争回忆录》（2），第34页，中共党史出版社、党建读物出版社2015年版。

[5] 同上。

了活跃抗大的生活，朱德经常到抗大去找学员打篮球。但是男学员看朱德年纪大，就有意让着他，不和他争抢，他觉得不过瘾，于是就去找女学员打球。女学员不让他了，推他，撞他，还常常盖他的"帽"，朱德不但不生气，反而乐呵呵的，因此女学员就称他为"老外婆"了。他知道后还是乐呵呵的。①

在艰苦的战争年代，抗大创办9年期间，由最初只有3名专职教员的红大，直至发展成为拥有12所分校、数万名在校学员的军政大学，为各个抗日根据地输送了10万多名优秀儿女，从而为中国人民抗日战争的胜利做出巨大功勋。

1939年5月26日，毛泽东曾经专门发表《抗大三周年纪念》一文，总结抗大成功的经验。

> 抗大为什么全国闻名、全世界闻名，就是因为它比较其他的军事学校最革命最进步，最能为民族解放与社会解放而斗争，到延安参观的人们，所以十分注意去看抗大，我想不外这个道理。
>
> 抗大的革命与进步，是因为它的职员教员与课程是革命的进步的，又因为它的学生是革命的进步的，没有这两方面的革命性进步性，抗大决不能成为全国与全世界称赞的抗大。
>
> 一部分人是反对抗大的，就是投降派与顽固派。这一点正是表明抗大是一个最革命最进步的抗大，如若不然，他们就不会反对了。投降派顽固派人们之起劲地反对抗大，证明抗大的革命性进步性，增加了抗大的光荣。抗大之所以是个光荣的军事学校，不但因为大多数人拥护它，称赞它，也还因为投降派顽固派人们在那里起劲地反对它、污蔑它。
>
> 抗大三年来有其贡献于国家、民族、社会的大成绩，这就是它教成了几万个年轻有为与进步革命的学生。抗大今后必能继续有所贡献于国家、民族与社会，因为它还要造就大批年轻有为与进步革命的学生。昔日之黄埔，今日之抗大，是先后辉映，彼此竞美的。②

---

① 曲青山，高永中主编：《抗日战争回忆录》（2），第35页，中共党史出版社、党建读物出版社2015年版。

② 中共中央文献研究室编：《毛泽东文集》（第二卷），第187—188页，人民出版社1993年版。

第十一章 "双拥"运动的兴起

军政军民关系如何,历来为古今中外一切政治家、军事家所高度重视。抗日战争时期,毛泽东把军民关系比作"鱼""水"关系,提出了"兵民是胜利之本"的著名论断,军民一致成为政治工作三大原则之一,"双拥"(拥军优抗、拥政爱民)活动轰轰烈烈地兴起。

一、"双拥"工作的萌芽

兵家曰:将吏相应,兵民相洽,胜也。

中国共产党从诞生的那一天起,就把自己作为工人阶级的先锋队,代表着最广大人民的利益。因此,党的各项任务始终都是密切联系群众的。在孙中山"联俄、联共、扶助农工"政策和新三民主义的旗帜下,国共实现了历史上的第一次合作,共产党人有了把工人运动与军队作战相结合的实践。在苏联和中国共产党的支持下,孙中山创办了黄埔军校,众多的中共党员在这里从事政治工作,他们从本阶级的利益出发,积极倡导"工农兵大联合",在官兵中开展爱国爱民教育,把"一方面训育官兵,一方面向民众宣传",并列为政治工作的两项基本任务,从而实现了孙中山提出的武力与民众相结合,使军事行动得到人民支持的目的,这使得国民革命军取得了两次东征和北伐战争的胜利。

八一南昌起义打响了武装反抗国民党反动派的第一枪,中国共产党十分注意把对人民的态度作为新军队与旧军队的区别,由此诞生了一支崭新的人民军队。毛泽东在领导秋收起义时,将部队就取名为工农革命军。部队在向井冈山进军时,毛泽东就明确军队与人民群众的关系如鱼之于水,不能分开,必须密切同人民群众的联系。他为这支新生的武装力量制定了铁的纪律，从"三大纪律、六项注意"到"三大纪律、八项注意"，主要内容都是群众纪律。后来，全国的红军，都叫中国工农红军，反映出这支军队的性质和宗旨。1929年12月，由毛泽东起草的"古田会议决议"，阐明了红军的性质、宗旨和任务，制定了处理红军与人民群众关系的准则。

"古田会议决议"指出："红军决不是单纯地打仗的，它除了打仗消灭敌人军事力量之外，还要负担宣传群众、组织群众、武装群众、帮助群众建立革命政权以至于建立共产党的组织等项重大的任务。红军的打仗，不是单纯地为了打仗而打仗，而是为了宣传群众、组织群众、武装群众，并帮助群众建设革命政权才去打仗的，离了对群众的宣传、组织、武装和建设革命政权等项目标，就是失去了打仗的意义，也就是失去了红军存在的意义。"①

在毛泽东的正确引导下，一种新型的军民关系逐渐建立起来，军队随之得到了补充和发展。毛泽东正是总结了以往的经验教训，从而产生了工农武装必须服务于工农群众这一反映中国革命军队建设的光辉思想。这一光辉思想的基本内容就是：红军是党领导下的一支为工农利益而奋斗的队伍，是为穷人打天下的队伍，他来自于人民，服务于人民；红军的武装斗争必须和土地革命相结合，和创建革命根据地相结合，通过土地革命激发人民群众的革命精神，支持红军的武装斗争；红军只有同农民群众打成一片，得到农民的拥护，才能不断扩大自己的队伍，才能得到物力、财力的支援，坚持长期战争，以实现农村包围城市，最后夺取城市的目的。这就是最早的军队群众工作方针，也是拥政爱民工作的开始。

在"鱼之于水"的思想指导下，革命政权一建立，我党我军就开展了拥军优属、拥政爱民工作。不过，早期的双拥，是以优抚和执行群众纪律的形式出现的。如1931年11月中华苏维埃共和国临时政府宣告成立后，中央苏区第一次全国苏维埃代表大会就通过了我国第一个优抚文件——《中国红军优待条例》，对红军战士的土地分配、家属优待、军婚保护、伤残军人安置、牺牲官兵的抚恤等，都做出了明确的规定。1932年2月3日，苏维埃中央政府又颁布了《关于执行红军优待条例的各种办法的训令》，规定在省、县政府之下设立红军优待委员会，负责管理优待红军的事宜。

针对家居城市的工人、贫民当红军后，家庭生活没有保障的情况，中央

---

① 中共中央文献研究室编：《毛泽东文集》第一卷，第79页，人民出版社1993年版。

内务人民委员部于 1933 年 11 月 12 日发布命令，公布了《优待城市红军家庭的办法》，规定用收集经费、帮助找工作、开办生产合作社等具体办法，解决城市红军家属的生活困难问题。1934 年 1 月 8 日，中国共产党中央委员会和中华苏维埃共和国人民委员会，作出《关于优待红军家属的决定》及《优待红军家属礼拜六条例》；2 月 8 日，中华苏维埃共和国人民委员会发布《优待红军家属条例》《优待红军家属耕田队条例》。这些条例颁布后，人民群众拥军支前的热情空前高涨，人民群众在开展打土豪、分田地的土地革命运动同时，踊跃报名参加红军，还成立了暴动队、支前运输队、妇女洗衣队、儿童团等，自发地将慰问品送往前线，广泛开展拥军优属活动。这个时期，根据地军民之间形成了一种水乳交融的亲密关系。对解除红军后顾之忧、扩大红军队伍、稳定红军思想、激发红军杀敌热情发挥了积极作用。

长征途中，红军继续贯彻"一边打仗，一边发动群众"的方针，走到哪里就把群众工作做到哪里，得到了沿途人民群众，包括少数民族同胞的支持，涌现出许多可歌可泣、广为传颂的爱民拥军故事。刘伯承与彝族部落首领小叶丹歃血为盟就是其中的典范事例。可以说，红军在艰难困苦的恶劣环境中能够取得长征的最后胜利，是因为红军得到了沿途广大人民群众的支持，没有人民群众的支持，红军就不可能完成这一历史壮举。长征是红军的胜利，更是人民的胜利，长征见证了党的寓军于民、军民结合的军队建设思想。

二、"双拥"工作的提出

众所周知，延安是双拥工作的发源地。之所以这么说，原因有两方面：一是毛泽东在延安时期提出了"兵民是胜利之本"等一系列重要论述，奠定了双拥工作的理论基础。二是因为 1943 年在延安开展了一场轰轰烈烈的双拥运动，第一次把拥军优属和拥政爱民工作结合在了一起。这场运动同整风运动和大生产运动被称为延安时期的三大运动。

毛泽东发表《论持久战》奠定了双拥工作的理论基础。《论持久战》是毛泽东于 1938 年 5 月 26 日至 6 月 3 日，在延安抗日战争研究会上的讲演稿，是论述关于中国抗日战争方针的重要著作。文章开篇以"中国必亡论"和"中国速胜论"做引子，然后针对这两种错误观点进行一一驳斥，接着引出作者自己的观点：抗日战争是持久战，最后的胜利是中国的。并通过"能动性在战争中""战争和政治""抗战的政治动员""战争的目的""防御中的进攻，持久中的速决，内线中的外线""主动性，灵活性，计划性""运动战，游击战，阵地战""消耗战,歼灭战""乘敌之隙的可能性""抗日战争中的决战问题""兵民是胜利之本"等既独立而又有联系的篇章的阐述,来说明抗日战争为什么是持久战,怎么进行持久战,我们为什么能取得最后的胜利,我们应当怎样做才能取得最后的胜利。《论持久战》专门以"兵民是胜利之本"为标题,论述了全面抗战,全民抗战的观点。

毛泽东指出:

"如此伟大的民族革命战争,没有普遍和深入的政治动员,是不能胜利的。抗日以前,没有抗日的政治动员,这是中国的大缺陷,已经输了敌人一着。抗日以后,政治动员也非常之不普遍,更不说深入。人民的大多数,是从敌人的炮火和飞机炸弹那里听到消息的。这也是一种动员,但这是敌人替我们做的,不是我们自己做的。偏远地区听不到炮声的人们,至今还是静悄悄地在那里过活。这种情形必须改变,不然,拚死活的战争就得不到胜利。决不可以再输敌人一着,相反,要大大地发挥这一着去制胜敌人。这一着是关系绝大的;武器等等不如人尚在其次,这一着实在是头等重要。动员了全国的老百姓,就造成了陷敌于灭顶之灾的汪洋大海,造成了弥补武器等等缺陷的补救条件,造成了克服一切战争困难的前提。要胜利,就要坚持抗战,坚持统一战线,坚持持久战。然而一切这些,离不开动员老百姓。要胜利又忽视政治动员,叫做'南其辕而北其辙',结果必然取消了胜利。"①

"什么是政治动员呢?首先是把战争的政治目的告诉军队和人民。必须使每个士兵每个人民都明白为什么要打仗,打仗和他们有什么关系。抗日战争的政治目的是'驱逐日本帝国主义,建立自由平等的新中国',必须把这个目的告诉一切军民人等,方能造成抗日的热潮,使几万万人齐心一致,贡献一切给战争。其次,单单说明目的还不够,还要说明达到此目的的步骤和政策,就是说,要有一个政治纲领。现在已经有了《抗日救国十大纲领》,又有了一个《抗战建国纲领》,应把它们普及于军队和人民,并动员所有的军队和人民实行起来。没有一个明确的具体的政治纲领,是不能动员全军全民抗日到底的。其次,怎样去动员?靠口说,靠传单布告,靠报纸书册,靠戏剧电影,靠学校,靠民众团体,靠干部人员。现在国民党统治地区有的一些,沧海一粟,而且方法不合民众口味,

---

① 毛泽东:《毛泽东选集》第二卷,第480—481页,人民出版社1991年版。

神气和民众隔膜，必须切实地改一改。其次，不是一次动员就够了，抗日战争的政治动员是经常的。不是将政治纲领背诵给老百姓听，这样的背诵是没有人听的；要联系战争发展的情况，联系士兵和老百姓的生活，把战争的政治动员，变成经常的运动。这是一件绝大的事，战争首先要靠它取得胜利。"①

"革新军制离不了现代化，把技术条件增强起来，没有这一点，是不能把敌人赶过鸭绿江的。军队的使用需要进步的灵活的战略战术，没有这一点，也是不能胜利的。然而军队的基础在士兵，没有进步的政治精神贯注于军队之中，没有进步的政治工作去执行这种贯注，就不能达到真正的官长和士兵的一致，就不能激发官兵最大限度的抗战热忱，一切技术和战术就不能得着最好的基础去发挥它们应有的效力。我们说日本技术条件虽优，但它终必失败，除了我们给以歼灭和消耗的打击外，就是它的军心终必随着我们的打击而动摇，武器和兵员结合不稳。我们相反，抗日战争的政治目的是官兵一致的。在这上面，就有了一切抗日军队的政治工作的基础。军队应实行一定限度的民主化，主要地是废除封建主义的打骂制度和官兵生活同甘苦。这样一来，官兵一致的目的就达到了，军队就增加了绝大的战斗力，长期的残酷的战争就不患不能支持。"

"战争的伟力之最深厚的根源，存在于民众之中。日本敢于欺负我们，主要的原因在于中国民众的无组织状态。克服了这一缺点，就把日本侵略者置于我们数万万站起来了的人民之前，使它像一匹野牛冲入火阵，我们一声唤也要把它吓一大跳，这匹野牛就非烧死不可。我们方面，军队须有源源不绝的补充，现在下面胡干的'捉兵法'、'买兵法'，亟须禁止，改为广泛的热烈的政治动员，这样，要几百万人当兵都是容易的。抗日的财源十分困难，动员了民众，则财政也不成问题，岂有如此广土众民的国家而患财穷之理？军队须和民众打成一片，使军队在民众眼睛中看成是自己的军队，这个军队便无敌于天下，个把日本帝国主义是不够打的。"

"很多人对于官兵关系、军民关系弄不好，以为是方法不对，我总告诉他们是根本态度（或根本宗旨）问题，这态度就是尊重士兵和尊重人民。从这态度出发，于是有各种的政策、方法、方式。离了这态度，政策、方法、

---

① 毛泽东：《毛泽东选集》第二卷，第481页，人民出版社1991年版。

方式也一定是错的，官兵之间、军民之间的关系便决然弄不好。军队政治工作的三大原则：第一是官兵一致，第二是军民一致，第三是瓦解敌军。这些原则要实行有效，都须从尊重士兵、尊重人民和尊重已经放下武器的敌军俘虏的人格这种根本态度出发。那些认为不是根本态度问题而是技术问题的人，实在是想错了，应该加以改正才对。"

"这个政治上动员军民的问题，实在太重要了。我们之所以不惜反反复复地说到这一点，实在是没有这一点就没有胜利。没有许多别的必要的东西固然也没有胜利，然而这是胜利的最基本的条件。抗日民族统一战线是全军全民的统一战线，决不仅仅是几个党派的党部和党员们的统一战线；动员全军全民参加统一战线，才是发起抗日民族统一战线的根本目的。"①

毛泽东这些思想，对于军队政治工作"官兵一致，军民一致，瓦解敌军"三大原则的提出，对于后来部队开展的尊干爱兵运动、拥政爱民和拥军优属活动等等发挥了十分重要的引领、指导作用。

我党我军历史上第一次轰轰烈烈的双拥运动于1943年在延安开展。当时的陕甘宁边区作为一个特殊地区，处在抗战后方，环境相对比较稳定，正是在这种条件下，过去红军时期的许多光荣传统和经验做法在这里得到了发扬光大，军队的群众工作和地方的拥军工作都得到了较大的发展。

1937年12月，边区政府成立之初，就颁布了《抗日军人优待条例》，规定对抗日军人及家属实行优待：免纳边区一切捐税；住公房免纳租金；公家商店购货享受1%的减价优待，当必需品缺乏时有优先购买之权；子弟读书免缴一切费用；因伤病休养，费用由公家供给；缺乏劳动力耕种之地，由边区人民代耕、代收等。1939年4月4日，《陕甘宁边区抗战时期施政纲领》第二十五条庄严地将"优待抗日军人与工作人员之家属使抗战军人安心作战，工作人员安心工作"写入边区的这部大法之中。

同年12月10日，中共陕甘宁边区第二次代表大会通过《关于拥护和扩大八路军的决议》，要求地方党政工作人员和民众增强对八路军的爱护，充分保障八路军粮食和被褥的供给，坚决正确执行优待抗属条例；同时还要求边区部队加强纪律性，不拿群众一针一线，并积极帮助地方进行生产劳动和文化、卫生运动，建立军民联系制度等。

---

① 《毛泽东选集》第二卷，第511—513页，人民出版社1991年6月

1941年5月1日，经中共边区中央局提出，中共中央政治局批准，1942年1月1日陕甘宁边区政府颁布的《陕甘宁边区施政纲领》进一步提出："增进军队与人民的亲密团结"（第三条），"加强优待抗日军人家属的工作，彻底实施优抗条例，务使八路军及一切友军在边区的家属得到物质上的保障与精神上的安慰"（第四条）。

但是由于边区较长时期处于相对和平的环境和国民党当局对边区实行经济封锁造成经济困难，拥军观念在不少干部和群众中逐渐淡薄，许多人片面考虑自身困难，对军队的支持援助相对减少，优抗工作也有所松懈，甚至被动应付和埋怨军队。军队方面也出现一些不尊重地方、侵犯群众利益的现象，个别同志的军阀主义倾向、本位主义观念依然存在，这些都造成了军政、军民关系的某些不融洽、不协调现象。

党中央明察秋毫，对此及时地进行了教育、引导和帮助，而且在对地方政府做工作的同时，特别严格要求军队首先要做好拥政爱民工作。

1940年下半年，毛泽东在杨家岭专门召见肖劲光、阎红彦等10多位留守将领，座谈军政军民关系。座谈中反映出部分人对地方怨气很大，说"老百姓越来越凶了，不给部队房子住，大冷天让部队住在露天"，指责政府不管。还有的反映"老百姓动不动就要拉我们去见毛主席"，总之，牢骚很多。

毛泽东耐心地听完大家发言后说："开天辟地以来，老百姓见到军队就像老鼠见到猫一样，只有兵欺民，哪有民告兵。现在，老百姓不怕咱们，敢批评咱们，这说明我们边区的民主深入到群众中去了"。

同志们听了，细细想一想，觉得有道理，于是检讨了自己的工作，心悦诚服地说：我们对部队教育太差了，军阀主义残余思想依然存在。在毛泽东的开导下，大家消除了怨气，认识到了搞好军政军民关系的重要性。留守部队开始加强拥政爱民教育，认真纠正清查违纪现象。

延安整风时，毛泽东有一次接见军队干部，还专门讲："边区有一位老乡给我们一分区司令员提了意见，你们听说过没有？这是天大的好事！那个老乡很有觉悟。中国几千年的历史，都是老百姓受官府的气，受当兵的欺侮，他们敢怒而不敢言。现在他们敢向我们一个分区的司令员提意见，敢批评这位'长官'，你们看有多好啊，这是多么了不起的变化啊。"[1]由于党中央和毛泽东的倡导和支持，军政军民关系得到了很大改善。

---

[1] 中国人民解放军战士出版社编：《星火燎原》（选编之六），第24页，战士出版社1982年版。

1942年9月1日，中共中央做出了《关于统一抗日根据地党的领导及调整各组织间关系的决定》，强调指出：

"要在全党中说明，假如军队削弱，假如战争失败，则根据地无法存在，党政军民都会塌台，因此，党委、政府、民众团体、以及全体人民，都有巩固军队，加强其战斗力的任务。""党政军民关系不协调，在一般情况下，军队干部应负较大的责任。军队手中有枪，容易独断独行，轻视党政，不守纪律，自由行动，破坏群众利益。因此，军队中军政干部必须特别约束部下，检点自己。必须号召自己的部下，拥护党的领导，拥护政府，坚决执行党的决定与政府法令。""在军队本身，则应深深了解：没有党、政府、民众团体的配合，光杆军队是一天也不能支持抗战的，因此，必须加强部队中的教育，做到能爱惜根据地，爱惜人力物力，尊重党政，加强军纪，给党政民以必要的帮助。"①

《决定》深刻阐述了军民、军政之间的密切关系，为加强彼此间的团结指明了方向，提出了严格要求。

按照中央《决定》的要求，在全党整风运动的推动下，1942年冬召开的西北局高级干部会议和军政干部联席会议共同商定在陕甘宁边区开展一次规模较大的拥政爱民运动与拥军优抗运动。

在爆竹声中迎来的1943年，是一个不寻常的份。延安《解放日报》新年献词提出："我们热烈地希望，1943年将是全国更趋团结、克服困难争取胜利的一年。"

1943年1月15日，陕甘宁边区政府颁布《关于拥护军队的决定》和《"开展拥军运动月"的工作指示》。《决定》指出：

"八路军是人民自己的武装，是本质上最好的军队，有高度的政治认识与战斗能力，有优良的作风与传统。""拥护军队是各级政府与全体人民应有的责任和义务。""必须积极改善和加强拥军工作。""拟定今年二月为全边区拥军运动月"，"各级政府应将拥军工作看成经常重要的工作，给以定期的切实的检查，成绩优良者予以奖励，对此工作漠不关心毫无成绩者应给批评、指责和惩罚。"②

---

① 中共中央文献研究室，中央档案馆编：《建党以来重要文献选编（一九二一——一九四九）》第十九册，第429—430页，中央文献出版社2011年版。

② 同上书，第二十册，第61—64页。

边区政府主席林伯渠还在1月15日《解放日报》上撰文《造成拥军热潮，增强拥军工作》，强调"军队的利益和人民的利益是血肉相联而不可分开的"，"拥护军队的利益实际上也是拥护人民自己的利益"。同时宣布边区政府把每年的1月25日至2月25日定为拥军运动月，随后边区政府还发布了《拥军月具体办法》，掀起了新的拥军高潮。

1月25日，驻陕甘宁边区的八路军留守兵团司令部和政治部发布了《关于拥护政府爱护人民的决定》和《关于拥政爱民运动月的工作指示》。《决定》强调：

> "边区政府，是边区人民和边区部队自己选举出来的政府。""边区部队之所以能够发展与巩固，是有赖于边区政府的扶植和领导的。""边区军队与边区人民，像鱼和水一样，是分不开的，军队脱离了人民，就无法打胜仗，无法存在。边区部队之所以能够存在与发展，就是有赖于边区人民的拥护与帮助。""边区政府是革命的政府，边区人民是很好的人民，这样的政府与人民，我们军队应该拥护它、保卫它、爱护它。拥护政府、拥护人民，是我们革命军队的责任，是响应党的领导一元化的具体表现。"因此，"必须使全体指战员认识拥政爱民的重要意义"，"军队须尊重各级政府机关"，"军队有保护政府的责任"，"军队有帮助政府之责"，"军队与人民须建立密切关系"，"军队须帮助人民的春耕夏耘秋收"，"严整部队纪律"。"拟定今年二月为拥政爱民运动月。"①

2月1日，八路军留守兵团公布《拥政爱民公约》十条，并决定2月5日至3月4日为"拥政爱民运动月"，陕甘宁晋绥联防军司令员贺龙在《解放日报》发表评论文章《开展拥政爱民运动》，贺龙就军队如何开展双拥活动指出："我们八路军来自人民，属于人民，为了人民。……是共产党领导的军队，是与人民结合的军队。"文章要求全体军人必须严格遵守《拥政爱民公约》，使之"深入地传达与解释，并要立即见诸于行动"。

这些文件和专论的发表，确定了拥军优属和拥政爱民运动的方针、政策和具体做法，成为"双拥"运动成熟完善的正式标志。边区政府又相继颁布了一些法规，如《新订陕甘宁边区优待抗日军人家属随军例》《优待抗日工作人员家属暂行办法》《边区动员潜逃及逾期不归战士归队暂行办法》《陕甘宁边区抗属离婚处理办法》《陕甘宁边区调整军政民关系，维护革命秩序办法》

---

① 中共中央文献研究室，中央档案馆编：《建党以来重要文献选编（一九二一——一九四九）》第二十册，第86—89页，中央文献出版社2011年版。

《边区优恤优待条例》等,边区政府委员会还在通过的《简政实施纲要》中具体规定了拥军工作的5条方针,并通过了《加强荣誉工作案》,使这项运动更加制度化、法制化。"双拥"运动日趋深化。

在军队和地方的互相配合下,拥政爱民和拥军运动首先在陕甘宁边区轰轰烈烈地开展起来了。

1943年春节前后,边区各级政府领导人民普遍开展了拥军优抗活动。从分区到县、区、乡政府,都分别举行了扩大的政务会议,邀请驻军代表参加,开展自我批评。1月,边区政府主席林伯渠、副主席李鼎铭将62300余元(边币)慰劳金,送给延安驻军、干部医院、休养所、抗日军人家属和退伍军人。2月,林伯渠主席率慰问团来到八路军一二〇师三五九旅驻地南泥湾劳军,受到王震旅长和全体指战员的热烈欢迎,该旅特地举行了阅兵式和军事表演。在慰问部队的同时,各地、各单位还通过各种方式慰问抗属。如送贺年钱、贺年物,举行抗属、退伍军人联欢会,邀请抗属会餐等,据延安等9县统计,1943年慰问抗属的现金、物品折价达103000余元(边币)。

边区各部队认真开展了拥政爱民教育,采用各种会议主动进行了自我思想检讨与反省。普遍进行登记旧案工作,清理过去军政军民关系上的案件,发现有损害政府和群众利益的行为,即坚决予以赔偿、退还、道歉。举行多种联欢活动,增进与人民群众的感情。军队努力增加生产,减轻政府和人民负担,并热情帮助人民群众发展经济,解决日常生活困难,训练民兵,自觉维护和执行政府法令,保护人民生命、财产安全。这些工作,使我军从干部到战士都增强了群众观点,树立了拥政爱民思想,使陕甘宁边区党政军民空前团结,把军民一致的优良传统发展到了一个新的阶段。

1943年10月1日,毛泽东亲自起草了题为《中共中央政治局关于减租生产拥政爱民及宣传十大政策的指示》,指出:"为了使党政军民打成一片,以利于开展明年的对敌斗争与生产运动,各根据地党委及军政领导机关,应准备于明年阴历正月普遍地无例外地举行一次拥政爱民与拥军优抗的广大规模的群众运动。""以后应于每年正月普遍举行一次,再三再四地宣读拥政爱民公约与拥军优抗公约,再三再四地将各根据地曾经发生的军队欺压党政民及党政民关心军队不足的缺点错误,实行公开的群众性的自我批评(各方面只批评自己,不批评对方),而彻底改正之。"[①]同日,《解放日报》全文发表该

[①] 中央文献研究室、中央档案馆:《建党以来重要文献选编(一九二一——一九四九)》第二十册,第584—585页,中央文献出版社2011年版。

《指示》。

1944年1日,遵照中共中央政治局指示,"双拥"运动在陕甘宁边区掀起了热潮。元旦,西北局发出《关于拥军爱民及拥军工作的决定》,要求更加深入地开展"双拥"运动,使之"更加成为部队中和广大人民中真正的自觉群众运动,成为广大群众的思想教育运动";在杨家岭大礼堂举行的新年干部晚会上,朱德总司令员发表"开展拥军爱民运动"的讲话。6日,《解放日报》发表陕甘宁边区拥军公约。15日,《解放日报》发表贺龙司令员的文章《军民关系要更亲密》,强调:"拥政爱民决不是单纯的纪律要求,而是革命军队的政治要求,也是每个革命军人必须具备的品质。"我们必须深刻指出:"把人民看作'贱骨头',把政府看作'支差机关',把军队看作凌驾于人民之上,这都是旧军队的思想,与我们八路军的拥政爱民的思想,是完全相反的;谁的头脑里存在着旧军队的思想,而不加以清除,谁就有愧为革命的军人。"抗战胜利后,随着新的历史时期的到来,边区的"双拥"运动也转入新的历史阶段。①

---

① 中央文献研究室,中央档案馆:《建党以来重要文献选编(一九二一——一九四九)》第二十一册,第15页,中央文献出版社2011年版。

第十二章　歌声嘹亮伴军行

　　鲁迅先生说,要改造国人的精神世界,首推文艺。举精神之旗、立精神支柱、建精神家园,都离不开文艺。2014年10月15日,习近平在文艺工作座谈会上指出:"历史和现实都证明,中华民族有着强大的文化创造力。每到重大历史关头,文化都能感国运之变化、立时代之潮头、发时代之先声,为亿万人民、为伟大祖国鼓与呼。中华文化既坚守本根又不断与时俱进,使中华民族保持了坚定的民族自信和强大的修复能力,培育了共同的情感和价值、共同的理想和精神。""没有中华文化繁荣兴盛,就没有中华民族伟大复兴。一个民族的复兴需要强大的物质力量,也需要强大的精神力量。没有先进文化的积极引领,没有人民精神世界的极大丰富,没有民族精神力量的不断增强,一个国家、一个民族不可能屹立于世界民族之林。""文艺是时代前进的号角,最能代表一个时代的风貌,最能引领一个时代的风气。"①

　　抗日战争时期,"是中国革命的一个新阶段,而且是最伟大、最活跃、最生动的一个新阶段"。②这一时期,我军的文艺工作感国运之变化、立时代之潮头、发时代之先声,为亿万人民、为伟大祖国、为抗日军队鼓与呼,留下了不朽的作品。

一、新四军的"《马赛曲》"——《新四军军歌》

　　光荣北伐武昌城下,血染着我们的姓名;

---

① 习近平:《在文艺工作座谈会上的讲话》,《新华每日电讯》2014年10月16日。
② 毛泽东:《毛泽东选集》第二卷,第567页,人民出版社1991年版。

孤军奋斗罗霄山上，继承了先烈的殊勋。
千百次抗争，风雪饥寒；
千万里转战，穷山野营。
获得丰富的斗争经验，锻炼艰苦的牺牲精神。
为了社会幸福，为了民族生存，一贯坚持我们的斗争！
八省健儿汇成一道抗日的铁流，八省健儿汇成一道抗日的铁流。
东进，东进！我们是铁的新四军！
东进，东进！我们是铁的新四军！
扬子江头淮河之滨，任我们纵横的驰骋；
深入敌后，百战百胜，汹涌着杀敌的呼声！
要英勇冲锋，歼灭敌寇；
要大声呐喊，唤起人民，发挥革命的优良传统，创造现代的革命新军！
为了社会幸福，为了民族生存，巩固团结坚决的斗争！
抗战建国高举独立自由的旗帜，抗战建国高举独立自由的旗帜！
前进，前进！我们是铁的新四军！
前进，前进！我们是铁的新四军！

这首威武雄壮、慷慨激昂的《新四军军歌》，诞生于1939年7月1日，是由陈毅执笔、何士德作曲的，当年被人称为新四军的"《马赛曲》"。

1937年抗日战争爆发后，南方八省十四个地区的红色游击队改编为新四军，由叶挺、项英领导。新四军的成立，吸引了全国各地立志报国的爱国人士，其中包括一批文化人。文化人的加入，提高了部队的整体素质，使部队文化生活更加丰富多彩。尤其是嘹亮激昂的抗日救国歌声，使战士豪情满怀，使敌人闻声丧胆。但当时大家仍感遗憾的是，新四军自成立以来，还没有一首自己的"军歌"。1939年春，在新四军的一次会议上，时任新四军军事委员会副书记兼第一支队司令员的陈毅忽然颇有感触地说："我们的军队有一首自己的《马赛曲》就好喽！"他这句话引起了在场许多同志的共鸣。一些人就提议请有诗人之称的陈毅起草歌词，陈毅痛快地答应了。

陈毅从军部返回苏南指挥部后，很快就于3月30日完成了《新四军军歌》歌词初稿，题名《十年》。这是首新诗，共三段35行。主要歌颂新四军及其前身长达10年艰苦卓绝的奋斗历程。4月上旬，陈毅派专人把歌词送到了云岭新四军军部，又由袁国平送给项英。项英、袁国平都认为陈毅的词写得不错，但尚有点不足之处。这样，由叶挺、项英主持，组织袁国平、周子昆、邓子恢、李一氓、朱镜我及黄诚等人，对初稿进行了集体讨论。最后大家决定，把原来的三段歌词改为两段，歌名由《十年》改为《新四军军歌》。改动后的歌词更确切地体现出军歌性质；歌词中的光辉奋斗历程更精炼概括；歌词还特别突出了中央军委为新四军确定的战略方针"东进"等。集体修改稿完成后并未最后定稿。项英强调要等与陈毅同志商讨后再定稿。5月陈毅从茅山根据地回到军部，听了大家的意见，基本赞成，并提出了自己的看法。这样陈毅再次执笔，在集体修改稿的基础上进一步精雕细琢，遂成后来的《新四军军歌》歌词。歌词为两段，第一段主要叙述历史和传统；第二段主要讲现实斗争，并突出向敌后进军的行动方针。整首词激情奔放，气势恢宏，流畅洒脱。第一段歌词最后"东进，东进！我们是铁的新四军"和第二段歌词最后"前进，前进！我们是铁的新四军！"重复两遍来结尾，使主题更加鲜活、具体。歌词可谓达到很高的境界。《新四军军歌》歌词于1939年6月发表在新四军的刊物上，署名为"集体创作，陈毅执笔"。

歌词定稿后，由冯定送给何士德谱曲。

何士德，广东阳江人，1931年入上海新华艺专音乐系，1934年转入国立上海音专，学习声乐、作曲。同时投身救亡歌咏运动，组织"洪钟"合唱团等。1937年任"国民救亡歌咏协会"的副干事长兼总指挥。1938年在南昌参加新四军，1939年到皖南新四军军部，在新四军战地服务团和文化队从事音乐工作。

当年何士德仅有29岁，但他已是知名音乐家了，任新四军教导总队文化队队长，被新四军将士誉为"我们自己的音乐家"。何士德深知"军歌"满载着全军将士的希望和寄托，自己肩负的担子之重。他夜以继日伏案创作，终于第一曲产生了。这是一首具有民歌小调风格的曲子。军部首长听过试唱，感觉曲调流畅好听，但威武雄壮有些不够。遂建议，曲调最好高昂雄伟，能体现出我军勇往直前的气魄。何士德于是重新谱写了第二个曲调，这一曲完全改变了第一曲的风格，运用了适合行军作战的进行曲调，6月底创作完成，这就是后来的《新四军军歌》曲子。曲调雄壮有力，鼓舞人心，充满艺术感染力和号召力。曲与词的结合也相当完美，使词的意境得以充分展现。那铿锵有力的节奏、简洁明朗的旋律，把威武之师，所向披靡的气势表现得淋漓尽致。结尾处，使用了一种歌曲少见的三叠行式，连续三个"东进，东进！我们是铁的新四军！"曲调有层次地、一次比一次高亢雄健，推出了全曲的高潮。

后来，在军部召开的一次联欢会上，陈毅听了何士德指挥演唱的《新四军军歌》,非常满意,他高兴地对何士德说:"最后一句,重复两次,一次比一次高昂、有气魄,意志坚定,这很好,正是我写这个歌词时想强调的地方。"

词、曲创作完成后,1939年7月1日,教导总队文化队70多名学员,精神抖擞,他们终于盼来了军部首长前来检查《新四军军歌》试唱并将做出决定的关键时刻。随着何士德指挥棒一挥,高昂的歌声震荡云岭,试唱一举成功。军部首长宣布:《新四军军歌》正式诞生,在全军教唱。正在大家欢呼之时,日寇飞机突然窜到了云岭一带,狂轰滥炸。文化队队员在项英等军首长指挥下,迅速分散隐蔽,之后又冒着硝烟,高唱这首"军歌",奔赴各地抢救伤员。因此,这是一首名副其实的在炮火和硝烟中诞生的《新四军军歌》。从此,迅速在全军乃至群众中掀起了唱"军歌"的热潮。军歌成为力量的源泉,鼓舞着战士们冲锋陷阵,英勇杀敌,取得了一个又一个战斗的胜利。①

二、从《八路军进行曲》到《中国人民解放军军歌》

中国人民解放军军歌,歌名为《中国人民解放军进行曲》,由郑律成作曲,张松如(公木)作词,创作于1939年。原名《八路军进行曲》,是组歌《八路军大合唱》中的一首。1988年7月25日,被中共中央军事委员会确定为中国人民解放军军歌。

公木,原名张永年、张松甫,现名张松如,河北束鹿(现辛集市)人。1928年考入北平大学第一师范学院(即北师大前身),1930年加入共青团,后受组织委托参与发起并加入"社联""左联"华北教师联盟和"北平文总"的组织与活动。1938年进入延安抗大学习,后留校工作并继续从事诗歌创作。1941年任军直政治部文艺室主任,主编《部队文艺》杂志。1942年冬调鲁艺文学系任教。1945年秋,参加延安文艺工作团赴东北,历任东北大学教育长、教育学院院长。1951年调任鞍钢教育处处长。1954年调中国作协沈阳分会,同年秋调北京任中国作协文学讲习所副所长,《文艺学习》和《文艺报》编委。1958年被错划为右派分子下放长春,1961年摘帽后调至吉林大学任中文系教授、代理系主任,"文革"中被批斗、审查。1978年任吉林大学中文系主任、副校长,吉林社科院副院长及中国作协吉林分会主席。1998年10月30日因病在长春逝世,享年88岁。

郑律成,著名作曲家。1914年出生在朝鲜全罗南道光州杨林町一个贫苦

---

① 摘自《新四军军歌诞生记》,作者张丽荣,《人民政协报》2007年6月14日。

家庭。原名郑富恩，后因酷爱音乐，改名律成。1933年春，进入朝鲜在华抗日团体开办的南京"朝鲜革命干部学校"。1937年10月奔赴延安，先后入陕北公学、鲁迅艺术学院音乐系学习。1939年1月加入中国共产党。抗日战争胜利后，郑律成返回朝鲜工作。1950年回到中国，随即加入中国国籍，定居北京，先后在北京人民艺术剧院和中央歌舞团从事音乐工作。1976年12月7日，郑律成于北京逝世。

《八路军进行曲》创作于1939年。歌词作者公木1938年8月从抗战前线去延安抗大学习。在此期间，他利用业余时间写歌词、诗歌。学习结束后，组织上留他在抗大政治部宣传科当时事政策教育干事。此时，郑律成在抗大政治部宣传科担任音乐指导，给抗大学员教唱歌。在一起工作中，他和郑律成配合得很好。当时，郑律成住在他隔壁，他俩像亲兄弟一样友好，郑律成常到他的住处来玩。一天，郑律成坐在他床上翻看他的笔记本，发现他那个本上有很多诗，高兴得不得了，很快为《子夜岗兵颂》谱了曲。郑律成唱给他听，他听后非常高兴，说："一首诗变成一支歌，那确实是一个质的飞跃。"到了1939年4、5月间，郑律成提出搞个"八路军大合唱"，约他写词。郑律成还说，什么叫大合唱，就是多搞几首歌嘛。此时，冼星海与光未然也提出搞"黄河大合唱"。"大合唱"这名称，就是这样来的。虽然公木住在山洞里，心胸和视野还是很开阔的。他首先写了《八路军军歌》和《八路军进行曲》，接着还写了《骑兵歌》《炮兵歌》。8月份，《八路军大合唱》的歌词全部写完。延安的条件是很艰苦的。当时抗大连风琴也没有，郑律成就哼着作曲，他唱，公木听。9月份，曲还没作完，郑律成就调到鲁艺音乐系去了。鲁艺音乐系的条件好一点，有乐器。10月份，郑律成作曲完毕，《八路军大合唱》的全部歌曲油印成小册子，传遍全延安，传遍全军，掀起了唱歌高潮，前方后方都唱。1940年5月，《八路军军歌》和《八路军进行曲》两支歌刊登在总政主编的报刊上。总政宣传部部长萧向荣还专门请公木和郑律成去吃饭，说了很多鼓励他们的话。

公木曾回忆说："如果我不坐几次牢，不亲身参加抗战，不亲自作抗战时事研究，那是绝对写不了这样的歌词的。在《八路军大合唱》中，抗战的三个阶段，我都写上了，写成大兵团音乐形象，不是某个游击队的形象。其实，1939年还没有形成大兵团，但要站在抗战形势发展的高度去写。这是我当时的一种真感情，很自然很自觉地写的。不是首长叫写的，也没有谁告诉我要这么写，也没领导提意见，更没有开什么研讨会。回想起来，那时我们二人胆子也真够大的,既没有请示也没有汇报,一写就是军歌、进行曲。这样的环境,我想只有在那个年代才有,在任何时候可能都是不行的。"

抗日战争胜利后,将《八路军进行曲》原歌词作了适当的调整,原歌词"自由的旗帜高高飘扬",改为"朱德的旗帜高高飘扬",由中央军委改名为《中国人民解放军进行曲》。解放后,又改为"毛泽东的旗帜高高飘扬"。1988年7月25日,经党中央批准,中央军委决定将《中国人民解放军进行曲》定为中国人民解放军军歌。

中国人民解放军军歌的歌词内容,反映了中国人民解放军的性质、任务、革命精神和战斗作风。曲调气势磅礴,坚毅豪迈,热情奔放。词曲浑然一体,表现了人民军队一往无前、无坚不摧的革命精神,塑造了中国人民解放军肩负历史重托,为中华民族的解放英勇奋战的英雄形象。

《中国人民解放军进行曲》形象鲜明,旋律流畅,音调坚实,节拍规整,集中表现了人民军队豪迈雄壮的军威,具有一往无前的战斗风格和摧枯拉朽的强大力量。

第十三章　毛泽东、谭政与"谭政报告"

毛泽东一生的著述极多，涉及的领域也极其广泛，党建、军事、经济、文化等等。但是奇怪的是，作为人民军队政治工作的主要开拓者和奠基人，他竟然没有一篇专门论述政治工作的文章。

是他不重视？答案显然是否定的。毛泽东一生可以说都在从事政治工作。红四军的第一任政治部主任就是他，红军总政治部正式组建后的第一任主任也是他。

是不需要？也不是。军队政治工作制度在中国军队中诞生是一个开天辟地的新事物，非常需要一个权威性、规范性、指导性的意见来定方向、把原则。

那么究竟是什么原因呢？答案很简单。环境恶劣，军情紧急，他实在无暇顾及。红军到达陕北稳住脚跟后，他曾经思考这个问题，只是"西安事变"的爆发又打断了他的思路。

但是，这项工作他还是做了，只不过他是委托别人做的，文章也是以他人的名义发表的，当然文章所表述的思想是他的。这个人就是时任总政治部副主任（毛泽东兼总政治部主任）兼陕甘晋绥联防军副政委和政治部主任、建国后接替罗荣桓元帅任总政治部主任的谭政大将。

谭政回忆说：

> 在抗日战争中，从1937年10月起到抗战胜利，我一直担任军委总政治部副主任，同时先后兼任过八路军后方政治部主任、陕甘宁晋绥联防军副政治委员兼政治部主任、留守兵团政治部主任。这使我对军队的政治工作有比较全面的了解。尽管时间过去了近50年，但许多事情是不会忘记的。

《关于军队政治工作问题》的报告,虽是由我组织调查、起草并在西北局高级干部会议上宣读的,但是这个报告是受党中央的委托,在毛泽东同志的具体指导下进行的。

直到今天我仍然认为,这个报告之所以成为继古田会议决议之后党在政治工作方面的又一个重要历史文献,是由于毛泽东、周恩来同志具体指导和亲自修改的结果,是全党和全军共同实践的产物。①

一、在井冈山斗争时期,毛泽东和谭政一个睡里间,一个睡外屋

谭政应该说是毛泽东了解并且信得过的人了。俩人的交往是从井冈山斗争时期开始的。

谭政,原名谭世铭,湖南湘乡人,1906年出生。和陈赓是小学同学,两人志趣相投,是同窗好友。16岁时,考入东山学堂念高中。毛泽东也曾在东山学堂学习过。在这里,谭政学得了马克思主义基础理论知识。在东山学堂毕业这一年,和同学陈赓的妹妹陈传鸿(秋葵)结婚,两人感情甚好。但是不幸的是,陈传鸿婚后不到两年就病逝了。受大革命运动和北伐战争的影响,谭政决心走救国救民的道路,1927年3月,在妻兄陈赓(此时任国民革命军第四方面军特务营营长)的帮助下,他来到当时中国革命的中心——汉口参加了革命,在特务营二连任文书,后又任营部准尉书记。为了表示投身革命的决心,他将名字改为谭政。

大革命战争失败以后,谭政加入了共产党员卢德铭领导的国民革命军第四集团军第二方面军总指挥部警卫团。不久,该团参加了毛泽东领导的秋收起义。

起义失败以后,在文家市,谭政第一次听到毛泽东讲话,毛泽东讲部队为什么不攻长沙而改道南下的道理,讲得实情实理,令人信服。

谭政第二次听毛泽东讲话,是在著名的"三湾改编"时。毛泽东对部队极富鼓动性的讲话,使谭政热血沸腾,也更加坚定了他跟毛泽东干革命的信心。在毛泽东的率领下,他随部队上了井冈山。不久他加入了中国共产党。

让谭政想不到的是,1928年2月,组织上选他去当毛泽东的秘书。

此时,井冈山斗争已坚持了半年多时间。红军主力又一次攻克遂川,革命根据地打开了局面。谭政在斗争中得到了锻炼,也逐步成熟起来。由于他

---

① 《中国抗日战争军事史料丛书》编审委员会:《中国抗日战争军事史料丛书·八路军·回忆史料》(6),第1—2页,解放军出版社2015年版。

在斗争中表现勇敢，革命立场坚定，又有一定的文化知识，当前委书记毛泽东需要一个秘书协助工作时，组织上几经物色，便推荐了他。

俩人的首次会面，便令谭政惊诧不已。

毛泽东欢迎过他后，问："你的老岳父陈绍纯先生还好吗？"

谭政一下子怔住了：以前是听岳父讲过认识毛泽东。可是毛泽东又怎么知道我是他的女婿呢？况且，我又改了名字？

见到谭政惊奇的神态，毛泽东哈哈大笑。没等回答，他就解释说："你原来的名字不是叫谭世铭吗？这次调你到前委来，从你的入党志愿书上看到的。你那老岳父可是个对社会、对革命有贡献的人！去年上半年，我在湖南家乡搞农民运动考察的时候，也到湘乡去了。见到陈绍纯先生，他说得很痛快，这个世道得乱透了才能分出个高低、分出个好坏来哩。陈先生对我说，他把大儿子陈赓打发出去了，这不，女婿谭世铭近日到汉口奔国民革命军了！"

毛泽东又说："这以后我就注意了你的行动。""秋收起义的时候，我就从卢德铭警卫团部队名单里找谭世铭，只看到有个谭政，没想到谭政就是这个谭世铭。这一次，我要宛希先推选个前委秘书，宛希先说，前不久入党那个谭政，是个知识分子，湖南湘乡东山学堂毕业的，从军前是个小学教员，参加秋收起义，上井冈山来了，表现很不错，革命很坚决，政治上很可靠。古文基础好，字也写得工整，很适合我毛泽东作前委工作。随后，我让宛希先把你的入党志愿书拿过来看，看到你的原名和现名，这就对拢了，原来现在的谭政就是陈绍纯先生的女婿谭世铭。看到了你，也就想到你的老岳父了，哈！哈！"

谭政这才恍然大悟。毛泽东这番拉家常似的谈话，使谭政感到格外亲切。不过可能是因为心情过于激动的缘故，他还是显得有点拘谨。

"毛委员，我今天是来前委报到的！前委在哪里呢？"谭政问。

毛泽东又笑了，他半开玩笑地指指他住的房子说："前委就在这儿，我一个书记，加上你一个秘书，实际工作人员就咱两个。"①

从此，谭政便成了毛泽东的首任秘书。在给毛泽东当秘书期间，俩人战斗在一起，生活在一起，朝夕相处，无话不谈。部队宿营时，也是里屋住一个，外屋住一个。谭政住外屋，以便处理日常的行政事务。毛泽东写文章时，谭政一遍又一遍地抄写。只有毛泽东与贺子珍结婚后，贺子珍来了，谭政才不

---

① 中国中共党史人物研究会编：《中共党史人物传》（精选本7），第557页，中共党史出版社2010年版。

与毛泽东住在一起。

在这期间，谭政协助毛泽东做了许多工作。比如，在紧张的斗争生活中，毛泽东开始给中央写《井冈山的斗争》的报告，此时正是井冈山的寒冬季节，生活非常艰苦。经常是部队一面打仗，毛泽东一面写。部队转移一个地方，他写一部分；写成一部分，谭政就用工整的字体眷抄，抄清了再修改。有时候，写到中间，毛泽东会突然停笔，走到另一间屋子，坐在谭政的床板上，递给谭政一支烟，两个人一边大口大口地吸，一边无拘无束地共同商讨问题。这段时间，谭政也经常提出一些自己理解不深刻的问题，如红军的政治工作问题、对红军成分的认识、对红军士兵的政治教育、对待俘虏和敌军官兵的改造使用、红军内部实行民主等问题，请毛泽东解答，毛泽东总是耐心地向他解释。

毛泽东也注意通过实际工作来锻炼谭政。

当时，驻守永新城里的是红三十一团，它是秋收起义队伍编成的工农革命军第一团。部队撤出永新城时，发生了违反城市纪律的事，一些人"兵痞"习气复发，逛窑子的，斗纸牌的，搜俘虏腰包发洋财的，无所不有。不但如此，他们还对商业者实行"一律没收"政策，商店里的东西乱拿乱抓，连剃头人的理发挑子也不放过。

毛泽东发现这一情况后十分生气，决定好好整顿一下。派谁去整顿呢？他想到了谭政。他认为，谭政给自己当秘书以后，政策、纪律水平都有很大提高，他去担负此项任务应当能够胜任。

谭政不负毛泽东的厚望，圆满地完成了任务。对于红军在永新违反城市政策和部队本身的问题，谭政专门写了报告给前委。毛泽东看过谭政的报告后，批了"军纪是革命的命脉"这样的话，并和红军部队重申了三大纪律八项注意。

不久，红三十一团党代表何挺颖牺牲，毛泽东又派年仅22岁的谭政去三十一团担任党代表。这是谭政走上政治工作领导岗位的开始。

临行前，毛泽东专门和他谈政治工作的重要性以及做好政治工作的方法，末了，毛泽东似是玩笑、似是鼓励地对谭政说："谭政，这次可真是谈政喽。"

从此，谭政与我军的政治工作结下了不解之缘。

之后，由于谭政表现出出色的政治工作才能，毛泽东又委派他担任红四军军委的秘书长、政治部训练部长。

谭政也直接参加了古田会议决议的起草工作。

1929年10月底，红四军军委办事机关，设在历代汀州府的院内。在这里，军委秘书长谭政接来了由上海开会回来的陈毅。不久，他又受陈毅的委托，派出一个战斗力强、武器装备较好的警卫班去永定县苏家坡接回了毛泽东。

毛泽东重新主持前委工作后，想很快了解部队的真实情况。谭政便毫无保留地把部队存在的种种错误思想，一一作了汇报。

在以后的一个多月里，为筹备红四军第九次代表大会，毛泽东带着谭政召开了许多个座谈会。在对部队的各种情况有了底数后，毛泽东又给谭政专门交待任务，要求他把调查到的问题、大家提出的解决问题的办法，加上谭政自己的意见，分门别类地归纳一下，争取九次党代会形成个决议案，以便部队贯彻。谭政在毛泽东的指导下顺利完成了这个任务。

在革命斗争实践中，毛泽东逐渐认识了谭政的工作才能，并且给予极大的信任。

二、抗战开始，谭政向党中央、毛泽东递交万言"意见书"

红军长征胜利到达陕北以后不久，由于"西安事变"的和平解决，国共合作的新局面开始形成，红军改编为八路军、新四军，并开赴抗日前线。形势、任务的变化，对红军政治工作提出了新的考验。如何适应这种变化，使政治工作更好地为红军建设服务，谭政一直在思考着。

此时，他已调任红一军团组织部长。尽管职务不算高，但长期从事政治工作的实践使他具有超乎常人的责任心和敏感性。他在认真学习了中共中央政治局瓦窑堡会议通过的《关于目前政治形势与党的任务》决议，听了毛泽东所作的《论反对日本帝国主义的策略》的报告后，思绪万千，难以平静。对新形势下红军的政治工作，他想说点什么。思考再三，他决定起草一个"万言书"，向党中央、中央军委和毛泽东提出关于新时期红军政治工作的改进意见。

1937年的春节，是谭政在陕北过的第一个年。然而，他却没有一点过节的心思。白天，他伏案写他的"意见"，夜深人静的窑洞里更是他做文章的好地方。近2个月的努力后，谭政终于写成了上万字的《关于红军中新的政治工作的意见》。3月26日，谭政向党中央、毛泽东呈报了自己的"意见书"。

谭政在《意见》中写道："党的政策的改变，使红军政治工作在某些问题上发生了重大的变化，添了许多新的内容。""第一，现在中日间的民族矛盾是主要的矛盾，阶级矛盾应当适应于民族的矛盾。第二，从比较单纯的社会活动转到复杂的社会活动。第三，在政治工作中要利用许多旧的形式来充实新的内容。"

谭政强调指出："不管红军怎样改变形式，但必须保证党在组织上、思想上的唯一领导。一切破坏或分裂组织和领导的企图，均须受到无情的打击。"

谭政在"意见书"的最后，对政治工作人员和政治机关的作风，提出了明确的要求。他指出："政治机关的工作人员必须加强，不仅要求他们能够完成指定的任务，而且要培养他们有单独判断问题解决问题的能力，与不怕负责解决问题的毅力。整个政治机关的工作，必须要求真正的建立集体领导与分工负责，使工作有计划地、系统地从组织上来推动，能够指挥如意地去领导部队的工作。""战争的发展与军队性质的改变，要求政治工作有高度的集中性与严格的政治纪律"，"反对各自为政的游击主义习气，要在总的原则与方针上，达到一致了解当前的任务，创立政治工作统一的意志，整齐步调协同一致地为着工作的一定目标去努力。"①

可以看出，谭政的"万言书"，提出了一个最核心的问题，就是坚持党对军队的绝对领导问题。同时，也提出要加强部队的政治思想工作。这在当时是有很强的针对性的。红军面临的形势是，蒋介石企图逼迫共产党放弃对军队的领导，提出红军不设总司令部，八路军取消政治委员、政治机关制度，向八路军派干部等要求；党内也存在试图放弃党对军队的领导权和不愿意接受党的领导的倾向。特别是王明，赞成国民党"只要一个军队"和"统一军令"的叫嚣，大力提倡"一切经过统一战线，一切服从统一战线"，要求和国民党军队"统一编制""统一指挥""统一作战计划"等。因此，谭政的主张符合当时我党、我军斗争的需要，有很强的指导意义。同时，谭政的这些思想，也正是毛泽东一贯倡导的、当时正欲特别强调的主张。因此可以说，这是他跟随毛泽东近十年来，跟毛泽东学习政治工作的一次自我考试。显然，这次考试是合格的。《意见》书提交后，立即引起了党中央和毛泽东的重视，很快就向红军作了转发。

谭政《关于红军中新的政治工作意见》，很快由中共中央加按语转发。按语指出：谭政的"意见书"，"对红军中的政治工作从土地革命战争向抗日民族革命战争的转变，发挥了重要的指导作用"。②

谭政不久就入抗大第一期受训，毕业后即任八路军后方政治部组织部长、

---

① 总政治部办公厅编：《中国人民解放军政治工作历史资料选编》第三册，第756—763页，解放军出版社2002年版。

② 中国中共党史人物研究会编：《中共党史人物传》（精选本7），第565页，中共党史出版社2010年版。

政治部主任等职。1937年10月,担任中央军委总政治部(对外称八路军政治部)副主任一职,1942年5月又兼任陕甘宁晋绥联防军(联防军统辖留守兵团和晋绥等部队)副政治委员兼政治部主任,后又兼留守兵团政治部主任。而在这个比较长的时期,中央军委总政治部主任一职是由毛泽东兼任的,因此此时的谭政又成为毛泽东领导八路军政治工作的得力助手。

如果说,毛泽东军事思想、哲学思想等在抗日战争时期有了大发展,那么,在毛泽东直接领导下的军队的政治工作此时也有了新发展,并日趋成熟。而谭政在这个时期,除了处理日常工作外,还写了不少政策性很强、对军队政治工作有指导意义的文章,成为毛泽东军队建设思想的组成部分。

当然,谭政在工作中得到了许多同志的帮助。比如,时任总政治部副主任的傅钟曾对他的文章多次提出宝贵意见;又如萧向荣,是1926年参加革命的老红军战士,此时担任总政治部秘书长、宣传部长兼《八路军军政杂志》主编,谭政撰写文章,总是主动去听取他的意见,至于谭政刊登在《八路军军政杂志》上的文章,更是经过他这位主编之手的修改;还有胡耀邦,当时是总政主管干部、人事调配工作的组织部长,谭政在写《关于八路军的干部问题》《八路军新四军的干部政策》等文章时,得到了胡耀邦大力帮助。

因此,谭政曾谦虚地说,如果说他在抗战期间为总政治部、留守兵团起草文稿、撰写文章对军队政治工作建设有些指导作用的话,应该是有毛泽东等人的指导,是总政治部的机关各级干部帮助的结果,是集体智慧的结晶,他自己只是动手执笔写出来而已。

三、毛泽东指示将"古田会议决议"印发至连长一级,当教材熟读

还在全党全军整风运动普遍开始之前,1942年1月23日,谭政、莫文骅(留守兵团政治部主任)收到毛泽东写来的一封信,信中针对陕甘宁晋绥联防军部队的实际情况,明确指示:"将四军九次大会决议多印数千份,发至留守部队及晋西北部队,发至连长为止,每人一本,并发一通知,叫他们当作课材加以熟读。(各级干部均须熟读)"①

这实际上就是军队开展整风运动的先声。

根据毛泽东的指示,4月6日,谭政、莫文骅以留守兵团政治部名义发出《关于学习红四军九次党代表大会决议的训令》,指出:"《决议》不仅对当

---

① 《毛泽东军事文集》第二卷,第675页,军事科学出版社、中央文献出版社1993年版。

时中国红军的建军有很大的意义与决定作用,就是对今天八路军新四军的建设仍有着重大的现实意义,我们部队各种非无产阶级思想与不正确倾向的存在,主要原因就是没有贯彻执行《决议》。"①

《训令》还规定,从4月15日至7月1日为《决议》的集中教育期。上至高级指挥员、政治人员,下至科员、干事、排长,都要把《决议》当教材,熟读牢记,把它的条文作为检查自己过去和现在工作中优缺点的提纲和指南。

为了使《决议》的学习真正收到成效,留守兵团政治部抽调大批干部,组织了考察组,用几个月时间,深入连队,进行调查研究和工作指导,仅整理的调查材料即达4集13本之多。

在《决议》学习行将告一段落的时候,从1942年7月起,中央军委派出以朱德、王稼祥、叶剑英、肖劲光、谭政、傅钟为领导的考查团,检查了留守兵团5年来的工作。随后,中央西北局于1942年10月19日在延安召开了高干会议(亦称陕甘宁边区高干会议),这次会议开了将近3个月,直到1943年1月14日才结束。

这次高干会议,是陕甘宁边区党政军民学各界高级干部一次成功的整风会议。

10月21日至22日,毛泽东在会上作了《关于斯大林论布尔什维克化十二条的演讲》,联系党的历史经验和陕甘宁边区的实际情况,尖锐地批评了军党、军政、军民关系方面存在的同党闹独立性,不执行中央命令,以及军阀主义倾向等严重问题。他的批评在与会人员特别是在军队高级干部中间引起了巨大的反响。

针对毛泽东的讲演,与会各方面的负责同志开展了深入的讨论和深刻的自我批评,充分揭露和批判了当时存在于党内的自由主义和闹独立性的倾向,以及军队中的军阀主义和地方上的官僚主义倾向,提出了改正的措施。时任陕甘宁晋绥联防军司令员的贺龙以及任弼时在会上作了关于军队问题的发言。

1942年11月4日,贺龙在会议上作了《关于整军问题》的报告。他着重就"为什么要提出整军?""整军要整些什么?""怎样来进行整军?"作了阐述。

1943年1月7日至9日,任弼时在会上作了《关于几个问题的意见》的长篇讲演,内容包括《关于党的一元化领导问题》《向贺龙同志学习》《领导

---

① 姜思毅主编:《中国共产党军队政治工作七十年史》第二卷,第345页,解放军出版社1991年版。

方法和工作方法》等。他在《关于党的一元化领导问题》的报告中,专门提出"肃清部队中军阀主义的倾向"。他在肯定我军仍然保持优良传统的同时,指出军阀主义倾向正在腐蚀和摧毁着我们的优良传统,必须保持警惕,认真开展反对军阀主义的思想斗争。从而为军队的整风指明了方向。他指出:

"这种军阀主义的倾向,表现在军队中的某些干部,特别是某些高级干部,有一种把党的军队看成自己的势力的坏想法。他们要想自己培植一个系统,造成一种势力,用一些不正确的办法,拉拢一些干部,若要调动他部队中的人员或干部,他是不愿意的,若要他自己离开原来的部队,他更是不愿意的。在对党的关系来说,往往是利用他在部队中的地位与势力和党对立起来,在他的脑筋中,觉得军队比党还重要。这种思想与'军权高于一切','以军治国'的军阀主义思想不是没有联系的。这样他就会对党的领导不尊重,对党的政策不研究,更不必说去坚决执行了。"

"这种军阀主义的倾向,表现在某些部队内,干部和士兵之间的关系,较之红军时代,起了一种变化。今天的留守兵团中,一般地说,指挥员和战斗员的关系比之红军时代,恐怕要差一些。某些部队中的某些指挥员,产生一种脱离战士群众的严重现象,产生一种只图自己享乐的腐化思想。他们破坏了革命军队过去所建立的各种严格的优良的制度,甚至于浪费和贪污的也有。这种人的思想和品质是在逐渐蜕化着,他们已经不会真正去照顾士兵的生活问题,已经有着一种剥削阶级的思想意识,即使有时对士兵实行打骂,他们也认为算不得什么了不起的事情。同时,这些干部之间的关系,也从正确的原则关系变而为无原则的拉拉扯扯,互相包庇,瞒上欺下,勾心斗角,以至互相排挤,拒绝批评与自我批评。这些人虽是少数,但他们却起着一种腐蚀和瓦解革命军队的作用。"

"这种军阀主义的倾向,还表现在部队中政治工作和党的工作之松懈与削弱,政治委员和政治机关的地位与威信也日渐降低。对部队中所发生的一些不良倾向,不去作积极的斗争和纠正,反而采取自由主义的放任态度,这样就使一些不良倾向更加滋长,如嫖、赌、贪污、逃亡的现象,在某些部队中相当严重。"

"这不是说明革命军队的纪律松弛了吗?这不是说明部队中政治工作和党的工作是被削弱了吗?甚至我们可以说,在这种不良倾向较严重的个别部队里,简直是没有政治工作和党的工作的地位了!"

"这种军阀主义的倾向,还表现在军队与人民的关系上,较之内战时期和抗战初期,一般地说,是差了一些。军队照顾人民的利益和帮助老百姓做事是不够的,而侵犯老百姓的利益,欺压老百姓的事情,甚至打骂老百姓,打骂政府工作人员的事情发生得相当多。军队遵守政府法令的精神不够,而破坏政府法令的现象却不少,比如私用法币,包庇走私,偷漏税收等。甚至有人这样说:'有政策就是有违反政策的,有纪律就是有破坏纪律的,不然个个都是布尔什维克,哪儿还有开除党籍的人?'同志们,这就是他们'坦白的'说出了他们对党和党的政策所采取的态度!军队中有些干部骂政府,甚至骂到边区政府的头上。他们对政府的一切法令是有眼看不见,有耳听不到的。无怪乎有人这样说:'政府的法令只能够拥护,不能够执行!'这便是某些部队对人民、对政府采取军阀主义倾向的结果。"[①]

为了检讨军队方面的问题,在高干会议后期,1942年12月6日,又专门召开了陕甘宁边区部队军政干部会议。经过会议一番讨论,大家找到了军队中的两个重大原则性问题——军阀主义偏向和教条主义偏向。

谭政在会议上作了《肃清军阀主义倾向》的报告,指出目前军阀主义在部队中的表现:

"军阀主义倾向第一种表现,就是某些干部产生着一种把党的军队看成自己的势力,想要造成一种力量,培植一个系统,拉拢一些干部。""军阀主义倾向第二种表现,就是官兵关系的不正常,官兵之间脱节。""军阀主义倾向第三种表现,就是干部关系的不正常。""军民关系恶化,军队与地方关系之极不正常,是军阀主义倾向之第四种表现。""军阀主义倾向第六种表现,就是贪污腐化的现象,个人特殊化的现象,以及铺张的作风是相当普遍的。"谭政专门强调,"政治工作应有的职权与地位被忽视、被抹煞,影响政治工作威信降低,是军阀主义倾向的第五种表现。"

他指出:"在我们部队中这几年来产生了一种不正确的倾向,这就是有意无意地阻止政治工作的进行。他们把政治工作列入从属的地位,认为政治工作是不必要的,是可有可无的,不给政治工作以物质保证,诬蔑政治工作为吹牛皮、卖膏药。他们不参加政治工作,不帮助克服政治工作中的缺点,他们只是站在一旁说风凉话放冷箭,他们惟恐政治工作做出成绩,他们爱争权表功,成绩是我的,事情弄坏了是你的,这样态度简直不是共产党员的态度。"

[①] 中共中央文献编辑委员会:《任弼时选集》,第269—271页,人民出版社1987年版。

他强调:"政治工作对于军事行政、军事作战的任务有保证的责任,这完全不错的。但这不是说,政治工作除了保证工作一项而外,就没有它的独立的工作了,它还有许多独立工作要担任的。这就是说,它是有它独立的任务,不承认政治工作的相对独立性,认为政治工作只是跟随军事工作的某一具体措施之后的保证工作,这是减轻政治工作责任,客观上等于削弱政治工作在军队中的地位。""无论军事工作,政治工作或供给卫生工作,同是军队的一个组成部分,等于一架机器的组成一样,彼此只有分工不同,而目标是共同一致的。我们工作的目的,在于加强部队的战斗力,而不是减弱战斗力,彼此之间不是孤立地进行工作,而是共同地进行工作,因此要有分工,但又要有配合。"①

谭政还具体提炼归纳了革命军人的品质。

他强调:"我们一方面反对军阀主义倾向,同时要教育干部以革命军人的品质,并逐渐培养他们具有这样的品质。"

什么是革命军人的品质?革命军人的品质应当怎么样?

谭政指出:"第一,要有革命的人生观。""第二,要有坚强的党性。""第三,是勇敢的但又是和蔼的。""第四,军队干部应当成为执行政策的模范。""第五,军队干部必须不断地求进步。""革命的人生观,坚强的党性,优良的作风,执行政策中的模范,与不断的求进步,这就是军人所应具备的品质的五个标准。"②

从此次会议结束到1944年春的一年多时间里,在边区部队及全军范围内,展开了以反对军阀主义和教条主义为中心的整风运动,使军队建设和政治工作都发生了根本性的变化。

四、谭政说,毛泽东为这个报告增写了19个段落,共3000多字

1944年初,延安整风进入总结提高阶段。军队政治工作的总结提高也是这一时期毛泽东反复考虑的问题。早在1938年11月,毛泽东就对我军政治工作的研究作过评价,他说:"政治工作的研究有第一等的成绩,其经验之丰富,新创设之多而且好,全世界除了苏联就要算我们了,但缺点在于综合

---

① 中共中央文献研究室、中央档案馆编:《建党以来重要文献选编(一九二一——一九四九)》,第二十册,第66—74页,中央文献出版社2011年版。

② 同上书,第76—78页。

性和系统性的不足。"①此刻,他认为,通过整风运动,全面系统地总结古田会议以后十五年来我军政治工作的经验教训,军队政治工作的理论研究在"综合性和系统性"上取得突破的条件和时机已经成熟了。

他召集陕甘宁晋绥联防军主要领导贺龙(司令员)、徐向前(副司令员兼参谋长)、肖劲光(副司令员)、谭政(副政治委员兼政治部主任)等开会,专题研究部队政治工作问题。

接着,中央军委和总政治部做出了全面检查军队政治工作的决定,并于2月通告山东和各战略区:"现在总政正在准备彻底检查我们部队中的政治工作,不仅是抗战时期的,内战时期的也要检查,从整个政治工作方向、制度、作风来一个全面检讨,使我们的政治工作更适合于今后党的任务。"②

之后,毛泽东又专门把谭政请去,研究抗日战争反攻前夕这一个关键的历史转折时期加强军队建设的问题。

经过广泛的调查研究和艰苦思索,谭政拿出了《关于军队政治工作问题》的报告初稿,并立即送毛泽东审阅。

毛泽东在审阅初稿时作了修改,并给谭政写了一封信,指出《报告》的逻辑、文法和标点使用有进步,但不完善。指示将修改稿送周恩来审查修改,同时送给当时在中央党校学习的各根据地主要领导征求意见。

周恩来亲自召集在中央党校学习的各地领导干部、留守兵团的负责同志和从前方回到延安准备参加党的七大的旅以上干部,讨论这个报告稿。还在杨家岭召开了一、二十人参加的座谈会,听取了意见。

谭政吸收大家的意见,进一步充实了《报告》的内容。

1944年春,西北局召开高级干部会时,毛泽东又让周恩来组织出席会议的县、团、分区及边区一级负责同志266人,对这个《报告》稿进行了多次讨论。

之后,毛泽东又反复修改了多遍,并加进去了大量的、十分精辟的内容。

1978年,谭政回忆说:

  当时,我经过一个多月的准备、起草和多次修改,写成了报告初稿,即送毛泽东、周恩来同志审阅修改。毛泽东同志为这个报告增写了19个段落,共3000多字,强调把"团结自己,战胜敌人"作为革命军队的总

---

① 《毛泽东选集》第二卷,第554页,人民出版社1991年版。
② 总政治部办公厅编:《中国人民解放军政治工作历史资料选编》第七册,第392页,解放军出版社2002年版。

方针和总目的。随后，将修改稿印发给当时各根据地在延安中央党校学习的主要领导干部阅看，并由周恩来同志主持座谈会，征求他们的意见。我在西北局高干会上宣读这个报告以前，还经过扩大的中央书记处会议的讨论和批准。[①]

毛泽东修改完成后，报告又经中央扩大的书记处会议讨论通过，最后中央决定，以谭政的名义于1944年4月11日在西北局高干会上由谭政以作报告的形式发表。

这个报告毫无疑问是毛泽东与谭政等同志一起呕心沥血，总结我军政治工作经验教训，并进行理性思考的光辉结晶；是党政军许多领导干部集体智慧的产物；是毛泽东政治工作思想的集中体现。

这个报告分"关于边区军队一年经验的总结""关于发扬政治工作中的成绩与纠正政治工作中的缺点""关于组织形式与工作制度中的一些规定"等三个部分。《报告》全面总结了古田会议之后军队政治工作的经验教训，论述了人民军队政治工作的性质、地位与基本方针、原则，并且提出了改革政治工作组织形式与工作制度的意见，阐明了对待政治工作传统应当持有的正确态度。因此它成为对军队政治工作建设具有划时代意义的文件。

这里不妨抄录几段精彩的又是经典的论述：

"所谓军党关系，即是说我们的军队，必须完全的绝对的无条件的放在共产党及其领导机关的政治指导之下，不能闹独立性。"[②]

"长期革命斗争的经验证明，我们军队的任务，不只是一个单纯地对敌斗争的任务，四军古田决议中已经明确的规定了这一点。由于我们军队的特殊环境，我们在内战时期，曾经规定以作战、筹款与做群众工作作为军队的三大任务。""不过在抗战时期，筹款的方式改变了。我们提出了军队进行生产运动的任务，借以改善军队生活与减轻根据地人民的负担。于是我们八路军新四军今天的任务，就变成战争、生产与做群众工作这样三大任务了。"[③]

"干部思想的进步是一切工作进步的枢纽，只有在干部思想有了进

[①] 《中国抗日战争军事史料丛书》编审委员会：《中国抗日战争军事史料丛书·八路军·回忆史料》（6），第1—2页，解放军出版社2015年版。

[②] 中共中央文献研究室，中央档案馆编：《建党以来重要文献选编（一九二一——一九四九）》第二十一册，第204页，中央文献出版社2011年版。

[③] 同上书，第221—222页。

步之后，工作的进步才是真正可靠的进步，而如若离开思想进步去求什么工作上的进步，便必然只会是表面的与形式的。在一定物质基础之上，思想掌握一切，思想改变一切，这个真理，已为去年的经验所完全证实。"①

"每一运动，每一工作，都是先使组成领导核心的各级主要干部先懂得，然后采取群众路线，通过群众去进行思想动员与舆论动员，使一般干部与广大群众也懂得，然后才动手去做。"②

"中国共产党从它参加与领导中国民族民主革命以来，从它参加与领导为这个民族民主革命而战的革命军队以来，就创设了并发展了军队中的革命的政治工作。这种政治工作的基本原则，是以民族民主革命的纲领教育军队，是以人民革命的精神教育军队，使革命军队内部趋于一致，使革命军队与革命人民、革命政府趋于一致，使革命军队完全服从革命政党的政治领导，提高军队的战斗力，并进行瓦解敌军、协和友军的工作，达到团结自己，战胜敌人，解放民族，解放人民的目的。这就是我们的军队和其他军队的原则区别。我们说，共产党领导的革命的政治工作是革命军队的生命线，就是指的这个意思。拿了这种革命的政治工作去和革命的军事工作相配合，就成了革命军队的全部工作。"③

"在抗战初期，曾经一时迁就国民党，取消了政治委员制度，降低了政治工作的地位，这是错误的。后来改正了，恢复了政治委员制度，提高了政治工作地位，这是很对的。政治工作在任何一部分革命军队中，都应有其适当的地位，都应适当地强调它的作用，否则这个部队的工作就要受到损失。特别是在那些政治工作比较薄弱的部队，这样的强调十分必要。对于政治工作地位的过分强调是不对的，但是没有必要的强调，没有必要的地位，也是不对的。"

"整个军队的方向就是政治工作的方向。因此，政治工作的任务，只能根据我军的基本任务（为反帝反封建而斗争，为战争、生产与群众工作而斗争等）与当前具体任务（如反"扫荡"，反"蚕食"，生产运动，整训运动，防止奸细，整顿三风，统一领导，精兵简政，拥政爱民，改

---

① 中共中央文献研究室、中央档案馆编：《建党以来重要文献选编（一九二一——一九四九）》第二十一册，第206页，中央文献出版社2011年版。
② 同上书，第211页。
③ 同上书，第214页。

善军党、军政、军民、官兵、上下级、各部分军队之间的关系等，依当前需要而作具体布置）去规定，不能在我军基本任务与当前具体任务以外再有所谓政治工作的独立任务。政治工作就是以革命精神教育军队，从思想上、政治上与组织上去保证这些任务的完成。如果在这方面强调政治工作的独立性、特殊性，把政治工作任务与整个军队任务分离起来，那便是不对的，那便会是产生政治工作与军事工作目标不一致，使政治工作脱离实际、显得空虚的原因。任何组织形式、工作方式、工作方法，都是根据情况与任务而产生的，是从属于一定情况与任务的，是应该依据情况与任务的变更而变更的，政治工作的组织形式、工作方式、工作方法，也是如此。所以，如果离开军队的具体任务去谈政治工作的组织形式、工作方式、工作方法，把组织形式、工作方式、工作方法与整个军队的具体任务相分离，并把它看成绝对的东西，那是不能不变成教条主义、形式主义的东西的。"[1]

"在我们军队中，应该把尊重工农出身的干部与尊重知识分子出身的干部，尊重老干部与尊重新干部的方针，同时提了出来，并使这些干部很好的结合起来。"[2]

"在军队的政治教育中，要把培养高度的对敌仇恨与争取敌军俘虏二者区别而又统一起来。没有前者，就不能振起一往无前、杀敌致果的士气；没有后者，就不能瓦解敌军官兵。""如果说对敌人是用'霸道'，那末，对同志、士兵，对人民、朋友，就是用'王道'。对前者是打击，是消灭；对后者是尊重，是说服。"[3]

谭政报告还归纳了政治工作的毛病表现："第一个毛病，就是形式主义。""第二个毛病，就是平均主义。""第三个毛病，就是重号召不重组织，以一般号召代替具体指导，换句话讲，就是空喊。""第四个毛病，就是有些同志的孤立主义。不是人家孤立我们，而是我们自己孤立自己。这些同志，首先，不把政治工作看作是群众工作，不从群众观点出发，不采取群众路线，不组织群众行动，宁愿将政治工作锁在狭隘的圈子里，只有少数政治工作人员在做，在忙，广大群众却在那里闲着。"

---

[1] 中共中央文献研究室、中央档案馆编：《建党以来重要文献选编（一九二一——一九四九）》第二十一册，第219页，中央文献出版社2011年版。
[2] 同上书，第223页。
[3] 同上书，第224—225页。

"总起来说：形式主义的作风、平均主义的作风、空喊的作风与孤立主义的作风，本质上都是小资产阶级的作风，都是主观主义教条主义的作风。这种作风不是共产党人的作风，不是革命军队的作风。它同党的作风、革命军队的作风，是不相容的。政治工作中存在着这样的作风，就会减弱它的革命性，即使党的路线是正确的，政治工作方向是正确的，如果这些作风不改变，仍然无力完成政治工作的任务。"[1]

　　谭政作的《关于军队政治工作问题》的报告一发表，立即在党和军队中引起了巨大反响，很多高级干部高度赞扬了它的重大意义，评价它是继"古田会议决议"之后我军政治工作的又一里程碑。

　　报告发表不到10天，1944年4月20日，中共中央宣传部、总政治部专门下发了《关于印发谭政"关于军队政治工作问题"的通知》，指出：

　　"谭政同志一九四四年四月十一日在西北局高干会上关于军队政治工作问题的报告，是八路军新四军政治工作问题的全面总结，其中关于发扬成绩纠正缺点部分，及组织形式工作制度部分，都是八路军新四军全体适用的；关于边区经验部分，亦值得全军重视。八路军新四军连级以上一切政治工作、军事工作、后勤工作干部，应一律将此文件作为整风文件与固定教材，加以研究讨论，并须联系实际，改造自己的思想与工作。对于文化程度低的干部与全军战士，则应根据这一文件的精神与各部队中存在的具体问题，编为通俗教材，进行普遍的教育与检讨。"

《通知》同时指出：

　　"这一文件，不但特殊地解决了军队政治工作问题，而且也一般地解决了我党历史经验、领导方法与工作作风上的许多问题，为全党干部所应注意；同时，为了了解党的军队工作的方针，为了指导和协助各地军队工作，全党干部亦应研读这个文件。"[2]

　　几十年过去了，在政治工作的有力保证下，我们的军队由弱小走向壮大，取得了一个又一个胜利。回过头来看，谭政报告对政治工作建设所起到的作用功不可没。长期以来，人民解放军以《古田会议决议》和谭政《关于军队政治工作问题》的报告（又称"谭政报告"）作为建军路线和政治工作的历史文献教育部队。建国以后，军委及总政治部曾几次将这个报告重新印发部队。

---

[1] 中共中央文献研究室、中央档案馆编：《建党以来重要文献选编（一九二一——一九四九）》第二十一册，第227—231页，中央文献出版社2011年版。

[2] 同上书，第202页。

它已经被公认为是我军政治工作成熟的主要标志。

叶剑英元帅1978年5月29日在全军政治工作会议上的讲话中，对这个报告的高度评价就说明了这一点：

> 这个报告"是继古田会议决议之后，我军政治工作的又一历史性文献。它肃清了王明路线在政治工作上的影响，发扬了优良传统，进一步提高了我军政治工作的威信和地位"。[1]

---

[1] 姜思毅主编：《中国共产党军队政治工作史》第二卷，第362—363页，解放军出版社1991年版。

第四编　解放战争时期

　　这一时期，我军政治指挥和政治工作的基本任务是：贯彻党在民主革命时期的总路线、总任务，用自卫战争粉碎国民党反动派的进犯，敢于决战，敢于胜利，打倒蒋介石，建立新中国，为夺取革命的全国胜利而奋斗。围绕这一基本任务，我军政治工作无论是内容还是方式方法，都比土地革命战争和抗日战争时期有了许多卓有成效的新创造，进一步丰富、发展和完善了我军政治指挥和政治工作。

第十四章　军队党委制的探索

在解放战争中,担任晋冀鲁豫军区政委的邓小平同志有句名言:把千军万马置于党中央视线之下。为了做到这点,在远离党中央千里迢迢的战场上,他不顾战斗环境的艰险,不顾劳累,总是把部队情况向党中央报告得清清楚楚。为做到这一点,晋冀鲁豫军区在全军首先恢复实行我军自1931年11月起中断近14年的党委会制度。

罗荣桓元帅曾在《秋收起义与我军初创时期》一文中总结指出:"党始终是军队的领导者、组织者和鼓舞者","没有党的领导,就没有革命的军队。离开了党,一切都要失败。我军整个历史,都充分地证明了这个真理。"他还进一步总结说,"历史上对于党的集体领导制,曾发生过多次动摇,每一次动摇,都使部队在政治上受到重大的损失。"①

一、南昌起义到古田会议——我军党委制的形成时期

我军实行军队党委制度的历史可以追溯到1927年的"八一"南昌起义。因此,可以说,军队党委制和我军的诞生是同步的。只不过那时党对军队实施领导的组织形式叫前敌委员会,而不叫党委员会。

1927年7月,为了反抗国民党反动派的血腥镇压,中共中央临时常委决定发动南昌起义。为了加强党对这次起义的领导,7月27日,党中央决定由周恩来、李立三、恽代英、彭湃4位同志组成中共前敌委员会,周恩来为书记。同时指出,这一前敌委员会,是"指挥前敌一切事宜"的党的领导机关。这就说明前敌委员会是领导起义的权力核心。

---

① 中国人民解放军战士出版社编:《星火燎原》(选编之一),第135页,战士出版社1979年版。

在前敌委员会的领导下,起义军各军建立了军党委,各师建立了师党委,各团建立了党总支或者党支部,有3个以上党员的连队还建立了党支部。为实行党对起义军的独立领导,中央明确规定了"党的作用高于一切"的原则,指出:"军中党的组织是一切组织的根源",党组织的主要任务是"管理支部生活,执行党的政策,监督军队活动"[①]。

对于前委在起义部队中建立的各级党的组织,党中央给予了充分肯定。1927年12月21日,中央在给朱德及其率领的南昌起义部队全体人员的指示信中,要求广大官兵"必须依照从前的组织系统管理支部生活,执行党的政策,监督军队行动"[②]。由此可以看出,党在南昌起义时就在部队中建立了全面领导整个起义的"我党领导机关"——前敌委员会,并同时在军、师中设立了党的委员会,团有党总支或党支部。当然,基于当时的环境条件,这一制度是以秘密方式表现的,因而其领导作用受到了很大的局限。

"秋收起义"标志着我军形成了以党委制为主要形式的领导体系。"八七"会议后,党中央派毛泽东以中央特派员的身份到湖南领导秋收起义并组建了以毛泽东为书记的前敌委员会,作为领导起义的集体领导组织。

1927年9月,出于长期斗争的考虑,毛泽东率领秋收起义部队向江西罗霄山脉中段的井冈山转移。进军途中,在江西永新县三湾村,毛泽东组织进行了我军历史上著名的"三湾改编",第一次在军队实行了班有党员、排有党小组、连队建立党支部、团建立党委的新制度。同时前委向连、营、团三级委派了党代表,由党代表担任党支部书记或者党委书记,负责领导党的工作和政治工作,并且规定部队的一切重大问题都要经党组织集体讨论决定。这就从组织上确立了党对军队实施的新型的领导制度。

对这种制度,罗荣桓曾经评价说:"三湾改编实际上是我军的新生,正是从这时开始,确立了党对军队的领导。""三湾改编的重要历史意义,就在于正是从这时开始,确立了党对军队的绝对领导,奠定了新型的革命军队的基础。"[③]

1928年4月,朱德、陈毅率领南昌起义所余部队和湘南起义农民军与毛

---

① 中央档案馆编:《南昌起义》(资料选辑),第26页,中共中央党校出版社1981年版。
② 解放军政治学院政治工作教研室编:《军队政治工作历史资料》第二册,第42页,战士出版社1982年版。
③ 中国人民解放军战士出版社编:《星火燎原》(选编之一),第131、135页,战士出版社1979年版。

泽东的秋收起义部队在井冈山会师，并成立了中国工农红军第四军，毛泽东为党代表。红四军成立了党的前敌委员会，由毛泽东等5人组成。在毛泽东主持下，红四军在部队中建立了连支部、营委、团委、军委四级党的组织。

前委和军委的职权划分是：前委是边界党和军队及政权的最高领导机关，军委对内是军中的最高领导机关，隶属于前委，对外即是边界苏维埃军队委员会，指挥红军及地方武装。

毛泽东、朱德在红四军建立各级党组织和加强组织建设的经验，得到了以周恩来为代表的中央领导人的肯定。1929年3月，中央在给贺龙及湘鄂西前委的指示信中指出："在朱、毛军队中，党的组织是以连为单位，每连建立一个支部，连以下分小组，连以上有营委，团委等组织。"要求他们在部队建党中进行"参考"①。

1929年12月红四军在古田召开的党的第九次代表大会是我党、我军历史上一次极其重要的会议，它总结了红军创建以来的军队建设经验，确立了人民军队建设的根本原则。"古田会议决议"规定："每连建设一个支部，每班建设一个小组，这是红军中党的组织的重要原则之一。""各级党部不单是解决问题和指导实际工作的，它还有教育同志的重大任务。""各级党部的工作态度，应该比较以前更积极起来。"②这就确定了以党委（党部）支部制为主要内容的党对军队的领导原则，从而在政治上、组织上为我军党委制的巩固和发展奠定了基础。

二、"左"倾冒险主义的干扰、国共合作的妥协：军队党委制的曲折发展

就如任何事物都不可能在一条平滑的直线上前进一样，我军党委制建设也出现过波折乃至反复。

首先是"左"倾冒险主义导致我军党委制的中断。正当革命形势日益好转红军日益壮大的时候，党内出现了"左"倾冒险主义。1931年1月7日，党中央在上海召开了六届四中全会，会上王明等人以"执行国际路线""反对立三路线"为旗号，推行"左"倾冒险主义，取得了在中央的领导地位。这次"左"倾冒险主义在军队建设中突出表现为教条主义，即不顾中国革命具体实际，机械搬用苏联红军的经验，反对在红军中建立各级党委制，强调单一的首长

---

① 解放军政治学院政治工作教研室编：《军队政治工作历史资料》第二册，第140页，战士出版社1982年版。

② 中共中央文献研究室：《毛泽东文集》第一卷，第88—90页，人民出版社1993年版。

指挥，取消和削弱红军的集体领导与民主制度，给予政治委员最后决定权。

1930年冬颁布的《中国工农红军政治工作暂行条例草案》规定："红军中政治委员及政治机关，是红军中政治指导者。党在政治委员及政治机关指导之下进行工作。""在军团、军区革命军事委员会及军、师、与其相同等部队之政治部中，均须设立党务委员会。""党务委员会的权限在于讨论并决定关于破坏党章及党道德，以及接收党员与处罚党员的一切事项。"①

1931年11月，中央苏区在赣南召开了第一次党代表大会，通过《中央苏区第一次党代表大会红军问题决议案》。《决议案》错误地认为，党在红军中的各级委员会"包办一切"，使红军中的军事、政治机关失去了独立系统工作的能力，变成了不健全的残废机关，"加强党在红军中领导作用，首先就要彻底实行政治委员制度和建立各级政治工作机关的组织与工作。因为政治委员和政治部是代表党和政府在红军中党的最高政治机关和人员。打破党的包办主义，把在红军中超过政治委员政治部的职权的各级党的委员会取消，党的一切组织都应该在政治部管理之下，这样才是彻底实行政治委员制度的主要前提。"②

大会还在《党的建设问题决议案》中明确指出："为要强健红军中党的组织，保障党的政策的实现，和加强红军中的政治工作与军事训练，党应当切实实行政治委员制度与红军政治工作条例。红军中包办一切军队行政的各级党的委员会应即取消。"③

这次会议后，红军各地区部队先后贯彻了这一决议，我军党委制被迫中止。

1932年8月，毛泽东在宁都会议上被撤销了红军领导职务，被迫离开红军。至此，赣南会议的错误主张在红军中占据了统治地位。应当看到的是，尽管我党出现了以王明为代表的错误思想，但是许多单位不愿意放弃经过实践证明行之有效的党委制，因此，或者迟迟不执行错误的决定，或者名义上取消了党委制，实际上党委制有关集体领导的内容被坚持下来。

在党委制中断后的红军中，党务工作由党务委员会负责。党务委员会通

---

① 总政治部办公厅编：《中国人民解放军政治工作历史资料选编》第一册，第600页，第614—615页，解放军出版社2002年版。

② 总政治部办公厅编：《中国人民解放军政治工作历史资料选编》（第二册），第812页，解放军出版社2002年版。

③ 同上书，第807页。

过选举产生，负责维护法纪和发展党员等日常党务工作，其工作限于"讨论及决定破坏党章及党道德，以及接受党员与处分党员的一切事项"。

以政治委员一长制及党务委员会制代替党委制的做法是一种倒退，它直接导致红军组织建设受到破坏和削弱。

"遵义会议"后恢复了我军党的集体领导制度。1935年1月，党中央在遵义召开政治局扩大会议，结束了王明"左"倾冒险主义在党中央的统治。会议认为，在党对军事的领导上，博古等人的领导方式极端恶劣，军委的一切工作为一个人包办，把军委的集体领导完全取消，对军事上的一些不同意见不但完全忽视，而且采取各种压制的方法，破坏党的集体领导原则。会议决定由毛泽东、周恩来、王稼祥三人组成军事指挥小组，负责全军指挥，在党中央恢复了党对军队的集体领导。

同时，中央认为，单纯的首长负责制不利于在复杂情况下正确决策和处理军政重大问题，决定先在地区性的范围内恢复我军党的集体领导制度。

1935年2月1日，中央指示红二、六军团，快速建立党的集体领导制度，组织革命军事委员会分会，统一讨论红军的战略与行动方针。2月5日，在《中共中央书记处关于中央苏区及邻近苏区坚持游击战争的指示》中又指出："成立革命军事委员会中区分会，以项英，陈毅，贺昌及其他二人组织之，项为主席。一切重要的军事问题可经过军委讨论，分局则讨论战略战术的基本方针。"①这就可以看出，遵义会议后，我军在一定程度上恢复了党的集体领导制度。

当然，在恢复党的集体领导制度过程中也出现过斗争。长征途中，就发生了一场同张国焘右倾机会主义路线的斗争，其斗争核心是坚持党指挥枪的原则还是枪指挥党。张国焘在鄂豫皖根据地时，就以家长制代替民主集中制，以"书记最后决定"否定集体领导，以惩办主义代替思想政治工作。1935年6月，一、四方面军会合后，张国焘根据"谁有军队、谁最强大、谁就应该当领导"的军阀逻辑，公开同党闹独立。这种行为当然受到中央的严肃批评。张国焘一意孤行，竟然要实行"以武力解决"问题，事情败露后，又自立中央，进行分裂党分裂红军的罪恶活动，给革命事业造成了严重损失。

这场斗争也从反面证明了党指挥枪这一建军原则的极端重要性，而要坚持这一原则，就必须坚决执行党委集体领导制度，反对把个人凌驾于党委之

---

① 总政治部办公厅编：《中国人民解放军政治工作历史资料选编》第三册，第32页，解放军出版社2002年版。

上的任何行为。

抗日战争爆发后,实现了第二次国共合作。针对抗日战争的复杂形势,我军党的领导体制有所变更。1937年2月,在同国民党进行红军改编的谈判中,我党同国民党存在重大分歧。为了突破谈判僵局,我党作了策略上的让步,如按照国民革命军的统一编制改编红军,实行"一长制",取消政治委员制度等。

对此,为了不影响我军的无产阶级性质,党中央反复强调加强党对军队绝对领导的重要性。1937年6、7月间,《中共中央关于红军中党及政治机关在新阶段组织的决定》明确:"改编后的红军,为适应新的条件的变更,确定红军中实行单一首长制,以政治部主任为其政治的助手。同时为健全党的组织,以集体的领导方式来代替政治委员制度,故在师以上及独立行动之部队则组织军政委员会,这是党的组织,他指导全部的军事和政治工作并向中央或上级军政委员会负责。"[①]根据这一《决定》规定的原则,中央组织部还专门于同年8月1日在《关于红军改编后党及政治机关的组织的决定》中指出:"师以上及独立行动之部队,组织军政委员会。""师团两级及总部和师的直属队,组织党的委员会,完全经过自下而上的民主方式选出,师的由9人至11人组织之,团的由7人至9人组织之","师党委会在上级党委会及同级军政委员会领导之下,团党委会在上级党委会领导之下进行全部的党的工作。"[②]但是,由于受到国民党的限制,组织党委会的决定并没有能够在军队中贯彻。

9月25日,中央书记处又发出了《关于共产党参加政府问题的决定草案》,其中强调指出:"在原有红军中苏区中及一切游击区中,共产党绝对独立领导之保持,是完全必要的,共产党员不许可在这个问题上发生任何原则上的动摇。"[③]

为了使红军在改编后能够保证党对军队的绝对领导,党中央采取了军政委员会的形式。

1937年5月10日,博古在苏区党代表会议工作报告中提出,为了适应新的形势的需要,在红军的"军师及独立行动之单位组织军政委员会",以保证

---

① 中共中央文献研究室、中央档案馆编:《建党以来重要文献选编(一九二一——一九四九)》第十四册,第343页,中央文献出版社2011年版。

② 同上书,第419—420页。

③ 同上书,第529页。

共产党的单一领导。并指出："这是党的组织，他指挥部队的全部政治和军事工作，并向党中央负责。"①1937年8月29日，党中央做出《关于成立前方军委分会及师军政委员会的决定》，要求："在红军改编为国民革命军，主力开赴抗战前线情况下，中央决定前方设个党的军委分会"，"受中央军委会统辖"。"各师成立军政委员会。""均受军委分会统辖。"②军委分会及军政委员会均系党内之组织，党外应保守秘密。

1941年2月7日，中央军委又颁布了《军政委员会条例》，对成立军政委员会的目的作了说明，对军政委员会的组成人员、职责、军政委员会与军政首长和军政机关的关系作了规定。《条例》规定：

"各级军政委员会，由司令员、政委、政治主任、参谋长等主要负责人组成之。人数不超过五至七人，由每级提出名单，经上级决定之。军政委员会的主席，一般的由政委担任。"

"军政委员会为执行上级指示，决定该部大政方针，布置工作及检讨工作的计划机关。凡是系本部的军、政、党、后勤等等一切工作，均可讨论决定。但军政委员会并非执行机关，其决定应交各部门执行之。"

"军政委员会的决定，不用军政委员会的名义下达，而应根据决定之性质，分别由司令机关、政治机关用命令下达之。下级对上级报告，也不用军政委员会名义，由各部门分别的向上级报告。"

"军政委员会只应讨论比较重大的问题。"

"军政委员会，应批准干部之升任与调动，但关于党员的处分与入党批准等等事宜，仍由党务委员会决定。"

《条例》特别说明，"应向干部解说军政委员会之设立，是为适应游击战争的分散环境，以便集体领导，团结干部之效能，""并不减弱个人负责制。"③

根据军政委员会条例以及实际执行的情况看，这种领导制度的特点主要表现在：

1. 它是执行上级指示、决定本部队一切工作的大政方针的领导机关。
2. 它并非执行机关，其决定由各机关部门执行。

---

① 总政治部办公厅编：《中国人民解放军政治工作历史资料选编》第三册，第820页，解放军出版社2002年版。

② 中共中央文献研究室、中央档案馆编：《建党以来重要文献选编（一九二一——一九四九）》第十四册，第490页，中央文献出版社2011年版。

③ 同上书，第99—100页。

3. 具有紧急情况，军政委员会不能求得解决时，军事首长和政治首长有决断之权。

4. 军政委员会并不削弱个人负责制。

从上述特点能够看出，军政委员会虽然不同于按民主集中制建立起来的党委会，但它是党在抗战这个特定时期在军队中建立的党集体领导军队的制度。它坚持集体领导和个人负责相结合的领导原则，事实上成为了党在部队中团结和领导的核心。

在抗日战争时期，政治委员制度也经历了取消到恢复的过程。和1930年代初期红军政治委员相比，八路军政治委员的职能也有变化。1942年10月，中央颁布的《中国国民革命军第十八集团军（第八路军）政治工作条例（草案）》规定，"政治委员是中国共产党在军队中的全权代表，执行党在军队中的政治路线及纪律的完全负责者。""政治委员在与同级军事指挥员有争执时，除属于作战方面的行动由军事指挥员决定之外，其他由政治委员作最后决定，但均须同时报告上级军政首长。"[①]这就纠正了1930年、1932年、1938年三次政治工作条例规定的政治委员有停止军事指挥员命令之权的规定。

因此，到抗日战争中期，我军基本上实行了由军政委员会集体领导下的军政首长分工负责制。

党的一元化领导制度，也是抗日战争时期的产物。当时，某些地区党政军关系中存在着不协调现象，加上日军对我加强"总体战"，因此要求我们大大加强各个地区活动的独立性、灵活性和领导上的统一性。于是，1942年9月1日，中央政治局作出《中共中央关于统一抗日根据地党的领导及调整各组织间关系的决定》，规定："根据地领导的统一与一元化，应当表现在每个根据地有一个统一的领导一切的党的委员会。""因此，确定中央代表机关（中央局、分局）及各级党委（区党委、地委）为各地区的最高领导机关、统一各地区的党政军民工作的领导，取消过去各地党政军委会。""军队中军委员会及政治部，成为同级党委（中央局、分局、区党委、地委）的一个部门"军事政策与军事行动的大政方针须交党委会讨论，但具体军事行动由司令员政治委员（即党委书记）决定之。[②]根据这一决定，军队除了保持军队系统上

---

① 军事科学院政治部编：《我军各个历史时期政治工作条例汇编（一九二一——一九四九）》第114—115页，中国人民解放军总政治部组织部印，1977年10月版。

② 中共中央文献研究室、中央档案馆编：《建党以来重要文献选编》第十九册，第423—424页，中央文献出版社2011年版。

下级直接领导和隶属关系之外，还要接受地方党委的一元化领导。而从我军历史来看，这种指导思想在建军初期就存在。1929年9月中央给红四军前委的"九月来信"就指出："前委在红军经过区域应与地方党部有密切联络，一切地方政治问题应与地方党部召开联席会议决定。"应当说，这也是保证党对军队领导的重要措施。

三、解放战争时期：军队党委制趋于成熟完善

我军党委制经历初创时期、曲折时期后，人们从经验教训尤其是几次波折给部队建设带来重大损失的事实中，逐渐认识到党委制存在的重要性，并且不断推动党委制走向成熟。抗日战争的胜利使得这种进程加快了。

军政委员会制度的实行，对于加强党对军队的绝对领导起到了十分积极的作用。但是由于它的职责、组成方式与工作方式等都不同于党委制，因此它在实施对部队全面工作的一元化领导，坚持党的民主集中制原则，特别在加强团以下部队党组织建设方面，存在明显不足。

鉴于此，1944年4月谭政作的《关于军队政治工作问题》的报告中，就提出了"恢复古田决议的党的代表会议制"的主张。

1945年4月23日至6月21日，历时近60天，党的第七次全国代表大会在延安召开。由于抗日战争即将胜利，我军将由小兵团的分散作战转为大规模的大兵团作战，迫切需要加强党的集体领导的形势，会议总结了党的集体领导制度上的正反两方面的经验教训，"原则决定，应根据古田会议的原则，组织军队中各级党委会，以避免军队中单纯的首长制所产生的一些缺点。"①

根据党的"七大"精神，我军开始着手恢复党委制。刘伯承、邓小平领导的晋冀鲁豫军区是我军全面组织党的各级委员会的先行单位。1945年11月，该军区就通知各纵队，建立各级党委组织，实行对军事工作、政治工作的一元化领导，并暂先逐级指定了纵队党委与旅党委的名单。1946年11月17日，军区政治部又起草了《党的团委员会暂行工作条例（草案）》，对党的团委员会的地位、性质、组织、工作都作了明确规定，要求"在步、骑、炮各建制团中，均须成立一领导全团军事、政治工作的一元化的党的委员会，"简称"团委"。该条例颁布后，该军区团一级党的委员会的建立也进一步展开。1946年12月25日，军区政治部起草了《对于部队中目前党的工作意见》的报告，向

---

① 中共中央文献研究室、中央档案馆编：《建党以来重要文献选编》（一九二一——一九四九）第二十四册，第95页，中央文献出版社2011年版。

中央汇报了他们恢复和建立各级党委的做法和经验。

晋冀鲁豫军区的做法很快引起了党中央的高度重视。1947年2月27日，中共中央专门发出了《关于在军队中组织党委会的指示》，要求部队组织军队中的党委会，认为："根据晋冀鲁豫实行这种改组的经验，证明这种改组是正确的，举凡关于作战、工作、政策及干部等问题，除紧急情况之处断应由首长担负外，在一般情况下，经过军队中各级党委会之民主讨论和决定，再由首长执行，较少数首长人员之商谈解决，更为全面与适当，因而加强党对于军队的领导作用，使各种工作能更好地进行。现中央正在草拟军队中党的组织条例，在中央条例尚未发布前，你们可根据晋冀鲁豫经验及其文件实行改组，并将你们的经验电告。"①从此，全军团以上各级党委会就普遍恢复、健全起来。

1947年7月28日，总政治部颁布了《中国人民解放军党委员会条例草案》（初稿）。这是我军历史上第一个党委员会条例。在此之前，我军颁布过党务委员会和军政委员会条例，但是没有党委员会条例。因此，条例的颁布是我军党委建设史上的一件大事，使我军实行党委统一的集体领导下的首长分工负责制有了基本的依据。

《条例》规定："无产阶级的先锋队——共产党就应该在这支人民军队中建立起它的绝对领导。其组织形式即在军队中设置各级党委员会，而以党委员会作为对军队之一切领导与团结的核心。"②

《条例》对党委的基本任务、遵循的方针，必须贯彻、发扬的我党我军的优良传统和作风，党委的产生，机构的设置、党委的职权和工作等作了详细的规定。

《条例》还规定，在已经建立党委的单位，军政委员会、党务委员会随之撤销。

党委制度在全军恢复以后，党的领导很快有了加强和改善。晋冀鲁豫军区曾经总结党委制度实施给部队建设带来的好处。

（一）党的政治领导加强了，部队中行动重要的精神政治措施，（不是每一件小事）经过党委民主讨论确定，然后贯彻到部队中去，使全党与部队在一定时期内有着奋斗的中心目标和方向，不致涣散。

---

① 中共中央文献研究室，中央档案馆编：《建党以来重要文献选编（一九二一——一九四九）》第二十四册，第95页，中央文献出版社2011年版。

② 军事科学院政治部编：《我军各个历史时期政治工作条例汇编》，第155页，中国人民解放军总政治部组织部印，1977年10月版。

（二）党委许多重要决定实行民主讨论的结果，领导上既发扬了党委与干部的积极性，同时又比较广泛地吸收了各方面的意见，能够保证决定问题较全面，较正确，较少的发生错误。

（三）党委实行一元化领导的结果，随时有着明确的中心和注意领导集团之间的以及部队的思想领导，能够保证党在思想上、组织上的更加团结及军事政治机关工作协同配合一致，军政对立的现象能够减少和避免。

但是，由于党委制恢复时间不长，还没有经验，不少党委书记只熟悉政治委员的"全权代表"制，不熟悉党的民主集中制；只熟悉政治委员的工作。不熟悉党委书记的工作，而一些党委委员又往往采取"列席会议""等候布置工作"的态度，不善于运用自己手中的民主权利。因此，不少单位存在把首长制带到党内，名为党委领导实为首长、个人决定重大问题的情况；有的单位则把党委会混同于行政会，事无巨细都拿到党委会讨论。

为此，各大区部队党委和政治机关都在1948年先后召开政治工作会议或者组织工作会议，总结交流党委建设的初步经验，提出应当纠正的偏向。各大区领导对此十分重视，或者亲自到会，或者向会议做出指示。

比如，1948年5月，中原野战军（原晋冀鲁豫军区）召开旅以上政治工作会议时总结党委建设问题。邓小平政委到会作报告，提出党委工作基本原则。刘伯承司令员原是准备来作报告的，因去前方指挥作战而作罢，他特地要副政委兼政治部主任张际春向会议转达他的一个中心意见：

"我们革命军人，如果离开了党的领导，就不能成为一个革命军人。"

"不管你是好大的指挥官，权威有多么大，一个口令能使上千上万人向你立正，但这些只是党给予的，你个人没有可以骄傲的。否则你如果因此便昏头昏脑的骄横起来，走上军阀主义倾向，那你就要离开了党，那是非常危险的，因此一个军人必须毫无条件地接受党的领导。"

他把自己摆进来说："自己从一个旧军人成为革命军人，完全由于党的引导、党的培养的结果，否则是不可能的。"[①]

刘伯承司令员的这些话，很快传达到部队，对干部特别是有骄傲情绪的干部起了很大的教育作用。

在此基础上，为了处理好党委制恢复后党委建设上出现的矛盾和问题，

[①] 解放军政治学院政治工作教研室编：《军队政治工作历史资料》第十一册，第493—495页，战士出版社1982年版。

1948年9月20日，毛泽东为中央起草了《关于健全党委制的决定》。他指出：

党委制是保证集体领导，防止个人包办的党的重要制度。近查有些（当然不是一切）领导机关，个人包办和个人解决重要问题的习气甚为浓厚。重要问题的解决，不是由党委会议做决定，而是由个人做决定，党委委员等于虚设，委员间意见分歧的事亦无由解决，并且听任这些分歧长期地不加解决。党委委员间所保持的只是形式上的一致，而不是实质上的一致。此种情形必须加以改变。今后从中央局至地委，从前委至旅委以及军区（军分会或领导小组）、政府党组、民众团体党组、通讯社和报社党组，都必须建立健全的党委会议制度，一切重要问题（当然不是无关重要的小问题或者已经会议讨论解决只待执行的问题）均须交委员会讨论，由到会委员充分发表意见，做出明确决定，然后分别执行。

毛泽东特别提醒说：

当然必须注意每次会议时间不可太长，会议次数不可太频繁，不可沉溺于细小问题的讨论。以免妨碍工作。在会议之前，对于复杂的和有意见分歧的重要问题，又须有个人商谈，使委员们有思想准备，以免会议决定流于形式或不能做出决定。委员会又须分别为常委会和全体会两种，不可混在一起。此外，还须注意，集体领导和个人负责，两者不可偏废。军队在作战和情况需要时，首长有临机处置之权。①

这个《决定》是对健全党委制经验的一次十分深刻的总结，因而在全军得到迅速贯彻。

1949年3月13日，毛泽东在党的七届二中全会作报告时，又专门用一章的篇幅论述了党委会的工作方法。他从十二个方面进行了阐述。

毛泽东说：

"一、党委书记要善于当好'班长'。党的委员会有一二十个人，像军队的一个班，书记好比是'班长'。"当然，"书记和委员之间的关系是少数服从多数，这同班长和战士之间的关系是不一样的。这里不过是一个比方。"

"二、要把问题摆到桌面上来。不仅'班长'要这样做，委员也要这样做。不要在背后议论。有了问题就开会，摆到桌面上来讨论，规定它几条，问题就解决了。""'班长'和委员还要能相互谅解。书记和委员，

---

① 《毛泽东选集》第四卷，第1340—1341页，人民出版社1991年版。

中央和各中央局,各中央局和区党委之间的谅解、支援和友谊,比什么都重要。"

"三、'互通情报'。就是说,党委各委员之间要把彼此知道的情况互相通知、互相交流。这对于取得共同的语言是很重要的。有些人不是这样做,而是像老子说的'鸡犬之声相闻,老死不相往来',结果彼此之间就缺乏共同的语言。"

"四、不懂得和不了解的东西要问下级,不要轻易表示赞成或反对。""我们切不可强不知以为知,要'不耻下问',要善于倾听下面干部的意见。先做学生,然后再做先生;先向下面干部请教,然后再下命令。各中央局、各前委处理问题的时候,除军事情况紧急和事情已经弄清楚者外,都应该这样办。这不会影响自己的威信,而只会增加自己的威信。"

"五、学会'弹钢琴'。弹钢琴要十个指头都动作,不能有的动,有的不动。但是,十个指头同时都按下去,那也不成调子。要产生好的音乐,十个指头的动作要有节奏,要互相配合。党委要抓紧中心工作,又要围绕中心工作而同时开展其他方面的工作。"

"六、要'抓紧'。就是说,党委对主要工作不但一定要'抓',而且一定要'抓紧'。""抓而不紧,等于不抓。""不抓不行,抓而不紧也不行。"

"七、胸中有'数'。这是说,对情况和问题一定要注意到它们的数量方面,要有基本的数量的分析。任何质量都表现为一定的数量,没有数量也就没有质量。"

"八、'安民告示'。开会要事先通知,像出安民告示一样,让大家知道要讨论什么问题,解决什么问题,并且早作准备。"

"九、'精兵简政'。讲话、演说、写文章和写决议案,都应当简明扼要。"

"十、注意团结那些和自己意见不同的同志一道工作。"

"十一、力戒骄傲。这对领导者是一个原则问题,也是保持团结的一个重要条件。""禁止给党的领导者祝寿,禁止用党的领导者的名字作地名、街名和企业的名字,保持艰苦奋斗作风,制止歌功颂德现象。"

"十二、划清两种界限。首先,是革命还是反革命?""其次,在革命的队伍中,要划清正确和错误、成绩和缺点的界限,还要弄清它们中间什么是主要的,什么是次要的""记着这两条界限,事情就好办,否则就会把问题的性质弄混淆了。"①

毛泽东系统精辟、通俗易懂的论述，对于进一步加强和健全党的领导，起到了重大的作用。从此，党委统一的集体领导下的首长分工负责制在我军更加深入人心，愈加成熟起来。

---

① 《毛泽东选集》第四卷，第1440—1444页，人民出版社1991年版。

第十五章 "打通连队工作之门的三把钥匙"

解放战争进入战略防御阶段后,我军政治工作在贯彻群众路线上有了长足的进步。其突出的表现就是创立并开展了被毛泽东称为"打通连队工作之门的三把钥匙"的立功运动、团结互助运动及新式整军运动。这三个运动紧密联结,相互促进,对争取解放战争的胜利起到了巨大作用。

一、新四军第一师第二团首创立功运动

荣立军功是军人最大的荣誉和梦想。对在作战、训练等某一领域贡献突出者给予记功的奖励,在我军已经是通行的做法。其形式也是相当隆重的,个人不但有立功证书,还有军功章;所在单位《光荣簿》上永远记载立功者的姓名和先进事迹;部队政治机关向立功军人家乡发立功喜报等。

立功运动,已经成为我军的传统,是我军政治工作调动广大指战员积极性、创造性的重要手段。这一运动追根溯源,还得追溯到解放战争初期。

1946 年 8、9 月间,新四军第 1 师第 2 团遇到了一个难题。

部队刚刚参加了苏中战役,由于伤亡将近二分之一,特别是老战士伤亡了 74%,因此补充了大量的解放战士(也就是经过改造后的俘虏兵)和参军战士(也即解放区来的新战士),其总人数占到了全团人数的一半。基层干部伤亡数量也相当大,因此战后新提拔了一大批干部,全团 90% 的干部都提拔了一级。

巨大的伤亡使整个部队笼罩着一种哀伤的气氛,加上战役结束后两淮失守,我军暂时处于被动状态,部队情绪比较低落,许多同志对前途失去信心。

而此时部队的任务又不明确,一会儿走路,一会儿打仗,变化不定。这

使部队政治工作干部很是为难：动员打仗吧，又可能暂时打不起来；告诉部队不打吧，又可能随时打起来。政治工作很难明确提出为部队任务服务的方向和口号。但是，部队的现状又迫切需要加强政治工作。

这种情况下，怎样找到一种既适应于打又适应于走；既适应于老战士又适应于新战士；既适应于解放战士又适应于解放区参军战士的政治工作方式，以求稳定和提高部队的思想情绪，不断增强战斗意志，就成为一个十分重要的问题。该团党委和政工干部在积极地思考和探索着。

基层干部战士的议论启发了大家的思路。不久前，部队参加了苏中李堡战斗，为了给选举英雄、模范积累材料，团里在多数连队建立了"功劳簿"，并提出了"在战场上比比看，为人民立功劳""把功劳记在功劳簿上"的口号。然而，出乎团党委一班人的想象，小小一本"功劳簿"竟然受到了基层官兵极大关注，大家都以上"功劳簿"为荣，其提出的口号也得到了广大战士的呼应。

答案找到了！通过对这一现象的反复研究，团领导认为可以将记"功劳簿"扩大为全团群众性的"功劳运动"。

于是，经过认真准备，10月8日，团做出了《关于开展立功运动的决定》，指定专人向排以上干部作了传达动员。

团政治处编写了《关于功劳运动（向）部队讲话要点》，大张旗鼓地提出了"有功报功，论功行赏，人民功臣，个个尊敬""有功不骄傲，功劳加功劳"等口号。团总支委员会向全体党员发出了"党员应在功劳运动中建立头功""既要自己立功，也要帮助别人立功"的号召。

经过各连酝酿讨论，在全团建立了"三证"，即：

个人有个"功劳证"，功劳跟人走，有了功劳随时记，走到哪里也光荣；

连队有个"功劳簿"，做到个人立功，记在部队，永远光荣；

家里发个"功劳状"，做到一人立功，全家光荣，流传后代。

由于宣传得力，措施得人心，功劳运动很快就在全团掀起热潮，并且收到了明显的成效。

山东人民武装自卫委员会和山东军区人民武装部发现这一做法后，很快决定加以推广。1946年10月10日，他们联合做出了《关于开展立功运动的决定》，确定在山东民兵自卫队中广泛开展立功运动，以发扬革命英雄主义精神,积极协助主力部队作战,争取自卫战争的彻底胜利。①

事情传到了延安,引起了党中央、中央军委的重视,11月10日,延安《解放日报》发表《广泛开展立功运动》的短评,称赞正在山东和华东解放区开展的立功运动"是人民自卫战争中的一个创举",认为"为人民立功,做人民的功臣,这是一个革命战士的最大光荣,也是对人民的最大贡献,应当大大提倡和推广"。②

文章要求各解放区普遍开展这一运动,作为争取全面胜利的有力武器。

《解放日报》短评得到了各大战略区部队的迅速响应。

11月21日,东北民主联军③《自卫报》发表题为《所有连队把功劳簿建立起来》的社论,要求全军部队要在"人人当勇士,个个作英雄""有功必赏、多功多赏"的口号下,普遍掀起立功运动的热潮。

晋冀鲁豫、晋察冀、陕甘宁等部队领导机关都先后做出了开展立功运动的决定。

12月3日和25日,新四军兼山东军区总结两个月来的经验,先后发布《关于开展立功运动的指示》和《立功运动暂行条例》,号召全区部队"人人立功,事事立功",并详细规定了各类单位及其人员立功的条件。《条例》还把功劳分为立功、小功、大功、特等功四种,并制定了相应的评定标准和奖励办法。新四军兼山东军区的《立功运动暂行条例》和随后在1947年6月续订的《立功运动概则》,对于全军立功运动逐步走向制度化起了重要作用。④

为了保证立功运动的健康开展,各部队进行了广泛深入的思想教育。大力宣传立功运动的内容和意义,反复说明什么是功、为什么立功、为谁立功、怎样立功等基本问题,不断提高认识,端正态度,克服"与其无关""不有功求、但求无过",以及争功、嫉功等思想障碍。

对不同人员则提出了不同的要求和口号,以适应各自的水平,调动其参加立功运动的积极性。

---

① 解放军政治学院政治工作教研室编:《军队政治工作历史资料》第十册,第380页,战士出版社1982年版。
② 姜思毅主编:《中国共产党军事政治工作七十年史》第三卷,第122页,解放军出版社1991年版。
③ 抗日战争结束到1948年1月1日,我军在东北地区的部队称为东北民主联军,1948年后改为东北解放军。
④ 解放军政治学院政治工作教研室编:《军队政治工作历史资料》第十册,第744—748页,战士出版社1982年版。

比如，对英雄模范提出："有功不骄傲，功劳上面加功劳"；

对党员提出："党员做模范、立功打先锋"；

对新解放战士提出："立功在今后，机会有的是"；

对无信心的同志提出："天下无难事，只怕有心人"；

对犯错误同志提出："将功赎过，戴罪立功"；

对各行各业人员提出："行行出状元，人人能立功"。

在作战、训练、生产中，也依据不同的任务和情况，分别提出不同的要求和口号。这样，目标明确、生动具体、号召力强的立功运动，很快就把大多数人动员起来了。

通过多方面的工作，到1947年初，立功运动已在全军普遍开展起来。经过各部队的实践，这一活动确实调动了干部战士的革命积极性，激发了部队的革命英雄主义精神，有效地提高了部队的战术、技术水平，促进了战斗的胜利和各方面工作的开展。

在这种情况下，延安《解放日报》又一次发表了《再论立功运动》的社论，指出："最近各地的立功运动已从前方扩展到后方，从作战扩展到后勤，从正面战场扩展到敌占区与游击区，从部队扩展到机关，这是很对的，应该普遍如此做的。"现在"特别紧要的"是"除在军事斗争各部门应继续普遍加强外，还应该在军民生产中间与土地改革中间、按着工作的性质与需要创立起规模来"，以"使全解放区在一切为着自卫战争胜利的总口号下，在军事、土地改革与生产这三大中心工作方面都有更大和更健全的成就。"这一社论就使这个运动走出了军事斗争各部门，推广到了解放区各项主要工作领域，形成了党政军民学各行各业争立功的热潮。

二、"解放战士"王克勤引发团结互助运动

王克勤这个名字，在解放战争的第二年，响亮地传遍了全军。团结互助运动，就是以王克勤及其所带领的班为典型在全军推广开来的，因此这一运动又称为王克勤运动。

王克勤，在解放战争时期，是个近乎神奇的人物。关于他，作者找到了时任王克勤所在营教导员武效贤的回忆。

武效贤说，他头一次听说王克勤是在一次会议上。

那是平汉战役后，大批的解放战士涌进了部队。一天营里召集各连干部开会，汇报、研究部队的思想情况。一连指导员说："我们连有个王

克勤，在国民党那边当了许多年的大头兵，满脑子乱七八糟，情绪低沉，背后竟跟新解放战士瞎叨叨。最难改造是这种人。"

"他都有讲些啥？"营长插了一句。

"说什么国民党有美国人帮助，地盘大，有飞机、大炮，解放军几条破步枪，别想打败他们。说他这次被俘，是不走运。"

"这没什么奇怪。"我插话说："这些人受反动派的欺骗宣传太深，应该好好教育，生活上多体贴他们。"

"这种人，满脑子乱七八糟。"一连指导员又重复说："他生了病，党建庭副连长亲自给他打病号饭。可是他吃完一抹嘴，背后又向别的战士说，'解放军的官，就会收买人心。今天像亲兄弟，明天上战场，还不是拿匣子枪逼你去拼命！'他还说……唉，对他真一点办法没有。"一连指导员说到这里，大概是觉得对王克勤的缺点讲得太多了，又补充说："这个人，成份不错，讨过饭，受过苦，机枪打得顶好，别人都叫他'机枪'圣手。"

"机枪圣手"这个外号，从此就留在了我的记忆里。有一天，我来到一连，走到一排住的院里看见战士围着一个大个子，聚精会神地看着什么把戏。我悄悄凑过去，只见那大个子围着一条白毛巾，脸高高仰着，两手正摆弄一挺缴获的苏式机枪。他一件件拆下，放在布上，拆完再一件件装上去。他摸着每一个小小的零件，简直熟练得没法形容。他的嘴边，挂着几分得意的微笑。等机枪重新装配好，他把蒙在眼睛上的白毛巾扯下，说："你们查查吧保证不差毫分！"

一个战士接过机枪，拉拉栓，试几下，向大个子伸出姆指："行！好样的。"

"不愧是机枪老手！"又一个说。

"什么老手，人家是'机枪圣手'！"一个战士拍拍大个子的肩膀："名不虚传！"

"这又算得了啥！"大个子高兴地仰起头，那双眼睛向人们扫了一圈。目光一碰到我，立刻低了下去，本来想说什么，话到喉咙眼，又咽了回去，不自然地拿擦枪布擦着手指上的机油。

"好一个'机枪圣手'！"我暗自想："蒙着眼睛，他可以熟练地拆卸机枪；可是睁着眼睛，却看不清前途，分不清敌人还是亲人？"

我让他坐，他局促不安，直挺挺地站着。我按了他一下头，他才规规矩矩坐下，两眼瞅着那挺机枪。我问道：

"你在国民党部队是使用这种机枪吗?"

"什么枪都使过,就是没使过步枪。"他怕我不明白他的话,又补充了一句:"我现在使用的是步枪!"

听他的口气,让他这样的"圣手"使用步枪,是大材小用了。我指指那苏式步枪,说:"我向你们连的首长说说,把它给你使,喜欢吗?"

他猛然抬头,浓眉下那双黑亮的眼睛闪着惊喜的光芒,好像说:"这是真的?你们信任我?"我又说:"一定把这挺机枪给你使,不过你得明白,枪口对准谁!"

"我明白,是对准'中央军'!"

"为什么要对准他们呢?"

"因为,……因为……"他结结巴巴,好半天才说出一句:"因为他们是反动派!"话说对了,但像刚学说话的孩子似的。问到他家里的情况,他低着头,半天才说:"家里算没人啦,爸爸死了,妈妈和一个弟弟不知死活……"他叹息了一声,摇摇头,不愿意再往下细谈。

这次谈话不多,但他给我的印象是:憨厚、朴实、满腹的话却吐不出来,满身的力气没地方可使。我想:像这样的人,只要他知道为谁当兵,为谁打仗,是能够成为一名好战士的。

12月,部队开始政治整训,这时解放区正轰轰烈烈地进行土地改革。部队整训中,首先开展诉苦运动。营里分工,由我重点掌握一连。听一连的干部说,王克勤出身挺苦,想动员他带个头,吐吐苦水,可他坚决不干,说是没有苦。我找他谈他还是那句话:"我没有苦。"我说:"你的苦很多。父亲是被地主逼死的,母亲和弟弟讨饭,至今不知道下落。在国民党部队挨过打,也受过很多苦……"

"教导员,你是怎么知道的?"他突然仰起脸问我。

"你对班里人说过,对我也吐露过。明天向全连讲讲吧!"

"不,不……"他摇着头:"丢人,丢人,我不讲……"

他不讲,我们也不好再勉强了。

第二天,一连的诉苦大会在一排院里举行。许多人争先吐苦水。一个哭着坐下去,一个又站起来,纷纷控诉国民党反动派、地主、恶霸、保长欺压他们的罪行。有人父母被杀害,有人妻子被污辱,有人被地主逼得家破人亡……一笔笔血海深仇,一桩桩凄惨经历,使人心酸落泪,台上台下一片哭声。开始王克勤东张西望,不以为然。但是,随着会场的哭声,他的眼圈也红了。当副连长党建庭同志诉说父亲被地主逼死、母亲领他讨饭时,王克勤的头也抬不起来了。

会从早开到晚。会场上的控诉,像条苦水汇成的河,滔滔流不尽。

控诉会第二天又继续进行。我因营里的事,去晚了一些。一走进会场,看见台上站着一个人,不是别人,正是王克勤。他抽泣着,满脸泪痕,说几句话,扯起衣角擦擦红肿的眼睛;哭哭讲讲,一个人整整讲了两个多小时,把积压在心里二十多年的苦水,全倒了出来。我们这才详细知道王克勤的身世。

他家住安徽阜阳,水围子边,祖辈做地主王三堂的佃户。他五岁那年,父亲被租子逼得没办法,和地主王三堂争论了几句,被打断了一条腿,爬回家,无钱医治,心中恼怒,不几天就死了。后来地主又把他们母子赶出门。母亲拖着他和弟弟,前街头走,后街头窜,讨饭度日。王克勤刚满十七岁,能挣口饭给妈妈和弟弟吃了,突然被保长抓去,卖了壮丁。他逃了三次,每次都被抓回来,打成半死。……讲到最后,他泣不成声地说:"狠心的地主……黑心的国民党……把我害苦了,我……我还替他们打仗。我被解放过来,还认为倒霉。我糊涂!我……"他捂着脸,跑下台去。

散会以后,我问一连的干部,怎么把王克勤动员起来的,他们说,昨天开过大会以后,王克勤回到班里,饭不吃,衣不脱,倒在铺上蒙头大睡。副连长以为他病了,叫卫生员给他看。问他为什么不吃饭,他不说话,又问他是不是病了,他不言语。突然,他把头从被子里伸出来,扎在副连长的怀里放声大哭,说:"副连长我和你一样,我有苦啊!我有苦啊!明天让我讲,不讲我吃不下饭……"今天一宣布开会,他就跑上台。

诉苦运动以后,王克勤有了极大的转变,不再净找新解放战士背后乱谈。他开始接近班长,亲近党员。班长叫他教大家使机枪,他不再摆"机枪圣手"的架子,耐心地教大家。不过有时候他常常拍着机枪,对着别人叹息:"咱们这边就这东西太少,再多一点,再有大炮、坦克、飞机,那……"话说到这里,听的人就明白了:他是嫌我们的武器差。班长和老同志找他谈,打仗不光全靠武器,首先要有觉悟的人。再说我们今天的机枪少,明天就多了;现在我们没有坦克、飞机,以后会有的。同志们还给他讲红军和八路军的故事。他听着,眯起眼憨直地笑。

政治训练以后,我们参加的第一个战役是打兰封。这一仗,打得干脆利落,攻得猛打得硬打得巧,全歼了守城的敌人。光我们纵队,就俘房了2500个人，缴获坦克11辆，各种炮200多门。战后，我到一连去，听说王克勤在战斗中表现得挺好，他的那挺机枪筒子都打红了，也没中断射击。我找到王克勤，想鼓励他一番，谁知他一见我，就抓住我的手，喃喃地说："教导员，我对不起你，对不起指导员和连长，对不起……"他哭了。

我正要问个究竟，他却怯生生的说："刚解放过来，我是糊涂，诉苦以后，我懂得了谁是仇人，谁是亲人。我决定在咱这边好好干下去。可是，我心里又嘀咕：怕打不过他们。直到冲锋号响的时候，我还胡思乱想……"

唔，原来是这么回事。我鼓励他说："你不愧是'机枪神手'哪！为人民立下了一功！"

"反动派说共军打仗，全是让俘虏当头阵。今天，我才看清，他们全是造谣。"他满脸涨红，嘴唇发抖："枪一响，班长、排长、连长、指导员都领头冲，我看了心跳。照这样，咱们怎么会打败仗！"

这天我和他谈了很多。谈过去，谈现在，也谈将来。他最后向我说："教导员，人心都是肉长的，我要重新做人！"这话是从心底里发出来的。

从此，听说王克勤大大变了样：爱说爱笑了；驻军的时候抢着干活、学文化；行军的时候机枪不下肩，还帮别人背枪、背米袋……班里又补充了新战士，班长吩咐他去帮助。他教新战士使机枪，向新战士讲自己的思想变化，用现身说法提高战士的觉悟。我每到一连去，总要找他谈。一天，他突然问我："教导员，像我这样的人，能做共产党员吗？"我只知道自从诉苦运动以来，他进步很快，但没想到他有这么崇高的要求。我紧握他的手说："王克勤同志，将来你一定可以成为一名共产党员的。"我又嘱咐他好好学习，克服缺点。他点头应着，末了说："我在国民党军队时间长，那里是个臭水坑，我还有许多缺点，我个性犟，今后一定好好改……"

1946年10月，一连党支部送到营总支一份"入党申请书"，申请书上工工整整地写着："王克勤。"营总支一致通过了王克勤的入党申请。①

王克勤入党以后，更加严格要求自己，特别是当了班长以后，工作不但有热情，而且有方法。他既将自己在国民党军队中学到的军事技术无保留地

---

① 中国人民解放军战士出版社编：《星火燎原》第八册，第265—269页，战士出版社1982年版。

教给战士，又继承了我军的优良传统，耐心细致地做好思想工作，发扬阶级友爱，处处关心和帮助同志。

他将全班分成三个互助组，开展"三大互助"（即思想互助、体力互助、技术互助）活动，使全班团结得像一家人一样。

教导员武效贤回忆说：

  王克勤对班里补进的四个新战士，体贴入微，耐心帮助。他生怕自己嗓门高，吓着他们，说话都压住声。他亲自给新同志端洗脸水、洗脚水，问寒问暖，亲如兄弟。下雨行军，新战士卢守坤鞋子掉进泥里，找不到了，他把自己的鞋子脱下给卢守坤，卢感动得一直揉眼，问他："班长，你怎么办呢？"他笑笑说："我从小就习惯了，打着赤脚拔泥更得劲。"

  有一次急行军，我看见他的肩上除了那挺机枪外，又加了两个背包、一支步枪和一个干粮袋。战士们向他夺，他都不肯放。我就向他说："王克勤，你团结互助的精神很好，可不要把自己累垮哟！"他憨直地笑笑说："教导员，你放心吧，给我一门山炮，我也驮得动。"说得全班人哈哈大笑。他不笑，却满认真地说："不信下次战斗你们谁夺一门山炮来，我准驮给你们看看！"

  王克勤班里，有个名叫白志学的战士。这个战士个头小，矮瘦，又生了疥疮，补到班里，正碰上连续行军。两天拖下来，一到宿营地，他倒头不起，低着头哭起来。有的同志对白志学皱眉头，说他是"少爷兵"，王克勤听了，把说讽刺话的战士叫到一边问："你刚来的时候，老同志是怎么对你的？"问得那战士脸红。王克勤又说："往后不准说那话。你算老同志了，该拿出老同志的样。"他亲自请了卫生员给白志学看病，替他洗伤口，换药。他了解到白志学想家，便安慰他，又找人替白志学写家信。白志学感动得哭着说："班长你比我亲兄弟都好！"王克勤说："连长、指导员常讲，咱们革命同志就是亲兄弟。我刚来的时候，比你差劲多了。"第二天行军，白志学咬着牙坚持，说什么也不要班长为他背枪了。

  王克勤的名字响遍全军，是龙凤之战之后。那是11月，我们营领受了战斗任务：坚守徐庄阵地，堵击敌人，黑夜协同友邻出击。王克勤带领一个班，守在徐庄东南角一个险要阵地上。天亮以后，敌人开始攻击，他们班的阵地成了敌人主要的攻击目标之一。飞机炸，大炮轰。敌人像羊群一样，攻上来，垮下去，又攻上去，又垮下去。从早到晚，敌人攻了十几次。王克勤那个班，像钉子一样，牢牢地钉在阵地上。敌人的尸体，横七竖八，倒了一片。我们在指挥所里，暗暗为这个班叫好。更令人敬佩的是，由于王克勤把全班组织得好，战斗互助好，工事做得好，战术灵活机动，打了一天全班无一人伤亡。

夜里，我们营协同友邻，利用这个有利的阵地，把敌人最后一次冲锋反击下去了。战斗下来，王克勤这个班，被评为模范班。王克勤被评为互助模范和杀敌英雄。全班出现了4个英雄模范，其中一个新战士就是白志学。他一共打死了30多个敌人，还冒着炮火，冲进被炸塌的房里，抢救出一位老太太。当他受到表扬时，不好意思地说："都是我们班长好！我刚上阵，连工事都不会挖，是班长手把手教的。"全班战士都把功劳归于他们的班长。①

战役结束后，纵队党委决定在全纵队开展学习王克勤的运动，推广他所创造的三大互助经验，很快就对巩固部队、提高战斗力产生了明显的效果。1946年10月，这个纵队一次补充了2000多名解放战士，由于在基层官兵中推广了王克勤的带兵方法，一个月只逃跑了3人，部队巩固得非常好。

刘伯承司令员、邓小平政委等野战军领导得知王克勤的事迹后，十分重视，他们指出，王克勤班开展的团结互助活动，是适应战斗需要和部队情况而产生的一个重要典型，是广大战士高度政治觉悟和革命友爱精神相结合的产物，对巩固部队和提高战斗力有极大意义。要求总结好这个典型，在野战军各部队迅速推广。

野战军将这一典型向中央军委报告后，中央军委专门进行了研究，并且给予了高度评价。1946年12月16日，延安《解放日报》发表了题为《普遍开展王克勤运动》的社论，指出："王克勤同志为中国人民解放事业创造了新的光荣的范例"，党的教育使王克勤"从一个蒋介石手下的愚昧的奴隶，转而与广大人民相结合，很快的变成一员智仁勇全备的人民战士"。社论号召"全解放区的军民，都能够按照当前自己的条件，选择自己的典型，来普遍有力的进行这一运动"。从此，王克勤运动就在全军各部队逐步开展起来。

王克勤在党的培养下迅速成长起来。不久，他被提升为排长。和当班长一样，通过开展团结互助活动，他把一个排，又团结得像一个铁桶一样。打仗冲锋他在前，退却转移他在后。每次行军路上，人们总是看到他那高大的个子，扛着机枪，背着两个以上的背包。一问他累不累，他总是那句话："放

---

① 中国人民解放军战士出版社编：《星火燎原》第八册，第265—269页，战士出版社1982年版。

心吧，给我一门山炮我也驮得动。"有一个新参军的战士，开了小差，4天以后，他又自动回来了。问他是怎么回来的，他低着头，流着泪说："我想家，想回去看看。朝家里走了两天，越走，越难受，觉得对不起排长。他待我比父母还好，我实在舍不得离开他，就又转回来……"①

战士爱戴王克勤，干部爱戴王克勤，人民也爱戴王克勤。教导员武效贤还记得这样一件事：

> 部队过黄河以前，一天到了一个小镇子。这里是游击区，我们和国民党几进几出，人民生活贫困，对我军还不十分了解。三班的房东老大娘，是个摆小烟摊的，开始不让住她的房子。王克勤了解到，老太太的儿子被国民党抓兵抓走了，她分不清好坏军队，见到当兵的就恨。她还有一个姑娘在家，就更不敢打开门了。王克勤叫全班战士都睡在院子里，不许惊动老人家，并且把院子打扫干净，把房檐下的水缸装得满满的。他独自对老太太谈了半夜，讲自己的经历，讲我们军队为谁打仗，把老太太感动得泪流满面。第二天，部队开拔时，王克勤觉得自己挎包沉重，一看，装了12个鸡蛋和1包纸烟，用手一摸，鸡蛋还热乎乎的。他问了许久，老太太才说："同志你不是讲了，穷人是一家，这是大娘的一点心意。给你们吃了，就当我儿子吃了一样。大娘只有一个请求，你们见到我的儿子，一定把他带到你们身边，做一个像你们一样的人！"王克勤推辞不下，最后写了封信，连同一块银元，偷偷放在老太太的香烟摊上。那封信上写："大娘，我们一定把您的儿子从苦难中救出来！"出发前，他把12个鸡蛋和那盒纸烟分给全排同志，说："同志们，让我们永远记下，当人民的儿子，为人民打仗，救出那些受苦受难的人！"全排的战士，全身充满力量，迈步出发，南渡黄河，肩负着党和人民给予的伟大使命："把革命战争引向蒋管区去。"②

不幸的是，王克勤在1947年7月进行的定陶战役中受重伤后牺牲了。

临牺牲前，王克勤还记着兄弟部队战斗英雄史玉伦，他向战士陈群说："小陈，替我给史玉伦同志写封信，说我来不及给他写了。我们全排向他学习……还有，我包袱里有几件衣服，分给同志们，战斗下来同志们缺穿的……"陈群听着这些话，扭过脸去，抹掉泪水说："排长，不要说这些，我

---

① 中国人民解放军战士出版社编：《星火燎原》第八册，第270—271页，战士出版社1982年版。

② 同上书，第272—273页。

们等你回来！"王克勤点点头，临被抬上担架，他又抓紧陈群的手说："小陈，再替我给毛主席写封信，告诉他老人家，党教育我成为一名革命战士，可是我为党和人民做的事太少！……"

刘伯承、邓小平两位首长听说王克勤牺牲的消息后，倍感痛惜。为了纪念他，1947年7月18日，刘伯承以他和邓小平的名义，亲自写了《悼念王克勤同志》的悼词。

悼词说：

"我们以极悲痛的心情悼念本军著名英雄王克勤同志"，"王克勤同志一年来建立了很多战功，树立起战斗与训练，技术与勇敢结合的为我全军所学习的新的进步的范例。""为了永远纪念王克勤同志，决定王克勤所在的排永远保持'王克勤排'的光荣称呼。号召全军学习王克勤同志，并为继续开展王克勤运动而奋斗，一直到歼灭全部进犯军。"①

三、毛泽东将"诉苦三查"运动命名为"新式整军运动"

从1947年冬到1948年夏，人民解放军利用战争间隙，开展了一次新式的整军运动。这次整军运动又称为"诉苦三查"运动。其主要内容有：在部队各级党委领导下，采用自我教育的方法，学习党的各项政策，进行诉苦（诉旧社会和反动派给予劳动人民之苦）、三查（查阶级、查工作、查斗志）的阶级教育，发扬解放军政治、经济、军事三大民主，开展群众性的练兵运动。同时，在整党运动②中就已开始的、在提高阶级觉悟基础上进行的三整运动（整顿组织、整顿思想、整顿作风）也作为新式整军运动的内容而继续开展。

人民解放军在此时开展这样一次整军运动应当讲是顺理成章的。其形式是在部队过去历次诉苦教育的基础上逐步发展起来的，时机又是十分恰当的。

早在抗日战争时期，八路军、新四军的一些部队为了提高部队斗志，就多次进行过控诉日寇罪行的教育活动。

日本投降后，为了适应形势任务的需要，部队又广泛进行了控诉国民党反动派压迫人民、勾结日伪和地主恶霸、撕毁和平协议、进攻解放区的罪行

---

① 军事科学院《刘伯承军事文选》编辑组：《刘伯承军事文选》（二），第242页，军事科学出版社2011年版。

② 1947年7月17日至9月13日党中央召开全国土地会议，制定了《中国土地法大纲》，并决定整党，解决在党的地方组织方面、特别是在党的农村基层组织方面所存在的妨碍土地改革彻底进行的成分不纯和作风不纯的问题，以三查（查阶级、查思想、查作风）三整（整顿组织、整顿思想、整顿作风）为主要内容。

的教育活动，为保证部队从抗日战争到解放战争的思想转变做出了贡献。

土改运动开始后，许多部队又进行了以揭露地主阶级依靠国民党反动统治剥削压迫农民为中心的诉苦运动，增强了官兵为保卫人民翻身果实而战的决心和牺牲精神。刘伯承、邓小平领导的晋冀鲁豫野战军在南渡黄河、转入进攻以前，就普遍进行了诉苦运动和查阶级、查思想的教育活动，为巩固部队特别是而后挺进大别山奠定了坚实的思想基础。前面提到的王克勤的思想转变就是这次诉苦运动的成果。

进入1947年，客观形势向人民军队提出了更高的要求，既需要部队指战员在全国战略进攻中具有更加勇猛顽强、英勇牺牲的精神，又需要部队指战员更好地理解和执行党的路线与政策，更坚决地支持和参加人民群众的土地改革。

但是，此时部队指战员的思想认识和党中央的要求还是有一定的差距的。这主要是因为，经过抗日战争、解放战争的大发展，部队成员已经发生了很大变化，一部分人的思想不能跟上客观形势和党的政策的变化。

抗日战争以来，我军涌进了一批地主、富农和资产阶级家庭出身的子弟，他们虽然大部分经过党的教育和革命战争的锻炼改变了阶级立场，但是也有极少数人进步较慢，旧的思想影响较多，个别人甚至仍然站在其家庭的立场上，对党的土改政策带着某些抵触情绪。

解放战争以来，我军又接受了大批解放区参军战士和大量俘虏的国民党士兵。被俘的国民党士兵大部分是劳动人民出身，参加我军后很快有了进步和提高，但是旧社会、旧军队的坏思想、坏作风、坏习惯在一些人中仍然存留，而且其中还混杂有少数敌方下级军官、国民党员、间谍特务和兵痞流氓，在部队起着不好的作用。从解放区参军的战士中，因为有些地方审查不严，也夹杂有一些地主、富农和流氓分子。一些工农家庭出身的人，也有自私自利的思想情绪，个别人甚至丧失本来面目，蜕化变质。

这些因素就造成了在一段时间内，某些部队的问题较多。有一些干部战士对农民群众反对地主的正义斗争不同情、不支持，对地主向农民进行的反动抗拒不愤恨、不揭露，有的甚至以各种方式包庇地主，阻挠干涉群众的翻身斗争。

有一些部队的军阀主义倾向发展起来，少数干部战士对群众态度蛮横，不遵守群众纪律，使我军良好的军民关系受到损失；在部队内部，有些干部不深入群众，不关心士兵的生活和疾苦，打骂士兵，造成了官兵之间的隔阂。

有些干部则滋长了个人主义、本位主义思想，闹名利、地位，争享受，等等。

针对这种现象，1947年9月7日，朱德在全国土地会议上作报告时明确指出："政治工作要走群众路线。现在部队中出现了'三合一'班，由三种战士组成：从国民党部队过来的解放战士、老八路、土改后参军的新战士。三种战士各有各的优缺点。""把这三种人编在一个班里，开一个诉苦会，你说是怎样的苦，我说是怎样的苦，他又说是怎样的苦，三方面这样一讲就都合拢来了。""这种会开它一天两天，一班人的阶级觉悟就会大大地提高。我们野战军一定要进行这种教育，时间紧张也要想法抽出一点来搞。"①

在这种情况下，许多部队为此开展了各种形式的诉苦运动（也有的叫复仇运动或者回忆运动），并结合进行了查阶级、查思想、查作风的教育活动。而东北民主联军辽东军区第三纵队就是当时取得效果比较好的一个部队。

辽东军区第三纵队是抗战胜利后，人民军队挺进东北，以冀热辽部队和鲁中军区的一部分部队为骨干扩编而成。武器装备比较好，但人员成份复杂。部队组建后，随即参加了保卫辽阳、本溪、四平战役。在从四平撤退到辽东辉南、柳河一带集结的过程中，经过连续20多个昼夜的行军、作战和抢修工事，部队十分疲劳，加上物资供应不足，生活极其艰苦，人员思想十分活跃。从山东、河北解放区来的一部分同志，对抗日战争转变为解放战争的思想准备不足，幻想和平，厌倦艰苦的战争生活，不愿在东北坚持斗争，少数东北新入伍的人存在兵痞流氓习气，认为"穷八路"不如国民党，因而逃亡问题严重。1946年，仅第七师就逃亡了1520人。②

第三纵队的诉苦，最早是在第七师第二十团九连（也就是机枪连）搞起来的。时任二十团三营教导员的冯恺回忆说：

> 1946年2月9日是个难忘的日子。这一天，我被调到东北民主联军辽东军区第三纵队第七师第二十团第三营任教导员。
>
> 我来到三营后，就参加了打国民党精锐部队新六军的砂子岭战斗。战斗中我发现：该营战斗力较差，个别士兵不敢冲锋；且由于战斗艰苦，条件恶劣，又出现了少数士兵"开小差"现象；连排干部普遍反映"兵难带，仗难打"，有的干部三天两头找我要求调走。如何从政治工作上巩固部队，加强纪律，提高部队战斗力，成为当时各级领导面临的严重问题。

---

① 中共中央文献编辑委员会：《朱德选集》，第209页，人民出版社1983年版。

② 姜思毅主编：《中国共产党军队政治工作七十年史》第三卷，第170页，解放军出版社1991年版。

我想尽办法，做稳定部队的工作。行军时不骑马，帮助老炊事员挑担子；连、排干部也充分发挥模范作用，带动广大战士。这样虽然团结了越来越多的同志，感情也越来越近，但我心里仍然没有底。以后的战斗将会更加残酷，这样的部队能经住各种考验吗？

到了6月，在东北战场上，由于国共两党谈判，出现了暂时的"和平"。因此，有一些同志产生了不切实际的和平幻想。当时，关内在大打，很明显，关外的"和平"只能是暂时的，所以必须抓紧时间教育整顿部队，准备迎接即将到来的恶战。可是用什么办法教育部队呢？

正在这时，师召开了建师以来首次政治工作会议，全师政工干部都参加。会议头两天政治部主任作政治工作总结。师政委李伯秋到会作报告，讲的是"阶级教育问题"，阐述的中心思想是：我们的革命斗争已由抗日民族斗争转变为与代表剥削阶级的国民党反动派之间的阶级斗争。斗争的对象变了，我们的政治教育中心也应当转变为阶级教育。这个报告说理透彻，指导性强，我全神贯注地听着，感到很解渴，几个月来苦思冥想不得其解的问题有了答案。我们营与会的几名干部讨论得十分热烈，他们恨不得立刻就回去组织教育。可是，一讨论搞教育的具体方法，大家就卡壳了。谁也说不出个道道来。大家感到阶级教育问题"理论上解决了，实际上没有解决"。

回到营里我开始考虑如何落实师里的要求。紧迫的战争形势，三营的复杂情况，使我感到应该马上搞阶级教育。我召集连干会议，大家一致同意。教育的内容就这样定下来。可是，教育如何搞法，大家还是想不出办法来。正在这时，师宣传科发下来一套学习讨论问题，都是针对部队的一些模糊认识提出来的。我们逐题议论，有一个题目是"谁养活谁？穷人养活富人，还是富人养活穷人？"大家感到这个题目好，抓住了"根本"。于是，部队（第8连除外）就在吉林省柳河县安口镇展开了空前热烈的讨论，当时叫做了"辩论"。万万没有想到，就是这场讨论，引出了一个新生事物："诉苦教育。"可以说这是一场应运而生的群众性自我教育运动。

"谁养活谁"的辩论一展开，空前热烈，众说不一。说"穷养富"者有之，说"富养穷"者有之，说"穷富互养，谁也离不开谁"者也有之，争论得不可开交。一争就是二三天。渐渐地，分为两条阵线：一部分人认为穷人养活富人，讲了不少道理；另一部分人认为"富人养活穷人"。

一位战士竟举出了自己闯关东生活无着，天冷了，冬天在一个地主家门外，被地主救活了，就留在他家吃饭干活的事例。因为那时人们还不会从经济关系认识问题，于是形成了互相谁也说不过谁的局面。会场上僵持着，长时间"冷战"，间或出现"你们没理了，投降吧"的起哄声，但没有对立情绪。虽然不断"冷场"，但战士们的态度都很认真，因为他们也急着寻求真理。

就在这"冷场"之时，一个意想不到的"奇迹"出现了：一天，一个朝鲜族大娘找我说："教导员，不好啦，你快去看看，机枪连的同志想家想得抱头大哭，饭都不吃呢！"我很吃惊，马上想去机枪连看看。恰好机枪连指导员刘子政来了。他眼睛红红的，情绪激动地说："我们连今天开会时出了个新情况，二班副班长任纪贞发言时，他从算经济账讲起，他父亲给地主放了两只羊，每年繁殖的羊羔收入三百多元，但地主只给三十元。老人给地主干了一辈子活，生病还得干活，累得吐了血，临死前向地主借高粱米做点糊糊喝，狠心的地主婆不但不给，还张口辱骂。讲到这里，就说不下去了。他失声痛哭，引发了全连官兵的悲痛，许多同志也一边哭一边控诉地主老财的剥削和压迫，责备自己糊涂，受了这么多苦还说财主是好人，说富人养活穷人。还有的捶胸顿足，骂自己忘了本，想开小差……等等。全连悲声冲天，如洪峰泻口。"刘子政含泪汇报，触发了我的悲痛感情，同时不由地兴奋和激动起来："诉苦"是个好办法！我们营的根本问题可以解决了！我们没有再多研究，就召集各连干部来开会，大家齐说"太好"了！接着，让任纪贞到各连去"诉苦"。连"诉苦"这个词，都是在会议上随意提出来的。第九连指导员赵绪珍用驻地老佃户张大爷穿了14年的一件破棉袄和安口镇黄区长的一床破被子等事例，对部队进行两个阶级、两种政权、两种军队的政治教育，发动大家"挖苦根"。诉苦教育，极大地启发了广大官兵的觉悟，激发了对敌人的仇恨。

1947年，敌人对南满发动了大规模的进攻。在一保临江热水河战役中，我们营的干部战士表现得很勇敢，战斗力也明显增强。这次战斗中，我营九连战士房天静只身冲进敌阵，猛打猛冲，俘敌十余人，成为纵队第一名特等功臣。纵队刘西元政委找他谈话，问他为什么这么勇敢。房天静回答说："因为我擦亮了眼睛。认清了敌人。"再问他是怎么回事，他就把过去虽然受苦却认不清敌人，连队开展了诉苦教育，才提高觉悟的事汇报了。首长听了很高兴，认为是件新鲜事，就派人到三营调查了解。

于是,"诉苦教育"逐渐引起了团、师、纵队、东北军区首长和机关的注意。①

师、团机关帮助九连总结了诉苦教育的经验,将他们的做法概括为:"吐苦水""挖苦根""查忘本""下决心"。三纵队政治部认为九连的诉苦教育经验具有普遍意义,派人同师、团一起研究和充实九连的经验,然后向全纵队作了介绍。

辽东军区和东北民主联军总部对第三纵队的诉苦教育非常重视,给予了充分的肯定。

中共辽东分局书记兼辽东军区政委陈云指出,这是部队教育的方向,要把诉苦教育和杀敌立功运动结合起来,在全区推广。

东北民主联军副政委罗荣桓听了详细汇报后,高度评价了诉苦教育。认为"这在部队政治教育工作中是一个具有重要意义的创造,解决了当前教育的主要内容和方法问题,是部队政治教育的方向。""这个创造,虽然还是开始,但这确实是部队教育的革命,是真正体现毛主席教育部队的思想……"

罗荣桓授意政治部起草了关于在部队政治教育中普遍开展诉苦运动的训令,并亲自主持起草了《东北日报》社论《部队教育的方向》,于1947年8月26日发表。

社论指出:诉苦运动是部队教育工作一个具有极其重大意义的创造,这种群众性的诉苦证明,罪恶决不是单个或偶然地发生的。大家来自山南海北,都受到同样的痛苦,都同样受冻受饿受辱挨打,这证明普天之下都存在两种人,一种是压迫人的人,一种是受人压迫的人。前一种人经过各种线索的追寻,都归到蒋介石那里,蒋介石就是他们的头子。后一种人经过各种事实证明,都归到共产党这里,共产党为人民办事,是被压迫的劳动人民的领袖。要报仇雪恨,只有和共产党一起,大家联合起来打倒蒋介石。②

经过推广和引导,诉苦运动在东北民主联军各部队大规模地开展起来。随着这一做法的不断完善,东北民主联军政治部于1947年9月28日,就东北部队进行土地政策学习、开展诉苦运动的经验向军委总政治部写了报告。毛泽东非常重视这一经验,亲自对《辽东三纵学习土地改革政策(诉苦)之二》作了修改,并转发全军,从而促进了全军诉苦运动的展开。

从1947年冬至1948年夏,我军各部队先后进行了自解放战争以来的第

---

① 冯恺:《诉苦运动产生的前前后后》,《军事历史》1994年第6期。
② 《当代中国人物传记》丛书编辑部编:《罗荣桓传》,第428页,当代中国出版社1991年版。

一次大休整。按照中央军委和毛泽东的指示,全军各部队利用这难得的休整期,结合开展土地改革教育,普遍进行了诉苦运动,并结合整党的要求进行了查阶级、查工作、查斗志和整顿组织、整顿思想、整顿作风的活动。

彭德怀在其《自述》中是这样评价西北野战军开展这一运动的情况的:

"我在西北战场上取得了一条宝贵的经验是'新式整军'。1947年12月中,撤围榆林,进行整训。一纵队三五八旅战士中有一名四川人,是俘虏来的。深夜,一个人在野地,写着他母亲的神位,哭诉他母亲是怎样惨死的,仇恨国民党和当地的恶霸地主,他参加了人民解放军,要如何为母亲报仇。一位连指导员悄悄在旁听着,他也有类似的苦难,结果他们相拥相诉相哭。我们抓住这件事,开了诉苦大会,把它当做运动来开展。我军新老战士、干部,多数都有一本不同程度的血泪史,过去各不联系,不能成为同仇敌忾的阶级感情。诉苦大会普遍开展后,大会小会又紧密结合,一个人的痛苦,就变为大家的痛苦,大家的痛苦也就是每个人的痛苦。很自然地提高了阶级觉悟,凝集为阶级仇恨。大家认识到,只有打倒国民党政府,消灭其军队,建立人民政府,分田地,组织合作社,才能解放自己,消灭剥削阶级。又进一步查阶级,查出了一些国民党特务隐藏在人民解放军中,在坦白从宽的政策感召下,说出了他们的罪恶阴谋,这就进一步提高了指战员的阶级觉悟和革命警惕。查工作、查斗志,都问一个'为什么'?有的工作好,有的勇敢。有的表现不好,不勇敢,多数是由于阶级觉悟不高,也有的是由于缺乏经验。认真加以分析,进行评比,然后转到练兵。'官教兵,兵教官,兵教兵',真正作到了官兵互教。"

"经过这次运动之后,群众纪律好了,上下级之间、军民之间相互关系好了,这就是群众自己教育自己。这种诉苦会的形式是很好的,红军和抗日时期,都没有找到这种形式;要是早找到这种形式,对争取俘虏兵加入红军、扩大红军的成绩,要快、要大得多。毛主席把这种作法推广到全军,并誉为'新式整军运动'。"①

1948年1月,毛泽东、周恩来等中央领导同志参加西北野战军召开的团以上干部会议,听取了部队进行"诉苦""三查"运动的汇报。会上毛泽东高兴地说:"我们从中央苏区起,就想找到一个教育俘虏兵的好形式,这次诉苦

---

① 《彭德怀自述》,第250—252页,人民出版社1981年版。

三查把这个问题解决了。"[1]

在西北野战军开展的战役中,我军指战员表现了高度团结一致、勇猛顽强、不怕困难和牺牲的精神,从而迅速取得歼敌5个旅近3万人的巨大胜利。这次战役涌现出来的大批英雄模范,绝大部分都是通过诉苦三查提高了阶级觉悟的同志。

如刺杀英雄刘四虎,是解放区参军的翻身农民。他父亲给地主干了大半辈子的活,一次干活时砸断了腿,地主不给治,也不给工钱、去衙门告状,怎么也打不赢官司。以前总以为是命不好。在诉苦运动中,大家用阶级分析的方法帮助他提高了觉悟,他认识到,穷人的总苦根是国民党的反动统治,非彻底推翻他不可。在这次战役中,他表现非常勇敢,一个人刺死7个敌人,自己身上也挨了11刺刀,于是他成了全国著名的战斗英雄。

诉苦三查运动的显著效果引起了毛泽东的极大关注。宜川战役之后4天,1948年3月7日,毛泽东在为中国人民解放军总部发言人起草的《评西北大捷兼论解放军的新式整军运动》的评论中,深刻地阐述了诉苦三查的伟大意义,并首次将其命名为"新式整军运动"。

他指出:

> 西北野战军在去年作战中,还只能一次最多歼灭敌人两个旅,此次宜川战役,则已能一次歼灭敌人五个旅。此次胜利如此显著,原因甚多,……但是最值得注意的,是在冬季两个多月中用诉苦和三查方法进行了新式的整军运动。由于诉苦(诉旧社会和反动派所给予劳动人民之苦)和三查(查阶级、查工作、查斗志)运动的正确进行,大大提高了全军指战员为解放被剥削的劳动大众,为全国的土地改革,为消灭人民公敌蒋介石匪帮而战的觉悟性;同时就大大加强了全体指战员在共产党领导之下的坚强的团结。在这个基础上,部队的纯洁性提高了,纪律整顿了,群众性的练兵运动开展了,完全有领导地有秩序地在部队中进行的政治、经济、军事三方面的民主发扬了。这样就使部队万众一心,大家想办法,大家出力量,不怕牺牲,克服物质条件的困难,群威群胆,英勇杀敌。这样的军队,将是无敌于天下的。[2]

在党中央、中央军委及毛泽东等领导下,新式整军运动在全军更加广泛、

---

[1] 姜思毅:《中国共产党军队政治工作七十年史》第三卷,第175页,解放军出版社1991年版。

[2] 《毛泽东选集》第四卷,第1294页,人民出版社1991年版。

深入地开展起来。

回过头来看,诉苦三查运动对人民军队建设所起的作用是巨大的,其影响是深远的。它推动了解放战争的进程,促使蒋家王朝更快地走向覆灭。

作为一种教育活动,诉苦三查运动取得了巨大的成功,它给我们的启示也是很多的。比如,它的内容、形式、时机……

正如那位教导员所说:

> 在一定程度上说,诉苦教育是"憋"出来的,也是在群众性的自我教育中开出的"奇花异果"。它的诞生证明了一个真理:千难万难,依靠群众就不难。群众自我教育,启发基本觉悟,形成的力量是无穷的。[①]

---

① 冯恺:《诉苦运动产生的前前后后》,《军事历史》1994年第6期。

第十六章　毛泽东称其为"军队内部政治工作方针"

"民主"一词来源于希腊文 Demos（人民）和 Kratia（统治、政府、权力）。其词源和字面上的本意为"人民的政治权力""人民当家作主""人民的统治"，即指多数人的统治。在军队中推行民主制度，是毛泽东关于人民军队建设理论的一个伟大创举，也是毛泽东政治建军思想的一个重要内容。

1965年8月1日，贺龙元帅发表题为《中国人民解放军的民主传统》的文章指出：

> 中国人民解放军，为什么能够创造出那么多人间奇迹？创造出那么多军事史上的奇迹？是什么原因，是什么力量，使我军能够克服一切困难而不被任何困难所挡住，能够战胜一切敌人而不被任何敌人所压倒？最根本的原因，就在于我们的军队是一支在无产阶级政党领导下的、用马克思列宁主义、毛泽东思想武装起来的真正的人民军队，就在于我们所进行的战争，是为了人民的解放的正义战争，是依靠人民自己的力量来进行的真正的人民战争。由此出发，我们同一切旧的军队旧的军事传统彻底决裂，不但确立了全心全意为人民服务的宗旨，实行了党对军队的绝对领导，建立了革命的政治工作，而且完全打破了那种认为军队要打仗要服从命令，就不能有民主的陈腐观念，创造了历史上第一支真正讲民主的属于人民自己的军队。①

---

① 总参谋部《贺龙传》编写组：《贺龙文选》下卷，第401页，军事科学出版社1996年版。

一、"中国不但人民需要民主主义，军队也需要民主主义"

中国是一个封建统治长达两千多年的国家。在封建专制的制度下，人民没有民主，思想长期受到禁锢。封建制度和观念，也广泛地渗透到了军队中，使中国的旧军队几乎没有民主可言。

我军建军初期，由于红军是由国民革命军、农民、工人等多种复杂成份构成的，封建的传统观念和旧军队的军阀作风对军队影响很大，因此在一些军官中严重存在着随意打骂和侮辱士兵的现象。官兵不平等，士兵和下级军官的思想受到极大的压抑。这种状况极大地影响了红军的巩固和战斗力的提高。

为了改变这种状况，毛泽东在建军初期就开始在红军中推行民主制度。

1929年9月1日，陈毅在给中央的《关于朱毛红军的历史及其状况的报告》中指出：

> 红四军"在军团营连均设立士兵委员会，官长同时为士委会员。全连士兵大会选举五人至七或九人为连士委执委，推主席一人；以全营人数按每五人举一代表组成全营士兵代表会，推举十一人至十三人组织营士执委，推举一人为主席；按全团人数每十人举代表一人组织全团代表会，推举十七人至十九人组织团士执委，推举一人任主席。全军按每三十人或五十人举一代表组织全军代表会，选举十九人至二十一人或二十三人组织军士执委，选一人为主席。军士执委选五人或七人为常委，团举五人或七人为常委，营举三人或五人为常委，连无常委机关，军、团常委均设机关于政治部内日常办公，营常委不设机关。各级士委的任务规定是下：一、参加军队管理。二、维持红军纪律。三、监督军队的经济。四、作群众运动。五、作士兵政治教育。此外士委与军事机关的关系，士委只能对某个问题建议或置问，而不能直接去干涉或处理。士委开会须由党代表参加，等于一个政治顾问的性质。在非常时期党代表可以解散士委，或不准其开会，另诉诸士委代表会。"[①]

红四军各级士兵委员会的活动是非常活跃的。陈毅在《报告》中指出：

> 四军的经济组织可分为执行、计划、监督三部。计划筹款与全军预算及分配支取问题，原则由党的委员会负责，监督经济则由各级士兵委员会负责。每月由军部军需处公布一月收入支取情形，由士委代表会审

---

① 中共中央文献研究室，中央档案馆编：《建党以来重要文献选编（一九二一——一九四九）》第六册，第456—457页，中央文献出版社2011年版。

查，军需处长出席报告负答复解释之责，如有毛病则处罚负责人。执行部则军部有军需处，团部有辎重队，营连有经委会，因此，四军此时的经济脱离军官的影响，做到彻底公开，于经济上最能表现红军的平等精神，红军有一副对联道"红军中官兵伕薪饷穿吃一样，军阀里将校尉起居饮食不同"。再则红军的官兵，物质享受一样，所以官兵不能有什么分别。群众及敌兵俘虏初看见顶顶大名的四军军长那样芒鞋革履十分褴褛莫不诧异，若不介绍，至多只能估量他是一个火伕头，同时到现在"火伕头"三个字恰成了四军军长的浑号。①

这种情况，毛泽东在《井冈山的斗争》一文中曾有过描述：

> 湖南省委要我们注意士兵的物质生活，至少要比普通工农的生活好些。现在则相反，除粮食外，每天每人只有五分大洋的油盐柴菜钱，还是难乎为继。仅仅发油盐柴菜钱，每月也需现洋万元以上，全靠打土豪供给。现在全军五千人的冬衣，有了棉花，还缺少布。这样冷了，许多士兵还是穿两层单衣。好在苦惯了。而且什么人都是一样苦，从军长到伙夫，除粮食外一律吃五分钱的伙食。发零用钱，两角即一律两角，四角即一律四角。因此士兵也不怨恨什么人。②

红四军活跃的民主生活，有力地促进了部队的建设。陈毅在给中央的报告中说：

> "红军废除了发饷制度，经济公开余多时，每人每月可以发四元至五元零用费，作洗衣、剃头、买草鞋之用，若钱少则少发或竟至不发。士兵很明白这个道理，所以无闹饷的事，没有钱发他只怪这几日筹款不到，不会向军长要钱。"

> "士委内有娱乐科，仅于纪念日，或每月举行工农兵联欢会，或红军纪念会，有演说，有新剧，有京剧团，有双簧，有女同志跳舞，有魔术，这些多能引起士兵的快乐。"

> "红军与普通军队大概从四方面去区分：(1) 红军是无产阶级的军队，为自己本阶级利益而战，没有雇佣性质；(2) 红军是工农阶级的学校，官长尽是提高士兵各种文化智识，不像旁的军队以严刑峻法，把士兵造成一个好管理的奴隶；(3) 红军各部分间非常团结，内部官兵是弟兄一

---

① 中共中央文献研究室，中央档案馆编：《建党以来重要文献选编（一九二一——一九四九）》第六册，第455页，中央文献出版社2011年版。

② 《毛泽东选集》第一卷，第64—65页，人民出版社1991年版。

般关系，非常欢爱，不会像反动军队之不能团结，发生互相厮杀等事；(4)红军是由工农斗争中产出，不能脱离工农群众。"①

罗荣桓在《秋收起义与我军初创时期》一文中记载过这样一件事：

> 毛泽东同志曾带领三十一团的三营，下山去接应二十八团由湖南返回井冈山。夜间通过桂东地区，遭到敌人袭击，部队当时被打散了，大家很着急。但第二天清晨一集合，只少了一个担架兵。谁知当部队回到井冈山上时，这个担架兵早已回来了。②

毛泽东在当时写给中央的报告中指出：

> "红军的物质生活如此菲薄，战斗如此频繁，仍能维持不敝，除党的作用外，就是靠实行军队内的民主主义。""尤其是新来的俘虏兵，他们感觉国民党军队和我们军队是两个世界。他们虽然感觉红军的物质生活不如白军，但是精神得到了解放。同样一个兵，昨天在敌军不勇敢，今天在红军很勇敢，就是民主主义的影响。红军像一个火炉，俘虏兵过来马上就熔化了。中国不但人民需要民主主义，军队也需要民主主义。军队内的民主主义制度，将是破坏封建雇佣军队的一个重要的武器。"③

然而，民主制度的实行不是一蹴而就的事，需要有一个渐进的过程。

虽然在"三湾改编"时毛泽东就提出并开始推行民主制度，但直到1929年"古田会议"召开时，红军中仍然存在着一些不民主的问题，特别是肉刑问题还严重地存在着。

毛泽东在"古田会议决议"中分析了肉刑的来源及废止肉刑的理由：

> 红军第四军产生于封建剥削制度尚未肃清的中国，它的主要成份，又多是从封建军阀军队里头转变过来的，一般封建的制度、思想和习惯，依然很浓厚地存在于一般官长士兵之中，由是打人的习惯和非打不怕的习惯，还是与封建军阀军队里头的习惯一样。虽然老早就提出了官长不打士兵的口号和规定士兵会有申诉他们的苦痛的权利，但简直没有什么效力，其结果造成官兵间的悬隔，低落了士兵以至官长的情绪，逃跑的

---

① 中共中央文献研究室、中央档案馆编：《建党以来重要文献选编（一九二一——一九四九）》第六册，第458页，467页，中央文献出版社2011年版。
② 中国人民解放军战士出版社编：《星火燎原》（选编之一），第134页，战士出版社1979年版。
③ 《毛泽东选集》第一卷，第65页，人民出版社1991年版。

数目日多，军中充满了怨恨的空气，甚至发现自杀事件。这是与红军的斗争任务完全背驰的现象，如不赶快纠正，危险不可胜言。①

为了尽快废止肉刑，毛泽东提出要"举行废止肉刑运动"，由最高军政机关会衔发布废止肉刑的通令，修改并颁布新的红军惩罚条例。为了更好地推行民主制度，毛泽东还强调了加强对新兵及俘虏兵进行民主制度的教育，讲清官兵生活平等，官兵之间只有职务的分别，没有阶级的分别，官长不是剥削阶级，士兵不是被剥削阶级；士兵会的意义和作用；红军中管理经济的组织，经济公开主义及士兵审查制度；废止肉刑与辱骂等。

另一方面，毛泽东针对有人要求在红军中实行所谓"由下而上的民主集权制""先交下级讨论，再由上级决议"等极端民主化的倾向，严肃地提出，要"从理论上铲除极端民主化的根苗"，认为极端民主化的危险，"在于损伤以至完全破坏党的组织，削弱以至完全毁灭党的战斗力，使党担负不起斗争的责任，由此造成革命的失败。"因此，"在组织上，厉行集中指导下的民主生活。"②

古田会议结束后，各地红军普遍贯彻了会议决议的精神，这样，我军的民主制度就基本建立起来了。

需要指出的是，由于受到王明"左"倾教条主义的影响，总政治部在1932年冬向全军颁布的《中国工农红军政治工作暂行条例草案》取消了士兵委员会，而是用列宁室取代。《中国工农红军俱乐部列宁室工作暂行条例》规定，"在团、师、独立营及其同等之部队中可设俱乐部"，"在红军连队及其同等的部队和机关中，应设立列宁室"。但是俱乐部、列宁室的职能和原来士兵委员会的职能有很大的不同。它们只是"依据自愿自动，自感兴趣，适当分工的共同劳动以及团体纪律的原则上，在红军战斗员和指挥员中进行课外的军事、政治、文化、卫生等工作，使他们能得到共产主义的教育，以巩固红军的战斗力"③的群众组织，并无关于保障士兵权利、发扬民主方面的规定，这就不能不使红军乃至后来八路军、新四军的民主生活受到了一定的影响。

---

① 中共中央文献研究室编：《毛泽东文集》第一卷，第109页，人民出版社1993年版。
② 《毛泽东选集》第一卷，第88—89页，人民出版社1991年版。
③ 中国人民解放军政治学院政治工作教研室编：《军队政治工作历史资料》第二册，第589页，战士出版社1982年版。

二、"三大民主"的由来

我军实行民主主义,后来总结为"三大民主",即政治民主、经济民主和军事民主。从历史发展来看,这是经过长期的实践而形成的。

在三大民主中,最早提出的是政治民主问题,即废除打骂制度,实行官兵平等;紧接着提出了经济民主问题,先是废除军官吃饭的特殊化,实行官兵同餐,后是士兵管理伙食。而军事民主的提出要稍微晚一些。

比较早地将政治、军事、经济民主联系在一起提出要求的是周逸群、段德昌领导的鄂西红军。1929年至1930年,鄂西红军提出,士兵委员会应该从政治、经济、军事三方面开展军内民主活动。政治上,要求官兵平等,互相友爱;经济方面,士兵的伙食由士兵推出代表负责,士兵委员会推出代表审查军需处的账目;军事上,"每次作战以后,照例应开批评会,其方式先由担负任务的官长报告经过,再互相批评,最后由一人作结论。"

在艰苦卓绝的抗日战争时期,毛泽东对军队民主问题也有几次著名的讲话。

1938年5月,他在《论持久战》一文中指出:

军队应实行一定限度的民主化,主要地是废除封建主义的打骂制度和官兵生活同甘苦。这样一来,官兵一致的目的就达到了,军队就增加了绝大的战斗力,长期的残酷的战争就不患不能支持。①

1938年10月14日,毛泽东在党的第六届中央委员会第六次全体会议上的报告中指出:

在我们军队中的党组织,也须增加必要的民主生活,以便提高党员的积极性,增强军队的战斗力。但是军队党组织的民主应少于地方党组织的民主。无论在军队或在地方,党内民主都应是为着巩固纪律和增强战斗力,而不是削弱这种纪律和战斗力。②

1944年6月,毛泽东在延安接见了中外记者西北参观团,他在谈话中强调:统一在军事上尤为需要,但是军事的统一,亦应建立在民主基础上。在军官与士兵之间,军队与人民之间,各部分军队互相之间,如果没有一种民主生活、民主关系,这种军队是不能统一作战的。③

宏大的解放战争,是人民军队历史上最辉煌的时期之一,也是我军政治

---

① 《毛泽东选集》第二卷,第511页,人民出版社1991年版。
② 同上书,第529页。
③ 中共中央文献研究室编:《毛泽东文集》第三卷,第169—170页,人民出版社1993年版。

工作丰富发展的时期。为了保障战争的胜利，解放战争期间的部队民主生活，不论是政治民主、军事民主，还是经济民主，都有新的创造和发展。

政治民主，比较充分地反映在新式整军运动之中。在1947年冬的新式整军运动中，部队普遍开展了评党员、评干部的活动；在训练中实行官兵互教，开展评教评学；在作战中发动群众献计献策。毛泽东曾把新式整军称做"有秩序的、有领导的、由全体战斗员和指挥员参加的民主运动"。1947年11月，在朱德总司令的亲自指导下，我军取得了石家庄战役的巨大胜利。这是解放战争开始以来，我军占领的第一个大城市。战役结束后，朱德亲自参加了晋察冀野战军政治部召开的总结石家庄战役经验的座谈会，总结了打石家庄的经验。

12月10日，朱德写信给毛泽东主席转中央，报告了石家庄等战役的情况。他在信中特别提到，这次在攻打石家庄的过程中，发扬了军事民主，发动了士兵群众，上下一致，因而胜利地完成了战斗任务。

毛泽东看了朱德的信，非常重视，很快把它转发给各中央局和野战军。毛泽东在批语中指出，朱总司令这封信提出了两个重要的问题。第一个问题是用民主讨论的方式发动士兵群众，研究如何攻克敌阵，歼灭敌人。这种做法叫军事民主。而将诉苦运动、三查三整叫做政治民主与经济民主。这些军队中的民主生活，有益无害，一切部队均应实行。[①]

根据朱德信中提出的军事民主的经验，毛泽东进一步概括和发挥，形成为著名的三大民主原则，即军事民主、政治民主、经济民主。为此，毛泽东于1948年1月30日专门为中央军委起草了《军队内部的民主运动》的党内指示，指出：

> 部队内部政治工作方针，是放手发动士兵群众、指挥员和一切工作人员，通过集中领导下的民主运动，达到政治上高度团结、生活上获得改善、军事上提高技术和战术的三大目的。

《指示》将军队内部的民主生活概括为政治、经济、军事三大民主。

《指示》没有专门提及政治民主的内容，但是毛泽东提出：

"目前在我军部队中热烈进行的三查、三整，就是用政治民主、经济民主的方法，达到前两项目的。""应当使士兵群众对于下部中的坏分子有揭发其错误和罪恶的权利。""同时，应当使士兵在必要时，有从士兵

---

① 中共中央文献研究室、中央档案馆编：《建党以来重要文献选编（一九二一—一九四九）》第二十五册第78页，中央文献出版社2011年版。

群众中推选他们相信的下级干部候选人员、以待上级委任的权利。""但是这种推选不是普遍的推选，而是某些必要时的推选。"

对于经济民主和军事民主，毛泽东明确提出：

"关于经济民主，必须使士兵选出的代表有权协助（不是超过）连队首长管理连队的给养和伙食。"

"关于军事民主，必须在练兵时实行官兵互教，兵兵互教；在作战时，实行在火线上连队开各种大、小会，在连队首长指导下，发动士兵群众讨论如何攻克敌阵，如何完成战斗任务。在连续几天的战斗中，此种会应开几次。"①

为了保证三大民主的落实，各单位先后恢复和健全了一段时间内被取消的士兵委员会或类似的组织。如有的部队在三查三整中就已建立起了基本具备士兵委员会功能的学习委员会，并参与了运动的领导。

军委总政治部根据毛泽东的指示和晋察冀、华东渤海军区及西北野战军的经验，于1948年2月17日发出了《关于在部队中成立士兵委员会的通知》，认为："部队中实行广泛的民主生活，经验证明，很有好处。自各地实行有领导有秩序的政治、经济及军事等民主以来，对防止军阀主义，加强部队团结，以及提高军事技术上，作用极大。""总结这些经验，我军各部队，似均可在连队中普遍成立士兵委员会，并应将连队党的支部完全公开，使与士兵委员会之民主生活结合起来，更加密切党与群众的联系。"②

总政要求各部队接此通知后，即斟酌情形，在各连队成立士兵委员会，以几个月作为试办时期。

3月3日，华东野战军陈士榘、唐亮就《组织士兵委员会的两点建议》报告军委，报告指出：

（一）士兵委员会名义，因易误解（为）士兵对付干部的一种组织，且士兵名词为战士不欢迎，以改为革命军人委员会较好。

（二）因干部民主作风未很好养成，且能力经验均较差，我们部队中俘虏成份太多，觉悟程度仍有限，又在残酷的战争情况下，故对其具体

---

① 《毛泽东选集》第四卷，第1275—1276页，人民出版社1991年版。
② 中共中央文献研究室、中央档案馆编：《建党以来重要文献选编（一九二一——一九四九）》，第二十五册第156—157页，中央文献出版社2011年版。

权利，开始须稍约束，加强民主教育，视上述情况改变，逐渐放手。①

3月8日，周恩来为中共中央起草了《在部队中试验组织士兵委员会》的指示，认为：

"三查与诉苦的新式整军运动，在我各野战军各军区部队中都已实行或正在实行着，其成绩已逐渐从部队的觉悟、巩固、团结、学习和作战上表现出来，其本身就是部队中政治经济军事三方面的民主精神的新创造新发扬。"

"为巩固和发扬这一成绩，现在确实需要将这一民主精神的新运动转为部队中集中领导下的经常的民主生活。中共四军九次代表大会决议案上规定了的士兵会的组织，似较适宜。在名称上，究用士兵会与士兵委员会，或革命军人大会与革命军人委员会，可由各部酌定。"

"中央认为必须经过各军自己的实践，才能更有把握地对于这一组织作出适合于今天各种条件的具体规定。为此，中央特责成各野战军、各军区政治部于最近数月内，利用作战间隙，选择几个不同情况的连队，一两个不同情况的营以上的直属队或机关，试行这一组织，并派负责人员亲去指导，以便取得经验，报告中央。"

周恩来提出了进行这一组织的五条基本原则：

（一）"这一组织不论在连队中，在机关中，必须在其直接的行政首长领导之下进行其政治经济军事文化的民主生活"；

（二）"这一组织的任何决定，必须得其行政首长批准后，方得实施"；

（三）"上级命令，这一组织必须绝对服从，无权变更，只在情况许可和需要时，得由其行政首长提交讨论这一命令中的实施办法。"；

（四）"这一组织如欲对其行政上的领导干部进行思想检讨，必须在情况许可和需要时，得到上级政治部的批准和领导，方准定期进行"；

（五）"这一组织中的一般批评与自我批评，亦必须领导其向着有利于战争胜利和部队巩固的方向进行"。②

遵照中央、军委和总政治部的指示精神，各大区和很多二级军区或纵队、旅都草拟了士兵委员会条例，对士委会组织的性质、任务、职权、活动方式，以及同连队其他组织的关系，作了具体规定。直到1948年下半年，总政颁发

---

① 中国人民解放军政治学院政治工作教研室编：《军队政治工作历史资料》第十一册，第380页，战士出版社1982年版。

② 《周恩来选集》上卷，第303—304页，人民出版社1980年版。

了《革命军人委员会条例草案》，全军才逐步统一起来。

在此期间，毛泽东又多次讲到军队的民主问题。例如，1948年6月1日，他在给林彪、罗荣桓、刘亚楼的电报中指出："是否已实行军事民主，即遇到困难时，由连队指战员在火线上开会，反复研究攻克敌阵的方法（大家想办法）？"①

军内民主运动的成效是明显的。正如毛泽东所总结的，发扬三大民主，确实达到了政治上高度团结、生活上获得改善、军事上提高技术和战术的三大目的。

1948年9月4日，新华社发表《军队中的民主运动》的社论，介绍了部队实行三大民主后取得的进步。笔者在此摘几段反映在实行了政治民主之后，部队获得的进步：

"在经过了评党员后，党的威信提高了，许多人要求入党，均以做一个共产党员为光荣。东北某连在评党会上，即有二十三个非党人员要求入党，并有预先自动缴纳党费者。"

"解放战士初到我们部队时，对党常有错误认识，经过评党之后，他们根据自己的切身经验，与在国民党军队时的情况对照之下，认识到共产党真是光明正大，诚心诚意为人民服务的。有曾参加过国民党者，因受感动，便坦白了，并声明退出国民党。华北某部一个解放战士反省说：我初来时，认为党员是监督我们的，现在明白了共产党和国民党完全不一样。有的说，因为在国民党那边受过国民党员的害，到这边后，看见也有党员，就整天心里害怕，现在知道共产党对党员比对群众严多啦！某团解放战士安国材，见到公布党员名单，称赞说：'共产党真伟大呀，那边（指国民党）党员只是到了戏院才公布——党员半票。'"

"此外，在经过了评干部以后，战士们一般的反映是：'干部进步了，咱也得进步。''意见提出来了，心里也就安了，干工作也有劲。'有些干部最初顾虑，让战士评干部，恐将丧失自己的威信。事实证明，只要干部主动地领导这种批评，虚心听取群众的正确批评，并作了自我批评，认真改进自己的工作和领导作风，威信会更加提高，战士对干部也更加爱戴。华东某部民主检查领导后，战士看到干部和大家一起劳动，就说：'其实用不着你们参加，只要你们多出主意，好好教育帮助我们就行了。'"

---

① 《毛泽东军事文集》第四卷，第472页，军事科学出版社、中央文献出版社1993年版。

"西北解放军某部评干会上,战士代表说:'不要以为今后干部不好当,不敢大胆领导我们,我们是有组织有纪律的军队,问题解决了,还是应当公事公办。'"

"华北某部解放战士焦文道反省说:'我初来就听说要打石门,心里想,这不是明碰钉子?不几天,听说石门打下了,心里还想,石门工事强,兵也不少,怎么就解放得这样快呢?前些日子想通了,八路军最好的武器就是部队民主,官兵一致,大伙出主意打仗,为什么不胜利呢?'"[1]

---

[1] 中国人民解放军政治学院政治工作教研室编:《军队政治工作历史资料》第十二册,第113—115页,战士出版社1982年版。

第十七章 "高树勋运动"与瓦解敌军方略

毛泽东将"官兵一致、军民一致、瓦解敌军"称为我军政治工作的三大原则。瓦解敌军，是从政治上动摇敌人军心，破坏敌军战斗力的策略和手段。主要内容是配合军事打击，开展政治攻势，实行宽待俘虏政策，争取敌军官兵放下武器、投诚、起义，脱离反动营垒。

高树勋起义是我军瓦解敌军的经典案例。

高树勋，字健侯，1898年8月6日出生于河北省盐山县高金庄。著名爱国将领。出身行伍，因作战勇敢，由士兵累升至师长。抗战胜利后任新八军军长、第11战区副司令长官。因反对内战，1945年10月率部在邯郸前线起义。

高树勋起义对于蒋介石及其统帅部引起较大的震动，使其感到"兵心不固，民心不归"，发动内战的时机还不够成熟。高树勋起义及平汉战役结束后，蒋介石阴谋部署发动内战的大量文件被缴获，延安新华社选其重要密令7件公开发表，使全国人民认清了国民党挑动内战的真相。

为了加强分化、瓦解和争取国民党军队的工作，中共中央决定对国民党军队开展宣传运动，号召国民党军队官兵仿照高树勋部队的榜样，站到人民方面来。高树勋起义及随后开展的"高树勋运动"，成为国民党军队中有爱国心、厌恶内战的广大官兵的一面旗帜，他们在此后的国民党内战前线大批倒戈起义，加速了全国解放战争胜利的进程。

一、高树勋起义前的爱国壮举：捕杀"倒戈将军"石友三

高树勋是位著名的爱国将领。1940年他定计捕杀"倒戈将军"石友三的壮举使他名扬全国。

石友三，字汉章，1891年出生于吉林长春一个贫苦农民的家庭。不过，石友三和大多数农民的孩子不同，他没有一般人那种听天由命、逆来顺受、朴实憨厚的特性，他期望着出人头地，做个人上人。从青年时代开始，他就将"有奶便是娘"这条贬人之言当做自己的人生信条。因此，反复无常、野心勃勃、见利忘义就成为石友三的特点。

1908年，他投身于长春陆军第三镇吴佩孚营当兵。1912年春，又改投冯玉祥部当上了冯玉祥的马夫。

不要小看马夫这个差使，这可是石友三争取来的。马夫这个活又脏又累，但是石友三有他自己的想法。他知道，军队中只有当军官的才有马骑，能够照应军官的马，就有接近军官的机会，就有可能让军官赏识自己的才能从而出人头地。

石友三的心计和努力没有白费。不久，他的机会来了。1914年，冯玉祥率领部队入陕并被任命为旅长。由于在将近两年的时间里，石友三天天为冯玉祥喂马洗马。冯玉祥见他身手敏捷，办事机灵，十分喜欢，入陕时提拔石友三为自己的贴身护兵。

当上贴身护兵后，石友三更是使尽了全身招数，将投机钻营、拍马奉承的本领发挥得淋漓尽致。冯玉祥十分赏识他，他也由此很快升迁。不久，历任冯玉祥部连长、营长、团长、师长、军长等职。

石友三从一名马夫成为威震一方的军阀，冯玉祥对他可谓恩重如山，如再生父母。但是石友三有他自己的考虑。在其后西北军对晋、奉军的作战中，冯玉祥败给了阎锡山和张作霖。见主子倒了霉，石友三竟然六亲不认，不但背叛了冯玉祥，而且投奔到了阎锡山的旗下。

山不转水转，水不弯河弯。闻名中外的北伐战争打响后，冯玉祥投身革命，宣布在五原誓师起义，声势浩大，前途看好。"小人"石友三竟然又厚着脸皮回到了西北军。

蒋冯阎战争开始时，石友三担心冯玉祥打不过蒋介石，自己受到连累，于是打着"主张和平、拥护中央"的旗号，又一次背叛冯玉祥，投靠了蒋介石，使冯玉祥威风扫地、损兵折将、惨败于蒋介石。

之后，石友三又在将介石和桂系军阀作战的紧要关头背叛了蒋介石，后来又和冯玉祥、阎锡山联手讨伐蒋介石。"七七事变"前，他又演出了"投张（张学良）反张"的闹剧。

投冯叛冯、投蒋反蒋、投张倒张，石友三"倒戈将军"的名声大噪。他也为自己树了冯玉祥、蒋介石、张学良三个劲敌。

抗日战争开始时,石友三任六十九军军长。为了扩充自己的势力,与其他军阀抗衡,他动起了共产党的主意。他要利用中共的影响和人才来加强自己的力量。

中国共产党在"团结一致、共同抗日"的原则下,为了扩大抗日力量,对石友三进行过一定的帮助。应石友三的请求,共产党员、八路军129师生产部长张克咸到石友三部任政治部主任,负责和129师副师长徐向前联系。石友三还要求共产党派抗大学生到他的部队担任各级政工干部。共产党答应了他的要求,给他派来了百余名优秀的抗大学生。

如此一来,石友三的实力大增。在蒋介石眼里,他的分量也加重了。蒋介石对他采取了宽容、拉拢、扶植、利用的方针。1938年12月,国民党政府任命他为冀察战区副司令兼察哈尔省政府主席。

爬上权力顶峰的石友三开始撕下自己伪装抗日的面具,演出自己"用共灭共"的丑剧,成为反共的急先锋。1939年4月,他下令扣押所部政治工作人员300多人,其中大多数是中共党员和抗大学生。之后他开始大举向八路军进攻。他把八路军的政工干部作为攻击的重点,凡是俘来的政工干部,他都活埋、处死。据不完全统计,仅仅1939年,石友三就活埋抗日军政人员500多人。

在民族危亡的关键时刻,大批爱国人士投军参战,抗击日本侵略者,即使国民党将领,多数人也能够以民族利益为重,抛弃前嫌,合力抗战。而石友三却反其道而行之,不但不抗日,反而大肆进攻抗日力量,引起了全国主持正义的人们的极大愤慨。这也包括国民党中有爱国心的将领。

由于"有奶便是娘"的本性使然,石友三在自我毁灭的道路上越走越远。他不仅疯狂反共,而且认贼作父,投靠日本帝国主义。

1939年秋,身为三十九集团军司令的石友三率领所属两个军开到了山东边界。石友三自兼六十九军军长,军部设在濮阳巩庄;高树勋任新八军军长,军部设在濮阳柳庄。

进入山东后,石友三野心开始膨胀了。他试图借助日本人的力量独霸华北,因此开始频繁地与日本人接触,与日本人讨价还价后,他计划将部队拉过去。为了在日本方面获得更加高的身价,石友三又想方设法、三番五次地派人游说高树勋,试图把高树勋也拉下水。

但是,高树勋为人正派仗义,具有强烈的爱国心,他说:"汉奸决不能当,我们还要给后辈儿孙留条路。"他不但坚决反对投日，而且还处处抵制石友三攻击八路军的行动，使两人的矛盾加剧了。

这之后，由于石友三和日本人勾结，使高树勋的部队吃了不少亏。高树勋心急如焚。一方面，他怕自己的部队迟早要被石友三吃掉，另一方面他又怕被石友三拉下水当汉奸。他曾经专门去找石友三的老长官孙良诚哭诉他的烦恼。

他回忆说：

……我在无可奈何之中，只好每日集合军官和士兵讲话，反复说明抗战的重要意义，谁要当汉奸我们打谁……

不久，高树勋掌握了石友三投日的确切证据。在强烈爱国心的驱使下，经过卫立煌的同意，他决心先发制人，定计捕杀民族败类石友三。

他首先托毕载奕请鲁西行营主任孙良诚出面调解他和石友三之间的误会和矛盾。毕载奕来到孙良诚的住处，对孙良诚说："健侯（高树勋的字）总是发牢骚，您去跟他谈谈自然很好，如果拉着石总司令一同去谈，再由您从中调解一番，那就更好了。彼此多年共患难的老弟兄，有什么解不开的疙瘩呢？见面痛痛快快地谈一谈，心里有什么就说什么，谁也不要保留，说完了，老哥儿俩对着哭一场也好嘛！"

孙良诚是石友三和高树勋的老长官，本来早有调解两人矛盾之意，这套话自然打动了他的心，他很高兴地说："我一定约约汉章。"

孙良诚和石友三一说，石友三马上就答应了："好！咱们明天就去，同健侯打麻将去。"

"1940年11月下旬的一天，刮大风，天气很冷，我带着队伍正在野外下操，忽见东方远处尘土飞扬，渐渐看到有许多人马，先头一个骑马的人来报说：'石总司令、孙总指挥来了。'我立即把卫队营长高金兰找来做了布置。紧跟着石、孙也骑马来到村前，我把他们迎进村去，到我的住处坐下来休息。我的将领和幕僚都来表示欢迎，大家见面，谈笑风生。孙和我的师长马运昌谈起多年旧事，谈得特别起劲。石见我的办公桌上有笔砚纸张，就拿起笔来写大字。我正在周旋其间，传达进来对我说：'臧主任来了。'我即迎出来，臧见面和我耳语说：'毕载奕说过，西北军的人都怕石友三，你到底敢不敢扣他呢？不扣，我就进去一同玩，要是扣，我就不进去了。'

我说：'不是早就说妥他到哪里，就在哪里扣他吗，扣就扣呗。'

臧说:'好,我就不进去啦。'我随即在院内命令早已布置好了的手下人将石扣押。

这个突然的举动,使孙良诚大为惊愕,从屋里跑出来找我理论,我对孙说:'这是中央的意思,同米文和、张雨亭两师长早就商量好了的,他到哪里就在哪里扣他。把他拿掉以后,我们大家好一齐抗战。'

我随即和毕载奕、臧元骏联名向卫立煌报告扣石的经过,电报由臧元骏携带的电台发出。"[①]

高树勋这样回忆这惊心动魄的一幕。

1940年12月3日深夜,寒风呼叫,冷气袭人。石友三,这个臭名昭著的"倒戈将军"、卖国求荣的民族败类,被高树勋部几位士兵的一根麻绳结果了性命。

二、刘、邓首长五次指示王定南,高树勋将军终举义

令高树勋颇感到尴尬和为难的是,抗日战争的硝烟未散,一贯反对内战的他竟然会被蒋介石推到反共的第一线。

蒋介石一贯排斥异己,让非嫡系部队和共产党去拼命是他的通常做法,效果可以说是"一箭双雕"。红军刚刚到达陕北时,他派张学良的东北军去第一线;抗日战争开始,他让李宗仁率领杂牌军去保卫台儿庄;抗战一结束,他让阎锡山以及西北军向共产党打响第一枪。这就有了上党战役和邯郸战役。

1945年夏秋之交,我军反击阎锡山进攻的上党战役首先打响。

几乎与此同时,蒋介石派遣十一战区孙连仲的三十军、四十军及新八军总共45000人,在副司令长官高树勋(兼新八军军长)、马法五(兼四十军军长)率领下,沿平汉线向我晋冀鲁豫解放区进犯。

领受这样的任务,高树勋是十分不情愿的。但是军令难违,他不得不执行。不过他一边走着,一边在思考着对策。

他在想,全国上下团结一致好不容易盼来了和平建国、民主建国的曙光,现在蒋介石要借自己的手来破坏这种局面,难道自己真的要成为一个民族罪人?

他意识到,西北军也罢,东北军也好,和共产党一样,蒋介石想起来都是睡不着觉的,杂牌军的道路只有两条,或者被共产党军队消灭,或者被蒋介石消耗掉。此时,著名的共产党人王定南正在高树勋的部队。其公开的身

[①] 政协全国委员会文史资料研究委员会编:《文史资料选辑》第40辑,文史资料出版社1963年版。

份是高树勋的好友、"座上客",实际上是在高部做地下工作的。高树勋知道王定南的身份,但是他把王定南看成自己的知己,经常向他讨主意。这使得高树勋逐渐地向共产党靠拢。1945年8月1日,高树勋将军要王定南带上他写给八路军副总司令彭德怀的一封信,从河南省南召县驻地出发,去晋冀鲁豫根据地的太行山见彭总。

到了黎城县,王定南首先见到的是刘伯承、邓小平两位首长。当时两人正在指挥上党战役,工作十分繁忙。但是他们听说王定南从高树勋那里来了,立刻安排了接见。

王定南把高树勋写给彭总的信,交给了刘、邓首长看。接着,他又汇报了高树勋近年来在国民党军队里受排挤、歧视的情况,其中着重汇报了高树勋的真实想法:

> 高处决石友三后,汤恩伯就对高手下的六十九军军长米文和进行分化、勾结,使六十九军脱离了高的领导,这事使高十分愤怒。特别是高和陈先瑞同志(共产党员)会面后,在国民党反动派中引起轩然大波,胡宗南立刻派李文的九十军,由卢氏县向嵩县移动,向高部靠拢,进行监督。对高的给养供应,更是严格控制。因高树勋当时处在内线的最前线,蒋介石认为一时不好收拾他,拖延至今未能解决。由于我们对高不断地进行工作,他深深感到只有靠近我党,才能生存下去,所以他才给彭总写了希望友好联合的信。①

刘、邓首长对高树勋的态度,表示热烈的欢迎。刘伯承司令员向王定南介绍说:"蒋介石已调动了几十万军队,准备向我各个解放区进犯。第一战区胡宗南的两个军,已在同蒲路南端集中,准备北上。第十一战区孙连仲部的三个军已汇集新乡一带,高树勋的新八军也在内,其意图现虽不甚清楚,但可以断定是来抢夺抗战果实的。"

邓小平政委接着说:

"你来得正好,我们也准备做这项工作。为打退蒋介石的进攻,使蒋介石政治上陷于孤立,必须在国民党军队中开辟新的战线,首先要争取受蒋介石排挤、歧视的非嫡系部队,争取一切可能争取的国民党将领站到和平、民主的旗帜下来。党中央、毛主席要求在这一工作中迅速做出成绩。所以你要赶快回到新乡去,做好高的工作。"

---

① 中国人民解放军战士出版社编:《星火燎原》(选编之八),第50—51页,战士出版社1982年版。

邓小平还叮嘱说："为了把争取高部的工作做好，要把党的工作组建立起来，工作组的党员由你提名组成。"

王定南考虑后，提出了工作组的另外三个人选：高树勋部的两个团长——我党地下党员田树清、周树一，跟随自己在高部工作的爱人唐宏强。

邓小平当时就批准了为争取高部起义而组成的党的四人工作小组，并指定王定南为组长。

刘伯承看完高树勋给彭总的信后，对王定南解释说："彭总已不在太行，到延安工作去了，我给高树勋写封回信，你带给他吧。"

他马上用毛笔写了回信，信的主要内容是欢迎高树勋将军和我党联系，希望他不断前进，为革命、为人民做出贡献。

10月上旬，王定南经过长途跋涉找到了高树勋的新总部——新乡。

王定南到达新乡的当天下午，高树勋就带着随从来到他的住处。一进屋，他就急切地问："怎么样？看到彭将军了吗？"

"彭将军已回延安，但是我见到了陈毅、刘伯承、邓小平三位首长。"王定南说着，便把刘伯承司令员写的信交给了高树勋。

高树勋聚精会神地看着信，脸部流露出异常兴奋和喜悦的神情。但他警惕性很高，怕被蒋介石抓到把柄，当即把这封信烧了。

高树勋对王定南谈了他率部来新乡的经过，并半带讥笑地说："老蒋封了我十一战区副司令长官。"

王定南提醒说："那是为了让你去跟八路军打内战，如果你能打败了八路军，他们以后再收拾你；如果你被八路军消灭了，他们是如愿以偿。"

高树勋哈哈一笑："蒋介石耍的这一套，我早就领教过了，我是不会上当的。"

接着，他向王定南提出一个建议，因为蒋介石曾给他冀察战区总司令的头衔，他打算这次乘新八军、河北民军沿平汉线北上，所经之处将国民党兵马及其收买的伪军，通通收编带往冀察地区。等到了北平以北的热河、察哈尔、长城内外一带后，再和我军联合起来，向国民党进行斗争。

他要王定南赶快再去太行，请刘司令员和邓政委对他的建议作个答复。

等王定南赶到刘、邓首长指挥部涉县赤岸的时候，上党战役已经基本结束。我军主力兵团正连夜向平汉线运动，兵马络绎不绝，刘、邓指挥部也正准备向邯郸方向转移。

听说王定南又来了，刘、邓首长立刻会见了他。二位首长研究后，同意了高树勋的建议，允许他一个军北上。

王定南领受指示后，当即告别了两位首长，向安阳奔去。

但是形势瞬息万变，就在这段时间里，敌人的行动计划改变了，蒋介石要求高树勋的新八军、马法五的四十军、鲁崇义的三十军三个军同时沿平汉路北进来进犯我解放区。而不仅仅是高树勋的一个军了。

因此当王定南还在半路的时候，刘、邓首长派人追上他，让他马上返回峰峰矿区。刘、邓首长的指挥部就设在矿区。

邓小平对他说："把你追回来，是因为我们原来确定的方针就不适应了。""党中央、毛主席来电批示，我们要不惜一切代价，阻拦国民党的这三个军北进，这已是我们当前严重的战略任务。"

刘伯承接着说："国民党蒋介石是让十一战区这三个军进至北平，让北平的国民党军队去侵占我东北。因此，我们必须守住南大门，掩护我东北部队。"

邓小平对王定南布置任务说："你要去对高树勋将军讲，根据形势的变化和需要，让他不要到冀察地区去了，而要配合我们完成党中央阻止国民党这三个军北上的战略部署，就地起义。"

刘伯承补充说："这正是高树勋将军走向革命的大好时机，让他当机立断。"

高树勋尽管有和我军联合的想法，但是要他马上组织起义，他思想准备是不充分的。王定南赶到高树勋指挥部传达刘、邓首长的指示后，这种反应就出来了。

王定南回忆当时他和高树勋谈话的情景说：

> 我说："刘司令员、邓政委本来是同意你一个军北上的，但现在是三个军北上，毛主席已有电给刘司令员、邓政委，不允许三个军北上，让国民党实现在全国进犯我解放区的战略。因此，刘、邓首长要求你配合我军阻止蒋军北上。"
>
> 他看了看我说："现在？"
>
> 我说："对，当前正是关键时刻，现在起义，对你、对人民、对国家都贡献极大。"
>
> 这时，我看高树勋的心情很不安，思绪十分纷乱，他在室内来回踱步，好像是自言自语地说："要走向革命，我是有决心的，只是……"
>
> 从他的精神，我几乎明白他在想什么，便对他说："像你这样寄人篱下，非长久之计，何不尽快走向光明呢？"
>
> 他说："四十军、三十军都是老西北的同仁，我如单独行动，他们必

然被歼。这样，原西北军人会更加唾骂我。"

我说："你要革命，三十军、四十军是不会同你一道革命的，他们会继续成为革命的敌对力量；如果他们早一天被我歼灭，对革命会带来好处。"

他接着说："1940年，我杀石友三，西北军老人就责骂我'不仁不义'，说什么石友三是该杀，但我不应该杀他，因为石是我的上司，不该'以下犯上'。如果这次又因我使三十军、四十军遭到毁灭，旧西北同仁，会对我恨之入骨，骂我专干不利西北军的事情。"

我说："石友三是投敌有罪，人人得而诛之，你杀石友三是爱国的行动，人民是赞成的。"

他仍然犹豫不决，神思恍惚。

接着我又对他说："大是大非要当机立断，万不可优柔寡断！非常之人，才能立非常之功。"

他叹了口气，接着又说："还有一个问题，刘秀珍和你的夫人唐宏强，都还在徐州，如果我们马上起义，国民党一定会迫害她们的。"

我想这是个实际的问题，也是他目前顾虑中的主要问题。他和夫人刘秀珍是多年同甘共苦的夫妻。这个具体问题怎么解决，我应当立刻向刘、邓首长汇报。不过，我和高树勋告别时，还是劝他说，汉朝的刘邦为与项羽争天下，抛妻弃子在所不惜，你今天要走向革命，就不能计较这些。但你提出的这两个问题，我马上向刘司令员、邓政委报告，看他们如何处置吧。

这时，高树勋高兴地说："对，对，你快去快回，我等着你的消息。"①

于是，王定南又穿过火线，连夜赶到峰峰矿务局的办公楼，也就是刘、邓首长指挥部。这时，双方的冷枪飞弹，不停地划过夜空。

10月28日清晨，王定南再次见到了刘、邓首长，他专门汇报了高树勋提出的两个问题。

刘伯承说："他杀石友三，不是什么上下级问题，不是不义，而是他大义灭亲的革命行动，人民和其他爱国志士都是理解的。"

邓小平则说："他现在起义，不仅对当前作用重大，对今后的政治影响也很大。转告他，时机很重要啊！"

---

① 中国人民解放军战士出版社编：《星火燎原》（选编之八），第59—61页，王定南：《高树勋将军起义前后》，战士出版社1982年版。

刘伯承又说："机不可失，时不再来。当断不断，反受其害。"他在屋里来回踱了几步，而后对王定南说："关于高夫人刘秀珍留在徐州一事，我们可以电请中央解决。你先起草个电文，我来批发。"

王定南当即拟了电文："请中央转新四军陈毅同志，派人到徐州车站，接出高树勋夫人刘秀珍等。"

刘伯承看了电文，签了字，叫了一个参谋立刻发出。

王定南临走时，邓小平再次强调说："转告高树勋将军，要从大局出发，配合我军行动，对革命做出重大贡献！"

29日，王定南见到了高树勋，他把刘、邓首长的讲话，一字不漏地讲给他听，特别把刘、邓首长安排从徐州接他夫人的事告诉了他，高树勋非常感激。

这边，战况频频传来。我军在刘、邓首长的指挥下，对高树勋等部队形成了强大的军事压力，对高的起义行动起了配合作用。

当天，王定南又赶到刘、邓指挥部，向二位首长汇报了高树勋已决定起义以及他提出的一些问题。刘、邓首长当即决定派李达参谋长亲自去一趟高树勋部，代表他们看望高树勋，鼓励他下定决心，同时看看起义还有什么问题，好做最后的商榷。

李达参谋长此行更坚定了高树勋起义的决心。因为李达原是老西北军的军官，是宁都起义过来的，所以和高树勋一见面，谈得很融洽。他们谈了对三十军、四十军应抱的态度，又谈了1931年董振堂、赵博生二位西北军将领，不满蒋介石反共反人民的政策，在江西"剿共"前线举行闻名全国的宁都起义的意义。李达还谈了西北军得到中国共产党的帮助，改变政治方向，参加国民革命军并举行了著名的五原誓师，受到全国民众欢迎和支持的情景。

李达还对高树勋说，如果高将军在当前中国面临着内战与和平、光明与黑暗两种前途大搏斗的紧要关头，能高举义旗，和革命人民站在一起，反对蒋介石的内战和独裁政权，为建立和平、民主、自由的新中国而奋斗，它将比宁都起义、五原誓师的意义更为深远。

听李达谈西北军的这些光荣历史，高树勋显得非常兴奋、激动，他所有的顾虑都打消了。他向李达明确表示：10月30日宣布起义。

10月30日下午，高树勋召开了总部科以上军官会议。

高树勋严肃地宣布了他要率部起义的决定，他说："蒋介石在抗日战争刚刚结束又打内战，我们坚决反对。十年内战期间，共产党力量还比较小，蒋介石调动了百万大军，几次'围剿'都失败了。现在共产党的力量比那时大几十倍,还想用武力来解决,根本是不可能的,所以我们退出内战,主张和平。"

他一宣布,大部分军官感到惊讶、惶恐不安、不知所措。

高树勋接着又激愤地说:"我们新八军过去受蒋介石嫡系的歧视,大家都清楚。就供给而言,比人家差十几倍,还经常受到他们的监视、分化和吞并。我去西安时,还当面受到胡宗南的侮辱,这些年来受的气是说不完的。"

他讲的这些话,引起了大部分军官的共鸣。

当时,蒋介石派来控制高部的主要人物有:新八军副军长胡伯翰,事前已被高树勋设法赶走了;新八军参谋长王有度,人很胆小,不敢出面反对;总部军务长袁家洪,当时想起来反对,刚站起来要张嘴说话,高树勋马上把眼睛一瞪,把桌子一拍,严厉地说:"袁家洪,你想干什么?"这一声吼,把袁家洪给镇住了。

接着,高树勋就给四十军军长马法五、三十军军长鲁崇义及十一战区参谋长宁明堂打电话,说明他要率新八军与共产党的军队联合,共同反对蒋介石发动内战、实行专制独裁的反动统治,主张和平、民主,并要求他们也脱离国民党,站在人民一边。

马法五等接到电话后,如同晴天霹雳,惊慌失措。尤其是我刘、邓首长指挥的一、二纵队,在崔曲、旗杆章一带给敌四十军以迅猛的打击,三纵队像剑一样直插新八军和三十军的中间地带,拦腰斩断了四十军后退之路。马法五见事不妙,当即拔腿向南逃窜。

10月31日早上9点,刘伯承司令员、薄一波副政委、朱穆之、安岗等同志来到高树勋的住处,同高树勋热烈而亲切地握手。

刘伯承说:"高总司令,欢迎您反对内战、主张和平的正义行动!"

"高将军以大局为重,高举义旗,不仅为人民立下辉煌的功绩,而且为一切愿意和我党合作的国民党将领树立了榜样。毛主席、朱总司令对高将军的义举极为欢迎,我代表毛主席、朱总司令,还有邓政委向您和全体起义官兵慰问!"

"毛主席、朱总司令如此关注,我们真是不胜感激!"高树勋感动地说。

接着,他请刘伯承等一起共进早餐。宾主纷纷举杯,共庆胜利,屋内洋溢着欢乐的气氛。

饭后,高树勋和刘伯承商议,要向全国发一个通电。

其后新华社播发了高树勋将军向全国的通电。通电说:

"盖今日中国唯和平方足以言建国,唯民主方足以言团结,唯和平民主团结方能建立独立自由幸福三民主义新中国之基础。大势所趋，人心所向，合于此者，必为众所拥护；反于此者，必为众所唾弃。"

"此次树勋等奉命率部北上，原为受降。在此全国政治问题处理上，已觉欠妥，乃中途迭奉严命，责以向八年艰苦抗战之八路军进攻。星夜进军，刻不容缓，甚感惶惑。窃思破碎河山，岂堪再罹浩劫。双十协定与"剿匪手本"并行，亦悖义理。故奉命之余，痛苦万状。进则为挑起内战的先锋，贻害国本。退则违背命令，难免于罪戾。辗转思维，忧心如捣。全军上下，被迫挥泪行军，一路怨声载道。洎夫师次豫北，再入冀南，目睹父老流离陈情，青壮怒目相视，尤以八路军和平建国之真诚，节节退让之举动，言行一致，感人更深。谁人处此能无动于衷耶？树勋等歼敌余生，自不畏死，然雅不愿以歼敌之武器，加诸同胞，自残骨肉，贻害民族。况华北之敌，尚未放下武器，内外夹攻抗战有功之八路军，人间宁有此理？于是全军将士，转相告语，退出内战淤涡之声大起。其实此不独散军之呼声，抑亦举国人民之要求也。树勋等内省天职，外察群情，大义所在，不得不与八路军息战言和。用意无他，旨在为国家民族之前途，退出内战，求以和平民主途径建国而已。知我罪我，在所不计。更有进者，道路传闻，此次加命，仍为消灭杂牌，排除异己之运用。树勋等对此不愿多论，所争者唯不愿再以人民养育之兵供内战之用耳。"[①]

由于新八军起义，邯郸战役形势突变，几天后，国民党十一战区副司令长官兼四十军军长马法五就被我军俘虏了。

听到这个消息，高树勋高兴地说："这就是一切顽固地与人民为敌的国民党将领的必然下场。"

几天后，高树勋又得到了刘、邓首长指挥部传来的喜讯，新四军张爱萍师长派侦察员把高夫人刘秀珍从徐州接到了解放区。高树勋听了感激地说："共产党办事，真是言必行，行必果，实在了不起！"他表示决心永远跟着共产党走。

三、毛泽东正式提出了开展"高树勋运动"的口号

高树勋起义是我党、我军成立以后规模最大的敌军起义，它的成功是我党、我军政治上的一大胜利，是刘伯承、邓小平在军事打击的同时执行政治争取

---

① 中国人民解放军历史资料丛书编审委员会：《解放战争时期国民党军起义投诚·冀晋察绥平津地区》，第23—24页，解放军出版社1996年版。

政策的结果。它极大地震动了国民党反动集团。十一战区司令长官孙连仲听到高树勋起义和邯郸战役失败的消息，懊恼地说，西北军"前边有个董振堂，今天又出了个高树勋，真是活该我倒霉"。

上党战役和邯郸战役的失败，打乱了蒋介石的内战部署，鼓舞了全国人民反内战、反独裁斗争的勇气。

党中央、毛泽东十分重视这次起义。

11月2日，毛泽东、朱德给高树勋发来了贺电。

11月9日，中共中央转发晋冀鲁豫中央局关于邯郸战役的通报，指出：

"原冀察战区总司令兼十一战区副司令长官高树勋率新八军及挺进第八、第九纵队，河北民军全部万余人，于十月三十日在磁县之马头镇起义，成立民主建国军，高为总司令，反对国民党发动内战，主张和平，反对消灭杂牌军，已与共产党八路军合作。""高树勋就职民主建国军总司令通电，望即印成传单向各区附近之顽军伪军及城市乡村人民，广为散发。"①

11月10日，根据党中央的指示，经过刘、邓首长精心安排，起义部队齐集武安县城开大会，宣布成立民主建国军。

党中央任命高树勋为民主建国军总司令、王定南为民主建国军总政治部主任，范龙章为第一军军长，乔明礼为第二军军长……

这天，晴空万里，阳光灿烂，整个会场上呈现着一片欢腾而隆重的景象。参加大会的晋冀鲁豫党、政、军首长及农工商各界代表，都向高部官兵致以热烈的祝贺。

1945年11月20日的《解放日报》描述当时的情景说：

……说不清的运送慰劳品的行列，从四面八方涌入会场，把各种慰劳品送到主席台前，一个挑着两筐大公鸡的老汉说："我是诚心诚意欢迎高总司令的。跟八路军合作的都是好队伍。"两幅巨型标语，吸引人们的注意："高总司令和民主建国军的起义，是中国的光荣，是代表全国人民的愿望"；"八路军、新四军和民主建国军联合起来，为民主和平建国而奋斗……

……高总司令精神焕发，在雷动的掌声和欢呼中登台讲话……

……民主建国军新六师范师长兴奋地高呼："庆祝自己和全军同志交了共产党八路军这样一个好朋友。"接着他更有力地说："我们反对内战，

---

① 中共中央文献研究室、中央档案馆编：《建党以来重要文献选编（一九二一——一九四九）》第二十二册，第791—792页，中央文献出版社2011年版。

拥护和平，站到人民方面来，这条路是完全走对了，今后新中国的前途是光明的，本军的前途也是光明的。"……

两天后，11月12日，中共中央专门发出了《关于扩大邯郸起义宣传的指示》，指出：

> 高树勋十月三十日通电，已在重庆发生了很大影响，并将继续在国民党军队中和全国人民中产生它的影响。国民党不可能动员与团结在它自己指挥下的士兵和广大军官来进行反对人民的内战，更不可能动员全国人民来进行内战，这是国民党在内战中最大与最基本的弱点。高树勋新八军起义，及其在全国获得深刻影响，就是明证。邯郸起义在目前时局中，是有全国意义和一般性质的重大事件，因此，中央决定，在全国范围扩大邯郸起义的宣传，从国民党在内战中的致命弱点上来痛击国民党，瓦解国民党军队，促成第二个、第三个邯郸起义的爆发，制止内战的无限期延长。为此目的，各解放区即：
>
> （一）召集部队的和群众的大会，报告邯郸战役的胜利和新八军起义的意义，由各地民众团体和军队的负责人致电高树勋及其将士，表示慰问和庆祝，由新华社发表。
>
> （二）将邯郸战役和新八军起义消息，高树勋通电和谈话印成传单，用一切方法向国民党军队，向一切大小城市的人民散发，并在国民党区域进行口头宣传，扩大邯郸起义的影响；在国民党军队中和人民中扩大反对内战、主张和平的运动，号召国民党军队中的官兵学习新八军榜样，拒绝进攻解放区，在战场上实行怠工，和八路军新四军联欢，到解放区来，回家去。
>
> （三）晋冀鲁豫应努力协助民主建国军的建设，使之成为人民的军队，在中国人民的和平民主团结统一事业中建立功勋。①

临近1945年底，12月15日，毛泽东为中央起草了《一九四六年解放区工作的方针》。在这个指示中，毛泽东正式提出了"开展高树勋运动"的口号。他明确地说：

> 开展高树勋运动。为着粉碎国民党的进攻，我党必须对一切准备进攻和正在进攻的国民党军队进行分化的工作。一方面，由我军对国民党军队进行公开的广大的政治宣传和政治攻势，以瓦解国民党内战军的战

---

① 中共中央文献研究室、中央档案馆编：《建党以来重要文献选编（一九二一——一九四九）》第二十二册，第801—802页，中央文献出版社2011年版。

斗意志。另一方面，须从国民党军队内部去准备和组织起义，开展高树勋运动，使大量国民党军队在战争紧急关头，仿照高树勋榜样，站到人民方面来，反对内战，主张和平。为使此项工作切实进行和迅速生效起见，各地必须依照中央指示，设置专门部门，调派大批干部，专心致志，从事此项工作。各地领导机关，则要给以密切指导。①

按照党中央、毛泽东的指示，一个以分化瓦解国民党军队为唯一目的的"高树勋运动"在全党全军迅速展开。中央局、分局都建立了国军工作部，军队团政治处增设了联络股或者联络干事；各地党组织挑选适合做这项工作的同志设法打入国民党军队内部，既做上层联络工作，又做下层官兵工作，长期埋伏，适时组织起义；通过在我解放区内的蒋军官兵家属做联络和感化工作；教育官兵严格遵守宽待俘虏政策，用事实来打破国民党反动派所谓我军"残杀俘虏"的欺骗宣传，进一步动摇其军心；发动群众，广泛开展对国民党军队的宣传攻势。当时在国民党军中流传的许多动摇军心的"民谣""歌谣""童谣"就是我军宣传部门的杰作。

比如，民谣《苦难当》："当了国军遭了殃，挨打受气苦难当，半年发了一次饷，四盒纸烟花个光。""八路军政策真宽大，不打不骂更不杀，只要你把枪放下，送你回家还把路费发。"

在具体战斗中，各部队也注意做到军事打击和政治瓦解相结合，有拉有打，拉中有打，恩威并施。对于一切向我解放区进攻的国民党军，坚决地给予军事打击，而不单纯依靠政治争取；但在军事打击的同时也不忽视政治争取，而是一有可能就转到以政治争取为主的方面。

"高树勋运动"开展后，在不长的时间内就收到了成效。仅仅在高树勋起义一年内，国民党军队就有5位将军率部起义，起义部队人数达到蒋介石总兵力的2%。国民党空军第八大队刘善本上尉还驾机飞到延安，开创了空军起义的先例。一个率部起义和怠战罢战的潮流在国民党军队中逐渐生长起来。

1946年10月30日，朱德在延安《解放日报》，发表了《祝高树勋将军起义一周年》一文。文章从历史规律上分析了高树勋运动的必然性。他说：

"近代中国的历史上有两种军队，两种军人。一种是封建的军队，独裁者的军队；另一种是民主的军队，人民的军队。""封建军阀的军队，为外国帝国主义服务，为独裁者服务，压迫和屠杀中国同胞中国人民，

---

① 《毛泽东选集》第四卷，第1174—1175页，人民出版社1991年版。

这不但违反人民的利益，而且违反民族的利益，其理甚明。因此，这些军队的很多官兵在觉悟以后，就必然脱离帝国主义与封建独裁者，拒绝做他们的工具，而站到人民方面来。"这个规律已经经过了辛亥革命、护国讨袁战争、北伐战争、大革命失败后的十年内战和八年抗战的证明，"在今天的独立、和平、民主与卖国、内战、独裁两条路线的斗争中更是如此。"高树勋起义"就证明了这个真理"。

"去年十月以来，除高树勋将军的起义以外，还有十月二十五日新十一旅曹又参将军在安边起义，今年一月九日第六路军郝鹏举将军在台儿庄起义成立华中民主联军，五月十五日三十八军五十五师孔从周将军在巩县起义成立西北民主联军三十八军，五月三十一日六十军一八四师潘朔端将军在海城起义成立民主同盟军第一军，六月二十六日空军第八大队刘善本上尉驾驶B-24型飞机起义来延安，十月十三日陕北保安队副指挥胡景锋将军在横山起义，以及其他无数次的同类事件，形成了一个潮流，起义军队达蒋介石总兵力的百分之二。不当美国帝国主义的亡国奴，不当蒋宋孔陈四大财阀家族的仆从，就是他们的共同要求。高树勋运动已经成为国民党陆海空军中一切有爱国心有良心的广大官兵的旗帜，成为人民在自卫战争中战胜反动派而实现国家的独立、和平、民主的重要因素之一。"

"我相信高树勋运动今后必然会得到更大的发展，必然会与解放区军民的抵抗，蒋管区人民的民主运动鼎足而三，这三个潮流汇合一起，必然会直接造成反动派的军事失败，有效地恢复全国的和平。"[①]
解放战争加速胜利的事实也充分证明了朱德总司令的判断。

[①] 中共中央文献研究室、中央档案馆编：《建党以来重要文献选编（一九二一——一九四九）》第二十三册，第518—520页，中央文献出版社2011年版。

第五编　社会主义革命和建设时期

中华人民共和国宣布成立的时候，解放战争已经取得基本胜利，但解放全国的战斗并没有结束，我军按照党中央、中央军委和毛泽东的战略计划，继续向华南、西南和新疆、西藏地区进行了空前的大进军，政治指挥和政治工作在其中发挥了重大作用。

在我们胜利进行统一祖国大陆作战的关键时刻，1950年6月，朝鲜战争爆发，10月19日，中国人民志愿军跨过鸭绿江，开始了轰轰烈烈的抗美援朝战争。志愿军政治工作贯彻"钻进去、冒出来"的方略，有力保证了战争的胜利。

1953年12月，全国军事系统党的高级干部会议召开，标志着我军由长期战争状态下的发展建设转变为和平时期的建设和发展，是我军由低级阶段向高级阶段发展的里程碑。军队政治指挥和政治工作保证了党的路线方针政策的贯彻落实和我军革命化现代化正规化建设的顺利发展，取得了巨大的成就。这期间，由于林彪、江青反革命集团破坏，政治工作也受到了极大的损害，遭受了浩劫。

总的来说，这一时期，政治工作在探索中曲折前进，经受了锻炼和考验。

第十八章 "钻进去、冒出来"的志愿军政治指挥方略

朝鲜的分裂,是第二次世界大战结束时美军和苏军以北纬38度线为分界线分别接受日军的投降的结果。1948年8月和1949年9月,大韩民国和朝鲜民主主义人民共和国分别在朝鲜南北部宣布成立。彼此主张本国政府是代表全朝鲜的政府,各自为统一对方而斗争。

1950年6月25日(星期日)早晨,"三八线"一带下着大雨,汉城被朝雾笼罩着。就在此刻,朝鲜内战突然打响了。

在战争的初期,朝鲜人民军占据了优势,汉城很快得到解放,朝鲜统一有望。

但是美国开始插手了。战争爆发的第三天,美国总统杜鲁门令其驻远东的空、海军支援南朝鲜作战,同时又以"阻止对台湾的任何进攻为由",命令第七舰队开入台湾海峡,公然干涉中国内政,插足中国领土台湾。

7月7日,美国操纵联合国安理会通过紧急决议,组成"联合国军"。第二天,杜鲁门任命美国远东军司令麦克阿瑟为"联合国军总司令",率美国军队首先入朝。接着集中7万多兵力,在500架飞机、260艘军舰的配合下,于9月15日在朝鲜西海岸的仁川登陆,截断了朝鲜人民军南进部队的后路,朝鲜局势发生扭转。

10月7日,"联合国军"开始大规模地越过"三八线",大举进犯朝鲜北方,迅速向朝中边境推进。此外,从8月27日起,美国飞机对中国东北边境地区不断进行轰炸和扫射,中国安全受到了威胁。

在这种严重形势下,中共中央和毛泽东主席根据朝鲜劳动党和政府的请求,以及维护中朝两国人民根本利益和保卫世界和平的需要,经过慎重考虑,作出了"抗美援朝,保家卫国"的伟大战略决策。随即组成中国人民志愿军,

在司令员兼政治委员彭德怀率领下,于1950年10月19日,跨过鸭绿江,开往朝鲜前线,与当地人民军一起,共同进行抗击美帝国主义侵略的战斗。

在整个朝鲜战争中,美军尽管三易统帅(麦克阿瑟、李奇微、克拉克),但是在中国人民志愿军和朝鲜人民近3年艰苦卓绝的斗争面前,美军仍然以失败而告终。1953年7月27日,美国被迫在停战协定上签字。美国纽约的一家报纸在评论中说:美国"在朝鲜看到历史上第一次真正的失败"。克拉克哀叹:"我获得了一个不值得羡慕的名声:我是美国历史上第一个在没有取得胜利的停战协定上签字的司令官。"①

抗美援朝战争同我军过去所经历的各次战争比较,有四个显著不同的特点。

第一,我军第一次在国外同社会主义兄弟国家的军队并肩作战,人地生疏,语言不通,社会情况和风俗习惯也各有所异。

第二,作战的主要对象是拥有制空权、制海权,在技术装备上占有很大优势的武装到牙齿的美国侵略军和所谓联合国军。为了战争,美国投入了陆军的三分之一、空军的五分之一、海军的近二分之一,耗费200亿美元,消耗作战物资7300万吨,除原子弹以外的武器都用上了。"联合国军"和南朝鲜武装最多时达120万人。

第三,作战形式是大兵团、多军兵种的协同作战。

第四,在长期对峙作战中,军事斗争和政治、外交斗争尖锐复杂地交织在一起,长达两年的时间是处在同敌人一面谈判、一面打仗的过程中。

这一切都给我军政治工作提出了很高的要求,带来了极大的难度。

中国人民志愿军的政治工作,在继承中国人民解放军优良传统的基础上,创造性地解决了这些新问题,从而有力地保证了抗美援朝战争的胜利,取得了一系列新的经验,为现代条件下战时政治工作增添了光辉的一页。

一、"三视"教育解决"该不该打""敢不敢打"问题

成立时间不长的新中国,经济恢复刚刚开始,长期战争的创伤尚待养息,财政状况还很困难,新区土改还没有进行,人民政权还没有完全巩固,人民解放军武器装备还很落后,海、空军还处在初创阶段。

在这种情况下,我们该不该、敢不敢、能不能迎战世界上最强大的帝国

---

① [美]克拉克:《从多瑙河到鸭绿江》,转引自王绳祖主编:《国际关系史》第8卷,第97页,世界知识出版社1995年版。

主义国家——美国？这是一个非同小可的问题。如果出兵参战，能不能打得赢？会不会"引火烧身"，"惹祸上门"，使经济建设不能进行，国家遭受新的灾难？老百姓没有主意，中共中央也在审时度势、左右权衡。

1950年10月上旬，中共中央政治局在毛泽东主持下召开几次会议，讨论出兵援助朝鲜问题。经过充分讨论，政治局全面地估量了国内外形势，权衡了利弊。从挽救民主朝鲜的危局，保卫国家的安全和维护东方与世界和平考虑，中共中央毅然作出了"抗美援朝、保家卫国"的重大战略决策。

对于这个决策的形成，周恩来总理在10月24日发表的《抗美援朝，保卫和平》的讲话中详细地介绍了党和政府决策的意图。他说：

……朝鲜问题是一个国际问题，它同国际上的其他问题是不可分割的，朝鲜人民的长期抵抗，将更增加问题的国际性。同时，朝鲜要胜利，也必须得到国际的援助。尤其是在困难的时候，更需要国际的援助。我们应该发扬革命的道义。只有朝鲜胜利了，和平阵营才不会被打开一个缺口。如果朝鲜这个缺口被打开，则其他方面要相继被打开。东方阵线门户洞开，敌人打进我们的大门来了，怎么还能谈建设？

中朝是唇齿之邦，唇亡则齿寒。朝鲜如果被美帝国主义压倒，我国东北就无法安定。我国的重工业半数在东北，东北的工业半数在南部，都在敌人轰炸威胁的范围之内。从八月二十七日到昨天这两个月间，美帝国主义的飞机已侵入我国十二次。最近不仅在鸭绿江，而且已飞到宽甸来示威、侦察、扫射和轰炸。如果美帝打到鸭绿江边，我们怎么能安定生产？

……不久以前华莱士给毛主席一封信，他说，愿中国造拖拉机，不要将造拖拉机的力量造了坦克车。实际是敌人不许我们建设，逼得我们不能造拖拉机。

假如我们采取消极防御的办法，那是不行的。消极防御也要花许多钱，例如改装一个飞机场就要一亿斤小米，东北修八个，关内修三个，就要十多亿斤小米，飞机场外还有许多设施，所费甚大。再有工厂搬家，许多工业无法按计划生产下去。军事上，除装备之外，还有兵力问题，鸭绿江一千多里的防线，需要多少部队！而且年复一年，不知它哪一天扎进来。这样下去怎么能安心生产建设？况且敌人如果将朝鲜侵占了，也不会就此罢手。所以，从朝鲜在东方的地位和前途的展望来说，我们不能不援助；从唇齿相依的关系来说，我们也不能不援助。这是敌人把火烧到了我们的大门口，并非我们惹火烧身。

一个月前，就是说美军在仁川登陆以前，我们曾经考虑过，美帝打到三八线后是否会停止，而后转为外交的谈判。在敌人占领汉城以后，尼赫鲁曾经对我们说，三外长会议已经说好，不过三八线，如要过三八线也要提到联合国来决定。但我们得到的情报是，他们要稳住中国，过三八线，过了以后，再搞中国。我们看穿了骗局，所以在九月三十日声明：对美帝侵略朝鲜我们不能置之不理。十月一日、二日的消息是美军已过三八线，南朝鲜军则在三八线以北深入很远。我们曾找印度驻华大使指出，以上情况与尼赫鲁所说不同，我们对朝鲜问题不能不管，要他通过尼赫鲁转告贝文。过了几天，敌人的推进并不停止。不久，贝文通过尼赫鲁向我表示，过了三八线到距鸭绿江四十英里时即可停止。当时敌人已进到平壤。目前，敌人又由平壤北进。这显然是对我们第二次欺骗。

如此下去，我们如坐视不救，敌人必然继续前进，咄咄逼人，直到鸭绿江边。然后再做第二步文章。所以我们要理，要管。但如何理？如何管？要有进一步的决策。过去我们是管过理过的，例如向联合国控诉等。现在这样已经不够了，应有新的决策。美帝国主义的政策是一步步地制造并扩大战争。如果我们予以打击和斗争，它可能缩回去，否则它必然照计划继续推进。

美帝国主义在东方实行麦克阿瑟的政策，利用日本的基地，继承日本军国主义的衣钵，沿袭着甲午战争以来的历史，走吞并中国必先占领东北，占领东北必先占领朝鲜的老路。不过日本帝国主义是用四十多年的时间逐步进行的，而美帝国主义则要在四五年内来完成。

历史的教训是：对于日本帝国主义的侵略，我国一派主抗，一派主让，让到七七事变，如果没有中国共产党和中国人民的抵抗，还抗不起来。甲午之战也是抗，不过那是在统治者中的抵抗，由腐败的朝廷领导，没有人民的支持，结果失败了。如果是人民的国家，就不会如此。现在对美帝如果不抵抗，一着输了，就会处处陷于被动，敌人将得寸进尺。反之，如果给以打击，让它在朝鲜陷入泥坑，敌人就无法再进攻中国，甚至会影响它派兵到西欧的计划。这样，敌人内部的矛盾也会发生。总之，如果我们让，只会缓和敌人内部的矛盾；管，则会促使敌人内部矛盾加深。只有管，才能使敌人力量的对比发生变化。不过，我们过去的管法现在已经无效，只有拿出力量来管，才能起作用。

朝鲜问题对于我们来说，不单是朝鲜问题，连带的是台湾问题。美帝国主义与我为敌，它的国防线放到了台湾海峡，嘴里还说不侵略不干涉。它侵略朝鲜，我们出兵去管，从我国安全来看，从和平阵营的安全来看，我们是有理的，它是无理的。

美帝国主义用武力压迫别国人民，我们要使它压不下来，给它以挫折，让它知难而退，然后可以解决问题……

还有另一种可能，敌人愈打愈眼红，打入大陆，战争扩大。敌人孤注一掷的可能性是存在的，因为美帝有疯狂的一派，我们应该做这方面的准备。我们并不愿意战争扩大，它要扩大，也没有办法。我们这一代如果遇着第三次世界大战，为了我们的子孙，只好承担下来，让子孙永享和平。不过我们绝不挑起世界大战。我们应力争前一种前途，力争和平。但也准备应付后一种可能，应付世界大战。

既然要拿出力量来管，那么我们的力量如何？

我们的陆军是能够解决问题的，但是空军海军不足，因为我们在去年春天才开始建空军和海军。那么是否要等到我们力量强大时再抵抗呢？不行。那样敌人就会把朝鲜压了下去，气焰会更加高涨，敌我力量对比会相距更远。所以我们必须全面地发展地考虑问题，到斗争中去增强自己，在狂风暴雨中锻炼自己。革命的力量有时看起来是劣势，在斗争过程中却会变为优势。当然，这需要一定的时间，要付出一定的代价。另外，我国大陆防卫的力量也要顾到。敌人可能来轰炸，或者用蒋介石的空军来轰炸，或登陆袭扰，我们应增强防卫力量。政治上，我们有同盟国家、友好国家的支援，力争和平。方式上，我们采取志愿军的形式，无须宣战。宣传上，我们应该广泛宣传抗美援朝，保卫和平。同时，我们在国内要镇压敌特的捣乱，巩固广大人民内部的团结，经济建设不能停止，重工业要有重点地恢复，水利、铁道、纺织这几方面的建设要不动摇地进行，并且要照顾到人民生活的改善。①

10月8日，中国人民革命军事委员会主席毛泽东发布命令：

"为了援助朝鲜人民解放战争，反对美帝国主义及其走狗们的进攻，借以保卫朝鲜人民、中国人民及东方各国人民的利益，着将东北边防军改为中国人民志愿军，迅即向朝鲜境内出动，协同朝鲜同志向侵略者作

---

① 《周恩来选集》下卷，第50—54页，人民出版社1984年版。

战并争取光荣的胜利。"

"任命彭德怀同志为中国人民志愿军司令员兼政治委员。"

"必须深刻地估计到各种可能遇到和必然会遇到的困难情况,并准备用高度的热情,勇气,细心和刻苦耐劳的精神去克服这些困难。目前总的国际形势和国内形势于我们有利,于侵略者不利,只要同志们坚决勇敢,善于团结当地人民,善于和侵略者作战,最后胜利就是我们的。"①

对于美帝国主义的疯狂侵略行动,中国人民志愿军的广大干部战士同全国人民一样,都是义愤填膺、坚决反对的。

但由于志愿军部队是从和平环境转入战争,直接担负着同拥有现代化优势装备的美军作战的任务,又由于当时全国抗美援朝、保家卫国的运动刚刚开始,思想教育还不普及和深入,加上有些人对长期战争有厌倦情绪,因而在相当一部分干部战士中都存在"该不该出国打仗"和"能不能打胜"的思想疑虑。

"美国不会打到中国来,守住鸭绿江,来了就打,不来就算了,何必多管闲事,惹祸上身","中国革命胜利得来不易,现在应该休息休息,集中力量搞自己的建设,少管邻居的事"等等议论就是这种疑虑的真实反应。

部分新入伍的解放战士和新参军的知识分子因受国内外反动派欺骗宣传的影响,存在着程度不同的崇美、恐美、羡美的思想情绪,认为"美国很强大,谁也惹不起"等等。

部队中有不同声音,老百姓就更是如此。为了统一全党、全军、全国人民的思想,10月26日,中共中央专门发出《关于在全国进行时事宣传的指示》,指示要求各中央局、各分局、各军区、各省市委,立即展开关于目前时事的宣传运动。

宣传中应注意之点如下:

一、宣传的基本内容有二:(一)我国对美军扩大侵朝,不能置之不理;(二)我全国人民对美帝国主义应有一致的认识和立场,坚决消灭亲美的反动思想和恐美的错误心理,普遍养成对美帝国主义的仇视、鄙视、蔑视的态度。

二、为了正确认识朝鲜形势对中国的关系,应说明:(一)从中国方面说,中朝唇齿相依,美国侵朝与侵华是分不开的……(二)从朝鲜方面说,

---

① 中共中央文献研究室编:《建国以来重要文献选编》第一册,第418—419页,中央文献出版社1992年版。

朝鲜人民军在强大美军登陆仁川后的退却是必然的和必要的，但朝鲜人民反对美国的斗争仍然在继续着，经过持久的正确的努力，仍将转入反攻。在此种形势下，我国的支援对朝鲜人民的继续斗争有重大意义，而朝鲜人民的继续斗争，对我国安全亦有重大意义。（三）美国如果竟敢在此时爆发世界战争，则其失败将更彻底，因为现在美国的军事准备尚未完成，而和平阵营势力则大于美英势力……

三、为了正确地认识美国，应说明：（一）美国是中国的敌人……（二）美国是全世界的敌人……（三）美国是纸老虎。美国虽竭尽全力对年轻的小国朝鲜取得暂时胜利，但这也只等于蒋介石占领延安，最后仍然要失败，仍然是纸老虎。美国不但在政治上是孤立的，在军事上亦有严重弱点：（1）战线太长，腹背受敌，战线由西欧至东亚，超过希特勒与日本。（2）后方太远，必须横渡大西洋太平洋，不如希特勒与日本。（3）士气不高，实战经验不多，战斗力弱。（4）同盟者不强，西德日本尚未武装起来，英法意等国现已非军事强国。（5）在此种形势下，美国资源的优势不能不受到限制和抵消，且在西欧失败后即将丧失此种优势。（6）原子武器已非美国独有，且不能决定战争胜负。国土愈广，人口愈不集中，原子武器的作用愈小。[①]

各部队根据中央及总政治部的指示，迅速展开了形势与任务的教育。

针对有些同志对美帝国主义本质认识不清，存在"恐美、崇美、羡美"的思想情绪，志愿军各部队还重点进行了仇视、蔑视、鄙视美帝国主义的"三视"教育。

为了搞好教育，志愿军政治部编写了《认识美帝国主义战争政策》一书，充分揭露美帝国主义自鸦片战争以来的侵华罪行和在全世界到处进行扩张侵略的种种事实。

此时的中朝边境和朝鲜大地给人的印象是触目惊心的：

美机不时地在对我边境城市狂轰滥炸，鸭绿江那边朝鲜城乡被敌机轰炸所引起的弥天大火在熊熊燃烧，朝鲜人民扶老携幼从死亡线上向我国逃奔；美丽的朝鲜城镇和乡村许多已变成一片焦土，到处是被杀害的人民群众的尸体，到处是无家可归的孤儿，到处是逃难的群众……

各部队十分注意运用干部战士耳闻目睹的美帝国主义侵略罪行和朝鲜人

[①] 中共中央文献研究室编：《建国以来重要文献选编》第一册，第436—440页，中央文献出版社1992年版。

民遭受的深重苦难来启发大家的觉悟，进一步认清抗美援朝的必要性和正义性，激发战斗热情。

这种觉悟，有的是自发形成的。作家魏巍讲述过这么一件事：

> 在汉江北岸，我遇到一个青年战士，他今年才二十一岁，名叫马玉祥，是黑龙江青岗县人。他长着一副微黑透红的脸膛，稍高的个儿，站在那儿，像秋天田野里一株红高粱那样的淳朴可爱。不过因为他才从阵地上下来，显得稍为疲劳些，眼里的红丝还没有退净。他原来是炮兵连的，有一天夜里，他被一阵哭声惊醒了，出去一看，是一个朝鲜老妈妈，坐在山岗上哭。原来她的房子被炸毁了，又在山里搭了个窝棚，但窝棚又被炸毁了。回来，他马上到连部要求到步兵连去，因为步兵连的需要，就批准了他。我说："炮兵连不是一样打敌人吗？""那，不同！"他说，"离敌人越近，越觉着打得过瘾，越觉着打得解恨！"①

有的则是通过在行军作战过程中不断进行的教育形成的。

如第四十二军第三七二团四连，渡过鸭绿江后，看到无数流离失所的难民和被炸成一片焦土的城乡，指导员就抓住这些事实，及时给全连上了"为什么要入朝作战"一课，加深对入朝作战意义的认识。一次四连执行穿插任务，一路上看到很多血迹未干的朝鲜人民的尸体，指导员在晚点名时，就问大家："这两天看到些什么？"大家都说："朝鲜人民死得太惨了。"指导员又以"敌人为什么要残杀朝鲜人民，残杀我们的阶级兄弟？"为题，给大家上了一课。从清川江到汉江两岸，血淋淋的事实越来越多了，指导员就有计划地组织战士去观看美军残杀朝鲜人民的罪证，发动朝鲜人民来部队进行控诉，并组织战士亲自掩埋受害者的尸体，极大地激发了他们对敌人的仇恨。四连住在"三八"线附近一个村子里，村里只剩下一个七八十岁的老婆婆。一次战士们在吃饭时听到老婆婆哭得很伤心，于是就去问她为什么哭。老婆婆说，她看到中国人民志愿军，就想到被敌人捕去的儿子和女儿，想到自己今后孤寡一人，无依无靠的悲惨情景。指导员马上组织全连来听老婆婆的控诉，军民哭成一片，并随即组织讨论。大家纷纷表示："朝鲜老婆婆像我们自己母亲一样，我们一定要给她报仇。""朝鲜人民的灾难是美帝国主义造成的，美国侵略者是朝鲜人民的大仇人，也是我们的大仇人。""我们必须坚决消灭美国侵略军，决不能让它打到祖国去。"

---

① 魏巍：《谁是最可爱的人》，《人民日报》1951年4月11日。

这一系列的教育,使志愿军官兵群情激昂,士气高涨,纷纷表决心,定计划,誓为保卫祖国立功,为正在苦难中的朝鲜兄弟报仇。

当时,许多部队流传的一首快板诗:"美帝好比一把火,烧了朝鲜就要烧中国,中国邻居快救火,救了朝鲜就是救中国!"就是干部战士思想认识和高昂战斗热情的写照。

随后不久,《中国人民志愿军战歌》:"雄赳赳,气昂昂,跨过鸭绿江!保和平,卫祖国,就是保家乡!中国好儿女,齐心团结紧,抗美援朝打败美国野心狼!"就响彻朝鲜和中国大地,成为鼓舞人民争取胜利的号角。

二、波澜壮阔的杀敌立功运动

"中国人民志愿军力量的泉源及其获得胜利的根本原因,是伟大的抗美援朝斗争的正义性。中国人民志愿军是真正来自人民的、有着高度政治觉悟和高贵品质的军队。它继承了中国人民解放军的光辉传统。它是在爱国主义精神下教养起来的,是在尊敬和爱护其他民族的国际主义精神下教养起来的。……因此,他们的士气非常旺盛,战斗意志非常昂扬。每个战士在战场上都表现了无比的勇敢坚强和主动机敏,表现了惊天动地的革命英雄主义和自我牺牲精神。三年来,志愿军中涌现出来三十多万个功臣,其中有很多像杨根思、黄继光、郭忠田、黄家富、孙占元、邱少云这样光辉的英雄和模范。他们的出色的英雄业绩,他们的勇敢、坚毅、顽强、无畏,为全世界人民发扬了正义的威力,将在世界人民保卫和平斗争的史册上万古流芳。"[①]

这是志愿军司令员彭德怀1953年9月12日在北京中央人民政府委员会第二十四次会议上作《关于中国人民志愿军抗美援朝工作的报告》时总结的。

为了战胜强大的敌人,志愿军在广大指战员爱国主义和国际主义觉悟大提高的基础上,根据国内革命战争的经验,开展了波澜壮阔的杀敌立功运动。运动在广度和深度上都超过了人民解放军过去的立功运动,大大激发了广大指战员的革命毅力和创造精神,成为发动群众、战胜强敌、完成战斗任务的最强有力的精神武器。

可以认为,志愿军各次作战的胜利和各项工作的顺利完成,都是与这一运动紧密联系在一起的。

[①] 中共中央党校党史教研室编:《中共党史参考资料》第七册,第246—260页,人民出版社1980年版。

到停战时为止，3年中，志愿军涌现了302742名功臣；荣立集体功的单位有14个团、51个营、648个连、849个排、4391个班；还有494人荣获英雄、模范称号。

朝鲜政府先后5次授予志愿军指战员勋章、奖章共达526354枚。彭德怀司令员、杨根思、黄继光、孙占元、杨连第、邱少云、伍华、胡修道、杨育才、杨春增、李家发、许家朋等12位同志被授予朝鲜民主主义人民共和国英雄称号。

志愿军立功运动是建立在爱国主义和国际主义思想觉悟的基础上的。没有群众的爱国主义和国际主义的思想觉悟，没有他们为党和国家、为朝鲜人民建功立业的雄心壮志和革命荣誉感，立功运动就没有强大的动力，就不可能形成群众性的运动，也不可能健康、持久地发展下去。

为了动员全体人民支援抗美援朝战争，党和政府在国内掀起了声势浩大的爱国运动。志愿军奔赴朝鲜作战后的第一个春节，中共中央专门发出《关于进一步开展抗美援朝爱国运动的指示》，要求，要组织慰劳中国人民志愿军和朝鲜人民军。这一工作的内容包括：募集慰劳品救济品、组织慰劳团赴朝鲜前线、写慰劳信给志愿军。①

在中央的号召下，"全国各族各界人民空前踊跃地报名参加志愿军，到处出现了母亲送儿子、妻子送丈夫、兄弟争相入伍的感人事迹，全新的战斗力量不断地参加到志愿军的队伍中去。成千成万的铁路职工、汽车司机和民工纷纷到朝鲜前线去担任战地的各种运输与勤务工作，保证了战斗任务的胜利进行。医务工作者组织了大批医疗队为中朝部队服务。全国规模的慰问志愿军和朝鲜人民军运动，捐献武器运动和彻底粉碎美帝国主义细菌战的爱国卫生运动展开了，并且胜利地完成了这一切任务。……全国人民进行了大规模的优待革命烈士家属、革命军人家属的工作，把优抚工作作为支援前线的重大任务。在'先军属、后自己'的口号下，各地城市和农村的人民都尽了很大努力，采取许多措施，以保证烈属军属的生活和生产，这样不仅鼓舞了烈属军属的生产积极性，而且直接鼓舞了前方将士的士气。"②

党和政府的关心、爱护，全国人民的鼎力支持，使志愿军部队获得了源源不绝的物质供应和正气磅礴的精神鼓舞。志愿军政治工作充分发挥这些精

---

① 中共中央文献研究室编：《建国以来重要文献选编》第二册，第24—26页，中央文献出版社1992年版。

② 中共中央党校党史教研室编：《中共党史参考资料》第七册，第246—260页，人民出版社1980年版。

神力量的巨大威力,深化官兵的爱国主义认识,激发大家为祖国人民献身的大无畏革命英雄主义精神。

著名作家魏巍写的通讯《谁是最可爱的人》,其中一些情节的描写,就是这种教育效果的反映。他说:

> 谁都知道,朝鲜战场是艰苦些。但他们是怎样想的呢?有一次,我见到一个战士,在防空洞里吃一口炒面,就吞一口雪。我问他:"你不觉得苦吗?"他把正送往嘴里的一勺雪收回来,笑了笑,说:"怎么能不觉得!咱们革命军人又不是个怪物!不过咱们的光荣也就在这里。"他把小勺儿干脆放下,兴奋地说:"拿吃雪来说吧。我在这里吃雪,正是为了我们祖国的人民不吃雪。他们可以坐在挺豁亮的屋子里,泡上一壶茶,守住个小火炉子,想吃点什么,就做点什么。"他又指了指狭小潮湿的防空洞说:"你再比如蹲防空洞吧。多憋闷的慌哩。眼看着外面好好的太阳,光光的马路不能走。可是我在这里蹲防空洞,祖国的人民就可以不蹲防空洞呀。他们就可以在马路上不慌不忙地走呀。他们想骑车子也行,想走路也行,边溜达、边说话也行。那是多么幸福的呢!所以,"他又把雪放到嘴里,像总结似地说:"我在这里流点血不算什么,吃点苦又算甚么哩!"我又问:"你想不想祖国呀?"他笑起来:"谁不想哩,说不想那是假话。可是我不愿意回去,如果回去,祖国的老百姓问:'我们托付给你们的任务完成得怎么样啦?'我怎么答对呢?我说'朝鲜半边红,半边黑,'这算什么话呢?"我接着问:"你们经历了这么多危险,吃了这么多辛苦,你们对祖国,对朝鲜有甚么要求吗?"他想了一下,才回答我:"我们什么也不要。可是说心里话,我这话可不定恰当呀。我们是想要这么大的一个东西……"他笑着,用手指比个铜子儿大小,怕我不明白,又说:"一块'朝鲜解放纪念章',我们愿意戴在胸脯上,回到咱们的祖国去。"

魏巍深情地说:

> 亲爱的同志们,当你坐上早晨第一列电车走向工厂的时候,当你扛上犁耙走向田野的时候,当你喝完一杯豆浆,提着书包走向学校的时候,当你坐到办公桌前计划这一天工作的时候,当你向孩子嘴里塞着苹果的时候,当你和爱人悠闲散步的时候……朋友,你是否意识到你是在幸福之中呢?你也许很惊讶地说:"这是很平常的呀!"可是,从朝鲜归来的人,会知道你正生活在幸福中。请你意识到这是一种幸福吧,因为只有你意识到这一点,你才能更深刻了解我们的战士在朝鲜奋不顾身的原因。

朋友！你是这么爱我们的祖国、爱我们的伟大领袖毛主席，你一定会深深地爱我们的战士，他们确实是我们最可爱的人！①

魏巍的这篇文章，使志愿军是"最可爱的人"成为全国上下的共识。

祖国亲人把志愿军作为"最可爱的人"，志愿军怎么办？

志愿军政治工作一方面大力宣扬祖国人民和朝鲜人民对志愿军的期望和鼓励及对人民功臣的尊敬和热爱。另一方面，又号召大家"当最可爱的人，要做最可爱的事"，把革命荣誉感与高度责任感结合起来。

每当志愿军功臣英模归国代表团、观礼代表团返回前线后，政治机关就组织他们报告在祖国各地受到的热情欢迎、爱戴和尊敬，特别是受到毛主席接见的动人情景，并提出"立大功向祖国亲人报喜，去见毛主席"的口号，激发部队杀敌立功的热情。

数以百万计慰问信和战士家信从祖国和朝鲜各地飞往前线，各级政治机关就充分利用这些信件来进行宣传。后来荣获朝鲜民主主义人民共和国英雄称号的胡修道，在进入阵地前收到家中来信说："家中一切都好，就是缺少一张立功喜报。"这封信成为他杀敌立功的巨大力量。

在抗美援朝战争期间，祖国人民曾举行过多次盛大庆功会，志愿军各部队就通过阅读报刊、收听广播、宣读贺功信，把庆功盛况传给干部战士。

二级战斗英雄刘光子，活捉了63个俘虏，立功喜报传到他的家乡后，陕坝专区召开2万多人的庆功大会，并给他家送了"爱国功臣"的金字大匾。他父亲刘当德写了一封信把庆功盛况告诉他，中央人民广播电台也广播了这封信。刘光子所在军得知后，军首长又给他写了贺喜信，各单位也派代表前往祝贺。这件事在官兵中引起了轰动。后来了解到，这个军许多同志的立功，都受到这件事的推动作用。

朝鲜政府为表彰志愿军在抗美援朝战争中的成绩，曾于朝鲜卫国战争二、三周年和抗美援朝一、二、三周年纪念日，先后向志愿军干部和立功人员授予勋章、奖章。各部队都非常重视，事先进行了认真研究，授勋、授奖仪式举行得十分隆重热烈，使大家都把获得这样的"国际荣誉"，看做是自己莫大的光荣。

英雄模范人物的斗争事迹是革命英雄主义精神最集中、最生动的表现，用这些事迹对指战员进行革命英雄主义教育，也最有说服力和感染力。

---

① 魏巍：《谁是最可爱的人》，《人民日报》1951年4月11日。

志愿军各部队广泛开展了"学英雄的思想,走英雄的道路,创英雄的业绩"的活动。各部队以各种方式普遍宣传了中国历代抗击外敌侵略的英雄人物,宣扬了苏联英雄马特洛索夫和我国解放战争中出现的董存瑞、刘胡兰,宣扬了志愿军著名英雄杨根思、黄继光、杨连弟、孙占元、邱少云、胡修道、罗盛教等以及本军、本师、本团、本营、本连的英模事迹,从而在部队中形成了一种尊敬、学习英雄模范的强烈气氛。

十五军战士黄继光,在听了一等功臣、苗族战斗英雄刘兴文的报告后,心里就反复想:"人家多行啊!才18岁,就杀死那么多鬼子,还见到毛主席。自己到朝鲜一年了,什么功也没有立过。"从此他就暗暗下了立功的决心。黄继光还非常崇拜苏联英雄马特洛索夫,在他的背包里,经常装着《普通一兵》的小人书。马特洛索夫用胸膛堵敌人枪眼的英雄形象和刘兴文的事迹,是使他成为"中国的马特洛索夫"的巨大动力。

英勇牺牲后被追记一等功的梅怀清生前说过,他"活着要当陈超,死了要当董存瑞。"后来,他真的实现了自己的诺言,舍身炸开敌铁丝网,为部队打开了歼灭敌人的道路。

志愿军的立功运动,是同贯彻各个时期的作战方针和战术要求,同各军兵种、各部队担负的不同任务紧密结合进行的。因而,不仅规模大,而且成效显著。

在运动战阶段,作战方针要求部队敢于实施突破、穿插、迂回、包围,敢于孤胆作战,敢于在敌机、敌炮轰击中坚守阵地,歼灭敌人。此时,部队就从政治工作上提出"穿插立功""孤胆作战立功"等口号。

在阵地战阶段,针对作战的特点,政治工作又相继提出了"坚守阵地立功""狙击杀敌立功""筑城找窍门立功"等口号。

在第一至第五次战役期间,敌人的飞机很猖狂,白天贴地低飞,搜山沟、炸村庄,见人打人、见车打车;夜间轰炸物资装卸点,封锁运输干线,追打运输车辆,严重影响了部队的行动。此时,许多单位提出了"打落打伤敌机立功"的口号,并迅速得到战士们的响应。

各军、兵种还根据本身的战斗任务提出了适合自己特点的立功标准和要求。如:

汽车部队提出"一要(要完成任务)、三爱(爱伤兵、爱物资、爱车辆)、安全行车立功"。

工程兵提出了"劳动加智慧,保证工程质量"的立功要求。

通信部队提出了"勇敢加技术,做到通信迅速、保密、无差错"的要求。

有些军、兵种根据个人功劳不易明显看出来的特点,除了坚持给比较突出的个人记功评功外,还提出了"集体立功""协同立功"的号召。这样,就出现了一门火炮、一辆坦克、一个机组立功,一个炮群、一个坦克群、一个机群、一部电台集体立功的情况,有力地保证了协同作战任务的完成。

三、"爱护朝鲜的一山一水一草一木,不拿朝鲜人民的一针一线"

志愿军在朝鲜战场上,同朝鲜劳动党和政府及朝鲜军民的关系,已不是国内一般的军政军民关系,而是关系着中朝两党、两国和两国军民能否亲密团结、一致对敌,赢得抗美援朝战争胜利的一个根本问题。

为此,早在志愿军向朝鲜出动前的1950年10月8日,毛泽东就在《给中国人民志愿军的命令》里指出:

> 我中国人民志愿军进入朝鲜境内,必须对朝鲜人民、朝鲜人民军、朝鲜民主政府、朝鲜劳动党、其他民主党派及朝鲜人民的领袖金日成同志表示友爱和尊重,严格地遵守军事纪律和政治纪律,这是保证完成军事任务的一个极为重要的政治基础。①

1951年1月19日,毛泽东又指示志愿军:

> 中朝两国同志要亲如兄弟般地团结在一起,休戚与共,生死相依,为战胜共同敌人而奋斗到底。中国同志必须将朝鲜的事情看做自己的事情一样,教育指挥员战斗员爱护朝鲜的一山一水一草一木,不拿朝鲜人民的一针一线,如同我们在国内的看法和做法一样,这就是胜利的政治基础。只要我们能够这样做,最后胜利就一定会得到。②

志愿军党委和政治部坚决贯彻执行了这些指示。

为了打牢志愿军官兵尊重朝鲜党和政府、团结朝鲜军民的思想基础,各部队在加强爱国主义和国际主义教育的基础上,针对有些干部战士喜欢以大国自居、解放者自居,在取得几次重大胜利后骄傲自满,往往以国内标准去衡量朝鲜的某些事物,说三道四,以及只看到我国援助了朝鲜,看不到朝鲜人民的斗争也援助了我国等错误思想情绪,在部队中反复深入地开展尊重朝

---

① 中共中央文献研究室编:《建国以来重要文献选编》第一册,第418—419页,中央文献出版社1992年版。

② 中共中央文献研究室编:《建国以来重要文献选编》第二册,第9页,中央文献出版社1992年版。

鲜党和政府、团结朝鲜军民的思想教育，激发志愿军广大指战员对朝鲜劳动党、朝鲜政府和朝鲜军民的崇敬和热爱。

在朝鲜禁止使用我国人民币，这是志愿军的一条纪律。一些官兵想不通，认为是无足轻重的小事，执行不坚决。但是志愿军不这样认为。他们教育官兵说：尊重朝鲜劳动党和政府，首先是遵守朝鲜党和政府的政策法令。用人民币事情看来不大，朝鲜老百姓也愿意，但这是关系到尊重朝鲜国家主权的重大问题，必须纠正。

在出国作战初期，个别部队曾机械搬用我国革命战争时期部队执行作战、发动群众、建立政权三项任务的经验，不通过朝鲜党和政府，就自动组织工作队开展群众工作，在朝鲜人民中发放救济粮食衣物，建立锄奸组织，清查户口，盘查行人等，从而不自觉地触犯了兄弟国家的主权。志愿军首长和政治机关很快发现并认识到了其中的问题，立即纠正。

志愿军党委和政治部为此还三令五申，反复强调在朝鲜作战，一定要坚持不干涉朝鲜党和国家内部事务的原则，凡是涉及朝鲜党和政府的政策法令、大政方针等重大问题，不得随便议论，如确须提出建议时，也应报志愿军领导机关考虑处理，不得自由行动。从此，部队的一切行动，凡涉及地方工作的，都主动与当地朝鲜劳动党和政府取得联系协商解决。

在复杂的战争环境，发生个别违犯朝鲜政策法令的事件也是难免的。对此，志愿军都本着"严以责己"的精神及时予以处理。如在1953年备战中，有个团为了军事演习的方便，未经朝鲜地方政府同意，擅自开闸放水，淹了700多亩农田。领导发现后，立即向地方政府道歉，征求他们对处理的意见，并在双方召开的联席会议上进行公开检讨，宣布对肇事人员的处分，朝鲜政府和人民代表对此深表满意。志愿军人员违犯朝鲜法律，案情比较重大者，处理时还经过中朝联合司令部的批准。

每逢朝鲜重大节日，志愿军各级领导机关都派出负责干部率领代表团，到朝鲜郡以上党政机关祝贺、访问、联欢、慰问；中国方面的一些重大节日，也主动请朝鲜政府代表参加。在所有接触中，都特别注意诚恳热情，谦虚谨慎，处处尊重、虚心倾听对方的意见。在协商中，如有不同意见，均以研究的态度，诚恳提出，取得相互理解。每做一件事，每提一个问题，都认真考虑是否符合朝鲜的实际情况，不照搬国内战争的经验。

受到志愿军政治部通报表扬，获得"二级遵纪爱民模范连"的光荣称号的某部直属队通信连的事迹在志愿军部队有相当的代表性。

1952年春，由于美国强盗的摧残，当地朝鲜人民的生活很是困难。通信连同志就积极响应上级和朝鲜政府的号召，帮助朝鲜人民度过春荒。为了节省粮食，他们就把朝鲜人民不要的菜叶拣回来吃。一个月的时间，他们共吃菜叶4000斤，节约了800斤黄豆，用其中200斤救济了朝鲜人民。对贫苦的烈、军属，战士们便积极打柴帮助他们。军属金大娘，家中只剩下她和两个小孩，没有劳动力，生活很是困难。五班和对空联络组的同志们，在星期天不休息，冒着早春的寒冷，爬到积雪的高山上去给金大娘打柴。他们打回柴，还把它劈成小块，晒成半干。等金大娘缺粮吃的时候，就把柴背到市场去，让他们小孩去卖，连续几次，共卖朝鲜币5万元。当金大娘接过钱时，拉住同志们的手，感动得不知说什么好。同志们都笑着说："老大娘，这是我们应尽的责任。出国前，毛主席就嘱咐我们，叫我们这样做！"

在遵守政策纪律方面，通信连更是认真。连里上山砍柴时，连长和指导员就告诉大家："带绿叶的树不能砍。人民的军队一丝一毫也不能损害人民利益。"同志们积极响应这一号召，到山上刨干树桩子、拣干树枝子。全连打了13万斤木柴，没有一根带绿叶的。战士们对个别犯纪律的现象是毫不原谅的。李庆林拾了几个栗子吃，他们专门开了党小组会批评他。理发员林立木摘老乡一个辣椒，吴振清立即批评他，叫他送回去。

在朝鲜战场上打败美国侵略军，是中国人民志愿军和朝鲜人民军的共同任务。加强两支兄弟部队的战斗团结，开展相互学习，是战胜敌人，取得战争胜利的重要保证。志愿军把团结人民军、向人民军学习作为政治工作的一项重要任务。

朝鲜人民军有英勇顽强的战斗作风、正规化的制度、良好的组织纪律观念和吃苦耐劳的精神，在抵抗美帝国主义侵略中作出了巨大贡献。志愿军各政治机关都大力宣传并组织部队开展学习朝鲜人民军先进经验的活动。

朝鲜人民军曾经创造了"1211"高地防御战的范例，敌人士兵把"1211"高地称之为"伤心岭"。我第15军在上甘岭战役中，提出了学习朝鲜人民军，"把上甘岭变成敌人第二个'伤心岭'"的口号。上甘岭战役后，又组织上甘岭有功人员同在"伤心岭"战斗中的朝鲜人民军英雄举行了经验交流会，对部队教育鼓舞很大。

为了保证两支兄弟部队在并肩战斗中做到主动支援，互相帮助，密切配合，在战斗发起前，双方指挥员都要进行协商，共同制定作战方案，研究出在各种情况下互相支援、配合的办法。战斗打响后，双方坚决按既定方案行动，发现对方有困难，就不惜一切代价主动支援。

由于中朝双方的努力，在长期并肩作战中，志愿军与朝鲜人民军和朝鲜人民互相关怀，患难与共，真正体现了战友和兄弟的情谊，有力地保证了战争的胜利。

四、瓦解敌军政策同样适用于美国大兵

在朝鲜战场上，敌人虽然拥有现代化的优势装备，但有一个致命的弱点，就是它所进行的是侵略战争，因而不得人心，其士兵大多数是受骗或被迫服役的。他们渴望和平，厌战想家，士气不高，这就给了我军从政治上瓦解敌军和开展国际宣传工作的有利条件。

三年抗美援朝战争中，志愿军从多方面开展瓦解敌军的工作和国际宣传工作，不但有力地挫伤了敌军的士气，削弱了敌军的战斗力，扩大了新中国和志愿军的政治影响，而且也为现代战争条件下如何瓦解敌军以及我军如何执行1949年我国参加签字的《关于战俘待遇之日内瓦公约》提供了新的经验。

第一、释放俘虏。

志愿军刚刚入朝作战时，敌军气焰比较嚣张，作战也较顽强，加上受到当局的愚弄宣传，敌军官兵不了解、不相信我军的俘虏政策，认为被我军俘虏后非死即辱，因此即使被分割包围，仍然负隅顽抗，拒不缴枪投降。

第一次战役中，敌军被毙伤者多，被生俘者少，甚至缴了枪还不愿下火线，拖也拖不下来。

怎么办？志愿军分析敌人的心理，认真研究了对策。为了揭穿敌人的欺骗宣传，使敌军士兵了解我们的宽俘政策，在第二次战役前夕，志愿军经中央军委批准就地释放了一批美军、英军和南朝鲜军队的俘虏。

释放前，志愿军组织了简短教育，开了欢送会，并举行会餐，然后用汽车把他们送到阵地前沿，告诉他们通过敌人警戒线的方法，并且说明万一过不去还可以回来。

这就感动了相当多的战俘，他们一再表示："我们永远忘不了你们的好处，以后决不再与你们为敌了。"

这批俘虏回去后，到处宣传他们被俘以后受到的宽大待遇，赞扬志愿军释放战俘的人道主义精神。敌人十分害怕这种宣传，立即将他们送回国内，并与外界严格隔离起来。但是，"纸包不住火"，哪怕这些人不开口，他们被释放这个事实就足以说明一切。因此，志愿军的宽俘政策不胫而走，在敌军

中迅速传播开了。

于是,奇迹在第二次战役中发生了。敌人在遭到我军包围后,出现了两起百人以上集体投降事件。一起为240余人,内有美军160余人(包括美军中、少校军官各1人)。另一起是由美黑人组成的一个工兵连,有120余人。

毛泽东十分高兴,1950年11月18日,他指示彭德怀:"你释放一批俘虏很对,应赶快放走,尔后应随时分批放走,不要请示。"[①]

11月24日,他又指出:"你们释放美俘的行动,已在国际上收到极好的效果。请准备于此次战役后再释放一大批,例如三四百人。"[②]

随着战俘一批一批地释放,敌军官兵对我宽俘政策日益了解,战场上主动放下武器、向我投降的人数也逐渐增多。到第五次战役后,竟然出现了南朝鲜战俘主动为志愿军背伤员、带志愿军绕过敌人地雷阵地的事例。

第二、送还敌军尸体和重伤俘。

在释放战俘的同时,志愿军还精心组织在前线送还了几批敌军尸体和重伤俘。我军在送还前将尸体包裹好,并附以宣传品和信件,通过火线喊话,通知敌人来取,并声明在收尸时我保证不打枪。

美军第一次收取中方送还的尸体时,不大相信我军的政策,而是以炮火掩护慌忙拖跑。后来见志愿军说到做到,就开始用志愿军公布的收尸办法,从容将尸体抬走。敌军士兵见到此情此景,思想震动很大。

有的美俘说:"志愿军送尸的事,全连都很感兴趣,当做谈话题材,都说这件事很好。说明志愿军是爱和平的,很有礼貌的。"

1951年加拿大的《温哥华每日省报》也报道说:"中国允许受伤的美国俘虏回到他们自己的阵地已有几十次了。有时伤兵不能行动,中国人又没法将他们带走时,就把俘虏留下来,旁边插上白旗,标出俘虏的所在地,当美国人去收容受伤的士兵时,中国军队便停止开火。"

第三、公布"四项保证"。

1951年11月,彭德怀司令员发布了关于对投降的敌军官兵和一切俘虏坚决执行四项保证的命令,即:保证生命安全;不没收私人财物;不虐待、不侮辱人格;受伤者给予治疗。

这"四项保证"既是向敌军作出的,也是为了教育部队。因为美帝国主

[①] 中共中央文献研究室、中国人民解放军军事科学院编:《建国以来毛泽东军事文稿》上卷,第358页,军事科学出版社、中央文献出版社2010年版。

[②] 同上书,第367页。

义者是近百年来侵略中国的罪魁之一，是这次发动侵朝战争的祸首，广大指战员在朝鲜战场上亲眼目睹美军奸淫烧杀的罪行，对美军怀有极大的仇恨，因而在战斗特别激烈残酷的时候，也发生过少数违犯宽俘政策的事情。为此，志愿军各部队以"四项保证"为内容进行了深入的思想教育，同时对执行政策好的单位和个人进行表扬，对违犯宽俘政策者进行耐心地说服教育；情节严重的，酌量给予处分，从而大大提高了干部战士执行宽俘政策的自觉性。正如有些战士所说：执行宽俘政策，主要的就是要做到"眼不红（即不杀），手不动（即不虐待），俘虏人格要尊重（即不侮辱）"。

第四、有针对性地开展火线政治攻势。

在抗美援朝战争中，志愿军在给敌以严厉军事打击的同时，连续不断地对敌开展火线政治攻势。其中9次是全军性的较大规模的政治攻势。共向敌人散发各种宣传品6000多万份，广播5000余次，同敌人阵地对话数千次，对削弱敌军士气发挥了重大作用。

在朝鲜战场上，志愿军的主要作战对象是美国侵略军和南朝鲜军队。其他各国派往朝鲜战场的军队，除英国一个师，加拿大和土耳其各一个旅外，另外几个国家军队的人数很少。所以，志愿军政治攻势的主要矛头是指向美军和南朝鲜军队。

为了有效地开展敌军工作，志愿军政治机关通过审讯战俘、翻译研究缴获的敌军文件等渠道，掌握了敌军官兵的主要政治思想状况。从中了解到，南朝鲜军队和美军在政治思想上既有共同点，如盲目地反苏反共，认为苏联和中国侵略朝鲜，厌战想家，渴望和平等；又有不同点，如士兵文化水平低，生活极端痛苦，官兵尖锐对立，朝鲜劳动党和人民军在南朝鲜军队中有一定影响，要求民族独立的愿望比较迫切，容易接受志愿军的政治影响。同时由于美军以"大韩民国的恩人"自居，欺压朝鲜人民，对南朝鲜军队歧视、侮辱，也引起南朝鲜军队一些官兵的严重不满，美军和南朝鲜军队的矛盾正不断加深。美军在战场牺牲仆从国军队保存自己实力的做法和对仆从国军队待遇上的歧视，也引起这些国家军队的不满。

据此，志愿军在政治攻势中采取了分别对待的方针。对美军，主要宣传志愿军出国作战的正义性，宣传中国和平解决朝鲜问题的一贯主张和志愿军的宽待俘虏政策，宣传美国统治集团的战争政策给美国人民和军队带来的灾难，以激起他们的思家厌战情绪，削弱他们的战斗力；对美军中的黑人，还宣传反对种族歧视，提高他们要求人权和民主的斗争积极性；对南朝鲜军队，则主要宣传抗美援朝的正义性，宣传朝鲜政府对起义投诚人员的奖励办法和宽待政策，揭露美帝国主义的侵略阴谋和李承晚的卖国罪行及朝鲜人民在其统治下遭受的种种苦难，激发他们的爱国热情，号召朝鲜人不打朝鲜人，一切爱国的人们，不分南北，一致起来，反对美国强盗。对其他国家军队，则着重说明美国是把其他国家当成附庸国看待的，他们不应该来到朝鲜为美国大资本家打仗。后来还多次向他们表示，我们是不愿意打他们的，只要他们能预先和我们取得联络，或者送个信来说明他们军队在什么地方，我们即不和他们作战，而专打美国军队。

志愿军还根据不同时期的具体情况，提出了开展政治攻势的不同内容。

例如，在志愿军入朝作战初期，针对敌军态度骄横，幻想速胜，对我军作战的正义性和宽俘政策都不了解的情况，着重宣传中国人民抗美援朝的正义立场和主张，提出"一切外国军队撤离朝鲜，让朝鲜人自己管理自己的事"的口号，宣传中国的和平政策和宽俘政策，以减少敌军对志愿军的敌对情绪。

在连续取得五次战役胜利的有利形势下，着重宣传中国人民和朝鲜人民是不可战胜的，美帝国主义的侵朝战争一定要失败，以挫败敌军的自信心。

停战谈判开始后，抓住敌军广大官兵渴望谈判成功的思想情绪，着重宣传和平停战对美国士兵的好处和继续打仗的害处，宣传我方所提停战条件（即以"三八"线为界停止战斗和一切外国军队撤出朝鲜）的合理性，提出"和平就在眼前，保住身体好回家"，"在停战前五分钟死亡是不值得的"，并利用我军在"白马山""老秃山""上甘岭"等地取得的胜利，向敌军指出"山头就是坟墓，投降才是出路"，以动摇敌人军心。

当李承晚在美帝国主义的指使下，扣留朝中方面2.7万名战俘时，着重揭穿美帝国主义和李承晚集团企图破坏停战谈判的阴谋，宣传朝中方面对停战谈判的一贯诚意，使不少敌军士兵在了解了事实真相后大骂李承晚。有些南朝鲜军队还把钢盔、步枪扔在地上说："哪个愿意打，叫他们上来吧，反正我们不想打了。"停战协议达成后，敌军官兵欢欣若狂。

在从停战协定签字到双方军队后撤期间，志愿军同敌军进行了多次火线联欢，向他们宣传"中美人民利益是一致的""我们永远不要互相打仗"等等，大大扩大了我军的影响。

五、"钻进去，冒出来"，贯彻政治工作的群众路线

"钻进去，冒出来"的工作方法，是我们党"从群众中来，到群众中去"

"集中起来,坚持下去""领导骨干和广大群众相结合"的群众路线的领导方法,在抗美援朝战争中的具体运用,是我军民主传统的新发扬。

志愿军领导向全军提出来后,它成为调动全体指战员爱国主义、国际主义和革命英雄主义的积极性,发动和组织他们更快地掌握打败美国侵略军的战术、技术,保证抗美援朝战争胜利的一个重要法宝。

在政治工作领域中怎样贯彻"钻进去,冒出来"的要求,它应当钻到哪里,怎样钻法,如何才能冒得出来?

1952年12月,志愿军副政委甘泗淇在《八一杂志》发表的《钻进去,冒出来,贯彻政治工作的群众路线》一文,总结各个部队这方面的经验教育,对此作了回答。他说:

> 为了在抗美援朝战场上充分发动与组织全体指战员、工作人员,提高其爱国主义、国际主义思想,使大家深刻认识到为什么要来朝鲜打美帝国主义,及如何掌握新的技术、战术、工作方法,以保障战争的圆满胜利,我们在贯彻政治工作的群众路线上,提出了"钻进去,冒出来"的要求。

> 政治工作究竟要钻到何处去?我们认为主要有两个方向:其一是钻到具体的事物中去;其二应深深钻到群众的心窝里去。然后,再依照钻进去以后亲身所体验到的各种具体事物的本质,各项业务的职责,及广大群众的心情与其潜在的雄伟力量,从而提出具体的意见,进行深入的思想教育,发动与组织全体军人,自觉地、坚决地为完成各种战斗与工作任务而奋斗。这就是我们政治工作贯彻"从群众来,到群众中去"、"领导骨干与广大群众相结合"的最基本的步骤。

他具体地解释关于钻到具体事物中去的问题时说:

> 这是一个以严肃的科学态度对待政治工作本身、对待军队各部门工作的问题;如不有意识地认真地彻底解决它,就无法在现代化军事建设中提高政治工作,发挥它高度的政治保证作用。

> 由于我们的装备正日新月异地向着现代化迈进,无论步兵、炮兵、工程兵、装甲兵、铁道兵和空军、海军、后勤部队等,任何军兵种都必须掌握一套新的科学知识和技能;否则就会打不响,开不动,走不了,都成了死硬货。政治工作的任务,就要在此新的场合下,充分发挥自己的效能,使任何兵种在任何角落,都表现其生龙活虎的气概。为达此目的,政治工作者必须身临其境地切切实实地钻到业务中去,学技术,学战术,学办法。首先把自己学习成"内行","内行"就不会讲"外行"话,就

会对这行有感情，有钻劲。愈钻，就愈能了解底细，愈有发言权，也就能更有效地发动群众，组织群众，发挥群众的智慧与毅力，愉快地胜利地与敌人作斗争。而政治工作的效能，也自然而然地会增强与提高起来。政治工作人员，也将愈干愈起劲，才能也愈练愈高。反之，如果政治工作人员不肯下水，站在岸上干喊，满足于简单的宣传鼓动的一套，结果挨不着边，找不着窍，更联系不了群众；或则是冷冰冰地坐在一边，束手无策；或则是海阔天空，言之无物；这样，都解决不了实际问题。

关于钻到群众心窝里去的问题。甘泗淇认为：

部队中的政治、军事、经济民主运动是早已开展了的。过去，在动员群众干什么，即领导上要求群众干什么，是提得响亮而有力的，也是必要的；但群众本身究竟需要什么，他们向领导上要求什么，领导上如何去设法满足他们的正当要求，提得却不大响亮。"三反"以后，我们深深感到后一个问题的重要。

他尖锐地指出：

我们向群众要什么呢？我们要的是：大家英勇顽强，抗美援朝到底。这一点，群众已经很好的、不怕牺牲、不顾一切地办到了。而群众向我们要求的究竟是什么？我们应该如何去答复群众的要求呢？

他归纳了部队官兵向政治工作提出的四个方面要求：

第一、群众要求我们给以明确的斗争方向，具体的方针、任务，即所谓要个"底"和"边"。

为此，我们的号召无论属于军事的、政治的，都要具体扼要，要把各方面情况说清楚；切不要马马虎虎，模棱两可。只要他们心中有底，就能奋勇直前，毫无顾虑。

不仅如此，群众还要求了解斗争的远景和光明前途，因而就迫切需要系统的理论教育。他们热爱祖国，就渴望了解祖国伟大建设的情景；他们羡慕苏联及新民主主义国家的美满幸福的生活，就热望获得关于这些国家建设的具体材料；他们最痛恨美帝国主义，当道及美帝国主义是纸老虎时，就想深究帝国主义垂死腐朽的根据究竟在哪里；斗争愈残酷，战争愈持久，政治眼界愈开阔，他们对国内国际形势愈关心，对原则理论的学习也就更加迫切。谁也不愿打莽撞仗，谁也想懂得大道理。的确，懂得了大道理，就可认识革命远景，明确斗争方向；否则，就会四海茫茫，迷途失路。

第二、群众要求有充分的发言权,说出自己的心里话。

他说:

在朝鲜战场上遇到的新问题太多了。群众基于自己对祖国、对党、对战争胜利的责任感,谁也愿意提出自己解决问题的办法,并能有向上级反映的机会。因此,我们的责任就是给予大家这种机会,并想出各种办法让他们敢于和乐于大胆讲话。过去,有的同志习惯于生硬清冷的方法,单靠自己抛头露面,终日忙碌,甚或急躁冒火,骂人打人,结果反觉劳累不堪,解决不了问题。现在,事实上大家一能说出心里话,这类问题便可迎刃而解了。

群众的话,一面是表达自己的心情,一面是贡献出自己的智慧。他说了话是要负责,并会想尽办法来实现的。在前线,战士们日日夜夜面对着敌人,每个人都炙热于策划一个奇方妙计,以消灭敌人,保存自己。如坑道作业这样巨大的工程,并不是谁有先见之明,而是大家在防炮、防空过程中,经过反复改造加工,才逐渐演变成为今天较为完整坚固的以坑道为骨干的防御体系的。持久作战问题也是一样,大家在积年累月的战斗生活中,经验愈打愈多,斗志愈打愈坚,集思广益,众志成城。所谓"挤阵地""寸土必争""人在阵地在""英雄阵地出英雄""敌人从哪里来,把他打回哪里去;敌人从哪里进攻,就把他消灭在哪里"等等群众性的口号,已很自然地变成群众性自觉的战斗行动了。

总之,群众说了心里话,就会变成无穷的力量,既发扬了民主,又保证了高度的集中和森严的纪律。战士有了干部,感到身心有了依托;干部有了战士,感到自己有了靠山;大家感到有了党,有了毛主席,就是光荣,就是胜利的保证。

第三、群众要求赏罚严明。

他解释道:

"所谓赏,主要是要荣誉,要'名'。不仅个人要'名',而且单位也要'名'。现在祖国人民已经夸奖我们为'最可爱的人',对这一点大家不能不兴奋与惭愧。但是问题还不是这样简单。这就是:每个同志还都希望自己做的工作、打的仗,能使上级知道、家庭知道、祖国人民知道;如果毛主席知道了,那就更加高兴。战士这样,干部也这样。他要荣誉,就要勇敢战斗,积极工作,争先恐后,视死如归。这是一种革命的荣誉心,是很可贵的。两年多来部队立功运动有很大的发展,即基于此。"

"所谓罚,就是群众要求处罚违法乱纪分子,反对不良倾向,严整歪风。因为这些东西都是直接有损大众荣誉、危害革命的。这一条,在'三反'运动中我们体验最深刻。群众发动起来了,贪污浪费、官僚主义分子都被揭发出来并受到批判或处罚了。以前所谓'老虎屁股——摸不得'的人,也不能不在群众面前规规矩矩地低头了。这样办,不仅是大快人心,也是维护纪律所必须的。"

第四、群众要求最低限度的物质生活和愉快的精神生活。

他强调:

在物质生活上,"总的说来,我们只能强调艰苦奋斗,这是政治工作所必须经常进行宣传解释的。但问题绝不如此简单,人没有饭吃,枪没有弹打,是不能进行战斗的。重要的还是要积极地替群众'当家',尽量地改善部队的物质生活,使械弹医药获得源源补充,使大家在供给制度范围内,吃得饱穿得暖,人强马壮,从而更有效地发挥其健康的精神,进行胜利的战斗。"

"战士们是能忍受必要的艰苦的。但其应得与可能得到的东西,如果不能及时地得到补充和解决,他是会提出意见或表示愤慨的。"

"在精神生活上,群众要求过得'痛快'。今天朝鲜战场上,无论是前线和后方都是极其紧张的,特别是前沿部队,日夜在坑道、战壕中过活,急需'苦中取乐'。"

"我们必须采取为大众所喜欢又办得到的办法,为愉快生活、为快乐的阵地之家创造条件。这是政治机关一项经常的重要的工作。为了使他们及时了解国际国内大事,就需要不断地供给书报、画片、收音机等;为了在战斗间隙得到娱乐,就需要大批供应乐器、电影、歌曲;为使他们自己的英勇模范事迹及时得到表扬与传播,就需要组织群众进行集体创作与小型表演;为提高文化,就需要充分供给以文化教材和器材……"

他在总结了部队大众的四方面需求后,强调政治工作的中心任务就是正视需要,满足需要。

"如果我们正视了这些要求,并合情合理地给以解决或答复,那么,人人就会更好地发挥无限的革命热情,自觉地为完成战斗与工作任务而奋斗。即使要忍受艰苦,遭遇牺牲,也会感到轻松愉快。政治工作的中心任务,亦即在此。"

甘泗淇还强调,政治工作不仅要"钻进去",而且要"冒出来"。

因为，政治工作究竟是政治工作，而不是军事、后勤工作，它不是揽上一切的。因此它在钻进去贯彻党的方针、政策，保证战斗与工作任务完成的过程中，必须及时地确切地将发掘的问题与实际情况，加以综合分析，提出具体意见，使党委和首长下决心、订计划获得可靠的根据。这就是我们所提出的"冒出来"。如果光是"钻进去"，而不"冒出来"，或"冒"不出来，则必然会陷入事务主义的泥坑，也是不能解决实际问题的。

他指出：

为使我们"钻"之有方，"冒"之有力，各级政治机关眼睛均须注视着支部（特别是连队支部）工作的加强，因为各种工作任务，归根到底都汇集到了支部；依靠了它，就最能真实地反映事物与群众的具体情况，"钻"与"冒"就有了把握。[①]

[①] 《中国人民志愿军抗美援朝战争政治工作（经验汇编）》（上），第1—6页，解放军出版社1986年版。

第十九章 "老实人"罗荣桓身兼政治指挥三职

年轻时的罗荣桓的心目中，上大学，当一名建筑工程师，走"实业救国"之路是其最远大的理想。因而，当他在 1926 年 6 月从青岛大学预科毕业南下广州，投考中山大学，因德语没有考好而落榜后，许多同行的学生纷纷进入了黄埔军校，惟有他离开广州，再赴武汉，继续寻找求学之路。但南方的军事、政治斗争，很快击碎了他的求学梦。特别是 1927 年蒋介石、汪精卫对共产党人发动"四一二""七一五"大屠杀，使他"实业救国"的梦想破灭了。就在反动派向革命党人和共产党举起屠刀之时，他毅然投笔从戎，经一名同乡的介绍，加入了中国共产党组织，并果断接受武昌党组织的派遣，参加了中国共产党领导的农民运动。

1927 年 8 月，他秘密接受党组织的派遣，到湖北通城组织农民自卫军，并担任党代表，兼管财务。就在他与这支农民武装的总指挥王武扬、参谋长刘继宋带领几百名农民，打出了农民自卫军旗帜不久后的一个拂晓，自卫军宿营地麦市突然枪声大作，部队在仓促应战中被冲散了。天亮后，罗荣桓提着自卫军的全部财务——二三百块光洋的箱子，随部队跋涉在崎岖山路上。

这天下午，两个农军战士跑到罗荣桓面前，很客气地接过他的箱子说："先生，你是农军的吧，大家都是兄弟，我们来帮你扛。"罗荣桓深知这个箱子的重要，坚持不给他们扛。但在两个战士的反复坚持下，第一次经历战斗、已经精疲力尽的罗荣桓，没有挡得住他们的连拖带抢，箱子被他们拿走了。

晚上，部队到达修水县桃树港，罗荣桓去找那两名战士，但他们已经逃走了，银箱也不知下落。丢了这箱钱，罗荣桓特别懊悔。虽然王总指挥、刘参谋长没有计较这件事，部队农民战士也没有过多地责备他，但罗荣桓还是经常提起这件事。1937年5月，新婚中的罗荣桓对媳妇、也算得上小知识分子的林月琴说："那个时候，思想单纯得很。以为大家都是来革命的，都是一样的同志嘛！其实，并不都是来革命。混饭吃的、找出路的，大有人在。那个时候，我们都是'秀才'造反，脱不了书呆子气。一个知识分子要成为坚定的革命者，不经过一番磨练是不行的。"①

这是罗荣桓的自我解剖，但毛泽东则从另外一个角度来看罗荣桓。在延安时，有一次毛泽东接见林月琴，林月琴向毛泽东谈起了这件事，毛泽东对林月琴说，老实是罗荣桓的一大特点，"你看，他非常老实，可又很善于总结经验，他能从这件事中悟出一个真理。因此他对是非、对正确和错误鉴别得特别分明。"②

是个老实人，但又善于总结经验、悟出真理，表现了罗荣桓的才干，也是毛泽东多年观察得出的一个结论。早在古田会议期间，身材高大、还只是担任连队党代表的罗荣桓，就引起了毛泽东的特别注意。一次，毛泽东与从上海来的前委秘书冯文彬散步，这时罗荣桓正好从他们身边走过。毛泽东指着罗荣桓的背影对冯文彬说："这个同志是个人才，是一位很好的领导干部，对这个同志，我们发现晚了。"③

从此，"老实人""是位很好的领导干部"的评语，也就跟着这位一生从事政治工作的元帅度过了他光辉的一生。

一、解放军第一任总政治部主任兼总干部管理部部长

一投身革命便担任连党代表的罗荣桓，亲身经历和实践了我军政治工作一整套原则、制度的创建活动，积累和总结了丰富的政治工作经验，在党内、军内享有崇高的威望。

中华人民共和国成立初期，当我军向正规化、革命化建设过渡时，当国家亟待从全面战争状态向和平建设状态转变时，中国人民解放军成立了军委总政治部。由谁来担任解放军第一任总政治部主任，领导全军政治工作、组织和实施我军的战略性重大转变呢？在一次中共中央召开的常委会上，毛泽东、刘少奇、朱德、周恩来几乎同时想到了一个人，他就是罗荣桓。

---

① 《当代中国人物传记》丛书编辑部编辑：《罗荣桓传》，第35页，当代中国出版社1991年版。

② 同上书，第35页。

③ 同上书，第78页。

1950年4月,中央做出决定,罗荣桓任中央人民政府人民革命军事委员会(简称中央军委)总政治部主任。我军总政治部早在红军时期的1931年初建,经历土地革命战争、抗日战争、解放战争,由于其建设要与各分散解放区战争情况相适应,其机构、人员一直都很少,到我军进入北京,中华人民共和国成立时,也仅有二十几个人。

1950年9月,中央军委批准成立总干部管理部,罗荣桓兼任总干部管理部部长,其职责为统一管理全军的军事、行政、后勤、技术干部。

这时总政的工作,既要保证全国各地部队的肃匪清匪,保持边疆安宁,尽快完成对解放战争期间投诚起义的国民党军队改造,理清政治工作在我军现代化、正规化建设中的地位作用等,同时,我军日常的干部任免、调动、培训等工作也不能有丝毫的懈怠。

赴任于繁忙之际的罗荣桓,首先抓机构建立和干部配备,从"五湖四海"选调各方人才,充实到总政、总参、总后以及各军兵种机关工作。在他的建议下,任命原四野的萧华、延安总部的傅钟、一野的甘泗淇为副主任,选调一野的朱明任组织部长,二野的刘志坚为宣传部长,华北野战军的蔡顺礼、王宗槐分别担任保卫部长、干部部长,四野的陈沂任文化部长,秘书长仍由原总政秘书长魏传统担任。总干部管理部建立时,又选调三野的赖传珠、一野的徐立清、二野的宋任穷和甘渭汉为副部长。

随着中华人民共和国成立后新形势的到来,我军逐渐从全面战争步入了和平建设的轨道。军队的任务和使命发生了变化,原先服务于全面战争、到1950年初已达540多万、而且主要是单一陆军的军队,显然不需要如此大规模了,精简整编摆到了我军建设的重要位置,这是我军政治工作必须面对的第一件大事。1950年4月,中央作出部署,我军员额裁减到400万以下,也就是说,总政治部和总干部管理部必须做好140多万面临复员的干部战士的思想工作,同时还要最大限度地保留部队的骨干。另外部队机构调整,抗美援朝战争中损失的干部需要补充,总政治部、总干部部的工作千头万绪。对这种情形,时任总参谋长的聂荣臻元帅回忆道:

> 精简整编和组建新的领导机构,都涉及到人的问题,许多事情离不开总政治部。在完成这项工作中,总参和总政配合得很好。当时罗荣桓同志是总政治部主任和总干部部长,我们思想一致,很多问题两人商量一下就定了,从来没有扯皮现象。这是大规模精简整编和组建新的领导

机构得以顺利进行的重要原因之一。①

1942年冬,罗荣桓患上了严重的肾病,但他一直坚持着。1947年,在党中央和毛泽东的多次催促下,罗荣桓到莫斯科做了左侧肾切除手术。到1950年,他除了肾病没有完全康复外,又患上了高血压、心绞痛。他身体极度虚弱并且浮肿,走起路来步履沉重,每走一步几乎都要停下喘息一阵。医生担心他承受不了,建议他多卧床休息。但他认为坚持运动和锻炼是保持健康的唯一办法。他除了经常到前门的西皮市(现在的人民大会堂东南侧)的总政办公、到中南海居仁堂参加军委的各种会议外,每天还坚持走路1小时,并且定准一个目标,到达目的地才回头。他把"有一分精力为党多做一点工作"作为自己的"座右铭",顶住病魔,全身心地投入繁重的工作之中。

罗荣桓长期身患重病并担负着繁重的工作,毛泽东主席对此给予了极大的关注。1950年9月20日,毛泽东在一份总政的指示上写道:"荣桓同志:你宜少开会,甚至不开会,只和若干干部谈话及批阅文件,对你身体好些,否则难以维持。请考虑。"②

据罗荣桓的夫人林月琴透露,罗荣桓在病重情况下,每天工作都在20小时以上,有时他刚睡下就被病魔折腾醒了,他就干脆不睡,继续工作。病情稍微稳定一些,他又下部队进行调查研究。50多岁的人了,到部队还与战士一起睡稻草,躺地铺。

部队整编工作进行时,罗荣桓在调查中了解到一些干部战士不愿复员,有的发牢骚说:"打仗的时候,用得着我们。现在和平了,就把我们一脚踢开。"有些战斗中负过伤、甚至残疾的官兵,担心复员后生活没有保障,不想走;有的人则开始向往"三四亩田一头牛,老婆孩子热炕头",不想留在部队过紧张艰苦的生活,想离队……。

这些思想问题如果不及时纠正,势必会影响机构的调整和精简整编的进行。为此,罗荣桓指导机关起草了《关于部队整编复员的政治指示》,并亲自进行了多次修改,要求各级领导机关首先要做深入的思想教育和动员工作。在加强思想教育的同时,从组织上还采取了许多措施,对每一个复员的官兵和复员工作中的每一个细节,都慎重地、有准备地、有步骤地做出安排,确保"留的安心、走的满意",有利于部队建设,有利于生产建设,有利于国家

---

① 《当代中国人物传记》丛书编辑部编辑:《罗荣桓传》,第508页,当代中国出版社1991年版。

② 同上。

的稳定和安全。

由于精简整编中的政治工作方法正确、措施得当，到1951初，仅用了一年时间，全军就顺利完成了140万人复员的重大任务，并为后来我军历次精简整编提供了宝贵的经验。

二、首任解放军政治学院院长

新中国成立后，随着军队革命化、现代化、正规化建设的推进，迫切需要大批的军队建设人才。因此，在抓好全军文化知识学习的基础上，罗荣桓又直接向毛泽东、刘少奇、朱德、周恩来提出兴办军队院校的建议，并很快得到了中央的批准。

1951年1月，人民解放军成立了第一所以培训师、团干部为目标的军事学院，刘伯承任院长兼政委；

1952年5月，成立了后勤学院，由李聚奎任院长；

1953年1月，成立了总高级步兵学校，由宋时轮任院长兼政委；

……

中国人民解放军各类院校陆续兴办后，有一些政工干部给总政治部写信，希望能有一个提高政工干部政治理论水平和文化科学知识水平的场所。各大军区也纷纷要求成立政治干部学校，轮训和培养政工干部。

罗荣桓考虑，要在现代化正规化建设的新形势下，保持和发扬人民军队的光荣传统，做好政治工作，就必须有大批能适合军队现代化正规化建设需要的、具有一定的政治理论水平和文化科学知识的政治工作干部。培养这样的干部，像战争年代那样，仅仅依靠实际锻炼已经不够了。必须要有继承红大和抗大传统的，以培养各级政治干部为宗旨的院校。

为此，1951年12月3日，罗荣桓和傅钟、萧华向毛泽东报告说：

> 此次整编部队，可以节余大量政治工作干部，部队中亦深感连、营政工干部质量低。为保存和提高政工干部，各大军区均要求成立一个能收500至1000学员的政治干部学校，专门培养营、连级政工干部，并要求军委开办一轮训师、团级政工干部的高级政治干部学校。我们感到此事极为需要，特呈请审核批准。①

第二天，毛泽东签署同意，周恩来、刘少奇、朱德都表示赞同。于是，

---

① 《当代中国人物传记》丛书编辑部编辑：《罗荣桓传》，第519—520页，当代中国出版社1991年版。

在罗荣桓领导下，筹办政治学院的工作便立即开始。

首先，成立了由罗荣桓任主任、萧华等七人参加的筹备委员会。校址定在北京西郊永定路的一片砂石地区。经过规划设计，1953年6月4日破土动工。

1954年，罗荣桓建议调曾在抗大任政治部主任的东北军区政治部主任莫文骅来政治学院工作。

莫文骅一上班，罗荣桓便将他请到自己家里，研究办院方针。罗荣桓认为，在新的历史时期，学院培养的干部要能担负人民解放军现代化正规化建设中的领导工作，就必须从中国军队的实际出发，学习马克思列宁主义理论。要以研究中国革命问题为主，以研究人民军队政治工作建设为重点，贯彻理论联系实际的教学方针。通过学习理论，把广大干部在长期战争中积累的经验总结起来，变为全军共同财富。他要求学院要像毛泽东1939年为抗大题词所说的那样，具有"坚定正确的政治方向，艰苦朴素的工作作风，灵活机动的战略战术"；具有"团结、紧张、严肃、活泼"的优良校风。

罗荣桓指定莫文骅按上述思想制定了《办院基本方案》，这一方案于8月间由军委会议通过。

1954年11月11日，中央军委任命罗荣桓兼任政治学院院长，萧华兼任第一副院长，莫文骅任第二副院长兼教育长。

1955年2月19日，政治学院速成系第一期举行开课仪式。罗荣桓和新近到任的总政第一副主任谭政（原任中南军区第三政委）以及傅钟、萧华等总政领导人早早地就来到政治学院。他们在莫文骅陪同下，参观了几座已经竣工的学员楼、教学楼，还有用席子搭成的临时食堂，然后来到也是由席子搭成的大棚子里参加速成系的开课式。

罗荣桓在全体学员的热烈掌声中走上了临时用木板搭成的主席台，巡视着台下一排排坐得整整齐齐的学员，其中有好多人他很熟悉。他们经过战争烽火的洗礼，如今已由放牛娃、红小鬼变成了指挥一个军、一个师的政工干部。硝烟虽然在他们的眼角磨出了细细的鱼尾纹，但是他们仍然很年轻。他们现在刚刚洗去征尘，又坐到课堂上来了……

大会开始，莫文骅请罗荣桓院长讲话。在经久不息的掌声中，罗荣桓缓缓地走上讲台。他双手下按，笑眯眯地说："自己人嘛！拍几下就是了，何必拍这么长时间呢。"

掌声止歇，台下响起一阵像微风一样的轻轻的笑声。罗荣桓首先就速成系开学说了几句话，他满怀深情地回忆道：

政治学校过去是有过的。红军时代的末期是红大，也就是红军大学。那时，我和谭政、莫文骅同志都是那里的学生。抗日开始改为抗大。就是抗日军政大学。傅钟副主任曾担任抗大的政治部主任。在保安的红大，比起今天的政治学院来，是两个不同的阶段，政治学院比起过去的红大规模大得多了。那时，没有专职的领导干部，领导干部同时就是学员。那时，既没有好的教室也没有好的宿舍，没有饭堂，吃饭和上课在一个地方。课堂里只有教员有一张桌子，学生用的凳子就是石头。生活非常艰苦。比起政治学院来差得太远了。虽然那样的困难，但我们感到非常愉快。也的确学到了不少东西。许多高级干部都在政治上、思想上提高了一步。①

他反复强调，在保安那个时候，条件尽管和现在是不可比较，但那个学校的艰苦朴素的优良作风，却是我们应该遵循和学习的。

接着罗荣桓指出，政治学院的任务是培养合乎部队正规化建设和国家社会主义建设需要的高级政治干部。罗荣桓要求政治学院开展对我军现代化正规化建设新时期的政治工作的研究，将军队政治工作"在现有的基础上提高一步，把它更加充实起来，总结起来"，以适应部队现代化正规化建设的要求。

速成系开课后，政治学院的建筑工程继续加紧进行。罗荣桓不断前来看望。他看到一座座大楼拔地而起，非常高兴。

1955年10月，实行军衔制以后不几天，罗荣桓又乘车直奔西郊。车刚过永定路，远远地只见校门内外是一排排整齐的队伍。司机减了速，罗荣桓仔细一看，原来学院的领导干部、教员、学员都佩戴军衔，列队站在大路两旁。罗荣桓毫无思想准备，开始吃了一惊，继而恍然大悟：哦，这是按条令规定的礼节迎候他呢！他盼咐停车。下车后和迎上前来的几位领导干部一一行礼、握手，然后便大步匆匆走过欢迎队伍。

一进办公室，他就对学院的一些领导干部说："这样可不好啊！知道我是学院的院长，怎么还对我来这一套，这不是搞形式吗？这没有什么意思。相反，它还有副作用，起码会影响学员的学习和干部们的工作。以后无论如何不要再搞这个了。"一位干部解释说："这是条例规定的礼仪……"罗荣桓不以为然地摇摇头说："那个规定是对外的。我们自己人不要搞这一套。"

过了几天，罗荣桓又来到政治学院。这次虽然未组织列队夹道欢迎，但

---

① 《当代中国人物传记》丛书编辑部编辑：《罗荣桓传》，第521页，当代中国出版社1991年版。

学院党委的常委们和各部门负责人还是来到校门口迎候。于是，他又和颜悦色地对大家说："上一次是我没跟你们讲清楚，这次又来这一套了。虽然规模没有上一次大，这样也不好。这种形式主义的东西脱离群众，没有一点用处。你们不这样搞，今后我仍然可以经常来，想找谁就找谁，想干什么就干什么，也不影响你们的工作，彼此都不受拘束。一搞形式，我反而受约束了。"

从那以后，罗荣桓到政治学院，就再也不举行迎候仪式了。即使是开学、授旗这样隆重的典礼，彭德怀、罗荣桓等许多领导人来到学院，也再未组织列队欢迎。有时，罗荣桓来学院干脆事先连招呼都不打，直接到基层去、到群众中去了解情况，最后再到办公室找领导干部谈。

1956年3月16日，中国人民解放军政治学院举行授旗、开学典礼。

中央军委规定政治学院的任务是：培养全军中、高级政治工作军官、理论宣传骨干和部分军事、后勤工作干部，通过教学活动提高学员的马克思列宁主义的理论素养和党的政策水平，提高社会主义觉悟，增强党性和组织纪律性，掌握现代化的军事科学知识，研究总结军队政治工作经验，使之能够更好地担负起现代化建军中的领导工作任务，有效地加强军队政治工作建设。

朱德、刘伯承两位元帅为政治学院题词。

朱德的题词是："提高干部马克思列宁主义水平，是政治工作建设的基础。"

刘伯承的题词是："有工作经验的和有书本知识的两种干部结合补课，各向自己缺乏的方面发展，使经验上升为理论，理论指导实践，从而在实践中去检验理论和发展理论。这是学习的方法。"[1]

谭政宣读国防部授予政治学院军旗的命令，彭德怀、罗荣桓在开学典礼上发表讲话。

几年里，罗荣桓到政治学院相当频繁。尽管十年浩劫已使很多资料散失了，但现在仍然保存着罗荣桓多次在该院的讲话记录稿，其中仅1958年9月一个月就有四次讲话。至于罗荣桓来学院虽然讲了话但没有记录，或记录已经散失的那就更多了。

罗荣桓对政治学院的领导主要是抓大政方针。他强调要培养和树立理论联系实际的良好学风，这是贯穿在罗荣桓对政治学院的领导工作中的一条红线。他曾经多次从各个侧面精辟地论述了这一问题。他认为政治学院是搞理论的，首先要搞清楚什么是理论，他说：什么叫理论？……我们有些干部感

---

[1] 李澍等主编：《社会主义时期中国人民解放军编年史》，第103页，人民出版社1993年版。

到神秘莫测。实际上理论并不神秘，它并不是从天上掉下来的，而是从实践中来的，在实践过程中，经过综合、概括上升为理论。理论来自实践，而又回到实践中为实践服务，并在实践中得到证明、补充和发展。

应当怎样学习理论呢？他说：我们要从书本上学到马克思主义的基本知识，以帮助我们认识事物，掌握事物发展的规律。但是，书本上的东西，往往只是一些概念。决不能单纯满足于书本的学习，把书本上的东西变成死的教条，把抽象的概念公式化。因此学习理论，应该特别强调联系实际。

针对学校学习的特点，罗荣桓提出，要特别注意防止教条主义。他认为，教条主义的特征是"把理论与实践分裂开来了"。他愤慨地说："如果把理论看成静止的东西，那三分钱也不值。"他尖锐指出："教条主义是最迷信的。迷信死人，不相信活人；迷信过去，不相信现在；迷信现成的公式，不相信发展。"

他认为，学习毛泽东著作同学习马克思、恩格斯、列宁的著作一样，也不能采用教条主义的态度。应当学习马列主义的精神实质，而不是个别词句。他说：我们对于毛泽东著作的学习，也还是提倡实事求是，不提倡迷信。毛泽东著作本身就是反对迷信的，毛主席如果不破除迷信，不破除对共产国际、对斯大林的迷信，也就不可能创造性地发展马列主义。学习毛主席的东西，也不要迷信，不要只对毛泽东著作中的个别词句发生兴趣，而是要领会其精神实质。①

"学习毛泽东著作也不要迷信"，这是合乎逻辑的结论。既然马列主义要发展，毛泽东思想当然也要发展。既然不能只对马列著作中的个别词句发生兴趣，当然也不能只对毛泽东著作中的个别词句发生兴趣。"学习毛泽东著作也不要迷信"，这又是发人深省的警钟。然而到了后来，林彪大搞对毛泽东的个人崇拜，这句话就被指责为反对毛泽东的重要"罪状"了。

在学习毛泽东著作时，怎样才能领会其精神实质呢？罗荣桓认为，这就必须了解毛泽东撰写每一篇著作的历史背景，弄清毛泽东的某一论断是何时在何种条件下针对什么问题而发的。他说：学习毛泽东著作不联系历史问题，不联系中国革命，不联系党的历史，很难学好。毛泽东著作要结合中共党史来讲，政治工作要结合战争历史来讲。

后来，罗荣桓将这种学习方法归纳为"一条线五结合"：

---

① 《当代中国人物传记》丛书编辑部编辑：《罗荣桓传》，第523—524页，当代中国出版社1991年版。

学习毛泽东著作以中共党史为线索；学习毛泽东著作和选读马克思、恩格斯、列宁、斯大林的主要著作相结合；学习毛泽东著作和学习党的路线、政策、决议相结合；学习毛泽东著作和学习当前国际国内形势与军队建设相结合；通读毛泽东著作和专题研究相结合；经常性理论教育和政治运动相结合。①

随着时间的推移，"五结合"中的有些内容，如"经常性理论教育和政治运动相结合"已不再适用，但罗荣桓提出的"一条线"的学习方法却具有强大的生命力。它成为罗荣桓后来同林彪在关于如何学习毛泽东著作的争论中的重要论点。

1977年7月21日，邓小平在十届三中全会的讲话中指出："我们可以看到，毛泽东同志在这一个时间，这一个条件，对某一个问题所讲的话是正确的，在另外一个时间，另外一个条件，对同样的问题讲的话也是正确的；但是在不同的时间、条件对同样的问题讲的话，有时分寸不同，着重点不同，甚至一些提法也不同。所以我们不能够只从个别词句来理解毛泽东思想，而必须从毛泽东思想的整个体系去获得正确的理解。"②

罗荣桓提出"一条线"的学习方法正是为了从具体历史条件的背景下把握毛泽东思想的精神实质。

要让学员学好党史，首先要求提高教员的党史水平。为此，他指派学院的领导干部和教员到朱德、董必武、林伯渠等老一辈无产阶级革命家那里聆听他们讲党史、讲军史，把他们的讲话速记下来，整理成资料。同时，他还亲自向教员们讲古田会议前后我军的历史，一共讲了三次。他讲最后一次时已经病重住院。教员们来到医院，医生只准讲半小时。时间一到，医生便前来劝阻。罗荣桓高兴地说："我今天精神很好，可以再谈一会。"又过了半小时，听讲的教员们怕影响他的健康，劝他不要讲了。可是罗荣桓兴犹未尽，又讲了半小时。在医生和教员们再三请求下，他才停下来，还一再说："以后再谈，以后再谈。"他的这三次谈话如今已成为进行党史军史教育和革命传统教育的宝贵资料。③

---

① 《当代中国人物传记》丛书编辑部编辑：《罗荣桓传》，第524页，当代中国出版社1991年版。

② 中共中央文献编辑委员会：《邓小平文选》第二卷，第42—43页，人民出版社1983年版。

③ 《当代中国人物传记》丛书编辑部编辑：《罗荣桓传》，第519—532页，当代中国出版社1991年版。

1956年9月2日,54岁的罗荣桓经过慎重考虑,向中央军委写了一封信:

> 彭转军委并报中央主席:我长期身体不好,不能工作,而又挂名很多,精神上极感不安,请求解除我总政主任及总干部长等职,以免妨碍工作。①

彭德怀接信后感到事关重大,需从长计议,于是把信暂时压了下来。党的八大闭幕后,彭德怀在信中批阅道:"抄送军委委员阅,准备在军委会上讨论一下。原稿转呈主席。"把信批转给了军委秘书长黄克诚。

中央军委经过反复研究,考虑到罗荣桓身体健康情况,于1956年12月29日经全国人民代表大会常委会第52次会议通过,同意罗荣桓辞去总政治部主任和总干部部部长的请求,总政主任由谭政接任。

1959年林彪在庐山会议上取代了彭德怀的位置后,由于谭政对林彪推行"左"的那套东西进行了抵制,因此,林彪将谭政归入所谓彭德怀的"军事俱乐部",免去谭政的总政主任职务。在罗瑞卿、肖华等力荐和毛泽东、周恩来等同志的主持下,1960年又任命罗荣桓担任总政治部主任,从而揭开了罗荣桓与林彪围绕如何开展军队政治工作问题上的斗争序幕,这是后话。

---

① 《当代中国人物传记》丛书编辑部编辑:《罗荣桓传》,第554页,当代中国出版社1991年版。

第二十章 西藏和平解放中的政治指挥

二十世纪五十年代初期,当新生的共和国一边组织抗美援朝战争、一边热火朝天地开展建设之时,中国共产党在新疆、西藏推行的和平解放战场,即"第二战场"工作也在紧锣密鼓地进行。正如毛泽东向世界人民宣布的那样:中国需要一个完整的中国,需要一个统一的中国。历史告诉我们,占有近半个中国版图的新疆、西藏的解放,主要是靠政治工作的强大感召力实现的,这是中国共产党历史上的创举,也是中国人民解放军政治工作获得的一次重大胜利。

一、毛泽东提议:解放西藏只需要一个充足的军,"惟需加以特殊政治训练"

1949年9月7日,《人民日报》发表题为《中国人民一定要解放西藏》的社论,指出:"西藏地方当局驱逐伪蒙藏委员会代表时,借口'防止共产党活动',这不仅毫无事实根据,而且是极端错误与反动的借口,显然是受了英美帝国主义的指使与挑拨,这是违背西藏人民和西藏少数民族利益的。久受帝国主义与国民党反动派奴役的西藏人民和西藏少数民族,应该团结起来,揭穿美英帝国主义的阴谋,摆脱帝国主义强加给西藏的束缚,准备迎接人民解放军进军西藏,解放西藏,解放全中国。"

此社论如一声惊雷,使西藏当局十分惊恐。为了阻止人民解放军进藏,他们慌忙调派藏军主力7000余人,在金沙江西岸和昌都周围的交通要道设防,妄图负隅顽抗。西藏当局加紧扩军备战,同时成立了藏军司令部,由噶伦朵噶·彭措绕杰等人负责。

虽然作了军事上的布置,西藏临时首领达扎等人仍觉藏军力量薄弱,难以抵挡人民解放军大军入藏。英国人理查逊向达扎献计："应当向联合国致信呼吁。"

在理查逊的唆使下，西藏临时首领达扎决定派嘉洛顿珠和夏格巴两人去联合国呼吁，请求支持。另外，达扎、理查逊还和英国间谍劳威尔·汤姆斯等秘密商定成立"亲善代表团"，打算分别派人前往美国、英国、印度、尼泊尔等4国求援。但在中央人民政府的严重警告以及藏族爱国人士、各界人士的同声谴责下，"亲善代表团"未敢到英、美等国活动，阴谋胎死腹中。

然而，西藏亲帝国主义的分裂分子自恃背后有美、英、印等国的支持，仍不死心。达扎等人以西藏"外交局"的名义致电中央人民政府主席毛泽东，声称西藏是"一直享受着独立自主的权利"的"国家"，"不要让军队越境进入西藏领土"。

毛泽东熟知中国历史，他知道近代以来，外国侵略势力一直对西藏虎视耽耽。特别是自西藏发生"驱汉事件"后，西藏问题急剧升温。根据最近得到的消息，西藏事态的发展越来越严重，国际敌对势力插手西藏问题，将会使西藏问题更加复杂化，会给解放西藏带来更大的困难。毛泽东认为，进军西藏宜早不宜迟，否则后患无穷。

1950年1月2日，毛泽东给彭德怀、邓小平、刘伯承、贺龙等人发电报："西藏人口虽不多，但国际地位极重要，我们必须占领，并改造为人民民主的西藏。由青海及新疆向西藏进军，既有很大困难，则向西藏进军及经营西藏的任务应确定由西南局担负。""我意如果没有不可克服的困难，应当争取于今年四月中旬开始向西藏进军，于十月以前占领西藏。""闻西藏只有六千军队，而且是分散的，似乎不需要我在上次电报中提议的三个军，而只需要一个充足的军或四个师共约四万人左右的兵力，即已够用，惟需加以特殊政治训练，配备精良武器。"①

毛泽东明确地把进军西藏这个艰巨而又光荣的历史任务交到了刘邓领导的第二野战军肩上。

二野人才荟萃，战将如林，若单单是战斗任务，随便挑一个即成。然而，进军西藏却不同，困难远比解放内地大得多。西藏是一个政教合一的领主庄园制的封建的农奴社会，人们的觉悟、认识还很低；那里不像内地，有共产党的地下组织，有工作基础，藏民同胞对共产党及党的民族政策还不了解；

---

① 中共中央文献研究室、中国人民解放军军事科学院编：《毛泽东军事文集》第六卷，第68—69页，军事科学出版社、中央文献出版社1993年版。

同时，西藏是平均海拔4000米以上的高原，道路也很艰险，每年只有5月中旬至9月中旬4个月时间可以通行，其余8个月大雪封路，不能通行；还有藏民同胞的风俗习惯、饮食都和汉族相差很远，战士们能否适应那里的生活，也是一个问题。这一切，都对率军进藏的将领提出了更高的要求。因此，刘伯承、邓小平首先碰到的一个问题就是：派谁率军进藏好呢？选人之际，不能不慎之又慎。

当时，62军驻西康，距离西藏最近，理所应当成为进藏部队的首选。但是，刘伯承、邓小平考虑到，62军来自第一野战军，让他们进藏不妥，恐怕有人会认为二野的领导处事不公道，关键时刻让一野的部队去"啃硬骨头"，而让二野的部队"吃肉"。所以，这个艰巨的任务必须要二野的部队去。

刘伯承、邓小平把二野3个兵团9个军的军政干部一个一个认真地掂量了一遍，最后选中了十八军军长张国华和政委谭冠三。

十八军指战员整体素质好，有相当数量的土地革命时期和抗战时期参加革命的干部、战士作骨干，是一支独立作战能力强、英勇善战的部队。张国华十五岁参加红军，在长期的革命战争中经受了锻炼和考验，富有军事指挥才能和开辟新区斗争的经验。

1月8日，刘伯承、邓小平致电中共中央和毛泽东，表示"完全同意于今年即九月占领全藏"，"拟定以二野之十八军担任入藏任务，以张国华为统一领导的核心"，同时"拟请由十八兵团在经营西康之部队中，指定一个师随同十八军先期进入西康之西部"。"在康藏两侧之新青两省及云南邻界，各驻防兄弟部队如可能时则予以协助。"①

1月10日，毛泽东复电完全同意刘邓进军西藏的计划，并指示："按照彭德怀同志所称四个月进军时间是从五月中旬算起，则由一月中旬至五月中旬尚有四个整月的准备时间。只要刘邓贺加紧督促张国华及十八军军部，在时间上是来得及的。""经营西藏应成立一个党的领导机关，叫什么名称及委员人选，请西南局拟定电告中央批准。这个领导机关应迅即确定，责成他们负责筹划一切，并定出实行计划，交西南局及中央批准。"②

1月15日，邓小平和刘伯承、贺龙在重庆曾家岩召见了张国华、谭冠三、

---

① 中共中央文献研究室编：《邓小平文集（一九四九——九七四）》（上），第22页，人民出版社2014年版。

② 中共中央文献研究室、中国人民解放军军事科学院编：《毛泽东军事文集》第六卷，第71页，军事科学出版社、中央文献出版社1993年版。

王其梅、昌炳桂等十八军师以上的干部。

张国华在《西藏，回到了祖国的怀抱》一文中回忆当时的情景：

> 刘伯承、贺龙司令员和邓小平政委向我们传达了毛主席的指示。主席充分考虑到西藏的特点，对西藏复杂的历史背景和政治形势作了科学的分析，指示我进藏部队，认真执行党的民族政策、宗教政策和作好统一战线工作，要争取上层，影响和团结群众，保护爱国守法的喇嘛寺庙，尊重宗教信仰自由和风俗习惯。亲密团结这个民族，争取团结一切可以团结的爱国力量，集中打击帝国主义及其忠实走狗——亲帝分裂主义分子。首长们要求我军很好地担起这个艰苦而重大的担子，坚决贯彻毛主席的指示。邓小平政委指出：坚决执行党的方针政策，对于我们进军解放西藏具有决定的意义。到西藏去，就是靠政策走路，靠政策吃饭，政策就是生命。必须联系群众，依靠群众，用正确的政策去扫除中外反动派的妖言迷雾，去消除历史上造成的民族的隔阂和成见，去把康藏广大的僧俗人民和爱国人士团结到反帝爱国的大旗下来。①

时任十八军五十二师副政治委员的阴法唐在《邓小平同志与西藏和平解放》一文中，则把当时的情景描绘得更加细致、生动：

> 1951年1月15日，在重庆曾家岩，邓政委和刘司令员召见十八军张军长、谭政委和师以上主要领导。
>
> 开会时，刘司令员先讲话，他十分严肃而又幽默地说："你们都很年轻，是进军西藏的各路诸侯。西藏这个地方非常特殊、敏感，历史上一些帝王将相多次用兵，有的翻了船，损兵折将，有的不战自退。我们是人民的军队，要处处体现出王者之师，仁义之师的形象。"
>
> 邓政委又从西藏的历史与现实、政治与军事、宗教与神权的纵横比较中，作了深刻的阐述。他说西藏是少数民族地区，政治、经济、文化等方面均有其特殊性，政策性很强，解放西藏有军事问题，需要一定数量军事力量，但军事与政治比较，政治是主要的。从历史上看，对藏多次用兵未解决，而解决者亦多靠政治，如唐朝和番，以后用兵均未成。解决西藏问题多靠政治，政策问题极为重要，主要是民族区域自治、政教分离，在宗教问题上，有其相当力量。达赖是其中有力量的，但其力量不会很大，要团结达赖、班禅两大派，要靠政策走路，靠政策吃饭，

---

① 中国人民解放军战士出版社编：《星火燎原》（选编之十），第517—518页，战士出版社1982年版。

军事政治协同解决。为什么要十八军干,主要是干部问题。①

1月18日,刘伯承、邓小平又向中央和毛泽东作出报告,报告进军西藏的部署和成立西藏工作委员会等事项。报告提出:"拟成立西藏工作委员会,以张国华(军长)、谭冠三(政委)、王其梅(副政委)、昌炳桂(副军长)、陈明义(军参谋长)、刘振国(军政治部主任)、天宝(藏族干部、全国政协代表)等人为委员,张国华任书记,谭冠三任副书记。"②

2月4日,中央复电同意这个报告。此后,进军西藏的序幕拉开了。

二、十八军军长、政委带头舍小家顾大家

进军西藏,山高路远。部队将经过的地方大多是人烟稀少、高寒缺氧和贫困落后的藏族地区。进藏部队的补给和交通运输十分困难,而且如果给沿途藏族地区人民造成负担,会带来政治上的不利影响。

邓小平和西南局根据毛泽东提出的"进军西藏""不吃地方"的指示精神,提出了"政治重于军事,补给重于战斗"的方针。③邓小平和刘伯承、张际春、李达等研究提出了解决进藏部队补给和交通运输的几项具体措施。

民族、宗教问题是部队进藏后必然碰到的最敏感的问题。邓小平在各种大会、小会上,反复强调要正确执行中国共产党的民族和宗教政策,指示进藏部队像当年长征路过康藏地区的红军部队一样,保护喇嘛庙,尊重西藏僧俗群众的宗教信仰和风俗习惯,用自身有组织、有纪律的模范行动增强汉藏人民之间的团结。他要求进藏部队各级指战员学会一些简单的藏语,以便向藏族群众沟通和开展工作。邓小平提议,西藏工委吸收一批熟悉西藏情况的专家、干部在成都成立了一个西藏问题政策研究室,由十八军党委委员、副政治委员王其梅兼任主任。研究室很快编写出《西藏各阶层对我进军态度的分析》《对各种政策具体实施的初步意见》《进军康藏应该注意和准备的事项》《英美帝国主义干涉西藏问题之趋向和我之对策》等一批参阅资料,还编写了《入藏部队进军守则》和供入藏部队学习藏语的《藏文课本》等。不久,研究室还从北京和成都等地调来一些对西藏问题有深入研究的藏学专家随部队进

---

① 杨国宇,陈斐琴,陈鹤桥,刘备耕编:《二十八年间三编——从师政委到总书记》,第27页,上海文艺出版社1992年版。
② 中共中央文献研究室编:《邓小平传(1904—1974)》(下),第819页,中央文献出版社2014年版。
③ 同上书,第819页。

藏，以直接向部队提供咨询。

西南地区解放后，部队同志经过长期枪林弹雨，出生入死的战争生活，刚刚安定下来。十八军原来的任务是接管富庶的川南，上级已经任命张国华军长兼任川南行署主任，谭冠三政委兼任自贡地委书记，一些干部已经到地方工作。

十八军进藏的命令下达后，官兵精神状态普遍较好，广大官兵对党和祖国赋予的进军西藏的神圣使命感到无上光荣，纷纷写请战书、决心书，要求早日踏上征程。但也有极少数官兵考虑个人问题多，尤其是一些年龄较大的官兵更加考虑婚姻、家庭、身体等，不愿意离开富庶的"天府之国"，想在当地成家立业，而进军西藏则会使这些希望落空。特别是一些已经转到地方工作的干部，包括少数负责干部，思想很不通。当部队发出下到地方的干部限期归队的命令后，还出现了"逃兵"的现象。有个团的副政委，已经在宜宾当了县委书记，接到归队命令后，他假装有病，不肯归队。张军长、谭政委就研究怎么办，谭政委说一定要叫他回来，先礼后兵，先动员先说服，要求他执行党的决议，执行军队的命令，要回来，两口子都要回来，他老婆也在宜宾，都要回来，不回来，捆也要捆回来。谭冠三派警卫营的战士硬把这个干部给带回来了。后来，张国华、谭冠三和军党委研究认为，进军西藏、解放西藏是光荣而神圣的政治任务，"我们进藏的光荣决不能让这些逃兵玷污了！"表现不好，觉悟不高的还不能去。军党委决定：这对干部夫妇调离部队，转业到地方，另行分配工作。①

阴法唐后来回忆说：

  邓小平明察秋毫，他及时预见并发现到了这些情绪。1950年，他专门为十八军题词："接受与完成党赋予的最艰苦的任务，是每个共产党员、每个革命军人无上的光荣。"在同日召开的西南局委员会第一次会议上，他又对十八军进藏前部队的士气给予了较高的评价，指出，十八军接受这个任务的精神是好的。2月15日，西南军区和第二野战军联合发出解放西藏进军政治动员令，进一步阐述进军西藏的重大政治意义，提出了具体要求，明确提出必须树立长期建设西藏的思想。并要求进藏部队加强思想教育。

  根据刘邓首长的指示精神，十八军广泛进行了进军动员和形势政策

---

① 降边嘉措：《第二次长征：进军西藏、解放西藏纪实》，第102—106页，作家出版社2016年版。

教育，向干部战士讲清西藏社会的政治、宗教状况和风俗情况，教育大家按照这些要求，积极做好思想和物质准备，进一步激发了部队的士气，为进军西藏奠定了坚实的思想基础。[1]

为了扭转部队的情绪，提高干部战士对解放西藏重要意义的认识，张国华、谭冠三带领常委成员在部队中反复进行了中共七届二中全会精神的教育，人民军队光荣传统教育和爱国主义教育，广泛开展了思想动员。从军党委常委开始，逐级统一思想，提高认识，对少数干部中存在的不愿再过艰苦生活的倾向进行了批评教育。这一系列措施，使部队思想觉悟大大提高，进军西藏的积极性大大提高。

正人先正己。要让干部战士转弯子，完成进军西藏、解放西藏的光荣任务，首先自己要转好这个弯子。在这方面，张国华军长、谭冠三政委给全军指战员做出了表率。

在整个十八军，谭冠三的年龄最大，资历最老，而身体又差。只要他带个头，旗帜鲜明地表明态度，部队的情绪就会发生变化。于是他先在军党委扩大会议上，后来在干部大会上，明确表示："党把进军西藏这个重要的任务交给我们，是对我们的信任，是十八军的光荣。共产党员要以坚强的党性完成党交给的任务，即使死在西藏，埋在西藏，也在所不辞。内地的土可以埋人，西藏的土同样可以埋人。'青山处处埋忠骨，何须马革裹尸还'。封建时代的边关将领，尚且有这样的豪情和抱负，何况我们共产党人！"他向战友们说，"我谭冠三决心响应党中央、毛主席的号召，到西藏去，把老婆也带走，不在川南安家。我决心和藏民同胞一起，为驱逐帝国主义势力出西藏，建设民主幸福的新西藏，贡献自己的一生，我愿将这把老骨头埋在西藏。"这些出自肺腑、铿锵有力的话，在广大指战员中引起强烈反响。[2]

此时，谭冠三的爱人李光明正在河北党校学习，她接到总政的通知，没有来得及去看望分别寄养在北京和河北农村的四个孩子，即刻赶回部队，接受新任务。谭冠三跟她讲，目前的形势是什么呢，我们已经接受了新的任务，刘、邓首长转达了党中央、毛主席的指示，要我们要进军西藏，你也要跟我一起去，现在我们整个部队在转弯子，难度也很大，我在党委会上已经表了态，不仅我要去，我还要把你一起带去，不在川南安家，也不能把孩子接来。李光明

---

[1] 杨国宇，陈斐琴，陈鹤桥，刘备耕编：《二十八年间三编——从师政委到总书记》，第28页，上海文艺出版社1992年版。

[2] 降边嘉措：《第二次长征：进军西藏、解放西藏纪实》，第118页，作家出版社2016年版。

虽然也很牵挂儿女,但作为与谭冠三一起走过长征的革命战士,她理解丈夫,也舍不得让他独自进藏,于是他们忍受着不能将孩子接到身边的痛苦,把四个小孩继续放在北京和河北农村,夫妻一道走上了进军西藏的"第二次长征"。

为了在进藏过程中能正确贯彻党的民族宗教的方针政策,张国华想尽一切办法了解西藏的各方面情况。他到成都四川大学等单位,邀请熟悉情况的专家学者进行座谈,搜集了大量资料。一本《卫藏通志》成了宝贵的史料。他还带头学习藏文,在小本本上整整齐齐抄满了藏文,有空就拿起来读几句。根据中共中央和西南局关于解放西藏的方针政策,他主持制定了符合西藏实际情况的各项执行办法和《进军守则》,既消除了部队由于对西藏缺乏了解而产生的种种顾虑,也保证了民族宗教政策的落实。

张国华在给部队进行思想教育时强调:"你把西藏看成是不毛之地,可英帝国主义却从来不嫌它荒凉,百余年来拼命往那里钻,现在美帝国主义又积极插足。难道我们对自己的国土反倒没有帝国主义热心?如果西藏真被帝国主义分割出去,我们的西南边防退到金沙江,恐怕我们在四川也坐不安稳吧!"①

针对一些人畏惧艰苦的思想,张国华说:"进藏确实苦,可是西藏人民世世代代在农奴主的残酷压迫之下生活,岂不更苦。人民解放军以解除人民痛苦为己任,我们怎能眼看着他们受苦受难而无动于衷?"他强调指出:"我们此去西藏,就是要给藏族同胞当长工。全心全意为藏族同胞谋利益,是我们人民解放军进藏部队的唯一宗旨和根本任务。"②

此时,张国华的女儿小难难出麻疹,他无暇照料。等他开完会赶回家时,不满3岁的女儿已经离开人世。张国华压抑住心中的悲痛,依旧为准备进藏日夜奔忙。这时,西南财委决定他的爱人樊近真进藏参加组建银行的工作。樊近真服从组织决定,强忍失去爱女的痛苦,不顾刚刚分娩20多天的虚弱身体,加入到进军西藏的行列。

64年之后,这是整整一个甲子又四年的漫长岁月,张国华的女儿张小康用八年的时间写了一本书《雪域长歌——西藏:1949—1960》,她在书中满怀柔情地写了姐姐小难难的离去,以及她妈妈对小难难刻骨铭心的痛楚:"18军的叔叔阿姨都说,小难难是我们18军进藏第一个牺牲的生命。姐姐幼小生命

---

① 降边嘉措:《第二次长征:进军西藏、解放西藏纪实》,第105页,作家出版社2016年版。
② 同上书,第105页。

的离去,是我们家庭的不幸,也是当年这支英雄部队无数家庭的缩影。"①

张国华、谭冠三舍小家顾大家的实际行动,感染了十八军将士,由"川南安家"到进军西藏的思想转弯问题迎刃而解。

1950年3月4日,十八军在张国华、谭冠三率领下在四川乐山举行隆重的宣誓仪式。在雄伟的军乐声中,张国华军长走向临时搭建的主席台中央,庄重地说:

> 为了完成祖国统一大业,驱逐帝国主义势力出西藏,解放苦难中的藏族人民,我们一定要发扬红军的光荣传统,吃大苦,耐大劳,不怕艰难困苦,不怕流血牺牲,坚决完成进军西藏、解放西藏的光荣任务,誓把五星红旗插到喜马拉雅山上,让幸福的花朵开遍全西藏。

然后带领全体将士庄严宣誓:

> 我们是人民战士,是坚强的国防兵,光荣地受领了解放西藏,建设西藏,把帝国主义势力驱逐出西藏,保卫祖国边防,保卫世界持久和平的伟大任务。我们有决心,有勇气,有把握,保证其圆满实现而奋斗。愿向党和人民宣誓:第一,坚定顽强,奋勇前进,战胜困难,完成任务,谁敢阻扰我们前进,就坚决、干净、彻底、完全把它消灭。第二,严守三大纪律、八项注意,认真执行民族政策,与少数民族同胞亲密团结起来,共同建设西藏。第三,做好人、马健康,加强团结互助,上下一心,官兵一致,环境越艰苦,我们越团结,不叫苦、不埋怨,大家想办法,战胜一切困难。第四,爱护装备,爱护粮食,不丢失,不浪费,力求节约,减轻人民负担。
>
> 以上誓言,坚决实现;如有违背,愿(受)纪律制裁。

张国华军长宣读誓词时,全体起立,会场气氛严肃、认真。誓词宣读刚刚结束,"誓死解放西藏,建设西藏!""驱逐帝国主义出西藏!""誓死保卫祖国西南边防!"等口号此起彼伏,会场一片欢腾。②

誓师大会后,十八军开始向西藏进军。3月29日,军前进指挥所(以下简称"军前指")率领的北路先遣部队从四川乐山出发,经雅安、康定,于4月28日和7月下旬先后到达甘孜;南路先遣部队于4月3日从四川眉山出发,经雅安、康定,于8月2日到达巴安。

---

① 降边嘉措:《第二次长征:进军西藏、解放西藏纪实》,第124页,作家出版社2016年版。
② 同上书,第110页。

三、邓小平强调："靠政策走路，靠政策吃饭"

当十八军先遣部队从南、北路两路向昌都进军的时候，谭冠三继续抓紧进军西藏的政治思想工作，用很大精力参与研究有关进军西藏的各项政策，强调对部队进行民族、宗教政策教育的重要性，并对违反政策纪律事件作认真严肃的处理。南路先遣队一指导员朱红水在理塘地区被土匪杀害，部队要求当地毛雅土司协助捕匪。毛雅土司很快将土匪捕获，但提出要由其来处理，部队则坚持由自己处理，因而出现僵局，影响了这个地段的运输畅通。这一事件对军党委震动很大，军党委研究后当即发出通报要求全军引以为戒，并将其编入谭冠三审定的《干部政策学习材料》。谭冠三还在材料上亲笔写下了应深刻领会党的政策、加强调查研究、恪守政策纪律等一大段文字。

为了不增加西藏人民的负担，增强民族团结，解决进军部队的粮食补给问题，毛泽东提出"进军西藏，不吃地方"，还要求部队在进军的同时，应担负修路、生产的任务；部队到这西藏后，仍由中央保障供应，不增加西藏的负担。

根据党委分工，谭冠三暂留后方，负责后勤物资保障工作，并与支援司令部协调解决修筑川藏公路和后勤物资运输事宜。9月初，当西藏当局拒绝和谈、昌都战役在即之时，西南军区决定张国华到前方指挥作战，谭冠三接任支援司令部司令员和政治委员一职。谭冠三忍着长期征战带来的胃病，奔波往来于雅安、天全、二郎山一线，保障昌都战役的物资补给运输和战后留在昌都、甘孜地区部队过冬的物资。

当中共中央、中央人民政府争取和平解放西藏的种种努力，遭到西藏地方当局的反动势力阻挠与拒绝后，中共中央决定以战促谈，实施昌都战役。张国华和谭冠三签发了《关于昌都战役的政治命令》，强调充分发扬人民军队政治思想工作的优良传统，保证昌都战役按预定计划实施。

1950年10月，昌都战役的胜利，打破了西藏反动势力企图以武力抗拒西藏和平解放的阴谋。经多方争取，1951年3月27日，西藏地方政府派出以阿沛·阿旺晋美为首席代表的代表团赴北京谈判。与此同时，军党委确定在张国华赴北京参加和平谈判这段时间，军党委工作由谭冠三主持。其间，谭冠三组织全军干部认真学习中共中央关于和平解放西藏的方针、政策，学习中共西南局制定的"十大政策"，从思想上、组织上做好和平解放西藏、和平进军拉萨的各项准备工作。

谭冠三深知，西藏条件艰苦，让进藏官兵确立长期建藏思想，是部队进入西藏后党的政治思想工作的主要任务，各级党委必须始终抓紧西藏前途、部队任务和光荣传统等教育，关键是解决怕"吃苦"问题。为此，军政治部发出《关于长期建藏思想领导的指示》，明确提出："以艰苦为荣、劳动为荣、亲手参加祖国边疆建设为荣"的口号，以培养部队"甘于忍受艰苦、勇于战胜困难的英雄气概"。

1951年7月24日，军党委在昌都召开干部会，欢送由王其梅率领的进藏先遣支队25日出发去拉萨。张国华、谭冠三在会上进一步作了动员，讲了今后任务和有关注意问题。谭冠三直言不讳："去到西藏，要准备干一辈子"，准备"死在西藏，埋在西藏！"

8月28日，谭冠三与张国华率领军直属机关从昌都出发，向拉萨进军。部队穿越广袤的丁青地区，穿越横断山脉，翻越海拔4000米以上的雪山12座，海拔6000米以上的雪山4座，横渡金沙江、澜沧江、怒江等数十条河流，向拉萨艰难地行进。军首长和战士同甘共苦，鼓舞着部队以坚韧不拔的精神前进。历时100多天，终于在10月26日进入西藏首府拉萨，受到两万多僧俗官员及各界群众的隆重欢迎。进军西藏的胜利，标志着祖国大陆得到全部解放。

后来，谭冠三在回顾进军西藏的历程时说："除了头上没有敌机、后面没有追兵外，进藏的路比长征的路还要艰难。"[①]

四、西藏军区党委提出："向荒野进军，向土司要粮，向沙滩要菜"

人民解放军进驻拉萨后，帝国主义势力和上层分裂分子不甘心失败，利用宗教信仰破坏民族和军民之间的关系，控制粮食，抬高物价，妄图用"困"和"饿"的手段迫使解放军不战而退。司伦鲁康娃见到张国华，第一句话就是："过去满清入藏大臣也姓张（指张荫堂），只在拉萨设了一个衙门，你何必带这么多军队。饿着肚子跑回去，可比打败仗更难受啊！"[②]

公路没有修通，后方补给供应不上，进藏部队面临严重缺粮问题。原定每人每日一斤半口粮，被减去一半，接着又减到三分之一。部队进驻后，在尚未消除几千里行军疲劳的情况下，遵照中央关于"进军西藏，不吃地方"的指示，新建立的西藏军区党委发出"向荒野进军，向土司要粮，向沙滩要菜"

---

① 《中国人民解放军高级将领传》编审委员会：《中国人民解放军高级将领传》第40卷，第166页，解放军出版社2013年版。

② 中国人民解放军战士出版社编：《星火燎原》（选编之十），第529页，战士出版社1982年版。

的号召，立即开始了开荒生产，谭冠三担任生产委员会主任。当时那个西藏地方政府，给部队很多刁难，不给好地，把当时拉萨西郊的一片烂石滩、河滩给了部队。当时他们就预测，说不相信解放军能够在这个地方种出粮食来。

1952年春节，驻拉萨机关全体出动，铲除了布达拉宫前堆积如山的垃圾，形成了今日的布达拉宫广场。

张国华、谭冠三率领机关、直属队到拉萨西郊开荒生产。谭冠三动员说，开荒生产是我们在西藏的长期的、经常的政治任务、战斗任务，大家一定要有这股子劲头，一定要挫败反动上层这个困饿政策。

军长、政委带头开荒，大家都憋着一股劲，饿肚子也去开荒生产。

在气温零下10多度的情况下，谭冠三政委干在工地，吃住在工地，住的是帐篷。那时候他都将近50岁的人了，干了一天就住在那里，和大家在一块。原来准备是2个月开2000亩，结果不到1个月，部队就开了2300亩。那荒地光开了不行，还要积肥，还要修水渠。谭冠三又带着大家，到外面去积肥。谭冠三自己背着个筐子，跟着那些小伙子们一块开展竞赛，看谁背的重，谁背的多。每天起床都起得很早，然后背几趟粪回来以后，再用早餐。谭冠三带领官兵用了不到一周的时间，就把拉萨城内的人畜粪便和垃圾清理干净，拉萨城的面貌一天天改变，昔日的荒滩地也一天天地变绿。

1952年8月，谭冠三大力支持创办了西藏军区第一个农场"八一农场"，并经常到农场去参加劳动。他参加劳动不是挖几锹，做个样子就走，而是常常住在"八一农场"，和藏汉农工一起同吃同住同劳动。那时，他住在一个被称为"罐头盒房子"的土屋里：墙是草皮垒的，屋顶是用罐头盒铁皮盖的。在高原日夜温差大的情况下，中午热得他汗流浃背，半夜冷得他四肢僵冻！战士们见年过半百的谭政委，和大家同甘共苦，开荒的劲头越来越大。经过一年艰苦努力，军区"八一农场"和机关部队的庄稼蔬菜，获得了丰收，第二年秋天，就收获了青稞等粮食超过10万公斤，蔬菜达到自给自足。谭冠三还特意邀请当地藏族群众和西藏上层爱国人士、贵族喇嘛等到八一农场参观。当时的那些大贵族看到部队种的大萝卜、大白菜，很惊奇，说你们是神兵啊，这在过去从来没有这样的，丰收这么大的白菜、萝卜，就你们能够生产出来。参观的贵族们对解放军由衷地敬佩，认为他们不仅能够打仗，不仅能够做思想工作，而且还能生产。藏族同胞参观了收获的蔬菜后写道："共产党是太阳，我们博巴是月亮；月亮围着太阳转，太阳出来万物能生长。"

谭冠三经常给战士说，在世界屋脊风雪高原搞生产，撒下的不仅是粮食的种子，还是希望的种子，团结的种子，为了解决西藏官兵维生素严重不足的问题，谭冠三在增加蔬菜品种的同时，萌发了在西藏种果树的想法。他在自己小院做实验，在"八一农场"开垦果园。有一天，一位记者去采访他，他正在种一棵核桃树，他就对记者讲，俗话说，桃三杏四梨五年，想吃核桃十八年，我种这个树是核桃树，可能我吃不上了，但是你们可以吃上。他说我们在西藏工作不能光看眼前，不能光为自己，要为后代着想。

五、藏族群众称赞解放军是"新汉人""菩萨兵"

在打击分裂势力的同时，张国华、谭冠三十分重视扶持和发展爱国进步力量。两人亲自到布达拉宫和三大寺看望喇嘛群众，散布施，献哈达。初到拉萨时，两人和干部战士一样，常常吃部队自己磨的粗糌粑，甚至是白水煮青稞、豌豆，而把经过千山万水带来没舍得吃的大米、饼干和罐头送给藏族同胞。两人还要求部队利用一切条件，替藏族同胞治病、盖房、修水利、发放贷款和农具，鼓舞藏族人民建设新生活的信心。群众都纷纷称赞解放军是"新汉人""菩萨兵"[①]。

1952年冬天，按照西南军区配合后方部队向西修路，加快修通公路的指示，在征得西藏地方政府同意后，协商组成了军区和西藏地方政府联合筑路委员会，在西藏就地动员一批民工和筑路部队官兵一起修筑康藏公路。

筑路委员会主任是谭冠三，他看到这正是在各阶层藏胞中扩大共产党和解放军影响的好机会。他认为，民工和筑路部队官兵近一万，其中八千多民工，民工绝大部分是第一次见解放军，只要他们看到解放军和藏军不一样，他们就会了解我们人民军队的本质。

开始时，筑路委员会给民工发放劳动报酬的办法还是老办法，民工来干一天，或者干了三天，就给民工结算工资，但结算工资是发给领队，由领队再给民工分配发放。有的领队坏，一天三个大洋，他只给民工半块大洋，两天才给民工一块大洋，贪污成风。

谭冠三就指出，你们以后把工资直接发给民工个人。这些农奴世世代代从来没有拿过工资的，没想到第一次劳动就有了报酬，还给他发大洋。但是，由于民工是农奴身份，他还有头人管着。好的头人就给了，坏的头人还把工资给收走了，你是我的农奴我得给收走。怎么办？谭冠三就指示，想法给民

[①] 中国人民解放军战士出版社编：《星火燎原》（选编之十），第531页，战士出版社1982年版。

工发茶叶,买点酥油来,他喝进去,给他买胶鞋,他穿上了头人你不能拿走吧?!部队处处爱护群众。民工修路的时候病了,团卫生队给治病,免费治病。谭冠三对医生、护士讲,这个不仅仅是简单地请你们帮民工看个病,而是共产党对他们种下的种子,他们是我们的骨干,是我们未来建设西藏的骨干,是我们共产党种下的种子。①

由于进藏部队的努力,"新汉人""菩萨兵"的称呼很快在藏民中传开。在1959年拉萨叛乱中,这些参加修路的藏民,大部分都成为了平息叛乱的积极分子。在那场叛乱中,谭冠三为了保护上百名上层爱国人士的安全,挨家挨户去动员他们到军区暂避。谭冠三亲自到阿沛·阿旺晋美家,关心他的安全,动员他到军区来住。阿沛·阿旺晋美说,我为了工作、开展工作,还是在家住好,谭冠三就调整了警卫部队,给他安全工作布置得非常周到。阿沛·阿旺晋美非常感动。他曾说:在同谭冠三相识相处中建立的深情厚谊,可以概括为:"险易与共,肝胆相照,情若兄弟,又似师徒。"②

六、从"三年一换、以励士气"到"长期建设西藏"

为了加强部队的思想建设,张国华、谭冠三从实际出发,狠抓了长期建藏的思想教育这一重要环节。

第十八军接受进藏任务时,1950年初,毛泽东主席在电报中曾指出:"入藏军队可定为三年一换,以励士气。"③但中央很快就发现,"三年一换"难以实现,而且对工作极为不利,所以决定提出"长期建设西藏"的口号。

1951年2月,张国华在第十八军后方部队第一次党代表会议的报告中传达了这个口号,并提出把长期建设西藏作为部队思想政治工作的指导方针。他向各级领导反复强调加强长期建藏教育的重要意义,要把它和建军宗旨教育、树立共产主义人生观的教育有机地结合起来,提高部队热爱祖国、建设西藏的全局观念和责任感。

1952年12月11日,张国华等领导干部代表全军指战员向中共中央、中央人民政府和毛泽东主席致电,表示了长期建设西藏、捍卫祖国边防的决心。

---

① 黄可:《西藏革命和建设事业的奠基人》,第12页,学苑出版社2013年版。
② 《中国人民解放军高级将领传》编审委员会:《中国人民解放军高级将领传》第40卷,第175页,解放军出版社2013年版。
③ 中共中央文献研究室、中国人民解放军军事科学院编:《建国以来毛泽东军事文稿》上卷,第114页,军事科学出版社、中央文献出版社2010年版。

谭冠三向他的战友们提出了"长期建藏,边疆为家"的口号。他多次讲:内地的土可以埋人,西藏的土也可以埋人。共产党员就要有这种精神。谭冠三没有停留在口头上,而是身体力行。

从1951年进藏到1959年的八年时间里,谭冠三只回过两次内地。一次是1955年到北京参加党的全国代表会议,一次是1956年参加党的"八大",其余时间一直坚持在西藏工作。就是回内地他也是来去匆匆,心里惦记的还是西藏。参加党的"八大"后,他带回西藏的是几大箱菜籽和花种,没有给夫人李光明买一件新衣服。身边的工作人员觉得老首长也太过分了一点,私下嘀咕了几句。这些话传到李光明那里,她倒很坦然,说:"他的心里除了西藏,还是西藏,哪里还想得到我这个老婆。他有一大心愿:要把万里雪域高原的荒山野岭变成花果山,要把西藏建设成一座大花园。自然那些花花草草,比我重要得多了。"

按照规定,高级干部可以回内地休假。可是,谭冠三在西藏高原戎马戍边先后十二年,很少休假。他热爱西藏人民、热爱边疆山河,对西藏一草一木都有极深的感情。他曾带着农业技术员步行勘察拉萨河两岸的土地,亲自收集了十二口袋草籽和土壤标本,号召、组织部队开荒种菜、种草、种树。他自己开了一片地,除种菜、栽苹果外,还种树苗。

每年春节,谭冠三都带着秘书、警卫人员等出去向部队、机关、农场拜年,走到哪里,就把自己苗圃里的树苗赠送到哪里,动员同志们都来种树。他常常对同志们说:"前人栽树,后人乘凉,我们在边疆种树就更有意义,绿化风雪高原,改变生态状况,增加氧气,调节湿度,防止风沙,这是建设西藏,巩固边疆的百年大计啊!"

1964年4月,陈毅元帅在游成都杜甫草堂时,遇到谭冠三,立即握住他的手说:"你们辛苦啦!在西藏干得很好嘛!"并向其随行人员介绍:"这位就是大名鼎鼎的谭冠三将军,拉萨平叛立了大功!"[①]后来,谭冠三到北京向中央书记处汇报西藏的情况,又受到了邓小平、彭真、李先念等中央领导同志的赞扬。他们认为,政治重于军事,补给重于战斗!无论"政治"方面,还是"补给"方面,谭冠三都"功无旁贷"!他们称其为"阵地最高的政治工作者"。

1965年9月9日,西藏自治区宣告正式成立,阿沛·阿旺晋美担任自治区主席,张国华任区党委第一书记,谭冠三任第二书记。

---

① 黄可:《西藏革命和建设事业的奠基人》,第20页,学苑出版社2013年版。

1966年11月，谭冠三被任命为最高人民法院第一副院长、党组书记，主持最高人民法院的日常工作。可他接二连三受到林彪、"四人帮"的迫害。1976年，"四人帮"粉碎后，中央再次考虑他的工作安排，聂荣臻元帅找他谈话时，他对聂帅说："我怀念西藏，想念西藏的部队和人民。如果中央要给我安排工作，我还是想回西藏去。"①

西藏的同志也想念谭冠三。1977年，一批原十八军和西藏军区的老同志联名写信，邀请他回西藏看看。他和夫人李光明乘飞机到了成都。由于夫人李光明中途患病突然瘫痪，他便让夫人李光明留在成都休息，自己毅然登上飞机，飞向他日思夜想、魂牵梦萦的西藏。

谭冠三从西藏返回成都后，夫人李光明的病情尚未好转，他自己也因高血压加之西藏高原之行引发脑血栓住进了医院。当时刚刚恢复工作的邓小平和聂荣臻十分关心他的健康，不少同志到医院探望。谭冠三病重后，对党提出的唯一要求，就是要把他的骨灰埋在西藏。他一再叮嘱夫人李光明，不要给组织添麻烦，不要修墓，不要立碑，就埋在拉萨西郊的"八一农场"的苹果园里。他说：让我化作肥料，最后为西藏人民作点贡献。

1985年12月6日，曾在祖国边疆立下赫赫功勋的谭冠三辞世。临终之前，他再次向党提出了唯一的请求："我死之后，请把我的骨灰埋在西藏！"1986年8月1日，根据他的遗愿，西藏自治区党政军民怀着深厚的感情，在拉萨"八一农场"苹果园隆重举行了谭冠三骨灰安放仪式。而在西藏，当地人总喜欢把苹果叫做"将军红"和"谭苹果"。

---

① 《中国人民解放军高级将领传》编审委员会：《中国人民解放军高级将领传》第40卷，第175页，解放军出版社2013年版。

第二十一章　是"一长制"还是"党委制"？

中华人民共和国成立以后，我军要向现代化迈进，但如何搞现代化？搞什么样的现代化，既没有现成的经验，也没有可以仿制的做法。

1949年6月30日，为纪念中国共产党成立二十八周年，毛泽东发表《论人民民主专政》的文章，提出了"一边倒"的思想，就是中国建设社会主义要"一边倒"学苏联社会主义模式：

"我们党走过二十八年了，大家知道，不是和平地走过的，而是在困难的环境中走过的，我们要和国内外党内外的敌人作战。谢谢马克思、恩格斯、列宁和斯大林，他们给了我们以武器。这武器不是机关枪，而是马克思列宁主义。""列宁在一九二〇年在《共产主义运动中的'左派'幼稚病》一书中，描写过俄国人寻找革命理论的经过。俄国人曾经在几十个年头内，经历艰难困苦，方才找到了马克思主义。中国有许多事情和十月革命以前的俄国相同，或者近似。封建主义的压迫，这是相同的。经济和文化落后，这是近似的。两个国家都落后，中国则更落后。先进的人们，为了使国家复兴，不惜艰苦奋斗，寻找革命真理，这是相同的。"

"帝国主义的侵略打破了中国人学西方的迷梦。很奇怪，为什么先生老是侵略学生呢？中国人向西方学得很不少，但是行不通，理想总是不能实现。多次奋斗，包括辛亥革命那样全国规模的运动，都失败了。国家的情况一天一天坏，环境迫使人们活不下去。怀疑产生了，增长了，发展了。第一次世界大战震动了全世界。俄国人举行了十月革命，创立了世界上第一个社会主义国家。过去蕴藏在地下为外国人所看不见的伟大的俄国无产阶级和劳动人民的革命精力，在列宁、斯大林领导之下，像火山一样突然爆发出来了,中国人和全人类对俄国人都另眼相看了。这时,也只是在这时,中国人从思想到生活,才出现了一个崭新的时期。中国人找到了马克思列宁主义这个放之四海而皆准的普遍真理,中国的面目就起了变化了。"

"中国人找到马克思主义,是经过俄国人介绍的。在十月革命以前,中国人不但不知道列宁、斯大林,也不知道马克思、恩格斯。十月革命一声炮响,给我们送来了马克思列宁主义。十月革命帮助了全世界的也帮助了中国的先进分子,用无产阶级的宇宙观作为观察国家命运的工具,重新考虑自己的问题。走俄国人的路——这就是结论。"

"一边倒,是孙中山的四十年经验和共产党的二十八年经验教给我们的,深知欲达到胜利和巩固胜利,必须一边倒。积四十年和二十八年的经验,中国人不是倒向帝国主义一边,就是倒向社会主义一边,绝无例外。骑墙是不行的,第三条道路是没有的。"

"我们必须克服困难,我们必须学会自己不懂的东西。我们必须向一切内行的人们(不管什么人)学经济工作。拜他们做老师,恭恭敬敬地学,老老实实地学。不懂就是不懂,不要装懂。不要摆官僚架子。钻进去,几个月,一年两年,三年五年,总可以学会的。苏联共产党人开头也有一些人不大会办经济,帝国主义者也曾等待过他们的失败。但是苏联共产党是胜利了,在列宁和斯大林领导之下,他们不但会革命,也会建设。他们已经建设起来了一个伟大的光辉灿烂的社会主义国家。苏联共产党就是我们的最好的先生,我们必须向他们学习。"[1]

1949年12月,毛泽东应斯大林邀请,开始了这位伟人平生的第一次出国访问,与苏联签订了一揽子建设、同盟和发展协定,内容涉及到新中国的政治、经济、军事、文化以及工农业等各个方面。

1953年2月7日,毛泽东在全国政协第一届全国委员会第四次会议上讲话指出:

"我们要进行伟大的国家建设,我们面前的工作是艰苦的,我们的经验是不够的,因此,要认真学习苏联的先进经验……我们要在全国范围内掀起学习苏联的高潮,来建设我们的国家。"[2]

---

[1] 《毛泽东选集》第四卷,第1469—1481页,人民出版社1991年版。
[2] 《建国以来毛泽东文稿》第四册,第45—46页,中央文献出版社1991年版。

对于我军的建设，毛泽东和老一辈领导人，也十分注重学习苏联的建军经验。1953年1月1日，毛泽东要求我军：

> 一定要将苏联的一切先进经验都学到手，改变我军的落后状态，建设我军为世界上第二支最优良的现代化的军队，以利于在将来有把握地战胜帝国主义的侵略。①

在这一系列的号召之下，我军展开了轰轰烈烈的学习苏联经验的热潮，我军也派出了大量官兵，到苏联学习带兵、管理、技术和开展政治工作等经验。

我军自"三湾改编"后，排斥"左"、右倾路线干扰，在领导制度方面，基本上采用的是党委领导、军政首长分工负责制度。但此时，苏联军队采取的是"一长制"，即部队由军事干部单一首长负责，政治委员则是该部（分）队的副职。现在要全面学习苏联，军队的领导制度要不要学？我军究竟应该采用哪种领导制度？新中国成立初期，在我党我军内部就引发了一场争论。

当时有相当多的高级将领认为，我军应搬用苏联军队的领导体制，实行"单一首长制"。主持军委日常工作的彭德怀，在一次军委例会上，就曾提出军队团以上的政治部（处），可以不设政治部（处）主任一职，其职务由该级政治委员兼任，以便抽出一批政工干部培养为军事指导员。他还将这个建议作为军委决定，通知全军实施。1953年4月，军委在审查《内务条令》修改稿时，彭德怀也把有关营教导员和连指导员的职责删除了，这表现出他准备首先在连、营两级试行"一长制"的想法。5月份，他还直截了当地说，"准备十年之后实行'一长制'"。②

1953年初，担任总政治部主任的罗荣桓就开始着手组织起草新的适合于我军现代化、正规化建设的政治工作条例。由总政起草的《政治工作条例》草稿发出向部队征求意见时，就有不少反映。多数人认为，我们是社会主义国家，我们是中国共产党的军队，没有政治工作不行。一些长期在边疆地区担任剿匪、维护我国边疆国防安全的官兵深深感到，我军没有政治工作不好打仗；基层没有政治工作，兵不好带；部队没有政治机关，许多事情不好办。他们向罗荣桓建议，应该保留政工干部，应该保留政治机关，还是应该军政首长共同领导和管理部队。但同时也有一些官兵反映，既然要学苏联，就不要有所保留，要全盘学，当然要实行"一长制"。比如，有一位干部就向总政

---

① 《建国以来毛泽东文稿》第四册，第1页，中央文献出版社1991年版。

② 《当代中国人物传记》丛书编辑部编辑：《彭德怀传》，第543—544页，当代中国出版社1993年版。

写信，认为单一首长制是"不久的将来就要实现的原则和方向"，因此新的《政治工作条例》就不应强调政治委员制度与政治工作制度。他不同意条例草稿中关于"党对军队的领导是通过各级党的组织、政治委员与政治机关进行的"等提法，认为这样提法贬低了军事干部和军事机关的地位，[1]等等。

同时，根据毛泽东提出的"将苏联的一切先进经验都学到手"的指示，1953年5月颁布的以苏联军队的条令为蓝本的《中国人民解放军内务条令》规定，营长、连长是营、连的首长，不承认政治教导员、政治指导员是营、连首长。在我们进口的苏军坦克、战车里，也没有连指导员的位置。还有人主张把政治委员改为副职，或各级政治委员都兼任政治部（处）主任，只管具体业务工作。这些都在部队引起了议论。

部队的这些议论也引起了彭德怀的重视。彭德怀围绕这一问题，找了许多政工干部谈话，也与军事干部交换意见，又组织军委同志认真研究了我军自"三湾改编"以来建立起来的一系列政治工作制度，对"古田会议决议"以及"谭政报告"这两个历史性文献进行了认真学习和研究，对连、营两级政工干部对我军基层部队建设的作用进行了客观分析，感到我们这支军队不同于苏联军队，照搬照抄苏联军队的做法恐怕不行。

1953年夏天，彭德怀专程到北戴河看望因病疗养的罗荣桓，两人对这些问题进行了深入研讨。罗荣桓向彭德怀提出了自己的看法："现在有些同志认为政治工作制度过时了，政治委员作用不大了，要学习苏联，搞一长制。如果那样做，从井冈山时期就搞起来的政治工作传统不就丢掉了吗？"彭德怀听了，觉得罗荣桓讲得很有道理，从而坚定了坚持党对军队绝对领导，坚持党委制、坚持政治工作制度和发扬我军优良传统的决心。[2]

1953年9月，彭德怀在进行全国军事系统党的高级干部会议文件准备时，向会议文件组明确提出了"党委集体（统一）领导下的首长分工负责制"是我军的根本领导制度，而不是"一长制"。到1953年底，彭德怀不但自己改变了原先"一长制"的主张，还做通了一批原先支持"一长制"的高级将领的思想工作。

彭德怀在全国军事系统党的高级干部会议[3]所作的报告中强调指出：

---

[1] 《当代中国人物传记》丛书编辑部编辑：《罗荣桓传》，第528页，当代中国出版社1991年版。

[2] 同上书，第529页。

[3] 1953年12月7日至1954年1月26日在北京中南海居仁堂召开的一次重要会议。

> 为了完成党中央和毛泽东所指示的建军任务，完成许多具体的工作任务，必须加强党的思想和组织的领导。
>
> 在组织方面，应按照毛主席历来的指示，根据党委会集体领导和首长分工负责相结合的原则，采取在党委统一的集体领导下的首长分工负责制，即政治委员和同级的军事指挥员同是部队的首长。一切重要问题，如有关方针、政策、计划问题，保证上级指示的执行问题，对部队的思想领导问题，干部调配处理问题，以及部队工作的统一安排问题等等，除紧急情况外，均先由党委讨论，做出决定，属于军事方面的由军事指挥员负责组织实施和检查执行情况，属于政治方面的由政治委员负责组织实施和检查执行情况。这一制度，是我军在长期革命斗争中形成并适合我军情况的。它是一种既有统一的集体领导，又有分工负责的制度。[①]

这样，我军学习苏联、出现短暂的"一长制"风波，到1954年初全军贯彻这次会议精神时，就基本得到了改变。

有了这个正确的领导制度，我军《政治工作条例》由此就从筹备进入了正式的起草阶段。

全国军事系统党的高级干部会议结束后，中央考虑罗荣桓身患重疾，便决定由陈毅、谭政与罗荣桓一道主持《中国人民解放军政治工作条例（草案）》的起草和修改工作。

陈毅从1927年起就从事我军政治工作，对1929年12月"古田会议决议"的形成发挥了重要作用。他参加《中国人民解放军政治工作条例（草案）》编写座谈会时，对我军领导制度，即条例总则中关于党委统一的集体领导下的首长分工负责制作了深刻的阐述。

谭政长期跟随着毛泽东，有着极其丰富的政治工作理论与实践功底，对我军政治工作历史上两个重要文献"古田会议决议""谭政报告"的诞生作出了杰出贡献，此次在《中国人民解放军政治工作条例（草案）》制定中又发挥了重要作用。

《中国人民解放军政治工作条例（草案）》的总则最后由总政宣传部长姜思毅执笔，经陈毅、谭政修改和罗荣桓审阅，最后交陈伯达送毛泽东审定。陈伯达在送毛泽东前，又作了一次修改，把原文中总则部分的"中国共产党在中国人民解放军中的政治工作是我军的生命线"一句提法给改掉了。1954

[①] 姜思毅主编：《中国共产党军队政治工作七十年史》第五卷，第9页，解放军出版社1992年版。

年4月15日,毛泽东在对印发《中国人民解放军政治工作条例(草案)》报告的批语中,又亲笔改了回来。毛泽东指示:"略有修改,可即印发。修改处请刘少奇、彭德怀、罗荣桓同志一阅"。毛泽东对《中国人民解放军政治工作条例(草案)》的修改主要有:(一)将总则第二条的首句"中国人民解放军在党和毛泽东同志的领导下",改为"中国人民解放军在中国共产党的领导下";把同一条的"积极地有步骤地建设自己成为世界上第二支最优良的现代化的革命军队"一句中的"世界上第二支最"七个字删去。(二)将总则第四条中"中国共产党在中国人民解放军中的政治工作是我军战斗力量的保证"一句,恢复为原稿的"中国共产党在中国人民解放军中的政治工作是我军的生命线",并重写了被划去的"的生命线"四个字。[①]。

1954年4月15日,中共中央、中央军委以命令形式,将中华人民共和国成立后我军第一部政工条例《中国人民解放军政治工作条例(草案)》在全军颁布并执行。

这个条例总结了我军政治工作的历史经验,借鉴和吸取了苏军政治工作的有益经验,对我军政治工作地位、作用、性质、任务、方针、原则、内容、职责、组织形式、工作制度、作风方法等,都作了明确的规定。

《条例》由总则和19个单项条例组成,内容十分丰富,成为我军政治工作保证人民军队向现代化、正规化迈进的一个纲领性文件。主要要点有:

1. 阐明了我军的性质、宗旨和任务、政治工作的基础

我军的性质和宗旨是:

中国人民解放军是中华人民共和国的武装力量,是中国共产党领导的、保卫祖国、服务于人民革命斗争和国家建设的人民军队。中国共产党是中国人民解放军的缔造者和组织者。党的马克思主义的政治路线和组织路线是这个军队取得胜利的决定因素。紧紧地和中国人民站在一起,全心全意地为人民服务,就是这个军队的唯一宗旨。[②]

我军的任务是:

在我国由新民主主义社会逐步过渡到社会主义社会的新的历史时期,中国人民解放军必须坚决遵循党在过渡时期的总路线,发扬光荣传统,

---

[①] 中共中央文献研究室、中国人民解放军军事科学院编:《建国以来毛泽东军事文稿》(中),第206页,军事科学出版社1991年版。

[②] 姜思毅主编:《中国共产党军队政治工作七十年史》第五卷,第23页,解放军出版社1992年版。

以苏联军队为榜样，积极地有步骤地建设自己成为优良的现代化的革命军队，以保卫我国国防，巩固工人阶级领导的以工农联盟为基础的人民民主专政，保卫祖国社会主义建设，保卫东方与世界和平。

我军政治工作的基础是：

坚持无产阶级人民军队的性质，坚持由这一性质决定的全心全意为人民服务的宗旨。

2. 贯彻了"党指挥枪"原则，强调党对军队的绝对领导是我军政治工作的领导原则

中国共产党在中国人民解放军中设立党的各级委员会，作为部队统一领导的核心；并确定党委统一的集体领导下的首长分工负责制，为党对我军的领导制度。一切重要问题，包括有关方针、政策、计划的问题，保证上级指示的执行问题，对部队的思想领导问题，干部调配、处理问题，以及部队工作的统一安排问题等等，除紧急情况得由有关首长紧急处理外，均先由党委员会讨论，做出决定，属于军事工作方面的由军事指挥员负责组织实施执行，属于政治工作方面的由政治委员负责组织实施执行。政治委员和军事指挥员同为部队首长，对部队的各项工作共同负责，在一般情况下，政治委员又是党的全盘工作的主持者。这种党委统一的集体的领导下的首长分工负责制，是由我国军队在长期革命斗争中形成并适合我军情况的既有统一领导又有分工负责的制度，是我军完成一切政治任务和军事任务的保障。[①]

3. 明确规定了我军政治工作地位作用、应有的作风及其工作方法

中国共产党在中国人民解放军中的政治工作是我军的生命线。政治工作就是党的工作。中国人民解放军的各级政治机关是在各该上级党委、政治委员、政治机关和同级党委、政治委员领导下指导党的活动，管理党的基层组织和进行政治工作的领导机关。政治工作的基本任务就是以马克思列宁主义的革命精神教育军队，提高全体成员的共产主义觉悟，巩固军队内部和外部的团结。在内部，保持官兵之间，上下级之间，军事工作、政治工作以及其他各种工作之间的团结；在外部，保持军队人民之间，军队地方组织之间，各个部队之间的团结。并在这一基础上来贯彻党的领导，实现我军现代化建设，保证部队在政治自觉的基础上高

---

① 姜思毅主编：《中国共产党军队政治工作七十年史》第五卷，第23—24页，解放军出版社1992年版。

度的集中统一与具有严格的纪律,并进行瓦解敌人的工作,达到团结自己、战胜敌人的目的。

我军政治工作的作风是:

中国人民解放军的政治工作在保证完成一切任务中,必须贯彻党的作风,把党的工作作风,作为政治工作的作风,即理论与实践相结合的作风,和人民群众紧密地联系在一起的作风以及自我批评的作风。

我军政治工作的工作方法是:

依靠各级党的组织,发动与组织全体党员和全军人员进行工作,运用领导骨干和广大群众相结合,一般号召和个别指导相结合的方法,在各个不同工作领域中广泛地联系群众,密切地与各项业务和军事技术相结合,在集中领导下,发扬民主,贯彻群众路线。①

这些规定,为我军政治工作的继承、创新和发展,对提高我军政治工作干部的能力素质,具有重大意义。

4. 对我军政治工作的内容和主要工作做了明确的界定,并为保证这些工作的实施确立了政治工作组织领导系统

我军政治工作的主要内容有:

贯彻执行党的纲领、路线和政策,保证全军成为遵守党的政策和国家的法律、法令的模范;

按照党的章程指导党的基层组织工作,加强对党支部工作和对青年团的领导,并依靠党员的模范作用,带领群众完成一切任务;

以马克思列宁主义和党在过渡时期的总路线教育部队,反对资产阶级思想,改造小资产阶级思想,树立高度的爱国主义精神和国际主义精神,发扬艰苦奋斗作风,培养忠于祖国,忠于人民,热爱共产党的革命军人;

从政治上、思想上动员全军学习苏军先进经验、毛泽东军事著作和我军的实战经验,保证提高军队的军事素养,完成国家赋予的作战任务;

保证军队的正规化建设,贯彻各种条令、条例、制度,提高组织性和纪律性,保证全军在指挥上、制度上、编制上、纪律上和训练上高度集中统一;

贯彻党的干部政策,加强对干部的培养教育、审查、考核工作和学校的政治工作;

---

① 姜思毅主编:《中国共产党军队政治工作七十年史》第五卷,第24—25页,解放军出版社1992年版。

加强军队物质保障中的政治工作,教育后方勤务人员树立牢固的为人民服务、为部队服务的思想,发扬艰苦朴素、廉洁奉公的作风;

贯彻官兵一致的原则,密切军民关系和军政关系;

组织对敌斗争,进行瓦解敌军的工作,执行党的俘虏政策;

教育全军保持高度的政治警惕性,加强保卫工作,保证我军政治上、组织上的纯洁;

不断提高全军人员的文化水平,开展文化体育活动,增强指战员的身体、文化素质;

贯彻国家兵役制度的政策法令,积极参加动员工作和复员工作等。①

作为中华人民共和国成立后第一部军队政治工作条例,《条例》还明确规定了在军队中设立政治工作的组织领导系统。

为了保证中国共产党在军队中政治领导和政治工作的具体实施,在团或相当于团以上的部队或相当的单位设政治委员或政治机关;在营或相当于营的单位设政治教导员;在连队或相当的单位设政治指导员;在团或相当于团以上的机关、部门和直属单位得视需要设立政治协理员。②

5. 根据我军军兵种发展的需要,制定了相应的政治工作条例

《中国人民解放军政治工作条例(草案)》根据我军已从单一军种发展成为诸军兵种合成军队的情况,从现代化军队建设发展的需要出发,还增写了《海军舰艇政治工作条例》以及《空军飞行大队政治工作条例》,针对军兵种特点,规定了相应的政治工作主要内容和基本任务。

中华人民共和国成立后我军第一部《政治工作条例》的诞生,标志着我军在现代化正规化建设和学习苏联建军经验并结合我军革命斗争实际的建军道路上,迈出了可贵的一步。它的颁布实施,也标志着我军政治工作适应现代化、正规化军队建设更近了一步。从人民军队建设和发展的历史看,我军的这部条例在我军政治工作建设和发展史上,具有极其重要的地位。

---

① 姜思毅主编:《中国共产党军队政治工作七十年史》第五卷,第25—26页,解放军出版社1992年版。

② 同上书,第26页。

第二十二章　建设现代化正规化革命军队中的政治指挥

人民解放军革命化、现代化、正规化建设思想的提出和确立是在新中国建立以后,但就其思想渊源来说,却要追溯到民主革命时期。早在三湾改编时,毛泽东就提出了整编组织、明确部队番号等正规化措施。抗日战争时期,毛泽东不仅提出了军队的现代化问题,而且对军队的正规化建设也很重视。新中国建立后,由于形势任务的变化,现代化、正规化问题就更加鲜明地提上了军队建设的议事日程。

为了适应巩固国防、保卫祖国的需要,中央军委1951年在给军事学院的训词中,就把"为建设现代化正规化的国防军而奋斗"的任务鲜明地提了出来。

在此期间,中央军委的一些负责同志对现代化、正规化建设的必要性、内容和应该注意的问题,进行了比较系统的论述。

1953年1月1日,毛泽东发出了"建设我军为世界上第二支最优良的现代化的革命军队,以利于在将来有把握地战胜帝国主义军队的侵略"[①]的指示。

由于当时抗美援朝战争还在进行,军队面临的迫切任务是要赢得这场战争的胜利,所以这些思想暂时还不可能作为全局性的方针确定下来并付诸实行。

1953年12月7日至1954年1月26日,全国军事系统党的高级干部会议在北京召开。这次会议的主题是确定今后军队建设的方针和任务。会议明确提出,要"把建设世界上优良的现代化革命军队,以保卫我国社会主义建设,防御帝国主义的侵略",作为军队建设的总方针和总任务。并提出:"正规化

[①] 中共中央文献研究室、中国人民解放军军事科学院编:《建国以来毛泽东军事文稿》（中）,第106页,军事科学出版社1991年版。

是建设现代化军队的绝不可少的基本条件"。朱德在会议的闭幕词中号召："努力进行我军现代化、正规化建设，就一定能够把我军建设成为第二支最优良的现代化的革命军队。"从此，在人民解放军建设史上，第一次把革命化、现代化、正规化的总任务明确地提到了全军的面前。这是中央军委在和平时期军队建设战略决策上的一个伟大飞跃。诚如彭德怀所说："这次会议是我军历史上一次划时代的会议"。它的时代意义就在于，会议成为全军正规化现代化建设的实际开端，使我军进入一个全面建设现代化、正规化革命军队的新时期。①

这次会议以后，全军上下围绕着革命化、现代化、正规化（简称"三化"）建设的总任务，进行了一系列紧张工作。1954年4月，颁发了《中国人民解放军政治工作条例（草案）》，强调"政治工作是我军生命线"。与此同时，全军贯彻毛泽东关于"开展正规训练，迅速提高人民解放军的现代作战能力"的指示和中央军委颁发的战斗训练命令，积极开展以战斗训练为主的正规训练。1957年1月，中央军委还提出了新的训练方针，强调要"学会在新式武器条件下及夜间和复杂气候条件下诸军兵种合同作战，以应付可能的突然事变，保卫祖国的社会主义建设"。同年，人民解放军参加了中国、苏联、朝鲜三国军队共同组成的方面军首长司令部演习，学习在现代战争条件下各军兵种协同作战的知识和方法。在此期间，军队又开始实行三大制度（军官薪金制、军衔制、义务兵役制）和三大条令（《内务条令》《队列条令》《纪律条令》），全军按照"三化"建设的总任务，同心同德，努力奋斗，在政治思想教育、军事训练和正规化建设方面取得了显著的成绩，军队的面貌发生了根本变化。

一、为我军现代化正规化建设鸣锣开道

中国革命取得全国胜利以后，党中央、中央军委十分重视我军建设和发展问题。1949年9月21日，毛泽东主席在全国政协第一届全体会议的开幕词中指出：

> "我们的国防将获得巩固，不允许任何帝国主义者再来侵略我们的国土。在英勇的经过了考验的人民解放军的基础上，我们的人民武装力量必须保存和发展起来。我们将不但有一个强大的陆军，而且有一个强大的空军和一个强大的海军。"

---

① 《彭德怀传记》编写组：《彭德怀军事文选》，第497页，中央文献出版社1988年版。

"让那些内外反动派在我们面前发抖吧,让他们去说我们这也不行那也不行吧,中国人民的不屈不挠的努力必将稳步地达到自己的目的。"①这实际上就提出了建设现代化国防军的问题。

1952年和1953年,毛泽东以中央人民政府人民革命军事委员会名义,在给军事学院、总高级步校、后勤学院、军事工程学院等四所院校的训词中,进一步阐述了把我军建设成现代化革命军队的主要内容和必要性。

1952年7月10日,他在对军事学院第一期毕业学员的训词中指出:

"中国人民的建军历史,已经走过了二十五年的长期路程,其革命经验之丰富,在国际上除苏联之外,无与伦比。但在中国人民尚未获得全国胜利之前,由于客观物质条件的限制,其军事建设又尚处于比较低级的阶段,也就是处于装备的简单低劣,编制、制度的非正规性,缺乏严格的军事纪律和作战指挥的不集中、不统一及带游击性等等,这些在过去是必然的,不可避免的,因而也是正确的。可是,自从中国人民获得了全国范围的胜利之后,这种客观情况已经起了基本的变化,我们现在已经进到了建军的高级阶段,也就是进到掌握现代化技术的阶段,客观条件已完全具备了这种可能,只需加上不疲倦的主观努力,就一定可以实现。与现代化装备相适应的,就是要求部队建设的正规化,就是要求实行统一的指挥、统一的制度、统一的编制、统一的纪律、统一的训练,就是要求实现诸兵种密切的协同动作。……这是建设正规化、现代化的国防部队所不可缺少的重要的条件之一。""军委希望你们在建设正规化、现代化的国防部队的光荣事业上,继续努力;并希望通过你们的努力,把建设正规化、现代化的国防部队的精神,贯彻到所有部队中去。"②

1953年8月26日,军事工程学院开学,毛泽东发出训词:

"中国人民解放军军事工程学院的创办,对于我国的国防事业具有极重大的意义。为了建设现代化的国防,我们的陆军、空军和海军都必须有充分的机械化的装备和设备,这一切都不能离开复杂的专门的技术。今天我们迫切需要的,就是要有大批能够掌握和驾驭技术的人,并使我们的技术能够得到不断的改善和进步。军事工程学院的创办,其目的就

---

① 《毛泽东军事文集》第六卷,第4页,军事科学出版社、中央文献出版社1993年版。
② 中共中央文献研究室,中国人民解放军军事科学院编:《建国以来毛泽东军事文稿》(中),第38—39页,军事科学出版社1991年版。

是为了解决这个迫切而光荣的任务。"①

毛泽东的这些指示，为我军建设现代化革命军队指明了正确方向，对保证我军向现代化正规化革命军队转变具有重大的指导意义。

与此同时，朱德总司令在许多重要会议上，就我军现代化、正规化建设，发表了《建设一个强大的人民空军》《加强建设我们强大的现代化国防军》《建设海军，保卫海防》《统一训练计划，加速我军现代化正规化建设》和《技术在装甲兵建设中的作用》等重要讲话，阐明了现代化、正规化建设的重要意义，论述了政治工作在现代化、正规化建设中的应有地位作用。他指出，新建的军、兵种"能不能建设好，掌握技术是关键。在一定的意义上，技术决定一切。如果我们别的都好，就是技术不好，那也不能完成任务"。因此，"政治工作要保证技术的提高。军事任务要靠技术来完成。我们一定要全心全意地把技术搞好。"②

他还对空、海军等高技术兵种的政治工作提出了要求，空军政治工作"不仅要保证空军的成员忠实可靠、勇敢坚定，还要保证他们学会技术，把政治和技术很好地结合起来。"③

> 海军政治工作的首要任务，是要在海军中保证党的领导，要使全体人员具有忠于人民、忠于祖国的思想和严格的革命纪律性。此外，还有很重要一项任务，就是要保证全体指战员学会现代化的海军技术。④

朱总司令还就人与武器的结合作了说明，他认为："今后战争的胜利仍然要靠勇敢，但不能只靠勇敢，而必须使军队各种成员精通技术，使各级指挥员精通现代化指挥艺术和善于组织有计划的作战，使勇敢和技术相结合。勇敢加技术就战无不胜。"⑤

他强调："必须保持优良的传统"，"一切工作，应在集中统一领导下发挥各级的积极性。在向现代化、正规化前进的过程中，不能丢掉过去的优良传统，也不能被过去的经验所束缚。"⑥

二十世纪五十年代，全军广大指战员特别是高级领导干部，对于现代化、

---

① 《毛泽东军事文集》第六卷，第351页，军事科学出版社、中央文献出版社1993年版。
② 中共中央文献研究室编辑：《朱德选集》，第275页，人民出版社1983年版。
③ 同上书，第307页。
④ 同上书，第299页。
⑤ 同上书，第306页。
⑥ 同上书，第304页。

正规化建设，是热烈拥护、坚决支持的。但也有少数同志存在某种程度的思想障碍。比如：有的同志有骄傲自满、墨守成规的思想情绪，认为我们打败过日本帝国主义，打败了美帝国主义武装起来的蒋介石军队，在朝鲜战场上还与现代化了的美帝国主义及其所谓的"联合国军"正面交锋过，并且打败了他们，觉得我们的一套已经能够应付未来战争、适应现代化战场需要了。缘于这种思想认识，他们就死守着某些不合时宜的老一套，不愿再进一步、继续前进，不愿学习苏军的先进经验。当然也有一些同志，在学习苏军经验中，存在着不顾实际、机械照搬、脱离我军优良传统的现象。

这些属于认识上的新情况新问题，如果不及时用政治工作加以纠正和克服，必然会阻碍我军现代化、正规化建设。

针对这些情况，全军各部队按照军委和总政的部署，及时学习传达了毛泽东、朱德等重要指示，学习彭德怀1952年12月在各大军区、各特种兵参谋长和政治部主任联席会议上所作的《学习苏联先进经验，建设现代化的国防军》报告，学习《八一杂志》1952年8月1日社论《向着现代化国防部队的目标前进》等，又通过军事、政治课和报刊、广播，在全体指战员中进行持续不断、广泛深入地宣传教育，提高了全军指战员对建设现代化、正规化军队的认识。

首先，澄清军队建设由低级向高级转变，是我军发展壮大的根本方向。

其次，讲清我军进行现代化、正规化建设，根本目标就是在现代化战场上打得赢。我们已经打败了日本帝国主义，打败了蒋介石，打败了由美国操纵的所谓"联合国军"，但我们也应当承认，我们付出了相当的代价。正是基于这一点，我们也必须尽快现代化起来。

再次，阐明现代化和正规化是相辅相成、互相支持的。现代战争是诸军兵种协同作战，要使拥有现代化武器装备的各军兵种、各部队，在统一号令下协同一致地作战，没有统一行动的章程和依据，那是不可想象的。我军的正规化，就是要把各个方面，用条令条例统一起来，达到统一装备、统一编制、统一训练、统一制度、统一纪律，以适应统一指挥，协同作战的需要。在实行正规化、贯彻执行条例条令的过程中，既要防止和纠正与实行高度集中统一、加强组织纪律性不相容的分散主义、游击习气，诸如各自为政、各行其是，只顾小局、不顾大局，以及喜欢散漫、害怕严格等错误倾向，又要防止和克服借口正规和执行条令来发展个人私权，拒绝听取群众意见，把正规化视为简单化，忽视官兵一致，忽视疏导工作，放弃思想工作，用生硬命令推行工作等错误做法。

经过深入细致的政治工作,统一了全军将士的思想认识,广大官兵的积极性和革命干劲也实现了空前的高涨,为我军向现代化、正规化迈进提供了扎实的思想基础。但摆在我们面前的还有一项更为重大而突出的任务,那就是将这支从战火硝烟中走出来的、人数极为庞大的队伍,如何变成一支精干的队伍?这个问题解决不好,现代化、正规化就无法推进。于是,在党中央、中央军委和毛泽东领导下,我军第一次轰轰烈烈的大规模精简整编工作展开了。

二、大规模精简整编中的思想政治工作

由于战争的需要,特别是经过3年多解放战争,我军人数出现了大规模增长,到1950年6月,我军的总人数已达到550万人。从这支队伍的人员构成看,绝大部分是步兵。这样庞大的一支低技术、低文化、结构也不合理的军队,显然是不能适应现代化、正规化发展要求的。党中央、中央军委和毛泽东主席对这支军队建设投入了极大的心血,做出了一系列重大发展决策:一方面,确定了大规模精简方案,第一次精简150万人;另一方面,组建并加强空军、海军、第二炮兵以及军事院校等建设。

1950年4月12日和21日,毛泽东两次作出"军队分批复员以减轻人民负担"的指示,指出:"应积极地提出复员是为了返回家乡发展生产和建设民兵,回乡后应服从区乡政府领导,在人民中起模范作用,而不可乱来。""我们希望这个复员工作能于五月至八月四个月内做到,以便节省出九月至十二月共四个月的经费,减轻人民一部分粮税负担。"[①]

为保证我军大规模精简工作的顺利进行,中央人民政府人民革命军事委员会、政务院以毛泽东主席和周恩来总理的名义,于1950年6月30日,向全军发布了《关于人民解放军1950年复员工作的决定》(以下简称《决定》)。

《决定》明确复员工作的基本原则是:兼顾国家经济建设和国防建设两个方面的需要,复员条件不应过于强调年龄,主要看健康状况和部队需要程度,既不要把大批久经战火锻炼的老战士都留下来,又不要把他们都予以复员,以保持部队新老成份的适当比例,不致削弱战斗力,班以上干部一律不复员;对复员军人必须妥为安置,使之各得其所,并经过一定时期的集中训练,使

---

① 《毛泽东军事文集》第六卷,第77页,第79页,军事科学出版社、中央文献出版社1993年版。

其达到自觉自愿，充分发挥其在经济建设上的模范作用。

《决定》强调，复员军人是人民功臣，除颁发战争纪念章外，地方政府和人民群众应予热烈欢迎，亲切慰问，给以应有的尊重和政治待遇，尽量吸收其参加工作和会议，使其成为地方建设的骨干，并分配给应得的土地和房屋，切实解决其在安家生产上的各种困难；复员军人则应自觉遵守政府法令，爱护公共利益，成为人民群众的模范。

《决定》明确：凡不适合军队工作，军龄在十年以上，无家可归或本人坚决不愿回乡的军人，军队可协助地方政府，组织他们集体转业，以求逐渐达到生活自给的目的；军龄不到十年，但无家可归或籍属新解放区一时难以安置者，应暂缓复员。残废军人无家可归，或本人坚决不愿回乡者，由大区或省、市人民政府组织残废军人教养院予以收纳；其中能参加工作者，应给以特别照顾，分配工作，使其能有继续为人民服务的机会。[1]

在当时国家经济十分困难的条件下，《决定》规定了复员军人的物质待遇。确定每个复员军人均按军龄，由地方政府发给生活补助粮，其标准为：

> 1950年入伍者，发给原籍地区主粮350市斤，由此上溯至1945年8月15日，每增加一年军龄增加100市斤；1945年8月15日以前入伍者，发给原籍地区主粮1150市斤，由此上溯至1937年7月7日，每增加一年军龄增加300市斤；1937年7月7日以前入伍者，发给原籍地区主粮4150市斤，由此上溯至1927年，每增加一年军龄增加600市斤。在战争中评为大功以上的功臣，如需复员，并经军或独立师批准者，其生产补助粮得按本人军龄增加一年发给。同时，按军龄由部队发给衣料补助布，即1950年入伍者，发给色洋布10市尺；1950年以前至1945年8月15日以后入伍者，发给色洋布16市尺；1945年8月15日以前至1937年7月7日以后入伍者，发给色洋布32市尺；1937年7月7日以前入伍者，发给色洋布48市尺。所有复员军人，一律发给新鞋一双，新袜一双，新毛巾一条，肥皂一条；其在本年7月以后复员者，除带随身衣被外，另发冬衣一套；离开部队前可会餐一次，每人发肉一斤。复员军人除发给复员证外，其原有之军徽和胸章，应一律收缴，但到新的工作岗位后，

---

[1] 姜思毅主编：《中国共产党军队政治工作七十年史》第四卷，第183—184页，解放军出版社1991年版。

得着用复员时所穿的军服,佩带各种纪念章。①

根据《决定》,中央政府和军队各级,都成立了由党、政、军和各部门负责同志参加的复员委员会。中央复员委员会由周恩来任主任,聂荣臻(代总参谋长)任副主任,组织领导复员工作及对复员官兵的政治工作。

按照中央复员工作委员会工作意图,总政治部对全军复员工作进行了广泛深入地调查研究,掌握了大量情况,并及时做好政治工作。如:针对个别不愿复员的战士,及时进行谈心教育;对少数老弱病残、担心复员回乡生活没有保障的战士,及时宣传复员政策。但形成对比的是,许多干部则有离队思想,认为全国已经解放,只剩下一个台湾省,已经没有什么仗可打了,应该解甲归田,过小家庭生活了。针对这些情况,总政治部于7月7日,发出《关于部队整编复员的政治指示》,要求全军各级党委和政治机关,要从关心爱护每一个复员军人的观点出发,本着对国家、对个人全面负责的态度,做好每一个人的工作,反对任何简单粗暴、草率了事的做法。

各部队对这次全军大规模精简整编十分重视。各级党委、政治机关和领导干部都认真学习了中央军委、政务院和总政治部的指示,明确了精简整编的目的、意义和各项政策,并由主要首长亲自主持,周密调查研究,制订精简方案和计划。接着,在全体人员中深入开展了动员教育,讲清道理,消除疑虑。使大家认识到精简军队、复员生产的意义,消除有关人员的思想疑虑;认识到党和政府虽然已尽最大努力给了复员军人以多种照顾,但返回农村还有可能会遇到许多困难,每个同志应当有艰苦奋斗的思想准备,努力克服懒惰怕苦的思想;认识到支持和参加农村土改是每个复员军人的职责;认识到发扬革命传统、执行政策法令、尊重地方政府是每个复员军人的应尽义务,戒除居功骄傲,脱离群众。复员集训期间,各级军政首长都看望慰问了复员同志。复员人员离队前,各部队还将复员军人花名册、履历表、鉴定书和安置意见等,送往各地区复员委员会,要求预作迎接和安置准备。由于方针正确,工作细致,教育深入,到1950年底,全军即已顺利复员100万人,并且做到了走者满意,留者安心,为以后的复员工作提供了宝贵的经验。

继1950年百万复员后,我军又于1952年、1954年、1956年,按照中央军委颁布的统一编制和兵员定额,相继进行了三次大规模的精简整编。精简兵员达500万之多。为了从组织上保证整编任务的完成,从1951年起,将各

---

① 姜思毅主编:《中国共产党军队政治工作七十年史》第五卷,第183—184页,解放军出版社1991年版。

级政府复员委员会改名为转业建设委员会,负责领导和组织精简工作。1953年,又将复员军人的生产补助粮和实物,改为现金发放。其标准是:

> 以人民币40万元(旧人民币,下同)为基数,1945年以后参军者,每一个月军龄增发1万元;1937年7月7日至1945年9月3日参军者,每一个月军龄增发4万元。1937年7月6日以前入伍者,每一个月军龄增发6万元。干部则按级增加,以战士应发资金为基准,班级增加0.5倍,排级增加1倍,连级增加1.5倍,营级增加2倍。五年以上军龄的老战士按班级标准发给。在1945年9月4日以后立大功者,增发24万元,在抗日战争时期立功者,增发48万元。①

总政治部还于1951年12月、1954年3月、1955年12月,分别下达了精简整编中的政治工作指示,对精简整编中的政治工作提出了明确的要求,制订了动员教育大纲或宣传要点。全军各部队充分运用1950年组织大规模复员工作的经验,既在全体人员中进行深入的思想动员,又分别对复员和转业人员进行细致的思想教育,并以高度负责的精神,为他们办好各种离队手续,协同地方各级转业建设委员会和党政机关做好安置工作,同时也注意把军事、思想等方面的骨干保留下来,送学校或轮训班培养深造,从而为保证我军的现代化、正规化建设奠定了很好基础。

1956年9月,中共第八次全国代表大会决定,军政费用占国家财政开支的比重,由第一个五年计划期间的32%,降低到第二个五年计划期间的20%左右。据此,中央军委于1957年1月召开扩大会议,通过《关于裁减军队数量加强质量的决定》。遵照军委扩大会议决定精神,全军普遍开展了宣传教育。

一是在干部中特别是编余干部中进行动员教育,使大家认清:一个革命者的进步与落后,并不单纯从军衔和职位高低来衡量,而应从是否永远保持共产主义立场、思想品质和全心全意为人民服务的态度来衡量。在军队总员额缩减、军队整编时,将有一大批干部转业复员,个人应当服从组织分配,在组织需要自己转业或复员时,应该愉快地走上地方工作的新岗位,继续为人民服务。要教育转业、复员、退休人员克服"不光彩""吃不开""落后"等不正确的认识,遵守纪律,服从命令,继续做一个光荣的共产主义战士。

二是教育干部战士增强革命事业心,爱护装备器材,在精简整编过程中防止损坏和浪费现象发生。

---

① 姜思毅主编:《中国共产党军队政治工作七十年史》第四卷,第187页,解放军出版社1991年版。

三是教育干部战士认清，精简整编部队是全军指战员的责任和工作，提高大家的积极性、责任心、出主意、想办法，共同把精简整编工作做好。

1958年1月24日，中央军委发出《关于动员十万干部转业复员参加生产劳动的指示》，决定在1958年一年内在现有干部中精简十万人。除地方机关可能接收一部分干部并分配工作外，基本上应是动员他们转业复员参加生产建设。中央军委要求各级党委在干部中进行深入动员，广泛发动群众，要采取个人报名申请领导批准的方式，使领导与群众相结合，一般号召与具体指导相结合。要进行充分的政治思想工作，做到思想动员十分成熟。

各部队党委成立临时专门机构，统一领导部队的干部转业复员工作。依靠各级党组织、政治机关开展耐心细致的思想工作，并把思想教育和帮助干部解决实际困难结合起来，同地方有关部门密切配合，根据干部的政治条件、业务能力、身体状况等，分配他们适当的工作。

在精简整编部队、大批干部转业复员到地方参加社会主义建设的同时，总政治部还于1957年11月21日向全军发出《关于动员军官家属还乡参加社会主义建设的指示》，规定除新中国成立以前随军的军官、有工作岗位的家属及红军时期入伍已无家可归的尉官家属外，其他干部家属均动员其回乡参加生产劳动。遵照总政治部的指示，各级党委、政治机关进行了反复、深入、细致的思想工作，坚持有计划、有步骤、分期分批、稳步处理的原则开展工作，妥善解决军官家属还乡生产中的实际困难，保证了这项工作的顺利进行。

由于各部队党委、政治机关加强了军队精简整编、干部转业复员以及军官家属还乡等工作中的政治工作，这些工作都达成了预期目的。全军总人数在1956年基础上精简了30%，特别是步兵部队总人数与新中国建立时相比较，精简了61.2%。①

精简整编、干部复员转业、军官家属还乡等工作涌现出许多可歌可泣的人和事，开国将军甘祖昌就是其中杰出的代表。

在新中国一千多名开国将军中，坚决要求回乡当农民的不多，甘祖昌就是其中之一。

甘祖昌，1905年3月出生在江西省莲花县坊楼乡桥头村（现沿背村）一贫苦家庭。1927年7月经方志敏引领参加革命，同年8月加入中国共产党。

---

① 姜思毅主编：《中国共产党军队政治工作七十年史》第五卷，第133页，解放军出版社1992年版。

抗日战争爆发后，甘祖昌所在部队被改编为八路军第一二〇师三五九旅。甘祖昌任旅供给部军需科科长，奔赴抗日最前线。

1939年初，国民党封锁陕甘宁边区。于是，中央将三五九旅从前线调回陕北，一面执行保卫党中央的任务，一面进行大生产。当时，组织上交给甘祖昌的任务是负责领导修械所、纺织厂、鞋袜厂等军需工厂。在一无原料、二无厂房、三无工人的情况下，甘祖昌克服重重困难办起了纺织厂，在短期内解决了全旅1万多人的穿衣问题。由于甘祖昌工作成绩显著，1941年他被提升为三五九旅供给部副部长。

1941年冬，甘祖昌随三五九旅进驻南泥湾，开展大生产运动。经过艰苦努力，部队做到了"自己动手，丰衣足食"。1947年，他调二纵队后勤部工作，参加了解放大西北战役。1949年调任一兵团后勤部部长，进军新疆。

10万大军进疆，军粮如何解决？靠内地供应，没有运输工具，远水不解近渴。甘祖昌积极向王震建言献策，想方设法，不但顺利解决了10万大军的口粮问题，而且密切了人民军队和新疆各族人民之间的关系。

正当甘祖昌为建设新疆日夜奋战的时候，敌人的魔掌却暗中向他伸了过来。1952年春，他到郊区检查工作，途经一座30余米长的木桥，由于桥板被歹徒锯断，甘祖昌乘坐的车子翻到河里，甘祖昌身负重伤。经过一个多月的精心治疗，他外伤痊愈，却留下了严重的脑震荡后遗症。

1955年甘祖昌被授予少将军衔。此后，他不止一次向组织上写报告："我自1952年跌伤后，患了严重的脑震荡后遗症，不能再做领导工作了。但是我的手脚还是好的，请求组织上批准我回江西农村去，我愿为建设社会主义新农村做贡献。"当时，他的请求没被批准，1957年他又一次写申请，这年恰逢总政治部副主任萧华到新疆检查工作，他当面向萧华提出申请。最终，组织上批准了他的回乡请求。

1957年8月，甘祖昌带着家属从新疆动身回江西莲花老家。临行前，他对家人说："新疆到莲花，路途遥远，要尽量少带行李，为国家节省点差旅费。"全家大小14人，行李精简成3个箱子，此外就是带了8只笼子，装着6头约克猪、15对安哥拉兔、15只来航鸡。

甘祖昌回乡29年，一直坚持与疾病做顽强的斗争。他对脑震荡后遗症的办法不是"营养疗法"，也不是卧床休息，而是夏天光着头让烈日晒，冬天让北风吹。经过十几个寒暑的锻炼，脑子里淤血消散，脑震荡后遗症竟奇迹般地痊愈了。1985年10月,甘祖昌旧病复发,莲花县医院立即组织抢救。住院期间,新疆军区派人前来慰问,提出为甘祖昌在南昌盖房子,让他到南昌定居,甘祖昌摇摇头说:"感谢组织上和同志们对我的关心,我已经80多岁了,还盖房子干什么?为国家节省点开支吧。"

1986年春节过后,甘祖昌病危。在弥留之际,他嘴里仍在断断续续地说:"领了工资……留下生活费……其余全部买化肥农药,支援农业……我不要房子,不要给我盖房子……"

1986年3月28日,甘祖昌这位为中国革命事业奋斗一生的老战士,停止了呼吸,走完了他从农民到将军、又从将军到农民的全部战斗历程。[①]

一只铁盒子是甘祖昌留给妻子和儿女唯一的遗产,里面用红布包着3枚闪亮的勋章,那是1955年他荣获的二级八一勋章、二级独立自由勋章、二级解放勋章。

甘祖昌妻子龚全珍,山东烟台人。1937年参加革命工作,也是老革命。1957年8月,甘祖昌回乡务农时,龚全珍相随而归。那一年,她34岁。将军当农民,甘祖昌是新中国第一人。龚全珍完全理解和支持丈夫的决定,她说:"老甘不是一个普通的农民,正像他说的那样,'活着就要为国家做事情,做不了大事就做小事,干不了复杂重要的工作就做简单的工作,决不能无功受禄,决不能不劳而获'。"

龚全珍全力配合丈夫,也把自己工资的大部分花在支援农村建设上。回到莲花头几年,她没有做一件新衣服。

"当农民我不合格,但老甘艰苦奋斗、无私奉献、淡泊名利的精神我可以学。"龚全珍在家里待不住。"在新疆我是老师,到了莲花我还可以去教书。"她步行25公里到县文教局联系工作,被分配在九都中学任教。这所学校条件很差,只有3名老师,她却一点不嫌弃,第二天就搬铺盖去了学校,每逢周末才回家帮丈夫和孩子缝补衣服、料理家务。真切感受到甘将军对家乡眷恋之情的龚全珍,也把自己赤忱的爱投入到这片红土地。

2013年9月26日下午3时,北京京西宾馆会议楼前厅,中共中央总书记、国家主席、中央军委主席习近平亲切会见第四届全国道德模范及提名奖获得者。在热烈的掌声中,习近平发表了热情洋溢的讲话。讲话结束时,习近平把目光转向坐在第一排左边的一位老人。

---

① 来源:中国共产党新闻网,新华网2012年04月09日,《开国将军甘祖昌为何坚决要求回乡当农民?》,http://news.xinhuanet.com/politics/2012-04/09/c_122947071.htm。

习近平饱含深情地说，我刚才看到这位老阿姨，她就是我们的老将军甘祖昌的夫人龚全珍，她今年 90 多岁了，我看到她以后心里一阵阵地感动。

习近平对在场的 300 多位与会者介绍，甘祖昌是我们共和国的开国将军，江西籍的老红军。新中国成立后，他当了将军，但是他坚持回家当农民。我当小学生时就有这篇课文，内容就是将军当农民，我们深受影响。至今半个世纪过去，看到老阿姨现在仍然弘扬着这种精神，今天看到她又当选全国道德模范，出席我们今天的会议，我感到很欣慰。

习近平强调，我们要弘扬这种艰苦奋斗精神，不仅我们这代人要传承，我们的下一代也要弘扬，要一代一代传承下去。我再次向老阿姨表示敬意。

"老阿姨"的美名从此天下传扬！

三、保证军官薪金制、义务兵役制、军衔制的实施

在我军进行大规模转业复员基础上，按照建设现代化、正规化革命军队的要求，二十世纪五十年代，我军出台了三项重大的制度，即军官薪金制、义务兵役制和军官军衔制。

（一）由供给制改为薪金制中的政治工作

中华人民共和国成立前，我军长期处在战争环境里，官兵待遇基本平等，过着"军事共产主义"生活。中华人民共和国成立后，国家经过初步建设和改造，为我军提供了固定的经济来源，但在 1955 年以前，我军仍然实行着供给制，延续着"军事共产"体制。供给制条件下，我军干部供给标准主要采用资源配置，发放物品既不新鲜，也难以满足个人及家庭需要，有的则造成大量浪费。

1953 年底召开的全国军事系统党的高级干部会上，许多同志提出了实行薪金制的动议。中央军委副主席彭德怀在会议上指出：供给制在过去的很长时间内是正确的，但现在情况已经发生了变化。一方面我们已经有了统一的国家政权，国家的经济状况已经具备了保证军队建设和实行薪金制所必需的经费开支；另一方面，如果现在不实行薪金制，将使数以万计以军事工作为职业的军人，不能以自己的收入维护其家庭，那样将影响他们不能安心于军事工作。

1954 年 11 月 19 日，经中央人民政府军事委员会批准，国防部颁布了《中国人民解放军薪金、津贴暂行办法》，决定从 1955 年 1 月起实行军官薪金、战士津贴制度。

总政治部于 1954 年 12 月发出《关于实行薪金制对干部的宣传要点》，要

求各级党组织、政治机关在全军干部中进行宣传教育,明确我军在长期革命战争中实行供给制,过着极其艰苦的战时共产主义生活,这是由于当时的战争环境,没有统一的全国政权等条件决定的,当时是完全必要的和正确的。现在,实行干部薪金制具备了条件。对干部实行薪金制,是为了适应现代化军队建设的需要,使以军事工作为职业的广大干部长期地安心部队工作。同时也体现了"按劳分配"的社会主义分配原则,有利于克服部分干部中存在的"干不干,一斤半(粮食)"的思想倾向。另外,过去实行的供给制,一律按标准以实物供给,不能完全适合个人的需要,以至造成很大的浪费现象。改为薪金制后,除了保持军队装备统一和为维护军容一致而服装仍由国家统一发给外,军官其它个人的物质生活用品,可根据自己需要,用薪金自行解决,这样做不但可节约后勤工作的人力物力,而且可以养成军官精打细算的习惯,厉行节约,克服浪费现象。①

总政治部的《宣传要点》还要求全军广大干部:一要体谅国家困难,体会党、国家、人民对军队的关心和期望,认识到自己的重大责任。二要加强官兵团结。因为实行薪金制后,官兵的物质待遇有了明显差别,要对战士进行耐心的说服和教育。三要艰苦朴素,厉行节约。四要防止计较级别和薪金待遇的思想,树立不计较报酬,无条件为人民服务的思想。五要正确对待个人婚姻问题。六要正确对待非编单位与在编单位在薪金问题上的差别,服从中央军委的决定。

各部队根据总政治部的指示,向广大干部进行了宣传教育,统一了思想,提高了认识。

与此同时,总政治部还向全军下发了《关于军官实行薪金制和部队津贴调整的连队讲话要点》,要求各部队对军官进行宣传教育后,对战士进行广泛深入的宣传教育。

《关于军官实行薪金制和部队津贴调整的连队讲话要点》要求对官兵讲清几个问题:一是此次对干部实行薪金制,对军士和兵士的津贴标准进行适当调整,是我军后勤供应制度的一个很大的改进,是我军现代化正规化建设的一个重要措施,我们要坚决拥护。二是实行义务兵役制后,军士和兵是按照国家宪法和兵役法的规定服兵役,有一定的期限,服役期满复员后仍可谋得职业。三是对于超期服役的战士,在津贴调整上做了适当照顾,这是必要的,

---

① 胡长水:《建国以来军队建设的思路转换及其历史经验》,《中共党史研究》1996年第1期,第40—46页。

合理的。四是军官实行薪金制后,官兵生活有差别,并不违背我军官兵一致的光荣传统,因为官兵平等,主要是指政治地位上的平等,物质上的待遇在任何时候都不会也不可能完全平等的,就是在社会主义时期,也要按照"各尽所能、按劳取酬"的原则。因此,实行薪金制和对战士津贴调整后,要继续发扬尊干爱兵的光荣传统,使官兵更加亲密团结。①

各部队遵照总政治部的要求,对干部战士进行了反复的宣传教育,消除了误解,统一了思想认识。

与此同时,全军遵照中央军委的规定,根据统一的薪金标准,按级别定薪,加军龄补贴的原则,确定了每个干部的薪金数额,顺利地实行了薪金制。

(二)由志愿兵役制改为义务兵役制中的政治工作

我军实行的志愿兵役制度,是由决心为中国人民革命事业而献身的公民,自愿参加中国共产党领导的人民军队,长期服役,没有服役期限规定的兵役制度。这种制度在战争年代和新中国建立初期,对于扩大和补充我军兵员起到了极其重要的作用。但是志愿兵役制缺乏定期的征集和退伍制度,不便于积蓄强大的经过训练的预备兵员,使基层官兵年龄普遍偏大,不利于和平时期军队建设。义务兵役制是公民在一定年龄内,依照国家法律法令,承担一定期限军事任务的制度。

新中国成立之初,《中国人民政治协商会议共同纲领》就规定了在适当时机实行义务兵役制的原则。

1954年颁布的《中华人民共和国宪法》明确规定:"保卫祖国是每一个公民的神圣职责,依照法律服兵役是中华人民共和国公民的光荣义务。"1955年2月8日,第一届全国人民代表大会常务委员会第六次会议通过《中国人民解放军军官服役条例》,其中明确规定,军官是"以军队工作为其长期的甚至是终身的职业。"7月30日,第一届全国人民代表大会第二次会议通过了《中华人民共和国兵役法》。这些法律法规的通过,标志着我军历史上职业军官与义务兵的正式出现。这是中国历史上军事制度的一次重大改革。

尚在《兵役法》颁布以前,我国依据《宪法》精神,在1954年第四季度开始征集补充兵员工作时,就实行了由志愿兵役制向义务兵役制的过渡。为此,1954年10月,中共中央宣传部、中央军委总政治部发出《关于征集补充兵员的宣传要点》,宣传义务兵役制。《要点》指出:实行义务兵役制,能够使我

---

① 姜思毅主编:《中国共产党军队政治工作七十年史》第五卷,第33页,解放军出版社1992年版。

军获得广大的预备兵员,而且有了服役期限的规定,每年都有一批新兵入伍。每年也有一批经过训练的服役期满的士兵退伍,这样,人民解放军就成为工农青年的学校,培养出数量多、质量好的预备兵员,有利于建设一支优良的现代化革命军队,加强国防力量,保卫社会主义建设。实行义务兵役制,使公民的兵役负担公平合理,有了数量多质量好的预备兵员,平时可以减少军队的数量,节省人力,节省军费开支,有利于加速国家的工业化,加速国家经济建设。①

同月,总政治部发出《关于我军今冬进行兵役法(草案)宣传教育的通知》,要求各级党委、政治机关向全体指战员宣传国家兵役法(草案)的精神,重点是实行宣传义务兵役制的重大意义。《通知》要求将国家兵役法(草案)由各大军区翻印,发部队团以上党委参考,并深入基层进行宣传教育。

1955年2月7日,总政治部又向全军下发了《关于逐步推行义务兵役制和老战士分期复员的宣传要点》,要求各部队结合老战士复员工作,进行宣传教育,着重讲清:什么是义务兵役制?我们国家为什么要实行义务兵役制?为什么义务兵役制必须逐步推行等,使老战士明确分期的办法和复员的条件,克服等待复员和不安心工作的情绪,坚守工作岗位,等等。②

1955年7月30日,《中华人民共和国兵役法》正式颁布实施。由于之前在全国军民中进行了长时间的学习和宣传,广大指战员对实施义务兵役制有了正确的、比较充分的思想准备,从而顺利地实现了由志愿兵役制向义务兵役制的转变。

(三)1955年我军首次实行军衔制度

1955年9月27日,人民解放军进行了历史上的第一次授衔活动。如今首次军衔制已广为人知,但是,关于这一制度实施过程中的许多历史细节也许并不为一般人所了解。

实行军衔制,是部队正规化建设的具体体现之一,也是部队行军、训练与作战的需要。1955年2月8日,第一届全国人民代表大会常务委员会第六次会议通过的《中国人民解放军军官服役条例》规定:中国人民解放军军衔共分4等14级。具体为:元帅:中华人民共和国元帅、中华人民共和国大元帅;将官:少将、中将、上将、大将;校官:少校、中校、上校、大校;尉官:少尉、

---

① 姜思毅主编:《中国共产党军队政治工作七十年史》第五卷,第30页,解放军出版社1992年版。

② 同上书,第31页。

中尉、上尉、大尉。

根据《中国人民解放军军官服役条例》规定，设有的中华人民共和国大元帅军衔，只有毛泽东有资格担任。但毛泽东出于个人的谦虚与工作的需要考虑，不同意自己任大元帅。

授予元帅、大将军衔的人选由中央书记处提名，经中央政治局审议确定。授予元帅军衔者还由国务院总理周恩来于1955年9月23日提出建议，提请第一届全国人大常务委员会第二十二次会议根据《中国人民解放军军官服役条例》审议通过。关于什么样的人可以授予元帅军衔的问题，周恩来的提议和人大常委会的决定中都采用了相同的词句，即"创建和领导人民武装力量，领导战役军团作战，立有卓越功勋的高级将领"。

根据《军官服役条例》规定，授予上将至少尉军衔的条件主要有四项：一为现任职务；二为政治品质；三为业务能力；四为在军队中的服务经历和对革命事业的贡献。

按照干部任免权限，授予少将至上将军衔人员名单由总干部部和总政治部政治干部部分别提出，报请中央军委授予。担任总政治部主任和总干部部部长的罗荣桓直接负责这项工作。

当罗荣桓得知中共中央准备提名授予他元帅军衔时，立即给中央写信，说明自己参加革命较晚，对革命贡献不大，恳切地请求不要授予他这样高的军衔。

中央没有采纳罗荣桓的意见。命令公布后，罗荣桓没有将这看成是个人的荣誉，他诚恳地对总政治部的干部们说："我是总政治部主任，给我授元帅军衔，这主要是党中央和人民给予我们军队政治工作者的崇高荣誉。"①

由总干部部和总政治部政治干部部负责提出名单的少将至上将军衔人员共有1000余人。他们绝大多数于红军年代参加革命，也有少数人于抗日战争时期参加革命，还有一些少数民族干部以及起义将领，来自于各个"山头"。对这一千多人评衔，如何做到公平合理，基本符合本人基本情况，从而进一步调动广大干部的积极性，增强党内和军内的团结，是一件意义重大又十分细致复杂的工作。

面对这种复杂局面，罗荣桓在评衔过程中，始终坚持公道合理、实事求是，又兼顾五湖四海的原则，对每个人应当授什么军衔，主要是根据现任职务、

---

① 《当代中国人物传记》丛书编辑部编辑，《罗荣桓传》，第533页，当代中国出版社1991年版。

对军队的贡献、战功和现实德才表现,并适当考虑个人资历,同时又作全面衡量。罗荣桓要求干部部门按照上述原则,首先选出各类人员的标杆,然后按每个人的具体情况反复进行衡量比较,然后提出评定军衔等级的具体意见。对拟授上将、中将的234人,罗荣桓亲自主持,逐一研究讨论。对于少将军衔的评定,罗荣桓委托赖传珠、徐立清和萧华等研究讨论,遇到难以认定的问题,再由罗荣桓主持会议解决。

1955年9月27日下午5时,中南海怀仁堂举行了授予元帅军衔典礼。朱德、彭德怀、林彪、刘伯承、贺龙、陈毅、罗荣桓、徐向前、聂荣臻、叶剑英被授予元帅军衔。

与他们同一批授衔的,还有10名大将(粟裕、徐海东、黄克诚、陈赓、谭政、肖劲光、张云逸、罗瑞卿、王树声、许光达)、55名上将(王建安、李聚奎是后来补授的,连这二人在内共有上将57位)、175名中将和800余名少将。

元帅军衔的命令是以中华人民共和国主席的名义由毛泽东签发,毛泽东亲自授予;将官的军衔命令是以国务院总理的名义由周恩来签发,在京的将官由周恩来亲自授予;校官、尉官的军衔命令是以国防部长的名义由彭德怀签发的。全军各地驻军授衔和授勋的典礼,从10月22日起,分别在北京、南京、兰州、成都、广州、武汉、沈阳等七个地区举行。经军委第五十一次会议讨论决定:南京由刘伯承元帅主持;成都、兰州由贺龙元帅主持;北京由聂荣臻元帅主持;沈阳由叶剑英元帅主持;武汉由国务院副总理李先念主持。由他们代表毛泽东主席授予勋章,代表周恩来总理授予将官军衔,代表彭德怀国防部长授予校官、尉官军衔。中国人民解放军总部以及海军、空军、公安军、防空军、装甲兵、炮兵、工程兵、铁道兵的校尉级军官授衔典礼,由国防部副部长黄克诚大将代表国防部长彭德怀主持。

几乎与军官评衔工作同时,士兵的评衔工作也展开起来。士兵军衔主要分为2等5级:军士分为上士、中士、下士;兵分为上等兵、列兵。上等兵的评衔由连首长提名,上报营党委通过,由营首长命令公布;军士评衔由连首长提出初步意见,经党支部扩大会议讨论通过,报营党委审查,再报团党委通过,由团首长命令公布。全部工作在1955年10月底以前结束。

在1955年的授衔过程中,一些同志认为给自己授衔高了,主动要求低授一级军衔。其中徐向前、罗荣桓、叶剑英要求不授元帅军衔,徐海东、许光达要求不授大将军衔,徐立清要求不授上将军衔,孙毅要求不授中将军衔。最后评定的结果,除徐立清由上将降为中将之外,其余要求低授的同志在组织上做说服工作后，都授予了他们应授的军衔。

四、探索军、兵种政治工作

为了迅速改变我军单一步兵的状况，中央军委决定从1949年到1953年底，先后从陆军各部队抽调近20万名干部（包括随建制调配的干部），组建了海军、空军、防空军、公安军以及炮兵、装甲兵、工程兵、铁道兵、通信兵和防化兵等新的军兵种。在组建新的军、兵种的同时，既建立了适合新建军、兵种特点的政治工作机构，又配备了相应的政治干部，开展了政治工作，并在取得初步经验的基础上分别召开政治工作会议，就如何建设各军、兵种政治工作问题，进行了研究，确立了新建军、兵种政治工作的基本思路。各军、兵种政治工作会议普遍认为：

（一）新建军、兵种是整个人民解放军的一部分，必须坚持我军的建军宗旨、原则和优良传统作风，不能脱离我军的优良基础，另搞一套；同时新建军、兵种多是技术军兵种，不同于一般步兵，必须结合各自的特点，对我军政治工作加以充实和发展，不能停滞在原有步兵工作经验上。

（二）新建军、兵种技术性很强，掌握技术是建设新军、兵种的关键，政治工作必须把保证指战员学习和掌握技术作为自己的重要任务；政工干部必须学习技术、懂得技术，了解技术工作的规律和特点，深入现场，开展工作，真正把政治和技术结合起来，而不能袖手旁观，造成"两张皮"的状况。要鼓励大家学习技术，掌握技术，热爱技术，尊重技术，而不能轻视排斥和嫉妒技术；同时要教育技术干部努力提高政治觉悟，改造思想，树立为人民服务的人生观，克服单纯技术观点和轻视政治的倾向。

（三）要适应各军、兵种武器装备、编制体制、战术技术的特点，研究新的工作方法，建立新的制度，以便更好地发挥政治工作的作用。①

五、大规模组建军事院校培养干部

新中国成立初期，我军干部绝大多数经过战争锻炼。他们忠于党、忠于人民，具有高度的政治觉悟和献身精神，并在长期革命斗争中积累了丰富的经验，是我军现代化正规化建设必须依靠的骨干。但由于历史条件限制，他们大多数没有经过正规军事学校的训练，文化底子薄，专业基础差，现代科

---

① 姜思毅主编：《中国共产党军队政治工作七十年史》第四卷，第192—193页，解放军出版社1991年版。

学知识少，同现代化建设很不适应。为改变这种状况，中央军委从1949年到1953年底，组建了军事学院、后勤学院、军事工程学院和总高级步兵学校等上百所军事院校。1956年3月又创办了政治学院，担负培训全军中高级政治干部的任务，并任命罗荣桓担任政治学院院长。到1956年9月，全军院校已达157所，其中军事业务院校99所，政治院校6所，预备学校52所。到1957年3月，全军经过正规院校训练的干部已达15万人，占全军在职干部23.3%，另有在校学员20万人，两者合计占干部总数的三分之一。1957年全军整编后，对院校作了调整，撤销了原军事学院，组建了高等军事学院、空军学院和海军学院，还在原军事工程学院的基础上，组建了各军、兵种工程学院，大量培训工程技术干部。到1966年"文化大革命"前夕，军队院校调整为125所，经过正规院校训练的干部人数已达40多万人，占编内干部总数的42%，其中主官受训的比例更高一些。[1]

对军队院校政治工作，中央军委和总政治部从一开始就根据我军各个革命战争时期办学的经验，强调要以保证教学的完成作为中心，强调政治教育要以系统学习马克思列宁主义、毛泽东思想为主，以便从根本上提高干部的思想理论水平，其后，通过三次全军院校会议总结推广开展院校政治工作和政治教育的经验。1953年3月，总政治部经过反复调查研究，发出《关于加强学校政治工作与政治教育的指示》，要求：

  一是，"许多学校政治工作的主要缺点是工作一般化，是把一般部队的工作内容和工作方法照搬到学校。有的学校政治机关不是以领导和保证教学作为自己的中心，而只是忙于一般的政治运动和行政事务，离开教学计划去订政治工作计划，或者把教育学员的工作只当作训练部的事，不认为是政治部的责任。""因此，学校党委、支部和政治机关的工作计划，应当围绕着教学计划，围绕着教学中心。政治工作人员必须钻到教学活动中去，面向课堂、操场，面向教学班，哪里有教学活动哪里就有政治工作。政治工作人员要学习军事，学习技术，学习政治理论，在参加教学活动中，提高自己，发现问题解决问题，以实际行动做教学表率。"

  二是，"在学校进行政治理论教育，应该采取系统的、联系实际的、稳步前进的方针。"

  三是，"理论联系实际是政治教育工作的基本原则。在学习中要引导

---

[1] 姜思毅主编：《中国共产党军队政治工作七十年史》第四卷，第193页，解放军出版社1991年版。

学员领会课程内容和文件的精神实质，联系思想和工作，提高认识。""联系实际，既注意防止和纠正不重视读书和思考，尚未领会课程的精神，就急于去泛泛地检查思想，联系实际的偏向，又注意防止和纠正专抠名词，不重理解，光在文件词句上打圈子，不去联系实际，忽视改造思想的偏向。"

四是，各级领导机关要大力抽调有相当斗争经验和政治水平的干部，充当军事、政治教员的骨干，克服教员普遍量少质弱和只重视培备行政干部，不重视充实教员队伍的现象。""一切军事、政治、文化教员，都要按其德才，统一分出等级，给以应有的待遇。各级领导要充分保证他们有充分的备课时间，发给足够的参考书，让其参加必要的会议，阅读一定的文件，听取一些重要报告……使其能与现实斗争和广大群众保持联系。要提倡尊师爱生，纠正以资格和职位观念来对待教员的态度。"①

中央军委及总政治部的上述指示，是对新中国成立初期，我军院校政治工作和政治教育工作基本经验的总结，在我军院校发展史上具有重大的指导意义。后来的事实证明，哪个时候、哪个院校按照这个指示的精神做了，工作就前进，就有显著成绩，否则，离开了它，就会发生曲折，工作就会遭受损失。

六、开展以扫盲为重点的文化学习和普及小学教育

新中国成立前的 20 多年中，尽管战斗频繁，环境艰苦，各个部队仍然采取了许多办法进行文化教育。广大干部战士，利用战斗间隙、部队整训和行军休息，地作纸，树枝当笔，互教互学，练习写字，开展识字活动，阅读图书读物，减少了文盲，提高了文化和识字能力。但是，由于我军大多数干部战士出身贫苦农民和工人，入伍前被剥夺了学习文化的权利，处在文盲、半文盲境地上，而在长期残酷的战争环境中，部队根本不可能专门拿出时间进行文化教育，因而到全国解放时，我军官兵文化水平仍然很低。1951 年 12 月，总政治部《关于全军第二次宣传文化工作会议向毛主席的综合报告》所引材料显示：当时部队战士的文化程度，初小以下占 80%，其中识 500 字以下的尚有 30% 左右；干部中不及高小程度者约占 68%，其中初小以下还有 30%

---

① 姜思毅主编：《中国共产党军队政治工作七十年史》第四卷，第 194—196 页，解放军出版社 1991 年版。

左右。①

为了尽快改变这种状况,毛泽东在1950年夏指出:军队今后整训,首先以文化教育为主,在连、营、团、师、军、军区各级,普遍举办干部战士的在职文化学校,并由师以上领导机关抽调干部,举办速成文化学校。同年8月1日,毛泽东又以中央政府人民革命军事委员会主席的名义,颁布了由总政起草的、经他亲自审查修改的《关于在军队中实施文化教育的指示》,要求"全军除执行规定的作战任务和生产任务外,必须在今后一个相当时期内着重学习文化,以提高文化为首要任务,使军队形成一个巨大的学校。"按照这个指示,总部规定拿出教育时间的60%学习文化。从1951年1月起,在3年之内,使战士及初小文化以下的干部,达到高小,使相当于高小程度的干部达到初级中学程度,然后再继续提高;采取"速成的、联系实际的但又是正规的"教育方针,其中"但又是正规的"是毛泽东在审修时亲笔所加。这个指示下达后,全军从1950年下半年开始,在短短的几个月时间内,调配了5万多名文化教员,编印了200余万册文化课本,组建近40所文化学校,建立了相应的文化学习的组织领导机构。但由于不久爆发了抗美援朝战争,为适应战前训练需要,军委及总政调整文化教育方针,但仍然规定文化教育时间应占10%,突出以干部为重点,坚持在职补习与离职学习相结合。到1951年底,全军干部基本上达到了高小程度,战士达到了初小水平。

抗美援朝战争结束后,我军再次兴起学习文化高潮。从1952年6月至1953年5月,"全军除海、空军及雷达部队有文化者外,均执行以文化教育为主的方针",并确定文化教育占全部训练时间的50%。据此,总政治部同年12月5日颁发《1952年度部队文化教育计划大纲》,要求全军普遍扫除现有干部、战士中的文盲。按照这一指示,全军参加学习的官兵约有150万人(其中干部32万人),占应学习人数的80%以上。全军师以上单位先后创办了262所文化速成学校(包括速成小学和中学),许多团级单位举办了文化学校或文化轮训队;营、连在职干部和战士按文化程度统一编班,参加学习。全军还选调14万名知识分子干部担任文化教员和其他文教工作。②

广大干部、战士在"建军备战学文化"和努力"攀登文化山"、攻克"文化堡垒"的口号鼓舞下,表现了高度的学习积极性。他们起早贪晚,节假日

---

① 姜思毅主编:《中国共产党军队政治工作七十年史》第四卷,第201页,解放军出版社1991年版。

② 同上书,第203页。

不休息，甚至出差、探亲、开会、住院，也都"书本随身带，有空学起来"。在营房里，在阵地上，在田野间，在火车、轮船上，到处都可以看到埋头学习的动人情景。许多身经百战，工农出身的老红军、老八路身有残疾，仍然不畏艰难坚持学习。

有一位军分区司令员，在战争中失去了右臂，生活自理有困难，仍然和干部战士一起，认真听课，虚心求教，以顽强的毅力刻苦学习，取得了很好的成绩，被华东军区树为学习标兵。

广大教员和教学工作人员，在为工农兵服务、为国防建设做贡献的思想指导下，和学员打成一片，摸规律，想办法，改进教学方法，提高了教学效果。整个学习运动，发展健康，有始有终，结果圆满。这是我军历史上第一次大规模的文化教育运动。

通过文化学习，部队文化水平得到了明显提高。大多数部队，基本消除了文盲、半文盲。参加学习的32万名干部，有22万人由文盲、半文盲上升到高小语文程度或高小毕业程度，有6万多人成为新培养起来的初中生。全军初小语文、算术两门毕业以上的，由32.6%增加到63.6%。学习成绩突出的"塔山英雄团"，有98%达到高小语文毕业水平。[1]

随着部队文化水平的提高，许多干部、战士自己能读书、看报、写笔记了，视野也开阔了，部队中一度盛行的"大老粗吃不开""文化低没前途"的论调逐渐消失，建设现代化国防军的信心大为增强。许多工农出身的干部、战士，从陆军调到海军、空军后，因为文化程度低而不安心工作，学习文化后有了明显的转变。华东军区有个战士写体会抒发自己学习文化后的心情："文化好比照明弹，照得心里亮晶晶，文化好比望远镜，望得远来看得清；打开文化宝库门，科学知识取不尽，登上文化高山顶，四面八方分外明。"有的同志描述道："学习前，有的教导员上政治课，掰着手指头记问题；有的营参谋长作计划，用画符号来代替；有的连长讲军事课，像演'双簧戏'，让文书念课文，自己讲解内容。经过文化学习。这种现象大大减少了。"[2]许多干部都能写出几百字或上千字的讲课提纲，制订简要的训练计划，讲话办事有条理，布置工作能抓住要点，收集汇报和听课能记个概要。至今，有些工农出身的老干部，还很怀念这次学习，认为自己能够长期在部队工作，是和这一段学习文化打

---

[1] 姜思毅主编：《中国共产党军队政治工作七十年史》第四卷，第204页，解放军出版社1991年版。

[2] 同上。

下的基础分不开的。文化学习还使干部战士求知欲大为增强。学习后,许多连队书报供不应求,文化生活也大大活跃,墙报内容丰富了,自编自演的节目增多了,并且出现了一些战士作家。《半夜鸡叫》的作者高玉宝,学习前是文盲,连自己的名字都写不好,学习后在别人帮助下写出了一些好作品,成为颇有名气的文艺战士。大规模文化教育和学习,为我军现代化、正规化建设发展发挥了重要作用。

七、组织开展系统的政治理论教育

"理论是行动的指南"。马克思列宁主义是我们党的理论基础。组织指战员学习和掌握马克思列宁主义、毛泽东思想的基本理论,是军队思想政治建设的根本任务。

在1948年至1950年期间,许多部队就普遍组织新参军的知识分子和国民党起义、投诚的旧军官学习社会发展史(历史唯物主义)和毛泽东关于新民主主义革命的理论与政策,收到了很好的效果。1950年11月,总政罗荣桓主任在全军第一次宣教文化工作会议的讲话中,首次提出了在全军范围内加强干部理论教育的问题。他指出:

> 为了培养干部,为了部队建设的长远打算,必须在各级干部中有领导有系统地进行马列主义、毛泽东思想的政治理论教育。这是提高干部政治觉悟水平和工作能力的根本建设,是提高部队战斗力,完成各项任务的重要保证。①

经过这次会议认真讨论,统一认识,总政治部在同年12月所发《关于1951年全军政治工作方针与任务的指示》中,即把"加强干部理论教育,有计划地培养干部"作为全军政治工作的一项重要任务。

1951年1月和4月,总政治部又在所发的《关于1951年部队政治教育指示》和《关于1951年部队干部理论教育的补充通知》中,强调"干部政治理论水平高低、党性强弱、思想意识与领导作风是否正派,对部队的工作有决定影响。政治理论教育是提高干部工作能力,思想政策水平、纠正各种偏向和工作缺点的根本环节",因此"干部政治理论教育须占部队政治教育的首要地位"。同时指出:"战士政治教育,亦须注意打好基础",同时还规定,所有干部,凡文化程度在高小以下者,以学习文化为主,高小毕业以上者,均以

---

① 《当代中国人物传记》丛书编辑部编辑:《罗荣桓传》,第517—517页,当代中国出版社1991年版。

政治理论学习为主，按其理论程度分别编入初、中、高三个班次。初级班学习《政治常识》；中级班学习《社会发展史》；高级班选修《毛泽东选集》《联共（布）党史》《政治经济学》《思想方法论》，并于本年内首先学好毛泽东的《实践论》。①

为了保证学习的正常进行，全军绝大多数单位都根据总政的规定配备了理论教员，基本上做到团的单位有一名初级教员，师的单位有一名中级教员，军级单位有一名学习顾问。据统计，到1953年4月止，全军共培训2300余名理论教员。总政治部从1950年底起，先后举办了4期理论教员训练班，为全军培训了800多名理论骨干。总政宣传部还集中人力编写了《历史唯物论》和《中国共产党党史》教学提纲，供院校和部队学校使用。总政治部和各大军区，还在宣传部门内设立了专管院校学员和在职干部政治教育的机构和讲师团、组，辅助各单位组织干部理论学习。

1951年底，总政治部召开的第二次宣教文化工作会议，按照罗荣桓的意见，提出了"系统的、联系实际的、稳步前进的"干部理论教育方针。同时鉴于1952年全军要进行整党和精简整编，故要求一般干部主要是在整党中学好《共产主义与共产党》，但仍然提出整党后，按照高、中级班的班次分别学习一部分《中国共产党党史》《毛泽东选集》和《社会发展史》。

1952年12月，总政治部在《关于1953年全军政治工作任务的指示》中，规定1953年内所有有阅读能力的高级干部，都要在学习斯大林《苏联社会主义经济问题》和苏共十九次代表大会文件以后，学习毛泽东著作（以中共党史为线索）。

1953年5月，总政治部在《关于1953年下半年实施正规训练中的政治工作指示》中，重申干部"教育（应）着重于系统的基本理论教育，改变过去那种以临时的突击的宣传鼓动为主的情况"。6月，总政治部又在《1953年部队政治教育计划》和《关于今后部队战士政治教育的目的与教材问题的规定》中，要求"一切整训部队，从1953年起，都要采用系统的、联系实际的、稳步前进的方针，在干部中经常进行政治理论教育。"并规定政治理论教育以《政治常识》《历史唯物论》《中国共产党历史》（以毛泽东著作为基本教材）为目前时期的基础课程。部队一切在职干部，在今后的二、三年内，都要至少学完其中的一门课程；高级干部学完《毛泽东选集》第一至四卷。战士则按总

---

① 姜思毅主编：《中国共产党军队政治工作七十年史》第四卷，第213页，解放军出版社1991年版。

政编写的《中国人民解放军》《中华人民共和国》《世界两大阵营的斗争及其前途》等三册政治教材（每年一册），进行系统的爱国主义、国际主义和共产主义教育，以便有步骤地达到提高他们政治觉悟的目的。

从1951年开始，延续三年的全军政治理论教育，虽然有时因为进行政治运动和其他学习而被挤掉，加上不少同志在学习中存在着"工作忙，钻不进，不习惯"等困难，因而在有些单位中曾出现所谓"一紧、二松、三垮台"三部曲，即学习时紧时松，时断时续的状况。但总体来看，效果还是明显的。多数干部经过几年的坚持，已经系统学了《社会发展史》《政治常识》《中国革命问题》《中国共产党历史》（含《毛泽东选集》）等课程中的一至二或三门课程，初步弥补了过去理论知识不足的缺陷，增强了继续学习理论的信心和决心。经过学习，许多同志感到，因为提高了理论，现在对于毛泽东提出的"夺取全国胜利，这只是万里长征走完第一步"，"人民解放军永远是一个战斗队"等重要要想，有了进一步的领会；对于干部本身所存在的居功骄傲、停滞不前、革命到头等错误思想，也能从理论上分析其产生的原因和危害，提高了改造思想和执行党的任务的自觉性。一些学了哲学的同志体会到，哲学中的命题也就是实际生活中的问题，党中央教导我们要走群众路线，从实际出发，从群众中来，到群众中去，要抓住中心环节全面客观地发展地去分析问题等等，也就是辩证唯物主义和历史唯物主义在实际工作中的体现，从而为自觉改进思想作风和工作作风，提供了理论武器。

八、毛泽东强调："酸菜里面就出政治，就出模范"

随着新中国的建立，特别是抗美援朝战争的胜利，国家的政治、经济、文化、安全等形势有了根本性的好转，我军开始正规化现代化建设的进程，部队里有的干部战士思想开始活跃，继续革命思想、艰苦奋斗思想、牺牲奉献精神、官兵一致传统等等有弱化的苗头。毛泽东对这种情况十分警惕，在推进人民军队正规化现代化建设的同时，他始终关注人民军队的革命化建设。这个时期，他发表了两个著名的讲话，影响深远。

1956年11月15日，毛泽东在中国共产党第八届中央委员会第二次全体会议发表讲话，提出了"酸菜里面就出政治，就出模范"的思想。他说：

> 我是历来主张军队要艰苦奋斗，要成为模范的。一九四九年在这个地方开会的时候，我们有一位将军主张军队要增加薪水，有许多同志赞成，我就反对。他举的例子是资本家吃饭五个碗，解放军吃饭是盐水加

一点酸菜,他说这不行。我说这恰恰是好事。你是五个碗,我们吃酸菜。这个酸菜里面就出政治,就出模范。解放军得人心就是这个酸菜,当然还有别的。现在部队的伙食改善了,已经比专吃酸菜有所不同了。但根本的是我们要提倡艰苦奋斗,艰苦奋斗是我们的政治本色。锦州那个地方出苹果,辽西战役的时候,正是秋天,老百姓家里很多苹果,我们战士一个都不去拿。我看了那个消息很感动。在这个问题上,战士们自觉地认为:不吃是很高尚的,而吃了是很卑鄙的,因为这是人民的苹果。我们的纪律就建筑在这个自觉性上边。这是我们党的领导和教育的结果。人是要有一点精神的,无产阶级的革命精神就是由这里头出来的。一个苹果不吃,饿死人没有呢?没有饿死,还有小米加酸菜。在必要的时候,在座的同志们要住棚子。在过草地的时候,没有棚子都可以住,现在有棚子为什么不可以住?军队这几天开会,他们慷慨激昂,愿意克己节省。军队这样,其他的人更要艰苦奋斗。不然,军队就将你的军了。在座的有文有武,我们拿武来将文。解放军是一个好军队,我是很喜欢这个军队的。①

1957年3月,毛泽东视察济南、南京等军队和地方一些单位,针对实行军衔制和其他一些制度以后,部队官兵关系、军民关系、上下级关系等出现的一些消极问题,他发表了一系列讲话。

3月18日,他在济南党员干部会议上辛辣地批评了有些人"闹地位,闹名誉,讲究吃,讲究穿,比薪水高低,争名夺利"的问题,提出"革命党以饿不死人为原则。人没有饿死,就要做革命工作,就要奋斗""共产党就是要奋斗,就是要全心全意为人民服务,不要半心半意或者三分之二的心三分之二的意为人民服务"的思想。

毛泽东指出:

> 我们党现在准备开展一次整风运动。整风是用批评和自我批评解决党内矛盾的一种方法,也是解决党同人民之间的矛盾的一种方法。这次整风,就是整顿三风,整顿官僚主义、宗派主义和主观主义。要经过整风,把我们党艰苦奋斗的传统好好发扬起来。因为革命胜利了,有一部分同志,革命意志有些衰退,革命热情有些不足,全心全意为人民服务的精神少了,过去跟敌人打仗时的那种拼命精神少了,而闹地位,闹名誉,讲究吃,

---

① 《毛泽东军事文集》第六卷,第367—368页,军事科学出版社、中央文献出版社1993年版。

讲究穿，比薪水高低，争名夺利，这些东西多起来了。听说去年评级的时候，就有些人闹得不像样子，痛哭流涕。人不是长着两只眼睛吗？两只眼睛里面有水，叫眼泪。评级评得跟他不对头的时候，就双泪长流。在打蒋介石的时候，抗美援朝的时候，土地改革的时候，镇压反革命的时候，他一滴眼泪也不出，搞社会主义他一滴眼泪也不出，一触动到他个人的利益，就双泪长流。听说还有三天不吃饭的事情。我说，三天不吃饭，没有什么要紧，一个星期不吃饭就有点危险了。总而言之，争名誉，争地位，比较薪水，比较吃穿，比较享受，这么一种思想出来了。为个人的利益而绝食，而流泪，这也算是一种人民内部的矛盾。有一出戏，叫《林冲夜奔》，唱词里说："男儿有泪不轻弹，只因未到伤心处。"我们现在有些同志，他们也是男儿（也许还有女儿），他们是男儿有泪不轻弹，只因未到评级时。这个风也要整一下吧。有泪不轻弹是对的，伤心处是什么？就是工人阶级、广大劳动人民危急存亡的时候，那个时候可以弹几滴眼泪。至于你那个什么级，就是评得不对，你也要吞下去，眼泪不要往外头流，要往里头流。世界上是有许多不公道的事情，那个级可能评得不对，那也无须闹，无关大局，只要有饭吃就行。革命党嘛，以饿不死人为原则。人没有饿死，就要做革命工作，就要奋斗。一万年以后，也要奋斗。共产党就是要奋斗，就是要全心全意为人民服务，不要半心半意或者三分之二的心三分之二的意为人民服务。革命意志衰退的人，要经过整风重新振作起来。①

3月20日，毛泽东在南京召集党员干部会议，提出了"我们要保持过去革命战争时期的那么一股劲，那么一股革命热情，那么一种拚命精神，把革命工作做到底"的著名论断，对搞好新形势下的上下级关系、官兵关系、军民关系、军地关系提出了明确的要求。

毛泽东略带风趣地说：

我们要保持过去革命战争时期的那么一股劲，那么一股革命热情，那么一种拚命精神，把革命工作做到底。什么叫拚命？《水浒传》上有那么一位，叫拚命三郎石秀，就是那个"拚命"。我们从前干革命，就是有一种拚命精神。每一个人有一条生命，或者六十岁，或者七十岁，或者八十岁、九十岁，看你有多长的命。只要你还能工作就多多少少应当

---

① 中共中央文献研究室编：《毛泽东文集》第七卷，第284—285页，人民出版社1999年版。

工作。而工作的时候就要有一股革命热情，就要有一种拼命精神。有些同志缺乏这种热情，缺乏这种精神，停滞下来了。这种现象不好，应当对这些同志进行教育。

全党都要加强政治思想工作。今天军队的同志到会的很多。军队里头怎么样？平时的政治工作跟战时的政治工作是不是有些不同？在战时，要密切联系群众，要官兵打成一片，军民打成一片。这时候，我们有一些缺点，人民还谅解我们。现在是平时，又不打仗，就是训练，如果不坚持密切联系群众，人民对我们的缺点很自然地就难于原谅了。现在实行了军衔制度和其他一些制度，但是，上级跟下级还是要打成一片，干部跟士兵还是要打成一片，还是要准许下级批评上级，士兵批评干部。比如开个党代表大会，给他们一个批评的机会。陈毅同志在"三反"的时候讲得好，他说，我们发号施令多少年都可以，现在让下级批评我们一下，批评一个星期，可不可以？他的意思是说，应当是可以的。我赞成这个话，就是让下级批评我们一个星期。在大家批评之前，先准备一下，作一点报告，讲一讲自己有什么缺点，无非是一二三四，有那么几条。然后同志们发言，补充一些，批评一下。群众是公道的，他们不会把我们的历史丢掉。连排长也要给战士们一个批评的机会，最好一年有这么一回，开这么几天的批评会。军队里头的这种民主，我们曾经搞过，结果是有益的。不要因为有了军衔制度和其他一些制度，而使上下级、官兵、军民、军队同地方的密切关系受到损害。毫无疑义，上下级的关系应当密切，应当是一种同志的关系。干部跟战士的关系应当密切，应当打成一片。军队跟人民、跟地方党政组织的关系，也应当是密切的。

我们的同志应当注意，不要靠官，不要靠职位高，不要靠老资格吃饭。说资格老，多少年革命，这个资格也是可靠的，但同时我们不要靠它。你资格老，几十年，那是真的。可是，你有一天办了一些糊涂事，讲了一篇混账话，人民还是不谅解你。尽管你过去做过多少好事，职位有多么高，你今天的事情办得不好，解决得不对，对人民有损害，这一点人民就不能原谅。因此，我们的同志不要靠老资格吃饭，要靠解决问题正确吃饭。靠正确，不靠资格。靠资格吃不了饭，索性不靠它，等于还是什么官都没有做，就是不摆老爷架子，不摆官僚架子，把架子收起来，跟人民见面，跟下级见面。这一条，我们的干部要注意，特别是老干部要注意。一般来说，新干部没有这种包袱，比较自由。老干部对新干部要处在平等的地位。有很多东西,老干部不如新干部,要向他们学习。①按照党中央、中央军委的部署,全军加强了军队现代化建设中的政治工作。1956年10月,总政治部向全军发出《关于传达和学习"八大"文件的通知》,要求部队重点了解和掌握以下几个问题:

1. 进一步认识新时期军队的任务和建设方针

《通知》提出:

> 我军在这个新时期的任务就是,"保卫祖国的社会主义建设,保卫国家的主权、领土完整和安全,随时准备解放台湾,巩固国内和平秩序。""我国人民需要一个持久和平的环境进行社会主义建设,也需要一支现代化的革命军队应付可能突然发生的事变,保卫社会主义。""因而我们既要抓紧军队的现代化建设,又要在军队的建设中,适应国家经济建设的要求,尽量节约,反对浪费。一切军事措施,都要照顾人民的生产利益和生活利益,保持我军同人民的密切联系,发扬人民军队克勤克俭、艰苦朴素的作风,推动我军的现代化建设顺利发展。"②

2. 明确新时期军队建设中必须坚持的若干重要制度

"第一,坚持党委统一的集体领导下的首长分工负责制。"

"第二,坚持我军的政治工作制度。""军队政治工作,实际上就是党在军队中的工作,政治机关就是党的工作机关。""政治工作必须为军队的战斗和各项工作服务。军队政治工作的任务,只能依据军队的基本任务和各项具体任务去规定。""为着正确发挥政治工作的作用,在我军中,不允许有轻视或削弱政治工作重要地位的倾向,同时,也要防止不适当地强调政治工作特殊地位和特殊权力的倾向。政治工作必须主动地与军事工作保持融洽协调的关系,并要善于组织全体军人参加政治工作,只有如此,政治工作才能充分发挥作用、完成自己的任务。"

"第三,坚持军队的民主制度。""中国人民解放军是一支有坚强革命纪律的军队,又是一支有高度民主生活的军队。""我军之所以必须实行民主,就是因为我军进行的事业是六亿人民解放的伟大事业,我军所执行的任务是用战争方式摧毁反革命武装力量的艰巨任务。要完成这个伟大的事业绝非少数人的智慧所能办到,必须依靠全军成员对于革命事业

---

① 《毛泽东文集》第七卷,第285—287页,人民出版社1999年版。
② 姜思毅主编:《中国共产党军队政治工作七十年史》第五卷,第102—103页,解放军出版社1992年版。

的高度积极性和创造性。而要达到这个目的，就必须实行集中领导下的民主制度。过去是如此，今后也必须如此。"

3. 正确认识和处理政治与军事、政治与技术的关系

《通知》指出：

现代化的本身是没有阶级性的，人民的军队有现代化，资产阶级的军队也有现代化。从军队的装备、编制来说，它们是大同小异的；军队内部的许多制度、内务礼节、指挥关系，如果只从外表来看，也是大体相同的。所不同的，就是在这些制度、形式的里面体现着不同的内容与不同的政治关系。就我军来说，其主要特征就是对部队进行马克思列宁主义的革命精神教育，就是官兵一致、军民一致、友我一致的原则，就是党的领导与革命的政治工作，等等。

《通知》强调：

"在现代战争中，技术条件的重要性大大地提高了。没有现代的技术装备，没有高度技术水平的诸军兵种协同作战，单靠人的勇敢是不能在战争中取胜的。""但是，我们强调技术的重要性，并不是主张可以降低人的作用、政治因素的作用。相反的，人的因素始终是战争中的决定因素，经常起作用的因素。在技术条件日趋复杂，兵种增多、战争更加残酷的条件下，更需要发挥人的作用。技术是由人来掌握的，任何新的技术只有同人结合，才能发挥作用。战争中的能动性与作战中的协同也是建立在人和人在政治上的团结一致这一基础之上的，没有这一点，就谈不上战争中的能动性，也就没有作战中真正的协同。"

4. 进一步密切军队同人民、军队同地方的关系

《通知》列举了一些部队脱离人民群众的倾向，认为：

"军队人员如果长期同人民群众、同社会实践隔离，不能直接获得生产与社会斗争实践的知识和锻炼，觉悟程度就一定不能提高，政治就一定落后，甚至要发生倒退。这样，对于一个执行政治任务的革命军队来说是极其不利的，是危险的。"

《通知》要求：

"我军进行现代化建设以来，军队的指挥虽然已经高度集中，但是军队的任何部分仍需像过去一样接受当地的党组织、政府和群众团体的监督。不得借口指挥上的集中而拒绝这种监督。"

5. 在军队现代化建设中必须加强学习

《通知》指出：

"现代化革命军队，不仅必须用现代科学技术装备起来，还必须用马克思列宁主义、现代军事科学武装起来。因此，学习就成为我们压倒一切的任务，我们除加强马克思列宁主义和毛泽东著作的学习以外，必须加紧学习现代军事科学技术，学习现代化军队的作战指挥和新的军事制度。如果我们不加紧学好这些东西，就不能掌握和使用最新式的武器和指挥现代化军队作战，因而也就不能把我军建设成为优良的现代化革命军队。"

6. 克服主观主义、官僚主义和命令主义的作风

《通知》指出：

军队现代化建设中，在训练工作和学校教育工作中存在着教条主义和形式主义的作风。我军实行新的战略转变中所产生的某些偏向，在很大程度上同这种作风有联带关系，就是说，是在这种作风的思想基础上产生出来的。此外，在我们工作中还存在主观主义、官僚主义和命令主义的作风。……对于这些坏的作风，必须加以纠正和克服。[①]

1957年2月27日，毛泽东发表关于正确处理人民内部矛盾的讲话；3月12日，又在中国共产党宣传工作会议上发表重要讲话；3月18日和20日，分别在济南和南京党员干部会议上发表讲话。

总政治部组织全军认真学习了这些讲话，并对军队内部的各种矛盾和军政军民关系方面的矛盾进行了疏理和认真的调查研究。认为，当前军队中的矛盾，较为突出的是官兵关系方面的矛盾，领导机关与部队、领导干部与被领导干部之间的矛盾，军民关系方面的矛盾。

罗荣桓对解决军队内部矛盾的问题极为关注。1957年4月，他在病中指示《解放军报》的有关同志要多抓思想工作，注意解决官兵关系、军民关系以及军队与地方之间存在的问题。

1957年春，谭政带领一批机关干部深入部队调查研究，向中央军委和党中央作了《关于当前部队官兵矛盾和军民矛盾的考察报告》，提出了解决官兵关系的十二项措施和解决军民关系的八项措施。

解决官兵关系的十二项措施是：

---

① 姜思毅主编：《中国共产党军队政治工作七十年史》第四卷，第102—111页，解放军出版社1992年版。

第一，建立士兵代表大会制度。规定今后一般可以团为单位建立士兵代表大会制度，每年开会两次。这样，配合一年一度的连队民主检查，对于消除官兵之间的隔阂，巩固团结，是有很大帮助的。

第二，认真严肃地处理士兵的控诉、要求与建议。

第三，关于对士兵过失的处理和对落后分子的态度问题。

第四，对几种处分方式、斗争方式要加以限制。有些部队任意使用队前批评、队前警告、禁闭、群众斗争这几种方式来处理士兵的问题。考察起来，凡是使用这些办法处理士兵问题的，十有九回、甚至十有十回达不到教育的目的，不仅不能解决矛盾，反而扩大矛盾，并且往往成为自杀、行凶的直接起因。所以今后对此应加以控制。有些错误凡当众公布会使犯错误的人无地自容的（如偷窃、与女人有勾搭等），在一般情况下，不要随便公布出去。

第五，在连队必须实行干部同士兵一起劳作的制度。

第六，加强军官家属的管理教育工作。

第七，改善新兵教育。新兵军事生活习惯的养成，组织纪律性的锻炼与胆量的锻炼，应当是有步骤的，并且采取诱导的方法达到目的，不能性急，不能蛮干。

第八，军委过去颁布过一些条令，现在着手修改。凡规定不当的，如战士吃完饭要整队出食堂，睡觉也要听口令统一动作等，都应加以取缔和废止。

第九，加强干部的法制教育，使之严格遵守法制。

第十，步兵学校、军士教导营要增加"怎样带兵"一课。

第十一，加强思想教育工作。

第十二，各级领导人要多到下面去活动。①

《考察报告》提出的解决军民关系的八项措施是：

第一，军队方面要有人出席或者列席驻地的各级人民代表大会，听取人民意见。

第二，军队一定的单位（如师、团或分散部分的营、连）应与驻区附近的合作社建立固定的联系，经常给予支援，及时处理军民纠纷，并使官兵从劳动中、与群众接触中得到学习与提高。

---

① 姜思毅主编：《中国共产党军队政治工作七十年史》第五卷，第119—122页，解放军出版社1992年版。

第三，军队所占用的土地、规定的禁区和借用的民房，要逐个地进行检查，适当地调整和紧缩，让出可以让出的部分。

第四，靶场射击对人民生产有妨碍时，应同当地政府、合作社进行协商，共同议定打靶的时间和地点，求得军队训练和人民生产两不误。

第五，既要教育部队提高警惕，又要教育严格分清敌我，不要把人民群众当作盘算、打击的对象。

第六，协同地方有关部门和报刊加强军事宣传，……便于军民之间互相理解、互相支援。

第七，海边防警卫中的各种制度和做法，凡不利于团结人民、对敌斗争的，均应改变。

第八，教育军官找恋爱对象时：(一)不要到中等学校去找正在求学的女学生;(二)不要以金钱物资作恋爱的手段;(三)不要破坏人家的婚约。结婚以后要教育家属过俭朴生活，不要摆架子脱离群众，在城市居住的，一定要服从街道组织的管理。①

1957年6月13日，中央军委向全军批转了谭政主持起草的这个报告，要求全军把解决官兵矛盾、军民矛盾作为重点，结合整风，认真纠正干部中的主观主义、官僚主义和宗派主义，进一步增强官兵团结和军政军民团结。

---

① 姜思毅主编：《中国共产党军队政治工作七十年史》第五卷，第122—123页，解放军出版社1992年版。

第二十三章　刘亚楼与人民空军作风建设

1949年7月，时任第四野战军第十四兵团司令员的刘亚楼受党中央、中央军委派遣，负责组建人民空军，并于10月任空军司令员，先后担任中共空军第一、二、三届委员会委员、常委、书记，不幸于1965年患肝癌，英年早逝。他担任空军司令员及党委书记期间，以高度的革命事业心和工作热情，投身空军建设事业，踏踏实实、勤勤恳恳、任劳任怨，既讲究革命干劲，又重视求实精神，在新中国空军史上留下了浓重的一笔。在他和空军党委的领导下，空军成为当时全军建设的"标兵"。1964年3月13日，总参谋部、总政治部、总后勤部在北京联合召开学习空军经验报告会，刘亚楼代表空军党委在人民大会堂向首都军民介绍了空军建设的经验。他病逝以后，空军党委专门作出向刘亚楼同志学习的决定，充分肯定了其历史功绩。

刘亚楼的治军特点非常鲜明，突出表现为对部队作风建设的重视。正如他在北京介绍经验时所指出的，"作风是一种经常起作用的东西，是一种无形的巨大的力量。"他和空军党委一道，倡导并培养了一系列具有空军特色的工作作风，如：艰苦奋斗、勤俭节约；谦虚谨慎、戒骄戒躁；严格要求、认真负责；雷厉风行、令行禁止；严谨细致、精雕细刻等。这些做法为人民军队和平时期建军积累了宝贵的经验。

一、"不当'败家子'，不要滥用中央、军委的信用"

组建空军，是新中国国防建设的一件大事，党和国家十分关心，提出要尽最大可能满足建军的人、财、物需要。毛泽东主席曾经亲自交代刘亚楼："空军的基础如何，起步快慢，关键是看你航校办得什么样。你的当务之急，首先要选好办校的人。这方面有什么困难,可以直接找我。"刘亚楼提出航空学校缺乏得力的政工干部,希望主席关照。毛泽东为此专门指示总政治部:在全军范围内挑选最适当的人选,担任航校政治委员。航空学校缺少政治教员,刘亚楼向党中央、毛泽东主席写报告,建议从北京高等学校选调18至24名政治教员给6个航校。毛泽东第二天就做出批示:"同意这样调人,请安子文、陆定一、刘亚楼三人会议一次,决定调人办法,由安子文召集。"①1952年2月,毛泽东还亲自与肖劲光等海军领导人商量,把准备购买舰艇的外汇转用于买飞机。

党中央、毛泽东如此重视空军的建设,刘亚楼始终保持清醒的头脑,他说:"我们一再提倡不当'败家子',不要滥用中央、军委的信用。"1949年10月,在他提议下,空军专门就经费支出规定了三条原则:一、时刻照顾到国家整个财政经济困难的情况;二、只开支为建设空军所十分必要的款项,而一切可以缓办或不办的,都推迟或不办;三、必须照顾到广大陆军现实的物质生活条件,空军在物质生活方面绝对不能突出、不做败家子。②

在刘亚楼倡导下,年轻的人民空军在艰苦奋斗、勤俭建军方面采取了很多措施:

对机场规格实行革命。1960年以前,空军修建机场都是按照苏联空军修建机场的规格计算跑道的长度、宽度、坡度和净空度,照这一规格修机场,要求条件比较苛刻,场地难选,占地面积也太大,给国家造成浪费。比如在西藏修机场,请苏联专家计算的结果是需要8500米的跑道,可是在那样的高原地区,很难找这么一块地方。苏联专家专门打电报请示国内专家,也说是9000米差不多。苏联的飞机设计师到中国来了,空军的人问他:"你设计的那种飞机在海拔4000多米高的机场上,究竟需要用多长的跑道?"他说,他设计这种飞机的时候,根本没有想到要在这么高的地方起落。专家们这些"差不多""没想到"的回答,促使刘亚楼和空军党委开始反思以前那种一味迷信苏联规格的做法。经过深入调查研究,多方面征求国内专家的意见,1960年12月,刘亚楼提出要对机场规格实行革命,他说:"现行机场修建的'四度'(跑道的长度、宽度、坡度、机场的净空度)条件要求太高,占地面积太大,营房修建标准偏高,浪费国家资财,难以找到场地,而且容易养成部队的娇

---

① 空军《刘亚楼军事文集》编辑组编:《刘亚楼军事文集》,第203页,蓝天出版社2010年版。

② 同上,194页。

气。"在这一思想指导下，空军工程技术人员自己反复摸索试验，终于搞清楚，在西藏修建飞机跑道4200米就完全够用了，从而以最少的投资修成了世界上最高的机场。又如，空军在青海修机场，工程技术人员经过试验论证，提出因地制宜，就地取材，利用盐湖资源，用盐修建跑道的大胆设想。苏联专家开始时竭力反对，说搞不成。刘亚楼和空军党委果断地支持空军工程技术人员的设想，结果我国空军建设成功了当时世界上唯一一个用盐做跑道的机场，飞机起落感觉比水泥修建的还要好。经过几年的大胆实践，中国空军摸索出了自己的机场规格，按照这个规格修建一个机场，可以比原来规格少占土地720亩，可以为国家节省经费171万元。

在机务工作上贯彻"用烂用完"方针。刘亚楼和空军党委提出了一系列口号，如：发扬我军战胜困难、艰苦奋斗的优良传统，不断提倡"自力更生、照顾大局、咬紧牙关、过苦日子"的精神，反对"喜新厌旧、败家子、阔少爷"等坏思想、坏作风；强调飞机越是陈旧，器材越是缺少，就越要兢兢业业，把飞机的维护、修理工作搞好，使每一架飞机、每一台发动机、每一机件都发挥出最大的效用。对老旧飞机，空军党委提倡"一修再修、修而复用"。对老旧飞机的风险使用问题，空军党委明确指出，"要绝对保险才敢飞，那是不行的，要在一定保险系数下，冒一定程度的险。""经过试验，有把握地冒险，'七分把握，三分冒险'。"在某些情况下，经过一定的努力，仍然不能达到规定的技术要求时，就采取一定条件下的控制使用办法。如有些飞机不能用于作战就用于训练，不能飞特技就飞航线起落。并在这方面做了一些相关规定。

为了养成俭朴的风气，刘亚楼还在空军提倡学习一厘钱的精神，一个螺丝钉、一滴油地实行节约。在他身体力行下，空军机关形成了这样的规矩：起草文件必须用废纸，油印过的纸都要翻过来起稿用。内部行文不准用新信封和有笺头的信纸。信封也必须反复使用，先用钢笔写，再用毛笔写，最后翻过来糊好再用，一个信封用三次。刘亚楼说："一张纸、一个信封，看起来是小事，可是整个空军算起来，节省的纸就相当可观了。"

二、"陆军是老子，空军是儿子"

新中国成立初期，空军是个新兵种，被称为"天之骄子"，很多官兵产生了骄傲自满情绪。1950年初，在天津杨树，一个空军战士和一个陆军战士在街上，老百姓看到两个人的服装不一样，好奇地问空军战士："你为什么穿蓝裤子，他为什么穿黄裤子？"空军战士解释后，老百姓又问："那么空军和陆军哪个大？"空军战士一扬脖子，自豪地反问老百姓："我在天上，他在地下，你说那个大？"

事情不大，但是刘亚楼对此十分重视，他开始十分注意培养部队谦虚谨慎的作风。1950年4月11日，他向中央军委递交了建议组织第一支航空兵部队的报告，报告将人民空军第一支航空兵部队的番号拟定为"空军第四混成旅"。他解释其中的原由说："我已考虑很久了，不能叫'第一旅'，叫'第一'容易产生老子天下第一，骄傲自满。我们要效仿毛主席的做法，他在井冈山创建第一支中国工农红军部队时，开始就叫红四军，没有叫红一军嘛。这里有一个继承发扬红军光荣传统的问题，这样有利于这支部队的建设。我还想，应该把空军部队的前几个番号，例如第一师第一团等，作为荣誉，留给在今后作战中战功卓著的部队使用。"[①]5月9日，中央军委批复了空军党委的报告。

在处理空军与陆军、海军等兄弟军种关系的问题上，刘亚楼十分谦虚谨慎。1951年2月22日，他主持召开空军党委第一次扩大会议，提出"在陆军基础上建立空军"的方针。同年8月1日，他在《人民空军》杂志上发表了《在陆军基础上建设空军》一文，对这一方针作了全面系统的阐述。

他强调："只有把陆军的传统、经验、机构、人员结合空军建设的具体条件，加以正确运用，才能使人民空军更好地建设起来。"比如："坚强的政治工作，这是人民军队的生命线。""建设人民空军就必须以我们陆军的久经考验的这些政治工作制度、方法经验作为基础，在既估计到了相同又估计到了特点的条件下，灵活应用到空军中来，建设空军部队的政治工作。"[②]

为了解决空军官兵的思想认识问题，空军党委当时抓住了天津杨树的那个例子，在全空军进行了广泛的教育。提出：空军是在强大的陆军基础上建立起来的，只有陆军取得胜利，空军才有胜利，否则空军等于零。为了把这个思想说得更透彻，刘亚楼打了个比喻："陆军是老子，空军是儿子"。这个比喻形象生动，很快成为了空军官兵的共识。

几年后，空军建设有了一定的基础，空军内部产生了用"从无到有，从小到大"来形容空军建设的说法。刘亚楼对此十分警惕，他认为这是一种骄傲自满的苗头。为此，1954年2月，空军党委第十一次全体会议正式决定，空军部队是由陆军整师、整团调来改建起来的，不准用"从无到有，从小到大"

---

① 中国人民解放军历史资料丛书编审委员会：《空军回忆史料》，第205页，解放军出版社1992年版。

② 空军《刘亚楼军事文集》编辑组：《刘亚楼军事文集》，第249页，蓝天出版社2010年版。

的句子来形容空军的建设和发展。

1959年5月,刘亚楼在空军第二届党代会第一次会议的总结发言中指出,"对于骄傲自满要造成一个'老鼠过街、人人喊打'的局面。要保持'空军有骄傲'的压力,但是不要当成包袱,有压力好,自觉地接受压力,就会引起注意,否则骄傲自满还会发展。"

进入二十世纪六十年代,当空军建设取得显著成绩,受到军委、总部表扬时,刘亚楼在成绩面前没有沾沾自喜,而是始终保持着清醒的头脑。1963年,他主持召开空军党委三届五次全会,会议提出,空军要牢牢记住并坚决贯彻执行罗瑞卿总参谋长提出的"办事要认真,工作要落实,经得起考验,不要翘尾巴"的指示。既经得起批评,又经得起表扬,永远保持谦虚谨慎,永远不要骄傲,一定要夹着尾巴做人。

三、"有令就行,有禁就止。令就要行,禁就要止。"

刘亚楼是以认真、严厉著称的。他认为,这是适合空军特点的。

飞行也像驾驶汽车、轮船一样,在一定的条件下可能发生事故。但不同的是,汽车、轮船发生事故时可以在陆上、水上停下来修理,而飞机却不能在空中停下来。如果飞机在空中发生故障,就可能造成迫降跳伞或者机毁人亡;空军飞行员在执行战斗任务的过程中有着很大的独立性、机动性,对他的指挥主要是依靠仪器。因此,指挥员不具备随时观察飞行员行动的可能性,并且纠正他们错误的可能性也是很小的,"离地三尺谁也管不着",到了空中更是"天高皇帝远";空军作战的成败,往往决定于几秒钟的时间,航空兵无论错后或者错前出现在战斗活动地域上空都是不允许的;空军部门组织繁多复杂、分工细致,是一个有机的整体,十分强调密切协同,空军的活动,不是某个人的活动,而是集体的活动。

所以,刘亚楼强调指出,"技术装备复杂的空军尤其需要严格,它往往由于一个螺丝钉的差错,或操作中毫厘过失而导致严重的事故;一次战斗的胜负、战机的得失,也常常决定分秒。必须做到:'有令就行,有禁就止。令就要行,禁就要止'。""我们需要培养一批这样的指挥员、政治工作人员和其他领导干部,这就是:既严格要求,又不生硬粗暴。那种也不敢严格要求、也不生硬的软绵绵的人、慢腾腾的人,看见什么也不反对,这样子有什么好处?我们坚决反对那种没有一点辣椒味的人,没有风格的人。"

在刘亚楼和空军党委的要求下,空军上上下下把认真负责、严格要求作为各项工作的领导姿态、工作姿态的一个重要内容。

刘亚楼的严格，首先体现在领导干部上。他从点滴做起，从领导干部抓起，毫不留情，不怕得罪人。1952年8月，航空兵某师师长飞行时发生了机毁人亡的严重事故。调查下来发现原因有两条，一是该师长自身技术不熟练，二是当时气象条件不许可，而空军值班的某负责同志没有认真把关，盲目批准其飞行。由于事故责任牵涉到空军有关领导同志，人们议论纷纷。刘亚楼亲临现场调查处理，主动承担责任，作自我批评，并且很快召集空军党委常委研究，决定上报军委给那位负责同志以处分。这件事对空军上下造成了极大震动。

一次，刘亚楼在丹东某师召集干部开会，几个司令、将军进会场时没有敬礼，他当场就严厉地进行批评，并且要求他们敬礼后重新进场。还有一次，他去广州部队检查工作，一跨出飞机，就发现白云机场脏得很，他马上批评了前来迎接他的团长、政委，要他们带头扫地，马上就扫干净，刘亚楼严肃地说："如果你们不扫，我这个司令明天就给你们扫。"

刘亚楼对领导干部的批评之严厉，至今令许多老同志感叹不已。仅仅关于文字工作这一项，刘亚楼就抓了4个反面典型：空军某航校1961年党代会写了5万字的报告；某军区空军后勤部政委念机关写的稿子，因为没有事先看看，加上字迹潦草，结果把"机械化半机械化"念成了"机械化牛机械化"；某航校一个团政治处主任欢迎一个篮球队也要机关为他准备稿子，结果念稿时又将"衷心地欢迎"念成了"哀心地欢迎"；某师政治部主任搞文件时偷懒，把起草工作全部推给了干事，因为蚊子多，他叫干事把桌子搬到蚊帐里去写，自己在那里打麻将。1963年，空军在青岛召开会议，刘亚楼在会上一个一个地点名，狠狠地批评这四件事，要他们"起誓洗手不干"，一时间，"机械化牛机械化""哀心地欢迎"成为了全空军的笑谈。

认真负责、严格要求还体现在飞行干部上。1951年3月，空军某航校组织飞行训练，飞行教员刘××违反纪律，在空中耀武扬威，驾驶飞机向某地集市俯冲，还向黄河中的小船和道路上骑毛驴的妇女作俯冲盘旋，吓得妇女从毛驴上摔下来受了伤，刘××自己也连人带机撞了山，给国家财产造成了严重损失，并且在社会上造成了很坏的政治影响。刘亚楼知道这一情况后，十分气愤，他严厉批评说："要把这种坏作风看作空中流氓行为。"[1]按照他的

---

[1] 杨万青，齐春元：《刘亚楼将军传》，第369页，中共党史出版社1995年版。

指示,《人民空军》杂志第 20 期以《"空中流氓"刘××丧了命》这种空前严厉的标题报道了这起事件,并且刊登了航校党委《关于刘××等飞行失事检讨的报告》,号召在飞行员队伍中广泛开展批判"空中流氓"的思想斗争。这场斗争在刘亚楼的关注下一直没有放松,空军先后开展了对赵××失事肇祸,谢××、焦××用飞机扫雪等违法乱纪事件的批判斗争。空军党委也几次作出关于纠正飞行干部违法乱纪的决定,如 1953 年 3 月,空军党委在总结经验的基础上,作出《关于严格检查并且彻底纠正飞行干部中骄傲自满、违法乱纪现象的决定》,提出了六项措施;4 月,空军司令部、政治部根据个别飞行人员在疗养期间纪律松懈,不守规矩,甚至乱拉关系、腐化堕落的现象,发出《为克服飞行人员住疗养院违反纪律及腐蚀战斗意志行为的通报》,提出了飞行人员疗养八项规定。

　　空军作为新兴的军种,遇到的新情况、新问题比较多,给部队管理增加了许多的难度,尤其是一些突发事件处理不好,会造成非常大的影响,刘亚楼为此付出了很多的心血。1954 年 7 月 23 日,我军飞行员因为缺乏处理类似问题的经验,对国际法和国际航空法规则一无所知,加上政策、纪律观念不够强,巡逻时误将在广东万宁正南海面正常飞行的英国运输机"霸王号"击落,在国际上造成了极坏的影响。毛泽东主席严厉批评了空军,说"我军飞机,明知是英国运输机而加以攻击,给了国家以重大损失,这是犯罪行为。有关人员宜加以处理;并须令有关领导机关加以检讨,吸取教训"。[①] 刘亚楼对此进行了深刻检讨,空军党委严肃处理了当事人,长机飞行员被判刑,僚机飞行员被禁闭,飞行指挥员被通令警告,刘亚楼指示空军机关专门下文通报全空军,要求部队从中吸取教训,提高政策水平,严格执行有关规定。通过几年的教育整顿,空军干部队伍尤其是飞行干部队伍建设有了长足的进步。

　　对于领导干部和飞行干部是如此,对于机关干部也一样。刘亚楼认为,一个办事拖泥带水、稀稀拉拉的机关是办不成什么事情的。所以他对空军机关的要求十分严格,对于调入机关的干部他要亲自过问,甚至有时还亲自考核。他亲自为空军机关制定了一套规章制度,特别强调军容风纪和礼节,规定在办公室不准大声喧哗,不准聊天;走路要轻,不许穿带钉子的鞋在走廊行走,关门要轻,不得乒乓作响等等。他强调,"机关工作必须有预见性、彻底性、

---

① 林虎:《保卫祖国领空的战斗》,第 44 页,解放军出版社 2001 年版。

及时性",要坚决同"慢、拖、粗、浅、窄"五个字作斗争,不断改进作风。他提出的"善于出点子、写文章、办事情"的合格机关干部的要求,至今仍然被空军许多中高级机关作为评判机关干部是否称职的标准。

正因为刘亚楼如此严格,以至于他自己讲过这么一个现象:"凡是我那里要的文件,人家总是加上按语说,刘司令员要的,你要注意一下!打电话要个什么东西也是如此。我到下面去以前,那个单位很早几天就打扫环境卫生,作布置,说某某人要来,小心点,怕挨头子。""甚至在这种情况下,我们常委还曾经做出决定(当然常委对我完全出于好意)要我不要管这个,因为得罪人太多了。"在这种情况下,刘亚楼毫不动摇,他说:要提出能够带动全空军的号召,要引导所有干部都这样来打算盘。我想了几点:第一点,认真负责;第二点,严格要求。现在很多地方松松垮垮,不断地出现同类同样的坏人坏事,主要的就是要求不严格、可以做到的事做不到,做到了的事不持久,也是因为要求不严格。

四、"我愿意给你们当红娘"

刘亚楼是严厉的,严厉得让许多人害怕。但是如果就此得出结论,空军的老同志都不会服气。他们记得这位司令员许许多多宽容可亲的事情,他们说他们的司令员是认真严厉的,但是他们的司令员又是勇于承认自己的错误的,是善解人意的,他关心、体贴空军官兵,空军许多关心基层官兵的传统的做法要追溯到刘亚楼。

1955年11月的一天,空军举行了隆重的授军衔仪式。当天晚上,空军政治部文工团专门组织了一场文艺晚会以示庆祝,司令员刘亚楼上将也出席了。不过,他依然保持自己的一贯作风,一个人穿着便装坐在普通席位上,以至于周围人都没有注意他到来。正当刘亚楼和大家一道看得入神时,忽然感到有两个硬邦邦的东西搁上了他的肩头。开始他以为是谁的手,可是一摸那东西,不对,竟然是两只皮鞋!他扭头一看,只见一位年轻的中校半躺在座位上正陶醉在精彩的节目中,全然忘了自己的两只脚伸到了何处。刘亚楼回头看他,他也没注意。刘司令员看着他和周围军官陶醉于节目的神情,怕扫了大家的兴致,没有吭声,只是幽默地用手弹了弹肩膀上的皮鞋,并"哎"了一声提醒中校。中校缩回了自己的脚,可是两分钟不到,那双脚又蹬到了刘亚楼的椅背上,刘亚楼头往后一仰,就靠到皮鞋底。刘亚楼有些不悦了,但是他依然耐着性子没有发怒,只是语气加重地对中校说:"把脚放下去,不要再蹬上来了！"中校没有意识到他的脚上了司令员的肩膀，听了刘亚楼的话，反而认为丢了面子，竟不服气地大声冲着刘亚楼说："我就这样舒服，你管得着吗？"这一声惊动了周围的人，旁人一看是司令员，连忙拉了中校一把，附耳提醒中校，中校闻听大惊，匆匆忙忙站起身，语无伦次地向刘亚楼说了句什么，就逃跑似的出了礼堂，连帽子都忘在了座位上。大家纷纷议论这个中校这下该倒霉了。没有想到以严厉著称的刘亚楼事后没有深究这个粗鲁的"冒失"中校，他只在机关耐心地进行了一次教育，他说："作为军人，更应该注意文明礼貌，一定要站有站相，坐有坐样，这可不是单纯搞形式主义。一个军人蓬头垢面，不修边幅，不以为耻，反以为荣，那像什么话！"

事后，很多人都感到纳闷：一向严格要求的司令员怎么会如此宽容？后来刘亚楼的几次讲话释了大家的疑团。1956年空军党委召开扩大会议，党委书记刘亚楼首先做自我批评，他说："我认为我个人所存在的缺点、错误主要是，锋芒毕露的态度和工作中的急性病。遇事常常操之过急，不够冷静，容易冲动。……对下级批评指责多，说服教育少，容易发脾气，说话有时不讲场合，对同志态度生硬。由于这些毛病，我得罪了不少的人……，特别是在不熟悉的同志们中间，造成了很厉害、很凶的印象。这对于领导工作有极大的坏处。我自己主观上对于自己这些缺点、错误曾下过决心纠正。在过去的十多年中，是处在自我斗争、逐渐改进的过程中。但是直到现在也没有把这些毛病完全改正。在主观上虽然确实了解了这种错误态度的害处，但在行动上、言论中还常常有所表现。因此，随时随地同自己这种毛病做斗争，是我今后的努力方向。"到了1960年空军党委全会，他又一次作自我检讨："我是有锋芒毕露和生硬粗暴这两个缺点的。毛主席也是这样批评我的。……我正在努力改正，同志们对我的这两个缺点和我对它的态度可以公开到下面去传达，使我能更好地得到群众的监督。……这样做，对党的事业有好处，对于促进同志们的进步有好处。"

"一切为飞行服务"是刘亚楼在空军提出来的。他自己带头落实在行动上。有一次，刘亚楼去唐山部队检查工作，偶尔听到几名地面干部在议论飞行员的伙食，他们说：飞行员吃得太好了，他们的伙食标准不应该定得那么高。刘亚楼解释说："飞行员吃得好，这完全是工作需要啊！飞行员驾飞机没有那么多热量是不行的，不但伙食要吃好，还要吃水果、巧克力，这样的钱要舍得花。如果叫他吃白菜馅饺子,撑破肚皮,也没有多少热量,在空中吃不消哇！"看那些干部依然是一副不很服气的神情，刘亚楼灵机一动，半推半拉地把这些干部请到了飞机上,半开玩笑半认真地说:"来来来,你们也坐坐飞机试试!"这几名干部坐着飞机绕机场几圈后,吐得一塌糊涂,下飞机后到处宣传说"哎呦!飞行员吃得再好我们也没有意见啦!"

1953年1月,空军后勤部卫生部部长刘放检查志愿军空军参战部队卫生工作情况后,发现飞行员普遍有程度不同的飞行疲劳的现象,具体表现为食欲不振、睡眠不好、体重减轻、体质下降等。他十分着急,赶快向刘亚楼作了汇报。刘亚楼一听,坐不住了,马上召开空军党委开会研究此事。在会议上刘亚楼提出,"保护不好飞行员的身体,这是在犯罪"。会议当即决定:从今往后,飞行员每年疗养一个月;平时保持每天不少于30分钟的体育锻炼时间;在食物的摄取上,坚持营养第一兼顾口味的原则,给每个空勤灶配备营养护士,讲究营养卫生。

1953年7月初,刘亚楼到空军一个疗养院检查工作。这里地处旅游胜地,空气清新,环境优美,很适宜飞行员疗养。但是由于管理不善,疗养院内遍地杂草丛生。刘亚楼看到这种情景,心里很不高兴。第二天清晨,他带领随行人员开始满院子地拔除杂草,清扫路面。这一举动震动了疗养院。该院院长听说司令员亲自带领人员在打扫卫生,惊慌地跑步到刘亚楼跟前,检讨自己的工作。刘亚楼打量着他,严肃地批评说:"你看你把这么好的疗养院经营得像什么样子,活像个没落的王朝!我不希望下次来时再给你打扫卫生!"接着,他把疗养院的负责同志都召集在一起,语重心长地交代说:"空军疗养院要以飞行员消除疲劳、增强体力和以便他们提高工作效能为宗旨。具体做法就是优化环境,搞好伙食,加强锻炼,进行医疗。"[①]

刘亚楼为飞行员当"红娘"的故事也流传很广。许多年轻飞行员由于常年生活在营房,飞行和战斗在蓝天,与女青年接触的机会很少,想找到称心如意的对象比较困难。刘亚楼下部队调查时,很多飞行员向他敞开心扉,诉说个人的苦恼。刘亚楼听后十分同情,他对飞行员们说:"这确实是一个值得重视的问题。世界各国都是一样。我记得苏联有一部描写飞行员生活的电影,叫《空中漫游》,其中主题歌,就是唱这个问题。歌词的大意是:我们是远航的伙伴,只有一事不如心愿,在天空不能结婚,在地面找不到爱人……"他诚恳地表示:"我愿意给你们当红娘。"后来,空军党委专门给各部队和疗养院领导下达指示,要求把年轻飞行员的恋爱、婚姻问题作为一件重要工作来

---

① 杨万青,齐春元:《刘亚楼将军传》,第373页,中共党史出版社1995年版。

抓好，并决定：空军部队里的机关、场站、卫生队等部门可以适当招一些女兵，培养成干部，当干事、保密员、会计、医生和护士，这样可以为飞行员找对象提供条件。还提出：各部队要办好幼儿园、子弟学校，一方面可以减轻干部的后顾之忧；另一方面请地方一些女青年来当保育员、教师，又可以解决一部分飞行员的婚姻问题。刘亚楼还具体指示，要求各个疗养院在年轻飞行员疗养的时候，注意有意识地让他们和院里未婚、没有对象的女青年医生、护士多接触；飞行部队每个周末组织一次舞会，从地方挑选一些政治条件好、身体健康的女青年来为飞行员伴舞，让他们通过接触，培育爱情的萌芽。这些办法采取后，许多飞行员的"老大难"问题得到了解决，他们更加心情舒畅、坚毅勇敢地翱翔在祖国的蓝天。

第二十四章　军事训练中的政治指挥方略

抗美援朝战争结束以后，我国面临的军事威胁日趋减弱，我军的战事日趋减少，军队建设逐步由战争状态转变为和平建设状态。

在这种情况下，一方面，军队"从战争中学习战争"的机会大大减少了，提高战斗力更加依赖于军事训练；另一方面，相对和平的环境容易涣散军人的斗志，使军事训练受到冷遇和削弱。

毛泽东和中央军委对此有十分清醒的认识。

新中国成立初期，在作战任务仍很繁重的情况下，中央人民政府人民革命军事委员会（简称中央军委）就作出了使我军由战争年代训练不正规的状态转入正规化训练的重大决策，并全面展开了一系列正规化训练的准备工作。

1950年6月，为加强对军事训练的领导，毛泽东任命萧克为中央军委军事训练部部长。9月，军委军事训练部正式成立。此后，各军区、各军兵种都相继建立和健全了训练机构。

经毛泽东批准确定的我军军事训练基本方针是：在解放军现有素质的基础上，用迅速而有效的方法，使部队学会掌握现代化的兵器及其他军事技术，使指挥员学会组织指挥各军兵种联合作战和协同动作，了解参谋和通信勤务，以加速人民解放军的正规化和现代化建设。

1952年10月13日，毛泽东根据部队军事训练中重文化教育、轻军事教育、军事纪律放松的普遍现象，起草并发出了《人民革命军事委员会关于纠正放松军事教育和纪律废弛现象的指示》。

《指示》列举了某营集合时间延长到1小时零8分钟、某师十分之六的人连枪炮的口径和正确的瞄准要领都忘记了、某营点验1小时内晕倒数十人等缺乏训练的典型事例，批评了"军事必须服从文化"的错误观点，强调："注意加强军事、政治教育的内容，防止敷衍应付现象；对于统一规定的时间配当，任何人都要视同法津，不经军委批准，不得修改；违者应受到纪律处分。"并指出："从1953年6月1日开始，部队训练的中心转入以军事训练为主。"①

1952年12月，中央军委召开参谋长、政治部主任联席会议。决定从1953年6月起，全军实施正规化训练。

1953年底至次年1月，中央军委召开的全国军事系统党的高级干部会议，提出了在"现代化建设中，长期的经常性的中心工作是训练，特别是干部训练"的重要思想。

1955年4月，中国人民解放军训练总监部在原军委军事训练部、军事学校管理部和军事出版局的基础上成立，成为在中央军委领导下，指导、监察全军训练工作的机关，推动了正规化训练在全军开始全面展开。1958年12月，根据中央军委关于恢复三总部组织体制的决议精神，撤销训练总监部。

之后，尽管我军的军事训练多次受到干扰。如1958年错误地把我军的正规化训练当作教条主义来批判，严重挫伤了广大指战员的训练积极性，使在当时已经出现的全军性军事训练高潮随之衰落，部队的军事训练较长一段时间内处于低潮。后来是林彪出于个人政治目的的需要，片面地夸大我军群众性练兵比武活动中出现的一些枝节问题，指责军事训练搞得过于突出，时间占得过多，冲击了政治，并诬蔑负责军事训练的领导人有"单纯军事观点"，把1964年曾一度出现的轰轰烈烈的练兵运动压了下去。但是，在二十世纪五六十年代，我军的正规化训练还是取得了显著成绩。通过训练，我军建立了正规的秩序，熟练掌握了新的武器装备，涌现出上百万优等射手和技术能手，基本上掌握了与新装备相适应的新战术。高级干部通过战役集训和参加诸军兵种的战役演习，提高了组织指挥能力。

为了促进正规军事训练工作的顺利开展，政治工作除了进行训练动员，发扬军事民主等传统做法外，还开展了比武竞赛等活动，充分发挥了服务、保证作用。

一、创造优等射手，特等射手和技术能手运动

1956年6月，总政治部向全军发出了《关于创造优等射手和技术能手问

---

① 中共中央文献研究室、中国人民解放军军事科学院编：《建国以来毛泽东军事文稿》（中），第68—71页，军事科学出版社、中央文献出版社2010年版。

题的指示》，号召全军广泛开展创造优等射手和技术能手的运动，以达到提高训练质量、提高工作效率、消灭和减少技术事故的目的。

总政治部指示发出后，各部队纷纷响应，一个争创优等射手和技术能手的热潮开始兴起。在运动中，有些部队还针对本部队的特点，提出了具体的目标。如炮兵某团根据炮兵专业的特点，提出了创造"全能炮手"运动的倡议，得到了很多部队的响应，在此基础上，"一专多能、一兵多用"的口号也在一些部队叫响。

1959年2月，总政治部在总结一段时间开展创造优等射手和技术能手运动情况的基础上，吸收部队创造的新鲜经验，发出了《关于开展一专多能和技术革新运动的指示》，明确了一专多能的一般标准，并且规定，把创造优等射手和技术能手的活动与一专多能运动结合起来，作为对开展一专多能运动的补充。

这一运动到1961年，又有了新的发展。1961年2月，总政治部组织召开了全军青年工作会议，这次会议把如何深入扎实地开展一专多能和技术革新运动作为研究讨论的重点。在总结经验教训的基础上，会议推出了下阶段练兵更加明确具体的形式，这就是在全军开展创造优等射手、特等射手和技术能手运动。这一运动也被简称为创"三手"活动。

1962年，根据部队的反映，总政治部又把"三手"的含义作了更改，"三手"即神枪手、神炮手、技术能手。总参谋部、总政治部联合发出了《关于神枪手、神炮手、技术能手标准的通知》，规定了各自的标准和要达到的要求，并且为"三手"分别设计制作了奖章。

创"三手"运动，作为相对和平时期人民解放军的练兵形式，把战士苦练杀敌本领和保卫祖国的责任感、争取革命荣誉紧密结合起来，激发了广大战士的练兵自觉性、积极性和钻研精神，推动了军事训练，提高了训练质量。1961年至1963年这三年，全军的"三手"分别达到了18万、25万和32万多名。

二、学习郭兴福教学法

1960年代初期，国际形势比较复杂，台湾国民党当局不断派小股武装特务到东南沿海地区骚扰。针对这种情况，中央军委于1962年发出了"备战整军，增加全训师，大搞训练"的指示，各部队根据这一指示立即投入紧张的战备训练。

郭兴福，当时是南京军区第十二军的一名副连长。

1930年,郭兴福出生在山东邹平县一个贫农家里。幼年丧父,因家境贫寒,只读了几个月的书就辍学了。12岁时,为了混一口饭吃,他到国民党一个保安团当了勤务兵。1948年9月,我军解放济南,郭兴福获得新生,参加了中国人民解放军。他被分到华东野战军第13纵队的战斗连队当战士,先后参加了淮海、渡江、淞沪、漳厦等战役,因作战勇敢,立过三等战功,不到一年就光荣地加入了中国共产党。

1951年2月,21岁的班长郭兴福被推荐到步兵学校学习。在步兵学校4年多的时间里,他学习刻苦。战术、射击、军事地形学等18门课程,13门优秀,5门良好,毕业成绩被学校定为"上等"。毕业后被分配到南京军区某师军士教导营任排长,这是一个培养班长的训练单位。

在教导营工作的4年里,郭兴福把分队战术和技术训练摸了个透熟,后来闻名全军的郭兴福教学法这时也初具雏形。

1959年5月,郭兴福被调到100团二连当排长,一年后晋升为副连长。

郭兴福教学法的发现、培养,离不开当时担任郭兴福所在军的军长李德生将军。

李德生是从放牛娃成长为将军的。他1930年参加红军,曾两次爬雪山,三次过草地;解放战争时期,曾任旅长、师长,在淮海战役中率部直捣黄维兵团兵团部。抗美援朝战争中,李德生任副军长,担任过上甘岭战役前线指挥员。

身经百战的李德生,深知练为战,把兵练活的重要。1961年初,身为军长的李德生召集该军军事工作会议,讨论如何贯彻军委训练方针问题。大家都感到,军委的训练方针、原则、要求都非常明确,但训练方法不改革,就难以落实。我们的任务是过河,没有桥和船就过不去,解决好训练方法问题,就像解决过河的桥和船。于是,摸索新的训练方法成为上下关注的问题。

会议结束后,李德生带着军师工作组来到郭兴福所在的某团二连蹲点。

不过,此时吸引李德生及工作组来的并非是郭兴福,而是这个团队和连队的历史荣誉。而这会儿的郭兴福只是副连长,并没显山露水,可谓一块璞玉。

下到二连蹲点的军长,第二天上午就到了训练场。

二连的训练已经开始了。

李德生看到,战士们挖了几条堑壕,里面插着几个稻草绑的草靶,权当作"敌人"。堑壕正前方70米开外,十来个战士一字儿摆开。他们刚做完利用地形地物、敌火下运动等战术动作,正来到堑壕下面训练冲击动作。

队列前面，站着一个一米八出头的彪形大汉，虎头熊腰，黝黑的脸孔，洪钟般的声音，腰间挂着手枪，腰皮带上插着一面小红旗，手里端着步枪。他发话了："上面我讲了冲击动作'勇'、'猛'、'准'的要领，现在来讲'狠'字。"

他用手向前一指："堑壕里面就是敌人，我们对敌人要不要狠？"

"要狠！"战士们异口同声。

李德生一下子就被这位指挥员吸引住了。问身边随同的作训参谋后，他记住了他的名字："二连副，郭兴福。"

当天晚上，李德生与军师工作组研究决定，就在二连进行从单兵、小组到班战术的训练改革试验。同时，确定了3名参加过解放战争和抗美援朝作战的干部教练班长。他们的分工分别是军作训参谋宋文皋教班战术，师作训参谋吴亚东教单兵战术，郭兴福教小组战术。总的指导思想是：用战场需要这把刻刀来雕塑和平时期的军事训练。

任务明确后，李德生命令将二连和另一个团的七连抽出来，以保证精力，避免干扰，全力参与训练改革。

洪泽湖畔，分队训练改革全面展开。天气寒冷，作业全部在室外进行，一干就是一整天。晚上研究教案，没有叫苦说累的。4个月时间，包括军长，谁也没有离开训练场半步。军里一些要军长拍板的大小事情，都是到连队来找李德生。

4个月过去，春暖花开，训练改革项目也有了眉目。李德生召集军里所有参过战的营以上军事主官，以战场上的眼光来评判3个改革项目，对3个人的教学进行论证鉴定。大家经过严格的考核、比较，最后认定郭兴福的小组战术教学改革比较成功。

李德生没有轻易肯定，他又命令9个步兵团的团长各带一个班，与郭兴福带的小分队对抗，进行现场战术演练。几番较量，郭兴福教学依然胜人一筹。

在这种情况下，李德生决定，其它两个项目停下来，这次战术训练改革试验，就集中力量从单兵抓起，由郭兴福任教继续试验。

郭兴福被赋予了新的使命，集中精力进行我军军事训练中最基本的单兵战术训练改革。军里抽调了4个参谋协助郭兴福，训练教学中，每一个动作，每一句话，都进行认真研究推敲，并形成了文字材料——教学笔记。这个材料在军里进行了推广。

使这项训练教学改革闻名全军的还得说说当时在总参军训部任职的郝云虹。

1962年夏天，顶着酷暑到部队调查训练改革情况的总参军训部郝云虹处长等，由李德生陪同观看了郭兴福的现场汇报作业。这场汇报使得郝云虹兴奋异常，他连声叫好，说他们走了许多部队，还从未见到过这样精彩的战术作业，"比在北京看梅兰芳的戏还过瘾"。

为了给这项训练教学改革起个好名字，军、师、团各级动了不少脑筋，有的说叫基础教学法，又有的说叫单兵教学法，有的说"孩子都生出来了，随便叫个什么名字都行"。郝云虹考虑后风趣地说："你们生了孩子，我给起个名，看看是否合适，就叫郭兴福教学法吧，这样好记，与别人的也有区别，或许能叫响。"

郝云虹回京后，当年10月，总参办的《军训通讯》出了一期增刊，介绍了郭兴福的教学法，并加了《既严又活》的评论员文章，扩大发行至全军连以上单位。这是最先向全军介绍郭兴福教学法的材料。

1962年2月，南京军区分管军事训练的副司令员王必成中将看了郭兴福汇报作业后，连声赞扬，"教得好！教得好！"当即指示：要在步兵学校和全区部队中推广，并要做好宣传报道工作。

不久，王必成副司令员又陪同来南京检查训练工作的副总参谋长张宗逊上将看了郭兴福的专场汇报。张副总长认为郭兴福教学方法很好，应该在全军推广。①

1962年3月，南京军区司令部、政治部联合发出认真学习郭兴福教学法的通知，并指派郭兴福到部队作教学表演。

11月，南京军区许世友司令员、肖望东政委在杭州主持召开训练现场会，检查学习郭兴福教学法的落实情况，论证推广郭兴福教学经验的可行性，并要求把郭兴福的教学经验运用到班以上战术训练中去，运用到技术训练和特种兵、海岛部队训练中去。

1963年11月，南京军区党委作出了《关于在军事训练中进一步推广郭兴福教学经验的决定》。

1963年底，郭兴福突然接到命令，要他马上带领小分队到南京去，向军区首长作汇报表演。郭兴福带领"伍先华班"赶到南京，在城郊的张家山，郭兴福向南京军区司令员许世友上将等领导汇报表演了单兵进攻战术。军区首长看后表示满意，并要郭兴福到镇江小衣庄去，还要继续表演，但没有说

---

① 李德生：《李德生回忆录》，第329—332页，解放军出版社1997年版。

给谁表演。

12月24日,一个雪后的晴天,旷野吹着尖利的寒风,郭兴福的又一场汇报表演开始了。前来观看表演的首长身材魁梧,穿便服,头戴鸭舌帽,罩一件褐黄色风衣。他就是叶剑英元帅。

旷野上,郭兴福表演单兵进攻战术训练课目开始了。部队给叶剑英搭了帐篷,让他在帐篷里看,可叶剑英穿着风衣跑了出去,紧跟在郭兴福身旁,不是在他前方,就是在他后方,听着他一言一语,盯着他一招一式。表演持续了3个多小时,叶剑英一直跟着看,有时还要问问身边担任现场解说的同志:战士的负荷有多重,戴上防毒面具对射击和练战术有多大影响,还询问三班每个战士的姓名、年龄、入伍时间、文化程度。

经过3小时的摸爬滚打,战士们累得直喘粗气,体力消耗很大,可是最后却要表演最艰苦最紧张的冲击动作。

只听郭兴福亮开粗喉大嗓动员说:"冲击,是单兵进攻战术的关键动作,是战士必须掌握的过硬军事技术。冲击讲究六个字:勇,猛,狠,活,快,准。勇,就是勇敢,前仆后继,前面的人倒下了,后面的人接着上。猛,像老虎下山,在气势上压倒敌人。狠,就是敢于短兵相接,刺刀见红,就是像抗美援朝的英雄那样,子弹打光了就拼刺刀;刺刀断了,就用枪托砸;枪托断了,就用手榴弹敲;手榴弹打光了,就手掐牙咬,像《谁是最可爱的人》写的,手榴弹弹体上有敌人的脑浆,嘴里有敌人的耳朵……"说完,他袖子一挽,身子一弓,两眼瞪得滴溜圆,向"敌人"前沿猛扑过去,一路做着射击、投弹、刺杀、格斗动作,给战士们示范。

叶剑英目睹这一切,禁不住喜上眉梢。训练表演结束时,他高兴地把郭兴福拉到身边,握着郭兴福的手说:"你是一个好连长,你把兵练活了!"接着,叶帅一一接见参加表演的三班战士,当问到战士叶铁虎的名字时,叶剑英连连赞扬:"名字好,军事技术好,像个'小老虎'。"

叶剑英从郭兴福身上看到了我军军事训练的希望。他认为,不能把郭兴福教学法单单看成部队训练的一种具体方法,不能低估郭兴福教学法对全军现代化建设的意义。当晚,他召集有关工作人员研究总结郭兴福教学法的特点,不等到回京,12月27日,叶剑英向军委写了推广郭兴福教学法的报告。报告写道:"郭兴福教学方法已为广大群众所公认,自动要求学习郭兴福教学方法已自下而上地酝酿了很久,""条件已经成熟。建议军委发一个指示,在全军加以推广,""借以掀起一个军事训练的高潮。"①报告由南京电传北京。军委秘书长、总参谋长罗瑞卿大将收到叶剑英的报告后,立即向毛泽东作了汇报。

叶剑英将郭兴福教学法归纳为5个特点:

第一,善于在教学中抓活思想,充分调动练兵的积极性,并能发扬教学民主,集中群众的智慧,实行官兵互教,评教评学;

第二,把练技术、练战术、练思想、练作风紧密结合在一起,把兵练得思想红、作风硬、技术精、战术活,而且身强力壮,一个个都像小老虎一样;

第三,采取由简到繁、由分到合、情况诱导、正误对比的方法,逐步加深认识,掌握要领;

第四,把言教与身教、苦练与巧练结合起来,使战士百听不厌,百练不倦;

第五,严格要求,一丝不苟,谆谆善诱,耐心说服。②

毛泽东认真阅读了报告,他对文中"一个个都像小老虎一样"的描述尤为赞赏,在其下重重地划了一道鲜明的红杠。他说:郭兴福教学法对解放军的传统练兵方法,不仅是继承,而且主要是发展,并称叶剑英这一发现是找到了一个好方法。③

1963年12月,"全军推广郭兴福和郭兴福式的教学方法现场会议"在南京军区召开。

1964年1月3日,中央军委转发了叶剑英的这个报告,并发出号召:全军立即行动起来,开展一个学习郭兴福教学法的群众运动。

为了更好地推广郭兴福教学方法,指导连队的基础训练,总参谋部和总政治部还在郭兴福教学方法的基础上,吸收全军的新经验,制定了《连队基础训练方法二十条(草案)》,于1964年5月7日颁发全军试行。

三、"大比武运动"的兴起

"大比武"的兴起还要追溯到全军推广郭兴福教学法的活动。

毛泽东十分关心郭兴福教学法的推广情况。当他听说这次在南京军区召

---

① 《叶剑英传》编写组:《叶剑英传》,第339页,当代中国出版社1993年版。
② 李澍,刘培一,杜彦林主编:《社会主义时期中国人民解放军编年史》,第186页,人民出版社1993年版。
③ 同上书,第187页。

开的全军推广郭兴福教学方法现场会,到会的多是机关部门和抓军事训练工作的副职后,不满地指出:到会的多是"后排议员",难以推广;要想真正推广,必须一把手到会,亲自抓。

这一指示传到南京,大家既兴奋又紧张。为落实毛泽东的指示,总参领导决定组织第一次会议的原班人马留在南京,立即着手筹备第二次全军推广郭兴福教学法现场会。

1964年1月下旬,罗瑞卿亲临南京坐阵,代表中央军委在南京主持召开全军推广郭兴福教学方法的现场会。

这次与会人员同上一次不同了!各总部、各军区、各军兵种、各军事院校和各野战军主管军事工作的负责同志,包括张爱萍上将、许世友上将、杨得志上将、刘震上将及一大批中将、少将,共计两千余人到会。

寒气逼人的金陵,郭兴福带着他的小分队再次为我军的高级将领表演他的单兵战术教学,令这些身经百战的将军们为之一震。

郭兴福教学法得到了全军的公认。会上,各大军区领导纷纷登台表态,回去后要下大力推广郭兴福教学法。

学习郭兴福教学法达到什么标准,谁优谁劣,如何评价?将军们讨论认为,"郭兴福教学法有一条,就是训练中比一比,赛一赛,调动训练积极性。"

于是,这次会上,根据各大军区建议,总部提出以比武的方式检验、推广郭兴福教学方法的效果,并初步确定在1964年10月1日前后,举行全军大比武。

为迎接全军大比武,从1964年2月开始,各种军事训练评比竞赛活动在全军展开了。各部队紧锣密鼓,训练场上出现了前所未有的龙腾虎跃局面。

1964年4月中旬,中央军委成立了全军军训比武筹备委员会。4月下旬,军委领导批准了全军比武计划及所需经费、器材和弹药等,比武准备工作在全军展开。5月15日,总参谋部、总政治部根据中央军委的决定,向部队发出《关于全军比武问题的通知》。

时任中共中央军委副主席的贺龙,以极大的热情同军委其他领导人一道,全力推动全军大比武运动的开展,并亲自抓北京军区。4至6月间,他先后七次到北京军区视察军事训练尖子的情况。5月中旬,贺龙视察北京军区选拔参加全军比武的代表队,看到神枪手、神炮手百发百中,技术能手个个身手不凡,非常振奋。他觉得这样的表演,应该让中央的领导人也来看看,于是向周恩来作了汇报。

周恩来高兴地接受了贺龙的建议。5月20日下午，周恩来、彭真、陈毅在贺龙、罗瑞卿、杨勇的陪同下，到天津某部观看了尖子表演。

周恩来看完表演后，兴奋地对杨勇说："你们表演很好，我看了很高兴。练兵就是这样的练法。把兵都练成这样，把民兵也练好，那么什么敌人也奈何不了我们。"①

周恩来的赞扬，令贺龙元帅更受鼓舞，他感到应该让更多的中央领导同志，让毛泽东也来看看部队出现的大练兵热潮。

于是，乘中央工作会议在北京召开的机会，贺龙在中央政治局会议上把自己多次到部队看到的侦察兵飞檐走壁、汽车过钢轨桥、步枪百步穿杨等比武精彩场面绘声绘色地进行了介绍。

部队军事训练出现的喜人形势，引起了毛泽东浓厚的兴趣。随后，毛泽东在一份反映比武情况的简报上批道："此等好事，能不能让我也看看。"②

事出突然，时间紧迫，1964年6月8日，贺龙紧急与在济南的罗瑞卿商定安排毛泽东观看比武的事项。中央工作会议预定13日结束，14日是星期天，15和16日两天可看军事表演。毛泽东要同与会的省、市、自治区的主要领导一同前往练兵场。时间只有5天了，组织这么大规模的表演，还得保证绝对安全，谈何容易！

贺龙、罗瑞卿、张宗逊商定，从已考察过的北京军区和济南军区选调部分尖子分队和个人，为毛泽东等中央领导人汇报表演。罗瑞卿决定立即飞回北京组织汇报表演，留下张宗逊组织济南军区的人员。经军委同意，北京军区由司令员杨勇上将带队，济南军区由司令员杨得志上将带队，参加汇报表演。

1964年6月15日和16日，毛泽东、刘少奇、周恩来、朱德、董必武、邓小平等党和国家领导人及在北京出席中央工作会议的各省、市、自治区领导人，中央各部委、各群众团体领导人来到练兵场，检阅军事训练。这是对我军军事训练的一次空前大检阅，是我军军事训练史上辉煌的一页。

毛泽东兴致勃勃地观看了北京军区、济南军区大比武汇报表演。

以下是他在观看大比武汇报时的讲话：

"要注意多搞夜战、近战。在很黑的夜间搞，什么也看不见。""什么叫做夜老虎？就是要搞夜战，搞近战，训练部队晚上行军，晚上打仗。"

---

① 《当代中国人物传记》丛书编辑部：《贺龙传》，第593页，当代中国出版社1993年版。

② 李澍，刘培一，杜彦林主编：《社会主义时期中国人民解放军编年史》，第188页，人民出版社1993年版。

"敌人越凶越不要怕它。蒋介石过去不凶？美国不凶？具体到每个战斗的打法就不同了，就要重视它。军队无非是要学会两个东西，一个是会打，一个是会走。会打、会走，军队都要学会。打就吃它一口，吃不了大的就吃小的，吃了一口再吃一口。"

"子弹可以多造一些。平时多用一些子弹，打起仗来就省子弹了，打得准了嘛！"

"部队是不是可以大规模地搞游泳训练？游泳训练夏天完全可以搞。部队要学游泳。单靠游泳池不行，要学会在江海里游。不经过大风大浪不行。"

"练武还要练文，注意学文化。战士的身体要很好，体力要好。连队人数一定要充实，人少就合并，也要充实。"

"要从困难着想，不管什么问题只要从困难着想就不怕，所以不妨把困难想多一点，想尽。"①

军事训练表演结束后，毛泽东在十三陵就地召开中央政治局常委和各中央局第一书记重要会议，他指出："地方党委要搞军事。""要把民兵好好整一下。""政治，要有政治工作，有政委、政治部、教导员、指导员，做人的工作，分清好人坏人。"②毛泽东此番语重心长的话，倾注了他对中国需要和平，和平需要军队，军队需要训练的深深思索；是对和平时期各级党政领导要关心国防建设的希望和教诲；是对人民解放军要搞好军事训练，不负人民厚望的巨大鞭策。

毛泽东看完军事表演后，曾经关切地问贺龙："普及尖子经验要多久？"贺龙深思了一会儿回答："两年可以把尖子经验普及全军。"之后，毛泽东又几次对贺龙说："要在全军普及，光有尖子部队是不够的，普及尖子的经验要很快布置，抓紧这项工作。"③

毛泽东的指示，使大比武运动牢牢把握了推动部队提高整体战斗力这一训练目标。

毛泽东检阅军事训练的第二天，贺龙召开军委常委会，传达了毛泽东的

---

① 中共中央文献研究室、中国人民解放军军事科学院编：《建国以来毛泽东军事文稿》（下），第227—228页，军事科学出版社、中央文献出版社2010年版。

② 同上书，第229—230页。

③ 《当代中国人物传记》丛书编辑部：《贺龙传》，第595—596页，当代中国出版社1993年版。

指示，着手布置普及尖子经验的工作。

在普及训练尖子经验过程中，贺龙、叶剑英、陈毅、聂荣臻、徐向前等元帅纷纷下到训练场，研究解决普及推广训练尖子经验中出现的新情况，指导全军大练兵运动沿着正确的轨道健康发展。

贺龙在北京军区普及尖子经验现场会上指示：比武不能搞形式主义，训练是为了打仗。他针对个别单位比武中出现的调人、换枪等现象，严厉指出："全国都学解放军，可是解放军自己还弄虚作假，怎么让人学！三总部要带头反这个东西，部队也要反。"①及时纠正了个别单位比武中出现的不良苗头。

在开展大比武运动中，最为繁忙的罗瑞卿大将先后13次跑遍了全国9个省的许多部队，了解情况，解决问题。在济南军区普及尖子经验现场会上，罗瑞卿看到部队练兵士气昂扬，时常挑灯夜练，便要求指挥员注意劳逸结合，保护群众的训练积极性；他听说普及尖子经验中弹药器材消耗过猛，便教育部队勤俭练兵，为国分忧。

在这些深入实际的科学指导下，各级党组织和政工干部反复宣传"比武"的目的和意义，强调比干劲、比团结，做到成绩优异不骄傲，名次落后不气馁，认真学习他人的好经验，防止锦标主义。对有些单位出现的弄虚作假和形式主义现象及时作了纠正，使1964年我军大比武运动始终在正确的轨道上前进。

"我们也要进京向毛主席汇报军事训练！"毛泽东等党和国家领导人在北京检阅了济南军区、北京军区军事训练的消息，振奋了三军，鼓舞了练兵士气。各大军区"请战"的电话、电报纷纷飞向北京，飞向总部，要求组织部队进京比武汇报。

可让人发愁的是，偌大一个京城竟难以找到能同时容纳陆海空三军比武的场地。副总参谋长张宗逊焦急之下来到刘伯承元帅家问计。一直关注全军大比武运动的刘伯承建议：既然都要比一比，按兵种分开赛，对手条件一样，按地域分片进行。

军委同意此方案，决定全军性大比武分片进行。

华夏大地比武热浪伴随酷热升腾。7、8、9三个月，全军性比武此起彼伏。

据不完全统计，全军参加比武共有3318个单位，在3716个项目中角逐，比武人员数以万计。通过比武，共评选出694个"尖子"单位，3070名"尖

---

① 《当代中国人物传记》丛书编辑部：《贺龙传》，第597页，当代中国出版社1993年版。

子"个人。①

1964年7、8、9三个月,可谓我军军事训练史上的"百日辉煌"。这一时期,部队中最为荣耀的是比武尖子。当年国庆节,全军300名比武尖子到北京参加国庆观礼,毛泽东请部队比武尖子看首场音乐舞蹈史诗《东方红》的演出。之后,总部组织一个专列,请比武尖子到东北参观工业基地。

当年的比武尖子有许多还成长为我军的高级干部。他们中有后来担任济南军区司令员的张太恒上将、兰州军区司令员的刘精松上将等。

第二次世界大战时欧洲联军总指挥、英国的蒙哥马利元帅参观了北京军区某部的射击表演后,在一次记者招待会上发出这样的感慨,"这要成为军事家们的一条禁忌:不要和中国军队在地面上交手。"

---

① 李澍,刘培一,杜彦林主编:《社会主义时期中国人民解放军编年史》,第189页,人民出版社1993年版。

第二十五章　罗荣桓与林彪极左思潮的斗争

新中国授予的十大元帅，大都是叱咤风云、统领一方的战神，罗荣桓元帅似乎一直是个"配角"——从事着我军政治工作。那么，他为什么会与林彪配对那么多年？毛泽东为什么在他逝世时，会在诗中流露出"国有疑难可问谁"之感慨？毛泽东所写的《吊罗荣桓同志》："长征不是难堪日，战锦方为大问题。斥鷃每闻欺大鸟，昆鸡长笑老鹰非"，表达的又是什么意思呢？

其实，毛泽东清楚地了解林彪的能力及脾气性格，所以选择了一个既有原则性又讲灵活性、既有领导能力与指挥水平又善于为人处事的罗荣桓与林彪搭档当政治委员。罗荣桓不辱使命，他以党的事业为重，以人民军队的利益为重，用党性原则、用灵活的工作方法，在保证党对军队的绝对领导、保证部队建设的正确方向方面发挥了一个优秀政治委员应有的作用。

一、林彪说："什么林罗，林罗要分开，林罗从来就不是一起的。"

1959年庐山会议，风云突变。彭德怀直言获咎，被免去中央军委副主席、国防部长等职务，林彪窥探到了时机，接替了忠心耿耿的彭德怀的一切职务，成为我军核心领导人之一。林彪上台后，极力推行对毛泽东的个人崇拜，以巩固自己的地位。林彪的所作所为，受到了时任总政治部主任谭政大将的抵制。对此，林彪以谭政反党、反毛泽东为由，将他归入了彭德怀的所谓"军事俱乐部"①，并称其为该"俱乐部"的政治部主任。

---

① 1959年8月，党中央在庐山召开党的八届八中全会，彭德怀、黄克诚、张闻天、周小舟等人，因为彭德怀的上书和其他同志的直言，被错误地划定为"右倾机会主义反党集团"，又被错误地称为"军事俱乐部"，后又将谭政划了进去。

1960年底,在林彪的提议下,谭政被降为总政治部副主任。但由谁接任谭政担任总政治部主任呢?

对这一人事安排,林彪提出了人选,被毛泽东否定了。这时,毛泽东想到了一个人,他专门把总参谋长罗瑞卿和总政副主任萧华请到中南海。在毛泽东说明用意后,罗、萧当即提出让罗荣桓复出,毛泽东立即同意了。

于是,中央再度任命罗荣桓为总政治部主任。这虽不合林彪的意,但是这是毛泽东定的,他也就不敢再提什么反对意见。但他从技术上进行了处理,就是不让罗荣桓的任命在报纸上公开。以至于到了1963年,新华社要对外发布我军领导人名单,总政治部主任这一位置还是空缺的。罗荣桓曾感慨地说:"看来我这个总政治部主任还是不合法的。"[①]

在革命战争年代,林彪、罗荣桓多次搭档,"林、罗"甚至与"刘(刘伯承)、邓(邓小平)"齐名,他们的矛盾和分歧究竟在哪里呢?话得从红军时期说起。林彪是黄埔四期的"高材生",参加红军后,历任排长、连长、营长、团长和红四军一纵队司令员等职,每次领兵打仗总是旗开得胜,军事上算得上是一个人才,但他因为性格、个性问题,在每一个职务上同党代表(政治委员)关系都不很融洽。

1930年2月7日,林彪被任命为红四军军长。林彪尚未到任时,原红四军政委潘心源作为中央巡视员,奉命到湘赣边界和红五军开展工作,代理军委书记熊寿祺也赴上海出席中央召开的全国工农兵代表会议和全国红军会议未归,红四军政委一职实际上是空缺的。毛泽东为物色这一人选颇费脑筋。

毛泽东当时考虑,红四军是红军的主要力量,这支部队时刻都不能偏离党的领导,其政委一职必须立场坚定、观念正确、有丰富的政治工作经验,同时还要能与林彪这样的军长搞好关系。因此,这个人必须有宽广的胸怀,具有在一般问题上的灵活性和重大问题上的原则性的处事水平,既能同林彪合作,又能够开展党的工作。毛泽东经过深思熟虑后,最终选中了红四军前委委员、二纵政委罗荣桓。

罗荣桓1927年加入中国共产党,在蒋介石背叛革命、党的工作处于低潮时,他去鄂南组织农民自卫军,并担任党代表,后率自卫军参加秋收起义。当时他在第31团,林彪在28团,彼此并不十分了解。

1930年4月,中央军委任命罗荣桓为红四军代理政委。对于四军的发展,

[①] 《当代中国人物传记》丛书编辑部编辑:《罗荣桓传》,第605页,当代中国出版社1991年版。

林彪更多地注意军事指挥，而部队的政治思想建设、后勤工作等极少过问。罗荣桓十分尊重林彪在军事指挥上的特长，为了让林彪集中精力考虑军事问题，他把其余工作主动揽过来，全力以赴做好。罗荣桓经常深入部队进行调查研究，他和干部战士吃住在一起，耐心细致地做思想政治工作，妥善解决了开小差、溜号、团结以及生活等问题，并开展了丰富多彩的文化活动，帮助青年委员会建立了军、师、团共青团组织。经过罗荣桓的努力，红四军的各项建设全面发展，也使心胸狭隘的林彪无可挑剔。一直注视着罗荣桓工作的毛泽东，看到这一情况后，对身边人员高兴地说："罗荣桓在四军，不是跟林彪团结得很好嘛！"

1930年8月，军委了解到潘心源已经返回上海，不可能到四军任职，朱德、毛泽东乃正式任命罗荣桓为红四军政委。

从1930年8月罗荣桓到红四军任职，一直到1938年3月抗日战争期间林彪被阎锡山的部队误伤返回延安，其间只有1933年5月至1935年9月两年多一点时间除外，林彪、罗荣桓一直在一起工作。后来在东北解放战争的战场上，他们又再次共事4年。共事期间，罗荣桓一向严以律己、宽以待人，对林彪十分尊重，并以实际行动支持他。

比如，在1931年8月的第三次反"围剿"期间，有部分伤员、俘虏以及缴获来的枪支因没有来得及转移而被敌人夺走。这样的事在反"围剿"期间并不罕见。然而，罗荣桓作为军政委，却主动地承担了全部责任，作了自我批评。相反，身为军长的林彪，不仅没有作任何检讨，反而将全部责任推到罗荣桓身上，借此还背着罗荣桓，向中央报告，说政委做政治工作无力，建议撤掉罗荣桓，换其他人来。

1948年10月2日，辽沈战役中，东北野战军司令部截获敌人一份情报：敌军在葫芦岛增兵4个师。林彪获得这份情报后，随即动摇了中央军委定下的先打锦州的计划，并于当日在既未与政委罗荣桓、也没有和参谋长刘亚楼商议的情况下，就以"林、罗、刘"名义向中央军委发电，请求回师打长春。林彪陈述的理由是："准备的是一桌菜，上来了两桌客，怎么办？"

由于林彪单独采取行动，直到第二天早晨，罗荣桓才得知林彪已经改变了攻打锦州的决心。对此，罗荣桓强压怒火，立即拉上刘亚楼找林彪，他们看过那份电报底稿后，当即表示这样不妥。但林彪认为锦州难打，并说了一大堆理由。

在这个关节口上，指挥员改变决心后果是严重的。罗荣桓感到关系重大，即向林彪表示，打锦州计划不能改变。刘亚楼也同意罗荣桓的意见。

林彪显然很不高兴，但是经罗荣桓再三做工作，也意识到自己的做法有些不妥，便让秘书追回那份电报，但这时电报已经发出去了。刘亚楼问林彪和罗荣桓怎么办？林彪没有吭声，罗荣桓表示："再发一份电报，说明我们仍然决心攻打锦州。"

这封电报发出前即收到了毛泽东的批评回电，"二日二十二时电悉"。你们"应集中主力迅速打下锦州，对此计划不应再改。"①但当再收到罗荣桓起草的、以"林罗刘"名义的电报时，毛泽东10月4日立即回电说："你们决心攻锦州，甚好甚慰。"②

辽沈战役结束后，罗荣桓在向中央起草作战情况的报告中，用林彪和自己的名义对此事作了自我批评，而且行文也十分婉转，尽可能地把问题写到自己头上。林彪虽然不乐意，但报告内容客观，无可挑剔，最后还是签了字。这件事也引起了林彪的不满。

这些情况毛泽东当然了解不多，总体感觉他们配合还可以。这次谭政被打倒，便又让罗荣桓复出任总政治部主任。

对于罗荣桓来说，中央让他复出的决定使他感到突然。因病只担任政治学院院长的罗荣桓，对林彪上台后搞的极"左"一套早就看不惯，对林彪、谭政之间的矛盾起因他是了解的。他心里明白，林彪整谭政也是为了整自己。但他出于对党和军队事业的忠心，还是服从到任了。

而这时的林彪对罗荣桓的态度，显然已经不再是红四军和辽沈战役时期了，他根本就不把罗荣桓放在眼里。他在军委会议上点名批判谭政，事前跟罗荣桓连招呼都不打一个，更不用说遇事要通气协商了。

尽管林彪说谭政反党、反毛主席，抓"谭政反党集团"，但罗荣桓对此一直持保留态度。他带着疑惑在总政办公会上说："他（谭政）跟主席工作那么多年了嘛，怎么会发生反对毛主席的问题？"谭政被降职后，一时意志消沉。罗荣桓同他谈话，鼓励谭政要"振作精神，抬起头来，继续工作"。还安排他到基层去调查研究，发现情况随时向党中央、中央军委报告。③

罗荣桓一复出，就与林彪推行的个人崇拜以及极左思潮进行了坚决的

---

① 《毛泽东军事文集》第五卷，第35页，军事科学出版社、中央文献出版社1993年版。
② 同上书，第39页。
③ 姜思毅主编：《中国共产党军队政治工作七十年史》第五卷，第245页，解放军出版社1992年版。

斗争。

二、《关于加强军队政治思想工作的决议》的是是非非

　　林彪一上台，就开始在党内、军内推行对毛泽东的个人崇拜。1959年10月，林彪在军委扩大会议上，继康生提出毛泽东思想是"最高标准"之后，又提出了学毛泽东著作要"背警句"的主张。同时，他又制造了"顶峰论"，认为现在的马列主义就是毛泽东思想，毛泽东思想在世界上是站在最高峰，站在现时代思想的顶峰。此后，他还总结出了"带着问题学，活学活用，学用结合，急用先学，立竿见影"①的所谓"21字方针"。

　　1960年9月12日在北京召开的军委常委扩大会议上，林彪在会议讲话中第一次提出"四个第一"的观点，即：在人和武器的关系中，人的因素第一；在政治工作与其他工作的关系上，政治工作第一；在思想工作与事务性工作中，思想工作第一；在书本思想与活的思想关系上，活的思想第一。②

　　按照这些思想和精神，9月14日，中央军委扩大会议召开，大会开了30多天，于10月20日通过了两个决议，即：《中共中央军委扩大会议关于谭政同志错误的决议》和《中共中央军委扩大会议关于加强军队政治思想工作的决议》。这两个决议，使我军政治工作开始走上极左路线，尤其是《关于加强军队政治思想工作的决议》，林彪"九一三"事件后虽然作了个别条文上的修改，但一直到1978年全军政治工作会议之后，才正式停止贯彻执行。

　　罗荣桓复出，也正是党中央、毛泽东向全党全军批转《关于加强军队政治思想工作的决议》（以下简称《决议》）并在全军贯彻之时。这个《决议》的贯彻，是党的"左"倾错误在军队继续发展的开端，也是罗荣桓同林彪极左思潮斗争更加棘手、难度更大的重要原因。

　　《决议》认为，"在国内，社会主义和资本主义两条路线的斗争，仍然是主要的矛盾"，强调要"紧紧地掌握党的总路线、大跃进、人民公社三大法宝"，继续反对"政治上右倾"。林彪提出的"四个第一"被写进了总纲，并认定"四个第一""是我军政治思想工作的方向，也是整个军队建设的方向。在新的历史时期，我们更应当紧紧掌握这个方向。"③

---

① 《解放军报》，1960年2月13日。
② 《解放军报》，1960年9月16日。
③ 姜思毅主编：《中国共产党军队政治工作七十年史》第五卷，第244—245页，解放军出版社1992年版。

《决议》将"思想工作要抓活的思想"专门列为一个问题,强调在全军要"广泛地又是灵活地运用大鸣、大放、大争、大辩论、大字报的方法",打好思想仗。对学习毛泽东思想的问题,《决议》指责"完整地、系统地"学习马列主义,是"脱离实际,无的放矢的教条主义的错误方法"。《决议》点名批判了彭德怀、黄克诚的所谓"资产阶级军事路线",同时不点名地指责谭政在担任总政主任期间,"政治工作还存在许多严重问题,一个时期在工作方向上发生了偏差"。①

这个《决议》在与会同志的集体努力下,也总结了我军政治工作的一些有益经验。比如,《决议》重申了毛泽东思想是我军建设的指针,也是军队政治工作的指针;明确古田会议所建立起来的我军政治工作光荣传统,将永放光芒;肯定了1944年经毛泽东修改、由谭政所作的关于军队政治工作问题的报告是对古田会议传统的继承,是对我军政治工作的全面总结;强调了政治工作必须贯彻群众路线,坚持三大民主制度,指出"军队民主生活的一切活动,都必须有利于完成任务,有利于加强团结,巩固纪律,提高战斗力,防止极端民主化"。这些都对林彪推行极左思想路线起到了一定的制约作用。《决议》要求发动全军上下,人人做政治工作,要"人人开口,人人监督,互相鼓励,互相批评"。

《决议》还就加强基层连队建设、培育又红又专的干部队伍、加强和提高军事技术、业务、科研中的政治思想工作,以及党委建设等若干问题,提出了具体要求和解决办法。所有这些积极的、正确的内容,为罗荣桓再任总政主任,抵制极左思潮,提供了一个基本依据。

此外,1960年12月21日,毛泽东在批转向全国地委以上机关发行该《决议》时,亲笔加上了一段话:军队中有文化条件的干部,必须研究马、恩、列、斯的经典著作。研究方法,必须是为了我们的工作需要而去作研究,不是读死书,而是领会马克思列宁主义的精神实质。读毛泽东同志的著作的方法,也应当是这样。过去军队中理论研究工作的方法是读死书的方法,那是不正确的,十月军委扩大会议已指出了这一点,中央认为是正确的。②

毛泽东的这个批示,成为罗荣桓同林彪极左思潮斗争的又一武器。

《决议》虽然是林彪极左思想路线的重要汇集,但其中一系列保留下来的正确的内容,加上有了毛泽东的亲笔批示,刚刚出任总政主任的罗荣桓也就

---

① 姜思毅主编:《中国共产党军队政治工作七十年史》第五卷,第245页,解放军出版社1992年版。

② 同上书,第247页。

有了"尚方宝剑",他一到任,就多次向全军提出,要很好地解释和领会《决议》中的有关问题。

三、坚持实事求是、群众路线的作风之争

1961年5月,全军管理教育工作会议在京召开,罗荣桓作了重要讲话,着重讲了机关、院校思想政治工作的一些问题,充分反映了他实事求是、群众路线的思想作风和工作作风。自从庐山会议错误地批判了彭德怀之后,各机关、院校也开展了"反右倾机会主义"的斗争,使用大鸣大放、大字报或小字报的方式,把一些实事求是反映农村情况、对"左"的东西提出批评和疑问的干部打成了"右倾机会主义分子",这就使许多干部不敢讲话,心情不舒畅,严重削弱了党内的民主生活。

罗荣桓注意到了机关、院校这种现象后,专门作了讲话,讲话的主题就是:实事求是,发扬民主,让人讲话。

当时,在干部中经常议论的话题主要是农村形势。有些人认为,农村形势不好,刮五风,中央也有责任。但有些干部则认为这种态度是右倾,有点像右派进攻。一扣这个帽子,大家便不敢说话了,但口服心不服,思想不通。针对这一情况,罗荣桓在讲话中明确指出:中央有没有责任?农村搞得那样,中央老早就承认有责任,没有登报就是了。中央搞了"十二条"还不行,又搞"六十条",就是承认有责任。中央并没有把责任都推到下面去,主要是中央负责。

罗荣桓这一实事求是的看法对于那些敢于讲真话的同志无疑是一个支持和解脱。

当时,中共中央在肯定"三面红旗"的前提下,正在逐步纠正一平二调、刮共产风等"左"的错误。对于这种纠正,罗荣桓积极拥护。他在这些讲话中,依据中共中央文件的精神,具体分析了"三面红旗"中存在的问题。

关于总路线,他在肯定"多快好省"口号的同时,又着重指出:问题是在执行中间只讲多快,不讲好省。在工业方面,战线拉得很长,只讲产值,不讲规格品种。在农业方面也是这样,比如兴修水利,只讲多修,不讲配套。

关于"大跃进",他认为,许多指标过高了。"什么卫星田,一亩五万斤,就是那样吹起来了。"他说,大跃进要有个边,不能没有止境,不能不讲条件。

关于人民公社,他针对公社的"一大二公"指出:"共产主义风格也要有一个边,不计报酬的劳动不对。""大肆宣传不计报酬的劳动,不促成平均主义、

一平二调才有鬼呢!"①

他认为,这几年许多干部所以思想不通,除了在进行思想教育时没有实事求是地分析形势,讲清楚存在的问题以外,另一个原因就是思想斗争过火。在两次讲话中,他都具体分析了思想斗争过火的具体表现。

他首先讲了"大鸣大放大字报"。这是毛泽东在反右派时提倡的,称之为"大民主"。然而,历史,尤其是后来十年动乱的历史却证明,它非但不是什么民主,而且严重破坏了人民群众和革命队伍中的民主生活。当时罗荣桓还不可能提出废止"大民主"的问题,但是认为应该严格限制其使用的范围。他大声疾呼:进行思想教育动不动贴大字报就是受不了! 他明确指出:在经常的思想工作中,在解决思想问题时,不能采用大鸣大放大字报的方式,应该搞得细致一点,和风细雨,细水长流。应该提倡在干部之间开展谈心活动。

他还分析了关于思想批判从严、组织处理从宽的问题。这是毛泽东提出的一个对待犯错误的同志的原则。然而,在当时"左"的思想影响下,不仅把坚持实事求是说成是"右倾",而且还把"批判从严"搞成了"打棍子""戴帽子"和"抓辫子"。罗荣桓在政治学院十分沉重地说:"过去打击面太大了,抓住一两句话就整人家。不出问题则已,一出问题就算总账,这样搞哪个人能受得了? 因此伤了感情了。"罗荣桓认为,对批判从严有必要作正确解释。他说:"所谓从严,不是一上来'连珠炮'一轰,弄得犯错误的同志晕头转向。对于思想错误要具体分析性质、根源,要看一个人的本质,不要把每一句话、每一个现象都罗列起来,不要采取围攻的形式,不要算总账。这样效果不好。"②

在总政1961年1月25日的部务会议上,他还说:"要很好研究执行中央'处理从宽'的方针。这是一个很重要的方针。毛主席历来对犯错误的同志是这样做的。这是行之有效的方针,是毛主席建党思想的一部分。"他对有些干部不愿执行这一方针十分不满,告诫这些干部"要认真执行这一方针,不要把自己装得很'左'"。③

1961年6月22日,罗荣桓在解放军党的监察委员会第三次会议的讲话

---

① 《当代中国人物传记》丛书编辑部编辑:《罗荣桓传》,第599页,当代中国出版社1991年版。

② 同上书,第600页。

③ 同上书。

中还提出："党的监察委员会不能只是执行纪律,而且还要维护民主。"①他说,有些党的组织就听不得反面意见,只强调执行纪律,不强调有提意见的自由,这样就出现了党内民主生活不正常的现象。因此,必须维护党的民主。

他认为,对思想性质的问题不能压服。他说:"你斗他,他不承认,结果形成僵局,再去压服,弄得思想问题总也不能解决。我们要与人为善,处理思想问题不能简单化。对于干部不要光看到他的缺点,也要看到他的优点。不要攻其一点,不及其余。现在有些干部心情不愉快,思想敞不开,与方法不好有关系。"②

对"四个第一"中所谓"抓活思想"的问题,罗荣桓也有另一种解释。他说:现在,在有些院校就事论事抓表面现象,甚至抓鸡毛蒜皮,好像抓活思想就排斥了基本理论学习,这也是不对的。抓活思想并不排斥书本知识,尤其是院校,是要多读书的。有的院校提出,强调读书恐怕要回到老路上去。我看,教员就是应该多读点书。

当时,林彪还提出了个"抓两头",所谓"上头"和"下头"。但实际上却只强调上头,叫做上头开方,下头吃药;上头发令,下头就"闻风而动"。对此,罗荣桓很不赞成。他说:"关于抓两头,现在有的只抓一头,抓高头。高头是要抓的……问题是怎么结合。抓高头的东西要指导实践,同时,在实践中对高头的东西提出补充……这是很自然的道理。如果只抓上头的,那就是硬搬硬套,消化不了,就要害肠胃病。"他认为,对"闻风而动"也应当很好作解释。他说:"闻风而动不是要你去乱动,而应当是对上面的决定全面领会,结合具体情况,采取有力措施去贯彻。"③

林彪强调上面开方,忽视下面的实际,只抓共性的东西,必然导致政治工作一般化、大呼隆的现象,罗荣桓对此作了尖锐的批评。他认为,在院校和科研单位不能把部队的一套工作方法统统搬去。他说:"你把老教授也拉去开革命军人委员会,那方法是不适当的","现在科研部门政治干部的工作方法要来个改变,要适应这种工作对象,适应整个院校教学工作的需要。不要

---

① 《当代中国人物传记》丛书编辑部编辑:《罗荣桓传》,第600页,当代中国出版社1991年版。

② 同上。

③ 《当代中国人物传记》丛书编辑部编辑:《罗荣桓传》,第604页,当代中国出版社1991年版。

瞎指挥，不要不懂装懂。那些尖端部门的技术问题，就是要尊重专家，向专家学习。"①

罗荣桓还认为，即使在连队，也不能运用一般化的工作方法。他指出：几年来，学生入伍的比重越来越大，在连队管理方面却出现了新问题，这就是缺乏管这些有一定文化水平的士兵的经验。他说："据说有个别连队把人家新兵带的书、提琴都收了。他们想，到部队像进学校一样，所以带来许多学习的东西，一来你就把它收了，那怎么行呢？"他说，对这些有文化的战士，"不仅是不能封锁，还要开放，要适应他们的要求。比如读书就应该满足，当然要有选择，不要统统去看爱情小说"。②

四、在政治和业务、红和专的关系上的分歧

1961年夏天，罗荣桓看了一些反映院校情况的文件，听取了姜思毅在西安军事电讯工程学院蹲点的情况汇报，感到当时各院校普遍存在的问题是只强调"红"而忽视、贬低"专"。这种贬低已经到了令人不能容忍的地步，罗荣桓称之为"仇视专"。其表现是"白专道路""单纯军事观点""单纯技术观点"的帽子满天飞，教学质量下降。在政治和业务的关系上，只强调政治挂帅而不提政治工作对业务的保证作用。政治工作中脱离实际的形式主义倾向和一般化的作风大大增长。

针对上述情况，罗荣桓提出，要很好地解释和领会1960年的军委扩大会议决议。如何解释和领会呢？他认为，关键是要运用毛泽东的思想，也就是实事求是的思想。

在1961年9月召开的全军院校教育工作会议和11月召开的全军政治工作会议上，罗荣桓在他所作的重要讲话中都做了这种重新解释的工作。

他怎样解释"四个第一"呢？他说："'军委扩大会议决议'上有'四个第一'，政治要与各种具体实践相结合，才有个第一嘛！不结合你怎么叫第一呢？""如果不把'四个第一'和具体实际相结合，光提第一，那当然不对。"

在政治和业务的关系上，他坚持政治工作要保证业务的完成。他说："……高等军事学院，是学指挥打仗的；军事工程学院，是学尖端技术的；通信学院也是学尖端技术的。教学目的很明确。政治工作首先要保证专业的学习。""我

---

① 《当代中国人物传记》丛书编辑部编辑：《罗荣桓传》，第604页，当代中国出版社1991年版。

② 同上。

们部队的高级技术学校,培养专门人才,这是一个政治任务,学校政治工作要保证这个任务完成。"①

他赞成主管国防科技工作的聂荣臻提出的科技部门的党支部起保证作用的提法。他说,在科技院校和单位中,支部的作用就是要保证教学方针的贯彻,保证科学研究项目的完成。

政治和业务的关系在科研和院校等知识分子集中的单位常表现为红与专的关系。早在这一年8月,在军事工程学院学习的罗荣桓儿子罗东进回家过暑假时,罗荣桓就了解到,在军事工程学院这所专门培养科技人才的学校中,学员们对红与专的问题认识就相当混乱,片面强调红,忽视专业学习。学校里还搞什么"满堂红"活动,各支部都做了一天读多少毛泽东著作、多长时间通读一遍的计划,搞技术作业也要引两句毛泽东的语录。可是认真说来,究竟什么是红,红又为了什么,这些青年人并不清楚。一天晚上,罗荣桓和罗东进以及他的几个同学一起谈起了红和专的问题。他对这些青年人说:"你们这些人的责任是很大的,如果将来发生战争,就得要你们拿出东西来。你们这些人的政治任务就是要专,要使自己成为社会主义的专家。红不是空洞的东西,而是要落实到实际工作和斗争中去,对你们学习国防科学技术的人来说,就是要落实到专业上。谁要是真正的红,谁就应当成为一个真正的又红又专的专家,为我国的国防工业作出一些贡献。我们现在非常缺乏专家,我们有许多现代化的企业没有搞好,或是搞坏了,其中一个原因就是缺少专家,缺少科学知识。"②他再三鼓励青年们,一定要下决心努力把专业学好。

在全军院校教育工作会议上,罗荣桓又着重分析了红与专的关系。他说:"红,主要是一个方向问题。红要带领专,要保证专的实现,要帮助专,实现专的要求。一切政治工作离不开这个目的,不应当只强调红,不强调专。红与专不能脱节。专业技术院校如果不用更多的时间学专业技术,就专不了。不专,红是空红。"③在讨论总政草拟的《院校政治教育方案》时,他当场指示:在方案上加一句:"'红'要落实到'专'。"他又要求负责文字修改的姜思毅将加了这一句话的段落读给他听。

---

① 《当代中国人物传记》丛书编辑部编辑:《罗荣桓传》,第602页,当代中国出版社1991年版。
② 同上。
③ 同上书,第603页。

他针对一些人丢下专业下农村的现象说:"军事工程学院是搞尖端技术的,不要天天叫那些青年学生下农村嘛!……主要还是搞你那个尖端,落实在那个尖端学习上。"

他还批评了有些院校丢下专业,光学毛选的偏向。他说:"毛选一般都要学……但要区别不同对象,提出不同要求。……有些高等院校,不搞他的专业,甚至像聂总讲的,有些人不敢看专业书了,那就很不好了。"①

在红与专的关系上反映出来的另一个问题就是对待知识分子的态度。在院校教育工作会议上有些同志提出,现在在军队院校的科学研究机关的知识分子是不是资产阶级知识分子?有的人认为只有工农出身的,我们自己培养的才能算革命知识分子。罗荣桓明确回答,应该一律称为革命知识分子。他说:"这些人都是经过挑选的,他已经跟着党走了,已经参了军搞尖端,有什么理由还要讲他是资产阶级知识分子呢?"对于这些有文化的学生兵,罗荣桓寄予殷切的希望。他满怀热情地预见道:"他们经过士兵生活的锻炼,又有文化,恐怕我们大部分连排干部和高等军事技术学校的学生要从这些人中培养出来。这是很好的现象,不要怕麻烦。"②

五、如何学习毛泽东著作、正确看待毛泽东思想之争

1961年1月,济南军区政委梁必业调任总政副主任,罗荣桓同他谈话时,谈到部队学习毛泽东著作出现的困惑时指出:"带着问题学,就是要到毛选中去找答案。这样提不适当。比如两口子吵架,发生了问题,如何到毛选中去找答案?还是应当学习立场、观点、方法。"③梁副主任在总政办公会议上传达了罗荣桓主任的意见。

罗荣桓分别与总政各二级部长们谈话时,多次谈到了学习理论和对待毛泽东思想的问题。他对总政干部部长甘渭汉说:"把毛泽东思想说成是当代思想的顶峰,那就没有发展了?毛泽东思想同马列主义是一样的,马列主义向前发展了,毛泽东思想也要随着时代的发展而发展嘛!"④

2月2日,罗荣桓在总政副主任萧华、刘志坚、徐立清、梁必业陪同下,

---

① 《当代中国人物传记》丛书编辑部编辑:《罗荣桓传》,第603页,当代中国出版社1991年版。

② 同上。

③ 同上书,第578—579页。

④ 同上书,第579页。

视察了《解放军报》，并对副主编以上干部发表了谈话。他从正面阐述了作为军委机关报，应该如何宣传和引导学习毛泽东思想等问题。他强调："要领会毛泽东思想的精神实质，不要满足于引证某些词句。""对马恩列斯不要教条主义，对毛泽东思想也不能教条主义，不能只引证某些词句。毛主席的文章很少引证马克思、恩格斯怎么说的，但他讲的是马列主义的精神实质。"①

这次接见，罗荣桓还提出了"对林彪的宣传要认真负责。把林彪随便讲的一些话，不分场合报道出来是不好的。他今天这样讲，明天可能不这样讲。对客观认识要反反复复的，就那么准确？那就难了。"②

2月4日起，罗荣桓和贺龙元帅一起下部队搞调查研究。在南京，罗荣桓同警卫部队战士谈话，专门询问了学毛著的情况。他问战士："林副主席最近提出了'带着问题学'，你们是怎样理解的？"这个问题战士们答不上来。停了好长一会儿，一位指导员吞吞吐吐地说："我们支委开了好几次会，研究学毛著问题。但是我们水平低，研究来研究去，也不知道该怎么学才能立竿见影。"罗荣桓当即对这个问题提出了自己的观点："毛主席的著作，你们要认真学习，注意联系实际，领会精神实质。""至于'见影'不'见影'，究竟何时可以'见影'，那是以后学习成效的问题，先不要考虑它。"③

3月6日，他们一行在长沙第一政治学校时，罗主任又就如何学习毛泽东著作发表了自己的看法。他说："学毛著，你们要根据不同对象提出不同要求。学员中有很大一批是建国以后入伍的，要多学点党史。不然，毛选就读不进去，就感觉不到什么问题，读起来也不亲切。如果知道在那些重要的历史关头，毛主席都有一些什么主张，这就深刻了。所以，我主张你们首先讲讲党史，以党史为线索去学习毛选。"④

罗荣桓还指出，学习毛泽东思想，应根据不同对象提出不同要求。他说，听说在南昌有一个部队每人买了一部毛选，这种热情是好的，但是不是都读得懂啊？对战士，应该多搞一点传统教育，这也是毛泽东思想嘛！学习毛泽东思想不能只用一个办法、一把尺子去要求，那样做就是教条主义了。

他还对《决议》中以及林彪提出的"带着问题学""立竿见影""背一点东西"

---

① 《当代中国人物传记》丛书编辑部编辑：《罗荣桓传》，第579页，当代中国出版社1991年版。
② 同上。
③ 同上书，第582页。
④ 同上书，第585页。

等进行了多次质疑。他认为,背诵的办法容易把毛泽东著作教条化,而马列主义、毛泽东思想同教条主义从来都是格格不入的。他尖锐指出:"用教条主义态度对待毛泽东思想,那根本是牛头不对马嘴!"①他说:"告诉昨天我们去的那个学校,组织学员学习毛主席著作时,不能只对书中的个别词句、一两句话发生兴趣,要注意学习毛主席分析问题的立场、观点、方法,领会精神实质……马列主义从来就是反对教条、反对迷信的。"②

罗荣桓对"带着问题学"有异议,林彪已有所闻。3月28日,《解放军报》发表了罗荣桓、贺龙视察部队的新闻稿,他听秘书"说"了以后,又破天荒地第一次亲手拿起报纸过目。

林彪听"说"文件、"说"报纸,已有两三年历史了。从战争时期到五十年代初,他还是很注意看文件、电报的,但当上军委副主席、国防部长后,文件、电报多了,为了省事,他就让秘书说给他听。他边听边把瘦小的身体埋在沙发里,一般文件听完就算了,有些文件他听到时睁开眼睛或咳嗽一声,这时秘书就重念一遍。对这篇报道他动了心神,他已经注意到了罗荣桓与自己的区别,但他没有料到,罗荣桓会把这个问题带到部队作为调查研究的课题,也没想到罗荣桓会把它提到军委会议上。

在1961年9月召开的全军院校工作会议和11月召开的全军政治工作会议上,罗荣桓再一次纠正说:"军委扩大会议上有'四个第一',政治要与具体实际相结合,才有个第一嘛!不结合你怎么叫第一呢?"同时,他还就"活的思想"和"抓两头"等进行了解释:"活的思想"并不排斥书本知识,尤其是院校教育,还是要多读书的。

由于罗荣桓的干预和纠正,《决议》中的一些极左的错误要求和规定,得到了一定程度的制止,全军在贯彻1960年《决议》中,其"左"的思想和倾向也得到了较为有效的纠正,从而使二十世纪六十年代初期我军的政治工作,在受一九五七年反右、一九五八年反教条主义而走向"左"的过程中,不能不说是一些进步。但那个阶段,宏观政治气候,不利于对"左"的错误思想全面纠正,而罗荣桓身为林彪的下级,也作为军委办事机构的领导,再加上林彪的为人与性格,林、罗之间思想认识上的分歧,发展为推行极左思潮和捍卫真理间的一场政治争论已经难以避免。

---

① 《当代中国人物传记》丛书编辑部编辑:《罗荣桓传》,第585页,当代中国出版社1991年版。

② 同上书,第586页。

六、罗荣桓直言:"'带着问题学'毛选,这句话要考虑,这句话有毛病。"

1961年4月30日上午,军委常委第26次会议召开,林彪、罗荣桓、贺龙、叶剑英、罗瑞卿等5名军委常委参加,刘亚楼、张爱萍、彭绍辉、梁必业、张令彬、周希汉、封永顺等委员列席。会议由林彪主持。会议的前几个议题很快就讨论完了,但在讨论《合成军队战斗条例概则》时,林彪问大家还有没有意见,罗荣桓第一个发了言:"'带着问题学'毛选,这句话要考虑,这句话有毛病。"

林彪一紧张就出汗。他听到罗荣桓如此质问,内心突然紧张起来,光亮的额头上渗出了汗水。林彪擦了擦额头,很不高兴地盯着罗荣桓反问道:"那你说应该怎么学呀?"

罗荣桓很坦率:"应当是学习毛主席著作的精神实质。'带着问题学',这句话还是改掉为好。"

"不好,就去掉嘛。"林彪阴阳怪气,又有一些不耐烦。

罗荣桓知道林彪是很勉强的,但到底还是接受了自己的意见。他接下去说道,"还是去掉好。学习毛主席著作一定要从根本上学,融会贯通。要学习立场、观点、方法,紧密联系实际……"

还没等罗荣桓把话说完,林彪就急着起身宣布:"好吧,散会!"便拂袖而去。①

1961年5月1日,按照林彪的指示,《解放军报》开始每天在报眼位置刊登与当天报纸版面内容相符的毛泽东语录,以便指导"活学活用"。为此报社不得不派出一些编辑记者找语录,时间一长,确实很难每天对上号。报社总编辑李逸民觉得,这是林副主席交代的政治任务,不选又不行,十分为难,便找罗主任请示办法。罗荣桓明确答复说:"办报纸主要是贯彻毛主席《对晋绥日报编辑人员的谈话》精神。至于毛主席语录,找几条可以,找不到也可以。毛主席的著作不可能对现在的什么事情都谈到,要学习毛主席著作的精神实质。不要像和尚念经,把木鱼敲破了,还不知道西天佛祖在哪里呢。"②

听到罗荣桓这么一说,李逸民如释重负。但对于罗荣桓来说,他所要支撑的压力进一步加大了。他渴望能通过组织制度和组织原则,制止并纠正林

---

① 《当代中国人物传记》丛书编辑部编辑:《罗荣桓传》,第591页,当代中国出版社1991年版。

② 同上书,第592页。

彪身上业已存在的权力膨胀、个人野心膨胀的不良心理。

经过深思熟虑后，罗荣桓决定将林彪的所作所为，反映给当时任中央书记处总书记的邓小平同志。

邓小平接到罗荣桓电话里反映的情况后，感到这个问题很重要，便决定拿到书记处全体会议上讨论。经过讨论，会议一致同意了罗荣桓的意见，并将讨论结果报毛泽东。

通过这件事，林彪对罗荣桓更是恨之入骨，一直寻找机会下手。

在1961年全军政治工作会议上，罗荣桓提出当前的中心工作是要抓好"四抓一调查"时，林彪突然发难了："什么'四抓一调查'！这种话哪年说都不犯错误，但是什么问题也不能解决。"

本来"四抓"就是林彪提出的"创造四好连队"内容的具体化，"一调查"是毛泽东提出的"大兴调查研究之风"。罗荣桓讲得没错，但为什么会惹林彪发如此大的火？罗荣桓怎么也没有想到，这是林彪向他发起攻击的第一炮。

随后，林彪利用1960年罗荣桓的一件事做文章，想给他扣上"反党"帽子，以达到致他于死地的目的。

1960年10月28日，罗荣桓到政治学院讲话，批评一些部队有些人不关心地方工作时说，在山东，农村劳动力减少20%，牲口由600万降到2万头，许多土地荒废了，部队为什么不反映？这样大的灾荒，不反映怎么行？几天后，总参动员部长傅秋涛，到罗荣桓家汇报民兵工作，谈到某省军区副司令带着动员处长等机关人员到基层核查工作，了解到一个县非正常死亡多人，回来后未向党委反映。有个秘书问动员处长为何不反映？处长说，首长不反映，我也不敢。罗荣桓听了，心情非常沉重，他严肃指出，这是一个党性问题。他立即将萧华请来，结合贯彻农村工作"十二条"，决定发一个指示，并以总政名义向中央写个建议，要求各地驻军注意及时反映地方动态，在当地党委领导下参加一些地方工作等。这个建议经中央书记处同意后，总政立即向部队作了传达。

部队向地方工作提意见，一年前彭德怀做过，结果被罢官。如今罗荣桓又这样做，林彪就找到了下手的把柄。他向毛泽东写了报告，说通令发下去后，各地驻军与地方党委关系搞坏了，不利于党的一元化领导，发生军队与地方对立等。毛泽东批示萧华，照林彪的意见办理，总政那个建议停止执行。这件事本来已经了结，可林彪为了打击罗荣桓，随即搬出来当"炮弹"使。

一天，林彪当着罗瑞卿和海军某领导人的面冷冷地说："罗荣桓的思想可不对头啊!他躲着我,主张军队向地方开炮,这不是反党吗?"罗瑞卿和海军某领导人听了不知其意。林彪看他们不表态,突然气势汹汹地对罗瑞卿说:"听说这也是你的意见,我就是反对你们!"罗瑞卿看过总政给书记处的报告,根本不是什么向地方开炮,于是他回答说:"我没有。"

"没有?"林彪反问道:"怎么没有?有文件为证!"罗瑞卿只好回答:"要是查到我有这样的主张,我承担责任。"海军那个干部见此情景,即动身告辞。林彪对他说:"就照我刚才说的搞,别的不要听。一个新鲜事物,总是有人反对的。"①林彪说的"新鲜事物",指的就是"带着问题学"那一套。

第二天清晨,林彪又给罗瑞卿打电话,要他对此事保密,还假惺惺地说是为了"保护罗荣桓的健康"。其实他是怕罗荣桓在党内的威信太高,怕罗荣桓与毛泽东个人感情好,整他毛泽东不会同意,弄不好会搬起石头砸自己的脚,偷鸡不成蚀把米。林彪一边叫罗瑞卿不要公开,一边继续攻击罗荣桓反党,甚至说他反对"带着问题学",就是反对毛泽东。

罗荣桓为了贯彻党对军队的绝对领导,为了军队的稳定统一和革命化现代化正规化建设,先后与林彪直接共事20多年,不但在革命战争年代对林彪的个人主义思想、个人野心以及作战中的失误,进行了不屈不挠的斗争,而且在学习毛泽东著作、认识和分析形势、选拔干部的红与专、处理政治与业务、政治教育与军事训练的关系等方面都进行了长期的、艰苦的斗争,大大限制了林彪搞乱军队、架空毛泽东、篡夺党、军队和国家最高领导权的阴谋,也使林彪不敢贸然行事。这使林彪更加痛恨罗荣桓。他多次明确表态:"什么林罗,林罗要分开,林罗从来就不是一起的。"②

对于林彪的欺侮,罗荣桓认为,个人的委曲可以忍耐,甚至可以委曲求全、忍辱负重,但对于党的工作、军队的事业,对于大是大非问题,坚决不能放弃原则,不能调和。也许这就是林彪把罗荣桓当作眼中钉、肉中刺,而三番五次进行打击迫害的原因吧。

七、人类庄严一典型

罗荣桓太辛苦了,为党的事业和我军政治工作,他积劳成疾。

1963年9月28日,罗荣桓身体再也坚持不下去了,他住进了医院。这次

---

① 《当代中国人物传记》丛书编辑部编辑:《罗荣桓传》,第595页,当代中国出版社1991年版。

② 同上书,第605页。

他不只是血压不稳,心脏不好,肾功能也严重不行了。特别是肾功能衰竭引起的尿毒症,深深地折磨着他。

罗荣桓病危之时,对其子女,谆谆告诫:

我尽力争取不死,

继续为革命奋斗,

如果死已经来临,

我也绝不畏惧,绝不发愁。

我给你们留下的只是党的事业,

别的什么都没有,

我的遗嘱是一句话,

永远跟着共产党走,

跟着毛主席走!①

1963年12月16日下午2时37分,中国人民的伟大儿子、无产阶级忠诚的战士、我军政治工作的卓越领导者罗荣桓元帅与世长辞了,享年61岁。

这天晚间,毛泽东在中南海召集会议听取聂荣臻等汇报十年科学规划,会议开始前,毛泽东首先提议大家起立为罗荣桓默哀。默哀毕,毛泽东说:"罗荣桓同志是1902年出生的,这个同志有一个优点,很有原则性,对敌人狠,对同志有意见,背后少说,当面多说,不背地议论人,一生始终如一。一个人几十年如一日不容易,原则性强,对党忠诚,对党的团结起了很大的作用。"②

罗荣桓逝世后,毛泽东悲痛逾常,几天夜不能寐。他写成七律《吊罗荣桓同志》:

记得当年草上飞,红军队里每相违。

长征不是难堪日,战锦方为大问题。

斥鷃每闻欺大鸟,昆鸡长笑老鹰非。

君今不幸离人世,国有疑难可问谁?

罗荣桓逝世,给党、国家和军队的事业造成了巨大损失,全党、全军和全国人民痛悼这位年仅61岁的共和国元帅。

叶剑英元帅写道:

毕生战斗明敌我,

---

① 《当代中国人物传记》丛书编辑部编辑:《罗荣桓传》,第612页,当代中国出版社1991年版。

② 同上书,第613页。

  人类庄严一典型,
  大业方兴公竟逝,
  哀歌声里起雷霆。

  叶剑英是1961年4月30日军委常委会的出席者之一,他亲眼看到罗荣桓挺身而出反对林彪极左路线那一套的情景。后来,他几次提到,林彪是靠小本本起家的,罗荣桓反对林彪是完全正确的。在1978年全军政治工作会议上,叶剑英元帅又回忆说:

  "罗荣桓同志在世时,就同林彪作过针锋相对的斗争。罗荣桓同志对我军的政治工作有重大建树,是我们总政治部的一位好主任,是我们大家学习的榜样。"[①]

[①] 《当代中国人物传记》丛书编辑部编辑:《罗荣桓传》,第614页,当代中国出版社1991年版。

第六编　改革开放和社会主义现代化建设新时期

这一时期，首先开展的是军队政治工作的拨乱反正。1978年全军政治工作会议，恢复和发扬了我军政治工作优良传统；贯彻党的十一届三中全会精神，我军政治工作走上正确轨道。

在邓小平新时期军队建设思想指导下，我军政治工作开创了新局面。

贯彻江泽民国防和军队建设思想，我军政治工作有新举措。

贯彻胡锦涛国防和军队建设思想，我军政治工作有新进步。

贯彻习近平强军思想，我军政治工作正在推进思维理念、运行模式、指导方式和方法手段创新，为强军兴军发挥生命线作用。

第二十六章　邓小平布局改革开放新时期的政治建军

邓小平被称为中国改革开放和现代化建设的"总设计师",也是改革开放新时期政治建军的"总设计师"。

一、邓小平、叶剑英与1978年全军政治工作会议

1975年1月5日,中共中央和毛泽东主席决定:邓小平担任中共中央副主席、国务院副总理、中央军委副主席兼中国人民解放军总参谋长。随即,邓小平就以军队整顿为突破口,大刀阔斧地开始了全面整顿。

1月19日,邓小平在解放军各大单位领导同志座谈会上发表了题为《军队要安定团结》的谈话。他指出:"在军委扩大会议之后,还要开一个政治工作会议。"为什么要召开政治工作会议?邓小平回答说,因为"军队的思想问题一大堆"。在1975年7月14日召开的中央军委扩大会议上,邓小平提出了军队整顿的任务,就是"肿、散、骄、奢、惰"五个字。他说:"很多同志提出,希望开一个政治工作会议,我看这个意见很好,是需要开一个全军政治工作会议,研究加强军队党的工作和政治工作"[①],从而达到"加强军队党委的集体领导,加强政治机关,提高政治机关的威信"的目的。1976年4月,北京发生悼念周恩来总理、反对"四人帮"倒行逆施的"天安门事件",邓小平被撤销党内外一切职务,这是邓小平政治生涯的第三次"落",也使酝酿中的全军政治工作会议中途夭折。

随着"四人帮"反革命集团被粉碎,1977年7月,党的十届三中全会决

---

① 邓小平:《邓小平文选》第二卷,第21页,人民出版社1994年版。

定恢复邓小平在1976年被撤销的全部职务。8月，中国共产党第十一次全国代表大会选举邓小平为中共中央副主席。12月，经过充分酝酿，中央军委在北京召开全体会议，充分肯定了1975年的中央军委扩大会议。邓小平发表重要讲话，强调了关于揭批"四人帮"和整顿领导班子问题、关于形势问题、关于把军队办成一个大学校问题、关于纪律问题、关于团结问题等5个方面。

关于领导班子问题。邓小平强调要用好"四种人"，"我们今后配备领导班子的时候，要选用什么人呢？要选那些认真学习马克思主义、毛泽东思想，在斗争中经得起考验的人；要选那些党性强，能团结人，不信邪的人；要选那些艰苦朴素，实事求是，说老实话，办老实事，做老实人，作风正派的人；要选那些努力工作，联系群众，关心群众疾苦，有魄力，有实际经验，能够办事的人。""领导班子要抓紧整顿，迅速改变软、懒、散的状况。"①

关于形势问题。邓小平指出："国际形势也是好的，我们有可能争取一点时间不打仗。"但是，我们"就是要抢时间，战争可能延缓爆发，可是我们不能只看到这一方面，我们要防备别人早打、大打。"②

关于把军队办成一个大学校问题。邓小平强调："毛泽东同志早就提出过，军队要办成一个大学校。在新的历史条件下，我们重新强调贯彻毛泽东同志的这个指示，显得特别重要。""要把教育训练提高到战略地位，就包括把军队办成一个大学校，使干部既学到现代战争知识，又学到现代科学知识和生产知识，还要会做政治工作和管理工作。这样，我们的军队干部既能在军队建设中发挥作用，到地方上也能够发挥作用，打起仗来，又可以在战争中发挥作用，就成为军队和地方都合用的干部。""我们军队要搞得生动活泼些。只着眼于军队本身建设的需要是不够的，还要着眼于干部、战士转业复员到地方的需要。"③邓小平的这个讲话，掀起了部队军地两用人才培养活动的热潮。

关于纪律问题。邓小平指出，军队非讲纪律不可，纪律松弛是不行的。整顿军队必须严格整顿纪律。当然，我们军队也要有民主，没有民主就不可能有自觉的纪律。毛泽东同志历来提倡我们军队要实行政治、经济、军事三大民主。政治工作就要管这个事。搞好三大民主，要从连队搞起，从各级党委搞起。

---

① 邓小平：《邓小平文选》第二卷，第75页，人民出版社1994年版。

② 同上书，第77页。

③ 同上书，第79页、80页。

关于团结问题。邓小平强调一即："毛泽东同志说过，要团结大多数人，包括那些反对过自己反对错了的人。我们不要因为过去谁整过自己就记仇，对同志不要记仇，要不念旧恶。"二即："我们要反对那些搞帮派、搞宗派主义的行为，要反对任人唯亲。"①

中央军委全体会议的召开和邓小平、叶剑英等的重要讲话，为全军政治工作会议的召开奠定了良好的思想基础。

1977年12月中央军委全会之后，邓小平等同意多数人的提议，决定召开全军政治工作会议，并明确把会议主题定为"集中研究在新的历史条件下，恢复和发扬政治工作的优良传统，提高我军战斗力"。全军政治工作会议多年没开，现在开这样一次会议，应该采取什么方法呢？邓小平提出，方法有两种。很明显，第一种应该也只能是"采取实事求是、从实际出发、理论和实践相结合的方法，总结过去的经验，分析新的历史条件，提出新的问题、新的任务、新的方针。这样，我们的会议才能够解决问题，才能够解决得正确"，才能"在实际行动中坚决拥护毛泽东思想"。第二种是"只把过去的一些文件逐字逐句照抄一通"，但那就不能解决任何问题，"实际上也只能是违反毛泽东思想。"②

根据中央军委全会和邓小平等指示精神，时任解放军总政治部主任的韦国清，主持召开总政党委会进行研究，决定由梁必业副主任具体负责会议的筹备和文件的起草工作。由于这是从提议到召开经过几年时间，特别是经过粉碎"四人帮"、结束"文化大革命"后的第一次全军政治工作会议，因而成为在重要转折关头肃清林彪、"四人帮"反革命集团对我军政治工作的破坏与影响的会议。因此，开好这次会议十分重要，而关键是要有好的会议文件。这期间，梁必业等把主要精力放在了组织领导起草会议文件上。

这次全军政治工作会议的主要文件，包括加强军队政治工作的决议、韦国清在会议上的报告、政治工作条例和干部服役条例等。后两个文件原来已有基础，关键是下功夫搞好前两个文件。起草小组的同志先是学习毛泽东关于政治工作的一系列论述和"古田会议决议"等重要历史文献，了解我军政治工作的基本理论原则和传统。接着，梁必业等组织讨论邓小平对会议主题的指示，认为邓小平的指示主要有两个基本思想：一是针对林彪、"四人帮"反革命集团对我军政治工作的干扰和破坏，研究如何恢复政治工作的优良传

---

① 邓小平：《邓小平文选》第二卷，第83页，人民出版社1994年版。
② 同上书，第118—119页。

统；二是针对新的历史条件下部队建设出现的新情况、新问题，研究政治工作如何去做。之后，他们围绕政治工作建设中的一些根本性问题，广泛调查研究，掌握情况，搜集素材。

针对林彪、"四人帮"反革命集团对我军政治工作的破坏和影响，梁必业等强调文件必须体现坚持政治工作是我军生命线这一根本思想。因为它既是我军阶级性质及其历史使命所决定的，也是我军区别于任何剥削阶级军队的根本标志。因为人民军队如果"没有革命的政治工作，在政治上就会失去生命力，在军事上将会丧失战斗力，便不成其为革命的军队。政治工作关系到军队的强弱、胜败，关系到我军的生死存亡。"①

邓小平十分关心会议文件的起草工作，先后几次召集总政领导同志座谈，并作出重要指示。整个文件形成都是按邓小平的指示精神去起草和修改的。

1978年3月20日上午，邓小平同韦国清、梁必业、徐立清、颜金生等谈话，对会议几个主要文件提出修改意见。他认为：

第一，这次全军政治工作会议的文件，中心就是要把决议搞好。在审看《中共中央军委关于加强军队政治工作决议》草案送审稿后，邓小平认为，决议稿写得比较简练，但不够全面。要写全面一些，要把古田会议以来政治工作总结的全部好的经验都写进去。决议稿对三大民主等内容不突出，所以"要充实，要强调"。邓小平还说，1960年军委扩大会议作出的决议是好的，这次写决议要把好内容都吸收进来，把林彪塞进去的私货去掉。现在政治工作内容比较复杂，教育训练也和过去不同，比较难做。我们历来讲政治工作要出战斗力，光嘴巴讲不行，要扎扎实实地做。军队建立纪律检查委员会应该写上，奖惩制度也应该写上。"这个决议要作为今后学习和检查的主要文件，以后大家看这个决议基本就可以了。""政治工作要保障部队战斗力的提高。"过去练四大技术（指射击、投弹、刺杀、土工作业）出战斗力，现在情况不同了，要掌握现代化战争知识，要一兵多能，干部要指挥现代化战争。在这些方面，报告稿也好，决议稿也好，都接触不多。"要把决议的重要之点抽出来，加以阐明发挥，这样报告就有力量了。"②

第二，会议主题报告"要更多地阐明在新的历史条件下政治工作怎么做，全军指战员怎么做"。邓小平说，报告稿有的部分重复，理得不清。报告对保

---

① 梁必业：《梁必业将军自述》，第139页，辽宁人民出版社2007年版。
② 宋毅军：《邓小平在1978年全军政治工作会议前后》，《党史文苑》2014年第23期。

证训练质量没有讲,政治工作要加强这方面的工作。对院校提了一句,不够。院校很重要,要起集体干部部的作用。揭批"四人帮"篇幅过大。"四人帮"的毒害可以概括地讲,主要是讲揭批"四人帮"的深入问题、处理问题。报告不一定面面讲,思想要解放一下。报告就是要有针对性,要抓住重点,抽几个问题展开讲,集中讲,讲透。报告就是"要讲清楚新的条件是什么,在新的条件下,应该怎么讲纪律,怎么做思想政治工作,怎么提高战斗力,怎么发扬优良传统"。他举例说,在新的历史条件下,政治工作三大原则(指官兵一致、军民一致、瓦解敌军)中的敌军工作现在讲不出很多内容。但在新的条件下,军民关系、官兵关系和过去不同了,怎样把军民关系、官兵关系搞好,有许多内容可以讲。驻军应当帮助集体经济的发展,这是军民关系新的内容。

总之,决议、报告就是要解决在新的条件下政治工作怎么做的问题。邓小平举例说,年轻干部到地方比较好安排。"军队干部转业到地方,要作风好,艰苦奋斗,能上能下。要既能管好军队,又能做好地方工作",再加上学习一些相应的本领,这也是新条件下的问题。在新的条件下,"要强调一兵多能,干部多学些本领,转业以后工作就好安排了,就能较快接上工作了"。军队干部如果思想好、作风好,转业后会做政治工作,会做管理工作,地方也会欢迎。此外,邓小平还对干部考核与奖惩、整顿作风纪律、政工干部以身作则、把军队办成大学校等问题作了指示。①

根据邓小平指示,全军政治工作会议期间,到会全体同志人人动脑、动口、动手,集思广益,讨论修改决议草案,提出了许多好的意见和建议。尔后,成立了一个由8个大单位负责同志组成的修改小组,集中研究分析大家的意见,对决议、报告的中心思想、内容、结构和文风,都作了较多的修改,再次印发大家讨论征求意见。叶剑英和邓小平在会议上讲话后,会议文件又作了进一步修改。最后由韦国清主持召开总政党委会讨论通过,形成给军委的送审稿。经军委通过后,由中央批转全党、全军贯彻执行。

1978年4月27日至6月6日,全军政治工作会议在北京召开,历时41天。出席会议的有军以上单位的政治委员、政治部主任和总政治部机关各部门的领导干部共383人。这是结束十年动乱后的第一次军队政治工作会议,也是军队建设指导思想上拨乱反正的重要会议。华国锋、叶剑英、邓小平出席会

---

① 宋毅军:《邓小平在1978年全军政治工作会议前后》,《党史文苑》2014年第23期。

议并讲话。会议坚持毛泽东思想，针对部队的实际，提出问题，分析问题，总结建国以来军队政治工作的基本经验，特别是同林彪、江青反革命集团斗争中的经验教训，着重研究和解决在新的历史条件下全面加强军队政治工作建设的问题。讨论修改了有关部门拟定的《中央军委关于加强军队政治工作的决议》（草案）、《中国人民解放军政治工作条例》（草案）、《中国人民解放军干部服役条例》（草案）。

5月29日，中共中央主席、中央军委主席华国锋和中共中央副主席、中央军委副主席叶剑英分别在会议上讲话。

叶剑英在讲话中，系统回顾了我军五十多年的历史经验和自己的亲身体会，语重心长地阐述了"政治工作过去是我军的生命线，在新的历史条件下仍然是我军的生命线"的问题。

他指出：

  毛主席从缔造我军之日起，就把革命的政治工作做为我军的生命线来看待。我们军队是党的军队，没有党的领导，没有政治工作从政治上、思想上、组织上保证党对军队的绝对领导，军队就没有生命了。全心全意为人民服务是我军的唯一宗旨，没有政治工作唤起干部战士的无产阶级觉悟，抵制资产阶级和各种非无产阶级思想的侵蚀，就不能坚持我军的宗旨，就要脱离人民。团结是我军的力量所在，没有政治工作保证我军内部和外部的坚强团结，保证组织上的纯洁和巩固，军队就会涣散、瓦解。纪律是执行路线的保证，没有政治工作保证在自觉基础上的严格的军事纪律和政治纪律，军队就会成为一盘散沙。我军是一个执行革命政治任务的武装集团，是要打仗的，要解决为谁当兵、为谁打仗这个根本问题，使部队具有高昂的战斗意志，压倒一切敌人的英雄气概，为实现党的纲领、路线和任务而英勇战斗，赴汤蹈火，在所不辞。所有这些，没有强有力的政治工作是不行的。政治工作是我军战斗力的源泉。

叶剑英强调：

  我们军队在任何时候，任何条件下，政治工作只能加强，不能削弱。否则，我军就有脱离党的领导的危险，就有改变无产阶级性质的危险，就有失去战斗力的危险，就有被野心家篡夺领导权的危险。党在军队中的政治工作关系着我军的强弱、胜败、生存和发展。政治工作是我军的生命线，我想，它的深刻含义就在这里。①

叶剑英的讲话，深刻阐述了"政治工作是我军生命线"的原理。

6月2日，邓小平在会议上发表重要讲话。邓小平的讲话回顾了党和军队建设的历史经验，分析了新的历史条件，阐述了毛泽东一贯倡导的实事求是光辉思想，为新时期军队建设和军队政治工作指明了方向。

邓小平的讲话包括四个问题：

第一个问题，邓小平用大篇幅讲了实事求是问题。他强调：

"我们开会，作报告，作决议，以及做任何工作，都为的是解决问题。我们说的做的究竟能不能解决问题，问题解决得是不是正确，关键在于我们是否能够理论联系实际，是否善于总结经验，针对客观现实，采取实事求是的态度，一切从实际出发。我们只有这样做了，才有可能正确地或者比较正确地解决问题，而这样地解决问题，究竟是否正确或者完全正确，还需要今后的实践来检验。如果我们不这样做，那我们就一定什么问题也不可能解决，或者不可能正确地解决。"

"我们党有很多同志坚持学习马列主义、毛泽东思想，坚持把马列主义的普遍真理同革命实践相结合的原则，这是很好的，我们一定要继续发扬。但是，我们也有一些同志天天讲毛泽东思想，却往往忘记、抛弃甚至反对毛泽东同志的实事求是、一切从实际出发、理论与实践相结合的这样一个马克思主义的根本观点，根本方法。不但如此，有的人还认为谁要是坚持实事求是，从实际出发，理论和实践相结合，谁就是犯了弥天大罪。他们的观点，实质上是主张只要照抄马克思、列宁、毛泽东同志的原话，照抄照转照搬就行了。要不然，就说这是违反马列主义、毛泽东思想，违反了中央精神。他们提出的这个问题不是小问题，而是涉及到怎么看待马列主义、毛泽东思想的问题。"

"马列主义、毛泽东思想的基本原则，我们任何时候都不能违背，这是毫无疑义的。但是，一定要和实际相结合，要分析研究实际情况，解决实际问题。按照实际情况决定工作方针，这是一切共产党员所必须牢牢记住的最基本的思想方法、工作方法。实事求是，是毛泽东思想的出发点、根本点。这是唯物主义。不然，我们开会就只能讲空话，不能解

---

① 姜思毅主编：《中国共产党军队政治工作七十年史》第六卷，第42—43页，解放军出版社1995年版。

决任何问题。"①

他反复引用毛泽东有关除了实践,"再无别的检验真理的办法"的论述,尖锐地指出:"如果反对实事求是,反对从实际出发,反对理论和实践相结合,那还说得上什么马克思列宁主义、毛泽东思想呢?那会把我们引导到什么地方去呢?很明显,那只能引导到唯心主义和形而上学,只能引导到工作的损失和革命的失败。"②

邓小平的这些讲话,直接批评了当时有人坚持的"两个凡是"③的错误方针,有力地推动和引导关于真理标准问题的讨论广泛而深入地开展,促进了思想解放运动。

第二个问题,邓小平详细地阐述了政治工作面临的新的历史条件。

他说:"我们是历史唯物主义者,研究和解决任何问题都离不开一定的历史条件。"新的历史条件较之于以往,邓小平提出了两个不同,一个是"从民主革命到社会主义革命,我们经历了二十多年的战争,又经历了二十多年的和平环境,这是一个很大的变化。"另一个是"对军队来说,由长期的战争环境转入和平环境,这是个最大的不同。"

他指出:"我们政治工作的根本的任务、根本的内容没有变,我们的优良传统也还是那一些。但是,时代不同了,条件不同了,对象不同了,因此解决问题的方法也不同。"④比如,新的历史条件下怎样执行"三大纪律八项注意"原则,如何贯彻好军民一致原则,怎样坚持官兵一致原则等。

他强调:"如果我们不去分析和解决新的历史条件下存在的问题,我们就不能够恢复和发扬政治工作的优良传统,就不能够在没有打仗的情况下提高部队战斗力。""我们的革命导师马克思、列宁、毛泽东同志历来重视具体的历史条件,重视从研究历史和现状中找出规律性的东西来指导革命。那种否定新的历史条件的观点,就是割断历史,脱离实际,搞形而上学,就是违反辩证法。"⑤

第三个问题,邓小平特别讲了破和立的问题。

---

① 邓小平:《邓小平文选》第二卷,第113—114页,人民出版社1994年版。
② 同上书,第118页。
③ "两个凡是",即:凡是毛主席作出的决策,我们都坚决维护;凡是毛主席的指示,我们都始终不渝地遵循。
④ 邓小平:《邓小平文选》第二卷,第119页,人民出版社1994年版。
⑤ 同上书,第121页。

"我们讲实事求是,讲新的发展时期,讲新的历史条件,就要讲破和立。破,在当前和今后一个时期就是要深入揭批'四人帮',要联系揭批林彪,肃清他们的流毒和影响。立,就是要完整地准确地掌握毛泽东思想体系,在新的历史条件下,恢复和发扬我党我军的优良传统和作风。"

"揭批林彪、'四人帮',必须联系实际,搞好各方面的整顿。整顿就要有破有立。整顿,主要是整顿领导班子,整顿作风。"

"培养接班人,这件事关系到军队建设和未来反侵略战争的大局,非解决不可。年轻干部只要选得准,搞好对他们的传帮带,加强学校的培养,是能够接好班的。我们老同志在这个问题上,眼光要放得远一些,要积极发挥骨干作用,选好接班人,带好接班人。这件事做好了,我们才有资格去见马克思,见毛主席,见周总理。"

"军队的作风要做个好样子,就要解决一个提高工作效率的问题。要雷厉风行,艰苦奋斗,紧张快干。不能慢慢吞吞,拖拖拉拉,议而不决,决而不行。军队还是要讲三大纪律八项注意,一切行动听指挥,步调一致才能得胜利。"

"整顿,还有一个恢复政治机关的职能、作用、威信的问题。我们多次讲过,要在三几年内,把政治机关的职能、作用、威信恢复到红军时期、抗日战争时期、解放战争时期的水平。要做到这一点,就要破林彪、'四人帮'的那一套,立毛泽东同志关于政治工作的理论和传统作风,并在新的条件下发展提高。这次会议之前,我又讲过,通过这次会议,要把政治机关的职能、作用、威信恢复起来,起码要起这个作用。"[1]

第四个问题,邓小平专门讲了以身作则问题。

"这个问题很重要。领导干部,特别是高级干部以身作则非常重要。群众对干部总是要听其言、观其行的。连长指导员不以身作则,就带不出好兵来;领导干部不做出好样子,就带不出部队的好风气,就出不了战斗力。"

"我们说治军要严,首先对领导班子要严,对高级干部要严。高级干部要以身作则,做执行'三要三不要'原则的榜样,做艰苦奋斗的榜样,做实事求是的榜样。总之,做马列主义、毛泽东思想和革命实践相结合的榜样。"

---

[1] 邓小平:《邓小平文选》第二卷,第121—123页,人民出版社1994年版。

"政治干部更要强调以身作则,我们过去在战争年代就是这样。那时,你打仗不勇敢,怕死,你不同战士心连心,不联系实际,不联系群众,做政治工作就没有人听。政治干部不能说的是一套,做的又是一套。红军时代的政治工作条例就规定:'政治指导员进行政治工作全凭本身直接接近群众和熟识红军战士','政治指导员不论在执行自己的职务上和个人行动上,均须做全体军人的模范,并且要在言论和事实上来表现'。我们要恢复和发扬政治工作的优良传统,也要靠政治干部以身作则。"[①]

二、邓小平对军队政治工作指导方针的三次调整

1978年12月,中共十一届三中全会在北京召开,开辟了中国改革开放和集中力量进行社会主义现代化建设的新时期。邓小平在这个会议上对中国共产党政策的历史转变起了决定性的作用。在为这次全会作准备的中央工作会议上,他发表《解放思想、实事求是,团结一致向前看》的讲话。这次全会,形成了以邓小平为核心的中国共产党第二代领导集体。

1980年9月,邓小平辞去国务院副总理职务。

1981年6月,中共十一届六中全会通过邓小平主持起草的《关于建国以来党的若干历史问题的决议》。决议彻底否定了"文化大革命",科学评价了毛泽东的历史地位,提出必须坚持和发展毛泽东思想。会议选举邓小平为中央军委主席。

1982年9月1日,中国共产党第十二次全国代表大会召开,邓小平在开幕词中提出:"把马克思主义的普遍真理同我国的具体实践结合起来,走自己的路,建设有中国特色的社会主义,这就是我们科学总结长期历史经验得出的基本结论。"[②]

1982年9月12日至13日,中共十二届一中全会召开,选举邓小平为中央政治局常务委员,决定他任中央军委主席。9月13日,在中共中央顾问委员会第一次全体会议上,邓小平当选为中央顾问委员会主任。

1983年6月,在第六届全国人大第一次会议上,邓小平当选为中华人民共和国中央军事委员会主席。

邓小平在领导我军现代化建设的进程中,顺应形势发展,对军队政治工

---

① 邓小平:《邓小平文选》第二卷,第125页,人民出版社1994年版。
② 邓小平:《邓小平文选》第三卷,第3页,人民出版社1993年版。

作指导方针做出三次重大调整,创造性地提出了新时期军队政治工作建设的一系列基本原则和具体方法。①

(一)"恢复和发扬政治工作优良传统"——破除"左"的思想干扰,以毛泽东思想体系为指导开展军队各项工作

从1978年十一届三中全会前后到1982年党的十二大,是军队政治工作新局面的初步开创阶段。这一阶段,邓小平指导军队政治工作思想和实践的核心就是恢复优良传统、明确创新方向,即"破立结合"。他指出:"揭批'四人帮',是当前和今后一个时期各项工作的纲。抓不好这个纲,是非就不明,阵线就不清,班子就配不好,作风就不能转变,团结就没有良好的基础,工作也搞不上去。总而言之,不破掉这些坏东西,就不能立新东西。"②

"文化大革命"期间,林彪、江青两个反革命集团对军队建设的干扰破坏,使军队政治工作正确的方针、原则被歪曲,而"左"的一套却被视为正确的东西在军队中长期推行。对此,开始主持军委日常工作的邓小平,努力在军队政治工作领域清除林彪、"四人帮"的影响,并针对军队当时存在的"肿、散、骄、奢、惰"等问题,提出"要完整地准确地掌握毛泽东思想体系,在新的历史条件下,恢复和发扬我党我军的优良传统和作风"。在他看来,我们党把马列主义同中国革命和我军建设的实际结合起来,经过不断总结、发展和完善,才得以形成了我军政治工作优良传统。这不仅反映了我军的本质,也是我军政治工作最富有生命力的原则和内容。"现在要发扬这种作风,这是保证实现四个现代化很重要的问题。"而恢复和发扬优良传统,前提条件就是要恢复政治工作的重要地位,重要途径就是研究新情况,解决新问题。

1978年4月至6月,全军政治工作会议召开。这是结束十年动乱后的第一次军队政治工作会议,也是军队建设指导思想上拨乱反正的重要会议。邓小平在会上作了重要讲话。讲话回顾了党和军队建设的历史经验,分析了政治工作面临的新的历史条件,阐述了毛泽东一贯倡导的实事求是光辉思想,提出军队政治工作要整顿的思想,明确了军队政治工作中继承与创新的关系,为新时期军队建设和军队政治工作创新指明了方向。

这些理论原则的确立以及随后全军贯彻执行邓小平提出的"解放思想,开动脑筋,实事求是,团结一致向前看"的指导方针,把学习贯彻十一届三

---

① 董志铭、常琦:《改革开放初期邓小平对军队政治工作指导方针的三次调整》,《学习时报》2008年8月5日。

② 邓小平:《邓小平文选》第二卷,第122页,人民出版社1994年版。

中全会的路线和四项基本原则作为新时期政治工作的基本内容，使政治工作指导思想彻底冲破"左"的束缚，政治工作方向也由"以阶级斗争为纲"转到"以军队现代化建设为中心"，实现了军队政治工作指导方针的改革创新、拨乱反正。

1982年9月，党的十二大制定了全国开创社会主义现代化建设新局面的正确纲领。会后，邓小平指导军队政治工作在保证现代化、正规化革命军队建设和各项任务的完成中，继承发扬优良传统，致力于研究新情况，解决新问题。

主要是三个方面：

一是整顿党组织，加强党的建设。从1983年11月开始，全军按照十二届二中全会关于整党的决定，先后分两期对各级党组织和全体党员，从政治上、思想上、组织上、作风上进行了全面整顿，消除"文化大革命"和"三支两军"的消极后果，纯洁了党的组织。

二是加强干部队伍建设。全军贯彻执行中共中央指示，实行经院校培养干部制度等一系列改革办法，完善干部制度，加强干部队伍建设。

三是军民共建精神文明。全军从1981年起广泛开展了军民共建社会主义精神文明活动，到1985年底，与地方实行共建精神文明的村、街道、工厂、学校和商店等共4万多个，有效促进了部队驻地和部队自身的精神文明建设。

邓小平所倡导的恢复和发扬政治工作优良传统，以及确立的新时期军队政治工作指导方针，准确反映了十一届三中全会以来形成的一系列方针政策的本质，为全面推进政治工作建设发展指明了方向。以此为标志，军队政治工作开始进入一个崭新的历史时期。

（二）"军队要服从整个国家建设大局"——军队政治工作要服从服务大局，切实发挥"服务、保证"作用

从1984年党的十二届三中全会到1987年党的十三大，是邓小平新时期军队政治工作思想全面形成的阶段。这一阶段，邓小平指导军队政治工作思想和实践的核心是适应于改革开放的全面推进及军队建设指导思想的战略性转变，使军队政治工作围绕服从服务于国家建设大局，充分发挥政治工作"服务、保证"作用，确保国家现代化与军队现代化建设协调发展。

1984年10月，党的十二届三中全会通过了《中共中央关于经济体制改革的决定》，进一步确立了以改革开放、发展经济建设为中心的社会主义现代化建设的具体行动纲领。会后，中央军委在北京召开座谈会。邓小平明确提出，"现

在需要的是全国党政军民一心一意地服从国家建设这个大局,照顾这个大局。这个问题,我们军队有自己的责任,不能妨碍这个大局,要紧密地配合这个大局,而且要在这个大局下行动。"①与此同时,邓小平对建设有中国特色社会主义所处的国际环境也作了科学的分析,提出和平与发展是当代世界的两大主题。根据邓小平的这一科学判断,1985年6月,军委扩大会议作出了军队建设指导思想实行战略性转变的重大决策,即从临战备战状态,转变到和平时期建设轨道上来,充分利用较长时间的相对和平环境,在服从国家经济建设大局的前提下,推进军队现代化建设。

为了适应军队建设指导思想的战略性转变,1987年1月,邓小平主持军委扩大会议作出了《中央军委关于新时期军队政治工作的决定》。《决定》在继承我军政治工作优良传统的基础上,从军队在新时期为实现国家以经济建设为中心的三大任务所承担的历史责任的高度,明确了军队政治工作的指导思想、主要任务、方针、政策和基本方法。在此前后的主要理论和实践包括:

一是突出地位、服务大局。邓小平重申政治工作是人民解放军的生命线和真正的优势,"我们一定要把思想政治工作放在非常重要的地位,切实认真做好,不能放松。"②"思想政治工作和思想工作队伍都必须大大加强,决不能削弱。"③并依据新时期军队在国家经济建设、统一祖国和维护世界和平中的历史责任,明确了军队政治工作必须服务于国家的社会主义现代化建设,服务于军队现代化建设的指导思想,明确了要以大局为重,积极支援和参加国家建设,保证军队永远做人民民主专政坚强柱石的工作方向和任务。

二是精简整编,改革体制。1985年,邓小平主持中央军委扩大会议作出了裁军100万的决定,并通过了军队体制改革、精简整编方案。全军部队广泛进行服从大局教育和改革体制、精简整编思想教育,大力倡导顾大局、讲团结的好风气。到1987年,军队顺利完成了精简机构和裁减100万员额的战略任务。同时,为保证国家经济建设,国防费占国家财政支出比例逐年下降,1985年为10.4%,比1975年下降7.4个百分点。员额裁减和压缩军费比重,有力支援了国家经济建设的大局。

三是加强干部队伍建设,大力培养军地两用人才。国家与军队现代化建设需要大批专业人才队伍,对此,邓小平创造性地提出了革命化、年轻化、

---

① 邓小平:《邓小平文选》第三卷,第99页,人民出版社1993年版。
② 邓小平:《邓小平文选》第二卷,第342页,人民出版社1994年版。
③ 邓小平:《邓小平文选》第三卷,第145页,人民出版社1993年版。

知识化、专业化军队干部队伍建设的指导方针。在他看来,"这件事关系到军队建设和未来反侵略战争的大局"。要按照德才兼备、又红又专的原则配好领导班子,选好接班人;要使干部逐步年轻化,破除论资排辈和领导干部终身制;要重视专业知识,建立一支坚持社会主义道德,具有专业知识和能力的干部队伍。根据总政治部的统一部署,培养军地两用人才迅速在全军范围内发展起来。仅1985、1986年两年,全军就有150多万名战士参加了民用技术学习。到1987年上半年,全国农村使用的经过两用人才培训的退伍军人已达120多万人。[①]

四是广泛开展培育"四有"革命军人活动。1985年3月,邓小平在全国科技工作会议上作报告后,又即席作了讲话,强调:"我们在建设具有中国特色的社会主义社会时,一定要坚持和发展物质文明和精神文明,坚持五讲四美三热爱,教育全国人民做到有理想、有道德、有文化、有纪律。这四条里面,理想和纪律特别重要。""我们这么大一个国家,怎样才能团结起来,组织起来呢?一靠理想,二靠纪律。组织起来就有力量。"[②]军队根据邓小平的要求,开展了培育"有理想、有道德、有文化、有纪律"革命军人活动,倡导"四有、三讲、两不怕",弘扬"五种革命精神",使军队的政治、思想、道德素质持续提高。

五是军民共建精神文明,增进军政军民团结。"文化大革命"十年动乱的特定历史环境,使军政军民关系受到了损伤,在个别地区,军政军民关系一度比较紧张。党的十一届三中全会的召开,为改进军政军民关系,增进相互之间的团结创造了有利条件。1981年6月,驻山东文登某部同驻地开展了建设精神文明村的试点。9月,参加华北军事演习的北京军区和空军部队,把部队开展的"四有、三讲、两不怕"活动与地方上开展的"五讲四美"活动结合起来,开展了军民共建文明村活动。同年10月,总政治部召开拥政爱民工作抓落实汇报会,及时推广了他们的经验。1982年6月,总政治部通报表彰了一批军民共建先进单位,从而促进了这一活动的开展。1983年1月,北京军区、中共河北省委和省人民政府在保定召开军民共建精神文明现场会,并形成了报告。中共中央办公厅、国务院办公厅、中央军委办公厅转发了这个报告,认为"军民共建精神文明活动,是贯彻落实党的'十二大'精神,对

[①] 董志铭、常琦:《改革开放初期邓小平对军队政治工作指导方针的三次调整》,《学习时报》2008年8月5日。

[②] 邓小平:《邓小平文选》第三卷,第110—111页,人民出版社1993年版。

基层进行综合治理、全面建设的一个好办法,是建立和发展体现社会主义精神文明的新型军政军民关系的一个好途径,也是加强现代化、正规化革命军队建设的一个重要方面。"①从此,军民共建精神文明活动在全国、全军开展起来。1985年9月,党的全国代表会议召开,邓小平特别强调了精神文明建设问题。在他和陈云等老一辈无产阶级革命家的推动下,党的十二届六中全会通过了《关于社会主义精神文明建设指导方针的决议》。在这种有利的形势下,军民共建社会主义精神文明活动更加深入、健康地发展起来。

六是不断改进政治工作方式方法。邓小平多次指出,军队政治工作要坚持批评与自我批评、群众路线的方法,并结合新的实际,不断加以发展。要坚持领导骨干与群众相结合,一般号召与个别指导相结合,政治工作结合各项任务一道去做的传统方法;要用透彻说理、从容讨论去解决群众性思想教育问题的方法;要针对每个单位、每个人的不同情况,区分层次,因人施教去做思想工作等。

继十一届三中全会以来提出恢复和发扬军队政治工作优良传统,邓小平依据国际相对和平环境和国家全面推进改革开放总趋势,明确了新时期军队政治工作服务大局的指导方针,回答了党和军队中心工作转变后,政治工作如何发挥服务、保证作用的问题,使军队政治工作有效促进了国家和军队现代化建设。

(三)"必须加强军队思想政治建设"——军队政治工作以加强思想政治教育和制度建设应对各种严峻考验,确保政治上永远合格

从1987年到1989年政治风波前后,是邓小平不断丰富和发展军队政治工作思想的阶段。这一阶段,邓小平指导军队政治工作思想和实践的重点是加强部队思想政治建设和理想信念教育,有效应对国际国内严峻考验,保证军队政治工作的正确方向,保持官兵政治上的坚定性和思想道德上的纯洁性。1986年12月,中央军委在北京召开出军以上干部参加的扩大会议,会议通过了《中央军委关于新时期军队政治工作的决定》(以下简称《决定》),1987年2月,该《决定》经中共中央批发全党全军贯彻执行。这个《决定》的思想,是邓小平军队政治工作思想的集中体现。

1.明确了人民军队的性质。邓小平强调:

"这个性质是,党的军队,人民的军队,社会主义国家的军队。这与

---

① 姜思毅主编:《中国共产党军队政治工作七十年史》第六卷,第188页,解放军出版社1995年版。

世界各国的军队不同。就是与别的社会主义国家的军队也不同，因为他们的军队与我们的军队经历不同。我们的军队始终要忠于党，忠于人民，忠于国家，忠于社会主义。"①

"不管我们受到多么大的损失，不管如何更新换代，我们这个军队永远是党领导下的军队，永远是国家的捍卫者，永远是社会主义的捍卫者，永远是人民利益的捍卫者，是最可爱的人！"②

要做到这一点，必须加强军队思想政治建设，不断增强在政治上、思想上、行动上同党中央保持高度一致的自觉性，做到任何时候、任何情况下都要同党中央同心同德，坚定不移地贯彻执行党的基本路线和各项方针政策，维护党的集中统一领导。

2. 提出了"任何一个领导集体都要有一个核心"问题。

1989年6月16日，邓小平指出：

> 任何一个领导集体都要有一个核心，没有核心的领导是靠不住的。第一代领导集体的核心是毛主席。因为有毛主席作领导核心，"文化大革命"就没有把共产党打倒。第二代实际上我是核心。因为有这个核心，即使发生了两个领导人的变动，都没有影响我们党的领导，党的领导始终是稳定的。进入第三代的领导集体也必须有一个核心，这一点所有在座的同志都要以高度的自觉性来理解和处理。要有意识地维护一个核心，也就是现在大家同意的江泽民同志。开宗明义，就是新的常委会从开始工作的第一天起，就要注意树立和维护这个集体和这个集体中的核心。只要有一个好的政治局，特别是有一个好的常委会，只要它是团结的，努力工作的，能够成为榜样的，就是在艰苦创业反对腐败方面成为榜样的，什么乱子出来都挡得住。从这次事件看出，工人阶级靠得住，农民靠得住，解放军靠得住，知识分子是工人阶级一部分，也是靠得住的，但是如果中央自己乱了阵脚，那就难说了。这是最关键的问题。国家的命运、党的命运、人民的命运需要有这样一个领导集体。③

3. 论述了新的历史条件下加强军队政治工作的极端重要性。《决定》重申党在我军的政治工作是我军"生命线"的命题，指出：

> 通过强有力的政治工作，把进步的政治精神贯注于军队之中，是人

---

① 邓小平：《邓小平文选》第三卷，第334页，人民出版社1993年版。

② 同上书，第304页。

③ 同上书，第310页。

民军队区别于其他军队的显著特点之一,是我军的真正优势。[1]

4. 阐明了我军政治工作"两个服务、四个保证"的基本指导思想。《决定》根据"党和国家的任务、军队的任务规定着军队政治工作的任务"这一总的原则,阐明了我军政治工作的基本指导思想,这就是"两个服务、四个保证":

新时期我军的政治工作,必须服务于国家的社会主义现代化建设,服务于军队的现代化建设,从政治上、思想上、组织上保证党对军队的绝对领导和人民军队性质,保证军队的社会主义精神文明建设,保证军队内部团结和军政军民团结,保证军队战斗力提高和各项任务的完成。[2]

5. 恰当地处理了政治工作继承优良传统和改革创新的关系。《决定》明确归纳了我军政治工作在长期革命斗争中形成的优良传统,包括:

坚持党领导军队的原则和全心全意为人民服务的宗旨;用马列主义、毛泽东思想和党的正确路线教育部队;实行官兵一致、军民一致、瓦解敌军的原则;实行政治民主、经济民主、军事民主;遵守三大纪律八项注意;坚持实事求是和群众路线;发扬爱国主义、国际主义和革命英雄主义精神;按照德才兼备的原则选拔任用干部;加强军队中党组织的建设,发挥党委的核心领导作用、党支部的战斗堡垒作用和党员的先锋模范作用,等等。

《决议》强调,没有创新,政治工作就缺乏活力,是不对的;墨守成规,固守已有的经验,也是不对的。

我军政治工作的改革创新,必须坚持以马列主义、毛泽东思想为指导,遵循尊重历史、立足现实、着眼未来的方针。[3]

6. 强调要适应新时期的需要开展政治工作。为了贯彻落实党中央关于社会主义精神文明建设指导方针的决议所提出的要求,贯彻新时期军队政治工作的指导思想,《决定》要求各部队要适应新的历史条件,从如下八个方面开展政治工作:一是加强以理想、纪律为重点的思想教育。包括坚定理想信念、培养高尚道德、增强纪律观念和法制观念等。二是健全和发展部队的民主生活。强调政治民主、经济民主、军事民主是军队民主生活的主要内容。要保障官兵的民主权利。我军的民主是有领导的民主,军队民主生活的一切活动,

---

[1] 姜思毅主编:《中国共产党军队政治工作七十年史》第六卷,第212页,解放军出版社1995年版。

[2] 同上书,第213页。

[3] 同上书,第214—215页。

都必须有利于增强团结、加强纪律、改善领导、统一指挥,提高部队战斗力。要教育官兵正确认识民主和集中、民主和法制、自由与纪律、权利和义务的关系。三是培养部队的优良作风。包括实事求是、艰苦奋斗、联系群众、公道正派、谦虚谨慎、团结互助、雷厉风行、英勇顽强等。四是注重科学文化教育,培养军地两用人才。五是加强军事训练、科学研究和后勤保障中的政治工作。六是大力开展军民共建社会主义精神文明。七是做好基层政治工作。八是加强干部队伍建设。

三、邓小平强调:"我们的军队能够始终不渝地坚持自己的性质"

1989年9月4日,邓小平致信中共中央政治局,请求辞去担任的中共中央军事委员会主席职务。信中说:

"一九八〇年我就提出要改革党和国家的领导制度,废除干部领导职务终身制。""党的十三届四中全会选出的以江泽民同志为首的领导核心,现已卓有成效地开展工作。经过慎重考虑,我想趁自己身体还健康的时候辞去现任职务,实现夙愿。这对党、国家和军队的事业是有益的。""作为一个为共产主义事业和国家的独立、统一、建设、改革事业奋斗了几十年的老党员和老公民,我的生命是属于党、属于国家的。退下来以后,我将继续忠于党和国家的事业。""中国人民既然有能力站起来,就一定有能力永远岿然屹立于世界民族之林。"①

11月6日至9日,中共十三届五中全会在北京召开。会议通过了《关于同意邓小平辞去中共中央军事委员会主席职务的决定》和《关于调整中共中央军事委员会组成人员的决定》,决定由江泽民任中共中央军事委员会主席。全会高度评价邓小平对党和国家建立的卓著功勋。

11月9日,邓小平会见出席中共十三届五中全会的全体同志,他说:"感谢同志们的理解和支持,全会接受了我退休的请求。衷心地感谢全会,衷心地感谢同志们。"

11月10日至12日,中央军委扩大会议在北京举行。12日,邓小平会见参加中央军委扩大会议的全体同志。他发表讲话说:

"我确信,我们的军队能够始终不渝地坚持自己的性质。""希望大家在以江泽民同志为核心的党中央的领导下,在以他为主席的中央军委的

---

① 邓小平:《邓小平文选》第三卷,第322—323页,人民出版社1993年版。

领导下，把我们军队建设得更好，为捍卫我们国家的独立和主权，捍卫我们国家的社会主义事业，捍卫我们党的十一届三中全会以来制定的一系列路线、方针、政策，做出更多更大的贡献。"①

江泽民高度评价了邓小平同志领导军队的历史功勋。

邓小平同志主持军委工作的十年，军队的革命化、现代化、正规化建设取得了巨大的成就。根据国际形势的发展变化和全党工作重点的转移，实现了军队建设指导思想的战略性转变；进行了体制改革，精简整编，完成了裁军百万的任务；各级领导班子在坚持革命化的前提下，年轻化、知识化、专业化程度有了明显提高；颁布了一些条令条例，全军实行了新的军衔制；加强和改进了教育训练，提高了部队的军政素质；国防科技获得了许多重大成果。无论在保卫国家安全和领土完整，还是在抢险救灾、支援经济建设、促进社会主义精神文明建设等方面，军队都发挥了极其重要的作用，作出了很大贡献。特别是在今年春夏之交制止动乱、平息北京发生的反革命暴乱的斗争中。广大干部战士坚信党中央、邓主席和中央军委的正确决策与指挥，忠于党、忠于祖国，忠于人民，不怕流血牺牲，严守组织纪律，表现了高度的政治觉悟，为捍卫人民共和国、捍卫社会主义制度立下了新功。可以说，这十年是军队在改革中不断前进、战斗力有了很大增强、面貌发生重大变化的十年，是我军发展史上一个崭新的阶段。

邓小平同志是我国社会主义改革开放和现代化建设的总设计师，也是新时期我军建设和改革的总设计师。我军建设这十年来所取得的一切成就和进步，都是他正确领导的结果，都凝聚着他的智慧和心血。他把马克思主义同我军实际相结合，提出了新时期加强军队建设的方针原则，丰富和发展了毛泽东军事思想。现在，邓小平同志虽然从工作岗位上退下来了，但他关于新时期军队建设的思想和理论是我们的宝贵财富，对今后军队建设有着长远的指导作用，我们要认真学习与贯彻。②

---

① 邓小平：《邓小平文选》第三卷，第334—335页，人民出版社1993年版。
② 江泽民：《江泽民文选》第一卷，第74—75页，人民出版社2006年版。

第二十七章　江泽民强调一切为了"打得赢""不变质"

　　1989年11月，党的十三届五中全会召开，会议批准邓小平辞去军委主席的请求，选举江泽民为新的中央军委主席，实现了以邓小平为核心的第二代领导集体向以江泽民为核心的第三代领导集体的顺利过渡。

　　11月12日，也就是党的十三届五中全会结束后第三天，邓小平与新当选的中央军委主席江泽民一同来到京西宾馆，看望正在这里参加军委扩大会议的高级将领。望着一张张熟悉的面孔，邓小平郑重地讲了一段意义非同寻常的话：

　　　　我认为，确定以江泽民同志为核心的党中央，是我们全党做出的正确的选择。江泽民同志是合格的军委主席，因为他是合格的党的总书记。[①]

　　江泽民接过军委主席的重任时，国际战略格局正在发生巨变，国内改革也进入到关键时期。

　　1990年，世界上第一个社会主义国家苏联瓦解，随后东欧社会主义国家发生多米诺骨牌效应，社会主义运动遭受严重挫折，这种局面对社会主义的中国造成了严重的冲击。

　　1991年，战争史上发生了一场具有转折点意义的战争——海湾战争。这是一场以现代化高技术战争面貌展现在人们面前的局部战争，它意味着一个旧时代的结束和一个新时代的开始，标志着从过去的冷兵器、热兵器、核武器进入到高技术兵器主导战场的战争形态上来；它揭开了高技术战争序幕，进入到以知识、技术为基础的智能战争时代。

---

① 邓小平：《邓小平文选》第三卷，第334页，人民出版社1993年版。

摆在党的第三代领导集体面前的重大课题是：如何把以毛泽东和邓小平同志为代表的中国共产党人开创的国防和军队现代化建设事业推向前进，率领这支具有光荣传统的人民军队迈向新世纪。

以江泽民同志为核心的党中央、中央军委高瞻远瞩，运筹帷幄，胸有成竹地解决新的历史条件下国防和军队建设面临的一系列理论问题和现实问题，开创了军队思想政治建设新局面。

一、"两个历史使命"的提出

1989年11月12日，江泽民在军委扩大会议上讲话指出："历史和现实的经验都说明，我们必须把加强政治建设，保证党对军队的绝对领导，作为军队建设的首要任务，任何时候都要坚定不移地抓好各级党组织的建设，加强和改进思想政治工作，使部队在思想上、政治上、行动上同党中央保持高度一致，做到政治上永远合格。"[1]

海湾战争结束不久，中央军委委托军事科学院于1991年6月连续两次召开海湾战争座谈会、研讨会。江泽民参加了这两次会议，在会上作出了"海湾战争是一场典型的高技术战争"的明确论断。

在1993年1月军委召开的扩大会议上，江泽民分析了世界形势及现代战争的特点，指出：

> 进入八十年代以来，世界范围的高技术竞争日趋激烈。现在，各国都在调整自己的发展战略，把发展现代技术尤其是高技术作为增强综合国力和国防实力的关键措施，力争掌握战略主动。海湾战争的事实说明，随着高技术在军事领域的运用，武器的打击精度、作战强度空前提高，突然性、立体性、机动性、快速性和纵深打击的特点十分突出，拥有高技术优势的一方明显地掌握着更多的战场主动权。在当今世界上，一个国家如果不随着经济社会的发展努力增强国防实力，提高军队的素质和武器装备水平，在现代技术尤其是高技术条件下的作战能力不强，一旦战争发生，往往陷于被动挨打的地位，国家利益、民族尊严和国际威望就要受到极大损害。正因为如此，现在世界上许多国家都在调整军事战略，以适应国际形势和军事斗争形势发展的需要。[2]

---

[1] 江泽民：《江泽民文选》第一卷，第77页，人民出版社2006年版。
[2] 同上书，第285页。

根据这一结论，这次军委扩大会议确立了新时期军事战略方针，鲜明地提出要把未来军事斗争的基点放在打赢现代技术特别是高技术条件下的局部战争上，从而使我们在军事斗争准备上从应付一般条件下的局部战争，转到准备打赢现代技术特别是高技术条件下的局部战争上来。

应该说，新时期军事战略方针是站在当今世界军事革命的制高点上提出来的，反映了当今世界军事革命的趋势和高技术条件下军队建设的规律，具有鲜明的时代特征。它明确了未来军事斗争的任务、作战方向、样式、规模等，规定了军事斗争准备的基点、军队建设方向等，是统揽新时期军队工作全局的"纲"。

江泽民指出：

"一个国家，一个民族，要生存和发展，要在激烈竞争的国际环境中站稳脚跟，就不能没有正确的军事战略方针。"[1]

"全军的各项建设和一切工作，包括军事训练、政治工作、后勤保障、国防科研，等等，都要在新时期军事战略方针的指导和统揽下……都要服从于这一战略方针的需要，都要为确保这一战略方针的胜利实现做好各方面的充分准备。"[2]

为贯彻新时期军事战略方针，建设一支面向21世纪的现代化军队，在1995年底的军委扩大会议上，江泽民提出在军队建设上要逐步由数量规模型向质量效益型、由人力密集型向科技密集型转变，并把军事斗争准备上的转变和军队建设上的转变联系起来，作为一个完整的战略思想，正式提出了"两个根本性转变"。

在1996年底召开的军委扩大会上，江泽民又提出了"两个武装"的问题，明确了"科技强军，人才为本"的方针，号召用高科技知识武装全军。

他说：

如果大家都有了正确的思想理论武装，都有现代科技特别是高科技知识武装，我军的革命化、现代化、正规化建设就有了根本保障，全军的建设质量和战斗力就会大大提高起来。[3]

到1997年底的军委扩大会议，江泽民提出了"两个关注"，也就是关注

---

[1] 江泽民：《江泽民文选》，第一卷，第282页，人民出版社2006年版。

[2] 总政治部：《毛泽东邓小平江泽民关于军队建设论述选编》，第115页，解放军出版社1997年版。

[3] 《解放军报》，1997年2月27日

军队"打得赢""不变质"问题。1999年11月24日,他在《十年来军委工作的回顾和总结》中,专门提出:

> 在军队建设上,我最关注的是两大问题:一个是我军能不能跟上世界军事发展的趋势,打赢未来可能发生的高技术战争,切实捍卫祖国的主权、安全和统一;一个是我军能不能保持人民军队的性质、本色和作风,永远成为党绝对领导下的革命军队。①

1999年7月8日,全军政治工作会议在北京召开,江泽民出席会议,提出了新形势下军队建设的"两个重大课题"和军队思想政治建设的"两大历史使命"。

他说:

> 打赢未来高技术战争,保持人民军队的性质、本色和作风,这是党中央和中央军委对新形势下军队建设最为关注的两个重大课题。新时期军队思想政治建设的使命,是为打赢未来高技术战争提供强大的精神动力,为保持人民军队的性质、本色和作风提供可靠的政治保证。②

在江泽民提出一系列治军思想的同时,党中央、中央军委提出的军队建设的一系列方针政策在部队也得到了全面贯彻实施。人民军队思想政治建设围绕"打得赢""不变质"两个历史性课题,展开了一系列创造性的工作。

二、强调"党对军队的绝对领导是我军永远不变的军魂"

20世纪80年代末以后,世情国情党情发生深刻变化,国际形势风云变幻,东欧剧变、苏联解体,世界社会主义出现严重曲折,西方敌对势力加紧对我国实施和平演变,妄图推翻中国共产党的领导和颠覆我国社会主义政权,国内资产阶级自由化思潮泛滥,"军队非党化、非政治化"和"军队国家化"思潮抬头,党对军队绝对领导的原则面临冲击和挑战。在这种情况下,如何从党、国家、军队战略全局出发进行政治设计和制度安排,确保军队始终在党的绝对领导下,巩固党的执政地位、维护社会稳定和国家长治久安,是亟待回答和解决的重大历史课题。

一是提出"党对军队的绝对领导是我军永远不变的军魂"的"军魂"思想。1989年11月,江泽民在中央军委扩大会议上明确指出:"坚持党对军队的绝

---

① 江泽民:《江泽民文选》,第二卷,第451页,人民出版社2006年版。
② 江泽民:《论国防和军队建设》,第385页,解放军出版社2003年版。

对领导，这是我们建军的根本原则，是我们党的优良传统，是我们军队特有的政治优势，必须继续保持和发扬。"①1993年9月，他在会见广州军区机关师以上干部时指出："一个军队要有军魂。我看，我们军队的军魂就是党的绝对领导。"②在以后的多次讲话中，江泽民对"军魂"的内涵进行了深刻揭示，阐明坚持党对军队绝对领导的本质是从思想上政治上牢牢掌握部队，根本目的是永葆人民军队的性质、宗旨和本色，实际体现是永远与党中央和中央军委保持高度一致，基本途径是不断加强军队党的建设，赋予了党对军队的绝对领导以新的时代特征。

二是构建党的总书记、国家主席、中央军委主席"三位一体"的军委主席负责制。1989年6月，党的十三届四中全会选举江泽民为中共中央总书记；11月，党的十三届五中全会选举江泽民为中共中央军委主席。1990年3月，七届全国人大三次会议选举江泽民为中华人民共和国中央军委主席；1993年3月，八届全国人大一次会议选举江泽民为中华人民共和国主席。由此，构建起了党的总书记、国家主席、中央军委主席"三位一体"的军委主席负责制。江泽民还主持修订完善军委主席负责制的规则法律，使军委主席负责制更具稳定性、权威性和规范性。1992年江泽民主持修订了中央军委工作规则，明确规定：军委主席主持军委工作，副主席协助主席工作，并主持军委日常工作；军委常务会议是中央军委的例会，由军委主席主持，主席不出席时由副主席主持，军委委员出席会议。1997年3月，在江泽民的领导和推动下，八届全国人大一次会议通过《中华人民共和国国防法》，规定中央军事委员会领导全国武装力量，行使十项职权。"三位一体"的军委主席负责制，有利于党和军队事业的长远发展，有利于国家长治久安和社会安全稳定，有利于坚持党对军队绝对领导的根本原则和制度。

三是强调"确保枪杆子始终掌握在忠于党的可靠人手里"。1991年1月，江泽民在中央军委扩大会议上指出："军队的高级干部是掌握枪杆子的，立场一定要更加坚定，经得起任何政治风浪的考验。"③之后，他又多次强调，对军队的高级干部在政治上要求应当非常严格，任何时候任何情况下都要坚决听

---

① 江泽民：《江泽民文选》第一卷，第77页，人民出版社2006年版。
② 中共中央文献研究室编：《江泽民思想年编（一九八九—二〇〇八）》，第129页，中央文献出版社2010年版。
③ 中央军委办公厅编：《江泽民关于国防和军队建设论述选编》，第126页，解放军出版社2005年版。

从党中央和中央军委的指挥,并领导制定了《关于深入落实"三讲"要求加强军队高级干部思想作风建设的意见》《关于加强军队高中级干部管理的若干规定》《关于军队高级干部管住管好配偶子女的意见》等一系列文件。

四是加强军队党的建设。1995年1月,中央军委向全军颁发《关于贯彻党的十四届四中全会精神进一步加强军队党的建设的决定》。《决定》阐述了"加强和改善党委的集中统一领导""努力把党支部建设成为坚强的战斗堡垒""切实加强对党员的教育和管理""抓紧培养和选拔德才兼备的领导干部"四方面内容。《决定》强调,坚持党对军队的绝对领导,重视加强党的建设,是中国共产党和人民解放军的优良传统和政治优势。《决定》提出了加强军队党的建设的目标和总要求,这就是"四个必须":必须以建设有中国特色社会主义理论为指针,始终用党的基本理论和基本路线武装广大党员;必须把坚持党对军队的绝对领导作为党的建设的首要任务,自觉在思想上、政治上、行动上同党中央保持高度一致;必须贯彻从严治党的方针,全面加强党的思想、组织、作风建设;必须紧紧围绕军队革命化、现代化、正规化建设的总目标,充分发挥党委的核心领导作用、党支部的战斗堡垒作用和党员的先锋模范作用。

三、提出了关于军队建设"五句话"总要求

邓小平依据国际形势变化和国家发展大局的要求,着眼于我军新时期肩负的历史使命,提出必须把我军建设成为一支强大的现代化、正规化的革命军队。这是我军建设的总目标。如何实现这个总目标,是个战略性问题。

1990年12月,全军军事工作会议在北京召开,江泽民在会上提出:

"军队是钢铁长城,要把军队搞好,首先要搞好基层。过去说'支部建在连上'。部队一定要抓好基层建设。"

"部队要做到政治合格、军事过硬、作风优良、纪律严明、保障有力,都需要进行严格的军事训练。"[1]这是江泽民首次提出"五句话"的问题。

1991年1月,江泽民在中央军委扩大会议上,又将这"五句话"作为军队建设总要求加以明确。[2]在江泽民的主持下,党的十四大、十五大都重申了这个总要求。提出这个总要求,就是要把邓小平关于新时期军队建设的总目

---

[1] 江泽民:《江泽民文选》第一卷,第138—140页,人民出版社2006年版。
[2] 江泽民:《江泽民文选》第二卷,第455页,人民出版社2006年版。

标加以具体化，贯彻到各项工作中。

江泽民指出："提出这个总要求，最根本的就是要在全军首先是在领导机关和领导干部中，牢固树立和落实全面建设、协调发展的思想。"因为，"军队建设是一个整体，革命化、现代化、正规化相互联系、密不可分。必须坚持用辩证的观点全面观察和分析问题，部署和推进工作。军队各个方面的工作只有相互配合、相互促进，才能保证军队建设顺利进行；也只有各个方面共同进步，才有军队建设总体水平的提高。如果把军队建设各个方面割裂开来，搞单打一、畸轻畸重、甚至相互掣肘、相互对立，必然会妨碍军队建设。在我军历史上，曾经出现过'单纯军事观点''政治可以冲击一切'等错误倾向，造成了严重后果。"因此，江泽民强调："'五句话'总要求，是要从认识论和方法论上明确全面推进军队建设的指导思想，理顺军队各个方面协同一致的关系。"①

四、要求"把思想政治建设摆在全军各项建设的首位"

对军队的思想政治建设问题，江泽民始终十分关注。1990年12月，他提出：

"抓部队建设，最根本的是要把思想政治工作做好。如果哪些地方有思想松散的，要及时解决克服。""越是改革开放，越要加强思想政治工作。不能把改革开放和思想政治工作看成是矛盾的，他们是辩证统一的。"②

针对苏联解体、东欧演变以后，以美国为首的西方敌对势力把中国当作"和平演变"的重点目标，在政治上压我们，在经济上卡我们，在思想文化上渗透干扰我们，对我国人民建设有中国特色社会主义的共同理想和信念提出严峻挑战，1994年12月18日，江泽民在军委扩大会议上提出：

我们必须高度重视军队的思想政治建设，必须把它摆在全军各项建设的首位。③

1997年7月31日，江泽民在庆祝中国人民解放军建军七十周年大会上的讲话中又强调：

人民解放军所以成为一支伟大的军队，是由于始终坚持革命的政治工作。我军把政治工作视为自己的生命线，把思想政治建设摆在全军各项建设的首位，通过强有力的思想工作和组织工作，把马克思主义理论

---

① 江泽民：《江泽民文选》第二卷，第456页，人民出版社2006年版。
② 同上书，第139页。
③ 总政治部：《基层军官理论学习读本》，第391页，解放军出版社1995年版。

和党的路线、方针、政策，贯注到广大官兵中去，落实到部队各项任务中去，保证广大官兵具有崇高的理想、坚定的信念、高尚的情操和严明的纪律，充分发挥他们的积极性与创造性。①

1999年7月，全军政治工作会议召开，江泽民在会议上强调：

要把思想政治建设摆到党、国家和军队工作战略全局的高度来对待，各级领导都要把抓思想政治建设作为首要职责。②

1999年11月，江泽民在对十年来军委工作作回顾和总结时，把"把思想政治建设摆在全军各项建设的首位"作为军委一系列重大工作的十四个方面中的第四个方面加以阐释。江泽民指出：

注重并始终坚持从思想上、政治上建设部队，是我们党领导军队的一条根本原则和特有优势。加强思想政治建设，是我军保持人民军队性质和正确发展方向的可靠保证。坚持党对军队的绝对领导，必须首先从思想上、政治上掌握军队。③

古今中外许多建立过赫赫战功的军队最后垮了，首先就是因为思想防线崩溃了。我们的军队不是生活在真空里，我们建设有中国特色社会主义的社会环境也是很复杂的。共患难易，共升平难，这是一个带有规律性的历史现象。我军虽然战胜了战争年代的一切艰难困苦，但能否过得了长期相对和平环境这一关，能否过得了对外开放和发展社会主义市场经济这一关，这是个很不简单的新的考验。

因此，江泽民强调，"加强军队思想政治建设，确保官兵政治上的坚定性和思想道德上的纯洁性，这是新时期我军建设必须解决好的一个重大现实问题。"④

为贯彻江泽民"把思想政治建设摆在全军各项建设的首位"的战略部署，军队政治工作开展了一系列的活动。

（一）始终坚持用党的创新理论武装官兵头脑

1992年，党的十四大确定用邓小平建设有中国特色社会主义理论武装全党。之后，《邓小平文选》第三卷出版发行。全军各级党委和政治机关，根据中共中央和中央军委指示，按照总政治部的部署，积极认真地组织部队学习《邓

---

① 《解放军报》，1997年8月1日。
② 江泽民：《江泽民文选》第二卷，第459页，人民出版社2006年版。
③ 同上书，第458—459页。
④ 同上书，第459页。

小平文选》，掀起了群众性学习邓小平建设有中国特色社会主义理论的热潮。

1997年9月，党的十五大正式使用"邓小平理论"这个科学定义，号召全党高举邓小平理论伟大旗帜，把建设有中国特色社会主义事业全面推向21世纪。全党全国全军认真落实十五大精神，迅速掀起了学习邓小平理论的新高潮。

2000年2月，初春的南粤大地，万木葱茏，百花争艳，处处充满生机。

19日，江泽民在广东省茂名市高州市听取了高州市委、市政府关于党的建设和领导干部"三讲"教育准备情况的汇报，并在高州市领导干部"三讲"教育大会上发表重要讲话。

21日至25日，江泽民在广东考察工作，围绕新时期党的建设和推进高新技术产业发展这两个题目进行调研，并发表重要讲话。

他指出：

> 总结我们党七十多年的历史，可以得出一个重要结论，这就是：我们党所以赢得人民的拥护，是因为我们党在革命、建设、改革的各个历史时期，总是代表着中国先进社会生产力的发展要求，代表着中国先进文化的前进方向，代表着中国最广大人民的根本利益，并通过制定正确的路线方针政策，为实现国家和人民的根本利益而不懈奋斗。人类又来到一个新的世纪之交和新的千年之交，在新的历史条件下，我们党如何更好地做到这"三个代表"，是一个需要全党同志特别是党的高级干部深刻思考的重大课题。①

这是江泽民首次提出"三个代表"的问题。

5月8日至15日，江泽民在江苏、浙江、上海考察工作时再次强调：在迈向新世纪的征途上，我们党要解决好诸多复杂矛盾和困难，经受住新的考验和锻炼，把我们的伟大事业推向前进，必须按照"三个代表"的要求加强党的建设，进一步提高执政水平和领导水平。只有解决好这个问题，我们党才能永远得到全国各族人民的衷心拥护并带领人民不断前进。

他提出：

> 始终做到"三个代表"，是我们党的立党之本、执政之基、力量之源。按照"三个代表"的要求抓党的建设，同新时期党的建设新的伟大工程的总目标、总要求是一致的。推进党的思想建设、政治建设、组织建设

---

① 江泽民：《江泽民文选》第一卷，第2页，人民出版社2006年版。

和作风建设，都应该贯穿"三个代表"的要求。①

"三个代表"的重要论断，站在世纪之交的时代高度，总结我们党近80年的历史经验，联系当前我国改革开放的新形势以及党面临的新问题，从根本上进一步回答了在充满挑战和希望的21世纪，我们党要把自己建设成为一个什么样的党和怎样建设党的问题。这是对党的性质、宗旨和根本任务的新概括，是对马克思主义建党学说的新发展，是新形势下对各级党组织和党员干部提出的新要求，是在新的历史条件下全面加强党的建设的伟大纲领。遵照江泽民主席的指示，在总政治部的周密部署下，"三个代表"的学习实践活动在全军全面深入地展开。

（二）广泛开展发扬人民军队优良传统和作风的宣传教育

1992年10月，在党的十四大之后召开的军委扩大会议上，江泽民要求全军认真学习邓小平关于加强军队建设的一系列论述，发扬人民军队优良传统，保持老红军本色，并强调：要把人民解放军的优良传统和作风教育摆到时代的高度和战略位置，坚持不懈抓下去，真正做到抓细、抓实和不断抓出成效。

1991年新春之际，在辞旧迎新的鞭炮声中，江泽民视察中原大地，接见参加过秋收起义的"红一连"。他语重心长地说："'支部建在连上'这个传统要代代相传。这不仅是你们'红一连'，也是我们全军的优良传统。"②

1991年金秋的一天下午，江泽民来到抚顺雷锋纪念馆。他与"雷锋班"的战士一起伫立在雷锋的塑像前，深情地说："我们一起来给雷锋鞠躬。"

一鞠躬、二鞠躬、三鞠躬……

军委主席向这位普通士兵的塑像鞠躬，是在倡导全军将士在改革开放的新的历史条件下，要继续发扬雷锋精神，认真实践我军全心全意为人民服务的宗旨。

在江泽民的大力倡导下，学雷锋、学英模的热潮在全军部队广泛展开。英雄模范的理想、品格、情操成为激励新一代官兵经受各种考验、为党和人民建功立业的重要精神支柱。苏宁、徐洪刚、李国安、李向群……一大批闪烁着雷锋精神和时代特色的先进典型灿若群星，全军部队呈现出英雄辈出的新风貌。

为了配合我军优良传统和作风的宣传教育，1996年建军节前夕，由总政

---

① 江泽民：《江泽民文选》第一卷，第15页，人民出版社2006年版。
② 《解放军报》，2001年7月31日。

治部统一制作的党的三代领导核心关于加强军队建设的题词和6位著名英模画像，印发全军，在连以上单位悬挂、张贴。

毛泽东的题词是："坚定正确的政治方向，艰苦朴素的工作作风，灵活机动的战略战术。"

邓小平的题词是："为把人民解放军建设成为一支强大的现代化正规化革命军队而奋斗。"

江泽民的题词是："政治合格，军事过硬，作风优良，纪律严明，保障有力。"

这次印发画像的6位著名英模，是人民解放军在不同历史时期涌现出来的众多英模的杰出代表，他们分别是：全心全意为人民服务的张思德，为建立新中国而舍身炸碉堡的董存瑞，为了战斗胜利奋勇堵枪眼的黄继光，视纪律重于生命的邱少云，伟大的共产主义战士雷锋，献身国防现代化的苏宁。

江泽民曾多次从不同角度、不同层面对人民解放军优良传统和作风作出归纳。

1992年，江泽民在中央军委扩大会议的讲话中，把人民解放军的优良传统概括为十个方面内容：

> 一是军队必须接受党的绝对领导，必须坚持"党指挥枪，不是枪指挥党"原则，努力使部队成为贯彻执行党的路线方针政策的模范；二是坚决反对山头主义、宗派主义和其他危害军队团结统一的错误倾向，以利于维护和增强军队的团结统一；三是执行严格的组织纪律，强调一切行动听指挥，强调自觉遵守革命纪律，强调顾全大局，不允许破坏纪律和纪律松弛的现象存在；四是提倡坚持艰苦奋斗的作风；五是提倡坚持实事求是的作风；六是提倡坚持发扬民主、走群众路线的作风；七是重视加强政治教育和政治机关的工作，坚持政治机关管干部和公道、正派管好用好干部的原则，特别注意加强连队的政治工作，不断提高广大干部和战士的思想政治觉悟；八是重视加强军事训练，通过勤学苦练，不断提高广大干部战士的作战本领和指挥能力、管理能力；九是注重选拔人才，坚持德才兼备、任人唯贤和五湖四海的选用干部的标准和原则；十是领导干部和老同志要带头继承和发扬我军的优良传统和作风，发挥好传帮带作用。①

1993年6月，江泽民又指出：

---

① 江泽民：《论国防和军队建设》，第58页，解放军出版社2003年版。

> 在几十年的革命斗争中，我军形成了许多优良传统，比如，党指挥枪的根本原则，实事求是的思想路线，全心全意为人民服务的宗旨，密切联系群众的思想作风，艰苦奋斗的革命精神，服从命令的自觉纪律，坚强的内外团结等等，都是我党我军优良传统的精华。①

1997年7月31日，江泽民在庆祝中国人民解放军建军七十周年大会上的讲话中，将我军优良传统和作风概括为六个方面：

> 我军在长期的斗争实践中形成了自己的优良传统和作风，它集中体现为革命加拼命精神，严守纪律和自我牺牲精神，大公无私和先人后己精神，压倒一切敌人、压倒一切困难的精神，坚持革命乐观主义、排除万难去争取胜利的精神。这些革命精神，是我军宝贵的精神财富和不可战胜的力量源泉，不仅保证了人民军队的性质、政治本色和战斗力，而且对于提高全民族的思想道德素质，推动社会主义精神文明建设，发挥了重要作用。②

根据江泽民的指示精神，全军深入持久地开展了发扬优良传统、保持老红军本色的宣传教育，对端正军队党风，树立良好军风，发挥了重要作用。

（三）开展以"三讲"为主要内容的党性党风教育

1995年9月27日，江泽民在中共十四届五中全会上明确提出了领导干部"一定要讲政治"的要求。1996年10月，江泽民在中共十四届六中全会讲话中，又明确提出"对县以上领导干部集中进行一次以'讲学习，讲政治，讲正气'为主要内容的党性党风教育"。党的十五大确定，1998—1999年两年间集中一段时间，在县以上各级党政领导班子和领导干部中，深入开展以"三讲"为主要内容的党性党风教育。从1999年1月到2000年2月，全军和武警部队团以上党委和领导干部，积极响应江泽民号召，自上而下、分期分批地进行"三讲"教育。对于团以上党委和领导干部"三讲"集中教育的成果，基层官兵的议论是：领导搞"三讲"，基层沾了光。一些领导干部说，（领导干部）"讲"出了威信，（群众）"讲"出了信心，（党组织）"讲"出了凝聚力，（部队）"讲"出了战斗力。

"三讲"教育较好地解决了党性党风方面存在的突出问题，使党委班子和领导干部受到一次深刻的马克思主义教育，经受一次严格的党风生活锻炼。

---

① 江泽民：《论国防和军队建设》，第58页，解放军出版社2003年版。
② 中共中央文献研究室编：《江泽民思想年编（一九八九—二〇〇八）》，第284—285页，中央文献出版社2010年版。

（四）深入持久地开展"四个教育"

在复杂的国际环境和改革开放、发展社会主义市场经济的新形势下，我军如何保持建设的正确方向，永葆人民军队的性质、宗旨和作风，是一个必须回答的重大课题。1994年底，江泽民提出，要在引导和组织官兵深入学习马列主义、毛泽东思想特别是邓小平理论的基础上，着重抓好"爱国奉献、革命人生观、尊干爱兵和艰苦奋斗"四个教育。

1995年底，他强调：

> 没有思想上的过硬，就没有政治上的过硬。落实军队讲政治的要求，必须狠抓思想政治教育。我们要把爱国奉献教育、革命人生观教育、尊干爱兵教育、艰苦奋斗教育，搞得一年比一年更深入、更有成效。①

在1996年的军委扩大会议上，江泽民强调：

> 加强思想政治建设，首先要抓思想，从思想教育入手。这是毛泽东、邓小平同志等老一辈革命家治党治军的一条基本经验，也是一条重要原则。革命和建设的实践都已经证明，一切工作的进步都应以思想进步为基础，都应紧紧抓住思想教育这个中心环节。②

江泽民亲自倡导的"四个教育"，抓住了新的历史条件下军队思想政治建设迫切需要解决的带根本性的问题，体现了政治坚定和思想道德纯洁、继承优良传统与弘扬时代精神的高度统一，是新时期加强军队思想政治建设的基础工程和基本途径，是新时期坚定广大官兵理想信念、永葆人民军队政治本色的一项战略性举措。因此，"四个教育"一经提出，迅速得到全军上下的热烈响应。中央军委领导亲自深入部队，调查研究，推动"四个教育"的开展。总政治部结合形势任务和部队实际，每年都对全军深入开展"四个教育"作出部署，并编印了《毛泽东邓小平江泽民论爱国奉献、革命人生观、尊干爱兵和艰苦奋斗》《"四个教育"故事选编》等教材供部队教育使用；多次召开"四个教育"专题会议和爱兵带兵、爱国奉献先进事迹报告会；组织创作了《军人道德组歌》，使广大官兵对"四个教育"内容的基本要求做到人人会唱、会讲、会做，宣传了一大批体现"四个教育"精神的先进典型，并撰写了一批理论文章，引导教育不断向纵深发展。全军和武警部队坚持把思想政治建设摆在部队各项建设的首位，把"四个教育"作为加强思想政治建设的重要内容，每年都

---

① 江泽民：《江泽民文选》第一卷，第490—491页，人民出版社2006年版。
② 中共中央宣传部编：《毛泽东邓小平江泽民论思想政治工作》，第13—14页，学习出版社2000年版。

召开党委会、政工会和教育准备会进行研究部署。从大军区、军兵种的司令员、政委到军师旅团领导，都把抓好"四个教育"当成重要职责，每年有千余名军以上领导、几万名师团领导给基层讲课。围绕保持部队政治上的坚定性和思想道德上的纯洁性，全军和武警部队以抵御"酒绿灯红"和腐朽思想文化侵蚀为突破口，狠抓思想作风纪律和内外关系的教育整顿；以树立正确的世界观、人生观、价值观为核心，着力提高官兵的思想政治素质；以干部特别是高中级干部为重点，用整风精神解决党风廉政建设和革命气节方面存在的突出问题，"四个教育"开展得既生动活泼又扎实有效。

五、军队精神文明建设走在全社会前列

1996年10月，中国共产党第十四届六中全会审议并通过了《中共中央关于加强社会主义精神文明建设若干重要问题的决议》，江泽民在会上发表了重要讲话。《决议》明确提出："中国人民解放军和中国人民武装警察部队是中国精神文明建设的重要力量。"要求全军"发扬人民解放军的优良传统和优良作风，进一步提高全体指战员的思想政治素质，在精神文明建设中努力走在全社会的前列"。

1996年11月，中央军委提出《关于贯彻党的十四届六中全会精神加强军队精神文明建设的意见》。该《意见》依据党中央要求，明确提出了加强军队精神文明建设的指导思想、奋斗目标、主要任务、基本要求和具体措施，是规范今后人民解放军精神文明建设的基本依据。

根据军委、总政治部的要求和部署，全军部队结合所处的环境及官兵的思想实际，努力探索军队精神文明建设走在全社会前列的途径和方法。

一是深入学习建设有中国特色社会主义理论，努力在强化精神支柱上走在前列。中央军委《意见》强调：坚定理想信念，是加强精神文明建设的核心，也是人民解放军团结战斗、克敌制胜的强大精神支柱。坚定的理想信念，是保持政治坚定性和思想道德纯洁性的集中体现，军队精神文明建设走在社会前列必须紧紧抓住这个核心。而理想信念的坚定，必须依赖于理论上的清醒。因此，树立正确的理想信念，最根本的是学习马列主义、毛泽东思想，特别是邓小平建设有中国特色社会主义理论。用邓小平建设有中国特色社会主义理论武装全军，是军队精神文明建设最重要、最根本的战略任务。

二是深入进行世界观、人生观、价值观教育，努力在道德风尚上走在前列。中央军委《意见》明确指出："在改革开放形势下，如何保持人民军队

的本色,继承和发扬老红军优良传统,反对拜金主义、享乐主义、个人主义,抵制酒绿灯红的消极影响,是人民解放军思想道德建设面临的重大课题。"①思想道德情操,是受世界观、人生观、价值观制约的。只有深入进行世界观、人生观、价值观教育,才能使官兵真正树立高尚的思想道德情操。因此,全军部队结合实际,深入持久地开展了世界观、人生观、价值观教育和"四个教育"。

三是适应"科技兴国、科技强军"发展战略的需要,努力在提高科学文化素质上走在前列。提高官兵科学文化素质,是军队精神文明建设的重要方面,"走在前列",必须抓官兵的科学文化素质。全军广泛开展了科学文化教育活动,官兵学理论、学历史、学经济、学科技、学管理、学法律,学习一切需要的东西,特别是学习高科技知识和现代军事科技知识,以适应现代高技术战争条件下作战指挥和武器装备更新发展的需要。

四是大力加强军营文化环境建设,努力在创造健康向上的精神生活方面走在前列。文明、健康的军营文化环境,不仅有利于陶冶官兵的思想道德情操,而且是向社会展示人民军队形象的窗口。各部队坚持"为兵服务、为战斗力服务"的方向,创造官兵喜闻乐见的各种各样形式,努力营造体现军营特色和时代特色的文化氛围,凝聚军心、砥砺士气,充分展示人民解放军威武之师、文明之师的形象。

五是军队精神文明建设走在全社会前列,各级领导干部要走在部队的前列。领导干部是精神文明建设的组织者和实施者,要名副其实地担负起这一重任,自己必须以身作则、率先垂范,当好精神文明建设的带头人。全军部队在这方面也都提出了要求,要求领导干部强化精神文明建设"排头兵"意识,在讲政治上带头,在践行全心全意为人民服务的宗旨上带头,在"自重、自省、自警、自励"方面带头,保持领导干部良好形象。

六、江泽民与1999年全军政治工作会议

1999年7月5日至9日,经中央军委批准,全军政治工作会议在北京召开。

会议的主要任务是以邓小平理论为指导,贯彻落实江泽民关于探索新形势下治军特点和规律的重要指示,集中研究改革开放和发展社会主义市场经济条件下军队思想政治建设面临的重大问题,进一步统一思想认识,加强工

---

① 肖裕声主编:《中国共产党军队政治工作史》(下卷),第824页,军事科学出版社2015年版。

作指导,更好地为我军现代化建设的跨世纪发展提供政治思想保证。

7月8日,中共中央总书记、国家主席、中央军委主席江泽民出席了全军政治工作会议,并发表了重要讲话。

会议期间,与会同志认真学习江泽民关于思想政治建设的论述特别是在这次会议上的重要讲话,紧密联系当前形势和部队实际,围绕改革开放和发展社会主义市场经济条件下加强军队思想政治建设的重大问题,进行了深入的讨论。

会议讨论形成了《关于改革开放和发展社会主义市场经济条件下军队思想政治建设若干问题的决定》(以下简称《决定》)。8月24日,中共中央将该《决定》转发全党。

中共中央《通知》指出,这个文件,以邓小平理论为指导,全面贯彻江泽民同志关于思想政治建设的重要论述,回顾改革开放二十年特别是党的十四大以来军队思想政治建设的实践,总结新时期军队思想政治建设的基本经验,分析新的历史条件和国际国内形势的变化,集中回答改革开放和发展社会主义市场经济条件下军队思想政治建设面临的重大问题,体现了古田会议以来我军政治工作的优良传统,对军队政治工作和现代化建设,将会产生重大而深远的影响。

《决定》共分为十个部分,分别是:"一、改革开放以来军队思想政治建设的基本实践""二、新的历史条件下军队思想政治建设的使命""三、从社会主义初级阶段实际出发指导思想政治建设""四、突出拥护和支持改革这个时代性课题""五、坚持不懈地强化革命军人的精神支柱""六、把着眼点放在全面提高官兵素质上""七、正确认识和运用物质利益原则""八、发挥法规制度在思想政治建设中的作用""九、切实增强党组织的凝聚力和战斗力""十、面向新世纪军队政治工作的改革与发展"等十个部分。①

《决定》指出:我们党在创建和领导人民军队的实践中,历来注重从思想上政治上建设部队。以毛泽东同志为核心的党的第一代领导集体,在长期革命斗争中确立的我军政治工作基本的理论、方针、原则和制度,无论过去、现在还是将来都是我们的政治优势。

《决定》认为:新时期我军思想政治建设的成就和进步,是在邓小平理论指引下取得的。邓小平关于军队思想政治建设的一系列重要论述,是邓小平

---

① 肖裕声主编:《中国共产党军队政治工作史》(下卷),第856—860页,军事科学出版社2015年版。

理论特别是新时期军队建设思想的重要组成部分,为新的历史条件下军队思想政治建设奠定了理论基础,指明了正确方向。

《决定》强调:江泽民同志在领导我军现代化建设中,结合新的实践,运用毛泽东军事思想和邓小平新时期军队建设思想,提出了"思想政治建设"这一具有时代意义的重大任务,强调必须把思想政治建设摆在全军各项建设的首位,从多方面对加强思想政治建设作了深入阐述,提出了一系列重要思想。江泽民同志的这些论述,具有重要的理论意义和实践意义,是指导军队思想政治建设的科学依据。

《决定》归纳了改革开放以来全军加强思想政治建设的实践得出的五点基本结论:必须坚定不移地高举邓小平理论伟大旗帜;必须确保党对军队的绝对领导;必须始终把思想政治建设摆在军队各项建设的首位;必须紧紧围绕军队现代化建设这个中心;必须坚持继承优良传统与改革创新的统一。

《决定》提出了"两个历史性课题"和我军思想政治建设的使命。新的形势和新的任务,对我军建设提出了两个历史性课题:一个是在复杂的国际环境中,我军能不能跟上世界军事发展的趋势,打赢未来可能发生的高技术战争;一个是在社会主义市场经济和对外开放条件下,我军能不能保持人民军队的性质、本色和作风,始终成为党绝对领导下的革命军队。根据这两个历史性课题,我军思想政治建设的使命是:为打赢未来高技术战争提供强大的精神动力,为保持人民军队的性质、本色和作风提供可靠的政治保证。

《决定》提出,"要从社会主义初级阶段实际出发指导思想政治建设"。《决定》认为:正确把握初级阶段我国国情的本质特征,用党在社会主义初级阶段的基本理论、基本路线、基本纲领统一思想和行动,作为新时期军队思想政治建设的根本任务。正确把握社会主义初级阶段社会关系的变化,用不同的方式处理不同性质的矛盾,是思想政治建设的经常性工作。正确把握初级阶段工作对象的特点,坚持先进性要求与广泛性要求相结合,使思想政治建设更好地引导群众、掌握群众。我军作为党领导下的执行革命政治任务的武装集团,是社会成员中比较先进的部分,必须以党的理想为理想,以党的奋斗目标为目标。军队的精神文明建设要努力走在全社会前列,坚定不移地按照有理想、有道德、有文化、有纪律的目标培养合格的革命军人。同时,要充分考虑到官兵在觉悟程度、道德水准、文化基础、接受能力和社会经历等方面存在的差异,遵循官兵成长进步的规律,把长远目标与阶段性要求结合起来,区分层次,循序渐进。要根据不同时期、驻不同地区、担负不同任务部队官兵的思想情况，确定思想政治建设的工作内容和形式，实施分类指导。要适应社会生活的丰富发展，尊重官兵正当的个人追求和情趣爱好，做好教育引导工作。

《决定》要求，"突出拥护和支持改革这个时代性课题"。提出：改革是我国的第二次革命，是国家富强、民族振兴的必由之路，是推进建设有中国特色社会主义事业的动力。全军官兵坚定拥护和支持改革，表现出高度的自觉性。但改革是一个长期的历史过程，始终充满着矛盾、困难甚至风险。军队建设的发展，官兵思想的变化，都与改革实践息息相关。军队思想政治建设必须把拥护和支持改革作为历史性任务，引导全军与党同心同德，与改革共命运，切实担当起在改革、发展和稳定中肩负的政治责任。

《决定》强调，"要坚持不懈地强化革命军人的精神支柱"。《决定》提出：革命的精神支柱历来是我军战斗力的重要组成部分，是凝聚军心、克服困难、战胜敌人的重要保证。当代革命军人的精神支柱，主要是坚定的革命理想信念和自觉的牺牲奉献精神。坚定的革命理想信念，是我军精神支柱的核心之点。自觉的牺牲奉献精神，是我军精神支柱的本质特征。

《决定》提出，"把着眼点放在全面提高官兵素质上"。《决定》认为：官兵素质是军队建设水平的基本标志，是我军履行职能、完成各项任务的决定性因素。全面提高官兵素质，就是要适应军队现代化建设需要，培养造就具有良好的思想政治素质、军事专业素质、科学文化素质、身体心理素质的全面发展的新一代官兵。全面提高官兵素质，必须把正确的思想理论武装和现代科技特别是高科技知识的武装作为基本途径。理论武装工作，中心是学习掌握邓小平理论的科学体系和精神实质，紧密联系思想和工作实际，使这一理论转化为坚定的理想信念，转化为科学的立场、观点和方法，转化为搞好部队建设的实际能力。

《决定》强调，"要正确认识和运用物质利益原则"。《决定》指出：重视和关心官兵的物质利益，引导官兵认识自己的根本利益并自觉地为之奋斗，体现了唯物史观的基本要求，是我党我军的优良传统。在发展社会主义市场经济条件下，物质利益对人们思想行为的驱动作用明显增大，由各种利益矛盾引起的思想问题比以往更为突出。能否引导官兵正确认识和对待物质利益，关系到能否保持我军政治优势和部队的凝聚力。这是新形势下部队思想政治建设必须正视的重大现实问题。贯彻物质利益原则必须充分考虑到我军的特殊要求。我军是为人民利益而结合、而战斗的。军队贯彻物质利益原则，应当始终着眼于激发和调动官兵积极性,使他们更加自觉地为人民的利益而奋斗。军人的个人利益存在于国家和人民的整体利益之中,物质待遇只能随着经济的发展和人民生活水平的提高而逐步改善,不能简单照搬经济领域调节利益关系的具体做法。要牢固树立革命军人的利益观,坚持国家、集体和个人三者利益的统一,自觉以个人利益服从国家和集体利益,弘扬牺牲奉献精神,永葆艰苦奋斗的政治本色,坚决反对个人利益至上、金钱至上的错误思想。要努力实现和维护广大官兵的切身利益。新形势下部队中许多思想问题是由实际问题引起的,看不到这一点,思想工作就会脱离实际。应当承认,对理想信念的追求与对物质利益的合理要求都是官兵的正常需要,解决思想问题与解决实际问题都是思想政治工作的重要责任,精神激励与物质鼓励都是调动积极性的必要手段。要善于从利益动因上分析官兵的思想变化,把正确的思想引导同关心解决实际问题结合起来。要实现好、维护好、保障好官兵切身利益,立足现有条件,发挥组织优势,依据政策制度,千方百计地为他们排忧解难。

《决定》强调,"发挥法规制度在思想政治建设中的作用"。指出:贯彻依法治军的方针,依靠法规制度的调节、规范和强制作用,巩固党领导人民军队的优良传统和新的经验,保证党的意志和主张在部队更好地落实,是提高思想政治建设质量和效果的重要途径,也是军队正规化建设的必然要求。充分发挥法规制度的功能,巩固和增强思想教育的效果。思想教育是实现思想政治建设任务的中心环节,法规制度同样有不可替代的教育引导作用。在工作指导上,要坚持搞好思想教育和运用法规制度的有机结合。思想教育坚持和倡导的原则,应当从法规制度上给予鼓励和支持,弘扬正气,更好地激励官兵献身国防、建功立业。思想教育反对的东西,要用法规制度进行严格地约束和诫勉,规范行为,鞭策后进,为整肃风气、防止和纠正不良倾向提供警示作用。对那些反复抓教育、提要求,仍然屡禁不止、久治不愈的问题,对那些由于法规制度不完善、不合理引发的问题,要通过建立和健全法规制度加以解决,不断提高思想政治建设各项工作的法规制度水平。社会主义民主政治的发展,官兵民主意识的普遍增强,要求更好地运用法规制度规范和引导军队的民主生活,维护和保障官兵的民主权利。各项民主生活要严格规范在法纪允许的范围内,按照条令条例赋予官兵的权利和义务,有领导、有组织、有秩序地开展,抵制各种错误的民主观点对官兵的侵蚀影响,维护军队铁的纪律和集中统一。

《决定》还规定了面向新世纪的军队政治工作改革与发展的原则、内容和方向。明确指出：军队政治工作改革总的原则是：解放思想，实事求是，保持优势，创新发展。通过改革，增强政治工作的针对性、系统性、创造性，更加有力地发挥服务保证作用。军队政治工作改革，是在坚持我军根本原则和制度的前提下，推进政治工作的改进、发展和完善。主要内容和方向是：探索优良传统的新发展；拓展服务保证的新领域；形成政策制度的新体系；运用科学先进的新手段。

七、网上政工——政治工作手段的一场革命

邓小平曾经指出：我们政治工作的根本任务、根本内容没有变，我们的优良传统也还是那一些。但是时间不同了，对象不同了，因此解决问题的方法也不同。

2000年6月28日，中央思想政治工作会议在北京举行。江泽民在会议上发表重要讲话。他指出：

> 世界正在发生深刻的变化，中国正在进行完善和发展社会主义制度的自我变革。党的思想政治工作面临的形势更复杂、任务更繁重、工作更艰巨了。党的思想政治工作决不是可有可无、无所作为，而是必不可少、大有可为的。[①]

江泽民强调：

> 面对新形势新情况，要完成上述任务，我们的思想政治工作在继承和发扬优良传统的基础上，必须在内容、形式、方式、方法、手段、机制等方面努力进行创新和改进，特别要在增强时代感和加强针对性、实效性、主动性上下功夫。这要成为今后加强和改进思想政治工作的重点。[②]

这就是著名的思想政治工作"一感三性"问题的提出。

江泽民特别指出：

> "信息技术特别是信息网络技术的发展，为我们开展思想政治工作提供了现代化手段，拓展了思想政治工作的空间和渠道。要重视和充分运用信息网络技术，使思想政治工作提高时效性，扩大覆盖面，增强影响力。""互联网已经成为思想政治工作一个新的重要阵地，国内外敌对势

---

① 江泽民：《江泽民文选》第三卷，第84页，人民出版社2006年版。
② 同上书，第86页。

力正竭力利用它同我们党和政府争夺群众、争夺青年。我们要研究其特点，采取有力措施应对这种挑战。"①

从1998年9月8日我军第一个宣传教育信息网——兰州军区宣传文化教育信息网开通，全军"网上政工"便如雏鹰腾飞，踏上了一条发展的快车道。着眼于加强和改进部队思想政治工作，全军各大单位普遍制定了建网规划，认真抓好网络骨干的培训工作，积极探索利用宣传文化信息网开展思想政治工作的有效途径和办法，合理设置栏目，丰富信息内容，拓展服务功能。创造了以"新闻中心""宣传简报网络版""重要资料库""连队俱乐部""音乐在线""棋牌乐园""战士考学指南"等为代表的一批深受广大官兵欢迎的栏目。各级网站上网的信息力求做到与国内外形势合拍，与部队担负的重大任务合拍，与官兵的思想实际合拍，为部队提供准确、及时、健康、丰富的信息内容。各级宣传信息网站还充分发挥主观能动性，努力实现网络由技术手段向多功能服务的转化。全军宣传文化信息网及各分系统不仅具有理论学习、政治教育、科学文化教育等教育功能，而且还具有棋牌对弈、网上点播等娱乐功能。

1999年10月1日，《解放军报》网络版正式创办。作为人民解放军在互联网唯一的新闻信息平台，解放军报网络版从创办之日起就十分注意发挥自己原创军事新闻信息的优势，并结合网络的特点来报道中国国防建设最新状况、宣传人民解放军、表达中国军方对国际事务和热点问题的态度与立场。开办以后，成为人们了解军事信息的重要窗口，被广大网民称为中国权威军事网站。

网络建设引发了部队思想观念的变化，带动和促进了广大官兵素质的提高。许多单位的领导把上宣传文化信息网作为工作和生活的一部分，注意从网上了解时事政策和兄弟部队的工作经验。不少领导干部带头学习计算机知识，带头运用网络指导工作。广大官兵自觉学习掌握计算机知识和操作技能，通过上网学习科学文化知识，读名著，听名曲，陶冶了情操。作为传统政治工作的补充，网络政工这一新生事物的确受到了官兵的欢迎。

根据《解放军报》2001年1月8日报道，截至当日，全军大部分大单位已建成内容较为丰富的网站；90%以上的军级单位，85%的建制师、旅都已连通了全军宣传文化信息网；各级网站总信息量达2500多亿字，总访问量7000多万页次。

---

① 江泽民：《江泽民文选》第三卷，第94页，人民出版社2006年版。

八、依法治军、心理教育——政治工作的有益尝试

依法治军方针,是在邓小平民主法制建设理论的指导下,在以江泽民为核心的党中央、中央军委的高度重视和倡导下,不断形成和发展的。二十世纪八十年代中期,是依法治军方针的孕育阶段。党的十一届三中全会以来,邓小平结合军队建设的一些重大问题,多次阐述国家法制建设与军队法制建设的辩证关系,逐步形成了比较完整、成熟的依法治军思想。此时,在邓小平民主与法制思想的推动下,军队依法治军的呼声日渐高涨,军内一些单位纷纷提出了"以法治军""依法治军""依法带兵"等口号。但由于历史和思想认识的原因,对"依法治军""以法治军",一些人也有不同看法,提出依法治军也遇到了一些阻力。二十世纪八十年代后期,是依法治军方针的确立阶段。此时,全军开始兴起学习《邓小平文选》的高潮,军内外有识之士对依法治军的理论与实践问题进行了充分的论述,逐步澄清了思想观念上一些模糊认识,坚定了军队高层领导决策的决心。1988年12月27日,中央军委在《关于1989年全军工作指示》中明确提出:全军工作以正规化建设为重点,从严治军,依法治军,运用思想教育、法规制度、行政管理等多种手段,综合治理军队的松、散、乱现象。把"依法治军"正式写进安排全军主要工作的文件中,这在我军建设史上尚属首次。在中央军委的高度重视下,从1988年起,军队法制建设全面起步,国防和军队立法进入了崭新的阶段。二十世纪九十年代,是依法治军方针的跃进阶段。江泽民作为我们党的第三代领导核心,在大力倡导依法治国的同时,对军队的法制建设倾注了大量心血。

江泽民强调,依法治军,把党关于国防建设和武装力量建设的主张,通过法定程序上升为国家意志,使党的领导同依法办事统一起来,目的是从制度上和法律上保证党对军队的绝对领导,保持人民军队的性质,推动军队现代化建设,从而从思想上澄清了将依法治军与党对军队的绝对领导割裂开来的模糊认识。

1990年6月9日,江泽民签署命令发布新修订的《中国人民解放军内务条令》。这次修订后的《内务条令》提出,要"坚持从严治军、依法治军,实行严格科学的正规管理"。这一提法的重大意义,远远超出了这部条令本身,它从立法上明确了依法治军方针,为依法治军方针提供了法律保障。1999年3月12日,江泽民在出席九届全国人大二次会议解放军代表团全体会议时的发言中,全面、系统地阐述了依法治军方针的内涵。正是在江泽民的大力倡

导下，依法治军方针日益深入军心，军队法制建设取得了重大进展。

2000年5月27日，《解放军报》发表消息，宣布我军在集团军、师、旅政治机关正式编制军队律师。这在我军历史上是第一次。6月11日，解放军总部发言人介绍了编制军队律师的四个方面意义：一是适应了大力推进依法治军的需要；二是适应了解决部队和官兵不断增多的涉法问题的需要；三是适应了打赢未来高技术局部战争的需要；四是适应了部队法律服务工作不断发展的需要。

到2000年底，经过各级的艰苦努力，编制军队律师这一我军建设和改革的重要措施已经落实，集团军、师、旅政治机关编配的军队律师正式到位上岗。

心理教育和心理疏导，也是军队政治工作的一个热门话题。

1999年7月全军政治工作会议讨论形成的《关于改革开放和发展社会主义市场经济条件下军队思想政治建设若干问题的决定》指出：解决现实思想问题，要在分清是非、提高认识的同时，加强心理疏导和行为引导，培养官兵健全的人格和健康的心理，提高自强自立的能力。这是我军政治工作历史上首次提出"心理疏导"的问题。它是我军思想政治工作几十年经验教训的总结，体现了我军政治工作的科学化和现代化进程。

2000年12月，为了贯彻落实全军政治工作会议《决定》的精神，总政治部、总后勤部联合颁发了《关于重视做好基层部队心理教育和疏导工作的意见》（以下简称《意见》），作为基层部队开展心理教育和疏导工作的基本依据。

《意见》指出，正确把握新形势下官兵心理特点和变化规律，认真做好心理教育和疏导工作，对于培养有理想、有道德、有文化、有纪律的革命军人，促进部队全面建设和战斗力的提高，具有重要意义。培养官兵良好的心理素质，要以学习掌握必备的心理科学知识为前提。要把普及心理科学知识纳入基层经常性思想教育、科学文化学习和卫生常识课程，做到有组织、有计划地进行，并逐步形成制度，坚持不懈地抓下去。生长干部院校和中级指挥院校要充实改进心理学课程，并积极为部队开展心理科学知识教育提供帮助。《意见》强调，要紧密联系官兵日常工作和生活实际有针对性地搞好心理疏导，着力培养官兵良好的心理素质。要结合军事训练、行政管理、完成重大任务以及官兵的成长进步，帮助官兵提高对部队紧张生活和严酷战争环境的适应能力，服从命令、遵纪守法的自控能力，不畏艰难困苦、不怕挫折的承受能力，以及对个人、家庭和人际关系中各种矛盾问题的化解能力。要根据官兵服役期各个阶段的不同情况，抓住形势发展、环境变化、任务转换等容易产生心理问题的时机,区别官兵不同的个性特征和行为差异,具体情况具体分析,解决好官兵遇到的心理问题。

《意见》提出,要从我军实际出发,逐步建立以政治干部和卫生干部为骨干、政治工作系统和医疗卫生系统相结合的心理教育、疏导和卫生服务工作机制。各级党委要加强对心理教育和疏导工作的指导,切实把这项工作重视起来,并抓出成效。要坚持我军思想政治工作的基本方针原则,始终把帮助官兵树立正确的世界观、人生观和价值观,作为培养官兵良好心理素质的核心,把心理教育和疏导工作作为思想政治工作的重要辅助手段。要严格遵循心理教育和疏导工作的特点和规律,讲究方式方法,注重实效,防止和克服形式主义。要高度重视军营环境对培养官兵良好心理素质的潜移默化作用,努力营造积极向上的思想氛围,巩固团结友爱的内部关系。

第二十八章　胡锦涛的"三个确保""三个紧贴"

2004年9月19日，新华社播发了江泽民同志请求辞去中共中央军事委员会主席职务的信。

中央政治局：

我向中央请求辞去现在担任的中共中央军事委员会主席职务。

党的十六大召开之前，从党和国家的长治久安出发，考虑到实现党和国家高层领导新老交替的制度化、规范化、程序化，我向中央提出不再担任中央领导职务，退出中央委员会。当时，中央同意了我的请求。同时，中央考虑到国际形势复杂多变，国防和军队建设任务很重，从大局出发，决定我留任党和国家的军委主席职务。此后，我尽心尽力地履行中央交给我的职责，始终尊重和支持中央领导集体的工作。从党和人民事业的长远发展出发，我一直期望着从领导岗位上完全退下来。

党的十六大和十六届一中全会以来，在国际形势复杂多变和国内改革发展任务艰巨繁重的形势下，以胡锦涛同志为总书记的中央领导集体继往开来、与时俱进、勤奋努力，卓有成效地开展工作，推动党和国家各方面事业都取得了新的成绩，赢得了广大干部群众的支持和信任。实践证明，党的十六大和十六届一中全会选出的中央领导集体是有作为的，是能够经受住改革开放和复杂局面考验的。经过慎重考虑，我想辞去现任职务。这对党、国家和军队的事业发展都有利。恳切希望中央批准我的请求。我也将向全国人民代表大会提出辞去中华人民共和国中央军事委员会主席的职务。

在这里，我郑重地向中央提议，由胡锦涛同志担任中国共产党中央军事委员会主席。胡锦涛同志担任这个职务是完全合格的，也有利于坚持党对军队绝对领导的根本原则和制度。

我参加革命六十年来，一直受党教育、为党工作。对党和人民，我始终怀着深厚的感情，党和人民的事业就是我的生命。我永远忠于党和国家的事业，永远是中国共产党的忠实党员。我们党领导的伟大事业经过几代人长期努力，取得了举世瞩目的伟大成就，但我们前面的道路还很长，还有可能遇到这样那样的风险和考验。我坚信，我们党的事业是必胜的，只要我们坚持理想、坚定信念、抓住机遇、埋头苦干，不断巩固和发展全党的团结和党同人民的团结，不断战胜可能出现的各种挑战，不断增强我国的经济实力、国防实力和民族凝聚力，我们党、我们国家、我们军队就一定能够不断从胜利走向胜利，中华民族就一定能够实现伟大复兴。

江泽民
二〇〇四年九月一日①

中国共产党第十六届中央委员会第四次全体会议，于2004年9月16日至19日在北京举行。

全会决定，胡锦涛任中共中央军事委员会主席。全会一致认为，这有利于坚持党对军队绝对领导的根本原则和制度，有利于加强军队的革命化、现代化、正规化建设。

2004年9月20日，江泽民在军委扩大会议上饱含深情地发表了题为《我的心永远同人民军队在一起》的讲话：

"我诚心诚意地把党的总书记、国家主席、军委主席这个班交给锦涛同志。""锦涛同志任军委主席是完全合格的。锦涛同志是党的总书记、国家主席，接任军委主席的职务顺理成章。党的总书记、国家主席、军委主席三位一体这样的领导体制和领导形式，对我们这样一个大党、大国来说，不仅是必要的，而且是最妥当的办法。党中央和小平同志当年决定我当党的总书记、国家主席、军委主席，也是从大局考虑的。……锦涛同志比我小十六岁，年富力强。他曾担任过共青团中央第一书记、贵州省和西藏自治区党委书记，一九九二年进入党的中央领导集体，任中央政治局常委已有十多年。担任党的总书记、国家主席以来，在国际

---

① 江泽民：《江泽民文选》第三卷，第600—601页，人民出版社2006年版。

形势复杂多变和国内改革发展稳定任务艰巨繁重的形势下,他带领新的中央领导集体继往开来、与时俱进、勤奋努力,卓有成效地开展工作,推动党和国家各方面事业取得了新的成绩,赢得了广大干部群众的支持和信任。就军队工作方面来说,他当过贵州省军区和西藏军区的党委第一书记,从一九九九年起一直担任军委副主席,直接参与军委工作。他既经受过艰苦地区和复杂环境的考验,又经历过长期高层领导工作实践的锻炼,积累了丰富的领导经验,综合素质很好,作风稳健,工作细致,能够压住阵脚。现在,把军委主席这个班交给他,时机和条件已经成熟了。我坚信,党中央决定由锦涛同志接任军委主席,是一个正确的选择。锦涛同志是中央领导集体的领头人、班长,也是军委领导集体的领头人、班长。大家都要拥护党中央的决定,坚决支持他的工作。"①

胡锦涛在领导国防和军队建设实践中,高度重视思想政治建设,作出了一系列重要论述,深刻阐明新形势下军队思想政治建设的地位作用、目标任务、原则要求和创新发展等重大问题,把我军思想政治建设的理论和实践推进到新的发展阶段。胡锦涛关于军队思想政治建设的重要论述,继承发展了我们党从思想上政治上建设部队的优良传统和宝贵经验,是科学发展观在军队思想政治建设领域的生动展开和具体运用,是党的军事理论创新的重要成果。

一、把思想政治建设作为军队根本性建设紧抓不放

2005年12月21日,中央军委扩大会议在北京召开,胡锦涛参加会议并讲话。他指出:

"我军作为执行党的政治任务的武装集团,必须始终把革命化建设放在第一位。""思想政治建设是革命化建设的核心,是军队最根本的建设,任何时候都不能放松。"②

这是胡锦涛对新形势下军队思想政治建设地位作用的精辟概括。这一重要论述,深刻揭示了加强思想政治建设与坚持我军性质宗旨的本质联系。我军作为党绝对领导下的人民军队,只有把党从思想上政治上建设部队的各项工作落到实处,才能确保经受住各种艰巨任务和复杂环境的考验,永葆人民

---

① 江泽民:《江泽民文选》第三卷,第602—604页,人民出版社2006年版。
② 胡锦涛:《胡锦涛文选》第二卷,第392页,人民出版社2016年版。

军队的性质、本色和作风。这一重要论述，深刻揭示了加强思想政治建设在我军建设发展中的生命线地位作用。坚持革命化、现代化、正规化相统一是军队建设的重要原则，只有紧紧扭住思想政治建设这个革命化建设的核心，才能保持军队建设坚定正确的政治方向。这一重要论述，深刻揭示了加强思想政治建设对于有效履行新世纪新阶段我军历史使命的特殊重要意义。思想政治建设是军心士气和部队战斗力的重要基础，越是使命任务艰巨繁重，越要重视抓好思想政治建设。无论时代条件如何变化、军队建设改革如何发展，都必须坚持把思想政治建设作为军队的根本性建设，摆在各项建设的首位紧抓不放，决不能有丝毫的放松和懈怠。

二、牢牢把握思想政治建设"三个确保"的时代课题

2008年12月24日，胡锦涛出席中央军委扩大会议并讲话，强调指出：

> 我们一定要深刻认识意识形态领域新特点新动向，准确把握思想政治建设面临的新任务新要求，进一步拓宽思想政治建设视野，深入研究新的历史条件下思想政治建设特点和规律，把思想政治建设抓得更加扎实有效，从思想上政治上组织上确保我军始终成为党绝对领导下的人民军队，确保国防和军队建设科学发展，确保有效履行新世纪新阶段我军历史使命，这"三个确保"，是新世纪新阶段军队思想政治建设必须着力解决的时代课题。[①]

这是胡锦涛深刻分析思想政治领域的新形势，赋予军队思想政治建设的时代课题。

坚持党对军队的绝对领导是我军建设和发展的首要问题，全心全意为人民服务是我军的唯一宗旨。加强思想政治建设，必须紧紧扭住铸牢军魂、恪守宗旨这个根本，确保部队坚定不移听党的话、永远跟党走，永葆人民子弟兵政治本色。坚持科学发展是坚持"发展是硬道理"的本质要求，推动科学发展是党、国家和军队各项事业的鲜明主题。加强思想政治建设，必须牢固确立科学发展观在国防和军队建设中的重要指导方针地位，推动学习实践科学发展观向深度和广度发展，确保在贯彻国防和军队建设主题主线上不断取得新成效、实现新进步。履行好新世纪新阶段我军历史使命，是党和人民对军队的要求和期望，是军队各项建设和工作的根本着眼点。加强思想政治建设，

---

① 胡锦涛：《胡锦涛文选》第三卷，第180页，人民出版社2016年版。

必须进一步聚焦使命、服务中心，紧紧围绕有效履行我军历史使命开展工作，努力为我军应对多种安全威胁、完成多样化军事任务提供可靠政治保证、强大精神动力和有力人才支持。

三、以中国特色社会主义理论体系为指导增强思想政治建设科学性

2008年12月24日，胡锦涛在中央军委扩大会议上指出：

坚持以中国特色社会主义理论体系为指导，着力增强思想政治建设的科学性。①

这是胡锦涛深刻总结我军思想政治建设发展进步基本经验得出的科学结论。注重用党的创新理论武装官兵，把革命的进步的政治精神贯注于军队之中，是思想政治建设科学性的重要体现；把党从思想上政治上建设部队的一系列方针原则建立在科学理论基础之上，并随着马克思主义中国化进程而不断丰富发展，是思想政治建设科学性的重要保证。党的理论创新每推进一步，军队思想政治建设就要跟进一步。要积极推动党的创新理论系统进教材、生动进课堂、扎实进头脑。必须把中国特色社会主义理论体系的立场、观点、方法贯穿于思想政治建设实践，特别要通过深入学习实践科学发展观，丰富思想政治建设的理论和实践，改进内容方法，完善制度机制，推动思想政治建设科学发展。

四、始终不渝坚持党对军队的绝对领导

2009年12月25日，胡锦涛在中央军委扩大会议上指出：

党对军队的绝对领导，是我军建军的根本原则和永远不变的军魂，是我国的基本军事制度和中国特色社会主义政治制度的重要组成部分，是党和国家的重要政治优势。始终不渝坚持党对军队的绝对领导，关系人民军队性质和宗旨，关系党执政地位的巩固和执政能力的提高，关系国家长治久安。在这个根本政治原则问题上，我们必须头脑特别清醒、态度特别鲜明、行动特别坚决。②

这一重要论述，进一步丰富发展了党的军事指导理论和我军军魂思想。一个国家的军事制度，归根到底是由这个国家的政治制度和基本国情决定

---

① 胡锦涛：《胡锦涛文选》第三卷，第181页，人民出版社2016年版。
② 同上书，第293—294页。

的；一支军队的领导权和指挥权，归根到底是由这支军队的性质和宗旨决定的。在中国，只有始终不渝地坚持党对军队的绝对领导，才能把巩固党的执政地位，与体现国家意志和人民的选择高度统一起来；才能把军队的最高领导权和指挥权，与我军作为党和人民的军队、社会主义国家军队的根本属性高度统一起来；才能把军队履行历史使命，与实现党的历史任务、保卫国家安全、维护人民利益高度统一起来。在这个根本政治原则问题上，必须头脑特别清醒，态度特别鲜明，行动特别坚决。必须始终以党的旗帜为旗帜，以党的意志为意志，坚定自觉地听党指挥，大力加强意识形态工作，坚决反对"军队非党化、非政治化"和"军队国家化"等错误政治观点。必须毫不动摇地坚持党对军队绝对领导的一系列根本制度，并结合新的形势任务探索贯彻执行这些制度的有效途径和方式。必须严格执行党和军队的各项纪律，坚持从严治党、从严治军，确保政令军令畅通和部队纯洁巩固、高度集中统一。

五、把以人为本作为重要的建军治军理念

2005年12月21日，胡锦涛在中央军委扩大会议上指出：

"科学发展观的本质是坚持以人为本。军队要把以人为本作为重要的建军治军理念。军队讲以人为本，最重要的是必须始终坚持人民军队根本性质，坚决维护人民群众根本利益。"

"坚持以人为本，对军队自身建设来说，就是要尊重官兵主体地位，发挥他们在军队建设中的主体作用。"

"军队建设贯彻以人为本，要符合军队作为武装集团的特殊性，适应遂行作战任务的要求。"①

这是胡锦涛以科学发展观指导国防和军队建设的重要理论创新。军队贯彻以人为本，必须始终坚持人民军队的根本性质，坚决维护人民群众的根本利益，一切为了人民，紧紧依靠人民，忠实履行党和人民赋予的使命任务，保持和发展同呼吸、共命运、心连心的军政军民关系。必须充分尊重官兵的主体地位和创造精神，把推动部队建设与促进官兵全面发展有机统一起来。要坚定地相信和依靠广大官兵，增强他们的使命感、责任感，充分发挥他们在军队建设中的主人翁作用；要积极营造有利于官兵成长成才的环境，不断

---

① 胡锦涛：《胡锦涛文选》第二卷，第399—400页，人民出版社2016年版。

提高官兵的综合素质，使官兵在军队这个大学校、大熔炉中实现全面发展；要关心官兵切身利益，重视解决基层实际困难和问题，不断改善官兵的物质文化生活条件；要维护官兵正当民主权益，加强军队内部的政治民主、经济民主、军事民主建设，巩固发展团结友爱和谐纯洁的内部关系。必须适应武装集团特殊性和未来作战要求，把爱护官兵生命与培育战斗精神统一起来，把关心官兵发展与从严治军统一起来，把尊重官兵权益与确保一切行动听指挥统一起来，教育激励广大官兵自觉为祖国、人民和军队多做贡献。

六、大力培育当代革命军人核心价值观

倡导培育"忠诚于党，热爱人民，报效国家，献身使命，崇尚荣誉"的当代革命军人核心价值观，是胡锦涛领导军队思想政治建设的重大创举。

2008年12月24日，胡锦涛在中央军委扩大会议上强调：

> "概括起来说，当代革命军人核心价值观集中体现为'忠诚于党，热爱人民，报效国家，献身使命，崇尚荣誉'。""以上五个方面是相互联系的整体，是反映我军官兵同党、人民、国家、军队的关系以及我军官兵相互关系最基本最核心的价值观念，体现了我军优良传统、时代发展要求、官兵价值追求的统一，我们必须全面准确理解和把握，并大力加以倡导和培育。"①

当代革命军人核心价值观的五个方面是相互联系的整体，体现了我军优良传统、时代发展要求、官兵价值追求的统一，是当代革命军人应当确立的最基本、最核心的价值观念。必须把培育当代革命军人核心价值观作为军队思想政治建设的重要基础工程，抓好思想教育、舆论引导、文化熏陶、典型示范、实践养成、制度保障，使培育工作融入到军队建设的方方面面，渗透到部队遂行任务和官兵日常生活之中。要坚持用党的创新理论建连育人，深入开展军队历史使命、理想信念、战斗精神、社会主义荣辱观教育，抓好党史军史学习教育，大力弘扬我军听党指挥、服务人民、英勇善战的光荣传统；要加强官兵思想道德建设，不断提升精神境界、砥砺意志品质、强化组织纪律性，培养优良作风，始终保持崇高精神追求和良好道德风尚；要大力宣传模范践行当代革命军人核心价值观的先进典型，广泛开展学习时代楷模活动，引导官兵自觉加强实践锻炼和养成，在"内化于心"和"外化于形"相统一

---

① 胡锦涛：《胡锦涛文选》第三卷，第183页，人民出版社2016年版。

中不断强化精神支柱、培养"精气神"。

七、适应新的形势任务要求大力加强和改进军队党的建设

2009年12月25日，胡锦涛在中央军委扩大会议上强调：

"军队党的建设是军队全部工作的基础和关键。"[①]胡锦涛把加强和改进军队党的建设作为推进党的建设新的伟大工程的重要组成部分，并着眼军队的特殊性，提出了军队党的建设"四个坚持"[②]的总要求。

坚持把保证党对军队绝对领导作为军队党的建设的根本任务，就是要着眼落实党指挥枪的原则，抓好党的各项建设，充分发挥各级党组织在部队建设中的领导核心作用，确保党从思想上政治上组织上牢牢掌握部队。

坚持把推进军队建设科学发展、提高履行使命任务能力作为军队党的建设的出发点和落脚点，就是要紧紧围绕中心抓党建，把党的建设工作贯穿于军事、政治、后勤、装备各项建设，融入到以军事斗争准备为龙头的各项工作中，使党的建设和部队完成中心任务相互推动、相互促进。

坚持把建设坚强的党委班子和高素质干部队伍作为军队党的建设的关键环节，就是要加强学习型党组织建设，认真贯彻民主集中制原则，确立德才兼备、以德为先用人标准，完善干部选拔任用机制，加紧选拔培养优秀年轻干部，加强高中级干部教育管理，保证枪杆子始终掌握在忠于党的可靠的人手中。

坚持把加强党性修养、弘扬优良作风作为军队党的建设重要课题，就是要认真学习贯彻党章，开展创先争优活动，推进军队惩治和预防腐败体系建设，始终保持党的先进性和纯洁性，不断增强党组织的创造力凝聚力战斗力，提高军队党的建设科学化水平，把党的政治优势和组织优势转化为推动部队建设科学发展的强大力量。

八、加紧培养高素质新型军事人才

2005年12月21日，胡锦涛在中央军委扩大会议上强调：

高素质军人是现代军队这个复杂人机系统运行的决定性因素。要以指挥军官队伍、参谋队伍、科学家队伍、技术专家队伍、士官队伍这"五支队伍"建设为重点，加大实施人才战略工程力度，加强在职学习，加

---

① 胡锦涛：《胡锦涛文选》第三卷，第293页，人民出版社2016年版。
② 同上书，第293—296页。

强院校培训,加强实践锻炼,努力造就大批适应军队信息化建设、适应信息化条件下作战任务的高素质新型军事人才。①

加强新形势下军队人才建设,必须坚持党管干部、党管人才,全面落实干部队伍革命化年轻化知识化专业化方针,深入推进人才战略工程,大规模培养人才、大幅度提高人才素质;必须着眼建设信息化军队、打赢信息化战争的战略目标,加强信息化人才队伍建设,突出抓好联合作战指挥人才、信息化建设管理人才、信息技术专业人才、新装备操作和维护人才培养。

必须遵循军事人才培养规律,进一步健全培养体系,拓宽培养渠道,完善培养机制,尤其要把实践锻炼作为造就优秀人才的重要途径,注重在重大任务中发现和培养人才。

必须尊重劳动、尊重知识、尊重人才、尊重创造,大力培育创新意识、倡导创新精神、完善创新机制,充分激发各类人才的创造活力和创造热情。

必须深入推进军事人力资源政策制度调整改革,着力解决一些重要政策制度滞后于社会利益关系调整变化和国家政策制度创新发展、滞后于军队现代化建设发展的问题,积极探索建立中国特色军官职业化制度,不断增强军队的吸引力凝聚力战斗力。

九、大力发展先进军事文化

胡锦涛深刻指出,我军历来是党所倡导的先进文化的重要创造者、积极传播者和模范践行者,在推动社会主义文化大发展大繁荣的新形势下,要坚持我军重视文化建设的优良传统,坚持走具有我军特色的军事文化发展路子,坚持把培育当代革命军人核心价值观作为发展先进军事文化的根本任务,坚持把保持我军高度团结统一作为发展先进军事文化的重要着力点,坚持紧贴时代要求创新发展先进军事文化,不断开创军事文化建设新局面。②

这就要求我们必须把发展先进军事文化作为加强国防和军队建设的重要任务,坚持以马克思主义为指导,巩固军队思想文化阵地,加强军营文化建设,增强我军软实力;必须把握我军先进军事文化建设的特点规律,始终把保持我军政治本色放在第一位,始终把提高部队战斗力作为根本着眼点,始终紧贴当代革命军人特殊要求、体现军事职业特点,始终坚持高标准、当好排头兵;

---

① 胡锦涛:《胡锦涛文选》第二卷,第397页,人民出版社2016年版。
② 《新形势下军队思想政治建设的科学指南——学习胡锦涛主席关于军队思想政治建设的重要论述》,《求是》,2012年第21期。

必须把培育当代革命军人核心价值观融入到先进军事文化建设全过程，体现到军队精神文化产品创作生产传播各方面；必须大力培育和发扬紧密团结的集体主义精神，充分发挥先进军事文化统一官兵思想、凝聚军心士气、协调内部关系的重要作用；必须大力推进军事文化创新，不断丰富完善军事文化建设的内容形式、体制机制、传播手段，不断增强我军先进军事文化的时代性和创造性。

十、按照"三个紧贴"要求改进创新军队思想政治工作

2008年12月24日，胡锦涛在军委扩大会议上讲话指出：

> 坚持紧贴时代发展、紧贴使命任务、紧贴官兵实际，切实改进创新思想政治工作。①

这"三个紧贴"，是加强军队政治工作筹划和指导必须牢牢把握的科学方法论。

紧贴时代发展，就是要积极适应时代发展的新特点和广大官兵的新要求，把发扬优良传统与弘扬时代精神结合起来，树立新观念、开辟新领域、运用新手段、创造新方法，尤其要高度重视信息技术的运用，增强工作的时代感和影响力。

紧贴使命任务，就是要紧紧围绕部队中心工作和履行职能使命需要开展工作，积极拓展和深化军事斗争政治工作准备，大力培育战斗精神，加强军事训练中政治工作，把思想发动、舆论宣传、群众工作等贯穿部队遂行多样化军事任务全过程。

紧贴官兵实际，就是要自觉遵循官兵成长发展规律，把官兵的思想行为特点和合理需求作为做好工作的重要依据，把官兵关心关注的问题作为推进工作的切入点，增强工作的主动性、针对性、实效性。

必须紧紧围绕"三个紧贴"，不断加强对思想政治建设重大理论和现实问题的研究，不断创新思想政治工作的内容、方式、方法、手段和机制，不断提高广大政治干部的能力素质，不断改进工作指导方式和工作作风，使思想政治工作始终与时代发展同步伐、与使命任务要求相适应、与官兵思想实际相符合。

2012年11月15日，中国共产党第十八届一中全会决定习近平为中央军

---

① 胡锦涛：《胡锦涛文选》第三卷，第184页，人民出版社2016年版。

委主席。11月16日，中央军委扩大会议在北京召开，胡锦涛和中共中央总书记、中央军委主席习近平出席会议并分别发表重要讲话。

胡锦涛说：

党的十八大和十八届一中全会已经胜利闭幕。这次中央全会选举产生了新的中央领导机构，决定了新一届中央军委组成人员，实现了党的总书记和中央军委主席的新老交替。这有利于党的事业继往开来，有利于国防和军队建设事业长远发展，有利于国家长治久安。

胡锦涛指出：

习近平同志是合格的党的总书记，也是合格的中央军委主席。他年轻时在军队工作过一段时间，在担任地方领导期间也参与了有关地方的军队工作。党的十七届五中全会后担任了中央军委副主席，直接参与军委工作。党中央决定由习近平同志担任军委主席，是非常合适的。习近平同志一定能够挑起中央军委主席的重担，团结带领军委班子履行好肩负的重大历史责任。

胡锦涛向全军同志提出五点希望：

一是希望军队坚决听党指挥、绝对忠诚可靠。确保军队永远忠于党、忠于社会主义、忠于祖国、忠于人民，确保党从思想上政治上组织上牢牢掌握部队，确保军队在任何时候任何情况下坚决听从党中央、中央军委指挥。

二是希望军队有效履行新世纪新阶段历史使命，为维护国家主权、安全、发展利益和全面建成小康社会提供重要力量支撑和坚强安全保障。

三是希望军队在贯彻国防和军队建设主题主线上取得显著成效。坚持以推动国防和军队建设科学发展为主题，以加快转变战斗力生成模式为主线，努力实现建设信息化军队、打赢信息化战争的目标，推动中国特色军事变革深入发展，努力构建中国特色现代军事力量体系。

四是希望军队始终保持高度集中统一和团结稳定，从容应对各种风险和挑战，集中精力抓建设、促发展。

五是希望军队永远坚持我军光荣传统和优良作风。要毫不放松地抓好全军部队的光荣传统和优良作风教育，使我军始终保持老红军的政治本色，确保我军的光荣传统和优良作风一代一代传下去。①

---

① 《人民日报》，2012年11月18日，第1版。

习近平指出：

　　胡主席从党、国家、军队事业发展全局考虑，主动提出不再担任中共中央总书记、中央军委主席职务。党的十八大和十八届一中全会尊重胡主席的意愿，同意了他的请求。胡主席作出这个重大决策，充分体现了他对党、国家、军队事业发展全局的深邃思考，充分体现了他作为一位马克思主义政治家和战略家的高瞻远瞩、博大胸怀、高风亮节。①

习近平强调：

　　"党的十八届一中全会高度评价了胡主席为党和国家建立的卓越功勋。胡主席在一九九二年就担任党中央政治局常委，在以江泽民同志为核心的第三代中央领导集体中发挥了重要作用。""他集中全党智慧创立了科学发展观，党的十八大已经将其同马克思列宁主义、毛泽东思想、邓小平理论、'三个代表'重要思想一道确立为党必须长期坚持的指导思想。"②

习近平特别强调了胡锦涛为国防和军队建设建立的卓越功勋：

　　"面对新形势新任务，胡主席着眼国家安全和发展战略全局，科学筹划指导国防和军队建设以及军事斗争准备，提出了一系列重大方针和指导原则，作出了一系列重大战略决策和部署，指挥了一系列重大军事行动，使我军经受住了政治斗争、军事斗争和同严重自然灾害斗争的严峻考验，推动军队革命化、现代化、正规化建设取得显著成就，在毛主席、邓主席、江主席领导军队建设奠定的基础上，把军队建设又向前大大推进了一步。胡主席对加强国防和军队建设提出了一系列紧密联系、相互贯通的新思想新观点新论断，科学回答了在世界大发展大变革大调整、我国全面建设小康社会的历史条件下推进国防和军队建设科学发展、全面履行新世纪新阶段军队历史使命的重大课题，提出了党关于新形势下国防和军队建设思想，开辟了党的军事指导理论创新发展新境界。党关于新形势下国防和军队建设思想，是科学发展观的重要组成部分，是科学发展观在军事领域的运用和展开，是毛泽东军事思想、邓小平新时期军队建设思想、江泽民国防和军队建设思想的继承和发展，是新形势下推进国防和军队建设的科学指南。"

---

① 总政治部：《习近平关于国防和军队建设重要论述选编》，第8页，解放军出版社2014年版。

② 同上书，第8—9页。

"胡主席在领导国防和军队建设的实践中，展现出崇高的革命精神和革命风范。""他具有宽广的眼界和开阔的胸襟"，"他具有与时俱进的马克思主义理论品格和实践品格"，"他具有严格求实的科学态度"，"他对部队和广大官兵充满深厚的感情，秉持以人为本的建军治军理念，经常深入部队、深入基层调查研究，不断推动改善官兵物质文化生活条件，注重提高官兵综合素质、促进官兵全面发展。胡主席的崇高精神品格和革命风范将永远激励我们前进。"①

习近平强调：

"经胡主席提议，党的十八届一中全会决定由我任军委主席。我深感担子重、责任大。""我一定牢记职责使命，尽心尽力，紧紧依靠军委领导集体，依靠全军同志开展工作，努力完成党交给的任务，决不辜负全党和全军同志的期望。""我们要继承和发扬毛主席、邓主席、江主席、胡主席培育的光荣传统和优良作风，艰苦奋斗，顽强拼搏，在新形势下奋力推进国防和军队现代化。"②

---

① 总政治部：《习近平关于国防和军队建设重要论述选编》，第9—11页，解放军出版社2014年版。

② 同上书，第12页，第17页。

第二十九章　习近平与古田全军政治工作会议

2012年11月习近平主持军委工作以来，直面世情党情国情军情，高屋建瓴，以强烈的责任担当和使命感，高度的原则性、战斗性，于2014年10月主持召开古田全军政治工作会议，确立了新时代政治建军的大方略。

一、习近平强调："问题是时代的声音，问题是工作的导向。"

回顾十八大以前军队思想政治建设的形势，在肯定成绩和进步的同时，我们必须正视军队建设特别是思想政治建设方面存在的突出问题。

从军队案件查处、群众路线教育实践活动等反映的情况看，党的十八大以前，部队特别是领导干部中存在着一些突出问题。

第一，理想信念问题。

信仰是共产党人的灵魂和命脉。一名党员领导干部，信仰坚定，"钙质"就不会流失，骨头就硬，就知道"从哪里来，到哪里去"，就明白"为了谁、依靠谁、我是谁"。丧失信仰，不是失魂落魄、六神无主，就是变质变色、腐化堕落。

十八大以前，大多数领导干部信仰坚定、理想笃一，但也有少数人世界观、人生观、价值观严重扭曲，信仰丧失、理想缺失、精神迷失、宗旨丢失。有的认同西方社会制度和价值观念，对社会主义前途命运丧失信心；有的认为马克思主义已经过时，共产主义虚无缥缈，不信真理信金钱，不信马列信鬼神，不问苍生问"大师"；还有的当"裸官"留后路，随时准备"跳船"。凡此种种，严重玷污了领导干部的本色，损害了共产党人的先进性和纯洁性。

"人生如屋，信念如柱。柱折屋塌，柱坚屋固。"领导干部在信仰上退却一尺，就会在行动中滑出一丈,最终导致政治变节、思想变质、生活变腐、斗志变衰。像徐才厚那样,管灵魂的出卖灵魂,管反腐的带头腐败,管干部的带头卖官鬻爵,讲艰苦奋斗的带头贪图享乐,即使信仰信念讲得再多,理想宗旨说得再好,也都是空言空谈,只能让人产生怀疑,只会遭到官兵唾弃。①

第二,用人问题。

选贤任能,从来就是一个国家、一支军队的"存亡之本,治乱之机"。闻鼙鼓而思良将。各级干部是武器装备的使用者、作战方法的创造者、军事行动的实践者,是军队建设的中坚力量。一支能打仗、打胜仗的军队,必须拥有一大批高素质的干部。如果选人用人风气不正,让"劣币驱逐良币",不但会严重挫伤广大干部的积极性、创造性,而且会严重削弱部队的凝聚力、战斗力。能否把对党忠诚、善谋打仗、敢于担当、实绩突出、清正廉洁的好干部选出来、任用好,直接关系军队建设全局和未来战争胜负,关系强军目标的实现。

十八大以前,会来事的挤走会干事的,善钻营的淘汰善钻战的,这种选人用人中"劣币驱逐良币"的现象,在干部选拔上表现很多。比如,在选人范围上,个别领导干部喜欢看来头、看背景,在自己视野内和接触的圈子里选人;在用人标准上,不是任人唯贤,而是任人唯亲、任人唯利,谁与自己走得近就重用谁,谁跑找要送就关照谁;在用人程序上,表面上按规矩办事,实际把标准搞成某个人的"私人订制",把规矩变为潜规则的"漂白剂"。在这样的环境中,"千里马"只能歇步,"良币"只能靠边,接受过早被淘汰的命运。

用人导向是最根本的导向,吏治腐败是最大的腐败。这种"逆淘汰"现象,会产生很坏的示范效应,让许多人或身不由己、或心甘情愿地被裹挟其中。当"不跑不送,原地不动;又跑又送,提拔重用"成为常态,自然会有人你行我效地选择跑官要官;当"不进圈子原地稍息,进了圈子跑步前进"成为惯例,自然会有人挖空心思地拉小山头、搞小圈子;当"背靠大树好乘凉,跟对人胜于跟组织"成为现实,自然会有人随波逐流地搞人身依附。正如古人所说:"用得正人,为善者皆劝;误用恶人,不善者竞进。"②

---

① 《解放军报》评论员:《讲信仰的不能丧失信仰——一谈以整风精神革除问题积弊》,《解放军报》2014年12月4日。
② 《解放军报》评论员:《决不能让"劣币驱逐良币"——二谈以整风精神革除问题积弊》,《解放军报》2014年12月7日。

第三,公权私用、以权谋私问题。

从党中央、中央军委严肃查处的一批大案要案来看,徐才厚、谷俊山等腐败分子忘记权为民所赋、权为民所用,党性原则丧失、公私天平倾斜,把权力当作寻租工具、变现机器,损公肥私、假公济私,不择手段捞钱敛财,用组织权力抬高个人威信,用公家资源满足一己私欲,情节之严重、影响之恶劣,令人触目惊心。

权力一旦改姓,"私"字就会无限放大,大得没有边际;"公"字则会无限缩小,小到难觅其踪。其危害绝非腐败分子贪占一点、奢靡一点那么简单,而是严重侵蚀党和军队的肌体,动摇党和军队的根基。徐才厚案件给党和军队形象、政治工作形象以及官兵对领导干部的信任造成的损害就是深层的、广泛的、长久的,其影响不可低估。

习近平语重心长地指出,衡量党性强弱的根本尺子是公私二字。公与私这道选择题,选项只有"A"和"B",看似简单,实则不易。"公者千古,私者一时"。军队领导干部尤其是高级干部肩上有千斤重担,身后有千军万马,更要一心为公、夙夜在公,坦荡做官、谨慎用权,创造出无愧于党和人民、无愧于官兵、无愧于时代的业绩。①

第四,纪律涣散问题。

毛主席说过,路线是"王道",纪律是"霸道",二者都不可少。纪律是执行路线的保证,"加强纪律性,革命无不胜"。没有纪律的约束,党的组织就会软弱涣散,党的队伍就会一盘散沙,党的事业就会难以为继。雷峰塔是怎么倒掉的?就是因为人人都想抽一块砖拿回家"辟邪",你拿一块我拿一块,最后就倒了。如果大家我行我素、自行其是,今天违反一条纪律,明天违反一条纪律,那么党和军队事业的大厦迟早也会坍塌。

十八大以前,在一些单位,目无组织、目无纪律的现象不同程度地存在。有的把纪律当摆设,视纪律为无物,把"带电作业"当作一种本事、一种能耐,把违纪违法当作一种魄力、一种胆量;有的一事当前,首先考虑个人得失,考虑组织和工作少;有的会上不说、会下乱说,口无遮拦;有的热衷于打听、议论、爆料所谓内幕消息,信谣传谣造谣;有的搞上有纪律、下有对策,选择性执行、变通式落实;还有的执纪不严,搞"手下留情""法外开恩",违反纪律打个哈哈就过去了。所有这些,都是对组织的漠视,对纪律的亵渎,

---

① 《解放军报》评论员:《权力姓"公"不姓"私"——三谈以整风精神革除问题积弊》,《解放军报》2014年12月8日。

必须坚决纠正和革除。

令严方可肃军威,命重始于整纲纪。严明的纪律,对军队有着特殊重要的意义。军队必须无条件地、不折不扣地严守政治纪律、组织纪律等各项法规,坚决听党话跟党走,始终保持政令军令畅通。任何人不得有任何特殊和例外,谁越过红线,谁就要付出代价。各级党组织要提高法纪执行力,让铁规发力、让制度生威、让纪律成为带电的"高压线",使查处违纪违法问题制度化、经常化,使党员干部心有所畏、言有所戒、行有所止。[1]

第五,"两面人"问题。

清代小说《镜花缘》讲述了一个"两面国"的故事。那里的人长着两张截然不同的脸:一张是慈眉善目的笑脸,另一张则是凶狠阴险的恶脸。一个长安人在这里待久了,也变成了"两面人"。荒诞不经的故事,针砭的是当时官场的丑态与积弊。

我们党和军队决不允许有"两面人"。做老实人不做"两面人",既是党员干部应有的道德品质,也是党员干部必备的政治品格。但是,在党员干部中仍有"两面人"。有的台上一套、台下一套,当面一套、背后一套,说一套、做一套。有的要求别人做到的自己不做,要求别人遵守的自己带头违反。有的对上对下不一致,搞上有政策、下有对策,欺上瞒下。有的见风使舵、巧言令色,见人说人话、见鬼说鬼话,把庸俗的市侩作风带到党内军内,还自以为得计。

王安石在《知人》中说:"贪人廉,淫人洁,佞人直。"越是贪婪的人越伪装清廉,越是荒淫的人越伪装纯洁,越是奸诈的人越伪装正直。"两面人"现象,说到底是一种政治投机主义。大奸似忠,大伪似真。徐才厚就是典型的"两面人"。他善于表演,擅长伪装,用假面具掩盖自己极其肮脏的灵魂和丑恶的行为,演出了一幕幕丑剧。"两面人"因迷惑性、欺骗性特别强,所以危害性、危险性特别大。待到东窗事发,他们往往已成为大奸巨贪,让人大吃一惊、难以置信。

邓小平曾反复强调:"做老实人,说老实话,办老实事,这是一个共产党员的起码标准。"党章明确规定,"反对阳奉阴违的两面派行为和一切阴谋诡计"。党员干部只有襟怀坦荡、光明磊落,才能心里无私无愧、手中有公有廉;只有言行一致、表里如一,才能赢得官兵信赖、树立党员威信。踏实、朴实,

---

[1] 《解放军报》评论员:《纪律"高压线",谁碰谁"触电"——四谈以整风精神革除问题积弊》,《解放军报》2014年12月9日。

做老实人,是我军的优良传统。如果这个传统丢失、"两面人"做派盛行,必将导致军心动摇、人心涣散,使军队失去凝聚力、没有战斗力。

荀子把"口言善,身行恶"的"两面人"称为"国妖",把"口能言之,身能行之"的人称为"国宝",认为治国者要"敬其宝""除其妖"。党员干部特别是领导干部肩负着军队建设和带兵打仗的神圣职责,理应坦坦荡荡、表里如一,当"国宝"不当"国妖",做老实人不做"两面人",自觉加强党性修养和道德修养,为强军兴军注入强大正能量。①

第六,形式主义问题。

部队是时刻准备打仗的,玩不得半点虚假。形式主义可以欺骗自己,却糊弄不了敌人。平时花拳绣腿,战时必然折臂断腿;平时弄虚作假,战场必然丢盔弃甲。这绝不是危言耸听。甲午之战,中国军队的失败,很大程度上败在形式主义上。他们平时海训,船动而靶不动;平时校阅,"徒求演放整齐"。这种虚假训风演风布下的陷阱,上了战场就只能拿官兵的生命来填平。事实证明,形式主义图虚名、招实祸,误党、误国、误军。

早在延安时期,毛主席就指出,形式主义是一种"幼稚的、低级的、庸俗的、不用脑筋"的东西,号召全党"必须揭破它",把这种毛病彻底改掉。然而,十八大以前,在有些单位,形式主义不但没有绝迹,而且随着"气候条件"的变化,变异变种、易服换装,在一些时期呈现越搞越成套、越搞越高档之势。比如,楼房越盖越高,大门越修越阔,园林化有余,战斗化不足,只闻鸟语花香,不见真枪实弹。现场会规模很大,从经验介绍到领导讲话,从成果展览到课件演示,展示功能有余,推广价值不足。演习观摩背台词、念讲稿、编脚本,像演折子戏。这些形式主义的东西,耗时费力、劳民伤财,于战斗力无补,对部队建设无益,有百害而无一利。

形式主义如"过街老鼠、人人喊打",为何仍然如百足之虫死而不僵,如臭豆腐闻着臭吃着香?惯性思维影响,把开会当重视,把表态当落实,离开会议文电就不知道如何指导工作。名利思想作怪,不怕官兵不满意,就怕领导不注意;出名挂号的事抢着做,默默无闻的事不愿干;为了快出成绩、多出政绩,不惜造景造势、弄虚作假。担当意识不强,工作不落实、不尽责,一旦发生问题,就用会开了、文发了搪塞应付、推卸责任。

有人形象地说,形式主义是口井,限制了领导的视野;形式主义是堵墙,

---

① 《解放军报》评论员:《做老实人不做"两面人"——五谈以整风精神革除问题积弊》,《解放军报》2014年12月10日。

阻断了领导与群众的联系；形式主义是条绳，捆住了真抓实干的手脚；形式主义是块布，掩盖了工作中的矛盾问题。这股歪风不除，不但战时打不了胜仗，平时工作任务也难以真正完成好。

虚实之分，祸福之纽。战场从来不认同形式主义的东西，战争也从来不宽恕那些弄虚作假的人。为了求胜，必须求实；为了打赢，必须打假！[①]

第七，领导干部搞特殊化问题。

党员干部特别是领导干部手中有权、岗位特殊，但决不能做"特殊一员"。从徐才厚等腐败分子的人生轨迹可以看出，腐化堕落往往是从搞特殊化开始的。这一恶劣作风，严重背离党的性质宗旨，严重玷污党员干部形象，严重损害党群关系。搞不搞特殊化决不是小节小过，而是大是大非。特殊化就像致命的离心剂，对党组织公信力的损害是毁灭性的，对广大官兵信仰信念的冲击是颠覆性的。

早在20世纪30年代初，我们党就采纳了刘伯承同志的建议，确定红军的"司令"称呼后面再加一个"员"字，意即在革命队伍中不论职务高低，每个人都是普通一员。1980年，党的十一届五中全会通过的《关于党内政治生活的若干准则》更是鲜明指出："共产党员和干部应该把谋求特权和私利看成是极大的耻辱。"这些历史细节说明了同一个道理：共产党员来自人民、服务人民，时刻不要忘记自己"永远是劳动人民的普通一员"。

但是，十八大以前，一些党员干部特别是领导干部，完全忘记了自己是"普通一员"，把搞特殊化看成是正常待遇和价值体现，忘乎所以，妄自尊大：有的封妻荫子思想根深蒂固，"一人得道，鸡犬升天"；有的横攀竖比，闹地位要待遇，违规使用公勤人员，长期占用多套住房，等等。

我军历来强调官兵一致，在政治上完全平等，在生活上同甘共苦，形成了区别于一切旧军队的新型官兵关系。解放战争期间，为什么有那么多"解放战士"调转枪口打蒋介石？其中一个重要原因，就是解放军从高级将领到普通战士都是一个"伙食尾子"，冲锋时干部喊的不是"给我上"，而是"跟我上"。

搞一次特殊，玷污一次形象；要一次特权，失去一片人心。党员干部在很多方面已经享受了党和人民给的良好待遇，就决不能再谋求权力之外的任何特殊。如果说有什么特权的话，那么"唯一的特权就是带头吃苦"，不负组

[①] 《解放军报》评论员：《对形式主义必须露头就打——六谈以整风精神革除问题积弊》，《解放军报》2014年12月11日。

织提携之恩,不负人民养育之恩,担当起党和人民赋予的神圣职责!①

第八,文恬武嬉问题。

虎气血性是军人的图腾,文恬武嬉是胜战的克星。

一个人的精力投向与精神状态紧密相连。耽于副业"雅好",必然玩物丧志、意志衰退、精神萎靡;贯注战事战场,必然心怀忧患、保持戒备、高扬雄风。

十八大以前,少数干部特别是领导干部心思游移、兴趣外移、精力转移,身在曹营心在汉。他们不去钻研兵法韬略,却沉迷于古玩、字画、玉石,把个人嗜好发挥到极致;不愿投身于沙场练兵,却热衷于迎来送往,关注操场少、关心市场多,进指挥所少、上招待所多。诸如此类,淡忘了战争威胁,丧失了打仗本领,磨掉了军人血性。一旦有事,别说打仗,就连适应战场都很困难。

为什么有人"文恬武嬉,习熟见闻,以为当然"?主要是缺少钙质、没有肝胆,不具担当、不思进取、不谋主业,奉行"少干少出错,不干不出错",消极应付、得过且过。在他们看来,反正职务按时升、军衔顺着晋,不如搞点副业、消磨时光。

奢靡之始,危亡之渐。一味贪图享乐,就会染上"和平病",思想懈怠、斗志丧失;总是不务正业,就会染上"麻痹症",缺失忧患、忘战怠战。兵法云:三军以戒为固,以怠为败。如果别人在磨刀霍霍,你却在搞所谓的"雅好";别人在钻研信息化,你却在搞所谓的"星级式"服务,怎能打仗?又何谈打赢?到头来,只能让和平积习滋长,虎狼之气式微。

领导干部的行为和喜好还是一种导向。将不精微,则三军失其机;将不常戒,则三军失其备;将不强力,则三军失其职。领导干部带头把打仗当作第一要务,全副心思聚焦战场,全部爱好服务打赢,才能引导官兵把注意力、关注点放在主业主课上。

邦境虽安,忘战必危。总以为我们处在和平年代,仗一时打不起来;总习惯"把刺刀插在地里",不想着"执干戈以卫社稷",就不配做一名军人,更不配做一名军队的指挥员。只有一丝不苟钻研战争,一门心思准备战事,一腔热血投身战场,敢于担当、担起所当,才能不辱使命、不负重托。②

---

① 《解放军报》评论员:《特殊化是致命的离心剂——七谈以整风精神革除问题积弊》,《解放军报》2014 年 12 月 12 日。

② 《解放军报》评论员:《文恬武嬉消磨血性雄风——八谈以整风精神革除问题积弊》,《解放军报》2014 年 12 月 15 日。

第九,把"责任田"当"自留地"问题。

军队建设是一个庞大的系统工程,每个单位、每个部门、每个岗位都是不可或缺的组成部分。犹如一方方"责任田",虽互不相同,却各有其用;虽彼此独立,却紧密关联;虽只是局部,却影响全局。"如欲奋一战而胜万战,必须联万心而作一心。"只有把方方面面的资源整合起来,把上上下下的力量凝聚起来,才能攥指成拳、攻坚克难,提高部队建设的整体质量和水平。如果大家都固守"楚河汉界",设壁垒、筑围墙,你防我、我防你,就会相互掣肘、产生内耗,相互制约、产生阻力,"铁指"就不可能攥成"铁拳","1+1"就不可能产生"大于2"的效果。

十八大以前,有的同志把"责任田"当成"自留地",画地为牢、尾大不掉,搞权力部门化、部门利益最大化,利用各种机会争地盘、争资源。

为什么在有些单位、有些部门,信息化建设、战场建设等重点领域统筹协调难、相互支持协作不够?为什么标准化建设搞了那么多年,但推动不易、进展受限?为什么在干部使用上不听招呼,派不进、调不出问题比较突出?原因和症结就在这里。

战争年代,我军不论哪支部队,让打主攻就打主攻,让配属谁就配属谁,"呼吸相顾,痛痒相关,赴火同行,蹈汤同往"。新中国成立后,数十万将士听令而行,牺牲小家,戍守边疆,扎根拓荒,为新中国政权稳定作出突出贡献。军队历次编制体制调整改革,官兵无条件执行裁撤命令,有的在离营前夕接到抢险救灾任务,又精神昂扬奔赴一线,任务完成后依依不舍泪别军旗。正是这种以个体之失换整体之得、以局部之失换全局之得、以一时之失换长远之得的崇高精神和大局观念,使我军屡胜强敌、屡克艰险、屡立新功。

"观操守在利害时"。当前,国防和军队改革进入攻坚期和深水区。公与私、得与失、局部与全局,都是无法回避的利益考验。如果谁的利益都不能碰,谁的"奶酪"都不能动,那改革如何深化、藩篱如何突破?每名官兵特别是领导干部,决不能以个人得失、当前得失、局部得失为出发点,而应将国家利益、民族利益和军队利益置于单位利益、部门利益和个人利益之上,坚决拥护改革,积极支持改革,自觉投身改革。①

第十,忽视群众利益,甚至与民争利问题。

新中国成立50周年,习仲勋在天安门城楼参加庆典时,道出心中的感

---

① 《解放军报》评论员:《莫把"责任田"当"自留地"——九谈以整风精神革除问题积弊》,《解放军报》2014年12月16日。

慨:"人民就是江山,江山就是人民。"得民心者得天下。一个政党的前途命运,最终取决于人心向背;一支军队的胜败荣辱,最终取决于为谁而战。正如毛泽东所说:"一切问题的关键在政治,一切政治的关键在民众。不解决要不要民众的问题,什么都无从谈起。"我党我军的根基在人民、血脉在人民、力量在人民。只有赢得最广大群众的支持,始终站在最广大群众的一边,才能永远立于不败之地。20世纪90年代以来,世界上一些大党、老党纷纷失去政权,有的甚至分崩离析,一个重要原因是失道寡助,被人民无情地抛弃了。

然而,十八大以前,在有些人那里,军民鱼水之情有所淡化,鱼水关系甚至颠倒了。有的只讲军事需求,不讲群众纪律;有的只算经济账,不算政治账,甚至在军地交往时借机谋利;有的漠视军民纠纷,忽视群众利益。这些问题,损毁的不仅是军队形象,而且是靠山和江山;损害的不仅是军民关系,而且是民心和民意。

"与民共其乐者,人必忧其忧;与民同其安者,人必拯其危。"民心的流失,通常是渐进的、隐蔽的,也是致命的。犹如温水之于青蛙、蚁穴之于长堤,会使一个政党、一支军队在不知不觉中发生急转直下的变化,陷入无法脱身的绝境。刘伯承元帅曾这样追问:"老百姓不是命里注定要跟我们走的,为什么不跟别人走呢?"我们应该时刻警惕脱离群众的危险,时刻警惕民心流失的危险。查处徐才厚这样的军中败类,是我们军队有自信、有正气、有力量的体现,必将固本开新、提振士气、赢得人心。

"难得举城作一庆,爱我人民爱我军。"民心所向、民意所在、民智所汇,构筑成撼不动的靠山、打不垮的江山。我军作为人民子弟兵,过去在人民养育下茁壮成长,今天也一定能在人民支持下更加强大。无论我们走得多远,都不能忘记"为什么而出发",都不能忘记"为什么而奋斗"。①

这些问题的存在充分说明,我们千万要深刻认识全军政治工作的极端重要性、极端必要性、极端紧迫性,从思想上真正警醒起来。

"善治病者,必医其受病之处;善救弊者,必塞其弊之源"。出现上述这些问题原因是多方面的,最根本的还是理想信念、党性原则、革命精神、组织纪律、思想作风等方面出了问题,需要从政治工作的角度进行反思,认真总结教训。

从政治工作的角度反思这些问题的教训,主要有以下几个方面:

---

① 《解放军报》评论员:《人民是靠山也是江山——十谈以整风精神革除问题积弊》,《解放军报》2014年12月17日。

一是教育者本身受教育不够。用兵之法，教戒为先。"将者不可以无德，无德则无力。"教育者必先受教育，这是我军政治工作的基本原则。但是，在过去一段时间，一讲教育，总是机关教育基层，上级教育下级，领导教育群众，而忽视了教育者本身。特别是对高级干部教育不够，挂空档现象比较普遍，甚至成为死角。部队教育效果不好，固然有方式方法问题，但与领导干部自身不过硬有着直接联系。"舍己而教人者逆，正己而教人者顺"。徐才厚等人整天在台上说大道理，私底下大搞见不得人的勾当，知道底细的人会信他们的话吗？恐怕都会认为那不过是在装潢门面。有的领导说功好、做功差，以至出现"台上他讲、台下讲他"现象。

二是对领导干部管理失之于宽、失之于软。一段时间以来，我们对基层干部和士兵管得比较严，但对领导干部没有做到严格要求，对他们在用权、生活、交往等方面管理约束不严格，党内生活的政治性、原则性、战斗性不强，对干部的苗头性倾向性问题不敢管、不愿管，甚至哄着护着，结果使小毛病演变成大问题。部队揭露出来的腐败分子、违纪违规问题，大多是上级巡视审计和群众检举揭发出来的，本级党组织查出来的问题很少，甚至有的出了问题捂着盖子，姑息养奸、养痈遗患。

三是监督体系功能没有得到有效发挥。权力是需要监督的，没有监督的权力就会异化，绝对权力导致绝对腐败。由于以前监督体系不完善，大家普遍感到，在许多单位和部门，上级监督太远、本级监督太软、下级监督太难，尤其是对主官的监督欠缺，对管人管钱管物部门的监督不力。各级纪委的独立性和权威性不够，不能有力有效查处违纪违法案件。纪检、审计、巡视监督力量严重不足，人少事多矛盾突出，发挥不了应有的作用。军事法院和军事检察院的力量也需要加强和充实。还有就是问责不力，出了问题无人负责。

四是制度建设存在漏洞。古人讲："制先定则士不乱，士不乱则刑乃明。"为什么在同一个岗位上干部接连出事，甚至是"前腐后继"？这就需要从体制机制上查找根源了。有些部门权力运行机制不合理，既当"运动员"，又当"裁判员"，有些部门行使权力自由裁量权过大。选人用人机制不科学，像谷俊山这样一个才疏学浅、品行低劣的人，从军分区助理员一路提升到总后勤部副部长，还准备继续提升，就说明选人用人制度上存在漏洞，预防和惩治腐败体系不健全，给腐败提供了滋生蔓延的土壤。

习近平要求："问题是时代的声音，问题是工作的导向。我们要共同研究怎么认识、怎么解决这些问题，回应全军上下的关切，把我军政治工作的优良传统恢复和发扬起来,把军队各项建设和工作更好地推向前进。"①

二、习近平亲自决策在古田召开全军政治工作会议

福建上杭古田,一个传奇的地方。

1929年12月,毛泽东领导的红四军党的第九次代表大会在这里召开,形成的大会决议,也就是"古田会议决议"成为指导新型人民军队建设的奠基之作。我军政治工作在这里奠基,新型人民军队在这里定型。

习近平曾说:"古田是我们党确立思想建党、政治建军原则的地方,是我军政治工作奠基的地方,是新型人民军队定型的地方。"②

一切向前走,都不能忘记走过的路;走得再远、走到再光辉的未来,也不能忘记走过的过去。我军政治工作萌芽于大革命时期,创立于建军之初,奠基于古田会议,在长期革命、建设、改革实践中不断丰富发展。历史,往往在经过时间沉淀后可以看得更加清晰。回过头来看,古田会议使我们这支军队实现了浴火重生、凤凰涅槃。从那儿以后,在党的领导下,我军由小到大、由弱到强,不断从胜利走向胜利。古田会议奠基的我军政治工作对我军生存发展起到了决定性作用。

85年后,2014年10月,圣地古田,再一次对我军的前途和命运产生深远影响!

习近平亲自决策和领导在古田召开新世纪第一次全军政治工作会议,发表重要讲话,确立新时代政治建军的大方略,赋予我军政治工作新使命。

2013年5月,习主席视察成都战区时,郑重提出在适当时候召开全军政治工作会议。随后,在军队一次重要会议上,习主席亲自决策把这次会议的会址定在古田。

在国家由大向强发展的历史关口,习近平亲自决策在古田召开全军政治工作会议,主要是贯彻整风精神,研究解决新的历史条件下党从思想上政治上建设军队的重大问题,弘扬我军政治工作的光荣传统和优良作风,动员全军紧紧围绕实现中华民族伟大复兴的中国梦,为实现党在新形势下的强军目标而团结奋斗。习近平亲率全军高级干部重回古田,目的是寻根溯源,"深入思考我们当初是从哪里出发的、为什么出发的,重温我党我军光荣历史,缅

---

① 总政治部编印:《习近平国防和军队建设重要论述选编(二)》,第106页,解放军出版社2016年版。

② 同上书,第85页。

怀老一辈革命家的丰功伟绩，接受思想洗礼，以利于更好前进。"①

2014年10月30日至11月2日，全军政治工作会议在福建省上杭县古田镇召开。习近平亲率400多名会议代表，来到我军政治工作的发祥地。

古田会议会址古朴圣洁。在这里，习主席同全体中央军委委员和会议代表，分别留下了意义深远的合影。

毛主席纪念园庄严肃穆。习近平沿着151级台阶拾阶而上，向毛泽东雕像敬献花篮，深情整理花篮上的缎带，带领大家向毛泽东雕像三鞠躬，缅怀老一辈革命家的丰功伟绩。

在古田会议纪念馆，在"红色印迹——红军标语展示"展板前，习近平凝神观看一件件文物、一组组数字、一条条标语，同会议代表一起重温党领导创建新型人民军队的峥嵘岁月，感悟战争年代政治工作的强大威力。

习近平始终牵挂着革命老区，牵挂着老区人民。这次来古田，习近平专门把10位老红军、军烈属和"老地下党员、老游击队员、老交通员、老接头户、老苏区乡干部"代表请到古田党员干部教育基地，同他们亲切座谈。习近平动情地说，我们永远不要忘记老区，永远不要忘记老区人民，要一如既往支持老区建设，关心老红军、"五老"同志和军烈属的生活，经常听取他们的意见和建议，请他们言传身教，确保革命传统和优良作风薪火相传。

同吃"红军饭"，共话好传统。餐桌上，习近平同11名基层代表围坐在一起边吃边谈。他叮嘱大家，青年一代是党和军队的未来和希望，革命事业靠你们接续奋斗，优良传统靠你们继承发扬。要带头学传统、爱传统、讲传统，带动部队官兵传承好红色基因、保持老红军本色。

2014年10月31日，习近平在全军政治工作会议上发表重要讲话。

习近平强调，到古田召开全军政治工作会议具有标志性意义。目的是寻根溯源，深入思考我们当初是从哪里出发的、为什么出发的，重温我党我军光荣历史，缅怀老一辈革命家的丰功伟绩，接受思想洗礼，以利于更好前进。

习近平强调了我军政治工作的重要地位和重大作用，指出：

> 政治工作是我军的看家本领，是我军的最大特色、最大优势，是我军同一切其他性质军队的最大区别，也是我军保持人民军队性质、宗旨、

---

① 总政治部编印：《习近平国防和军队建设重要论述选编》（二），第87页，解放军出版社2016年版。

本色的重要保障。"①

习近平提出：

"一九四四年，毛泽东同志修改谭政同志报告初稿时亲笔加上了一句话：共产党领导的革命的政治工作是革命军队的生命线。我理解，这种生命线的意义主要体现在以下三个方面。"

"第一，实行革命的政治工作，保证了我军始终是党的绝对领导下的革命军队。'凡制国治军，必教之以礼、励之以义。'政治工作实质上是党领导和掌握军队的工作。"②

我军作为执行党的政治任务的武装集团，要成为党绝对领导下的革命军队，必须坚持党的绝对领导，必须坚定不移听党的话、跟党走，必须做到党指向哪里、就打到哪里。我们党在军队各级建立了党的组织，班排有小组，连队有支部，营级以上单位建立党委，党的领导直达基层、直达士兵。我们党领导军队的一整套制度，越是在重大考验面前越能显现作用。从中外历史和现实看，在有些国家，军队指挥官甚至一个中下级军官就可以把队伍拉起来造反。然而，在我军历史上，从来没有一支成建制的队伍被敌人拉过去，也没有任何人能利用军队来达到其个人目的。我们只要牢牢坚持党指挥枪，就能"任凭风浪起，稳坐钓鱼船"。

"第二，实行革命的政治工作，为我军战胜强大敌人和艰难险阻提供了不竭力量。"③

占领思想，铸牢军魂，是我们的根本力量所在。人民军队强就强在这一点，敌人最怕我们的也是这一点。在长期实践中，我军通过深入的政治工作，靠着"革命理想高于天"的坚定信念，靠着压倒一切敌人而不被任何敌人所压倒、征服一切困难而不被任何困难所征服的革命精神，完成了世所罕见的万里长征，以小米加步枪打败了美式装备的国民党军队，在朝鲜战场打败了武装到牙齿的世界头号强敌，演出了一幕幕威武雄壮的战争话剧，创造了一个个惊天地、泣鬼神的英雄壮举。"革命不怕死，怕死不革命"，只要还有一个人，就要同敌人血战到底，这是人民军队的信条。

"第三，实行革命的政治工作，使我军始终保持了人民军队的本色和

---

① 总政治部编印：《习近平国防和军队建设重要论述选编》（二），第87页，解放军出版社2016年版。

② 同上书，第87—88页。

③ 同上书，第90页。

作风。"①

为什么人服务的问题关系军队性质和发展方向。我军作为无产阶级性质的新型人民军队，始终同人民站在一起，始终全心全意为人民服务。我军一开始就建立了严明的群众纪律，军之所至，秋毫无犯。三大纪律八项注意影响和教育了一代又一代官兵。我军历来强调官兵一致，在政治上完全平等，在生活上同甘共苦，形成了区别于旧军队的新型官兵关系。军队就像一个大熔炉，把农民、旧军人、俘虏兵熔化改造成为英勇的革命战士。艰苦奋斗是我军的政治本色。我军能够吸取李自成军队进北京后"庞大的人马都在京城里享乐"的教训，没有成为李自成第二，从根本上说是用艰苦奋斗精神教育官兵的结果。

习近平指出，"千淘万漉虽辛苦，吹尽狂沙始到金。"在长期实践中，我军政治工作形成了一整套优良传统，主要包括：

> 坚持党指挥枪的根本原则和制度，坚持全心全意为人民服务的根本宗旨，坚持实事求是的思想路线，坚持群众路线的根本作风，坚持用科学理论武装官兵，坚持围绕党和军队中心任务发挥服务保证作用，坚持公道正派选拔使用干部，坚持官兵一致、发扬民主，坚持实行自觉的严格的纪律，坚持艰苦奋斗、牺牲奉献的革命精神，坚持党员干部带头、以身作则，等等②。

这"11个坚持"，是我军政治工作的根本原则和内容，是先辈们用鲜血和生命铸就的，是我军代代相传的革命血脉，必须倍加珍惜、牢牢坚持、发扬光大。

习近平论述了加强全军政治工作的极端重要性、极端必要性、极端紧迫性。一方面，是问题倒逼。这些年，我军政治工作在取得很大成绩的同时，也存在许多突出矛盾和问题，部队中特别是领导干部在思想政治和作风上还存在一些突出问题，徐才厚严重违纪违法案件，严重损害了政治工作的威信，一些沉疴流弊到了非解决不可的时候。另一方面，是教训启迪。出现上述这些问题原因是多方面的，最根本的还是理想信念、党性原则、革命精神、组织纪律、思想作风等方面出了问题，需要从政治工作的角度深刻反思，认真总结教育者本身受教育不够、对领导干部管理失之于宽失之于软、监督体系功能没有得到有效发挥、制度建设存在漏洞的教训。再一方面，是形势所迫。

---

① 总政治部编印：《习近平国防和军队建设重要论述选编》（二），第91页，解放军出版社2016年版。

② 同上书，第92页。

面对意识形态领域尖锐复杂的斗争特别是"颜色革命"的现实危险，面对艰巨繁重的军事斗争准备任务，面对深化国防和军队改革这场考试，我军政治工作只能加强不能削弱，只能前进不能停滞，只能积极作为不能被动应对。

习近平明确指出：

"党的方向就是我军政治工作的方向，党和军队新形势下的中心任务决定我军政治工作的任务。军队政治工作的时代主题是，紧紧围绕实现中华民族伟大复兴的中国梦，为实现党在新形势下的强军目标提供坚强政治保证。"全军必须"紧紧围绕政治工作的时代主题，加强和改进新形势下我军政治工作，充分发挥对强军兴军的生命线作用。"[1]

这一时代主题，是由党和军队中心任务内在规定的，赋予了政治工作鲜明的时代内涵和更高标准要求，回答了政治工作在强军兴军中如何加强、往哪前进、怎样作为的根本问题。新形势下，党的历史使命是实现"两个一百年"奋斗目标和中华民族伟大复兴的中国梦，人民军队的时代重任是实现强军目标、支撑强国伟业。党的方向就是我军政治工作的方向，党和军队新形势下的中心任务决定我军政治工作的任务。我军政治工作只有聚焦时代主题、践行时代主题，才有正确方向和科学遵循，才能肩负起党和人民赋予的庄严使命，充分发挥强军兴军的生命线作用。

三、"最紧要的是把四个带根本性的东西立起来"

在古田全军政治工作会议上，习近平指出，"'秉纲而目自张，执本而末自从。'当前，最紧要的是把四个带根本性的东西立起来。"[2]

这四个"带根本性的东西"就是理想信念、党性原则、战斗力标准和政治工作威信。理想信念是魂和本，坚定理想信念是固本培元、凝魂聚气的战略工程；党性原则是根本政治品格，坚持党性原则是政治工作的根本要求；战斗力标准是核心尺度，保障战斗力标准的贯彻落实是政治工作的价值指向；政治工作威信是内在要求，重焕威信威力是当前的紧迫任务。

"四个牢固立起来"，秉纲执本、抓纲带目，把握了政治建军的本质规律，切中了正本清源的要害，是生命线永葆生命力的关键，必须作为基本导向贯彻到加强和改进我军政治工作的全部实践中去。

---

[1] 中共中央文献研究室编：《十八大以来重要文献选编》（中），第193页，中央文献出版社2016年版。

[2] 同上。

（一）要把理想信念在全军牢固立起来

习近平认为：

"为将之道，当先治心。"崇高的理想、坚定的信念，是革命军人的灵魂，是克敌制胜、拒腐防变的决定性因素。要把坚定官兵理想信念作为固本培元、凝魂聚气的战略工程，采取有力措施，抓紧抓实抓出成效。①

习近平提出了培养"四有"新一代革命军人的任务。他要求：

立理想信念的过程就是立人的过程。要适应强军目标要求，把握新形势下铸魂育人的特点和规律，着力培养有灵魂、有本事、有血性、有品德的新一代革命军人。有灵魂就是要信念坚定、听党指挥，有本事就是要素质过硬、能打胜仗，有血性就是要英勇顽强、不怕牺牲，有品德就是要情趣高尚、品行端正。

习近平特别强调：

我一直认为，抓理想信念，最关键的是要抓好高级干部。我们面临的很大的一个问题是基层官兵对一些领导干部特别是高级干部产生了不信任感。从一定意义上讲，信仰危机折射的是信任危机，根子在上面。官兵信不信，很重要的是看领导干部信不信、做得怎么样。②

（二）要把党性原则在全军牢固立起来

习近平指出：

坚持党性原则是共产党人的根本政治品格，是政治工作的根本要求。政治工作必须坚持党的原则第一、党的事业第一、人民利益第一，在党言党、在党忧党、在党为党，把爱党、忧党、兴党、护党落实到工作各个环节。③

坚持党性原则，关键是立规矩、讲规矩、守规矩。哪些事能做、哪些事不能做、哪些事该这样做、哪些事该那样做，都要规定得明明白白。要提高制度执行力，让制度、纪律成为带电的"高压线"，使查处违纪违法问题制度化、经常化，使党员、干部心有所畏、言有所戒、行有所止。

军队守纪律首要的是遵守政治纪律，守规矩首要的是遵守政治规矩，并

---

① 中共中央文献研究室编：《十八大以来重要文献选编》（中），同上书，第193—194页，中央文献出版社2016年版。

② 同上书，第194页。

③ 同上。

且标准要更高、要求要更严。任何人不得越过政治纪律、政治规矩的红线，越过了就是大忌，就要付出代价。

(三) 要把战斗力标准在全军牢固立起来

在古田全军政治工作会议上，习近平强调：

> 我军根本职能是打仗，战斗力标准是军队建设唯一的根本的标准。政治工作必须保障战斗力标准在军队建设各个领域、各项工作中贯彻落实。①

要聚焦能打仗、打胜仗，健全完善党委工作和领导干部考核、评价体系，形成有利于提高战斗力的舆论导向、工作导向、用人导向、政策导向，以刚性措施推动战斗力标准硬起来、实起来。在舆论导向上，搞宣传、抓典型、推经验，要聚焦主课主业，营造当兵打仗、带兵打仗、练兵打仗的浓厚氛围；在工作导向上，抓什么、怎么抓要从战斗力建设的需要出发，坚决破除影响和干扰战斗力的假把式，提高对战斗力的贡献率；在用人导向上，坚持一个一个、一批一批地选准用好干部，真正把那些钻研打仗、善谋打仗的干部用到重要岗位；在政策导向上，配置力量资源、评定工作成效、实施表彰奖励等，都向作战部队倾斜、向训练一线倾斜、向备战打仗倾斜，推动战斗力各要素合理流动、迸发活力，保障战斗力标准在军队建设各个领域、各项工作中贯彻落实。

习近平指出：

> 对我军来说，政治工作本身对战斗力形成和发挥起着十分重要的作用。那种把战斗力标准等同于军事标准、把战斗力建设同政治工作分割开来、对立起来的观点是错误的。政治工作，要强化围绕中心、服务大局的意识，走出自我设计、自我循环、自我检验的怪圈，按照打赢信息化局部战争要求，探索政治工作服务保证战斗力建设的作用机理。把政治工作贯穿到战斗力建设各个环节，融入到军事斗争准备全过程。②

实践证明，有没有政治工作，部队战斗力大不一样；政治工作做得好与不好，部队战斗力大不一样。任何轻视、削弱政治工作的思想和行为，都是错误的、危险的。同样，把政治工作孤立起来、游离中心的做法，都是毫无

---

① 中共中央文献研究室编：《十八大以来重要文献选编》（中），第195页，中央文献出版社2016年版。

② 同上书，第196页。

价值、对战斗力有害无益的。

（四）要把政治工作威信在全军牢固立起来

习近平强调：

> 实事求是地说，由于存在的种种问题，我军政治工作的威信受到了伤害，有的伤得还不轻，正所谓"为威不强还自亡，立法不明还自伤"。现在，紧迫的任务是要把政治工作威信树立起来，回到言行一致、以身作则、以上率下等这样一些基本原则上来。①

我们做政治工作主要靠模范带头，政治干部的表率作用本身就是最好的政治工作，这就叫行胜于言！现在，形势发展变化了，做政治工作方法手段多了，但模范带头并没有过时。官兵不是看你怎么说，而是看你怎么做。坚持从模范带头抓起，从领导带头抓起，通过总结好典型、激浊扬清，善用好干部、惩处败类，引导各级干部特别是政治干部把真理力量和人格力量统一起来，坚持求真务实，坚持公道正派。

四、新形势下加强和改进军队政治工作的五个方面

"没有重点，就没有政策。"在部队建设任务繁重，要解决的问题很多、工作千头万绪的情况下，必须抓住那些牵动全局的重点工作，才能破解难局、开拓新局，"落一子而活全局"。

在古田全军政治工作会议上，习近平明确指出：

> "加强和改进新形势下我军政治工作，要做的工作很多，当前要重点抓好五个方面。""第一，着力抓好铸牢军魂的工作。""第二，着力抓好高中级干部管理。""第三，着力抓好作风建设和反腐败斗争。""第四，着力抓好战斗精神培育。""第五，着力抓好政治工作创新发展。"②

这"五个着力抓好"，体现了现实问题指向，反映了重点突破的领导方法，明确了当前军队政治工作全局指导上必须牢牢把握的重心和着力点。

（一）着力抓好铸牢军魂工作

政治工作实质上是党领导和掌握军队的工作。军队归谁领导、听谁指挥，

---

① 中共中央文献研究室编：《十八大以来重要文献选编》（中），第196页，中央文献出版社2016年版。

② 同上书，第197—205页。

是建军治军的首要问题。我军作为执行党的政治任务的武装集团,要成为党绝对领导下的革命军队,必须坚持党的绝对领导,坚定不移听党的话、跟党走,做到党指向哪里、就打到哪里。政治工作是党在军队中的思想工作和组织工作。正是实行革命的政治工作,党用进步的政治精神贯注部队、用先进的思想理论武装官兵,把军心凝聚在党的旗帜下;党在军队中建立统一领导的坚强中枢,实现党的组织与军队建制高度融合,使党的领导纵向直达基层、横向涵盖部队各项工作。可以说,没有革命的政治工作,就没有革命的军队,我军就不可能始终在党的绝对领导下行动和战斗,就不可能在党的指引下胜利前行。

习近平强调:

> 坚持党对军队绝对领导是强军之魂,铸牢军魂是我军政治工作的核心任务,任何时候都不能动摇。[1]

在这一根本问题上,面临的挑战考验现实而严峻,铸牢军魂的工作必须抓得紧而又紧,任何时候都不能有丝毫放松。当前,既要防范外部的冲击影响,更要警惕内部的消极因素;既要保证青年官兵政治合格,更要确保领导干部忠诚可靠;既要解决思想认识模糊的问题,更要纠治贯彻执行不力的问题。

习近平指出:

> 对党绝对忠诚要害在"绝对"两个字,就是唯一的、彻底的、无条件的、不掺任何杂质的、没有任何水分的忠诚。[2]

党员、干部要用这样的标准要求自己,自觉在思想上政治上行动上同以习近平同志为核心的党中央保持高度一致,党叫干什么就坚决干,党不允许干什么就坚决不干。

习近平指出:

> 坚持党对军队绝对领导是有一整套制度作保证的,起定海神针作用的是党委统一的集体领导下的首长分工负责制。这个制度的表述是经毛泽东同志亲自批准,在一九五三年全国军事系统党的高级干部会议上定下来的,后来写进了一九五四年政治工作条例,并坚持和沿用至今。[3]

正是靠了这一条,我军才没有被外部的敌人所撼动,没有被内部的野心家所分裂,没有在政治风浪中迷失方向,始终在党的旗帜下无坚不摧、无往

---

[1] 中共中央文献研究室编:《十八大以来重要文献选编》(中),第197页,中央文献出版社2016年。

[2] 同上。

[3] 同上。

不胜。现在，对这个好制度不真懂不会用的问题比较突出。这些问题都不是小事，会直接影响党对军队绝对领导制度的落实。党委统一的集体领导下的首长分工负责制，是民主集中制在军队领导制度上的具体运用，是确保党对军队绝对领导的根本制度。要提高各级党组织运用制度开展工作的能力，正确把握党委集体领导和首长分工负责、常委会和首长办公会、党委会和作战会、集体决定和首长临机处置等关系，依靠制度作决策、抓落实。军委实行主席负责制是宪法规定的，是坚持党对军队绝对领导、实现党和国家长治久安的根本要求，事关党、国家和军队全局。认真贯彻落实军委主席负责制，就是要坚持全国武装力量由军委主席统一领导和指挥，国防和军队建设一切重大问题由军委主席决策和决定，中央军委全面工作由军委主席主持和负责。严格落实请示报告工作机制、督促检查工作机制、信息服务工作机制，坚持按制度来、按程序走、按规矩办。在坚持军委集中统一领导和军委主席负责制的大前提下，要正确把握集中统一领导和按级分工负责的关系，该请示报告的必须请示报告，该自己负责的就要自己负责，既不超越权限，又不推诿责任，做到守土有责、守土负责、守土尽责。

习近平强调：

> 必须认识到，党委制、双首长制、政治委员制是一种制度安排，更是一种政治设计。对这个问题不理解或理解不正确，说明政治上还没有完全合格、完全够格。①

美军前参联会主席鲍威尔说过，在华盛顿没有不讲政治的将军，不讲政治就当不了将军。连西方国家的军人都有这样的认识，我们革命军人在政治上可不能犯糊涂。政治制度决定军事制度，军事制度反映政治制度。在长期革命和建设实践中，我们党在军队中建立起政治工作组织体系，作出一系列制度安排，形成确立了党委制、双首长制、政治委员制和政治机关制。这是军队政治工作的根本组织制度，构成了党对军队绝对领导制度架构体系的"四梁八柱"，是我军的鲜明特色和根本优势所在，也是中国特色基本军事制度与西方军事制度的根本区别所在。正是坚持了这一制度安排，我军始终置于党的绝对领导之下、保持强大的战斗力。敌对势力也正是清楚这一点、畏惧这一点，千方百计、别有用心制造种种错误舆论，目的就是搞乱我们的思想、搞垮我们的制度，动摇党对军队绝对领导的根基。必须把落实党对军队绝对

---

① 中共中央文献研究室编：《十八大以来重要文献选编》（中），第198页，中央文献出版社2016年版。

领导的制度作为第一位责任,坚定维护这套制度的严肃性和权威性,把党领导军队一系列制度贯彻到部队建设各领域和完成任务全过程,确保党指挥枪的原则落地生根。强化政治意识、大局意识、核心意识、看齐意识,经常、主动、坚决向党中央和中央军委看齐。最核心最要害的就是把毫不动摇坚持党对军队绝对领导扎根在思想上、落实在行动上。向党看齐,就要向党中央看齐,向党的理论路线方针政策和军委决策部署看齐,向党中央改革发展稳定、内政外交国防、治党治国治军各项决策部署看齐,始终在思想上政治上行动上同党中央和中央军委保持高度一致,坚决维护党中央和中央军委权威,坚决听从党中央、中央军委和习主席指挥。这是根本的政治原则和政治纪律,也是党和军队必须坚持的根本经验,必须作为最高的政治要求来遵守,作为最高的政治纪律来维护。

(二)着力抓好中高级干部管理

习近平认为:

"欲治兵者,必先选将。""将者,国之辅,辅周则国强,辅隙则国弱。"军队高中级干部是要带兵打仗的,是要在强军事业中起骨干作用的。我讲军队要像军队的样子,很重要的就要体现在高中级干部身上。[①]

习近平专门提出了"军队好干部的标准"问题。他指出:

"为人择官者乱,为官择人者治。"选人用人首先要明确标准。《孙子兵法》中说:"将者,智、信、仁、勇、严也。"军队好干部应该是个什么标准?我看就是要做到对党忠诚、善谋打仗、敢于担当、实绩突出、清正廉洁。这五条是原则性要求,还要根据不同类型、不同岗位、不同职级干部情况具体化。[②]

习近平还要求完善干部考核评价体系,特别是要把对干部德的考核具体化,"重点考察贯彻执行党中央、中央军委决策指示的表现,考察在一些重大原则问题上的立场,考察带领部队完成急难险重任务的情况,考察对待名利得失的态度,确保枪杆子永远掌握在忠于党的可靠的人手中"。[③]干部考核要有一个过程,不是经历一两件事、表几次态就能看清楚的,要看长期表现,

---

① 中共中央文献研究室编:《十八大以来重要文献选编》(中),第198页,中央文献出版社2016年版。

② 同上。

③ 同上。

高中级干部考核要制度化、常态化。

"'天下之实才,不可以求之于言语,又不可以较之于武力,独见之于战耳。战不可得而试也,是故见之于治兵。'战争年代,看一个干部能力怎么样,主要看在战场上的表现,考验很直接、很直白。和平时期,考验干部就不那么容易了。""要逐步建立和实行我军干部任职资格制度,让干部能力、实绩等客观因素在选人用人中起主导作用,使对干部的基本评价不因某个人一时一事的看法而改变,也不因单位领导的更替而改变,以利于激励干部把心思精力用在干事创业上,而不是去跑门子拉关系。"①

党管干部、组织选人,这是选用干部的基本原则。要规范党委、领导和政治机关在选人用人中的权责,发挥政治机关在组织考核和提名推荐干部中的主体作用。要研究和提出干部工作贯彻民主集中制原则的有效办法,坚持党管干部集体决策,真正把干部选准用好。要加强和改进后备干部工作,改进人选产生办法,建立健全培养锻炼、适时使用、定期调整、有进有退的机制。

对于用人卡年龄问题甚至唯年龄的问题,习近平大声疾呼:

"在一些班子中,有的干部政绩不突出、能力也一般,但因年龄优势成了唯一可以提升的对象,而其他干部能力再强、干得再好也没有提升机会。这样做不行!如果我们的用人制度设计让'千里马'歇步、'老黄牛'撂挑、干事的人寒心,那就南辕北辙了。"

"我们要优化干部队伍年龄结构,但并不是说提拔任用每个干部都要年轻,也不是每个班子都要硬性配备年轻干部,更不是不同层级领导班子成员任职年龄层层递减。不能简单以年龄划线!选拔干部,要坚持德才兼备、以德为先,注重基层、注重实干、注重官兵公认,把优秀干部用起来,把各个年龄段干部积极性调动起来。"②

对干部推荐实名制问题,习近平指出:

干部任用上有个不好的现象,就是推荐者站在幕后,出了问题不负责任。要探索实行领导干部推荐干部实名制,把责任制摆在明处,严格责任追究,让推荐者负责任,中国古代就有这种做法,官员们可以推荐人才,但同时就要承担责任,出了问题要拿你是问。③

---

① 中共中央文献研究室编:《十八大以来重要文献选编》(中),第198页,中央文献出版社2016年版。

② 同上书,第201页。

③ 同上。

抓紧纯洁干部队伍,最后要落实到组织措施上,落实到人头上。习近平郑重提出这一紧迫任务,体现了"宜将剩勇追穷寇"的高度清醒,体现了正本清源的决心意志,体现了共产党人无私无畏将革命进行到底的品格胸襟。

习近平强调:

"知能不举,则为失材;知恶不黜,则为祸始。"我们说了那么多事、点了那么多问题,最后要落实到组织措施上,要落实到人头上。不查处、不处理,大家就会认为你说归说,搞不正之风的人官照当,最后还是得好处。以大案要案牵出的买官卖官为线索要一查到底,不仅查卖官的、还要查买官的,不仅要拔出"萝卜"、还要洗去"泥"。对搞小圈子、小山头的,要把情况搞清楚,该降的降,该免的免,该调整的调整。要通过组织措施,让全军看到我们纠正选人用人上的不正之风的决心,让官兵感受到选人用人风气的变化。①

(三)着力抓好作风建设和反腐败斗争

"逆水行舟,一篙不可放缓;滴水穿石,一滴不可弃滞。"习近平认为,作风建设永远在路上,"作风建设这根弦要始终绷得紧紧的,坚持抓常、抓细、抓长,保持高压态势,抓好各项整改任务落实,确保'四风'问题不反弹、不回潮,确保改进作风规范化、常态化、长效化。"②

习近平强调:

"历史上多少战功卓著的军队最后都是被腐败搞垮的。要坚持有腐必反、有贪必肃,坚决破除'军队特殊论',反腐没有禁区,执法没有特例。""要做到零容忍的态度不变,猛药去疴的决心不减,刮骨疗毒的勇气不泄,严厉惩处的尺度不松,绝不能让腐败分子在军队有藏身之地。"③

要坚持以改革的思路和办法推进反腐败工作。要推进纪检工作双重领导具体化、程序化、制度化,强化上级纪委对下级纪委的领导,查办腐败案件以上级纪委为主。要完善巡视制度,加强巡视力量建设,加大巡视工作力度,实现巡视全覆盖。审计监督将更加突出重点领域、重大项目、重要资金和领导干部,打造严惩腐败的法治利剑,密织防贪遏腐的制度笼子,真正使思想

---

① 中共中央文献研究室编:《十八大以来重要文献选编》(中),第202页,中央文献出版社2016年版。
② 同上书,第201页。
③ 同上书,第203页。

建党与制度建党相结合,让廉洁清风与改革新风相互激荡,不断夺取反腐败斗争新胜利。

(四)着力抓好战斗精神建设

习近平主持军委工作以来,就一贯强调军人要有血性,他说:

> 我担任军委主席后,第一时间就强调了军人要有血性,我说的血性就是战斗精神,核心是一不怕苦、二不怕死的精神。①

习近平在古田全军政治工作会议指出:

> 现在,基层官兵大都是80后、90后,许多是独生子女,有的在家里娇生惯养。真打起仗来,这样的战士能不能上战场、上了战场能不能打仗?还有,就是我们各级指挥员战斗精神怎么样?主要心思有没有放在准备打仗上,如果这些人带兵打仗、指挥打仗,能让人托底吗?"②

为此,习近平提出:

> "培养战斗精神,要从思想上入手。要加强马克思主义战争观和我军根本职能教育,解决好官兵为谁扛枪、为谁打仗,当兵干什么、练兵为什么等根本性问题。""要结合各部队传统和任务特点,加强军事文化建设,打造强军文化,培养官兵大无畏的英雄气概和英勇顽强的战斗作风。"③

必须看到,在长期和平时期,军队保持旺盛不衰的战斗精神是很难的。在缺乏实战检验的情况下,锻造战斗精神主要看训练。因此,要坚决摒弃搞花架子那一套,从难从严从实战要求出发摔打部队,砥砺指挥员战斗员的意志品质。

习近平认为,"激发军人战斗精神,既要强调牺牲奉献,又要注重发挥政策制度的调节激励作用,增强军事职业吸引力和军人使命感、荣誉感。"④军人"执干戈以卫社稷",军队生产的是国家安全、提供的是社会公共产品,军事职业是最崇高神圣的职业、最富牺牲精神的职业、最需社会尊崇的职业。近年来军事职业吸引力和军人荣誉感有所下降,军人转业退伍安置难、伤病残军人移交难、退休干部安置难等问题依然存在,征兵难、吸引保留人才难的

---

① 中共中央文献研究室编:《十八大以来重要文献选编》(中),第203—204页,中央文献出版社2016年版。
② 同上书,第204页。
③ 同上。
④ 同上。

问题也很突出。

习近平强调：

"对这些问题，要结合深化改革加紧从政策制度层面研究解决，让军人成为社会尊崇的职业。军人是最崇尚荣誉的，在这方面要拿出一些实际举措。有些人刻意抹黑我们的英雄人物，歪曲我们的光辉历史，要引起我们高度警觉。历史不能忘记，军人的英勇牺牲行为永远值得尊重和纪念。""我们要在全社会树立崇尚英雄、缅怀先烈的良好风尚。对为国牺牲、为民牺牲的英雄烈士，我们要永远怀念他们，给予他们极大的荣誉和敬仰，不然谁愿意为国家和人民牺牲呢？"[①]

（五）着力抓好政治工作创新发展

习近平在全军政治工作会议指出：

当今世界，信息技术日新月异，我国经济社会深刻变革，思想文化更加多元多样多变，军队现代化建设加速推进，在这个大背景下，我们既要坚持政治工作根本原则和制度，又要积极推进政治工作思维理念、运行模式、指导方式、方法手段创新，提高政治工作信息化、法治化、科学化水平。[②]

一是，在政治工作信息化方面。

全媒体、大数据时代的到来，对政治工作的影响是全域的、深层的。我们的对手利用互联网推行"数字霸权"和价值观渗透，我们的工作对象是网络化生存生活的青年官兵，我们面临的战争是信息化战争。

习近平强调：

许多同志讲，政治工作过不了网络关就过不了时代关。总的看，我们对信息化、网络化研究不够，存在不适应、不合拍的问题。我听说，有的战士因为不能上网而私自离队，有的因为用智能手机问题和干部打游击战，干部收一个，战士再买一个，甚至有的战士有五六部手机。这反映出我们的工作存在被动滞后的问题。不能用鸵鸟心态面对新情况，动不动就搞简单封堵那一套。要顺势而为、因势利导，研究把握信息网络时代政治工作的特点和规律，用好用活网络平台，占领网络舆论阵地，

---

① 中共中央文献研究室编：《十八大以来重要文献选编》（中），第204—205页，中央文献出版社2016年版。

② 同上书，第205页。

推动政治工作传统优势与信息技术高度融合,增强政治工作主动性和实效性。①

要顺应信息化大趋势,建设信息化政工、大数据政工,占领和建好网上思想文化阵地,运用新媒体新技术开展工作,提高政治干部信息素养,切实为政治工作注入时代元素,为生命线加载"数据链"。要紧跟信息化步伐,服务信息化作战,提升信息化水平,为政治工作的传统优势插上信息翅膀,以信息化为驱动促进政治工作革新升级,实现网络载体与政工本体有机结合,传统优势与信息技术高度融合。要积极研究把握信息网络时代政治工作特点规律,像打仗一样开展好网上舆论斗争,紧贴青年官兵认知特点开展网络思想政治教育,推动政治工作融入网络信息体系和联合作战体系,使信息网络成为发挥政治工作传统优势的"倍增器"。

二是,在政治工作法治化方面。

习近平指出:

> 这些年来,政治工作法规制度建设不断推进,但还有一些法规制度亟待建立健全,有些制度规定没有得到有效落实。要增强各级法治观念,依据法规制度指导和开展工作,防止和克服政出多门、工作随意性大等问题。对现有法规制度要根据形势和任务的发展变化进行清理,抓紧修订政治工作条例、基层建设纲要、军队党委工作条例、军官法等法规。②

当前,法治中国建设已经迈向新的征程,依法治军从严治军深入推进,军队政治工作必须因时应势、顺势而为。同时,防止和克服政出多门、工作随意性大的问题,也要求政治工作更加坚定自觉地走上法治化轨道。要强化法治思维,完善依法运行工作的制度机制,坚持依法指导和开展工作,推动政治工作迈上法治化轨道。要适应强军目标新要求,以新的视野和理念审视立法,从全局和顶层上搞好设计,规划完善法规制度体系,根据形势和任务的发展变化对现有法规制度进行清理,认真做好立、改、废工作,使政治工作的法规制度体系更加科学完善、协调配套。要提高各级领导干部和政治机关依法指导和开展工作的能力素养,切实形成党委依法决策、机关依法指导、部队依法运转、官兵依法履职的局面。要强化法规制度规范约束作用,保证

---

① 中共中央文献研究室编:《十八大以来重要文献选编》(中),第205—206页,中央文献出版社2016年版。

② 同上书,第206页。

工作循于法、秩序统于法、忙乱止于法。

三是，在政治工作科学化方面。

习近平指出：

"政治工作是做人的工作，要盯着人做工作，不能见物不见人。脱离了人，政治工作就空对空了。""要深入细致分析研究官兵思想观念、价值取向、行为方式、精神文化需求，找到穴位、把准脉搏，有的放矢做好工作，增强时代性和感召力。"①

要端正对官兵的根本态度，尊重相信和依靠官兵，把思想教育、人文关怀、心理疏导结合起来，把解决思想问题和解决实际问题结合起来，为官兵成长成才、干事成事、公平竞争创造条件，维护官兵的人格尊严和正当权益，使政治工作真正成为官兵的实际需要，转化为官兵全面发展的实际成效。要注重用真理说服人、用真情感染人、用真实打动人，搞次教育、谈次话，不能搞"漫灌式"，要搞"滴灌式"，春风化雨、撬动心灵，引发内心的变化，真正把大道理、正道理、实道理讲得入脑入心，通过情感的高度融合促进思想的高度统一。

新形势下，我军官兵成分结构发生了深刻变化，家庭出身、文化程度、经历阅历、个人追求差异性大，部队管理教育、官兵关系呈现许多新特点。有的单位干部和战士谈不到一块，战士和战士也玩不到一块。习近平强调，"官兵成分结构、官兵关系对军队建设是个大问题，关系部队纯洁巩固，关系部队凝聚力和战斗力。"②要深入开展尊干爱兵、兵兵友爱活动，巩固和发展团结友爱和谐纯洁的内部关系。

政治工作是做人的工作的，推进政治工作科学化必须深入探索做人的工作的规律，引入现代管理理念，加强标准化建设和流程化精细化管理，改进工作指导方式和运行模式，提高科学筹划、科学组织、科学实施政治工作能力水平。

习近平强调：

政治工作是群众性工作，要组织广大党员、干部一起来做，动员广大官兵积极参与，大家齐心协力开创我军政治工作新局面。③

---

① 中共中央文献研究室编：《十八大以来重要文献选编》（中），第206页，中央文献出版社2016年版。

② 同上。

③ 同上书，第207页。

军队政治工作是党在军队中动员和组织官兵的工作，广泛的群众性是其鲜明特征。这是人民军队根本宗旨的内在要求，是党的群众路线在军队政治工作中的贯彻体现，也是政治工作接地气、聚人气的客观需要。政治工作的群众性，体现在群众立场、群众观点、群众路线贯穿于政治工作全过程各方面，工作对象覆盖全体官兵，人人都在其中发挥主体作用。可以说，"人人都需要政治工作，人人都要做政治工作"。新形势下，要树立大政工理念，各级党委和领导要把政治工作牢牢抓在手上，广大政治干部要把做好政治工作作为自己的神圣职责，各级各部门、全体党员要把政治工作当作分内之事，广大官兵要以主人翁的姿态积极参与，同心协力做好工作，切实增强政治工作的活力和效能。

习近平还对政治机关和政治干部建设提出了要求，强调：

> 政治机关和政治干部是政治工作的主体力量。要抓好全军政治机关和政治干部队伍建设，在提高素质、改进作风上下功夫，努力建设对党绝对忠诚、聚焦打仗有力、作风形象良好的政治机关和政治干部队伍。[①]

习近平这一重要论断，对新时代加强政治机关和政治干部队伍建设的目标作出了新的概括定位，树立了检验政治机关和政治干部的时代标准。这是历史经验的总结，是强军兴军的需要，也是反思教训的启示。政治机关和政治干部要强化政治意识、阵地意识、大局意识，坚持原则、敢于担当，真抓实干、埋头苦干，确保各项政治工作有效落实。要把对党忠诚作为首要政治本色，作为政治干部第一位的任职资格，铸就全心全意、表里如一、无怨无悔的绝对忠诚。要充分发扬我军政治干部既会做思想工作又会指挥打仗的优良传统，努力学军事、学指挥、学科技，全面提高综合素质和实际能力，不仅要成为政治工作的行家里手，也要成为军事工作的行家里手。当好新时期的党代表，成为正气、正义、正直的化身，以每一个人的模范行动诠释政治工作的真谛，使政治工作成为太阳底下最神圣的事业，政治干部成为官兵最可信的人。

---

① 中共中央文献研究室编：《十八大以来重要文献选编》（中），第206—207页，中央文献出版社2016年版。

后 记

本书写作历时十余年，写写停停，只因主题严肃、庄重。能坚持着把它写完，让更多的人知道政治工作，理解并支持政治工作，投身政治工作事业，动力似乎是使命使然。自己并不是天生的政治军官，1979年，听着南部边界自卫反击作战的枪炮声，在那个高考录取率只有6%的岁月，刚刚满16岁的我义无反顾地报考了军校，毕业不久就被领导动员改行做政治工作，在基层和机关、部队和院校政治工作岗位工作30多年，对政治工作的是是非非，看到、听到的太多了！总想着能站出来，用丰富的史料，用讲故事的形式，告诉人们政治工作的本来面目：它是怎么来的，它走过的路，它为什么被称为人民军队的生命线，它又为什么被有些人称为是"卖狗皮膏药的"。这就是这本书的简单来历。

感谢华文出版社胡慧华先生，他敏锐地发现了这个选题、积极支持这个选题出版，他的支持给予我极大的鼓舞。感谢中央军委政治工作部宣传局、中国人民解放军军事科学院、中共中央党史和文献研究院、中国出版传媒股份有限公司领导和专家的悉心指导和把关。感谢国防大学政治学院领导和机关同志，他们对本课题的研究、出版给予了关心和帮助。感谢国防大学政治学院邱圣宏教授，海军《政工学刊》主编、海军大连舰艇学院徐星教授，国防科技大学刘礼大教授，他们作为军队政治工作史研究专家，鉴定了本书，提出了许多中肯的意见。感谢上海市杨浦区统战部副部长卢冰先生，我们一起研究了初稿的提纲，本书有些章节参考吸收了他的论著成果。我的研究生尹勇、潘珍、吴建南、陈海峰、严雷磊、王雄兄、董亚萍等参加了书稿文字校对工作。本书写作大量参考吸收了一些老同志的回忆录，以及军内外许多专家学者的成果，在此一并感谢。因才疏学浅，本书一定存在错漏之处，恳请提出宝贵意见。

谈志兴
2020年3月31日于上海五角场